−상−

중국공산당역사

1949년 10월~1956년 9월

중국공산당역사(전3권)

1판 1쇄 인쇄일 _ 2014년 7월 10일
1판 1쇄 발행일 _ 2014년 7월 20일
지은이 _ 중국공산당중앙당사연구실
옮긴이 _ 홍순도 · 홍광훈
펴낸이 _ 김정동
펴낸곳 _ 서교출판사

주소 _ 서울특별시 마포구 합정동 371-4 (덕준빌딩 2층)
전화 _ 02 3142 1471
팩스 _ 02 6499 1471
등록번호 _ 제2-1260
등록일 _ 1991. 9. 11

이메일 _seokyodong1@naver.com
홈페이지 _ http://cafe. naver.com/seokyobooks

ISBN _ 978-89-88027-44-8 04910
          978-89-88027-00-4 04910 (세트)

－상－

중국공산당역사

1949년 10월~1956년 9월

서교출판사

목 차

일러두기

- 이 책의 인명 · 지명 중국어 표기는 독자 여러분의 가독성을 고려하여 한자를 병기하였다.
- 1911년 신해혁명 이후 활동한 인물과 지명은 중국어 현지 발음으로 표기했다.
- 중국의 행정단위인 성(省) · 지(地) · 현(縣)은 지명과 붙여 씀을 원칙으로 하였다.
- 학교명 · 단체명 · 회사명 · 시설명 등은 붙여 씀을 원칙으로 하였다.

편집자의 글

2010년 말부터 추진했던 《중국공산당역사》가 출간되니 감회가 남다르다.

이 책을 출간하기 위해 중국으로 서너 번 출장을 다녀오기도 했고 담당 주임과 50여 차례 이메일을 주고받기도 했다. 중국은 우리나라와 이념은 달라도 미국이나 일본을 제치고 교역량 1위를 차지할 정도로 중요한 나라이다. 그뿐만 아니라 세계 최고 수준의 역사, 그리고 문화의 깊이와 다양성은 그 어떤 나라와도 비교할 수 없을 만큼 유구하다.

이제 중국에서 가장 권위 있는 〈중국중앙공산당사연구실〉에서 펴낸 중국의 정치, 경제, 문화, 사상 등을 망라한 장대한 《중국공산당역사》(1949~1928)를 야사나 서방의 시각이 아닌 정사로 기술한, 중국 근현대 공산당역사를 한눈에 볼 수 있게 되었다. 신중국을 창건한 중국 지도자들의 성공과 고민 그리고 오류 등 그 궤적을 한눈에 볼 수 있게 된 것이다.

서교출판사는 중국 관련 도서를 출판한 지 이제 4년. 짧은 연조이기는 하지만 우리 사회에 중국과 관련된 도서를 쉬지 않고 출간할 것을 다짐한다. 이어 《중국공산당역사》(1921~1948)와 《중국공산당역사》(1979~2011)의 출간에도 온 힘을 기울일 것이다.

《중국공산당역사》 한국어판 서문

《중국공산당역사》(1949~1978) 한국어판이 출판되는 것은 참으로 뜻깊은 일이다. 왜냐하면 이 책의 편찬 이념을 인정받았을 뿐만 아니라 한국 독자들이 중국을 더 잘 알 수 있는 또 하나의 문이 열렸기 때문이다.

지난 2011년, 중국공산당 창건 90주년에 즈음하여 《중국공산당역사》(1949~1978) 중국어판이 출판되었다. 중국공산당의 90년 역사는 크게 3단계로 나눌 수 있다.

첫 단계는 1921년 중국공산당이 창건되고 신중국이 탄생하기까지 28년간이다. 이 시기는 중국공산당이 신정권 수립을 위해 어렵고도 탁월한 무력투쟁을 벌였던 혁명당의 역사이다. 이 시기의 역사는 이미 펴낸 《중국공산당역사》(1921~1948)에 어느 정도 서술되었다.

두 번째 단계는 1949년 신중국이 창건되고 1978년 중국공산당 제11기 중앙위원회 제3차 전원회의가 소집되기까지 29년간이다. 이 시기에 중국공산당은 집권당으로서 새 나라를 건설하기 위해 꾸준한 모색을 진행하였는데 이 책이 바로 이 단계의 역사를 기록한 것이다.

세 번째 시기는 1978년 중국공산당 제11기 중앙위원회 제3차 전원회의가 소집되고 2011년까지 33년간이다. 이 단계는 중국공산당이 개혁·개방을 진행한 시기이다.

중국의 개혁·개방은 시금도 끊임없이 추진되고 있고 이 시기의 중국공산당 역사를 서술한 저서는 현재 편찬 중에 있다.

이 책은 중국공산당의 영도 아래 세계적으로 인구가 가장 많은 반식민지 반봉건의 농업국가가 독립되고 민주적인 공업화, 현대화 국가로 변모한 위대한 노정을 보여 주었다. 오늘날 국제사회에서 중국의 개혁·개방이 진행한 모색과 이룩한 성과에 대해 의구심을 가지거나 반대하는 입장을 가진 사람은 점점 적어지고 있다. 그러나 중국공산당이 탁월한 성과를 이룩한 원인을 제대로 이해하는 사람은 많지 않다. 이 책을 통해 독자들은 중국공산당이 가고의 노력에 대한 이해와 인식을 새롭게 할 수 있으리라 생각한다.

  중·한 양국은 바다를 사이에 두고 있는 이웃 나라이다. 양국은 지역적으로 가깝고 문화적 인연이 깊으며 경제적으로 융합을 이루는 등 서로 공감하는 접점이 많다. 한국의 박근혜 대통령은 다음과 같이 지적한 바 있다. "양국의 뿌리 깊은 문화적 자산과 역량이 한국에서는 한풍(漢風), 중국에서는 한류(韓流)라는 새로운 문화적 교류로 양국 국민들의 마음을 더욱 가깝게 만들고 있는데 앞으로 한국과 중국이 함께, 아름다운 문화의 꽃을 더 활짝 피워서 인류에게 더 큰 행복을 줄 수 있기를 바란다." 이 책이 반영한 중국공산당 역사는 중·한 양국에 큰 의미를 가진다. 그 이유는 "이 시기에 두 나라 모두가 농업을 토대로 한 저소득 사회로부터 과학기술을 이용한 도시화, 공업화 사회로의 거대한 전환을 시도하였기 때문"이다.

  우선 이 단계에서 두 나라의 역사적 배경이 비슷하다. 이 책에 반영된 시기는 1948년 대한민국이 수립되고 박정희 시대가 막을 내리는 1979년 10월과 기본적으로 일치한다. 이 시기에 양국의 역사 배경은 놀라울 정도로 비슷하다. 첫째, 중·한 양국은 제2차 세계대전이 끝나고 일제가 패망한 후 민족 해방과 국가 독립을 실현하면서 식민지, 노예화의 고난의 역사에 종지부를 찍었다.

둘째, 중·한 양국은 제2차 세계대전이 끝난 후 한때 국내 모순과 국내 전쟁의 수렁 속에 휘말려 들었다. 중국의 경우 항일 전쟁이 승리한 후 국공 양당이 평화적 건국의 시정목표를 실현하지 못하면서 3년간에 걸친 '제3차 국내 혁명전쟁'이 발발하였다. 한반도의 경우에도 1950년에 3년 넘게 지속된 '6·25 전쟁'이 일어났다.

셋째, 양국 모두 서로 대치되는 정권이 수립되었다. 1948년 8월, 한반도 남부에서 '대한민국'이 수립된 데 이어 9월 한반도 북부에서 조선민주주의인민공화국이 수립되면서 분단의 시기에 들어섰다. 중국도 대만 해협을 사이 두고 서로 대치되는 두 개의 정권이 수립되었다. 넷째, 양국 모두 '냉전시기'의 전초지대가 되었다. '정전협정' 체결 후 한반도는 '38선'을 분계로 냉전 전방이 되었고 중국 역시 대만 해협을 사이 두고 상당히 긴 대치와 단절의 시기에 들어섰다. 중국과 한반도는 이토록 유사한 역사 속에서 제각기 단장의 아픔을 겪어 왔다.

다음으로 사회적 행정(行程)을 추진하는 목표가 기본적으로 일치한다. '세계체제론'을 정립한 이매뉴얼 월러스틴은 주변부 국가는 세계경제 긴축의 기회를 빌려 수입 대체 산업화를 실시하거나, 사회주의 자력갱생의 발전 전략을 실행하거나, 세계경제 팽창기에 국가와 다국적 기업을 긴밀히 이어주는 발전 전략을 실행하면 반주변부 국가로 거듭날 수 있다고 인정했다. 중·한 양국은 모두 전통적인 농업사회로서 한때 식민지 또는 반식민지의 '주변부 국가'로서 산업 공업화와 사회 현대화를 실현하는 형태 전환의 역사적 과업을 떠맡아야 했다. 양국은 통치 이념이나 사회 제도가 서로 다르지만 공업화, 현대화를 이룩하는 목표는 같았던 것이다. 이 시기에 중·한 양국은 전쟁으로 폐허가 된 국민경제를 복구, 발전시켰으며 '5개년 계획'을 세워 공업화를 힘써 추진하였다.

그다음으로 자국 특색을 띤 공업화와 현대화의 길을 모색한 이념과 조치가 비슷하다. 서구 중심주의는 공업혁명은 서구에서 일어났고 공업화, 현대화는 당연히 '서구화'의 길을 따라야 한다고 주장한다. 특히 중국, 한국과 같이 짙은 유교 논리 문화 전통을 가진 나라가 '완전 서구화'의 길을 따라 '민주제도'를 도입하지 않은 채 공업화를 실현할 수 있을지 의심을 받아 왔다. 한국은 1960년대 초 이미 "서양의 민주 제도를 그대로 본받아서는 안 되며 사대주의와 식민주의 사관을 타파해야 한다."고 생각하고 한국의 산업화와 현대화의 희망을 한국 사상사의 주체성에 뿌리를 내린 '한국적 민주주의'에 두어야 한다는 박정희 전 대통령의 주장도 있었다. 중국 공산당은 예부터 교조주의와 비현실적인 원칙주의를 반대하고 마르크스주의의 중국화와 중국 특색의 사회주의를 견지해 왔다. 산업화를 향한 길에서 중·한 양국은 각기 직면하고 있는 현실이 서로 달랐기에 그 과정에서 참고로 된 사상적 자원 또한 다를 수밖에 없었다. 하지만 양국은 모두 산업화와 현대화 이론의 '현지화' 정착에 노력을 기울여 왔다.

중·한 양국은 현대사회로의 전환 과정에 괄목할 만한 성과를 거두었다. 한국이 경제 발전에서 이룩한 '한강의 기적' 그리고 중국이 개혁·개방 과정에 모색해 낸 '중국식 모델'이 바로 그것들이다. 물론, 양국은 사회제도와 경제제도, 산업화 추진 과정 등에서 차이가 있다. 이러한 공통점들과 차이점들은 비교를 통해 얻어진 것이다. 비교는 대립을 위해서가 아니다. 비교를 통해 교류가 이루어지고 비교를 통해 함께 발전하는 길을 찾을 수 있다.

이 책은 한 정당의 역사를 기록한 것만은 사실이다. 다만 책에서 서술되는 시기의 중국 공산당은 이미 혁명당이 아닌 새 나라 건설을 추진하는 집권당이고, 세계에서 가장 많은 인구를 가진 가난한 농업

사회를 산업화와 현대화로 이끌어 가는 집권당이다. 그러므로 이 책은 한 정당의 조직과 구조, 이념 그리고 내부 운동 등의 내용만 다루는 기존의 정당사와는 달리, 집권당의 정치체계와 경제, 국방, 외교, 교육, 과학기술, 사회 등 제 방면 그리고 중대한 사건들에 대한 결정 과정을 통해 집권 사상과 정치 철학 및 국내외의 다양한 변수들을 서술하고 있다. 이 책은 당대 중국의 역사를 훑어볼 수 있는 '개략사'와도 같은 것이다.

집권당의 역사를 다루고 있다는 성격상, 이 책에서는 국가 경제의 회복과 사회주의 건설에 관한 내용에 큰 비중을 두고 있다. 실제로 이 책의 소제목에는 '제1차 5개년 계획' 등 키워드가 5~6곳에서 나온다. 이러한 것들을 통해 독자들은 신중국 산업화의 태동과 발전, 결정, 실시 등 제반 과정 그리고 중요한 프로젝트들의 수량과 구조, 분포, 생산능력 등 생산력 배치 상황을 이해할 수 있다. 이런 의미에서 이 책은 또 '신중국 산업화 역사'라고 해도 과언이 아니다. 외교는 한 나라의 주권을 상징하고 국제환경과의 관계를 조율하는 중요한 분야이다. 이 책에서는 '한국전쟁', '건설에 유리한 평화로운 국제환경을 위한 노력', '1950년대 후반과 1960년대 중반 당의 외교 방침 및 우리나라의 외교 관계', '외교 전략의 전환과 대외 관계에서의 새로운 국면' 등 4개 장에 걸쳐서 신중국 대외 정책의 변화와 발전 과정을 정리하고 있다. 여기에는 중-소, 중-미, 한국전쟁 등 대국 관계 외에도 중국-인도, 중국-베트남 같은 주변국들과의 관계에 대해서도 다루고 있다. 그리고 국제 공산주의 운동에서의 일부 중요한 사건들도 언급되어 있다.

이 밖에 일반 독자들이 큰 관심을 보이는 '양탄일성(원자탄, 수소탄, 인공위성 기술)', '달라이 라마와 티베트', '린뱌오 그룹과 장칭 그

룹의 결탁과 모순' 등에 관한 내용도 심도 있게 서술하고 있다. 이 책은 다양한 문헌과 사료들을 접할 수 있는 권위와 자료를 지니고 있는 '중국 공산당 중앙위원회 당사 연구실'에서 펴낸 것으로 역사와 평론의 엄밀함, 역사적 논리의 합리성 등에서 장점을 보인다는 평가를 받고 있다.

　시진핑(習近平) 중국 국가주석이 한국을 국빈 방문하는 2014년 7월과 때를 맞춰《중국공산당역사》(1949~1978)를 한국에서 펴내게 되어 매우 뜻깊다. 양국은 서로 이념은 다르지만 오랜 붕우로서 지난 5,000년간 역사를 함께하고 문화를 공유해 왔다. 따라서 이번《중국공산당역사》한국어판 출간을 통해 중·한 학술 교류뿐만 아니라 상대국의 역사에 대한 이해의 폭을 넓히기를 바란다. 왜냐하면 한국은 중국과 가까운 이웃나라 중 하나이고 중국에 매우 중요하고 크게 서로 협력할 가능성을 지닌 전략적 동반자 나라이기 때문이다. 양국이 문화를 교류하고 역사 연구를 공동으로 추진하는 것은 서로에 대한 믿음이 있어야 가능하다. 아무쪼록 이 책이 중국을 연구하는 자료로 한국의 연구자들이나 역사학도는 물론 중국에 관심 있는 독자들에게 작은 도움이나마 될 수 있다면 더 이상의 기쁨은 없겠다. 한국어판이 출간되기까지 수고하신 관계자 여러분께 감사드린다.

2014년 6월 중국 민족출판사 당위원회 서기 우빈희(禹宾熙)

제1편

중화인민공화국의 창건과
사회주의로 가는 과정의 실현

1949년 10월 중화인민공화국이 창건된 이래 1956년 사회주의적 개조를 기본적으로 완수할 때까지 중국 공산당이 영도한 중국은 반식민지 반봉건사회로부터 민족을 독립시키고 인민이 주인이 되는 새 사회와 신민주주의로부터 사회주의에 이르는 두 가지 역사적 단계를 끊임없이 실현했다.

　　신중국이 창건된 후 3년 동안 당은 전국 여러 민족 인민들을 이끌어 대륙에서의 국민당 반동파의 잔여 무장 세력과 토비를 숙청하고 반대 세력에 맞서 반혁명을 진압했다. 또 지방 각급 인민대표회를 소집하며 각급 인민정권을 수립하고 인민민주주의 독재의 국가제도를 건전하게 만드는 한편, 중국 내 제국주의 자산을 접수하고 관료자본을 몰수하여 기업을 국가 소유로 하며 신해방구의 토지제도 개혁을 완수하고 신민주주의 경제를 발전시켰다. 막중한 사회개혁 과업을 성공적으로 수행하고 항미원조전쟁을 진행하면서 1952년 말에 이르러서는 전국 농공업 생산을 역사상 최고 수준으로 끌어올렸다. 또한 심각하게 파괴된 국민경제를 전반적으로 복구하여 계획적인 경제 건설과 사회주의적 개조를 진행할 수 있는 조건을 마련했다.

　　1953년에 중국공산당은 국내 경제·정치 상황과 국제정세의 변화에 비추어 과도기를 맞은 당의 전체적인 노선을 공식적으로 제기했다. 당은 사회주의적 공업화와 사회주의적 개조를 병진하는 방침을 취하고 전체적인 노선에 규정된 과업을 수행하기 위해 분투하도록 모든 당원과 전국 인민을 동원했다. 이 전체적인 노선은 당시 중국사회 발전의 요구에 부합하고 역사적 필연성을 반영한 전적으로 올바른 방향이었다. 중국은 과도기의 전체적인 노선을 지침으로 하여 계획적인 경제 건설과 생산수단의 사적 소유에 대한 사회주의적 개조를 시행하기 시작하면서 민주주의와 법제 건설을 강화하고 근본적인 정치제도인 인민대표대회제도를 확립했다. 또한 〈중화인민공화국 헌법〉을 제정, 시행하고 교육, 과학, 문화 건설과 국방 현대화 건설을 추진했다. 이 기간에 신중국은 독립자주의 원칙을 견지하고 평화적 외교방침을 준행했으며 건설에 필요한 국제 평화적 환경을 먼저 만들었다. 1956년에 이르러 중국은 제1차 5개년 계획의 공업 건설을 순조롭게 집행했다. 또한 농업, 수공업과 자본주의적 상공업에 대한 사회주의적 개조를 기본적으로 완수했으며, 사회주의의 기본제도를 수립했다. 이는 중국 역사상 가장 심대한 사회변혁이었다.

신민주주의 혁명의 승리와 사회주의의 기본 제도의 수립은 당대 중국의 모든 발전과 진보에 근본적인 정치적 전제와 제도적 기초를 놓았다.

제1장

중화인민공화국의 창건과
신생정권 공고화를 위한 투쟁

1949년 10월 1일, 중화인민공화국 중앙인민정부의 창건을 경축하는 의식이 수도 베이징(北京)에서 성대하게 거행되었는데 역사적으로 이를 '개국대전'이라고 한다. 오후 3시경 마오쩌둥(毛澤東) 주석이 톈안먼 성루에서 "중화인민공화국 중앙인민정부가 오늘 창건되었다!"고 장엄하게 선포했고, 군악단이 격조 높게 연주하는 '의용군행진곡'이 웅장하게 울려 퍼졌으며, 광장 한복판에서는 첫 오성홍기가 게양되었다. 마오쩌둥이 중앙인민정부 공고를 낭독한 데 이어 성대한 열병식이 진행되었다. 인민해방군 열병부대가 당당한 보무로 톈안먼 앞을 지나가고 새로 조직된 인민공군의 비행편대가 힘차게 수도의 상공을 날아갔다. 저녁 무렵에는 대중의 시위행진이 시작되었다. 노동자, 농민, 학생 대열과 시민 대열이 붉은 깃발을 높이 치켜들고 인민공화국의 탄생을 열렬히 환호했다. 그날 이미 해방된 전국의 각 대도시에서도 열렬한 경축활동이 진행됐다. 1949년 10월 1일은 중화인민공화국 창건을 선포한 날로 확정되었고, 중국에서는 매년 10월 1일을 중화인민공화국의 국경일로 경축한다.

중국인민혁명의 승리와 중화인민공화국의 창건은 중국 역사의 새로운 장을 열었다. 이 혁명을 영도하고 조직하여 승리를 달성한 중국공산당은 혁명 근거지와 해방구의 국부적 집권당에서 전국의 정권을 잡은 당으로서 전국 여러 민족 인민을 영도하여 새로운 국가, 새로운 사회를 건설하는 중대한 책임을 지게 되었으며 당의 역사도 새로운 장을 열게 되었다.

1. 중국 역사 발전의 새 기원을 열다

중국인민정치협상회의 소집

중화인민공화국의 창건은 중국공산당이 중국인민을 영도하여 진행한 신민주주의 혁명이 전국적 승리를 달성한 결과였다. 장기간의 혁명투쟁 속에서 마오쩌둥을 주요 대표자로 하는 중국 공산주의자들은 중국의 기본 국정을 깊이 인식하고 신민주주의 혁명과 사회주의 혁명 두 단계를 포함한 당이 영도하는 전반적인 중국 혁명운동의 과업을 확정했다. 첫 단계의 과업은 노동계급이 인민대중을 영도하여 중국에서 제국주의, 봉건주의, 관료자본주의의 통치를 뒤엎고 반식민지 반봉건사회를 신민주주의 사회로 바꾸는 것이었다. 두 번째 단계의 과업은 중국에서 사회주의 사회를 건립하는 것이었다. 중국혁명을 '두 단계로 나누어 진행'하는 총전략에 따라 당은 혁명 근거지와 해방구에서 중국 역사에 전례가 없던 신민주주의 제도를 창건하고 시행했다. 노농민주 정권, 항일민주 정권과 인민민주주의 정권의 확고부동한 발전 단계를 거치면서 당은 인민대중을 주체로 새로운 국가를 수립하는 일련의 기본 경험을 모색하고 결집해 나갔다. 즉 공산당을 거쳐 노동계급이 영도하는 노농동맹을 기초로 하는 인민민주주의 독재의 국가정권을 건립하며 여러 가지 경제체제가 사회주의 성격을 띤 국영경제의 영도 아래 분공과 합작을 실행하고 각기 자체의 발전을 실현하는 경제제도를 시행하며 신민주주의적인, 즉 민족적이고 과학적이고 대중적인 문화를 창도하고 발전시키는 것이었다. 중국혁명이 전국 정권을 직접 탈취하는 단계에 들어서면서 전국 면적의 3분의 1에 해당한 해방구에서 시행하던 신민주주의 제도가 전국적으로 신속히 보급되었다.

1949년 9월, "중국인민정치협상회의는 신민주주의, 즉 인민민수주의를 중화인민공화국 건국의 징치적 기초로 하는 것에 만장일치로 동의했다."[1] 마오쩌둥이 지적한 바와 같이 이것은 중국혁명 과정에서 일시적으로 취한 '과도적인 국가 형태'였다.[2]

1949년 6월, 중국공산당은 각 민주당파, 무소속 민주인사, 그리고 각 인민단체와 함께 신정치협상회의준비위원회를 출범시키고 3개월의 신중한 작업을 거쳐 중화인민공화국을 창건하기 위한 여러 가지 준비를 마무리했다. 9월 21일부터 30일까지 중국인민정치협상회의 제1기 전체회의가 베이핑[北平, 오늘날의 베이징(北京)]의 중난하이(中南海) 이녠탕(頤年堂)에서 소집되었다. 그 과업으로는 전국 여러 민족 인민들의 의지를 집중하여 중화인민공화국의 창건을 선포하고 중국인민의 헌장을 제정하며 중국인민의 중앙정부를 조직하는 것이었다. 이는 중국 역사에서 획기적인 의의를 가지는 전례 없는 성대한 회의였다.

대회에는 당파 대표, 구역 대표, 인민해방군 대표, 단체 대표 등 도합 45개 단위와 특별초청 인사들이 참석했는데 정식대표, 후보대표와 특별초청대표 등 총 662명이었다. 회의 대표의 명단은 각 부문 간에 거듭된 토의와 협상을 거쳐 확정한 것으로 중국공산당, 각 민주당파, 무소속 인사, 각 구역과 인민해방군의 대표들을 비롯하여 노동자, 농민, 부녀, 청년, 학생, 문화교육, 문학예술, 자연과학과 사회과학 각 사회단체와 상공업계, 종교계, 소수민족과 해외 화교 등 각 부문 대표들이 망라되었다. 정치협상회의의 발기자인 중국공산당은 제일 큰 정당으로서 그 대표 정원은 중국국민당혁명위원회, 중국민주동맹의 정원과 비슷했으며 모두 정식대표 16명, 후보대표 2명이었

---

1) 중공중앙문헌연구실 편, '중국인민정치협상회의 공동강령', 〈건국 이래 중요문헌선〉 제1권, 중앙문헌출판사 한문판, 1992년, 1~2쪽.
2) 마오쩌둥, '신민주주의론'(1940년 1월), 〈마오쩌둥선집〉 제2권, 민족출판사, 1992년, 852쪽.

다. 회의에 참석한 중국공산당의 정식대표는 마오쩌둥(수석대표), 류사오치(劉少奇), 저우언라이(周恩來), 린보취(林伯渠), 둥비우(董必武), 천윈(陳雲), 펑전(彭眞) 등이었고 그 밖에 주더(朱德), 보이보(薄一波), 리리싼(李立三), 차이창(蔡暢), 랴오청즈(廖承志), 펑원빈(馮文彬) 등 공산당원들이 각기 인민해방군, 해방구, 공회, 부녀연합회, 청년연합회, 청년단[3] 등 단위를 대표하여 대회에 참석했다.

평화와 민주주의를 쟁취하기 위해 분투하는 가운데 신정치협상회의 준비에 적극 참가한 각 민주당파, 즉 중국국민당혁명위원회, 중국민주동맹, 민주건국회, 중국민주촉진회, 중국농공민주당, 중국인민구국회[4], 삼민주의동지연합회, 중국국민당민주촉진회[5], 중국치공당, 구삼학사, 타이완 민주자치동맹와 무소속 민주인사 대표들이 대회에 참석했다. 대회는 신해혁명 이래 영향력이 있던 대표 인물들을 특별초청했는데 쑨원(孫文)의 부인이며 전반 민주주의 혁명에서 항상 정의의 편에 서 있던 건강한 투사인 쑹칭링(宋慶齡)이 그중 첫 사람으로 요청되었다. 특별초청 대표에는 청나라 때의 한림, 노동맹회 회원, 그리고 반동 진영에서 분화되어 나온 원 국민당 정부의 관원, 국민당 군대의 의거장령 등이 있었다. 이런 대표 진영은 제국주의와 국민당 반동파가 완전히 고립되었음을 표명할 뿐만 아니라 제국주의, 봉건주의, 관료자본주의를 반대하는 장기간의 투쟁 속에서 중국 노

---

3) '중국신민주주의청년단'을 가리킨다. 1957년 5월에 '중국공산주의청년단'으로 개칭했다.

4) 중국인민구국회는 원명이 '전국 각계 구국연합회'이며 1936년 5월에 설립되었다. 1941년에는 중국민주정단동맹을 발기, 준비하는 데 참가하여 민주동맹의 한 부분이 되었지만 자체의 독립적인 조직을 보류하고 있었디. 항일전쟁이 승리한 후 중국인민구국회로 개칭했으며, 1949년 12월 18일에 마무리됐음을 선포했다.

5) 삼민주의동지연합회는 1945년 10월 28일에 설립되었고 중국국민당민주촉진회는 1946년 4월 15일에 설립되었다. 두 당파는 1948년 1월에 중국국민당혁명위원회에 참가했으나 각기 자체의 독립조직을 가지고 있었다. 1949년 11월에 국민당 각 민주파 통일회의가 열린 후 두 당파는 단독으로 존재하지 않았다.

동계급, 농민계급, 소자산계급, 민족자산계급, 그리고 기타 애국민주인사들로 구성된 인민민주주의 통일전선의 위대한 힘을 더욱 과시했다.

대회는 단결되고 민주주의적이며 장중하고 엄숙한 분위기에서 개막되었다. 마오쩌둥이 개막연설을 했다. 그는 지금의 중국인민정치협상회의는 완전히 새로운 기초에서 소집된 것으로 전국 인민을 대표하는 성격을 띠고 있으며 전국 인민의 신뢰와 옹호를 받고 있으므로 전국인민대표대회의 직권을 자체로 집행하며 자기의 의정에서 중화인민공화국의 창건과 관련한 모든 사무를 결정할 것이라고 선포한다고 말했다. 마오쩌둥은 "우리의 사업은 인류의 역사에 기록될 것이다. 이는 인류 총수의 4분의 1을 차지하는 중국인들이 이때부터 기운차게 일어섰음을 표명한다."고 자신만만하게 말했다. 마오쩌둥의 개막사는 백 년의 분투를 거쳐 마침내 승리를 달성한 중국인들의 가장 강렬한 민족적 자신감을 표현했다.

대회는 전체회의를 모두 8차례나 열었다. 첫날의 전체회의에서 중국공산당의 대표 류사오치는 중국공산당은 1개 정당의 자격으로 인민정치협상회의에 참가하여 기타 여러 민주당파, 여러 인민단체, 여러 소수민족, 해외 화교 및 기타 애국적 민주인사들과 신민주주의적 공동강령의 토대 위에서 성심성의로 합작함으로써 중국의 모든 중요한 문제들을 결정할 것이라고 말했다. 특별초청 대표 쑹칭링은 "우리가 오늘의 역사적 지위에 도달할 수 있었던 것은 중국공산당의 영도가 있었기 때문이다. 이는 인민대중의 힘을 가진 유일한 정당이다. 쑨원 선생의 민족, 민권, 민생 삼민주의의 성공적인 실현은 공산당의 아주 믿음직한 담보가 되었다."고 말했다. 중국 국민당 혁명위원회 대표 리지선(李濟深)은 신민주주의 국가는 민의를 진정으로 반영하고 광범위한 인민을 위해 효과적으로 복무하며 인민민주주의 독재를 공고히 하고 신민주주의 정치적, 경제적, 국방적, 문화교육적 대대적인 건설을 전개하는 데 필요한 것이기에 민주주의 중앙집권제의 원칙에 기초를 둔 정치제도는 우리가 마땅히 취해야 할 훌륭한 제도라고 밝혔다. 중국민주동맹의 대표 장란(張瀾)은 혁명도 어렵지만 건설도 쉽지 않다. 장기간 전쟁을 겪은 나라에서 건설하기란 더더욱 어렵다. 우리는 천재일우의 건국 기회를 포착하고 한마음 한뜻으로 단합하여 서로 격려하면서 새로운 중국, 새로운 사회를 건설하는 역사적 사명을 완수해야 한다고 말했다. 상공업계, 과학기술계, 문학예술계 등 각계 대표들은 과거 제국주의에 의거하던 경제체계를 완전히 돌려세우고 신민주주의 경제 건설에 적극 참여하며 민족적이고 과학적이고 대중적인 문화교육방침 아래 인민을 위한 복무에 힘쓰고 신중국의 문화 건설을 위해 분투해야 한다고 말했다.

회의에 참석한 대표들은 공화국 창건에 참가한 사명감을 안고 대회의 각항 의안에 대해 충분히 토론하고 민주주의적으로 충분히 협상했다. 9월 27일, 전체회의는 〈중국인민정치협상회의 조직법〉과 〈중화인민공화국 중앙인민정부 조직법〉을 만장일치로 채택했다. 중국인민정치협상회의 조직법은 다음과 같이 규정했다. "중국인민정치협상회의는 전 중국 인민민주주의통일전선조직이며 일반선거에 의한 전국인민대표대회가 소집되기 전에 중국인민정치협상회의 전체회의는 전국인민대표대회의 직권을 집행한다. 전국인민대표대회가 소집된 후에는 국가건설사업의 근본 대계나 중대한 조치와 관련하여 전국인민대표대회 또는 중앙인민정부위원회에 건의안을 제기한다." 중앙인민정부 조직법은 다음과 같이 규정했다. "중화인민공화국 정부는 민주주의 중앙집권제 원칙에 기초한 인민대표대회제의 정부이며 중앙인민정부위원회는 대외적으로는 중화인민공화국을 대표하고 대내적으로는 국가정권을 영도한다." 그날 회의는 또 다음과 같은 4가지 결의안을 채택했다. "중화인민공화국의 수도를 베이핑(北平)으로 정하고 베이핑을 베이징(北京)으로 개명한다. 중화인민공화국은 기원기년을 채용한다. 중화인민공화국 국가가 공식적으로 제정되기 전까지 '의용군행진곡'을 국가로 한다. 중화인민공화국의 국기는 오성홍기이며 이는 중국혁명인민의 대단결을 상징한다."

9월 29일, 전체회의는 '중국인민정치협상회의 공동강령'(이하 '공동강령'으로 약칭)을 만장일치로 채택했다. '공동강령'은 신중국의 인민대헌장으로서 한시적 임시헌법의 역할을 했다.

9월 30일, 전체회의는 마오쩌둥, 저우언라이, 리지선, 선쥔루(沈鈞儒), 천수퉁(陳叔通) 등을 비롯한 180명의 위원을 뽑아 중국인민정치협상회의 제1기 전국위원회를 구성하고 마오쩌둥을 중앙인민정부 주석으로, 주더, 류사오치, 쑹칭링, 리지선, 장란, 가오강(高崗)을 부주석으로, 천이(陳毅) 등 56명을 위원으로 뽑아 중앙인민정부위원회를 구성했다. 그날 오후 6시에 전체 대표들은 텐안먼광장으로 가 인민영웅기념비 정초식을 진행했다. 마오쩌둥은 자기가 쓰고 회의에서 만장일치로 통과된 비문을 낭독했다. "지난 3년 동안 인민해방전쟁과 인민혁명에서 희생된 인민 영웅들은 영생불멸하리라! 30년 동안 인민해방전쟁과 인민혁명에서 희생된 인민 영웅들은 영생불멸하리라! 지금으로부터 1840년까지 거슬러 올라가 그때로부터 국내외 원수들에 맞서 민족의 독립과 인민의 자유와 행복을 쟁취하기 위한 모든 투쟁에서 희생된 인민 영웅들은 영생불멸하리라!" 승리를 경축하는 즐거운 나날에 중국공산당과 전국 인민은 공경하는 마음으로 민족독립과 인민해방을 위한 기나긴 투쟁에서 용감하게 목숨을 바친

혁명 선열들을 기념했다.

30일에 열린 전체회의에서는 '중국인민정치협상회의 제1기 전체회의 선언'을 만장일치로 통과시키고 전 세계에 "중화인민공화국은 이제 창건을 선포한다. 중국인민은 이제 중앙정부를 가지게 되었다." "중국의 역사는 지금부터 새로 열렸다."고 장엄하게 선포했다. 대회는 중화인민공화국을 창건하는 영광스러운 사명을 원만히 수행하고 폐막을 선포했다. 중국인민정치협상회의 제1기 전체회의는 독립적이고 민주주의적이며 평화적이고 통일된 부강한 신중국을 창건하기 위해, 전 세계 인민의 평화민주사업과 인류의 아름다운 미래를 쟁취하기 위해 지울 수 없는 역사적 기여를 했다.

구중국의 멸망과 신중국의 탄생을 겪은 중국 인민과 중화민족의 모든 애국민주 역량은 바로 중국공산당의 영도가 있었기 때문에 중국이 가장 비참한 처지에서 벗어나 밝은 길로 나아가고 위대한 역사적 전환을 이룩할 수 있었음을 깊이 인식했다. 공산당이 없으면 신중국은 없다. 이는 중국인민이 장기간의 분투 속에서 얻은 가장 기본적이고 가장 중요한 결론이다.

〈공동강령〉의 제정

전국 여러 민족 인민, 각 민주당파, 각 인민단체가 모두 받아들이고 준수할 수 있는 공동강령을 제정하는 것은 중화인민공화국 창건의 중요한 기초 사업이었다.

1947년 12월, 중공중앙회의에서 신민주주의혁명의 3대 경제강령을 제기하고 1948년 9월에 열린 중공중앙 징치국회의에서 새 국기의 국체와 정체를 확정하기까지 건국과 관련된 각항의 기본 방침에 대한 준비 사업들이 착착 진행되고 있었다. 1949년 3월, 중국공산당 중앙위원회 제7기 제2차 전원회의에서는 혁명이 전국적으로 승리한 후 정치, 경제, 외교 측면에서 당이 취해야 할 기본 정책을 규정하고 중국이 농업국에서 공업국으로, 신민주주의 사회에서 사회주의 사회로 발전하는 방향을 제시했다. 6월 30일, 마오쩌둥은 중국공산당 창건 28주년을 기념하여 '인민민주주의 독재에 대하여'를 발표했다. 이 글은 중국공산당 중앙위원회 제7기 제2차 전원회의의 결의와 함께 공동강령을 제정하는 이론적 정책적 기초가 되었는데 사실 신중국을 건설하는 설계도를 그려 놓은 것이었다. 새 정치협상회의 준비위원회는 중국공산당에 위탁하여 책임지게 하고 저우언라이에게 건국강령, 즉 공동강령의 기초 사업을 주관하게 했다. 공동강령 초안은 각 방면의 의견을 널리 청취한 기초에서 여러 차례 수정을 거친 후 정치협상회의 전체회의에 회부하고 토론을 통해 만장일치로 통과되었다.

국체와 정체는 건국강령에서 해결해야 할 기본 문제였다. 전국에서 항일전쟁이 발발하기 전에 중국공산당이 제기한 '민주주의공화국'이라는 구호와 1940년 초에 마오쩌둥이 발표한 '신민주주의론'은 신민주주의공화국의 국체, 즉 국가에서의 사회 각 계급의 지위는 '각 혁명적 계급의 연합독재'라고 기본적으로 밝혔다. 1944년에 중국공산당은 국민당의 일당 독재를 폐지하고 민주주의적 연합정부를 수립하자는 구호를 내세웠으며 1945년의 중국공산당 제7차 대표대회에서 "일본 침략자를 철저히 격멸한 후 전국의 절대다수 인민을 기초로 한, 노동계급의 영도 아래 있는 통일전선의 민주주의적 동맹의 국가 제도를 수립하는 것"이라는 주장을 명확히 밝혀 전국 사회 각계의 광범위한 지지를 받았다.

항일전쟁이 끝난 후 광명과 암흑이라는 두 운명의 결전을 치르면서 중국공산당이 영도하는 인민혁명 역량은 급속히 커졌고, 신민주주의 혁명이 전국 정권을 직접 탈취하는 단계에 들어섰다. 1948년, 중국공산당 중앙위원회에서는 정치협상회의를 조속히 소집하기 위한 '5·1'구호를 발표하고 국민당 반동통치 집단을 민주연합정부에서 배제했다. '인민민주주의 독재에 대하여'란 글에서는 "우리의 경험을 결집하여 한 곳에 귀결시킨다면 그것은 곧 노동계급(공산당을 통해)이 영도하고 노농동맹을 기초로 하는 인민민주주의 독재이다.", "인민 내부에 대한 민주주의와 반동파에 대한 독재가 서로 결합된 것이 곧 인민민주주의 독재이다.", "인민민주주의 독재의 기초는 노동계급과 농민계급, 도시 소자산계급의 동맹이며 주로는 노동자와 농민의 동맹이다.", "지금 단계에서 민족자산계급은 매우 중요하다.", "그러나 민족자산계급은 혁명의 영도자가 될 수 없으며 또 국가 정권에서 주요한 지위를 차지해서도 안 된다."고 더욱 명확히 밝혔다. 이렇게 국가에서의 각 계급의 지위와 상호 관계에서 인민민주주의 독재가 신중국의 국체임을 확정했다. '공동강령'의 총강에 명확히 규정한 바와 같이 중화인민공화국은 신민주주의, 즉 인민민주주의 국가로서 노동계급이 영도하고 노농동맹을 기초로 하며 각 민주계급[6]과 국내 각 민족을 단결하여 인민민주주의 독재를 시행한다. 또한 제국주의, 봉건주의와 관료자본주의를 반대하고 중국의 독립, 민주, 평화, 통일과 부강을 위하여 분투한다.

신중국의 정체, 즉 국가정권의 조직 형태에 대하여 마오쩌둥은 '신민주주의론'에서 다음과 같이 적시했다. "현재 중국에서는 전국인민대표대회, 성인민대표대회, 현인민대표대회, 구인민대표대회 그리

---

6) 여기에서는 신민주주의 시대에 인민민주주의 통일전선을 결성한 중국노동계급, 농민계급, 소자산계급과 민족자산계급을 가리킨다.

고 향인민대표대회에 이르기까지의 체계를 취할 수 있으며 각급 대표대회를 통하여 정부를 뽑을 수 있다. 그러나 성별, 신앙, 재산, 지식 정도 등의 차별이 없는, 진정으로 일반적이며 평등한 선거를 시행해야 한다. 그래야만 국가 내에서의 각 혁명계급의 지위에 적응될 수 있고…… 이러한 제도가 곧 민주주의 중앙집권제이다." 1948년 9월, 중앙정치국회의에서 마오쩌둥은 민주주의 중앙집권제에 의한 각급 인민대표대회를 수립하는 문제를 더욱 분명히 천명하면서 신중국에서는 자산계급 의회제와 입법, 행정, 사법의 삼권분립 등을 채용하지 않으며 소련의 소비에트 정권 형태도 그대로 본받을 수 없으므로 마땅히 민주주의 중앙집권제를 기초로 하는 인민대표대회제도를 실시하여 각급 인민대표대회에서 기본 방침을 결정하고 정부를 뽑아야 한다고 확인했다. 이 구상에 따라 '공동강령'은 정체에 대하여 다음과 같이 규정했다. 중화인민공화국의 국가정권은 인민에게 속한다. 인민이 국가정권을 실시하는 기관은 각급 인민대표대회와 각급 인민정부이다. 국가최고정권기관은 전국인민대표대회이다. 각급 정권기관은 일률적으로 민주주의 중앙집권제를 실시한다. 이때부터 인민대표대회제는 신중국의 기본 정치제도로 확정되었다.

국체, 정체와 부응하는 것은 또 중국 특징에 부응하는 정당제도다. 중국공산당은 신민주주의 혁명의 승리를 쟁취하기 위해 더없이 힘든 투쟁을 진행하면서 중국인민 속에서 극히 높은 위신을 수립했으며 각종 혁명 역량 가운데서 영도적 핵심 지위를 확립했다. 각 민주당파, 무소속 민주인사들은 상호 합작하고 거듭되는 비교를 거쳐 중국공산당의 영도를 정중하게 선택했다. 그들은 신정치협상회의를 소집하고 민주연합정부를 수립하는 데 중국공산당의 건의에 적극 호응하여 중국공산당의 영도 아래 국민당의 전제독재를 반대하고 신중국을 창건하기 위해 공동으로 분투하겠다는 공개 성명을 발표했다. 중국 각 민주당파가 혁명을 동정하고 지지했거나 혁명에 참여한 역사와 현실적 상황에 근거하여 1949년 3월에 중국공산당 중앙위원회 제7기 제2차 전원회의에서는 중국공산당과 당 외 민주인사들이 장기적으로 합작한다는 방침을 확정했다. 제1기 중국인민정치협상회의 전체회의가 소집된 것은 중국공산당이 영도하는 다당합작과 정치협상의 제도가 신중국의 기본 정치제도의 하나로 확립되었음을 상징한다. 중국혁명 역사 발전 가운데서 태어난, 중국민주정치의 발전 수요에 적응되는 이런 신형 정당제도는 신중국 건설사업의 발전과 사회의 진보에 중요한 역할을 했다.

건국강령을 제정하는 데 해결해야 할 또 다른 문제는 새 국가의 구조형태였다. 제1차 세계대전 이후 세계에는 민족자결의 큰 물결이 일어났으며 러시아 10월 혁명 이후에는 소비에트사회주의공화국연맹이 수립되었다. 이 영향으로 말미암아 중국공산당의 조기 강령에는 국내 각 민족의 자결권을 강조하면서 "중화연방공화국을 수립하자."는 구호를 내세웠다. 항일전쟁 시기에 당은 "각 민족은 평등하며, 모두 연합하여 통일된 국가를 건립하자."는 주장을 명확히 밝혔으며 산간닝(陝甘寧) 변구에 작은 규모의 민족자치지구를 건립했다. 그러나 1945년의 제7차 당대표대회까지도 '연방공화국'의 선전강령을 여전히 미루고 있었다. 그러다 전국 해방전쟁 시기인 1947년 5월에 중국공산당의 영도 아래 내몽골자치정부가 수립되었다. 당은 내몽골자치정부는 "독립적인 정부가 아니며 의연히 중국판도에 속하며 중국의 진정한 민수수의연합정부의 한 부분으로 존속하기를 원한다."[7]고

---

7) '중공중앙이 둥베이국(東北局), 서만분국에, 운택[우란후(烏蘭夫)] 등에게 보내는 전보', 1947년 3월 23일.

강조했다. 이는 당이 구역성 민족자치를 건립하는 데 성공적인 범례를 제공했다. 신중국 창건을 준비하는 사업이 착착 진행됨에 따라 어떠한 국가 구조 형태를 취할 것인가 하는 문제는 반드시 해결해야 할 중대한 쟁점으로 대두되었다.

〈공동강령〉을 기초하는 과정에서 마오쩌둥은 연방제를 채택할지, 아니면 통일된 공화국, 소수민족구역자치를 채택할지를 고려해야 한다며 당내의 의견을 청취했다. 당시 중공중앙통일전선사업부 부장으로 있던 리웨이한(李維漢)은 연구를 통해 다음과 같은 의견을 내놓았다. 중국은 소련과 국정이 다르다. (1) 소련에서는 소수민족 인구가 전국 총인구의 47%를 차지하지만 중국의 소수민족은 전국 총인구의 6%밖에 안 된다. 그뿐만 아니라 전반적으로는 분산되어 있고 국부적으로는 집거하고 있는 상태이다. 한족과 소수민족, 몇 개의 소수민족은 서로 섞여 살거나 교차적으로 집거해 있다. (2) 마르크스-레닌주의의 민족이론은 근본적으로는 통일된(단일제의) 국가 내에서 지방자치와 민족구역자치를 실시하며 다만 예외적인 경우에만 연방제를 허용한다고 주장했다. 사실 러시아는 2월 혁명과 10월 혁명을 거치면서 많은 비러시아 민족들이 이미 각각 한 나라로 분리되어 있었다. 그 때문에 어쩔 수 없이 연방제를 취하여 소비에트 형태로 구성된 각 국가를 연합하고 완전한 통일로 나아가는 과도 형태로 삼은 것이다. 하지만 중국의 사정은 다르다. 국내 각 민족은 중국공산당의 영도 아래 평등하게 연합하여 혁명을 진행하면서 통일된 인민공화국을 수립하기까지 민족 분리 없이 시종일관 통일된 국가를 유지했다. 그렇기 때문에 중국에서는 연방제가 맞지 않다.[8] 이러한 논증을 거쳐 당은

---

8) 리웨이한이 1983년 10월에 중공중앙 서기처와 덩샤오핑(鄧小平)에게 보내는 편지 '민족자치지방 건립에 관하여'이다. 편지에서는 1949년 중국인민정치협상회의 준비 기간에 마오쩌둥의 요구에 따라 그

신중국에서는 통일된(단일제의) 국가 내에서 민족구역자치제도를 실시하고 연방제는 실시하지 않는다고 확정했다. 이 중대한 결책은 중국공산당이 마르크스-레닌주의의 민족이론을 적용하여 중국 민족문제를 해결한 위대한 창조였다.

1949년 9월 7일, 저우언라이는 제1기 중국인민정치협상회의에 참가한 대표들에게 한 '중국인민정치협상회의에 관한 몇 가지 문제'라는 제목의 보고에서 다음과 같이 지적했다. 중국은 다민족 국가로서 "우리는 민족자치를 주장하지만 민족문제를 이용하여 중국의 통일을 파괴하려는 제국주의의 이간 책동을 결정적으로 저지해야 한다." "제국주의자들이 또 우리의 티베트, 타이완, 나아가 신강을 분열시키려고 책동하고 있는 지금의 정세에서…… 우리나라의 이름은 연방이라고 하지 않고 중화인민공화국이라고 한다." "비록 우리는 연방제를 실시하지 않지만 민족구역자치를 실시하여 민족자치권을 행사하게 할 것을 주장한다."[9] 이 문제는 중국인민정치협상회의의 토론을 거쳐 만장일치를 통해 '공동강령'에서 다음과 같이 명확하게 규정했다. "중화인민공화국경 내의 각 민족은 모두 평등하다." "각 소수민족이 집거하고 있는 지방에서는 민족구역자치를 시행해야 하며 집거하고 있는 민족의 인구수와 구역의 크기에 따라 각기 다른 여러 민족자치기관을 건립해야 한다." 이로부터 통일된 국가 내에서 민족구역자치를 시행하는 것은 중화인민공화국 기본 정치제도의 하나로 확정되었다. 이는 중국이 그 어떤 복잡한 국내외 환경에도 시종 국가의 통일과 국내 각 민족의 단결을 유지하는 동시에 각 소수민족에게 충분한

가 중소 민족문제에 대하여 비교연구를 진행한 상황과 의견을 언급했다.
9) 중공중앙 통일전선사업부, 중공중앙 문헌연구실 편, 〈저우언라이 통일전선문선〉, 민족출판사, 1986년, 162~163쪽.

자치권을 부여하고 국가의 장구한 안정을 유지한다는 극히 심원한 의의를 담은 것이었다.

총괄적으로 말하면, 중화인민공화국의 국체는 노동계급이 영도하는, 노농동맹을 기초로 하는 인민민주주의 독재이며 그 정체는 민주주의 중앙집권제를 실시하는 인민대표대회제도이다. 또한 그 정당제도는 중국공산당이 영도하는 다당합작과 정치 협상의 제도이며 그 국가 구조 형태는 통일된 다민족 국가와 단일제 국가에서의 민족구역자치제도이다. 이 제도들은 중화인민공화국의 기본 정치제도를 완전히 체계적으로 구성했다.

신민주주의의 경제 구성과 경제제도에 대해서는 마오쩌둥이 '신민주주의론', '연합정부에 대하여' 등의 저작에서 원칙적으로 천명했다. 관료자본, 즉 국가독점자본은 국민당이 중국을 통치한 20년 동안 급속히 발전했고 항일전쟁 시기와 일본이 투항한 이후에 최고조에 이르렀다. 마오쩌둥은 1947년 12월에 소집된 중앙회의에서 한 보고에서 관료자본을 몰수하여 신민주주의의 국가 소유로 하는 것을 신민주주의 혁명의 3대 강령의 하나로 한다고 명확히 밝혔다. 그는 신중국의 경제 구성을 다음과 같이 천명했다. 첫째, 관료자본을 몰수하여 국영경제를 건립하는데 이것은 영도성분이다. 둘째, 개인경제로부터 점차 집단경제의 방향으로 발전하는 농업경제다. 셋째, 자영소공상업자의 경제와 사자본주의경제다. 1948년 9월, 중앙정치국회의에서 마오쩌둥은 신중국 경제 구성의 사회주의적 요소에 착안하여 다음과 같이 지적했다. "우리의 사회경제 가운데서 결정적 작용을 하는 것은 국영경제와 공영경제다. 이 나라는 무산계급이 영도하는 것이므로 이런 경제들은 모두 사회주의 성격을 띤 것이다. 농촌 개인경제에 도시 개인경제를 합하면 양적으로는 많지만 결정적 역할은 하지 못한다. 우리의 국영경제, 공영경제는 양적으로 비교적 적지만 결정적 역할을 한다." "사회주의 성격이란 말은 해야 한다. 하지만 전반 국민 경제는 그래도 신민주주의 경제, 즉 사회주의 경제의 영도 아래 있는 경제 체계이다."[10)

1949년 3월에 이르러 마오쩌둥은 중국공산당 중앙위원회 제7기 제 2차 전원회의에서 한 보고에서 다음과 같이 더욱 강조해 천명했다. "사회주의적 성격의 국영경제, 반사회주의 성격의 합작사 경제 그리 고 사자본주의, 개인경제, 국가와 개인이 합작하는 국가자본주의 경 제 이러한 것들이 바로 인민공화국의 몇 가지 주된 경제 구성요소이 며 또 이러한 것들이 신민주주의적 경제 형태를 이룬다." 전반적인 국민경제에서 국영경제는 영도적 성분으로서 결정적 역할을 한다. "중국의 사자본주의 공업은 현대적 공업에서 제2위를 차지하고 있 다. 이것은 무시할 수 없는 힘이다." 그러므로 "혁명이 승리한 후에도 상당히 긴 시기에 걸쳐 가능한 한 도시와 농촌의 사자본주의의 적극 성을 이용함으로써 국민경제의 발전에 이롭게 해야 한다." 동시에 몇 가지 방면에서 "자본주의에 대해 각지, 각 업종 및 각 시기의 구체적 형편에 따라 여러 면에서 적절하고도 신축성 있는 제한정책을 시행 할 것이다." "만일 우리가 아직은 자본주의를 제한하지 말아야 한다 고 생각하거나" 또는 "만약 사자본에 대해 지나치게, 변통성 없이 제 한해야 한다고 생각한다."면 모두 완전히 잘못된 것이다. 마오쩌둥은 특별히 다음과 같이 강조했다. 중국의 경제는 아직 낙후한 상태에 놓 여 있고 현대적 공업이 전반적인 국민경제에서 차지하는 비중이 매 우 낮다. 이것은 당이 경제 정책을 제정하는 데 가장 기본적인 의거

10) 마오쩌둥, '중공중앙 정치국회의에서 한 보고와 결론', (1948년 9월), 〈마오쩌둥문집〉 제5권, 인민출 판사 한문판, 1996년, 139, 141쪽.

이며 "또한 중국의 혁명 시기와 혁명 승리 이후의 상당히 긴 기간에 걸친 모든 문제의 기본 출발점이다."[11]

이 기본 출발점에서 시작하여 '공동강령'은 제4장 경제정책에서 다음과 같이 규정했다. 중화인민공화국 경제 건설의 근본 방침은 공적인 것과 사적인 것을 고루 돌보며, 노동자와 자본가 양자에게 모두 이롭고 도시와 농촌이 서로 도우며 대내외적으로 교류하는 정책으로서 생산을 증대시키고 경제를 번영시키는 목적을 달성하는 것이다. 국가는 경영범위, 원료공급, 판매시장, 노동조건, 기술설비, 재정정책, 금융정책 등에서 국영경제, 합작사 경제, 농민과 수공업자의 개인경제, 사자본주의 경제와 국가자본주의 경제를 조정하여 각종 사회경제 체제가 국영경제의 영도 아래 분공합작하고, 이들을 적재적소에 배치함으로써 전반 사회경제의 발전을 촉진시켜야 한다. 국영경제는 사회주의 성격의 경제로 인민공화국이 생산을 발전시키고 경제를 번영시키는 주요한 물질적 기초이며 전반 사회경제의 영도적 역량이다. 합작사 경제는 반사회주의 성격의 경제로 전반 인민경제의 중요한 구성 부분이므로 광범위한 근로대중이 자원적 원칙에 따라 합작사업을 발전시키도록 격려하고 지원해 주어야 한다. 무릇 국가의 경제와 인민의 생활에 이로운 사영경제사업이라면 그 경영의 적극성을 고무하고 그 발전을 지원해 주어야 한다. 또한 필요하고 가능한 조건에서 사자본이 국가자본주의 방향으로 발전하도록 격려해야 한다. 이러한 기본 경제방침은 신중국이 창건된 후 사회주의 성격의 국영경제를 지속적으로 발전 · 증대시키며, 자본주의 공업의 생산력을 충분히 이용하며 전반 국민경제에서 현대적인 공업의 비중을

---

11) 마오쩌둥, '중국공산당 중앙위원회 제7기 제2차 전원회의에서 한 보고'(1949년 3월 5일), 〈마오쩌둥 신집〉 제4권, 민족출판사, 1992년, 1798~1799쪽.

점차 확대하고, 사회주의 전환을 실현하기 위한 물질 기술적 기초를 마련하는 데 중대한 의의가 있다.

신중국의 국체, 정체, 국가 구조 형태 및 경제 구성의 최종 기틀을 확정한 후 '공동강령'에서는 다음과 같이 규정했다. 중화인민공화국의 군사제도는 통일된 군대, 즉 인민해방군과 인민공안부대를 건립하고 중앙인민정부 인민혁명군사위원회의 통솔을 받으며 지휘의 통일, 제도의 통일, 편제의 통일, 규율의 통일을 실시한다. 중화인민공화국은 신민주주의적, 즉 민족적, 과학적, 대중적 문화교육 정책을 시행한다. 중화인민공화국 외교정책의 원칙은 자국의 독립, 자유 및 영토 주권의 통일을 보장하고 국제의 지구적인 평화를 옹호하며 각국 인민 간의 친선합작을 수호하며 제국주의의 침략정책과 전쟁정책을 반대하는 것이다.

총체적으로 '공동강령'은 마르크스-레닌주의, 마오쩌둥 사상의 지도 아래 중국인민의 지난 100여 년 동안, 특히 지난 20여 년 동안 제국주의, 봉건주의, 관료자본주의를 반대하는 혁명투쟁 경험을 총화하고, 중국의 정치, 경제, 사회의 실제 형편에서 출발하여 제정해낸 신중국의 건국강령이다. '공동강령'은 중국공산당 전부의 최저강령, 즉 당면 단계에서 신민주주의 혁명과 건설을 실현하는 과업을 포함한 동시에 중대한 기본방침에서 당이 앞으로 제정하게 될 사회주의의 강령과 이어졌다. '공동강령' 초안을 토론할 때 많은 대표는 총강에서 사회주의의 전도를 명확히 규정할 것을 건의했다. 저우언라이는 '공동강령'의 특징을 해설할 때 다음과 같이 설명했다. "신민주주의는 반드시 사회주의로 발전해야 한다. 이 방향은 조금도 의심힐 바 없이 확정적인 것이지만 전국 인민에게 이를 해석해주고 알려주어야 하며, 특히 실천을 통해 그것을 실증해주어야 한다. 전국 인민은 오직 자기의 실천을 통해 이것이 가장 훌륭하고 유일한 방향임을 인식하게 될 때에야 비로소 그것을 진정으로 인정하게 될 것이며 그 실현을 위해 전심전력으로 싸우려 할 것이다. 그러므로 지금 잠시 그것을 써넣지 않는 것은 그것을 부정하는 것이 아니라 그것을 더욱 심중하게 대하기 위한 것이다. 그리고 이 강령의 경제에 관한 부분에는 이 방향으로 나아가는 것이 실제적으로 보장되도록 규정되어 있다."[12] 회의의 대표들은 이 의견에 모두 동의했다.

'공동강령'은 전 중국인민의 의지를 대표하는 정치협상회의 전체회의에서 만장일치로 통과되어 명실공히 신중국의 건국강령과 건설의 설계도가 되었다. 당면 단계에서 해야 하고, 할 수 있는 것이면 이 강령에 일일이 명시되어 있었다. 그러나 앞으로 해야 하고, 사실상 현 단계에서 아직 할 수 없는 것은 이 강령에서는 보류하고 언급하지 않았으며 미래 사회의 원경을 구체적으로 묘사하지 않았다. 그러므로 이것은 진정으로 중국의 실제에 입각하고 인민의 수요에 알맞은 행동강령이었고, 임시헌법의 성격을 띤 인민대헌장이었다. 전반 신민주주의 건설 시기에 '공동강령'은 전국의 모든 당파, 단체, 개인의 활동을 규정하고 가늠하는 공동준칙이 되었다. 이 점에 근거하여 류사오치는 중국공산당을 대표하여 제1기 정치협상회의 전체회의에서 중국공산당은 '공동강령'의 모든 규정을 전적으로 준수할 것이라고 엄중하게 선포했으며 동시에 전국 인민들에게 이 강령을 철저히 실현하기 위해 분투할 것을 호소했다.

중화인민공화국의 창건은 근대 들어 중국의 수많은 우국지사가 민족의 독립, 인민의 해방을 위해 분투해 온 기본적인 역사적 과업이

---

12) 저우언라이, '중국인민정치협상회의 공동강령 초안의 특징'(1949년 9월 22일), 〈저우언라이선집〉(상), 민족출판사, 1981년, 482쪽.

승리로 완수되었고, 이때부터 나라의 번영부강과 인민의 공동부유의 기본과업을 실현하기 위해 분투하는 새로운 노정이 시작되었음을 상징하는 것으로 중대하고 심원한 의의가 있다.

중화인민공화국의 창건은 지난 100여 년 동안 중화민족이 제국주의의 침략과 압박을 받아오던 역사를 근본적으로 결속 짓고 중국의 반식민지적 성격을 개변시켜 진정으로 독립주권을 가진 나라가 되게 했다. 중국인민의 위대한 민족정신은 지대하게 분발되었고 중화민족은 이때부터 새로운 모습으로 세계민족 가운데 서게 되었다.

중화인민공화국의 창건은 노동계급이 영도하는, 노농동맹을 기초로 한 인민민주주의 독재의 국가정권을 건립한 것이다. 이것은 중국 역사에서 볼 수 없었던 인민이 주인인 새로운 정권이다. 이는 극소수의 착취자가 광범한 근로인민을 통치하던 역사를 마무리 짓고 근로인민이 새 나라 새 사회의 진정한 주인이 되게 했다. 이로써 중국인민의 사회정치적 지위는 근본적으로 변화되었다.

중화인민공화국의 창건은 사분오열된 구중국을 근본적으로 바꾸고 전국 범위(타이완 등 섬을 제외한)에서 국가의 통일을 신속히 실현하고 공고히 했다. 전국 각 민족 인민의 대단결을 비롯하여 전국의 노동자, 농민, 지식인과 기타 각 계층 인민의 대단결을 실현하고 공고히 함으로써 독립적이며 통일되고 민주주의적이며 부강한 신중국을 건설하는 데 강대한 민족 응집력을 불어넣었다.

중화인민공화국의 창건은 중국이 근대의 쇠락에서 강성으로 나아가는 역사적 전환점이 되었으며 중국공산당의 영도 아래 사회주의와 국가의 현대화 목표를 이루어 가기 위한 선세를 창조했다. 사회생산력이 전례 없던 해방을 언고 발전함에 따라 중국은 정치적으로 민족독립을 획득했고, 또 경제적으로 독립을 점차 실현하여 중국에서 사회주의 현대화를 건설하는 데 필요한 물질적 토대를 마련하려 했다.

중화인민공화국의 창건은 세계적 의의를 지닌다. 이는 세계 인구의 약 4분의 1을 차지하고 영토 면적이 세계의 3위를 차지하는 중국에서 인민민주주의제도를 수립하고 또 점차 사회주의제도를 수립하여 세계 평화 민주주의와 사회주의 진영의 역량을 크게 강화하고 제2차 세계대전 이후 국제 냉전 구도의 역량 구조를 바꾸면서 세계적으로 광범위하고 심원한 영향을 끼쳤다. 또한 인류의 평화, 민주주의, 정의, 진보적 사업에 대해 역사적 기여를 했다.

중화인민공화국의 창건은 중국공산당의 지위에도 근본적인 변화가 일어났음을 상징한다. 중국공산당은 인민을 영도하여 전국 정권을 탈취하기 위해 분투하던 당으로부터 인민을 영도하여 전국 정권을 장악하고 사회주의 혁명과 건설을 진행하는 동시에 장기적으로 집권하는 당이 되었다.

중앙인민정부의 조직과 당이 직면한 시련

중앙에서부터 지방에 이르기까지 중화인민공화국의 각급 인민정권은 낡은 국가기구를 철저히 파괴하고 완전히 새로운 기초 위에 수립한 것이다. 일찍이 1948년 9월에 건립된 화베이인민정부는 모든 인력, 물자, 재력을 동원하여 화베이구(華北區)의 통일을 완수하고 전국 해방전쟁을 지원하기 위해 탁월한 사업을 진행하면서 신중국의 정권 건설과 경제 건설을 위해 기본적인 경험을 쌓았다. 또한 더욱 완전한 행정 계통의 중앙인민정부를 수립하기 위해 조직적으로 준비했다. 화베이인민정부를 기초로 하여 중앙인민정부의 각 기구와 각 부서는 순조롭게 조직되었다. 이는 중앙정부에 긴급히 요구되는 대량의 간부들의 내원 문제를 해결했을 뿐만 아니라 중앙인민정부가 수립을 선포한 즉시 정상적으로 운영하고 사업을 시작할 수 있게 했다.

개국대전을 거행하기 전, 10월 1일 오후 2시에 새로 뽑힌 중앙인민정부위원회는 중난하이의 근정전에서 제1차 회의를 진행하고 취임을 선포했다. 회의는 '중국인민정치협상회의 공동강령'을 정부의 기본 시정방침으로 하고 린보취를 중앙인민정부위원회 비서장으로 추대하며 저우언라이를 중앙인민정부 정무원 총리 겸 외교부 부장으로, 마오쩌둥을 인민혁명군사위원회 주석으로, 주더를 인민해방군 총사령관으로, 선쥔루를 최고인민법원 원장으로, 뤄룽환(羅榮桓)을 최고인민검찰서 검찰장으로 임명하고 그들에게 각 정부기관을 조속히 구성하고 각항의 정부사업 집행을 요구한다고 만장일치로 결의했다. 동시에 회의는 해당 정부는 중화인민공화국 전국 인민의 유일하고 합법적인 정부임을 각 나라 정부에 선포하고 무릇 평등, 호혜, 영토주권의 상호 존중 등 원칙을 준수하려는 어떤 외국 정부와도 해당 정부는 외교관계를 맺을 것이라고 결의했다.

10월 19일, 중앙인민정부위원회 제3차 회의에서는 정무원과 그 관할하의 위원회, 부책임자 명단을 통과시켰다. 21일에는 저우언라이 총리의 사회로 정무원 제1차 회의가 소집되어 정무원의 건립을 선포했다. 정무원은 국가정무의 최고집행기관으로서 아래에 정치법률, 재정경제, 문화교육과 인민검찰 4개 위원회를 두었으며 내무, 외교, 재정, 금융, 무역, 공안, 중공업, 경공업, 교통, 농업, 과학, 문화, 교육, 민족, 화교사무 등 모두 30개 사업 부서를 두었는데 그중 재정경제에 관련한 부서만 16개나 되었다. 이는 경제건설이 새로운 정부사업에서 중요한 위치를 차지하고 있음을 보여준다.

중앙인민정부의 구성은 중국공산당의 강력한 영도로 노동계급이 국가정권을 영도하는 근본 속성을 구현했다. 동시에 여러 민주당파가 정부에 참여하는 것으로 통일전선의 정권을 이루고 단결합작하고 정치를 협상하는 인민민주주의 원칙을 구현했다. 정부 영도성원을 선발할 때에는 모두 공산당이 각 민주당파와 거듭 협상한 후에 지명했다. 중앙인민정부위원회 부주석 6명 가운데 공산당원이 3명, 민주당파와 무소속 민주인사가 3명이고 중앙인민정부위원회 위원 56명 가운데 공산당원이 29명, 민주당파와 무소속 민주인사가 27명이었다. 정무원 부총리 4명 가운데 공산당원이 2명, 민주당파와 무소속 민주인사가 2명이고 정무위원 15명 가운데 공산당원이 6명, 민주당파와 무소속 민주인사가 9명이었다. 10월 19일, 중앙인민정부위원회 제3차 회의에서는 중앙인민정부 각 기구의 책임자를 임명했다. 그중 정무원 관할의 4개 위원회와 30개 부, 회(會), 원(院), 서(署), 행(行) 등의 기구에서 정책임자를 담당한 인원 중 공산당원이 20명이고 민주당파와 무소속 민주인사가 14명이었다.[13] 중앙인민정부 각 위원회, 부의 정책임자를 맡은 민주당파와 무소속 민주인사는 각기 자기 부서의 사업을 독립적으로 책임지고 영도할 권한이 있었다. 이는 중국공산당과 민주당파, 무소속 민주인사들과의 장기합작 정책이 잘 관철되고 있었음을 보여준다.

　중화인민공화국 중앙인민정부의 구성은 중국공산당이 장기간의 혁명투쟁 가운데 각 민주당파, 무소속 민주인사들과 단합하여 제국주의 및 국민당의 반동독재 통치를 반대하고 신중국을 공동으로 창건

---

13) 그들은 바로 문화교육위원회 주임 겸 중국과학원 원장 궈모뤄(郭沫若), 인민감찰위원회 주임 탄핑산(譚平山), 경공업부 부장 황옌페이(黃炎培)(겸직), 우전부 부장 주쉐판(朱學范), 교통부 부장 장바이쥔(章伯鈞), 농업부 부장 리수청, 임간부 부장 량시, 수리부 부장 푸쭤이(傅作義), 문화부 부장 선옌빙(沈雁冰), 교육부 부장 마쉬룬(馬叙倫), 위생부 부장 리더취안(李德全), 사법부 부장 사량, 화교사무위원회 주임 허샹닝(何香凝), 출판총서 서장 후위즈(胡愈之)이다. 상기 민주인사 중 개별적 동지들이 공산당 당적을 회복했고 소수의 동지가 중국공산당에 가입했다.

한 실제 행정을 반영했다. 중국공산당은 사업 중심을 농촌에서 도시로 옮긴 초기에 바로 각 민주당파와 무소속 민주인사들을 연합한 통일전선 성격을 띤 정부를 영도함으로써 이처럼 큰 나라를 관리하는데 많은 부분의 경험부족을 효과적으로 처리하고 각 방면의 사회적 역량을 모으고 이끌어 신중국을 건설하는 데 힘을 모아 노력했다. 이로써 중국공산당이 영도하는 다당합작과 정치협상의 집정 특징과 우월성을 드러냈다.

거대한 승리에 고무돼 전국 여러 민족 인민들의 혁명 열정은 드높아졌다. 공산당의 간부들과 인민해방군이 각항 사업에서 보여준 전심전력으로 인민을 위해 복무하는 태세, 어려운 가운데 노력하는 정신과 엄명한 규율은 새로운 모습으로 나타났다. 많은 노농근로대중은 신세력으로 등장해 주체적인 모습으로 복구생산과 신중국 건설에 뛰어들었다. 청년 학생들과 지식인들은 환희에 차올라 혁명사업에 활발히 참가했다. 애국상공업자들은 정세를 똑똑히 인식하고 생산 발전과 경제 번영에 전력으로 기여하려 들었다. 해외 화교들과 유학생들도 앞다퉈 조국에 돌아와 건설에 뛰어들었다. 반동진영에서 분화되어 나온 사람들을 망라한 지난날 정치적 중간 역량은 주동적으로 인민에 의거했다. 해방구와 원래 국민당 통치구역의 공산당의 역량, 혁명의 역량이 신속히 집결되어 핵심 역할을 더욱 강하게 발휘했다. 중화대지에는 새로운 기상이 나타났다.

중국인민혁명이 달성한 위대한 승리는 정세 발전의 주류를 이뤘다. 그러나 한편으로 신중국 창건 초기에 신생의 인민정권은 복잡한 국내정세와 국제환경에 직면하게 되었고 당과 인민정부는 많은 난관에 가로막혀 있있다.

당시 국내의 두드러진 문제는 군사적으로 인민해방전쟁이 기본적 승리를 달성했지만 아직 완전히 마무리되지 않은 것이었다. 국민당은 시난(西南), 화난(華南)과 연해의 섬들에서 약 100만 명의 군대로 집요하게 저항하고 있었다. 신해방구에서는 국민당이 패주할 때 남겨놓은 많은 잔존역량이 그곳의 반대 세력, 상습토비와 결탁하여 토비유격전쟁의 방식으로 인민정부에 대항하며 사회정치 새 질서의 수립과 안정을 위협하고 있었다. 경제적으로 신중국이 이어받은 것은 낙후하고 혼란스러운 상황들이었다. 생산은 위축되고 교통은 두절되었으며 인민의 생활은 어렵고 실업자는 매우 많았다. 특히 국민당 통치 아래에서 조성된 장기간의 악성 통화팽창으로 물가가 폭등하고 투기가 창궐했다. 시장의 혼란한 국면은 국민경제의 복구에 막대한 곤란을 초래했다. 이 밖에 3억 이상의 인구를 가진 신해방구에서는 아직 토지개혁을 실시하지 않았으며 봉건반봉건의 토지소유제는 아직 생산력의 발전을 크게 가로막고 있었다. 이런 상황을 철저히 바꾸지 않고서는 중국인민혁명의 승리를 공고히 할 수 없고, 사회생산력을 해방할 수 없으며, 신중국의 공업화를 실현할 수 없었다. 이런 상황은 중국혁명이 비록 기본적인 승리를 달성했지만 아직 상당 부분에서 민주주의혁명의 과업이 완수되지 않았음을 말해준다.

국제적으로 중화인민공화국의 창건은 소련, 동유럽 및 아시아 인민민주주의 국가들과 일부 서유럽 국가들의 승인과 지지를 받았는데 이는 신중국 건설에 유리한 외부적 조건으로 작용했다. 그러나 미국을 중심으로 한 제국주의 국가들은 신중국을 승인하지 않고 적대시하는 태도를 취하며 봉쇄와 위협을 실시했다. 제국주의자들은 중국공산당이 실패하기를 기대하고 있었고 새로운 인민정부도 구중국정부와 마찬가지로 수억 인구의 식량문제를 해결할 수 없다고 예언했다. 일부 주변의 신흥 민족독립국가들도 신중국에 대해 아직 구체적으로 파악하지 못해 여러 측면에서 우려하고 있었다. 총체적으로 신중국은 국제투쟁과 대외교류 측면에서 준엄한 시련에 직면하고 있었다.

　중국공산당 자체도 새로운 시련에 직면했다. 중화인민공화국의 창건과 더불어 벅찬 경제건설 과업이 앞에 놓이게 되었는데 이는 당에 반드시 곤란을 극복하고 모든 전문가에게 경제건설과 나라를 다스리는 방법을 배울 것을 요구했다. 더욱 중요한 것은 번화한 도시에 진입하고 전국의 정권을 장악한 새로운 역사적 상황에서 어떻게 그들이 당과 인민대중과 혈육적 관계를 유지하고, 겸손하고 신중하며 조급해하지 않고 어려운 가운데서도 노력하는 올바른 태세를 지키며 권력, 지위와 자산계급의 아첨에 부패되지 않을 수 있는가 하는 것이었다. 이것은 중국공산당 중앙위원회 제7기 제2차 전원회의에서 제기한 경고이고 또한 실천으로 응답해야 할 중요한 과제였다.

　신중국 창건 초기의 복잡한 정세와 온갖 곤란에 직면하여 중국공산당 중앙위원회는 지혜롭게 신념을 갖고 도전을 받아들였다. 중국공산당 중앙위원회 제7기 제2차 전원회의에서 제정한 각항 기본방침에 따라 당은 일련의 적극적이고 온건한 정책을 취하고 질서정연하게 전국 여러 민족 인민들을 영도하여 신생인민정권을 공고히 했으며 전쟁의 상처를 씻어내고 농공업 생산을 복구하면서 신중국을 건설하는 위대한 행정을 시작했다.

2. 신중국 외교방침의 제정과 시행

신중국 창건 전야의 국제환경과 당이 제정한 외교방침

　중국혁명의 승리는 제국주의의 압박을 뒤엎었다. 신중국은 제국주의의 동방전선을 돌파하고 독립자주의 새로운 모습으로 세계에 우뚝 서게 되었다. 이는 지난 100여 년 동안 구중국의 굴욕적인 외교를 마무리하고 평등, 호혜, 그리고 주권과 영토통일에 대한 상호 존중의 기초 위에서 각 나라와 맺을 새로운 외교관계의 전제를 만들어냈다. 전쟁 이후의 국제정세를 정확하게 분석하여 이를 통해 당은 신중국의 외교방침과 그 지도원칙을 제정했다.

제2차 세계대전이 끝난 후 국제정세는 심각한 변화를 맞았다. 대전의 결과로 각종 국제정치 세력 간의 역량 대비에는 중대한 변화가 생겼다. 대전 이전에 비해 자본주의 세력은 크게 약화되었고 사회주의 역량이 뚜렷이 강화되었다. 대전 이후 미국과 소련은 강대국으로서 각기 자본주의와 사회주의 두 진영을 대표했다. 아시아와 아프리카의 광대한 지역에서는 민족해방과 국가독립을 쟁취하려는 운동이 줄기차게 일어났다. 대전 이후 얼마 안 되어 세계에 대한 통제권을 탈취하기 위해 미국은 소련에 대한 제어정책을 실시하고 정치, 경제, 군사 면에서 소련에 대해 냉전을 발동했다. 동시에 또 반소선전의 엄휘 아래 각국, 각 지역 인민들의 민족해방운동, 평화민주주의운동과 사회주의운동에 진격을 가했다. 세계에는 미국과 소련 두 강대국의 상호 대치를 특징으로 하는 양극 구도가 점차 형성되었고 미국과 소련 간의 모순, 제국주의와 평화민주주의의 두 진영, 자본주의와 사회주의 두 제도가 서로 대항하고 뒤엉킨 국면이 나타났다.

대전 이후 국제 정세의 변화가 복잡하게 뒤엉켜 있었지만 이는 총체적으로 중국혁명의 발전과 승리에 유리하게 작용했다. 한편으로는 세계 사회주의 역량의 장성과 아시아-아프리카 민족해방운동의 흥기가 중국혁명과 서로 호응하는 기세를 이루고 있었고 다른 한편으로는 당시 미국과 소련의 투쟁의 중점이 유럽에 있어 중국혁명을 간섭하는 미국의 역량이 제한을 받았다. 중국 내전이 발발한 후 미국은 장제스를 원조하고 공산당을 반대하는 정책을 드러내놓고 취했고, 소련은 미국과의 충돌이 걱정되어 신중하게 중립을 유지하며 중국공산당이 영도하는 둥베이(東北)지구 인민무장력에 약간의 원조만 했다. 중국공산당의 전국 탈취 정세가 이미 매우 뚜렷해졌을 때 미국은 중국 내전에서 몸을 빼려고 했고, 소련은 중국인민해방전쟁을 점차 공개적으로 지지하게 되었다.

신중국 창건 전야의 국제환경은 신중국이 창건된 후 소련과 인민민주주의국가, 그리고 주변의 일부 신흥민족독립국가들과 신형의 외교관계를 맺을 수 있는 가능성을 제공한 한편 신중국과 미국, 영국 간에 심각한 모순이 존재함을 의미했다. 이는 무엇보다도 중국공산당이 영도하는 중국혁명이 제국주의를 반대하는 성격을 띠고 있고 미국을 중심으로 한 서방국가들이 신중국에 대해 적대시하는 태도를 취하고 있었기 때문이다.

1949년 상반기쯤 마오쩌둥은 "따로 세간을 낸다." "집 안을 깨끗이 청소한 다음에 손님을 청한다." "한쪽으로 기울어진다."라는 세 가지 방침을 제기했다. 이것은 중국의 역사와 현실 및 당시의 국제환경에 비추어 내린 중대한 결책이었다. 이 세 가지 방침이 형성하게 된 데는 과정이 있었다.

1948년 말부터 1949년 초까지 중국공산당 중앙위원회가 외교 면에서 우선적으로 확정한 중요 정책은 다음과 같다. 국민당 정부와 각 나라가 맺은 낡은 외교관계를 승인하지 않으며, 새로운 기초 위에서 각 나라와 다시 새로운 외교관계를 수립하기 위해 구중국에 주재해 있던 각 나라의 사절들을 외교대표로 간주하지 않고 일반 교민으로 대한다. 얼마 후 마오쩌둥은 간략하고 힘 있는 말로 이 정책사상을 "따로 세간을 낸다."고 개괄했다. 그와 동시에 중국공산당 중앙위원회에서는 또 신중국에 대한 제국주의 국가들의 인정을 조급하게 받으려 하지 않으며 중국에서의 제국주의의 특권을 반드시 취소해야 하며 중화민족의 독립해방은 반드시 실현되어야 한다고 명확히 밝혔다. 1949년 1월에 소집된 중앙정치국회의에서 마오쩌둥은 다음과 같이 말했다. 지금 제국주의는 중국에서 합법적 지위가 없다. 우리는 제국주의의 인정을 받으려고 조급해할 필요가 없다. 우리는 제국주의를 인정하려고 하는 것이 아니라 타도하려 하고 있다. 앞으로는 통상을 해야 하기에 그것을 고려할 수는 있지만 역시 조급해하지 말아야 한다. 조급해할 것은 소련 및 민주주의국가들과 통상하고 외교관계를 맺는 것이다.[14] 3월 5일, 마오쩌둥은 중국공산당 중앙위원회 제7기 제2차 전원회의에서 구중국은 제국주의가 지배하는 반식민지국가였고 중국인민민주주의혁명은 철저한 반제국주의 성격을 띠고 있기에 "우리는 중국에서의 제국주의의 지배권을 절차에 따라 철저히 분쇄하는 방침을 취할 수 있게 되었으며 또 취해야 했다."고 강조했다. 그는 또 다음과 같이 지적했다. "제국주의가 우리나라를 인정하는 문제에 대해 지금 그것을 해결하려고 조급해하지 말아야 할 뿐만 아니라 전국적 승리를 달성한 후에도 상당한 기간에는 그것을 해결하려고 조급해할 필요가 없다. 우리는 평등의 원칙에 의하여 모든 나라와 외교관계를 설정하기 원하지만 지금까지 중국인민을 적대시해 온 제국주의는 결코 즉시 평등한 태도로 우리를 대하지 않을 것이다. 그들이 적대시하는 태도를 고치지 않는 한 우리는 결코 제국주의 국

---

14) '중앙정치국회의에서 한 마오쩌둥의 발언', 1949년 1월 6일.

가에 중국에서의 합법적 지위를 주지 않을 것이다."[15] 마오쩌둥이 제기한 "집안을 깨끗이 청소한 다음에 손님을 청한다."는 것은 먼저 우리나라에서 제국주의의 잔재세력을 깨끗이 제거하고 그들에게 활동의 여지를 남겨두지 않으며 그런 다음에 다시 외교관계를 설정하는 문제를 고려하는 것이었다. "따로 세간을 낸다."는 것과 "집안을 깨끗이 청소한 다음에 손님을 청한다."는 이 두 방침은 외교 면에서 신중국이 전략적 주도권을 쥐고 지난날의 굴욕적 외교 전통의 예속에서 벗어나게 했으며 중국에서의 제국주의의 세력과 영향을 숙청하고 정치면에서 독립자주적 외교관계를 수립하게 했다.

　신중국 이 소련과 연합하고 국제평화민주주의 진영에 선다고 명확히 선포한 것은 당이 확정한 중요한 외교방침이었다. 신중국의 미래의 외교관계를 고려할 때 당은 줄곧 소련과의 관계를 첫자리에 놓았다. 이는 장기간에 걸쳐 소련이 중국공산당이 영도하는 혁명운동에 대해 동정과 지지를 보내준 원인도 있고 제2차 세계대전이 종결된 후 미국과 소련의 냉전과 국민당과 공산당의 내전의 상호 작용으로 미국이 중국공산당과 이미 날카롭게 대립된 상태에 있었기 때문이다. 신중국 창건 전야에 당은 다음과 같은 현실 문제에 직면했다. 신중국이 탄생한 후 어떻게 시급히 일부 국가와 외교관계를 설정하고 국제적 인정을 받는가, 어떻게 제국주의의 무력간섭을 방지하고 국가의 안전을 보장하는가, 어떻게 전쟁 이후 경제 복구에서 외국에 필요한 원조를 받을 것인가 등이었다. 당시 국제 조건에서 이런 문제들을 해결하자면 반드시 소련의 도움을 받아야 했다. 그런데 소련공산당의 지도자 스탈린은 중국공산당에 대하여 다소 의심하는 태도, 즉 중국

---

15) 마오쩌둥, '중국공산당 제7기 중앙위원회 제2차 전원회의에서 한 보고'(1949년 3월 5일), 〈마오쩌둥 선집〉 제4권, 민족출판사, 1992년, 1801~1802쪽.

이 '민족주의'의 길로 나아갈까 봐 우려하고 있었다. 1949년 초, 스탈린은 소련공산당 중앙정치국 위원 미코얀을 특사로 파견하여 시바이포(西柏坡)를 방문하게 했다. 중국공산당 중앙위원회의 주요 지도자는 이 기회에 소련 측에 중국혁명의 정세와 전국적 승리를 쟁취하는 조처를 통보했고 인민민주주의 정권을 수립할 구상과 앞으로 취할 내정, 외교방침을 소개했다. 또한 생산복구, 경제건설 및 소련의 원조에 대한 청구 등 중대한 문제에 대해 의견을 교환했다. 그 내부방문을 통해 중소 양당은 서로 약간의 알력과 오해를 풀고 밀접한 상호관계를 맺었다. 3월 13일, 마오쩌둥은 중국공산당 중앙위원회 제7기 제2차 전원회의의 결론 부분에서 "중소관계는 밀접한 형제의 관계이다. 우리는 소련과 동일한 전선에 서야 하는 동맹자이며 기회만 있으면 공개적으로 글을 발표하여 이 점을 설명해야 한다." 6월 30일, 마오쩌둥은 '인민민주주의 독재에 대하여'란 글에서 "신중국은 사회주의 쪽으로 기울어질 것"이라고 명확히 주장했다.

미래의 신중국이 자본주의국가와 맺는 수교 조건에 대해 당은 원칙적 입장을 견지하면서 또 상응한 문제를 능숙하게 처리했다. 4월 중하순, 인민해방군이 도강작전을 개시할 즈음 영국 군함이 해방군 방어 구역에 돌입하여 해방군과 전투가 벌어진 중대한 사건이 발생했다. 4월 30일, 마오쩌둥은 중국인민해방군 총사령부 대변인을 위해 성명을 기초했다. 이 성명에서는 그 어떤 위협도 두려워하지 않고 제국주의의 침략을 결연히 반대하는 중국인민의 엄정한 입장을 표명한 동시에 다음과 같이 정중하게 선포했다. "중국인민혁명군사위원회와 인민정부는 각 외국과의 외교관계 설정을 고려할 용의가 있다. 이런 관계는 반드시 평등, 호혜 그리고 주권과 영토의 완정에 대한 상호 존중의 기초 위에 설정되어야 한다. 무엇보다도 먼저 국민당 반동파를 방조하지 말아야 한다." "외국정부로서 만약 우리와의 외교관계 설정을 고려할 용의가 있다면 그는 반드시 국민당 잔여세력과의 관계를 단절하고 또한 중국에 있는 자기의 무장력을 철수해야 한다."[16] 수교의 기본방침과 원칙적 입장이 이미 명확한 상태에서 당은 각국, 특히 영국, 미국의 반응을 주의 깊게 관찰했으며 신중하게 바꿀 수 있는 여지를 남겼다.

남경 해방 전야에 중국 주재 미국대사 스튜워드와 일부 서방국가 외교사절들은 국민당을 따라 광저우(廣州)로 이사한 것이 아니라 의연히 난징(南京)에 남아 있었다. 마오쩌둥은 이 중요한 동향에 주의를 돌렸다. 그는 도강전역총전선위원회에 보낸 지시에서 "만약 미국 그리고 영국이 국민당과의 관계를 단절하면 우리는 그들과 수교 문제를 고려할 수 있다."고 말했다.[17] 5, 6월 사이에 스튜워드의 요청과 마오쩌둥의 지시에 따라 난징군사관제위원회 외사처 책임자 황화(黃華)는 개인 신분으로 스튜워드와 몇 차례 접촉했다. 스튜워드는 자기가 교장을 맡은 적이 있던 옌징(燕京)대학을 둘러보고, 또한 저우언라이와 만나기를 바란다고 말했다. 청시를 거친 후 황화는 그에게 옌진에 다녀올 수 있으며 우리 측 지도자와 만날 가능성이 있다고 답했다. 당시 중앙에서는 수교 문제를 고려하는 데에 제국주의가 우리의 수족을 얽매는 조건을 제시하는 것은 허용할 수 없으나 "만약 제국주의 각 나라가 중국의 새 정부를 인정하는 정책을 취하기만 하면 우리는 이런 나라들과 수교하려고 준비했다."[18] 이것은 외교사무의 처리

---

16) 마오쩌둥, '중국인민해방군총사령부 대변인이 영국군함의 폭행과 관련하여 발표한 성명'(1949년 4월 30일), 〈마오쩌둥선집〉 제4권, 민족출판사 1992년, 1835쪽.

17) 마오쩌둥, '탕언보를 안정시킬 것과 외교대책에 관한 문제'(1949년 4월 28일), 〈마오쩌둥문집〉 제5권, 인민출판사 한문판, 1996년, 285쪽.

18) 류사오치, '중국공산당 중앙위원회를 대표하여 소련공산당(볼셰비키) 중앙위원회 스탈린에게 보내

에 대한 극히 현실적인 태도였다. 그렇지만 미국 최고 당국에서는 곧바로 스튜워드가 어떤 경우에도 베이핑을 방문하지 못한다고 결정했다. 이는 미국 정부가 신중국과 거래의 문을 닫아 버렸음을 의미했다.

1949년 6월 말부터 8월 중순까지 류사오치를 중심으로 한 중국공산당 중앙위원회 대표단은 비공개적으로 소련을 방문했다. 이는 당이 신중국을 창건하기 전에 취한 중대한 외교적 절차였다. 소련 방문 기간에 류사오치는 스탈린을 비롯한 소련공산당(볼셰비키) 지도자들에게 중국혁명의 정세, 당의 대내외 정책, 신정치협상회의와 중앙인민정부의 준비 상황을 통보했고 신중국이 국제사무에서 소련과 각 인민민주주의국가들과 한편에 선다는 것을 강조했으며 중국의 새 정부가 수립된 후 소련과 동유럽 각 민주주의국가들이 가급적으로 빨리 솔선하여 인정해주기를 바란다고 말했다. 그는 또한 중국과 소련이 수교한 후 소련을 공식적으로 방문하려 한다는 마오쩌둥의 의향을 전달했다. 쌍방은 소련이 차관을 제공하고 전문가를 파견하여 중국의 경제건설과 국방건설 지원에 대한 상담을 진행했다. 또한 1945년에 소련과 국민당 정부가 체결한 '중소우호동맹조약' 문제에 대해 의견을 초보적으로 교환했다. 회담에서 스탈린은 중국공산당의 정책은 올바르며 중소 양당은 마땅히 밀접한 관계를 맺고 서로 도와야 한다고 밝혔다. 그는 중국에 새 정부가 수립되면 소련이 즉시 이를 인정하고 경제원조 및 군사원조를 하겠다고 답했다. 그는 중국의 새 정부가 수립된 후 곧바로 마오쩌둥을 초청하여 소련을 방문하도록 하는 데 동의했다. 스탈린은 또한 제2차 대전 후의 초기에 국공담판을

는 보고'(1949년 7월 4일), 중공중앙 문헌연구실, 중앙당안관 편, 〈건국 이래 류사오치문고〉 제1권, 중앙문헌출판사, 한문판, 2005년, 14쪽.

진행할 때 건의한 것이 중국공산당과 국민당의 투쟁을 교란하고 방해하지 않았는지를 문의했다. 류사오치는 다음과 같이 답했다. 중국공산당 중앙은 명석한 두뇌를 보유하고 있으며 마오쩌둥이 중경에 가서 담판을 한 결과는 매우 좋았고 당시 정치 측면에서 주도권을 쥐게 되었다. 당시의 평화운동은 매우 필요했으며 우리는 미국과 장제스를 고립시켜 후에 국민당을 뒤엎고 장제스를 타도하기 위한 조건을 마련했다.[19] 류사오치의 이번 방문은 중국과 소련이 신형의 국가관계를 맺는 데 기반을 마련해 놓았다.

중국공산당이 신중국을 위해 제정한 외국과의 수교원칙은 후에 '공동강령'에서 법으로 다음과 같이 규정되었다. 국민당 정부가 외국 정부와 체결한 각항 조약과 협정에 대해 중화인민공화국 중앙인민정부는 이를 심사하고 그 내용에 따라 분별하여 인정하거나 또는 폐지, 수정하거나 다시 체결해야 한다. 무릇 국민당 반동파와 관계를 단절하고 또 중화인민공화국에 대하여 우호적 태도를 취하는 외국 정부에 대해서는 중화인민공화국 중앙인민정부에서 평등, 호혜 및 영토주권에 대한 상호 존중의 기초 위에서 그와 담판하여 외교관계를 설정할 수 있다.

대외관계의 초보적인 전개

중화인민공화국은 창건되자 수교의 첫 단계를 맞이했다. 1951년 5월에 이르러 19개 나라가 앞서거니 뒤서거니 신중국과 수교했다.

신중국이 창건되기 직전에 중국공산당은 사회주의 입장을 취한다고 공개적으로 선포한 적이 있다. 소련과 각 인민민주주의 국가들은

---

19) 류사오치, '국민당을 뒤엎은 문제에 관한 스탈린과의 담화'(1949년 7월 27일), 중공중앙 문헌연구실, 중앙당안관 편, 〈건국 이래 류사오치문고〉 제1권, 중앙문헌출판사, 한문판, 2005년, 40~41쪽.

신중국의 탄생에 대해 열정적으로 지지하는 태도를 명확히 보였다. 그래서 중국정부는 담판을 거치지 않고 소련과 각 인민민주주의국가들과 수교했고 또한 이에 기초하여 그들과 우호적인 합작을 진행하기로 결정했다.

소련은 맨 처음 신중국을 인정한 나라다. 1949년 10월 2일, 소련의 외교부 부부장 그로미코는 중국의 외교부장 저우언라이에게 전보를 보내 소련정부는 중화인민공화국과 수교하고 대사를 파견하기로 결정한다고 표명했다. 같은 날, 소련은 국민당 정부와의 외교관계를 단절한다고 선포했다. 3일, 저우언라이는 답신을 보내 중국과 소련 두 나라의 공식적인 수교를 열렬히 환영한다고 밝혔다.

소련의 뒤를 이어 기타 인민민주주의국가들도 차례차례 전보를 보내 중국혁명의 승리와 중화인민공화국의 탄생을 열렬히 축하하고 신중국과 수교하겠다고 했다. 중국정부도 각기 답신을 보내 수교를 원한다고 표현했다. 10월부터 다음 해 1월까지 신중국은 불가리아, 루마니아, 헝가리, 조선민주주의인민공화국(북한), 체코슬로바키아, 폴란드, 몽골, 독일민주주의공화국(동독), 알바니아와 베트남민주주의공화국 등 10개 인민민주주의국가와 수교했다. 이 성과는 중대한 의의를 가진다. 즉 이는 방금 탄생한 신중국이 국제 사회에 진입하는 데 유익할 뿐만 아니라 신중국을 공고히 하고, 전쟁의 파괴를 심하게 받은 국민경제를 복구 발전시키는 데 유익했다.

신중국이 창건된 후 유고슬라비아도 즉시 인정한다고 입장을 밝혔다. 그런데 당시 중국은 유고슬라비아의 상황에 대한 인식이 부족했고 유럽 각국 공산당 및 노동당 정보국 결의[20]의 영향을 받고 있었

---

20) 1948년 3월, 소련과 유고슬라비아 간에는 일련의 원인으로 하여 관계가 돌연히 악화되었다. 같은 해 6월에 유럽 9개국 공산당과 노동당 정보국은 루마니아의 부쿠레슈티에서 회의를 열고 유고슬라비아

다. 그 때문에 유고슬라비아와는 1955년 1월에 와서야 비로소 공식적으로 수교했다.

신중국 창건 초기에 신중국과 수교하겠다고 밝힌 나라들에는 중국 주변의 일부 민족독립국가들과 유럽의 일부 자본주의국가도 있었다. 이런 나라들에 대해 중국정부에서는 그들의 실제 정황에 따라 분별 있게 대하는 방침을 취하고, 각기 다른 방식으로 처리했다. 일반적으로는 '공동강령'에서 규정한 원칙대로 먼저 담판을 진행한 후 수교했다. 이는 당시 일부 국가들이 신중국을 인정한다고 표현하긴 했지만 의연히 국민당집단을 지지하면서 그들과 이른바 외교관계를 계속 유지하고 있었기 때문이다. 그리하여 중국정부는 수교하기 전에 쌍방이 대표를 파견하여 담판을 진행하는 입장을 견지했다. 오직 상대방이 하나의 중국, 즉 중화인민공화국을 인정함과 아울러 국민당집단과 외교관계를 단절하며 유엔에서의 중화인민공화국의 합법적 지위 회복을 지지한다고 승낙하고 그 경내의 중국에 속하는 재산을 중화인민공화국에 넘겨준다고 명확히 밝힌 후에야 쌍방은 비로소 수교 날짜와 사절교환 등 문제를 의논할 수 있다고 했다.

이러한 원칙적인 정신에 따라 1950년부터 1951년에 이르기까지 신중국은 인도, 인도네시아, 미얀마, 파키스탄 4개 아시아 민족독립국가와 수교했으며, 스웨덴, 덴마크, 스위스, 핀란드 4개 유럽 자본주의국가들과도 수교했다. 그 밖에 리히텐슈타인과 신중국의 수교도

공산주의자동맹의 문제를 토론했다. 유고슬라비아 공산주의자동맹은 회의에 출석하는 것을 거부했다. 회의에서는 '유고슬라비아공산당 상황에 관한 공산당정보국의 결의'를 통과하여 유고슬라비아 공산주의자동맹의 대내외정책을 엄하게 규탄하고 그 지도자 "치토는 제국주의의 간첩"이라고 하면서 유고슬라비아 공산주의자동맹 내부의 "건강한 세력"이 일어나 현임 지도자를 대체하라고 호소하는 동시에 유고슬라비아 공산주의자동맹을 정보국에서 제명한다고 선포했다.

이 시기로 소급할 수 있다.[21] 이런 국가들과의 수교를 통해 신중국은 주변 국가들에 선린우호(善隣友好)의 정보를 전달했고 세계에 '하나의 중국'이라는 원칙을 명확히 밝혔으며 신중국에 대해 미국이 실시한 억제와 고립의 정책을 타파하는 데 중요한 걸음을 내디뎠다.

영국, 네덜란드와 노르웨이 이 3개 유럽 국가는 신중국을 더 일찍 인정했지만 중국과의 수교 협상에서 중국이 제기한 조건을 거부하거나 답을 하지 않아 중국은 이 세 나라와 수교협의를 맺지 않았다. 아시아의 실론(현재의 스리랑카), 아프가니스탄, 네팔과 이스라엘 4개국도 더 일찍 신중국을 인정했지만 여러 이유로 당시 중국과 수교 협상을 진행하지 못했다.

신중국의 대외 영향을 확대하기 위하여 1949년 11월부터 12월까지 아시아, 오세아니아주 공회회의와 아시아 부녀대표회의를 차례로 베이징에서 소집했다. 중국공산당과 형제당과의 관계도 신중국 대외관계를 구성하는 중요한 부분이었다. 각국 공산당과의 연락을 강화하기 위해, 특히 아시아 국가 공산당과의 연락을 강화하고 그들을 도와주기 위해 1951년 1월에 중국공산당 중앙위원회 대외연락부가 정식으로 설립되었다.

중국에서 제국주의 특권을 폐지

구중국이 체결한 불평등조약을 폐지하고 중국에서의 제국주의 특권을 취소하며 중국의 제국주의 세력과 영향을 숙청하는 것은 당의 기존 방침이며 신중국 외교의 중요한 과업이었다. 오직 이 과업을 완

---

21) 리히텐슈타인공국은 스위스와 특수한 관계를 유지하고 있었고 스위스의 외국주재기구가 리히텐슈타인공국의 외국에서의 이익을 대표했다. 1988년 8~9월에 중국과 리히텐슈타인은 스위스주재 대사관에서 문서를 교환하고 중국과 스위스의 수교일, 즉 1950년 9월 14일을 중국과 리히텐슈타인공국의 수교일로 정한다고 확인했다.

수해야만 신중국의 독립을 공고히 하고 국가주권의 완성을 회복할 수 있으며 신중국이 세계 각국과 평등호혜의 기초 위에서 정치, 경제, 문화 관계를 맺고 발전하기 위한 길을 개척할 수 있었다.

근대 이래 제국주의국가들은 침략 수단을 통해 구중국 정부를 협박하여 일련의 불평등조약을 체결하고 중국에서 많은 특권을 강탈했다. 그중 주요한 것으로 군대주둔권, 자유경영권, 내하항행권, 해관관리권과 사법권 등이 있었다. 불평등조약 체결을 취소하기 위해 중국인민들은 장기적으로 투쟁을 이어갔다. 제2차 세계대전 기간에 중국에서의 독일, 이탈리아, 일본 파쇼국가들의 세력과 특권이 끊임없이 제거되었다. 미국, 영국, 프랑스 등 국가들은 동맹국 관계로 중국 정부와 새로운 조약을 맺고 영사재판권을 망라한 중국에서의 일부 특권을 취소했다. 하지만 대전 이후 일부 국가들은 새로운 조약과 협정을 통해 국민당 정부의 수중에서 일부 특권을 취득했는데 특히 장제스를 원조하고 공산당을 반대하는 정책을 실시하던 미국이 취득한 특권은 이전보다 더 다양하고 더 광범위했다. 해방전쟁에서 3대 전역이 마무리되기까지 미국은 줄곧 상하이(上海), 칭다오(靑島)에 군대를 주둔시켰고 미국, 영국 두 나라의 군함은 장강 하류에서 여전히 항행하고 있었다. 일부 제국주의국가는 페이핑, 톈진(天津), 상하이 등지에 여전히 병영을 주둔시키고 있었고 외국 선박들도 여전히 중국의 내하에서 자유로이 항행하고 있었으며 중국해관 총세무사는 여전히 외국인이 맡고 있었다. 중국과 외국 쌍방의 국민, 법인과 단체 간에 쟁의가 발생했을 경우 실제로 여전히 중국과 외국 쌍방이 이에 대비하여 세운 공단기구에서 재결했다.

불평등조약과 특권의 보호를 받아 외국의 교민, 법인, 단체들은 중국 경내에서 이른바 '국민대우'를 받으며 많은 상공업기업과 금융기구를 소유하고 많은 부동산을 차지하고 있었다. 해방 직전에 중국의 전반 국민경제에서 외자기업소가 차지하는 비중은 그다지 크지 않았다. 하지만 그 대부분이 공공사업, 해운업, 제조업, 금융업 등 중요한 부문에 집중되어 있었고 일부 지역의 일부 업종에서는 과점, 심지어는 독점적 지위에 있었으므로 이런 지구의 국민생계에 중요한 영향을 미쳤다. 일부 외국정부, 단체와 교민들은 또 중국에서 선전, 문화, 교육, 보건위생, 구제기구 및 교회 등을 설립하거나 운영했다. 이런 기구 중 일부는 중국인민에게 이로운 일을 더러 했지만 대부분은 중국에서 제국주의 세력을 키우고 제국주의의 영향을 확대하는 역할을 했다.

해방전쟁 후기, 인민해방군이 각 대도시에 들어간 후 각지 군사관제위원회에서는 중국공산당 중앙위원회의 지시에 따라 원래 국민당정부와 각 나라들이 맺은 외교관계를 인정하지 않으며 중국에 있는 모든 외국인은 해방구인민정부에서 반포한 각항 법령을 반드시 준수해야 한다고 선포했다. 이는 중국에서의 제국주의의 합법적 지위를 부정하고 중국에서의 제국주의자들의 사법특권을 취소한 것이다. 그후 중앙인민정부는 구체적 정책과 조치를 제정하여 전국적 범위에서 차례로 질서 있게 중국에서의 제국주의의 모든 특권을 취소하는 사업을 진행했다.

제국주의가 중국에서 가지고 있던 해관관리권과 군대주둔권, 내하항행권은 중국주권에 대한 가장 큰 손해를 끼쳤으며, 중국이 반식민지로 전락되었음을 상징하는 것이었다. 그리하여 신중국이 창건된 후 무엇보다 먼저 이 세 가지 권리를 회수했다. 1949년 10월 25일, 중국해관총서가 설립되었다. 1950년 3월에 중앙인민정부 정무원는 '관세정책과 해관사업에 관한 결정'을 반포한 후 뒤이어 '중화인민공화국 잠정해관법'과 새로운 해관세규정(海關稅則)을 공포하는 동시에 국가에서 대외무역을 관제하고 수출입허가증제도를 실시했다. 이때부터 중국해관은 완전히 중국인민의 수중에 들어오게 되었다. 1950년 1월부터 9월까지 베이징, 톈진과 상하이의 군사관제위원회는 차례로 미국, 영국, 프랑스, 네덜란드의 그곳 병영부동산을 회수 또는 징용한다고 선포하여 중국 대륙에서의 외국의 군사특권을 모두 취소했다. 1950년 4월, 교통부에서 '외국적 기선의 수출입에 관한 잠정관리방법', '수출입 선박선원, 여객 행장검사 잠정통칙'을 반포하고 같은 해 7월에 정무원 재정경제위원회에서 '항행, 항구 사무관리 통일에 관한 지시'를 반포했다. 그 후 외국 기선은 중국정부의 비준을 받지 않으면 중국 내하에 들어오지 못하게 되었다. 이로써 100여 년 동안이나 잃어버렸던 중국의 수역주권이 전부 회복되었다.

외국인이 중국에서 소유하던 기업과 부동산 그리고 외국 정부, 개인과 단체가 중국에 개설한 선전, 문화교육, 보건위생, 종교 등 방면의 사업을 처리하는 것은 매우 복잡한 사업이었다. 중국공산당 중앙위원회 제7기 제2차 전원회의에서는 외자기업에 대해 국적, 계통, 업종 등 각종 부동한 구체적 정황에 따라 분별 있게 대하는 방침을 취하여 선후완급을 분별하여 정당하게 해결해야 한다고 제기했다. 이 방침을 따라 각 지방에서는 중국에서의 외자기업소의 자본과 경영 상황에 대한 조사를 진행했다. 외국 정부, 개인과 단체들이 중국에 설립한 선전기구에 대해서는 도시를 접수하는 과정에 즉시 정리하고 처리하기 시작했다. 우선, 각지의 '미국신문처'의 활동을 정지시켰고 뒤이어 외국인이 중국에서 신문과 잡지를 계속 출간하는 것을 허용하지 않았다. 외국자본과 외국인이 경영하는 방송국은 모두 방송을 정지시키고 중국과 외교관계가 없는 외국 통신사와 기자의 활동을 정지시켰다. 외국인이 운영하고 있거나 외국의 보조금을 받는 문화, 교육, 보건위생, 구제 등 기구는 그들이 중국정부의 법령을 준수한다는 전제 아래 계속 존재하도록 허용했다.

'중소우호동맹 호조조약'의 체결

'중소우호동맹 호조조약'의 체결은 신중국이 창건된 후에 취한 중대한 외교활동으로 당시의 국제 구도에 크나큰 영향을 끼쳤다.

1949년 12월 6일, 마오쩌둥 주석은 수행원을 거느리고 소련을 방문하려고 기차를 타고 베이징을 떠났다. 이번 방문의 목적은 첫째로는 스탈린의 탄신 70주년을 축하하고 둘째로는 소련지도자들과 국제정세에 대한 견해를 교환하며 셋째로는 소련과 새로운 조약을 체결하고 넷째로는 소련으로부터 차관을 얻는 일을 의논하는 것이었다. 그중에서 가장 중요한 것은 세 번째였다. 국민당 정부는 일찍이 1945년 8월에 소련과 '중소우호동맹조약' 및 관련 협정(이하 중소구약)을 체결했다. 이 조약 및 관련 협정은 제2차 세계대전 후 소련, 미국, 영국 3개국이 중국 몰래 달성한 얄타협정의 산물로서 차르러시아 시대 중국 둥베이(東北)에서의 특권을 기본적으로 회복시켰고 중국의 주권과 이익에 엄중한 손해를 끼쳤다.[22]

신중국의 "따로 세간을 내는" 방침과 "집 안을 깨끗이 청소한 다음

---

22) 중소구약에 근거하여 소련은 중국 뤼순(旅順)군용항구와 다롄(大連)상용항구 시설 절반에 대한 30년 동안의 임차권을 얻었고 중장선의 절반 소유권과 주요한 경영권을 얻었다. 중장선, 즉 중국장춘(창춘, 長春)철로는 하얼빈에서 시작하여 서로 만저우리(滿洲里)에 이르고 동으로 쑤이펀허(綏芬河)에 이르며 남으로 다롄에 이른다. 이 철로는 원래 러시아에서 부설하고 경영하던 것으로 중동철로라고 불렸다. 1904년 일로전쟁 이후 창춘 이남 부분을 일본이 차지하고 남만철로라고 불렀다. 러시아 10월 혁명 이후 창춘 이북 부분은 중국과 소련이 합작하여 운영하고 여전히 중동철로라고 불렸는데 "9.18" 사변 이후에는 역시 일본에 점령당했다. 항일전쟁에 승리한 후 남만철로와 중동철로를 중국장춘철로로 통칭하고 중국과 소련이 공동 소유하고 공동 운영했다. 1952년 12월, 소련정부는 중장선 전부를 중국에 넘겼다. 지금은 빈주선, 빈수선, 빈대선 등으로 나누어 부른다.

에 손님을 청하는" 방침에 따르면 중소구약도 폐지하고 새롭게 계약을 체결하여 중국혁명이 승리한 후의 국제정세와 중소관계의 변화에 적응시켜야 했다. 류사오치가 소련을 방문했을 때 스탈린은 낡은 중소조약은 불평등한 것이며 이 문제는 마오쩌둥이 소련을 방문할 때 해결하도록 남겨둘 수 있다고 밝혔다.[23] 마오쩌둥은 출국 방문 직전에 중국 측은 소련 측과 의논할 때 이번 방문의 결과는 새로운 중소조약을 체결하는 것이라고 여러 차례 표현했다.

12월 16일, 마오쩌둥 일행은 모스크바에 도착하자마자 그날 밤 스탈린과 회담을 진행하고 쌍방의 주요 관심 문제에 대해 토론했다. 마오쩌둥은 우선 다음과 같이 제기했다. 눈앞의 가장 중요한 문제는 평화를 보장하는 것이다. 중국은 3년 내지 5년 기간의 평화가 필요하며 경제를 전쟁 이전의 수준으로 복구하고 전국의 정세를 안정시켜야 한다. 중국의 중대한 문제의 해결은 이제부터의 평화 전경에 달려 있다. 스탈린은 다음과 같이 답했다. 눈앞에는 중국에 대한 직접적 위협이 존재하지 않는다. 일본은 아직 일어나지 못했고 미국은 전쟁을 부르짖고 있지만 싸움을 가장 두려워하는 것이 그들이다. 유럽은 전쟁이라면 질겁하고 있다. 만약 우리가 함께 노력한다면 5년 내지 10년의 평화를 보장할 수 있을 뿐만 아니라 20년 내지 25년 심지어 그보다 더 긴 시간의 평화를 보장할 수 있을 것이다. 이 견해는 당시 중공중앙의 예측과 일치했다.

뒤이어 마오쩌둥은 중소구약 문제를 제기했다. 스탈린은 다음과 같이 말했다. 그 조약은 얄타협정에 근거하여 체결한 것이고 미국과 영

23) 류사오치, '중공중앙대표단과 소련공산당(볼셰비키)중앙 스탈린과의 회담정형과 관련하여 중앙에 보내는 전보'(1949년 7월 18일), 중공중앙 문헌연구실, 중앙당안관 편, 〈건국 이래 류사오치문고〉 제1권, 중앙문헌출판사 한문판, 2005년, 34쪽.

국의 동의를 거친 것이다. 소련은 일본의 수중에서 쿠릴열도, 남고혈도 등을 취득했는데 이것도 얄타협정에 따른 것이다. 그러므로 당장에는 중소조약의 합법성을 구현하는 게 적합하지 않으며 그렇지 않을 경우 미국과 영국이 쿠릴열도, 남고혈도와 관련된 조항을 개정하는 요구를 제시하는 법적 의거를 제공하게 된다. 가능한 방법을 모색하여 형식상으로는 보류하고 실제상으로 현행 조약을 개정하는 것, 즉 형식상으로 뤼순에서의 소련의 군대주둔 권리를 보류하나 중국정부의 건의에 따라 그곳의 소련군대를 철수하는 것이다. 중장철로도 형식상으로는 보류하나 실제상으로는 협의의 관련 조항을 개정할 수 있다. 마오쩌둥은 다음과 같이 말했다. 중국의 단독 역량만으로는 제국주의의 침략을 막아낼 수 없다. 우리는 어떻게 하는 것이 공동의 사업에 이로운가를 살펴 일해야 하며 당장 뤼순에서 조급히 철수할 필요가 없는 것과 마찬가지로 조약을 개정할 필요가 없다. 그러면서 그는 또 얄타협정의 합법성을 돌보는 것은 필요하지만 중국의 사회 여론에서는 원래의 조약이 국민당과 체결한 것인데 국민당이 무너진 이상 원래 조약이 존재할 이유가 없지 않는가 하는 감상이 있을 것이라고 완곡하게 제기했다. 스탈린은 이에 원래 조약은 어쨌든 개정해야 하는데 약 2년 후에 할 수 있다고 답했다.

회담하면서 마오쩌둥은 또 해군과 공군이 없어 인민해방군이 타이완을 해방하기 어려우니 타이완을 빨리 해방하기 위해 소련에서 지원비행사를 파견하는 방식으로 지원해주기를 바란다고 제기했다. 이에 스탈린은 원조를 줄 수는 있지만 원조의 형식을 면밀하게 고려해야 하는 바 무엇보다 미국인들이 간섭할 구실을 주어서는 안 된다고 신중하게 의사를 밝혔다. 이 밖에도 쌍방은 소련의 차관과 무역문제

그리고 마오쩌둥 저작 러시아어 출판문제를 토론했다.[24]

12월 21일, 마오쩌둥은 스탈린 탄신 70주년 경축대회에 참가하여 축사하는 첫 외국지도자로서 연설을 했다. 24일, 스탈린은 또다시 마오쩌둥과 회담을 진행하고 주로 베트남, 일본과 인도 등 아시아 형제당의 일을 의논했다. 회담 전에 마오쩌둥이 소련 측 안내원에게 그가 관심을 가지는 것은 무엇보다 먼저 중소조약 문제라고 스탈린에게 전해 달라고 했지만 회담할 때 스탈린은 이 문제에 대해 한마디도 언급하지 않았다. 그 후 모스크바에 축하하러 온 각국 지도자들이 계속해서 귀국하고 마오쩌둥만 그대로 머물러 있었다. 하지만 스탈린은 더 이상 그를 만나주지 않았다. 마오쩌둥은 크게 실망했다. 그는 소련 측 관계자에게 자기가 소련에 온 것은 축하만을 위한 것이 아니라 협의를 하기 위해 온 것이라고 했다.

마오쩌둥이 축하행사에 참가한 후에 중소 쌍방이 그에 대한 계속적인 보도를 하지 않았으므로 국제적으로 온갖 추측이 난무했다. 영국의 통신사에서는 심지어 마오쩌둥이 스탈린에게 연금 당했다고 날조했다. 이와 때를 같이하여 서방국가에서도 대중국정책을 조정하기 시작했는데 중요한 동향으로는 인도와 영국이 신중국을 인정하려고 준비한 것이다. 대치의 국면을 계속 지속해서는 안 되었기에 스탈린은 중소구약을 폐지하지 않겠다던 처음의 태도를 바꾸지 않을 수 없었다.

영국통신사에서 날조한 기사에 비추어 1950년 1월 2일, 〈진리보〉는 1면에 마오쩌둥 주석에 대한 타스사 기자의 방문기사를 실었다. 그 기사에서 마오쩌둥이 소련을 방문한 목적은 중화인민공화국의 이

---

24) 참조: 러시아 대통령 기념관에 보존되어 있는 '스탈린 동지와 중화인민공화국 중앙인민정부 마오쩌둥 주석의 회담 기록', 1949년 12월 16일, '마오쩌둥이 류사오치에게 보낸 전보', 1949년 12월 18일.

익에 관련되는 각종 문제를 해결하는 것, 무엇보다 먼저 기존의 중소 우호동맹조약문제, 소련의 중화인민공화국에 대한 차관문제 그리고 두 나라 무역과 무역협정 문제 등이라고 특히 피력했다.[25] 그날 저녁에 스탈린은 몰로토프와 미코얀을 파견하여 마오쩌둥과 회견토록 하고 중소조약의 처리에 관해 그의 의견을 청취했다. 마오쩌둥은 세 가지 방안을 제기했다. 첫째, 새로운 중소우호 동맹조약을 체결한다. 둘째, 두 나라 통신사에서 중소 두 나라는 중소구약, 그리고 기타 문제에 대해 의견을 교환했으며 또한 중요한 문제에서 일치를 보았다고만 간단하게 공보를 발표한다. 셋째, 성명 하나를 체결하여 두 나라 관계의 요점을 설명한다. 의심할 바 없이 마오쩌둥이 우선적으로 고려한 것은 첫 방안이었다. 그는 다음과 같이 강조했다. 중소관계를 새 조약의 형태로 고정시키면 크나큰 이익이 있다. 중국인민들은 흥분을 느낄 것이며 우리는 더욱 큰 정치자본을 가지고 제국주의국가에 대처할 수 있으며 지난날 중국이 각 제국주의국가와 체결한 모든 조약을 심사할 수 있다.[26] 몰로토프는 즉석에서 첫 방법이 좋다고 했다. 뒤이어 쌍방은 저우언라이가 모스크바에 와서 협상에 참가하도록 배정했다.

1월 20일, 총리 겸 외교부장 저우언라이는 중국정부대표단을 거느리고 모스크바에 도착했다. 22일 밤, 중소 쌍방은 새로운 계약과 협정을 체결할 문제를 가지고 정식 협상을 시작했다. 회담을 시작하자 스탈린은 과거의 '중소우호동맹조약'은 대일전쟁 시기에 체결한 것으

---

25) '타스사 기자의 물음에 대한 마오 주석의 해답', 1950년 1월 3일 자, 〈인민일보〉 제1면.

26) '저우언라이가 소련에 가서 협상에 참가한 것 관하여 중공중앙에 보낸 마오쩌둥의 전보'(1950년 1월 2일, 3일), 중공중앙 문헌연구실 편, 〈건국 이래 중요문헌선〉 제1권, 중앙문헌출판사 한문판, 1992년, 95~96쪽.

로 지금은 이미 시대에 뒤떨어졌으므로 비록 우리가 이전에 보류할 것을 구상한 적이 있었지만 반드시 수정해야 한다고 표명했다. 마오쩌둥은 눈앞의 정세에 비추어 우리는 조약과 협정을 통해 중소관계에 현존하는 우호관계를 고정시켜야 하는 바, 이는 중국에서는 물론 국제관계 면에서도 적극적인 반응을 일으킬 것이라고 설명했다. 그는 다음과 같이 강조했다. 새 조약과 원래의 조약을 근본적으로 구별해야 한다. 지난날에는 대일전쟁 때의 합작을 말했으나 지금은 일본의 침략을 방지하는 것이어야 하며 지난날에 국민당은 입으로만 친선을 말했으나 지금은 진정한 친선과 합작의 모든 조건을 갖추었다. 새 조약에는 마땅히 정치, 경제, 외교, 군사와 문화 합작의 각항 문제를 포함시켜야 하는데 가장 중요한 문제는 경제합작이다.[27] 뒤이어 쌍방은 새 조약의 조항, 중장철로, 뤼순구 및 다롄 문제를 처리하는 원칙, 차관과 무역협정 등 문제를 처리하는 방안에 대해 의견을 교환했다.

1월 22일의 원칙적 회담에서 스탈린의 제기와 마오쩌둥의 찬동을 거쳐 위신스키와 저우언라이 두 외교부장에게 위탁하여 새 조약 본문을 작성하게 했다. 몇 차례의 수정을 거쳐 쌍방은 본문의 내용에 의견일치를 봤다. 신약의 명칭은 '중소우호동맹 호조조약'이었고 모두 6개 조항으로 구성되었으며 유효기한은 30년이었다. 그 취지와 조문은 구약에 비해 중대한 수정과 보충을 했다. 신약의 취지는 다음과 같다. 중소 두 나라의 "우호와 합작을 강화하며 일본제국주의의 재기 및 일본 또는 기타 어떤 형태의 침략 행위에서 일본과 결탁한 나라의 재침략을 방지하며, 유엔의 목표와 원칙에 따라 극동과 세

---

27) 참조: 러시아 대통령 당안관에 보존되어 있는 '스탈린 동지와 중화인민공화국 중앙인민정부 마오쩌둥 주석의 회담 기록', 1950년 1월 22일.

계의 지구적 평화와 보편적 안전을 공고히 한다". 신약은 다음과 같이 규정했다. "조약국의 어느 일방이 일본 또는 일본과 동맹을 한 나라의 침습을 받아 전쟁 상태에 처할 때 조약국 다른 일방은 모든 힘을 다하여 군사적 원조 및 기타 원조를 해준다." "쌍방은 우호합작의 정신으로 또한 평등, 호혜, 국가주권과 영토확정에 대한 상호 존중, 그리고 상대방 내정에 대한 불간섭의 원칙에 따라 중소 두 나라 간의 경제관계와 문화관계를 발전시키고 공고히 하며 서로 가능한 모든 경제 원조를 하고 또한 필요한 경제합작을 진행한다." 신약은 또 "쌍방은 평화와 보편적 안전의 이익을 공고히 하는 요구에 따라 중소 두 나라의 공동이익에 관련한 모든 중대한 국제문제에 대해 모두 서로 간의 협상을 진행한다."는 내용을 첨가했다.[28]

조약 작성사업이 시작된 후 양국 대표들은 쌍방의 중대한 권익과 관계되는 세 측면의 문제에 대해 거듭 협상을 진행했다. 이 과정에 여러 가지 모순이 나타났지만 쌍방은 협의를 달성하기 위해 모두 상응하게 양보했다.

중국 중장철로, 뤼순구와 다롄 문제에 대해 소련은 이른 시일 안에 국민당 정부 수중에서 얻은 일부 특권을 포기하겠다고 밝혔다. 중국은 제국주의를 공동 방어하기 위한 수요를 고려하여 과도기를 두는데 동의했다. 그리고 중소 쌍방은 최종적으로 다음과 같이 협의를 달성했다. 소련은 1952년 말까지 중장선의 모든 권리와 해당 철로의 모든 재산을 무상으로 중국정부에 넘겨준다. 소련은 1952년 말까지 뤼순구에서 자기의 주둔군대를 철수하고 해당 지구의 시설을 중국정부에 넘겨주며 중국에서는 뤼순항의 복구 및 건설 비용을 지불한다. 소

---

28) '중소 두 나라 정부 공고 발표, 우호동맹호조조약 체결, 동시에 중국 장춘철로와 뤼순구, 다롄 문제, 철로 및 차관 등에 관한 협정 체결', 1950년 2월 15일 자, 〈인민일보〉 2면.

련은 다롄의 행정관리권을 완전히 중국정부에 돌려주는 것을 보장하며 중국은 다롄의 자유항문제에 대해 대일평화조약을 체결한 다음 다시 처리하는 데 동의했다.

차관문제에 대해 많이 빌리는 것보다 적게 빌리는 것이 낫다는 마오쩌둥의 생각에 따라 중국은 3억 달러를 빌리하고 3년 안에 모두 상환하겠다고 했다. 스탈린은 상환기일을 10년으로 연장할 수 있고 연이자율을 극히 우대적인 1%로 정할 수 있다고 했다. 차관협정을 마무리한 다음 소련에서는 자기들에게 부족한 전략적 원료들인 볼프람, 석, 안티몬으로 차관을 상환할 것을 제기했다. 쌍방은 이를 위해 논의를 거쳐 비밀의정서를 체결했다. 얼마 후 쌍방은 또 중국에서 석유, 유색금속, 항공과 조선 등 4개 합영회사 운영에 대해 협의했다. 이는 신중국이 외국자본을 이용하여 공업화를 촉진하는 최초의 시도였다.

마지막으로 공군지원 문제에 대한 협상 기간에 타이완의 국민당군대의 비행기가 상하이를 폭격한 사건이 발생했다. 중국은 소련 측에 공군을 파견하여 화둥을 보호해주기를 요구했다. 스탈린은 지원하겠다고 대답하면서 소중 간에 비밀적인 보충협정을 체결하여 소련의 극동과 중앙아시아 지구, 중국의 둥베이와 신강에 제3국(주로 미국, 영국, 일본을 가리킴)에 권리를 임대해 주어서는 안 되며 또한 제3국 공민이 경제활동 또는 기타 활동을 진행하도록 허용해서는 안 된다고 규정할 것을 제기했다. 중국 측에서는 거듭 고려한 후 이에 동의했다. 뒤이어 스탈린은 소련군대가 둥베이에서 접수한 일본군의 재산과 베이징에 있는 소련의 교회당 등의 재산을 중국 측에 넘겨주겠

다고 했다.[29)]

1950년 2월 14일, '중소우호동맹 호조조약'과 '중국 장춘철로, 뤼순구 및 다롄에 관한 중소협정', '중화인민공화국에 차관에 관한 중소협정'의 조인식이 모스크바의 크렘린궁에서 진행되었다. 저우언라이와 위신스키가 각자의 정부를 대표하여 문건에 서명했고 스탈린과 마오쩌둥이 조인식에 참석했다. 같은 날, 중소 쌍방은 양국이 새 조약과 협정을 체결한 데 대한 공고를 발표하고 중소 구약과 협정은 효력을 잃는다고 성명했다. 2월 17일, 마오쩌둥, 저우언라이 등은 모스크바를 떠나 귀국했다.

'중소우호동맹 호조조약'과 관련 협정의 체결은 신중국이 외교사무에서 달성한 중대한 성과였다. 4월 11일, 중소 신약 및 그 관련 협정은 중화인민공화국 중앙인민정부위원회와 소련 최고 소비에트주석단의 공식적 비준을 거쳐 효력을 발생했다. 이 조약을 비준하면서 마오쩌둥은 다음과 같이 강조하여 지적했다. "이번에 체결한 중소조약과 협정은 중소 두 나라의 우의를 법률 형태로 고정시킴으로써 우리에게 믿음직한 동맹국이 얻게 되었다. 이렇게 되니 우리가 소신껏 국내 건설을 진행하고 제국주의의 가능한 침략에 공동 대처하며 세계평화를 쟁취하는 데 편리하게 되었다."[30)]

3. 중국 대륙의 통일

전국해방의 승리적 진군

29) 참조: 저우언라이, '중소담판정형에 관한 보고'(1950년 2월 8일), 중공중앙 문헌연구실, 중앙당안관 편, 〈건국 이래 저우언라이문고〉 제2권, 중앙문헌출판사 한문판, 2008년, 91~95쪽.
30) '중소 조약 및 협정의 비준', 1950년 4월 13일 자, 〈인민일보〉 1면.

중화인민공화국이 창건될 때 인민해방전쟁의 후기 작전은 계속되고 있었다. 국민당은 바이충시(白崇禧), 후쭝난(胡宗南) 두 갈래의 무장력을 중심으로 하는 100만여 명의 군대가 있었다. 이들은 광저우를 중심으로 하는 화난지구, 충칭(重慶)을 중심으로 하는 시난지구와 일부 연해의 섬들을 차지하고 집요하게 저항했으며 끊임없는 공격을 시도했다. 당과 인민정부가 직면한 긴급한 과업은 국민당 잔여 반동군대를 신속히 숙청하고 아직 해방되지 않은 모든 국토를 해방시키며 전국적으로 위에서부터 아래로 통일된 인민정부를 수립하고 토비와 모든 반혁명세력을 숙청하며 신생의 인민정권을 공고히 하는 것이었다.

1949년 10월 20일, 중앙인민정부 인민혁명군사위원회(이하 중앙군위)는 베이징에서 제1차 회의를 소집하고 인민해방군의 비해방지구 진군문제와 앞으로의 군대건설문제에 대해 토론했다. 국민당 잔여군대를 신속하고 철저하게 소멸하고 적들에게 숨 돌릴 기회와 도망칠 기회를 주지 않기 위해 마오쩌둥은 인민해방군이 잔여 적군을 소멸하는 작전에서 반드시 대우회, 대교차, 대포위의 작전방침을 실시할 것을 명확히 제기했다. 말하자면 적들의 방어선은 전혀 염두에 두지 않고 우회하여 그들의 후방을 점령함으로써 그들이 해방군과 싸울 수밖에 없도록 긴박하게 조이며 일거에 섬멸하는 것이었다. 이 작전은 적이 행군작전을 어렵게 하는 윈구이고원(雲貴高原), 개별적으로 섬으로 떠나지 못하게 경로를 차단하고, 국경 밖으로 도주할 수 없게 만들었다. '공동강령'에서 규정한 "인민해방전쟁을 끝까지 진행하여 중국 전역을 해방하고 중국통일사업을 완수한다."는 과업을 이루기 위해 인민해방군은 중앙군위의 통일적 작전에 따라 드높은 기세로 대륙에 있는 국민당의 잔여 군사세력에 맞서 최후의 포위섬멸

작전을 전개했다.

화중, 화난 전장에 주둔한 제4야전군(제2야전군 제4병단을 통솔함)은 동, 중, 서 3갈래로 나누어 광둥, 후난으로 돌진하여 9월 13일에 그곳 전역에서 바이충시 집단의 약 4개 사단 정예부대를 섬멸하고, 그로 하여금 후난 서부에서 광서로 퇴각하여 광둥 부대를 지원하지 못하게 했다. 뒤이어 광둥 전역에 있던 위한모우(余漢謀) 집단 대부분을 일거에 섬멸했다. 광저우에 남아 있던 이른바 국민정부는 급하게 충칭으로 이전했다. 10월 14일, 화난의 제일 큰 도시인 광저우가 해방되었다. 11월 6일, 제4야전군은 광서 전역에서 움직이기 시작했다. 대우회, 대교차의 과감한 활동으로 적들의 서쪽 도주로와 남쪽 철퇴의 길을 끊고 국민당 기간부대인 바이충시 집단을 섬멸하여 광서 경내를 해방했다.

화둥전장에서 제3야전군은 9월 19일에 좡허(庄河) 전역에서 시작한 치열한 전투를 거쳐 적군의 방어선을 전면적으로 돌파하고 샤먼(廈門)섬 전체와 구랑위(鼓浪嶼)를 해방했다. 뒤이어 장저우(漳州), 취안저우(泉州) 등 민난(閩南)지구를 전부 해방했다. 10월 24일, 제3야전군 제10병단은 부분적 병력으로 목선을 타고 바다를 건너 금문도를 공격했다. 적정과 바다의 정형에 대한 면밀한 조사연구가 충분하지 않았고 준비된 선박이 부족하여 선두부대 3개 단은 바다를 건너 섬에 상륙했지만 배들이 모두 여울에 걸리고 또한 적들에게 폭파당해 고립무원의 처지에 빠졌다. 상륙부대는 증원해온 대량의 적군과 완강히 싸웠으나 끝내 실패하고 말았다. 금문도 전투의 실패는 인민해방군이 어떻게 필요한 준비를 잘하여 하이난도(海南島)를 비롯한 도항 전역을 해방해 나갈지에 대한 중요한 경험을 제공했다.

시베이(西北) 전장에서 산시(陝西), 간쑤(甘肅), 닝샤(寧夏), 칭하이(靑海)를 해방하는 전역은 신중국 창건 직전에 이미 결속되었고 신강은 평화적 해방을 선포했다. 신강의 보위실무를 접수하고 의거부대를 개편하기 위해 제1야전군 제1병단은 시베이 여러 민족들과 소련 측의 지원 아래 공중 수송, 자동차 수송과 도보 행군 세 가지 방식으로 고비사막을 가로질러 1,000여 킬로미터를 행군해 10월 20일에 신강의 수부인 디화(迪化, 현재의 우루무치)에 진격해 주둔함으로써 시베이변경지대로 돌진하는 어려운 과업을 수행했다.

시난전장에서 제2야전군은 11월 1일부터 대서남으로 진군하기 시작했다. 제4야전군과 제1야전군 일부의 남북협동 아래 제2야전군 부대는 먼저 후난성 서부에서 구이저우(貴州)를 점령하고 우회하여 쓰촨성(四川省) 남부에 직접 들어가 쓰촨의 적들의 강(康)[31], 전(滇)으로의 퇴로를 차단한 동시에 쓰촨성 동부로 진군하여 충칭을 포위해 갔다. 29일 밤, 충칭에 와서 직접 독전하던 장제스가 그 군정요원들을 거느리고 화급히 비행기에 올라 청두(成都)로 도주했다. 30일, 인민해방군은 자링강(嘉陵江)을 건너 시난의 가장 큰 중심도시인 충칭을 해방했다. 인민해방군의 군사적 타격과 정치적 와해사업의 추동 아래 12월 9일, 국민당 윈난성(雲南省) 정부 주석 루한(盧漢), 시캉성(西康省) 정부 주석 류원후이(劉文輝), 시난군정장관공서 부장관 덩시호우(鄧錫侯), 반문화가 각기 쿤밍(昆明), 야안(雅安) 등지에서 의거했다. 장제스는 대세가 이미 기울어진 것을 보고 12월 10일에 타이완으로 도망쳤다. 제2야전군 부대와 쓰촨성 북부에 진군한 제1야전군 부대가 사면팔방으로부터 청두를 포위하고 대륙에서의 마지막 국민당 기간부대인 후쭝난 집단을 섬멸했다. 티베트를 제외한 시난

---

31) 원 시캉성의 약칭이다. 1955년에 성편제를 철수했다.

지역은 전부 해방되었다. 대서남 진군에서의 승리는 국민당 반동집단의 대륙 통치가 종결되었음을 상징한다.

전국 대륙에 대한 해방 전투가 기본적으로 끝남에 따라 중앙군위는 하이난도와 동남연해 여러 섬에 해방을 위한 전력을 배치했다. 제4야전군은 10만여 명의 병단을 조직하여 도항작전에 참여시키기 위해 그들을 레이저우반도(雷州半島)에 집결시키고 선박 모집, 수부 양성, 해상작전훈련, 바다상황 및 적정조사, 그리고 비밀도항 등 여러 측면에서 충분히 준비한 다음, 1950년 4월 16일 밤에 대규모 도항작전을 벌였다. 수많은 범선이 일제히 경주해협을 건너 국민당 해군과 해상에서 격전을 치렀다. 장기간 하이난도에서 무력투쟁을 견지해온 중국공산당이 영도하는 경애종대의 호응 아래 도항부대는 순조롭게 상륙하여 적군의 방어선을 신속히 돌파했다. 5월 1일, 하이난도 전체가 해방되었다. 하이난도 전역이 결속된 후 국민당은 저장(浙江)연해 저우산군도(舟山群島)의 수비군에게 타이완으로 철회하라고 긴급히 명령했다. 뒤이어 인민해방군은 5월 16일 저우산 본섬에 상륙하고 주변의 여러 섬을 해방하여 타이완 국민당 군대의 저장어구에 대한 봉쇄선을 돌파했다. 5월 하순부터 8월 초까지 인민해방군은 2개월 남짓 작전을 치르고 광저우 주강구 밖의 샹강(香港, 현재의 홍콩), 아오먼(澳門, 현재의 마카오) 사이에 있는 완산군도(万山群島)를 전부 해방하고 하이난연해에 있는 국민당 군대의 마지막 발판을 제거했다.

1950년 10월까지 중국인민해방군은 1년간 어렵고 긴박한 작전을 진행하여 대륙과 섬에 남아 있던 국민당 정규군 총 128만여 명을 섬멸했다. 또한 투항한 국민당 장병 170만여 명을 접수해 개편했다. 1946년 7월부터 1950년 6월까지 인민해방군이 섬멸한 국민당 군대의 병력은 총 807만여 명에 달했고 티베트, 타이완과 몇몇 섬을 제외한 중국 영토가 전부 해방되었다. 샹강과 아오먼은 예부터 중국의 영토이지만 식민주의가 중국을 침략하면서 빚어진 역사적인 문제로 상황이 매우 복잡하여 다른 방식으로 해결해야 했다. 중국공산당 중앙위원회에서는 이에 대해 "잠시 현상을 유지하고" "장기적으로 검토하며 충분히 이용하는" 정책을 확정했는데 그 핵심은 두 지역, 특히 샹강 원유의 지위를 이용하여 해외관계와 대외무역을 발전시킴으로써 신중국의 경제복구와 공업화 건설을 이롭게 하는 것이었다.

지방 각급 인민정권의 수립

신중국이 창건될 때 전국 면적의 3분의 1에 해당하는 노해방구에서는 이미 인민정권이 수립되어 있었다. 중앙인민정부의 수립과 더불어 신해방구의 지방 각급 인민정권도 점차 수립되었다. 당시 인민대표대회를 소집하여 인민정부를 뽑을 조건이 마련되지 않았으므로 지방 각급 인민정부는 점차 과도적인 방법으로 생겨났다. 첫 번째 단계는 신해방구에서 일률적으로 군사관제를 실시하고 상급 인민정부 또는 군사관제위원회에서 위로부터 아래에 이르기까지 위임한 인원들로 군사관제위원회나 지방인민정부를 구성했다. 원래 국민당 정부의 모든 공공기관, 산업과 물자를 접수하고 반혁명활동을 진압하여 사회질서를 수립하고 유지하며 생산 조직을 재건했다. 두 번째 단계는 군사관제위원회나 지방인민정부에서 조건이 허락될 때 지방 각계 인민대표회의를 조직하여 인민이 참여하고 의결하는 초기 형태를 지니거나 지방인민대표대회의 과도 형태를 이루었다. 세 번째 단계는 각계 인민대표회의가 인민대표대회의 직권을 점차 대행하고 민주주의적 선거 방식으로 지방인민정부를 조직했다. 이렇게 점차 발전한 민주주의적 정부수립 방식은 당시 특정한 환경의 요구에 따른 것이었고, 이로써 민주주의중앙집권제의 원칙에 따라 인민정부를 수립할 때 지켜야 할 민주주의적 절차 문제를 적절하게 해결했다.

신중국 창건 초기에 중앙의 정령을 통일하고 이를 효과적으로 관철 집행하기 위해 국가행정 차원에서 대행정구제도를 시행하여 중앙과 성 사이에 둥베이(東北), 화둥(華東), 중난(中南), 시난(西南), 시베이(西北) 5개 대행정구를 두었다. 1949년 12월, 중앙인민정부위원회 제4차 회의에서는 책임자를 임명하여 대행정구역 행정기구, 즉 둥베이인민정부위원회와 화둥, 중난, 시난, 시베이 4개 군정위원회를 조직하게 했다. 마오쩌둥은 회의에서 대행정구의 설립에 대해 설명하면서 다음과 같이 지적했다. "중국은 큰 나라이므로 반드시 이런 힘 있는 지방기구를 설립해야 일을 잘할 수 있다. 통일해야 할 것은 반드시 통일해야 하며 절대 각기 제멋대로 하게 해서는 안 된다. 그러나 통일과 구체적 실제에 맞는 실행을 결부시켜야 한다. 인민정권에서는 이전의 봉건할거와 같은 역사적 상황은 이미 소멸되었으므로 중앙과 지방이 일정하게 분담하는 것은 해가 없고 이로운 일이다."[32] 중앙인민정부가 수립된 후 원 화베이인민정부는 즉시 사업을 마무리하고 그에 소속된 5개 성, 2개 시[33]를 중앙 직속으로 바꾸고 또 정무원 아래에 중앙인민정부 화베이사무부를 별도로 두었다.

정무원에서 채택된 '대행정구인민정부위원회 조직통칙'에 따르면 다음과 같다. 무릇 군사 행동은 이미 마무리되었고 토지개혁은 완전히 실현되었다. 각계 인민으로 충분히 조직된 대행정구에서는 곧바

---

32) '회의는 26개의 임명을 토론, 통과했고 마오 주석이 반드시 통일하여야 함에 대해 설명했다.' 1949년 12월 4일 자, 〈인민일보〉 1면.

33) 즉 허베이성(河北省), 산시성(山西省), 쑤이위안성(綏遠省), 러허성(熱河省), 차하르성(察哈爾省)과 베이징시, 톈진시이다.

로 일반선거를 실시하여 대행정구의 인민대표대회를 소집하고 대행정구의 인민정부위원회[34]를 정식으로 선거하여 관할하는 성(시)보다 일급 높은 지방정권기관으로 한다. 이는 중앙인민정부 정무원에서 지방정부의 사업을 영도하는 대표기관이기도 하다. 대행정구 행정기구는 정무원소속 사업부서와 상응하게 설치하며 아래로는 각 성(시), 현 지방인민정부의 사업을 영도한다. 상급과의 사업관계에서 그 주관범위에 속하는 중요한 사업은 자체적으로 처리한 다음 다시 정무원에 보고할 수 있으며 무릇 전국적 영향이 있는 사업은 우선 정무원에 보고하여 허락을 받아 실행하고 사후에 보고해야 한다.

신중국 창건 초기에 옛 중국의 행정구획에 대한 조정을 진행했다. 대행정구를 증설하고 그 밖에 일부 정치, 역사적 상황이 비교적 특수한 지구에는 중앙직할 또는 자치의 방식을 취했다. 1950년 1월에 정무원에서는 성, 시, 현 인민정부 조직통칙을 발표하여 각급 지방정권의 소속관계, 구성, 직권, 기구 등을 명확히 규정함으로써 지방 각급 정권을 수립하는 데 초보적인 법적 근거를 마련했다. 1951년에 이르러서는 전국적으로 모두 29개 성, 1개 자치구[35], 8개 성급 행정공서, 13개 직할시 인민정부, 140개 시 인민정부 및 2,283개 현급(현, 기, 종, 자치구 등을 망라) 인민정부가 수립되어 중앙으로부터 지방에 이르는 완전한 정권기구를 형성했다.

지방 각급 행정기관의 효과적인 집행으로 신중국 창건 초기의 수많은 정부사업이 신속히 전개되었다.

---

34) 후에 대행정구의 기능에 변화가 생겨 둥베이인민정부위원회만 설립하고 그 외에는 군정위원회를 설립했다.

35) 1949년 12월 2일, 1947년 5월에 설립된 내몽골자치정부를 내몽골자치구인민정부로 개칭했다. 지방정부 수도는 울란바토르에서 장자커우(張家口)로 옮겼으며 후에는 귀수(현재의 훅호트)로 옮겼다.

신중국의 중앙에서 지방에 이르는 각급 지방 정부기구는 완전히 새로운 기초 위에 건립되었다. 정부의 사업 담당자들은 대부분 인민해방군과 오래전 해방된 지구에서 온 경험이 많은 간부들과 혁명에 갓 참가한 지식인들이었다. 지도층에는 공산당원들이 주를 이루었고 상당수 각 방면의 애국민주인사들도 포함되었다. 당은 각급 정부 지도자 가운데 민주인사들이 점하는 비중문제를 각별히 중요시했다. 지방인민정부의 구성에 대해 마오쩌둥은 "공산당은 비당인사들과 영원히 합작해야 하며 정부의 명단에 공산주의자들과 진보인사들이 그래도 반반씩 배정되는 것이 좋으며 방방곡곡에 모두 배치되어야 한다."[36]고 강조했다. 중앙의 정신에 따라 중앙인민정부위원회는 각 대행정구에 애국민주인사를 군정위원회 부주석으로 임명했다. 일부 민주인사는 성인민정부 주석으로 임명되기도 했다.

　　신해방구에서는 군사관제를 통해 사회질서를 세운 후 도시와 농촌의 기층정권을 체계적으로 개조하기 시작했다. 이는 국민당 반동통치의 뿌리를 뽑아버리는 중요한 사업이었다. 국민당통치 시기에 난징정부는 낡은 봉건제도를 본받아 도시와 농촌의 기층에서 '연보연좌수표'를 시행하는 보갑제도를 재건하고 강화하여 인민의 행위와 언론을 엄밀히 통제하고 감시했다. 또한 경제적으로는 전량과 가렴잡세를 징수하고 부역을 분담시키며 장정을 징집함으로써 자체적으로 통치를 유지했다. 억압과 착취를 받을 대로 받은 근로인민들은 이 반동적인 기층행정제도를 극도로 증오했다. 그리하여 당과 인민정부는 각 지방이 해방되는 즉시 광대한 도시와 농촌의 보갑제도를 폐지한다고 서면으로 공포했다.

---

36) 마오쩌둥, '수원 책임자와의 담화'(1949년 10월 24일), 〈마오쩌둥문집〉 제6권, 인민출판사 한문판, 1999년, 14쪽.

도시에서는 대중이 충분히 조직되고 동원된 동시에 또 대중과 밀접한 관계를 가진 많은 간부를 배출하고 각 지방의 시정부에서는 보편적으로 군중대회를 열어 보갑제도의 반동성을 폭로하고 보갑장들의 가혹한 수탈을 공소케 해 점차 보갑제도를 폐지했다. 옛 보갑인원에 대해서는 각자의 구체적 정형에 따라 분별 있게 처리했다. 특별히 죄악이 크고 많은 사람이 증오하는 보갑장은 법에 따라 처벌했다. 한편, 일반적인 보갑인원은 심사를 거쳐 유용시키면서 그들에게 흩어진 병사와 토비를 검거하고 분산된 무기를 거두어들이며 공공가옥을 관리하는 일 등을 맡겨 그들이 과오를 고치고 새로운 길로 나아가도록 교육했다. 이 기초 위에서 각 도시는 옛 인민정부 아래 가(街)와 려(閭)라는 2급 기층조직을 설립했다. 즉 원래의 보를 가로 고치고 정, 부가장을 두었으며 갑을 여로 고치고 정, 부여장을 두었다. 1950년에 일부 도시에서는 각종 주민조직을 설립하여 여조직을 대체했는데 그 명칭은 다소 달랐다. 예를 들면, 톈진에서는 주민소조, 상하이에서는 동방대(冬防隊), 우한(武漢)에서는 치안보위위원회라고 했다. 이런 주민조직의 주요한 책임자는 가두파출소에서 지정한 전임간부가 담당했고 기타 성원은 당지 주민들 중에서 선출했다. 그 주요과업은 정부의 방침, 정책과 법규를 전달하고 주민들의 일상생활과 밀접한 여러 가지 활동, 예를 들면, 방공습, 방특무, 방화, 방절도 등을 전개하며 또 유랑인 구제, 기녀 개조, 빈민 구제, 위생방역, 호적조사와 같은 많은 사회사업을 하는 것이었다.

1952년부터 각 도시에서는 보편적으로 민주정권 건설운동을 진행했는데 인민대표회의를 소집하여 인민대표대회 직권을 대행하고 시인민정부를 민주적으로 뽑았다. 그중 주요 내용의 하나로 대중을 광범위하게 움직여 반동정권의 영향을 숙청하고 주민들의 정치적 의식을 각성시키고 높인 기초 위에서 자치적 성격을 띤 기층주민조직을 시범적으로 건립하는 것이었다. 민주정권 건설운동에 대해 일부 도시에서는 '가두와 파출소의 합병'을 실시했다. 가두판사처를 시 소속 구와 구를 설치하지 않은 시정부의 파출기관으로 하고 그 관할범위를 공안파출소와 일반적으로 같게 했다. 또 그 산하에 군중자치적 성격의 조직인 주민위원회를 설립했는데 주민위원회의 성원들은 모두 주민 중에서 선출되었다. 뒤이어 주민위원회 안에 또 점차 치안보위, 인민조정 등 전임위원회를 설립했다. 민주정권 건설 초기에 창설한 이런 주민조직들은 당시 정권의 성격을 절반 정도 띠고 있었다. 이는 보갑제도를 철저히 폐지하고 신구정권의 교체를 완수하며 상공업을 복구하고 정상적인 사회질서를 유지하며 정부에 협조하여 도시관리, 건설사업을 수행하는 중요한 역할을 했다.

신해방구 농촌의 각 지방에서는 주로 토비를 숙청하고 반대 세력을 처벌하는 투쟁, 감조감식투쟁 등과 결합하여 낡은 정권에 대한 개조를 차례로 진행해나갔다. 우선 대중이 비교적 충분히 발동되고 군중 각성이 초보적으로 제고된 지방에서는 광범위한 농민대중이 참가한, 정권 성격을 절반 정도 띤 농민협회조직을 보편적으로 건립한 동시에 민병, 자위대 조직을 건립하고 인민정부를 협조하여 토비, 특무를 방지하는 치안사업 등을 진행했다. 농민들의 이런 자체 무장은 향촌 인민정권을 공고히 하는 중요한 역량이었다. 농민의 정치적 우세가 이미 확립된 기초 위에서 각 지방에서는 끊임없이 구보갑제도 폐지를 시행한 동시에 향을 구획하고 기층정권 건립 사업을 진행했다. 각 지방 농민들은 향농민협회 회원대회 또는 농민대표회의에서 향인민정부를 민주적으로 세웠다. 1950년 12월, 정무원에서는 '향(행정촌) 인민정부 조직통칙'을 반포하고 향을 중국의 최기층 정권으로 확정했다. 농촌 기층정권의 조직형태와 사업제도는 점차 규범화되어갔다.

지방 각급 인민정권의 건립과 전국 도시와 농촌의 낡은 기층정권에 대한 철저한 개조를 거쳐 인민정부의 조직체계는 중앙, 대행정구, 성, 현(시), 구, 향에서부터 사회 최기층으로까지 이어져 위에서 아래로 일관되고 집중된, 효율적이며 고도의 조직 동원능력을 발휘할 수 있는 국가행정체계가 형성되기 시작했다. 국가정권조직이 도시와 농촌 기층사회에까지 효과적으로 적용된 것은 신중국 정권 건설의 특징 중 하나다. 이는 전국에서의 당의 집권에 튼튼한 대중적 기초와 조직적 기초를 마련했다. 이는 또한 중국사회 정치구조의 중대한 변혁이기도 했다.

티베트의 평화적 해방

티베트[시짱, 西藏]지방은 예부터 중국 영토의 한 부분으로서 전국 대륙에서 맨 마지막으로 해방된 지구였다. 19세기 말, 20세기 초에 영국 제국주의 세력은 인도 등지에서 티베트로 침입했고 1888년, 1904년에는 두 차례의 무력 침략을 감행했다. 또한 티베트에서 친영 분열 세력을 원조하며 온갖 방법을 동원해 티베트지방과 중앙정부의 관계를 파괴했으며 티베트불교 거루파의 두 생불 달라이라마와 반찬 어르더니를 이간시켜 불화를 조성했다. 전국이 해방되기 직전까지 제14세 달라이라마는 아직 나이가 어려 직접 정사를 처리하지 못했고 티베트지방정부의 권력은 친영 분열 세력이 장악하고 있었다. 1949년 7월, 티베트지방정부 상층의 소수 분열주의자들은 제국주의 세력의 사주와 선동으로 '한족 구축사건'을 조작하여 국민당 정권이 멸망하는 기회를 틈타 티베트지방을 중국에서 분리시키려고 시도했을 뿐 아니라 또한 이른바 '티베트 독립'의 깃발을 공개적으로 내걸었다. 9월 2일, 신화사는 사설을 발표하여 티베트는 중국의 영토로서 그 어떤 외국의 침략도 절대 허용하지 않으며 티베트 인민은 중국인민의 불가분리의 구성 부분으로 그 어떤 외국의 분할 시도도 허용하지 않는다고 엄정하게 지적했다. 이것은 중국인민, 중국공산당과 중국인민해방군의 확고부동한 방침이었다.

중화인민공화국이 창건되던 그날, 칭하이에 체류하던 제10세 반찬 어르더니 췌기젠찬은 마오쩌둥 주석, 주더 총사령에게 전보를 보내 중앙인민정부를 옹호하며 티베트을 조속히 해방하길 바란다고 밝혔다. 그러나 티베트지방정부 상층의 소수 분열주의자들은 도리어 '독립'에 대한 지지와 원조를 받기 위해 영국, 미국, 인도, 네팔 등 나라에 4개의 '친선사절단'을 보내려고 획책하고 있었다. 중앙인민정부는 조국을 분열시키는 이런 배반행위를 엄정하게 규탄했다. 1950년 1월, 중앙인민정부 외교부 대변인은 담화를 발표하여 티베트지방당국에서 외교사절단을 파견하는 것은 불법이며 "이런 불법 '사절단'을 접대하는 나라는 중화인민공화국에 대해 적의를 품고 있는 것으로 인정할 것"이라고 지적했다. 반찬 캄부회의청에서는 마오쩌둥 주석, 주더 총사령에게 전보를 보내 티베트 지방당국의 이른바 '독립'의 움직임을 반대한다고 표명하며 중앙에서 "의병을 조속히 보내 티베트을 해방할 것"을 청했다. 강장가르제(현재는 쓰촨성에 속함), 마르캄지구의 티베트족[藏族] 상층애국인사들과 티베트족 인민 등 각계에서는 티베트를 해방시킬 것을 각자 나름대로 요구했다. 영국, 미국 등의 정부는 중국정부의 엄정한 경고와 중국인민, 특히 장족 각계의 굳건한 반대를 두려워했고, 또 자체의 이익을 고려하여 티베트 '사절단'을 접대하지 않겠다고 했다. 그리하여 영국, 미국, 네팔로 가게 된 티베트 '사절단'은 티베트로 떠나지 못했고 인도로 가게 된 '사절단'만 비밀리 뉴델리로 갔다.

'티베트 독립'을 조작하려는 제국주의의 음모를 무너뜨리고 전국 대륙의 해방을 완수하기 위해 1950년 1월 초에 중국공산당 중앙위원회에서는 티베트로 진군할 결책을 내리고 시난국(西南局)과 시난군구(西南軍區)에서 티베트로 진군하여 티베트를 운영하는 주요 과업을 맡도록 확정했다. 또한 시베이국(西北局)과 시베이군구(西北軍區)에서 이를 지원하고 병합하게 했다. 뒤이어 중앙의 비준 아래 중국 공산당 티베트사업위원회를 설립하여 티베트에 진군하고 티베트를 운영하는 사업을 통일적으로 계획하게 했다. 시난국, 시난군구에서는 제2야전군 제18군으로 티베트진군부대를 신속히 조직하고 부대 내에서 티베트를 해방하고 변강을 건설하며 국방을 공고히 하는 데 필요한 교육과 민족정책교육을 진행했다. 또한 티베트어를 가르치고 티베트의 정치, 경제, 군사요충지지리지 등을 교육했다. 동시에 해발고도가 높고 추운 지방에서 행군작전훈련을 진행하고 도로를 구축하고 군사물자를 마련해 긴급 수송하는 등 티베트 진군을 위한 준비사업을 진행했다.

티베트 진군을 적극적으로 준비하면서 당중앙위원회는 티베트족인민의 감정을 상하게 하지 않고 민족단결에 더욱 유리하도록 티베트의 역사와 현실상황을 고려하고 또 국내외의 유리한 정세를 분석하여 티베트의 평화적 해방을 쟁취하는 방침을 확정했다. 티베트에 들어가면서 부닥칠 정치, 종교, 민족 등 복잡한 문제를 신중히 다루기 위해 1950년 5월 17일, 중앙은 시난국과 시베이국에 보내는 지시에서 다음과 같이 지적했다. "티베트를 해방하는 기정 방침에 따라 군사적 진격 외에 모든 가능한 수단을 동원하여 정치적 쟁취사업을 강화하는 것은 아주 필요하다. 여기에서 기본적 문제는 티베트 측에서 영미제국주의의 침략세력을 반드시 몰아내고 인민해방군의 티베트 진격을 협조하는 것이다. 우리 측은 티베트의 정치제도, 종교제도를 승인할 수 있고 달라이라마의 지위를 포함하여 현재의 무장력, 풍속습관을 전부 변경하지 않으며 일률적으로 보호한다." 5월 29일, 중앙에서는 시난국 제1서기 덩샤오핑이 작성한 티베트지방정부와의 협상에 대한 10가지 조건을 비준했다. 티베트의 평화적 해방을 쟁취하는 기정 방침 아래 중앙에서는 인민해방군에 티베트 진군 준비를 철저히 하도록 명령을 내린 한편, 티베트의 평화적 해방에 따른 협의를 체결하도록 베이징에 대표를 파견하라고 티베트지방정부에 여러 차례 독촉했다. 그러나 티베트지방당국은 이를 계속 미루면서 자기의 대표를 인도에 장기간 머물도록 명령하는 동시에 티베트 진입의 요충지인 창두(昌都)지구에 티베트군대를 급히 추가로 파견하여 인민해방군의 티베트 진격을 무력으로 막아보려고 시도했다.

티베트상층집단 내의 분열세력을 타격하여 협상이 조속히 이루어지도록 촉진하고 티베트의 평화적 해방을 쟁취하기 위해 중앙군사위원회에서는 티베트 진격부대를 배치하여 창두 전역 해방에 나섰다. 10월 6일, 티베트 진격부대는 남북 두 갈래로 나누어 진사강(金沙江)을 건너 창두를 정면공격하기 시작했고 측면에서는 티베트군의 서쪽과 남쪽 퇴로를 차단했다. 인민해방군의 강대한 공세 아래 티베트지방정부의 가룬과 창두의 총관인 아페 아왕직메는 결연히 그의 소속 군대에 무기를 놓고 해방군에 귀순하라고 명령했다. 티베트 동부의 정치, 경제 중심인 창두의 해방은 티베트 상층 반동분열세력에게 심각한 타격을 주었으며 인민해방군이 티베트로 진격하는 데 그 문을 열어놓음으로써 티베트 문제의 평화적 해결을 위한 길을 마련했다.

1950년 11월 17일, 티베트족력 설날에 제14세 달라이라마 단증가 췌가 라싸에서 앞당겨 친정을 실시하자 분열을 주장하던 섭정 다제는 권력을 잃게 되었다. 중앙인민정부의 거듭되는 독촉과 티베트상층 애국인사들의 노력에 따라 티베트지방정부는 드디어 아페 아왕직메를 전권수석대표로 하는 대표단을 베이징에 보내 평화협의에 동의했다. 1951년 4월 22일, 26일에 창두와 아동에서 각기 출발한 아페 아왕직메 수석전권대표와 그 대표단 기타 성원들은 차례로 베이징에 도착하여 저우언라이와 중앙 관련 부, 위원회 책임자들의 열렬한 환영을 받았다.

티베트 문제를 합리적으로 해결하기 위해 당중앙은 또 반찬 어르더니 췌기젠찬도 초청했다. 반찬 어르더니 췌기젠찬이 인솔한 반찬캄부회의청 관원들은 칭하이에서 출발하여 4월 27일에 베이징에 도착했다. 이날 주더, 저우언라이 등 지도자들이 역으로 나가 그들을 맞았다.

4월 29일, 리웨이한을 수석전권대표로 한 중앙인민정부대표단은 티베트지방정부대표단과 회담을 진행했다. 거듭되는 담판과 협상을 거쳐 5월 23일에 베이징에서 '티베트의 평화적 해방 방법에 관한 중앙인민정부와 티베트지방정부의 협의'를 정식으로 체결했다. 협의는 모두 17조로 되었는데 그 주요 내용은 다음과 같다. 제국주의 침략세력을 티베트에서 몰아내고 티베트인민들은 조국인 중화인민공화국의 대가정으로 돌아온다. 티베트지방정부는 인민해방군이 티베트에 들어가는 것을 적극 협조하며 국방을 공고히 한다. 중앙인민정부의 통일적인 영도 아래 티베트인민은 민족구역자치를 실시하는 권리를 가진다. 중앙은 티베트의 현행 정치제도를 변경하지 않는다. 달라이라마의 고유한 지위와 직권에 대해서도 중앙은 변경하지 않는다. 반찬 어르더니의 고유한 지위와 직권을 유지시켜야 한다. '공동강령'에 규정한 종교신앙자유의 정책을 실시하며 티베트 인민의 종교신앙과 풍속습관을 존중하고 라마사원을 보호한다. 티베트 군대는 점차 인민해방군으로 개편하며 중화인민공화국 국방무장의 한 부분으로 귀속한다. 티베트의 실제 상황에 따라 티베트 민족의 언어, 문자, 학교교육을 진흥하고 티베트의 농업, 목축업, 상공업을 개발하여 인민들의 생활을 개선한다. 중앙은 티베트의 각 개혁사항에 대해 강요하지 않는다. 티베트 지방정부는 스스로 개혁을 시행해야 하며 인민들이 개혁 요구를 제기하면 티베트 지도인원들과 협상하여 이를 해결한다. 중앙인민정부는 티베트지구의 모든 섭외사무를 통일적으로 처리한다. 중앙인민정부는 티베트에 군정위원회와 군구사령부 등을 설치한다.

같은 해 10월 24일에 제14세 달라이라마는 마오쩌둥 주석에게 전보를 보내 '티베트의 평화적 해방 방법에 관한 협의'를 옹호하며 또한 중앙인민정부의 영도 아래 티베트 진군부대를 적극적으로 협조하고 국방을 공고히 하며 티베트에서 제국주의세력을 몰아내고 조국의 영토주권의 통일을 보호하겠다고 표명했다.

'티베트의 평화적 해방 방법에 관한 협의'는 조국의 통일을 수호하고 여러 민족의 단결과 티베트 내부의 단결을 촉진한 것으로 티베트 인민의 이익과 요구에 전적으로 부합할 뿐만 아니라 전국 인민의 이익과 염원에도 전적으로 부합했다. 협의가 체결된 후 각 티베트 진군부대들은 중앙군사위원회의 명령에 따라 8, 9월 사이에 여러 갈래로 나누어 티베트의 수부 라싸 등지로 진군했다. 티베트 진군부대는 큰길에서 당의 민족정책을 선전하고 티베트족인민들의 풍속을 존중하면서 만년설이 뒤덮인 큰 산을 지나 세차게 흐르는 강을 건너 높은 해발고도로 인한 추위, 산소부족 등 갖은 곤란을 극복하면서 10월 26일에 성공적으로 라싸에 진주했다. 뒤이어 티베트 진군부대는 시가제, 걍제 등 국방 요지에 도착했다.

티베트의 평화적 해방은 제국주의와 티베트 상층의 소수 분열주의자들이 획책하던 '티베트 독립'의 꿈을 무너뜨림으로써 티베트를 제국주의 침략세력의 속박에서 벗어나게 했고 변계만 있고 방어가 없던 티베트의 오랜 역사에 종말을 고했다. 이로써 국가의 주권과 영토의 통일을 수호했다. 그리하여 티베트의 봉건농노제도를 폐지해나가고 장족인민의 새로운 생활을 실현하는 기반을 마련해놓았다. 티베트의 평화적 해방은 티베트가 암흑에서 광명으로, 분리에서 단합으로, 낙후에서 진보로 나아가는 중요한 전환점이 되었다. 티베트는 이때부터 새로운 역사적 발전 시기에 들어섰다. 이것은 중국공산당 민족정책의 중요한 승리였다.

4. 신생인민정권의 공고화를 위한 투쟁

대규모 토비숙청투쟁

신생인민정권을 공고히 하는 투쟁은 무엇보다 먼저 사회경제질서를 수립하고 안정시켜 생산사업의 복구발전과 안정된 사회환경을 마련하는 것이었다. 지방인민정부 수립 과정에서 신해방지구가 직면한 두드러진 문제는 낡은 정권이 남겨놓은 반혁명세력으로 그때까지 매우 많은 지방에서는 토비 문제가 상당히 심각했다는 사실이다.

국민당은 군대의 주력이 섬멸된 이후 대륙에서의 실패를 달가워하지 않고 많은 특무와 정규군을 토비로 분산시켜 대륙에 잠복시키고 기회를 보아 다시 정권을 잡으려고 했다. 이런 토비, 특무들은 반동분자들을 전력으로 불러 모아 무장을 확충하고 반혁명무력폭동을 일으키며 인민정권을 전복하여 한때 매우 위험한 반동세력을 형성했다. 1950년 1월부터 10월까지 전국적으로 신생정권을 뒤엎기 위한 무력폭동이 모두 816차례나 일어났고 시난지구에서 토비, 특무의 공격을 받고 함락된 현성이 100개 이상 되었다. 1950년, 전국적으로 비적, 특무에게 참혹하게 학살된 간부들과 대중적극세력들은 약 4만 명이나 되었다. 이런 토비무장의 파괴활동은 새 지구에서 각항 사업을 전개하는 데 심각한 교란을 가져왔고 인민정권의 공고화와 인민 생명재산의 안전을 위협했다. 신해방구의 인민들은 인민정부와 인민해방군이 토비를 완전히 소멸하고 그 뿌리를 송두리째 뽑아버릴 것을 강렬히 요구했다.

중국공산당 중앙위원회와 마오쩌둥은 각지의 비적 상황들을 극히 주목했다. 일찍이 1949년 3월에 중국공산당 중앙위원회 제7기 제2차 전원회의에서는 남방이 해방된 후 인민해방군의 급선무의 하나는 국민당의 반동무장력을 소멸하는 것인데 향촌에서는 먼저 토비숙청투쟁을 차근차근 진행해야 한다고 명확하게 제기했었다. 1949년 5월부터 시작해 일부 지구에서는 토비숙청투쟁을 끊임없이 전개하며 성과를 거두기 시작했다. 하지만 1950년 초에 이르러서도 여전히 양적으로 많은 토비무장이 각기 화둥, 중난, 시난, 시베이 등 지구의 변두리 지대, 편벽한 산지대들에 무리지어 있으면서 신생인민정권에 저항하고 있었다. 1950년 3월, 중앙군사위원회에서는 지시를 내려 토비숙청은 당면한 전국혁명투쟁의 중요한 일면이며 각급 지방인민정권을 수립하고 공고히 하며 기타 모든 사업을 전개하는 데 필요한 전제로서 혁명의 새로운 질서를 신속히 회복하는 담보라고 강조했다. 중앙군사위원회에서는 이에 따라 군대를 매우 강력하게 배치했다. 선후하여 인민해방군의 6개 병단에서 140여 개 사의 주력부대 150여 만 명을 뽑아 상기 토비활동지역에서 각기 대규모적인 토비숙청투쟁을 진행하는 동시에 당지를 도와 인민정권을 수립하고 공고히 했으며 생산을 발전시키고 토지개혁을 진행했다. 토비숙청작전을 순조롭게 진행하기 위해 중국공산당 중앙위원회와 마오쩌둥은 군사적으로 토벌하고, 정치적으로 와해시키며, 대중을 일으켜 무장자위를 하는 이 세 가지를 결합하는 방침을 내놓고 "진압과 관대를 결부시키는" 정책과 "가장 악한 자는 반드시 징벌하며 추종한 자는 추궁하지 않으며 공을 세운 자는 표창하는" 정책을 취했다.

중앙의 통일적 배치에 따라 신해방구에서는 군대와 지방 및 인민 대중이 밀접히 결합하는 대규모 토비숙청작전을 벌였다. 이것은 실제상 인민해방전쟁의 계속이었다. 각 토비숙청부대는 무엇보다 먼저 우세한 병력을 집중하여 토비무리가 강력한 지구에서 군사적 토벌을 실시했다. 화둥지구에서는 저장, 푸젠(福建), 장시(江西) 성 변계지구를 중점으로 전면적으로 토비를 숙청해나갔다. 중난지구에서는 주로 후난성(湖南省) 서부 각 현과 그 변두리 지구들, 광시(广西)의 야오산(瑤山), 류완다산(六萬大山), 스완다산(十萬大山) 및 광둥의 베이강(北江차례구의 토비무리를 중점적으로 숙청했다. 토비우환이 가장 심한 시난지구에서는 포위토벌과 주둔하여 토벌하는 방침 및 기습과 수색을 결합하는 방침을 취해 쓰촨, 시캉, 윈난, 구이저우, 각 성에서 차례로 토비 92여 만 명을 섬멸했다. 큰 무리의 토비무장을 섬멸한 후 중소 무리의 토비들에 대해 각 부대는 갈래를 나누어 주둔시키면서 숙청을 진행하고 강력한 정치적 공세를 보충수단으로 이용하면서 토비무리의 와해를 가속화했다. 이러한 기초 위에서 토비숙청부대는 지방무장, 공안부대, 민병들과 결합하고 농촌의 토지개혁과 결부하여 흩어진 잔여토비를 거듭 숙청하고 도주한 토비두목을 잡아냈다. 또한 총기를 거두어들이고 많은 빈고농민들에 의거하며 토비숙청을 동정하고 지지하는 모든 사회적 역량과 단결하여 토비두목과 핵심 토비, 특무 등 죄악을 고집하는 반혁명분자를 고립시킴으로써 많은 토비와 특무들이 잘못을 뉘우치고 올바른 길에 들어서도록 북돋웠으며 군사적 타격, 정치적 와해와 대중 활동을 결합한 강대한 위력을 과시했다.

대규모 토벌과 집중적 숙청 그리고 잔여토비에 대한 숙청이 여러 단계를 거치면서 1951년 상반기에는 각 지방에서 섬멸한 토비무리가 1백만 명을 초과했고 대륙에서의 토비우환은 어느 정도 해결되었다. "화근의 뿌리를 뽑아버리고 후환을 남기지 않는다."는 중앙의 방침에 따라 일부 지방에서는 분산된 잔여토비를 숙청하는 투쟁을 1953년까지 지속했는데 섬멸한 토비, 특무 무장과 새 출발을 하도록 독려한 토비, 특무가 총 260여 만 명이나 되었다. 그리하여 중국에서 장기적으로 존재해왔던 토비우환과 그에 따른 극심한 피해의 역사를 끝내고 인민들이 평온하게 살며 일할 수 있도록 철저히 보호하며 사회질서를 안정시켰다.

반혁명진압운동

인민정권을 공고히 하는 데 직면한 또 하나의 문제는 신중국 창건 초기 각 지방에 국민당이 파견한 특무와 반혁명분자 약 60만 명과 반동적인 당파와 단체의 핵심인물 약 60만 명이 잠복해 있던 것이다. 이런 반혁명분자들은 인민정권과의 투쟁에서 '장기적으로 잠복하고 시기를 기다리며 집중적으로 파괴와 암해활동을 하'는 책략을 취했으며 특히 재정경제 부문에서 물자의 강탈, 기계의 파괴, 방화, 폭파, 절도, 암살, 국가기밀절취 등 파괴활동을 집중적으로 벌여 중국인민의 건설사업을 방해하려 했다. 예를 들어 둥베이지구에서 선양(瀋陽), 안산, 번시(本溪), 푸순(撫順)의 공장 및 광산 구역과 지린(吉林), 랴오둥(遼東), 송강의 일부 공장과 광산 구역의 잠정적 통계에 따르면, 1949년부터 1950년 3월까지 기수 혹은 미수한 비교적 큰 반혁명파괴사건이 253차례나 발생하여 매우 큰 손실을 입었다. 기계, 고압선의 파괴로 조업이 중지되어 본 피해는 더욱 심했다.[37] 특히 교통운수 부문은 빈번히 파괴 대상이 되었다. 철도부의 잠정적 통계에 의하면 1950년 전 8개월 동안 전국적으로 과부하상태에 처해 있던 철도망이 401차례나 파괴되어 대량의 기관차, 기차와 교량이 훼손되었다. 또한 412차례의 파괴활동을 성공적으로 막기도 했다.[38] 그 밖에 구중국이 남겨놓은 반동적인 미신단체조직, 예를 들어 도시와 농촌에 널리 분포하여 많은 신도를 둔 '일관도', 베이징의 '구궁도' 등도 거침없이 활동하며 '창언'을 조작해 당의 정책을 헐뜯고 유언비어를 퍼뜨려 대중을 미혹시키고 이간하여 사회질서를 심하게 교란시켰다. 1950년 6월에 한국전쟁이 발발한 후 반혁명분자들은 또다시 기세등등하여 미국이 전쟁의 불길을 중국의 대문 앞까지 지펴왔고 복벽의 기회가 왔다고 여기며 파괴활동을 감행했으며 안팎으로 통교하며 인민민주주의국가를 뒤엎으려는 시도를 서슴지 않았다. 그리하여 모든 반혁명활동을 단호히 진압하고 인민을 해치는 모든 반혁명분자를 엄하게 제재하는 일이야말로 인민민주주의 독재를 공고히 하며 중국인민의 승리 업적을 공고히 하고 발전시키는 절박한 과업임을 선포했다.

---

37) '경제보위사업을 강화하자', 1950년 7월 9일 자, 〈인민일보〉 1면.

38) 철도부, '정무원의 국가재정경제부문에서 보위사업을 건립하는 것에 대한 결정 집행에 관한 지시' (1950년 11월 24일), 〈철도공안통신〉 제3호, 1950년 12월 15일, 3쪽.

당과 인민정부는 반혁명진압사업을 매우 중요한 일로 여겼다. 해방 후 첫 몇 달 동안 각 지방의 공안부서에서는 각 부류의 반혁명분자를 집중적으로 수사, 체포하고 많은 특무간첩사건을 해명하여 사회질서를 안정시켜나갔다. 그런데 초기의 반혁명진압사업에도 일부 결함이 있었다. 당시 적지 않은 간부들은 사상이 마비되고, 적을 과소평가하고 있었다. 어떤 지방에서는 "진압과 관대를 결부시키는" 정책을 단편적으로 "그지없이 관대하게 대하는" 것이라고 이해해 일부 주범자, 죄악을 고집하는 반혁명분자들이 받아야 할 제재를 피하게 했으며 장기간 그들의 억압을 받던 대중을 불안하게 했다. 이런 상황으로 토지개혁과 경제복구 사업을 순조롭게 완수하도록, 특히 항미원조전쟁이 시작된 후 확고한 후방 환경을 수립하기 위해 1950년 10월 10일, 중국공산당 중앙위원회에서는 '반혁명활동 진압에 대한 지시'를 내리고 각급 당위원회에서 "진압과 관대를 결부시키는" 정책을 전면적으로 시행하여 이미 체포했거나 또는 아직 체포하지 않은 반혁명분자에 대해서는 조사한 자료에 따라 신중한 연구를 거쳐 분별 있게 처리할 것을 요구했다. 주범자, 죄악을 고집하는 자로 해방 후, 특히 관대한 처리를 받은 후에도 여전히 계속 죄행을 감행한 반혁명분자에 대해 죽여야 할 자는 즉시 사형에 처하고, 감금하고 개조해야 할 자에 대하여는 즉시 체포, 감금하여 개조할 것을 요구했다. 죄가 가볍고 또한 회개하려는 일반특무분자와 반동적인 당파와 단체의 하급당무인원은 즉시 관제를 실시하고 진정한 추종자, 자백한 자와 반혁명반대투쟁에서 일정한 공헌을 한 자들은 관대하게 대우하거나 적당히 배려할 것을 요구했다. 중국공산당 중앙위원회가 지시한 정신에 따라 정무원과 최고인민법원, 공안부에서는 대규모 반혁명진압투쟁을 전개하기 위해 모든 역량을 구체적으로 배치했다. 1950년 12월부터 시작하여 전국에서는 반혁명진압운동이 기세등등하게 진행되기 시작했다.

반혁명진압운동의 중점타격대상은 특무, 토비, 악패, 반동적인 당파와 단체의 핵심인물, 그리고 반동적인 미신단체의 우두머리였다. 이 몇 개 분야 반혁명분자들은 반동정권이 장기적으로 통치할 수 있는 기초를 이루고 있었다. 혁명정권을 세우고 튼튼히 하는 단계에서는 반드시 모든 반대세력을 확실하게 타격해야 했다. 오직 지난날 인민들의 머리를 억누르고 인민들을 직접 해치던 반혁명분자들을 포함한 '남패천'과 '북패천' 따위의 반동세력을 깨끗이 제거해야 인민대중이 토지개혁과 생산건설에 진정 적극적으로 참가할 수 있었다. 반혁명을 진압하는 본질은 생산력을 해방하고 발전하는 데 장애되는 요소들을 제거하려는 것이었다.

중앙에서 확정한 반혁명진압사업의 노선은 다음과 같다. 당위원회에서 영도하고 전당적으로 대중을 동원하고 각 민주당파와 각계 인사들을 참여시킨다. 통일적으로 계획하고 행동하며 체포자와 사형수 명단을 엄격히 심사한다. 각 시기의 투쟁책략에 주의를 기울이고 선전교육사업을 널리 진행하며 폐쇄주의와 신비주의를 타파하고 일을 경솔히 처리하는 경향을 견결히 반대해야 한다. 공안, 사법 등 전문기관의 사업과 광범한 인민대중의 적극성을 밀접히 결부시켜야 한다. 마오쩌둥은 또 '온당하게, 정확하게, 호되게'라는 반혁명진압사업방침을 제기했다. "이른바 온당하게 타격한다는 것은 책략에 주의를 기울여야 한다는 것이다. 정확하게 타격한다는 것은 잘못 죽이지 말아야 한다는 것이다. 호되게 타격한다는 것은 마땅히 죽여야 할 모든 반동분자를 단호히 죽여야 한다는 것이다(물론 죽이지 말아야 할 자는 죽이지 않는다)."[39] 1951년 2월, 중앙인민정부는 '중화인민공화국 반혁명징치조례'를 반포하여 반혁명진압투쟁에 법률적 무기와 통일된 형벌 양정기준을 제시했다. '조례'의 반포와 함께 각 지방에서는 도시와 농촌에서 반혁명진압의 필요성과 중대한 의의를 널리 선전하고 각계 연석회의, 공소회, 반혁명공판대회 등을 열어 사회 각계 인사들이 보고 듣는 가운데 반혁명분자의 죄행과 그들이 조성한 위해성을 널리 알렸다. 광범한 인민대중이 들고 일어나 반혁명분자를 검거 적발하고 정부를 도와 그들을 추적해 체포했으며 전국의 도시와 농촌에 천라지망(天羅地網)을 펼쳐놓아 반혁명분자들이 더 이상 숨지 못하게 했다. 지난날 중국공산당의 창시자 리다자오(李大釗)를 살해하는 데 직접 참여한 원흉과 자오이만(趙一曼), 류후란(劉胡蘭) 등 혁명지사와 애국민주주의인사들을 살해한 일제괴뢰, 특무, 반동군관 등은 해방 후에 신분을 위장하고 깊이 숨어 있었지만 여전히 각 지방 대중에 의해 검거 적발되어 합당한 법적 제재를 받았다.

반혁명진압운동이 보편적으로 일어난 후 일부 지방에서는 죄인을 지나치게 진압하거나 죄인을 잘못 체포하고 사형하는 등의 부작용이 일어나기도 했다. 이에 대해 중앙에서는 제때 조치를 취하고 체포비준권을 현급에서 지구위원회 전원공서급으로 높이고 사형비준권을 성급에 회수했으며 각 지방에 심사비준 권한을 엄격히 적용할 것을 요구했다. 또한 체포해도 되고 체포하지 않아도 되는 자는 꼭 체포하지 말며 사형에 처해도 되고 사형에 처하지 않아도 되는 자는 꼭 사형에 처하지 말아야 하며 그렇지 않으면 오류를 범한다고 했다. 중앙에서는 반드시 반혁명분자의 사형수를 엄격히 통제하여 무릇 사형에

---

39) '반혁명분자에 대해서는 온당하게, 정확하게, 호되게 타격해야 한다는 것에 관한 마오쩌둥의 전보', 1951년 1월 17일.

처해야 할 자로서 인명죄과가 있는 자와 대중의 분개와 증오를 불러일으키는 기타 중죄인 그리고 국가이익을 가장 엄중하게 해친 자만 죽이고, 그 밖에는 일률로 "사형에 처하되 집행유예 2년에 언도하고 집행유예 기간에 강제노동을 시켜 그 효과를 보는" 정책을 취한다고 강조했다. 이 신중한 사회정책으로 오류를 피할 수 있었고, 많은 사회인사의 동정을 얻고 반혁명세력을 분화하며 반혁명분자를 숙청하는 데 이바지하고, 또 많은 노역을 보존하여 나라를 건설하는 데 기여했다.[40] 더 나아가 중앙에서는 다음과 같이 규정했다. 당, 정부, 군대, 교육, 경제 부문, 그리고 인민단체 내에서 조사해낸 반혁명분자로서 사형을 집행해야 할 극소수(사형죄범죄자의 약 10~20%)는 신중을 기하여 일률로 대행정구 또는 대군구에 보고하여 비준을 받아야 한다. 통일전선과 관련된 중요한 자는 반드시 중앙에 보고하여 비준을 받아야 한다. 이렇게 하면 80~90%의 사형죄 범죄자를 남길 수 있었다. 이 정책은 후에 사법실천에서 사형유예집행제도가 되었고 사형의 실제 집행수효를 크게 통제하고 줄였으며 훌륭한 사회정치 효과를 발휘했다.

반혁명 진압사업은 외층, 중층, 내층을 정리하는 것으로 나뉜다. 1951년 5월까지 '외층'의 정리, 즉 사회에 숨어 있는 반혁명분자를 수사하는 사업이 기본적으로 일단락되었고 각 지방에 숨어 있던 반혁명분자들이 대부분 적발, 체포되었다. 특히 토비의 우두머리, 악패에 대한 타격이 더 철저해졌다. 중앙에서는 즉시 신중하게 처리하는 방침을 실시하기로 하고 역량을 집중하여 미결건들을 처리했다. 사건 처리 과정에서 조사연구에 중요성을 두고 진술보다 증거를 우선하

---

[40] '사형죄를 범한 반혁명분자는 응당 대부분 사형에 처하되 집행유예의 정책을 취함에 관한 중국공산당 중앙위원회의 결정', 1951년 5월 8일.

며, 경솔하게 처리하거나 진술을 강요하고 그것으로 죄인을 판결하는 일을 지양하는 한편, 죄행이 비교적 가볍고 회개하려는 자에 대해 관대하게 처리하는 방침을 따를 것을 강조했다. 6월부터 각 지방에서는 역량을 집중하여 감금되어 있는 반혁명 범죄자들을 조사해 처리했다. 반혁명을 진압하는 사업의 중점이 인민해방군과 인민정부기관 내부(즉 '중층') 그리고 공산당 내부(즉 '내층')에 숨어 있는 반혁명분자에 대한 수사로 옮겨가면서 정치적으로서 각종 문제가 있는 사람(모든 사람이 아님)들에게 역사를 정확하게 교육하고, 그들이 숨겼던 문제를 모두 고백하여 혐의를 씻으며, 마음의 짐을 털어버리고 인민을 위해 전심전력으로 다하도록 호소했다. 10월 말에 이르러 전국의 절대 다수 지구에서 수사처리사업을 완수함으로써 전국적 규모의 대중적인 반혁명진압운동이 기본적으로 마무리되었다. 반혁명진압운동이 철저하지 못한 소수 지구의 마무리사업은 1953년 가을에 완결되었다. 인민과 국가에 엄중한 죄행을 저지른 한패의 토비두목, 상습토비, 악패, 반동적인 미신단체의 두목, 반동적인 당파와 단체의 핵심인물, 특무 및 반공지하군두목들이 감금, 관제 또는 진압됐다.

드높은 기세로 이루어낸 반혁명진압운동은 신중국 창건 초기, 적아 간의 모순이 여전히 남아 있는 상태에서 진행한 첨예한 적대투쟁이었다. 당시 사법체제와 재판절차가 완벽하지 못해 일부 지방에서는 잘못 체포하거나 잘못 죽이는 등의 편차가 나타났지만 중앙에서는 이를 제때에 발견하고 시정했다. 총체적으로 반혁명진압운동은 대륙에 남아 있던 국민당의 잔여세력을 확실히 밀어내고 한때 창궐하던 특무, 지하군 및 미신단체 등 반동조직들을 기본적으로 숙청함으로써 신생정권을 공고히 하고 토지개혁과 경제복구 사업을 순조롭게 진행하도록 보장해주었다.

불법투기자본 타격과 경제질서의 안정

신생정권 공고화를 위한 투쟁은 경제전선에도 긴박하게 진행되었다. 신중국이 창건될 당시 갓 해방된 많은 도시에는 옛 질서는 파괴되었지만 아직 새 질서가 확립되지 못한 채 경제적 동란을 겪고 있었다. 국민당 통치시기에 팽배하던 악성통화팽창의 영향이 지속되고 있었고, 많은 불법투기상은 이 기회를 빌려 소동을 일으켜 시장에는 황금, 은돈, 외화들이 넘쳐났으며 물가가 폭등하는 등 경제질서가 혼란에 빠져 있었다. 공산당이 영도하는 인민정부에서 악성통화팽창과 물가 폭등을 제지하여 경제를 안정시키고 생산시설을 복구하여 신생정권의 경제를 발전시키고 정치를 안착시키는 것은 많은 인민대중, 특히 애국적 민주주의인사, 민족자본가들이 관심을 두고 기대하는 바였다. 투기자본의 시장 조종으로 심각해진 경제적 혼란을 통제하기 위해 당과 정부는 국영경제의 역량과 많은 노동자, 농민들의 지지에 의거하여 효과적인 경제적 조치와 그에 따른 행정적 수단을 취함으로써 신생 해방도시에서 불법투기자본을 타격하는 투쟁을 벌였다.

초기에 각 대도시의 군사관제위원회와 인민정부에서는 모두 인민폐를 유일한 합법적 화폐로 인정한다는 법령을 반포하고 일정 기간에 국민당 정부가 발행한 금원권을 회수, 태환했으며 서면으로 명령을 내려 시장에서의 금반지, 은돈, 외화의 자유로운 유통을 금지하고 일률로 인민은행에서 간판을 내걸고 회수, 태환했다. 그러나 불법투기상들은 정부의 법령에 아랑곳하지 않고 인민폐가 시장에서 채 발을 붙이지 못한 틈을 타서 은돈과 외화를 되넘겨 팔았다. 그 때문에 은돈 값이 차례로 폭등함으로써 물가지수가 배로 올라갔고 인민폐 유통에 심각한 영향을 끼쳤으며 인심을 들뜨게 하여 공정한 상공업 경영에 커다란 충격을 주었다. 이에 대하여 당과 인민정부에서는 불법투기자본을 타격하는 투쟁을 신속히 전개했다.

특히 전국에서 제일 큰 상공업도시인 상하이에는 불법금융투기세력이 창궐해 있었다. 그 우두머리는 상하이증권청사를 통제하고 있었고, 각종 통신도구로 각 거점을 조종하여 많은 은돈, 외화를 불법적으로 되넘겨 팔면서 공공연히 정부의 법령에 항거하고 금융질서를 파괴했으며 심지어 해방군은 상하이에 들어왔지만 인민폐는 상하이에 들어오지 못한다고 큰소리쳤다. 1949년 6월 10일, 중앙의 비준을 거쳐 상하이시군사관제위원회에서는 면밀하게 배치한 후 바로 증권청사를 봉쇄하고 투기상 200여 명을 체포하여 법에 의해 처리했다. 이 사건은 사회적으로 큰 영향을 끼쳤다. 은돈 가격이 즉시 폭락하고 전국의 양곡과 기름의 시장가격도 따라서 내려갔다. 우한, 광저우 등 도시에서도 금융시장을 파괴한 주범들을 속속 잡아들이고 투기를 전문으로 하는 지하전포와 거리의 태환점포들을 봉쇄했다. 이번 투쟁에서는 불법적 금융투기 활동을 강력히 타격함으로써 시장에 인민폐를 신속하게 유통시켰다. 동시에 인민정부는 또 사영금융기구와 시장에 대한 관리를 강화하여 사영 은행과 전포가 자금을 주로 생산사업에 투자하도록 인도하고 고리대를 전문업으로 하는 전포를 단속했다. 또한 상공업 등록을 보편적으로 진행하고 시장거래와 대량 물자 구매를 엄격히 감독, 관리했으며, 물자를 쌓아놓고 가격이 오르기를 기다리는 상업투기활동을 금지했다. 이러한 조치들은 물가를 안정시키고 불법투기자본을 타격하는 데 큰 역할을 했다.

통화팽창의 근원은 화폐와 물자 공급의 불균형에 있기에 행정수단만으로는 문제를 근본적으로 해결할 수 없었다. 그리하여 7월 27일부터 8월 15일까지 중앙재정경제위원회[41]에서는 상하이에서 화둥, 화베이, 화중, 둥베이, 시베이 5개 지구의 재정경제부서의 영도간부들이 참가하는 회의를 소집했다. 회의에서는 해방전쟁의 철저한 승리를 전폭적으로 지지할 것과 신해방구, 무엇보다 먼저 대도시 인민들의 생활을 유지하는 방침을 확정했다. 또 재정경제를 통일하고 시장물가를 통제하기 위한 조치와 절차를 제기했다. 중앙재정경제위원회 주임 천윈은 다음과 같이 지적했다. 국가에서 양식과 면사를 넉넉하게 확보하는 것은 시장을 안정시키고 물가를 통제하는 주요한 수단이다. 양식을 확보하여 도시를 안정시키고 면사를 확보하여 농촌을 안정시키면 투기자본가들의 소동을 막을 수 있다. 회의에서는 시장투쟁에서의 국영경제의 역량을 강화하기 위해 공채를 발행하고 세금징수를 정돈하며 통화긴축정책을 시행하고 통일된 대내외무역전문공사를 설립하는 등의 조치를 취하기로 결정했다. 1949년 여름걷이가 끝난 후 정부는 화폐를 대량 발행하여 양곡과 목화를 구매해야 했다. 불법자본가들은 이 기회를 틈타 양식을 쌓아두고 양식값을 올리고 또 면사, 오금(五金: 금, 은, 구리, 철, 주석), 화학공업원료와 석탄을 다투어 사들였다. 그리하여 10월에 전국적으로 물가가 또 한 차례 폭등했는데 40여 일간이나 지속되었고 물가가 3.26배나 올랐다. 일부 국민당 특무는 쌀과 목화, 그리고 석탄을 통제하기만 하면 상하이를 사지로 몰아넣을 수 있다고 떠들어댔다. 이를 위해 당과 정부에서는 물자를 집중적으로 조달수송하고 제때에 내다파는 '경제전'을 곳곳에 배치했다.

---

41) 1949년 7월 12일, 중공중앙 재정경제부와 화베이재정경제위원회를 통합하여 중앙재정경제위원회를 구성했다. 같은 해 10월에 정무원 재정경제위원회로 바뀌었는데 모두 '중앙재정경제위원회'로 칭한다.

11월 1일부터 중앙재정경제위원회에서는 전국적 범위에서 양식, 목화, 면직, 석탄을 대규모로 조달하고 국영무역공사에 지시하여 주요한 물자를 통제하는 한편, 다투어 사들이는 기회를 이용해 재고로 쌓여 있거나 잘 안 팔리던 화물을 투기상에게 내놓으라고 했다. 11월 25일, 각 지방에서 물가폭등세가 가장 심할 때 상하이, 베이징, 톈진, 우한, 선양, 시안 등 대도시들에 일괄적으로 시행하여 주요한 물자를 제한 없이 내다팔아 시장시세가 폭락하게 했다. 동시에 세금을 독촉하여 거둬들이고 통화긴축을 실시하여 대부금을 동결시키면서 여러 가지로 투기상에 대처하자 그들은 어쩔 수 없이 높은 가격으로 사들여 쌓아둔 물자를 싼값으로 팔 수밖에 없었다. 또한 팔수록 값이 떨어져 자금을 돌릴 수 없어 나중에는 파산할 수밖에 없었다. 뒤이어 10여 억 근의 유통양식을 장악한다는 전제 아래 중앙재정경제위원회는 1950년 음력설 후 초닷샛날에 상하이에서 2억여 근의 양식을 무제한 내다팔도록 하여 투기상들은 마지못해 폭리를 남기려고 세전에 쌓아두었던 입쌀을 본전도 못 찾고 몽땅 토해낼 수밖에 없었다. 국영무역공사는 값이 떨어진 그때 물자를 대량으로 사들여 한층 더 물가를 억제하고 시장을 안정시키기 위해 준비했다.

당과 인민정부에서 영도한 이번의 '경제전'은 불법투기자본에 심대한 타격을 주어 다시는 회복하지 못하게 했다. 1950년 말에 이르러 전국의 물가는 어느 정도 안정되었다. 이는 당과 정부에서 사자본주의의 적극적인 역할을 이용한 동시에 국가의 경제와 인민의 생활에 불리한 그 소극적 역할을 제한하여 취득한 첫 승리로서 인민대중의 광범위한 지지를 받았다. 이는 사영상공업자들에게도 준법경영에 대한 교육이 되었다. 상하이의 한 대표적인 자본가는 감탄하여 다음과 같이 말했다. 중국공산당이 6월의 은돈 태풍을 정치적 힘으로 눌러

버렸다면 이번에는 경제적 힘만으로 안정시켰는데 이는 상하이 상공계의 상상을 초월했으며 상하이 상공계에 교훈을 주었다. 이는 당과 인민정부가 경제적 공간을 이용하여 시장을 조정하는 면에서 뚜렷한 성과를 달성했음을 실증했다. 새롭게 건립된 국영경제는 이번 투쟁을 거치면서 실력을 키웠고 시장 안정의 주도권을 쥐기 시작했다.

5. 국영경제와 새로운 경제질서의 건립

관료자본의 몰수와 국영경제의 건립

새로운 국가정권이 건립됨에 따라 전반적인 국민경제를 영도하는 구성요건으로서 사회주의 성격의 국영경제를 신속히 이룩하는 것은 신중국이 반식민지반봉건 경제에서 신민주주의 경제로 넘어가는 중요한 절차이자 관건이었다. 신중국의 국영경제 건립은 도시를 접수하는 과정에서 관료자본기업을 몰수하면서 시작됐다. 관료자본을 몰수하여 국가 소유로 귀속하는 것은 국영경제를 건립하는 가장 중요한 물질적 전제이며 국영경제를 구성하는 주체(원 해방구에 있던 얼마 안 되는 공영경제도 그중 일부분이다)에 속한 것이었다. 관료자본기업의 경제적 속성에 따라 당은 둥베이 및 화베이에서 도시를 접수해 관리한 경험을 기초로 관료자본기업에 대해 낡은 정권을 대했을 때와는 다른 방법을 취했다. 곧 기구 자체는 없애지 않고 우선 원래의 조직기구와 생산계통에 따라 '원 직, 원 노임, 원 제도'를 완전히 접수하여 생산을 감독하면서 민주개혁과 생산개혁을 통해 점차 관료자본기업을 사회주의 성격의 국영기업으로 개조하는 것이었다.

상기 방침에 따라 인민해방군은 도시 하나를 해방할 때마다 군사관제위원회에서 대표를 파견하여 관료자본기업을 해당 소속 계통에 따라 모두 접수했다. 기업의 관리인원과 기술인원에 대해서는 개별적인 반동파괴분자를 제외하고 일률적으로 원 노임과 원 직으로 발탁해 그들이 생산경영 관리직책을 계속 이행하게 했다. 접수과정에서 당과 정부는, 접수한 기업에서 기계가 제대로 돌아가고 인원들이 제대로 작업하며 생산이 제대로 진행되어야 접수과업을 진정으로 완수한 것이며 필요한 개혁과 건설 사업을 시작할 수 있음을 강조했다. 기업 생산법칙에 맞는 이러한 일련의 접수방침과 접수방법은 신구교체 시 발생할 수 있는 손실과 혼란을 효과적으로 피하고 기업 내부의 안정을 유지하면서 접수사업을 순조롭게 진행했다. 또한 생산의 빠른 복구를 촉진하고 해방구에서와 인민해방군에서 온 많은 간부가 공업생산을 조직하고 관리하는 기능을 편리하게 배우고 습득하게 했다.

당의 올바른 방침의 영도 아래 관료자본기업을 몰수하는 사업이 질서정연하게 진행되었다. 갓 해방된 도시에서는 일반적으로 2~3개월이면 접수사업이 완결되었고 원 기업은 모든 인민 소유의 국영기업으로 전환되었으며 절대다수 기업은 빠른 속도로 생산을 회복했다. 국가 소유로 접수한 관료자본기업에는 금융계통에 속하는 원 중앙은행, 중국은행, 교통은행, 중국농민은행 및 각 성 지방은행 등 모두 2,400여 개 은행(그 안에 있는 소량의 민족자본주식은 관련되지 않는다)이 있었다. 공장 및 광업 계통에 속하는 것으로는 전국의 자원과 중공업생산을 통제하던 전 국민당 정부자원위원회, 전국의 방직업을 독점하고 있던 중국방직건설공사, 병기공장, 군사후방, 정부계통의 관영기업, 국민당의 '당경영기업' 등 모두 2,858개 공장, 광산기업이 있었으며 종업원은 총 129만 명이었는데 그중 산업노동자가 75만 명이었다. 이 밖에도 교통운수, 초상국(招商局) 계통에 소속된 기업과 10여 개의 독점적인 대형의 내외무역공사도 있었다. 1951년 초, 정무원에서 반포한 '기업 중의 공동주식 및 공공재산의 정리 방법' 등 정책법규에 따라 또 전국적 범위에서 사자본주의기업 내에 숨은 관료자본주식을 정리했다. 이를 통해 관료자본을 몰수하고 국영경제를 건립하는 사업이 완수되었다.

1953년 전국재산자본실사위원회의 통계에 따르면 1952년에 이르기까지 전국 국영기업 고정자산의 원래 가치가 인민폐 240억 6,000만 위안에 달했는데 그중 대부분은 몰수한 관료자본기업의 자산(그 토지 가격은 포함하지 않았다)으로 이미 사용한 연한으로 감가상각한 후의 순가치는 인민폐로 167억 1,000만 위안이 되었다.[42] 이렇게 인민의 국가소유로 귀속시킨 막대한 가치의 자본은 신중국 창건 초기에 국영경제의 물질 기술적 기초를 구성하는 가장 주요한 부분이 되었다.

관료자본을 몰수하는 것은 신민주주의혁명의 3대 경제강령 중 하나였다. 그러나 신중국 창건 초기의 관료자본에 대한 몰수는 이중성을 띠고 있었다. 제국주의와 관련한 매판자본 몰수는 민주주의혁명의 성격을 띠지만, 대자본 몰수는 사회주의혁명의 성격을 지녔다. 구중국에서 전국의 경제명맥을 통제하던 관료자본을 인민공화국 소유로 접수하자 국영경제는 이를 통해 국민경제 가운데 사회화된 생산력을 대부분 장악하게 되었다. 1949년의 국영공업(합작사공업을 포함하여)의 고정자산은 전반 공업(공장제수공업을 포함하여) 고정자산의 80.7%를 차지했고 전국 전력생산량의 58%, 원탄생산량의 68%,

---

42) 1955년 2월 21일, 국무원은 '새 인민폐를 발행과 현행 인민폐 회수에 관한 명령'을 반포했다. 3월 1일부터 중국인민은행에서는 새 인민폐를 발행했는데 새 인민폐 1위안에 낡은 인민폐 1만 위안과 같은 비율로 낡은 인민폐를 회수했다. 이 책에서 쓴 인민폐 단위는 모두 새 화폐 단위다.

선철생산량의 92%, 강철생산량의 97%, 기계 및 기계부품 생산의 48%, 면사의 49%를 차지했다. 또 전국의 철로와 기타 대부분 근대화 교통운수사업, 그리고 대부분 은행실무와 대외무역을 장악했다. 국민경제 가운데 무릇 전국의 경제명맥과 국가의 경제 및 인민의 생활을 직간접적으로 조종할 수 있는 부분은 관료자본을 몰수함으로써 기본적으로 국가에 귀속시켰다. 사회주의 성격의 국영경제는 인민공화국에서 생산을 발전시키고 경제를 번영시키는 주요 물질 기술적 기초와 전반 사회경제의 지도적 역량으로서 국가를 위해 각종 사유경제체제를 조정하고 생산복구사업을 조직하는 물질적 수단을 제공하고 전반 사회경제의 성격과 발전 방향을 결정했다.

노동계급에 의거한 복구생산

중국공산당은 중국 노동계급의 선봉대이다. 도시에 들어온 초기에 이미 중국공산당 중앙위원회 제7기 제2차 전원회의에서는 도시사업을 할 때 반드시 성심성의로 노동계급에 의거하는 방침을 견지해야 하고, 국영공업의 생산을 복구하고 발전시키는 일을 첫자리에 놓아야 한다고 분명히 밝혔다. 신중국 창건 전후로 해방된 도시의 공장은 기계설비가 대부분 심하게 파괴되었고 많은 광산은 폐허가 되었으며 공장, 광산 기업은 기본 인력이 흩어져 생산이 마비되어 있었다. 이런 어려운 상황 속에서 당과 인민정부는 성심성의로 노동계급에 의거하는 방침을 명확하게 파악하여 생산사업을 복구발전시키는 일을 중심과업으로 삼고 공업생산 복구사업을 영도하고 진행했다.

전국에서 가장 먼저 모든 도시가 해방된 둥베이지구에서는 1949년 봄부터 각 공장 및 광산의 생산 복구활동이 고조됐다. 노동자들은 고취된 노동열정과 주인의식으로 작업시간과 보수를 따지지 않고 기자재를 바치며 재빠르게 설비를 수리하고 공장과 광산을 복구하는 작업에 열정적으로 뛰어들었다. 오랫동안 침묵했던 공장과 광산에서는 다시 힘차게 돌아가는 기계소리가 들려왔다. 국가 소유로 귀속된 대형기업인 안산강철공장에서는 29개 소속 공장과 광산에서 가장 먼저 생산을 복구하고 공을 세우는 운동을 벌였다. 종업원들은 속속 공장으로 돌아왔고 임금 없이 적은 양의 식량만 제공해도 간부, 공산당원들과 노동자, 기술자들은 한마음 한뜻으로 밤낮없이 힘쓰며 공장과 광산의 설비수리에 박차를 가했다. 2~3개월 사이에 중판공장, 강관용접공장, 제1초압연공장 등 기간공장들이 잇달아 복구되어 생산에 들어갔다. 6월 초에는 안산강철공장의 선철2호 용광로에서 해방 후 처음으로 쇳물이 흘러나왔다.

각 대도시는 해방 후 질서정연하게 관료자본기업을 몰수하고 국영기업을 건립하여 정상적인 생산을 신속히 복구했다. 예를 들면, 톈진시의 원 중국방직 계통에 소속된 7개 방적공장에서는 접수한 지 이틀만에 90% 이상의 종업원들이 공장에 나와 곧바로 생산을 시작했다. 톈진피복공장은 접수 후 15일 이내에 군용바지 수십만 벌을 생산하여 제때에 해방대군의 남하작전을 지원할 수 있었다. 베이징스징산(北京石景山)강철공장 등 국영기업의 종업원들은 당의 동원으로 겹겹이 쌓인 어려움을 이겨내고 반년도 안 되는 기간에 생산을 복구했으며, 역사적으로 가장 높은 생산성과를 올렸다. 중국의 가장 큰 상공업도시인 상하이에서는 중국방직공사의 각 공장이 해방 후 3일 이내에 모두 생산을 회복했다. 또한 시내버스가 대부분 운행되었으며, 수도, 전기, 가스 공급과 시내전화가 중단되는 일이 없었다. 강남조선소의 노동자들과 기술자들은 폭파된 세 곳의 선박수리소의 육상설비 복구작업을 일주일 안에 끝내고 한 달 반 만에 작업을 전부 마쳤다. 여러 곳이 파괴되어 멈춰버린 후닝선(滬寧線, 상하이~난징)도 철도 근로자들의 헌신적인 복구로 이내 개통되었다.

　신중국이 창건된 후 노동계급은 나라의 영도계급이 되었다. 국영기업의 노동자들은 근로자와 생산수단 점유자의 통일을 실현하여 기업의 주인이 되었을 뿐만 아니라 사영기업의 노동자들도 전체 노동계급의 한 구성원이 되었고, 전 인민적 소유에 귀속된 생산수단 점유자의 한 사람으로서 정치적, 사회적 지위가 크게 높아졌다. 많은 종업원이 기업 안에서 주인 역할을 더 잘 발휘하도록 1950년 2월에 중앙 재정경제위원회에서는 다음과 같은 지시를 내렸다. 눈앞의 중심과업은 생산을 복구 발전시키는 것이며 이 과업을 완수하기 위해 국영 공장, 광산기업에서는 반드시 남아 있는 관료자본 통치 시기의 각종 불합리한 제도에 대한 개혁을 시행해야 한다. 개혁의 중심 열쇠는 공장관리위원회를 설립하고 공장에서 민주적으로 관리하는 것이다. 이 지시에 따라 공장, 광산기업에서는 생산 면에서 민주개혁을 진행하여 공장장, 기사장 등 생산책임자와 동등한 인원의 종업원 대표가 참가한 공장관리위원회를 바로 설치함으로써 종업원이 자기의 대표를 통해 공장의 중대한 문제에 대한 토론에 참가하고, 생산관리에 참여하도록 했다. 동시에 각 공장, 광산기업에서는 민주주의적 선거를 통해 종업원대표회의를 만들어 공장관리위원회의 보고를 청취하고 공장의 경영관리 상황과 영도작풍을 검사하고, 비평과 건의를 제기했다. 이러한 개혁을 통해 기업 안에서 노동계급의 영도적 지위를 확립하고 생산을 복구하고 발전시키는 데 많은 노동자가 적극성과 주도성을 마음껏 발휘하게 했다.

　1950년 6월 29일, '중화인민공화국 공회법'이 공포돼 시행되었다. 이것은 신중국이 창건된 후 처음으로 공포실시한 중요한 법 중 하나였다. '공회법'은 다음과 같이 명확하게 규정했다. 공회는 노동계급이 자원적으로 결합한 대중조직이다. 모든 기업, 기관과 학교에서 근로수입을 자체 생활수단의 전체 또는 주요 수입원으로 하며 육체노동과 정신노동에 종사하는 고용노동자, 그리고 고정된 고용주가 없는 고용노동자들은 모두 공회를 조직할 권한이 있다. 국영기업과 합작사 경영기업에서 공회는 피고용노동자, 종업원[43] 대중을 대표하여 생산관리 및 행정 측면에서의 집단적 계약 체결에 참여할 권한이 있다. 사영기업에서 공회는 피고용노동자, 종업원 대중을 대표하여 자본가 측과 교섭, 협상하고 노자협상회의에 참가하며 자본가 측과 집단적 계약을 체결할 권한이 있다. 공회는 노동자, 종업원 대중의 이익을 보호하며 행정 또는 자본가 측이 정부의 노동 관련 법령, 조례를 성실하게 집행하는지를 감독하고 노동자, 종업원 대중의 경제생활과 문화생활의 각종 시설을 개선해줄 책임이 있다. 생산단위나 행정단위의 행정 또는 자본가 측에서 노동자, 종업원을 고용하거나 해고하는데 만약 정부의 법령이나 집단적 계약을 위반하는 일이 발생할 경우 공회기층위원회는 항의를 할 권한이 있으며 쟁의가 생길 경우에는 노동쟁의 해결 절차에 따라 처리한다. '공회법'은 신민주주의 국가 정권에서 공회조직의 법적 지위와 직책을 명확히 규정함으로써 전국의 노동계급이 더욱 잘 조직되어 신중국을 건설하는 데 걸맞은 역할을 하게 했다.

'공회법'이 반포된 후 당과 각급 정부에서는 관철실시를 조직했다. 상점, 기관, 학교 등을 포함해 각 지방의 국영기업과 합작사 경영기

---

43) 1950년 8월, 정무원에서는 '농촌계급성분의 분획에 관한 결정'을 공포하고 "종업원은 노동계급 중의 일부분이다."라고 명확하게 지적했다. 중공중앙 문헌연구실 편, 〈건국 이래 중요문헌선〉 제1권, 중앙문헌출판사 한문판, 1992년, 399쪽.

업, 대부분의 사영기업에서는 기층공회조직을 건립하고 튼튼히 했다. 동시에 철로, 석탄, 기계, 방직 등 각종 전국적인 산업공회를 건립하기 시작했다. 공업생산을 복구하는 가운데 전국총공회, 각 산업공회와 각급 공회조직은 기업의 행정부서 또는 자본가 측의 노동보호, 노동보험, 노임지급 기준, 공장의 위생 및 기술안전 규칙과 기타 관련 법령조례의 집행상황을 엄격하게 감독하여 종업원 대중의 이익을 확실하게 보호한 동시에 노동자들의 경제문화생활을 개선하기 위해 많은 건설적인 사업을 운영했다. 다른 한편으로는 종업원들에게 정부의 법령을 수호하고 정부의 정책을 집행하며 노동규율을 준수하는 등에 대한 교육을 시행하고 생산경쟁, 증산절약운동을 벌여 생산계획을 실행하도록 이끌었다.

노동계급에 의거하는 방침을 참되고 올바르게 완수한 결과, 공업생산 복구는 단시일 안에 괄목할 만한 성과를 거두었다. 1950년의 전국 공업 총생산액은 1949년보다 36.4% 늘어났다. 신중국 공업생산의 복구는 영광스러운 혁명전통을 가진 노동계급이 생산 복구발전의 주역으로서 신중국을 건설하는 영도적 책임을 얼마든지 감당할 수 있음을 실증했다.

전국의 재정경제 통일 사업

불법투기자본에 대한 타격은 해방 초기 도시 물가파동 문제를 일부분만 해결되었다. 그러므로 물가를 근본적으로 안정시키려면 국가재정수지의 균형과 시장물자의 공급균형을 실현해야 했다.

신중국 창건 초기 국가 재정경제 상황은 매우 어려웠다. 국민당정부의 반동 통치로 재정금융은 붕괴의 국면에 처해 있었다. 전국 대륙을 해방하는 후기 작전을 유지하기 위해 중앙인민정부는 여전히 막대한 지출이 필요했다. 도시를 접수하면서 당은 국민당정권이 남겨놓은 구정권기관 근로자들에 대해 '떠맡는' 정책을 폈다. 그 결과 전국의 군인, 정부 인원, 공무원, 교직원이 785만 명[44]에 달했고 이는 중앙 재정에 큰 부담을 가져다주었다. 이 밖에 생산과 교통운수를 복구하는 데도 많은 자금이 소요되었다. 그러나 당시 전국의 재정사업은 여전히 분산된 상태였고 노해방구에서 징수한 공량과 각종 세금은 주로 그 지방에서 지출되었다. 게다가 상납임무에 대한 명확한 규정과 방법이 없었다. 신해방구에서도 대부분 정규적인 세수제도를 확정하지 못했다. 이런 상황에서 군사비용, 생산복구 투자, 이재민 구제 등에 치르는 거액의 지출은 실제로 중앙정부에서 부담하고 있었다. 결국 안정된 수입원이 없어 일시적으로 화폐를 대량 발행하는 것으로 재정의 결손을 메울 수밖에 없었다. 이는 통화팽창이 여전히 존재하게 된 깊은 차원에서의 원인이었다.

1950년 1월, 전국적으로 인민승리실물환산공채를 발행하기 시작하면서 화폐 회수가 가속화되었다. 동시에 전국적인 군사행동이 이미 결속 단계에 들어섰으므로 재정수지의 균형을 이룰 수 있는 객관적 가능성을 보여주었다. 2월 13일부터 25일까지 중앙재정경제위원회는 베이징에서 신중국 창건 이후 첫 전국재정경제회의를 소집했다. 회의에서는 지출을 절약하고 수입을 정돈하며 전국 재정경제사업을 일괄적으로 관리하여 국가재정의 수지 균형, 물자수급 균형 및 금융 물가의 안정을 실현하기로 결정했다. 3월 3일, 정무원에서는 '국가 재정경제사업 통일에 관한 결정'을 내렸는데 그 주요 내용은 다음과 같다. 전국의 재정수입을 통일하여 국가수입의 주요 부분을 중앙에

---

44) 천원, '국가 재정경제 통일에 관한 보고'(1950년 3월 1일), 〈천원선문집〉 제2권, 중앙문헌출판사 한문판, 2005년, 81쪽.

집중시킴으로써 국가의 지출에 사용해야 하며 전국의 물자를 통일적으로 조달하여 국가가 장악한 중요한 물자를 합리적으로 사용함으로써 남는 것과 모자라는 것을 잘 조절해야 하고 전국의 현금관리를 통일하여 모든 군정기관 및 공영기업의 현금을 당분간 쓸 것만을 얼마간 남기는 외에 몽땅 국가은행에 저축하며 자금왕래 시 대체행표를 사용하되 인민은행을 거쳐 결산한다. 이 결정은 집중통일을 기초로 한 재정관리 체제의 초기형태를 이뤘다. 중공중앙에서는 이에 대한 통지를 발부하여 각급 당위원회에서 반드시 모든 방법을 동원해 이 결정이 전부 시행되도록 요구했다.

중앙의 결정은 전국 각지에서 즉시 관철돼 집행되었다. 각급 정부부서는 긴급히 이를 실천에 옮겨 편제를 줄이고 창고를 정리하며 세금 징수를 강화했다. 또한 공채를 팔고 지출을 절약하는 조치를 취했다. 전국 인민들은 정부의 호소에 적극 호응하여 앞 다투어 공량, 세금을 바치고 공채를 샀다. 각 지방에서는 하루 혹은 열흘에 한 번씩 중앙에 각항 주요한 세수나 공량의 징수 입고 내용을 보고함으로써 국가의 재정수입이 대폭 늘어났다. 지출 면에서는 전국의 편제와 공급 기준을 엄격히 통일했으며 재정부에서는 실제 수입상황에 따라 지출을 조절하고 가능한 한 전반적으로 살펴 금액을 조달하게 함으로써 당시 가장 절박한 문제를 해결하기 위한 필요한 재력과 물력을 집중했다.

중앙이 낡은 정권의 군인, 정부 직원과 공무원, 교직원에 대해 '떠맡는' 정책을 취한 것은 정치적으로 매우 필요한 것이었다. 당은 국가재정에 큰 어려움을 가져오긴 했지만, 해결할 수 있다고 인정했다. 하지만 그들을 '떠맡는'다고 하여 원 직, 원 노임을 그대로 유지하는 것이 아니라 해당 인원에게 인민과 정부의 어려움을 설명하고 대우를 적당히 낮추어 정부기관의 모든 사업 근로자와 함께 밥은 나누어 먹고 집은 좁은 대로 쓰도록 했다. 해임한 인원들에 대해 중앙에서는 강습반을 차리고 학습기간에 부분적으로 월급을 주어 생활비를 보충하게 했으며 학습이 끝난 후 엄격한 심사를 거쳐 재능을 보고 채용하거나 단계적으로 그들에게 생활방안을 찾아주었다. 이러한 특수 정책은 사회안정과 경제복구에 보탬이 됐다. 행정 지출을 줄이는 상황에서 전국의 당, 정부, 군대 기관의 사업 근로자들은 절약에 힘쓰고 부지런히 일하면서 어려운 시절을 보냈다.

각급 정부기관과 인민대중이 함께 노력한 덕분에 재정경제를 통일하는 사업은 단기간에 뚜렷한 효과를 거두었다. 재정수지 면에서 1950년 1분기와 2분기에 재정적자는 지출총수의 43%와 40%를 차지했지만 재정경제를 통일 후인 삼분기와 사분기에는 9.8%와 6.4%로 줄었다. 또한 연간수입이 65억 2,000만 위안, 지출이 68억 1,000만 위안에 달하여 재정수지가 그해에 거의 균형을 이루게 되었다. 경제력을 집중했기 때문에 유동적으로 사용할 수 있는 자금이 극히 제한된 상황에서도 하이난섬과 저우산군도를 해방하는 전역의 승리를 쟁취했다. 그뿐만 아니라 10억여 위안의 자금을 들여 집중적인 보수작업과 철도공사 건설, 그리고 철강, 석탄 등 중공업생산의 복구를 진행했다. 물가수준 면에서는 중앙재정에 안정된 수입원이 생김으로써 화폐발행이 감소, 완화되었고 현금관리, 세수정돈과 공채발매 시행으로 시장에서의 화폐 유통량이 줄어들고 상품공급이 비교적 넉넉해졌다. 화폐와 물자가 상대적 균형을 이루면서 점차 물가가 안정되기 시작했다. 1950년 3월의 전국 도매물가 총지수를 100으로 한다면, 4월에는 75.1로, 5월에는 또다시 69.2로 하락했다. 7월 후에는 한국전쟁의 영향으로 물가파동이 있었지만 12월에 이르러서도 여전히

85.4 수준을 유지했으며 물가는 기본적으로 하향 안정세를 보였다.

재정경제를 통일하고 물가를 안정시킨 것은 신중국이 창건된 후 당과 인민정부가 재정경제 전선에서 거둔 중대한 의의를 지닌 첫 승리였다. 이때부터 국민당 통치시기에 장기간 지속하던 악성 통화팽창과 물가폭등이 마무리되고, 몇십 년 동안 불균형하던 구중국의 재정수지도 균형을 이루어 인민의 생활을 안정시키고 농공업생산을 복구하고 발전시키는 데 필요한 조건을 마련했다. 마오쩌둥은 물가안정투쟁을 높이 평가하면서 그 의의가 "화이하이전역(淮海戰役)에 못지않다."고 했다. 공산당이 경제를 잘 이룩해낼 수 있을지 회의적 태도를 보이던 국내외의 사람들도 '기적'이라고 말하며 탄복하지 않을 수 없었다. 이는 중국공산당이 군사적, 정치적으로 막강할 뿐만 아니라 경제적으로 모두 발전할 방법이 있음을 실증했다. 전국의 재정경제 관리를 통일한 것은 재력, 물력을 집중하여 국민경제를 전면적으로 복구 발전시키는 데 중요한 역할을 했으며 이때부터 집중 통일을 기초로 하는 재정경제 관리체제가 점차 형성되기 시작했다.

6. 중국공산당 중앙위원회 제7기 제3차 전원회의

재정경제 상황의 기본적 호전을 쟁취하기 위한 배치

중화인민공화국의 창건부터 1950년 상반기에 이르기까지 당은 전국 인민을 영도하여 몇 달간의 치열한 전투와 간고한 노력을 통해 군사, 정치, 경제 등 각 전선에서 모두 커다란 승리를 거두었으며 건국 시초에 직면했던 어려운 국면을 점차 해결해 나갔다. 그러나 전천이 길에는 모든 장애가 제거되지 않았고, 생산을 복구 발전시키는 중심사업에는 아직도 조속히 진행해야 할 절박한 사업들이 남아 있었다. 우선 전국 인구의 반 이상을 차지하는 신해방구에서 토지개혁이 진행되지 않았고 그곳의 지주계급이 아직 존속하고 있었으며 봉건적 착취제도는 여전히 농촌생산력의 발전을 속박하고 있었다. 국가 재정 상황은 아직 근본적으로 호전되지 못했고 승리의 정세 아래에 또 많은 모순이 쌓였다. 지난 몇 개월 동안 번거롭고 복잡한 사업을 시행하는 가운데 각 지방에서는 결함과 편차가 다소 나타났다. 당내에서 사자본주의 경제를 어떻게 대할 것인가 하는 문제에 대해서도 일부 모호한 인식이 있었다. 이런 상황은 당으로 하여금 전국 인민을 영도하여 위대한 건국강령을 전면적으로 실시하기 위해 정세를 올바로 분석하고 경험을 총화하며 사상을 바로잡고 인식을 통일할 것을 요구했다. 이를 위해 당은 중국공산당 중앙위원회 제7기 제3차 전원회의를 소집하여 당시에 직면한 문제를 전면적으로 해결하기로 결정했다.

1950년 6월 6일부터 9일까지 중국공산당 중앙위원회 제7기 제3차 전원회의가 베이징에서 진행됐다. 전원회의의 중심 의제는 당의 국민경제 복구시기의 주요 과업을 확정하고 또 이를 위한 각항 사업과 취해야 할 전략전술 방침을 확정하는 것이었다.

전원회의의 주요한 의정은 마오쩌둥이 제기한 '국가 재정경제 상황의 기본적 호전을 위해 투쟁하자'는 서면 보고를 토론하는 것이었다. 이 보고는 당시 국내외의 정세를 전면적으로 분석하고 중국공산당 중앙위원회 제7기 제2차 전원회의 이래의 사업, 즉 신중국 창건 전후의 1년 남짓한 동안의 사업을 총화하면서 다음과 같이 지적했다. 지금 우리는 경제 전선에서 이미 일련의 승리를 거뒀다. 이는 재정경제 상황이 호전되기 시작하고 있음을 보여준다. 그러나 이것은 근본적인 호전이 아니다. 재정경제 상황의 근본적 호전을 이루기 위해서는

3년 이내의 시간을 들여 3개의 조건을 실현해야 한다. 곧 토지개혁을 완수해야 하며, 기존의 상공업을 합리적으로 조정해야 하고, 국가기구에 드는 경비를 대대적으로 절감해야 한다. 이를 위해 전당과 전국 인민들은 반드시 일치단결하여 다음과 같은 8가지 사업을 시행해야 한다. 단계적으로 질서 있게 토지개혁을 진행하고, 세수를 조정하여 인민의 부담을 경감시키며, 통일적으로 계획하고 고루 돌보는 방침 아래 상공업을 합리적으로 조정하고, 충족한 역량을 보장하는 전제 아래 인민해방은 일부 군인을 제대시켜 행정기구를 정돈하고 개편하며, 낡은 문화교육 사업을 단계적으로 신중하게 개혁하여 모든 애국 지식인이 인민에게 이바지하도록 하고, 실업구제사업을 효과적으로 시행하며, 각계 민주인사들을 단합하여 각계 인민대표회의를 잘 진행하고, 모든 반혁명분자를 단호히 숙청하며 전당의 정풍운동을 한 차례 진행한다.

마오쩌둥의 서면 보고는 각항 사업에서 반드시 엄격히 준수해야 할 다음과 같은 정책원칙을 천명했다. 토지개혁사업에서 지난날 부농이 소유한 여분의 토지재산을 징수하던 정책을 부농경제를 보존하는 정책으로 바꿔 농촌생산을 조속히 복구하는 데 이바지해야 한다. 상공업의 조정에서는 공사관계와 노자관계를 착실하고 타당하게 개선함으로써 전반 사회경제의 복구 발전을 촉진해야 한다. 교육문화 개혁과 지식인 문제에 대해 시간을 끌면서 개혁하지 않으려는 사상은 잘못된 것이고 너무 성급하여 조잡한 방법으로 개혁을 진행하려고 하는 사상도 잘못된 것이다. 각계 민주인사를 단합하는 문제에 대해 반드시 통일전선사업에서의 관문주의 경향과 융화주의 경향을 극복해야 한다. 반혁명을 진압하는 문제에 대해 반드시 진압과 회유를 절충하는 정책을 관철해야 한다. 전당의 정풍운동은 반드시 각항 사업에서의 과업을 상호 이탈시키는 것이 아니라 밀접히 결합시키는 조건에서 진행해야 한다. 전원회의는 마오쩌둥의 서면 보고를 진지하게 토론하고 채택함으로써 전당, 전국 인민에게 명확한 행동강령을 확정해주었다.

전국적 범위에서 토지개혁을 완수하는 것은 신민주주의 건국강령을 실현하는 주요한 과업 중 하나이며 또한 국가재정경제의 기본적 호전을 쟁취하는 선결 조건이기도 했다. 류사오치는 전원회의에서 '토지개혁 문제에 관하여'를 보고하고 중공중앙에서 작성하고 정치협상회의 전국위원회에 제기하여 심사할 토지개혁법 초안에 대해 설명했다. 그는 다음과 같이 지적했다. 중앙에서는 1950년 겨울부터 시작하여 2년 반 내지 3년 동안에 전국의 토지개혁을 기본적으로 완수하려고 한다(소수민족지구는 제외). 토지개혁의 기본 목적은 농촌 생산력을 지주계급의 봉건적 토지소유의 속박에서 해방함으로써 농업생산을 발전시키고 신중국의 공업화를 위한 길을 개척하려는 데 있다. 토지개혁 과정에서 반드시 농촌의 생산 발전에 깊은 관심을 돌려야하며, 또 그 절차는 농촌의 생산발전에 긴밀히 부합해야 한다.

전원회의는 상공업을 합리적으로 조정하는 것을 재정경제 상황의 기본적 호전을 쟁취하는 중요한 조건의 하나로 열거했다. 그것은 물가가 안정된 후 지난날 화폐값이 떨어져 생겨난 사회 거품 구매력이 갑자기 사라지면서 시장 불경기가 조성되었고 상품이 사장되었으며 많은 사영기업이 감산, 조업중지 또는 파산했기 때문이다. 통계에 따르면 1950년 1월부터 4월까지 전국의 14개 대중도시에서 2,945개 사영공장이 파산하고 16개 도시에서 9,347개 사영상점이 문을 닫았다. 이런 국면을 바로 세우기 위해 당중앙위원회에서는 3, 4월에 각 대행정구 책임자들이 참가하는 사업회의와 정치국회의를 여러 차례 소집하고 재정경제사업의 중심을 재정 복구에서 상공업 조정으로 돌리기로 결정했다. 5월에는 중앙재정경제위원회에서 전국 7대 도시의 상공국장회의를 열고 사영상공업을 도와 엄중한 곤란을 극복하는 조치와 방법을 토론하고 결정했다.

　전원회의에서 천원은 재정경제 문제에 관한 보고에서 상공업의 합리적 조정에 대해 구체적인 방안을 제시했다. 그는 다음과 같이 지적했다. 다섯 가지 경제체제를 응당히 통일적으로 계획하고 고루 돌보아야 한다. 이는 인민에게 좋은 것이다. 오직 통일적으로 계획하고 두루 관리하며 각각 알맞은 자리를 차지하게 하는 정책을 시행해야만 이 경제 체제들이 모두 함께 전진하며 신민주주의를 이룩할 수 있고 앞으로 사회주의를 실현할 수 있다. 그러나 다섯 가지 경제 체제는 지위가 각기 다르다. 그러므로 국영경제의 영도 아래에 두고 통일적으로 계획하며 일괄적으로 관리하는 것이다. 공사관계의 조정에서는 가공위탁제품 주문의 방법으로 사영공장의 생산과 판매를 질서 있게 조직하며 가격을 적당히 조정하고 농산물과 농업 부산물의 수매를 분리하여 개인 상인들이 이득을 볼 수 있게 하고 농민들에게도 일부분 소득이 올라가게 한다. 세수를 정돈하는 면에서 일반적으로 3~5년 이내에는 세율을 올리지 않으며 일부 상품은 세율을 약간 내릴 수도 있다. 이렇게 하면 인민의 부담을 경감할 수 있다. 생산이 복구되고 세금징수 범위가 넓어지면 국가의 세금 수입은 줄어들기는커녕 긍정적으로 증가할 것이다.

　전원회의는 저우언라이 등이 설명한 외교사업, 통일전선, 군대정돈 개편, 당정풍 사업에 대한 내용도 청취했다.

"사면출격을 해서는 안 된다."는 전략전술 방침

당의 중심과업을 순조롭게 실현하기 위해 중국공산당 중앙위원회 제7기 제3차 전원회의에서는 당이 현 단계에서 취해야 할 전략전술 방침을 중점적으로 토론하고 확정했다. 신중국 창건 이후 몇 개월 동안 사회경제의 재조직과 전쟁을 지원하는 데 소요된 막대한 지출은 잠시 사회에 막중한 부담을 가져다주었고 많은 사람이 현 상태에 불만스러워했다. 민족자산계급은 물가안정 후의 시장 불경기로 안절부절못했으며 심지어 어떤 사람은 공산당의 정책이 변하여 자본주의를 앞당겨 소멸하고 사회주의를 시행하리라고 의심하고 있었다. 적지 않은 자본가들은 종업원을 해고하고 공장과 상점을 닫아버렸으며 일부는 공장을 버리고 떠나거나 자금을 샹강으로 빼돌렸다. 실업노동자, 실업지식인과 일부 수공업자들도 인민정부를 원망하고 있었다. 대부분 농촌에서는 토지개혁을 시행하지 않은 데다 공량을 징수하여 농민들도 불평하고 있었다. 이는 사회갈등 상황의 한 측면이었다.

다른 측면으로는 불법투기자본을 타격하는 투쟁 과정에서 당의 몇몇 간부는 자본주의를 이용하고 제한하는 정책에 대한 올바른 인식이 부족하여 승승장구로 자산계급을 무너뜨리고 사회주의를 조속히 실현하자고 주장했다. 어떤 사람은 오늘의 투쟁 대상은 주로 자산계급이며 국영경제는 무한히 발전해야 하고 또 발전할수록 사영경제를 배제해야 한다고 제기했다. 통일전선에 대해 어떤 사람은 "혁명이 승리하여 민주당의 과업이 끝났으니 있어도 되고 없어도 된다."고 말했다. 지식인에 대해 어떤 지방과 부류에서는 조잡한 방법으로 사상문제를 다뤘다. 민족사업에 대해서는 객관적 조건에도 아랑곳하지 않고 소수민족지구에서 민주개혁을 조급히 실현하려는 현상도 나타났다. 이런 '좌'적 편향들은 통일전선 내에서의 각 계급, 계층 및 민족의 관계를 긴장하게 하고 전국 인민이 단결하여 이룩해야 하는 당면 중심과업의 실현을 방해했다. 당중앙위원회는 이를 매우 중요시하게 되었다.

1950년 6월 6일, 즉 중국공산당 중앙위원회 제7기 제3차 전원회의가 소집된 그 날 마오쩌둥은 연설에서 '국가 재정경제 상황의 기본적 호전을 위해 투쟁하자.'라는 서면 보고에 대해 설명했다. 그는 보고에서 언급한 전략전술 사상을 중점적으로 천명하면서 다음과 같이 지적했다. 당면 우리의 총체적 방침은 국민당 잔여, 특무, 토비를 숙청하고 지주계급을 전복하며 대만과 서장을 해방하고 제국주의와 끝까지 투쟁하는 것이다. 곧 시작하게 될 전반 지주계급을 뒤엎는 토지개혁에서 우리의 적은 매우 방대하고 다양하다. 이런 복잡한 투쟁 앞에서 우리는 지금 민족자산계급과의 긴장관계를 악화시켰다. 노동자, 농민, 소수공업자와 지식인 가운데는 우리에게 불만을 품은 사람들이 있다. 당면한 적을 고립시키고 타격하기 위해서 우리는 인민 가운데 우리를 불만스러워하는 사람들이 우리를 옹호하게 해야 한다. 그러므로 우리는 "사면출격을 해서는 안 된다."[45] 그는 다음과 같이 해석했다. 사면출격으로 온 나라를 긴장시키는 것은 매우 좋지 않다. 우리는 절대로 적을 너무 많이 만들어서는 안 된다. 반드시 한쪽으로는 어느 정도 양보하여 관계를 완화하고 역량을 집중하여 다른 한 쪽으로 진격해야 한다. 우리는 반드시 사업을 완수하여 노동자, 농민, 소수공업자들이 모두 우리를 옹호하게 하며 민족자산계급과 지식인 중의 절대다수가 우리를 반대하지 않게 해야 한다. 이렇게 하면 제국주의, 지주계급, 국민당 반동파 및 그 잔여 등 여러 방면의 적들이 우

---

45) 마오쩌둥,'사면출격을 해서는 안 된다'(1950년 6월 6일), 〈마오쩌둥문집〉 제6권, 인민출판사 한문판, 1999년, 75쪽.

리나라 인민들 속에서 고립될 것이다.

마오쩌둥은 다음과 같이 구체적으로 지적했다. 우리는 공장들이 생산을 시작하게 하고 실업문제를 해결해야 한다. 토지개혁을 실시하며 토비를 숙청하고 악패를 반대하여 많은 농민이 우리를 옹호하게 하며 소수공업자들에게도 출로를 열어주어 그들이 생활을 유지하게 해야 한다. 민족자산계급에 대해 상공업과 세수의 합리적 조정을 통해 그들과의 관계를 개선해야 하며 지나치게 긴장관계를 조성하지 말아야 한다. 지식인에 대해 그들을 이용함과 동시에 그들을 교육하고 개조해야 한다. 하지만 성급하게 하지는 말아야 한다. 관념 형태의 것은 무력으로 되는 것이 아니다. 10년에서 15년의 시간을 들여 이 사업을 완수해야 한다. 전당적으로 통일전선사업을 참되고 신중하게 실현해야 하며 각계 민주인사들과 주동적으로 단결해야 한다. 각계 인민대표회의에서는 대담하게 민주주의를 키우며 다른 사람의 말을 두려워하지 말고 누구나 다 말할 수 있는 길을 널리 열어주어야 한다. 소수민족지구의 사회개혁은 반드시 신중을 기해야 하며 조건이 무르익기 전까지 개혁을 시행해서는 안 된다. 소수민족을 도와 그들의 간부를 육성하고 소수민족의 광범위한 대중을 단결시켜야 한다.

"사면출격을 하지 말아야 한다."는 전략전술 방침은 당이 신중국 창건의 정세 속에서 국내 및 통일전선 내부의 계급관계에 대해 새로운 분석을 진행하고 그 기초 위에서 제기한 것이다. 그것은 "주요한 적을 타격하며 절대다수 동맹자를 쟁취"하는 당의 지금까지의 전술을 구현했을 뿐만 아니라 당 집권 초기의 중요한 전략적 사상을 반영했다. 말하자면 혁명의 전국적인 승리는 불가피하게 사회에 충격과 진통을 가져다줄 것이다. 그러므로 당과 인민정부는 아무리 중요한 활동이라도 신중하고 완만하게 진행하며 지나치게 맹렬하거나 급하지 않은 적합한 걸음으로 기정된 목표에 도달하도록 하는 것이었다. 회의 전에 마오쩌둥은 4월의 중앙정치국회의에서 다음과 같이 강조했다. 우리는 큰 당으로서 전술 면에서 각별한 주의를 기울여야 한다. 특히 지금 우리가 승리를 거둔 상황에서 승리를 공고히 하려면 전술에 더욱 주의를 기울여야 하고 '좌'적 사상과 '좌'적 방법을 배제해야 한다. 동시에 그는 중국공산당 상하이시위원회 서기 천이(陳毅)에게 보내는 전보에서 다음과 같이 지적했다. "지금은 긴장된 전환의 시기에 처해 있다. 온 힘을 다해 이런 전환을 순조롭게 진행하기 위해 파괴하지 말아야 할 사물은 되도록 파괴하지 않거나 적게 파괴해야 한다.""이 점을 꿰뚫어 알기만 하면 저항을 줄이고 주도권을 가지게 된다."[46]

중국공산당 중앙위원회 제7기 제3차 전원회의는 당내의 일부 사람들이 "좀 더 일찍이 자본주의를 소멸하고 사회주의를 시행해도 된다."고 인정하는 '좌'적 경향을 분명히 반대했다. 마오쩌둥은 다음과 같이 지적했다. "이러한 사상은 우리나라의 실정에 맞지 않는 그릇된 사상이다."[47] "민족자산계급은 미래에는 소멸하겠지만 지금은 그들을 밀어버리지 말고 우리의 주위에 묶어 세워야 한다."[48] 민족자산계급에 대한 당의 정책은 여전히 단합과 투쟁을 함께하면서도 단합을 위주로 하며, 자본을 밀어내고 소멸하는 것이 아니라 자본을 제한하

---

46) 마오쩌둥, '전환 시기에는 될수록 파괴하지 말아야 할 사물은 파괴하지 말아야 한다.'(1950년 4월 16일), 〈마오쩌둥문집〉 제6권, 인민출판사 한문판, 1999년, 54쪽.

47) 마오쩌둥, '국가 재정경제 상황의 기본적 호전을 위해 투쟁하자.'(1950년 6월 6일), 〈마오쩌둥문집〉 제6권, 인민출판사 한문판, 1999년, 71쪽.

48) 마오쩌둥, '사면출격을 해서는 안 된다.'(1950년 6월 6일), 〈마오쩌둥문집〉 제6권, 인민출판사 한문판, 1999년, 75쪽.

는 것이었다.

중국공산당 중앙위원회 제7기 제3차 전원회의는 신중국이 창건된 후 중국공산당이 소집한 첫 중앙전원회의였다. 이번 회의는 당이 전국의 정권을 갓 장악했을 때 사회전환기의 사회모순을 신중히 처리하는 데 고도로 명석했을 뿐 아니라 또 온건한 발전전략을 제정했음을 보여준다. 이는 전당의 사상을 통일할 수 있는 모든 사회적 역량을 단합시키고 국가 재정경제 상황의 근본적 호전을 성취하며 나아가 국민경제의 전면적인 복구와 발전을 실현하는 데 중요한 의의가 있다.

제2장

항미원조전쟁

중국인민이 각 방면에서 당중앙위원회 제7기 제3차 전원회의의 결과를 관철 집행하여 재정경제 상황을 호전시키기 위해 분투하고 있을 때 한국전쟁이 발발했다. 미국은 곧바로 출병하여 무력간섭을 진행하고 한국에 대한 전면적 전쟁을 시작했다. 동시에 제7함대를 파견하여 타이완해협을 침입했다. 신중국의 국가안전이 외래의 위협을 받게 되었다. 이는 갓 집권한 중국공산당에 지극히 준엄한 시련이었다. 조선민주주의인민공화국 정부의 요청에 응해 중공중앙은 득실을 거듭 가늠한 후 '항미원조(抗美援助), 보가위국(保家衛國)'의 결책을 내리고 결연히 중국인민지원군을 파견하여 한반도에 나가 작전(作戰)하게 했다. 2년 9개월의 군사적, 정치적 투쟁을 거쳐 중국인민은 항미원조전쟁의 위대한 승리를 쟁취했다.

1. 미국의 조선에 대한 무장간섭과 중국의 영토인 타이완 침점 반대

한국전쟁의 발발과 미국의 타이완해협 침입

조선(분단 이전의 대한민국)은 중국과 순치(脣齒)관계의 이웃 나라이다. 제2차 세계대전이 끝나고 미국 군대와 소련 군대는 한반도에서 북위 38도선(이하 38선)을 경계로 각각 남북에서 일본군대의 투항을 받아들였다. 조선은 비록 일본의 식민통치에서 벗어나긴 했지만 통일된 나라가 인위적으로 두 부분으로 갈라지고 말았다. 통일된 대한민국임시정부를 어떻게 수립할 것인가 하는 문제를 두고 미소 두 나라의 의견은 날카롭게 맞섰다. 1948년 8월 15일, 조선 남부에서 미국 정부의 지원을 받는 이승만 집단이 집권하여 대한민국정부(이하 남한)를 세웠다. 이러한 상황에 따라 조선 북부에서는 9월 9일에 김일성을 수장으로 하는 조선민주주의인민공화국(이하 북한)을 세웠다. 이때부터 남북한은 정식으로 분단되었다. 같은 해 12월, 소련 군대는 북한 정부의 요구에 따라 조선 북부에서 철수했다. 다음 해 6월, 미국 군대도 조선 남부에서 철수했다. 이리하여 민족의 통일을 어떻게 실현하는가는 조선의 내부 과업이 되었다. 조선의 남북한 두 정부는 통일을 어떻게 실현하며 어느 쪽에 의해 통일하는가의 문제를 두고 투쟁했다.

1950년 6월 25일, 한국전쟁이 발발했다. 미국정부는 즉시 조선에 대한 무력간섭을 결정했으며 또한 그 범위를 한국 외에 아시아 지역까지 확대했다. 6월 26일, 미국은 일본에 주둔한 미국 공군과 해군 부대를 이동시키고 한반도에 들어와 남한군대를 지원했다. 동시에 필리핀에 주둔하던 해군 제7함대를 파견하여 타이완해협을 침입하게 했다. 27일, 미국 대통령 트루먼은 성명을 발표하여 상기 내용을 시행하겠다고 선포했다. 미국정부는 또 유엔에서 활발하게 활동하여 소련 대표가 결석하고 타이완 국민당 집단이 중국의 자리를 여전히 차지하고 있는 기회를 이용해 6월 27일에 유엔안전보장이사회를 조종하여 남한정부에 대한 원조 결의를 채택했다. 7월 7일, 미국은 또 한 번 유엔안전보장이사회를 조종하여 결의를 채택하고 미국이 지휘하는 '통일사령부'를 설립했으며 유엔기를 내걸고 유엔군[1]을 조직하여 한반도에 가 작전을 개시했다. 한국 문제는 다시 국제 문제로 불거졌다.

타이완은 예부터 중국의 영토였다. 1895년에 청정부는 중일갑오전

---

[1] 한국전쟁 기간을 선후하여 유엔군에 가담하여 조선 침략행동에 참여한 국가로는 미국, 영국, 프랑스, 터키, 캐나다, 네덜란드, 오스트레일리아, 뉴질랜드, 타이, 필리핀, 그리스, 벨기에, 콜롬비아, 에티오피아, 남아프리카, 룩셈부르크 등 16개 국가이다. 유엔군에는 미국군이 90% 이상을 차지하고 대부분 국가는 상징적으로 출병했을 뿐이다.

쟁에서 참패하고 타이완을 일본에 떼어주었다. 항일전쟁 기간에 중국정부는 국제사회에 타이완을 수복하겠다는 성명을 발표했다. 1943년 12월 1일, 중국, 영국, 미국 3개국 정상은 '카이로 선언'에서 일본이 빼앗아 간 중국의 영토, 예를 들어 만주, 타이완, 펑후제도(澎湖諸島) 등을 중국에 귀환하게 할 것이라고 장엄하게 선포했다. 1945년 7월 26일, 중국, 미국, 영국 3개국이 일본의 투항을 재촉 명령하는 '포츠담 선언'에서는 카이로 선언의 선포 내용을 반드시 실행하겠다고 재천명했다. 일본의 패전 후 일본이 위임한 타이완 총독이 중국에 투항했다. 이때부터 타이완과 펑후 등의 섬들은 법적으로뿐만 아니라 사실상 중국 영토의 일부분으로 회복되었다. 해방전쟁이 전국적 승리를 달성할 무렵, 장제스 국민당 집단은 타이완으로 도주했으며 해협 양안은 잠시 분열의 대치 국면을 이루었다.

　신중국 창건 초기에 미국은 타이완 정책을 망라한 대중국 정책을 최종적으로 확정하지 않았다. 1950년 1월 5일, 미국 대통령 트루먼은 타이완에 대한 중국의 주권을 승인하며 미국이 당면에는 타이완에서 특권을 얻을 생각이 없고 무장부대를 사용하여 중국의 현 국세(國勢)에 관여할 의사도 없다고 성명을 발표했다. 당시 트루먼 정부는 유럽에서의 전략적 중점을 확보하기 위해 중국에서 더욱 발을 빼려고 했으며, 중소관계를 한 번 더 이간하고 동시에 아시아 정책을 조정하여 중국 이외의 아시아 국가들을 쟁취하는 데 집중함으로써 '공산주의의 만연'을 막으려고 했다. 그러나 이 성명 내용에는 앞으로 만약 정세에 변화가 생기면 미국이 타이완 문제에 대한 간섭정책을 시행하리라는 복선을 깔아놓았다. '중소우호동맹 호조조약'이 체결된 후 미국정부 내에는 타이완에 대한 정책 개혁의 압력이 빠르게 커졌다. 미국극동군 총사령관인 맥아더는 공산당 수중에 들어가는 타이완을 "침몰하지 않는 항공모함과 잠수함의 보급선으로 볼 수 있다."[2]고 말했다.

한국전쟁이 발발한 후 미국정부는 즉시 타이완에 대한 정책을 조정했다. 트루먼은 6월 27일에 발표한 성명에서 "타이완에 대한 그 어떤 진공도 저지하라고 이미 제7함대에 명령을 내렸으며" 타이완의 "미래의 지위는 반드시 태평양의 안전이 회복되고 일본과의 평화조약이 체결된 이후거나 유엔에서 고려한 후에 확정해야 한다."[3]고 공식적으로 제기했다. 뒤이어 미국정부는 타이완을 침점하는 것을 장기 정책으로 확정했다. 이러한 미국의 행위는 중국의 주권과 영토확정을 엄중하게 침범하고 신중국의 안전을 위협했을 뿐만 아니라 핵심적으로 중국의 통일행정을 저애했다. 이때부터 타이완 문제는 중국이 국가주권을 수호하고 조국의 완전한 통일을 실현하기 위해 미국과 장기적으로 투쟁해야 할 최대 주제가 되었다.

미국의 타이완 침점을 반대하는 외교투쟁

타이완의 해방은 중공중앙 지도자들이 끊임없이 고려하던 문제였다. 1949년 7월, 소련을 방문하고 있던 류사오치는 일찍이 인민해방군에 공군을 건설하고 해군을 창설하며 타이완을 해방하는 등 문제를 가지고 스탈린과 초보적 단계에서 상담했었다. 12월, 마오쩌둥이 소련을 방문했을 때 스탈린과의 회담에서도 소련이 중국을 도와 타이완의 해방을 재촉할 것을 제기했다. 소련의 원조 아래 신중국은 해군, 공군의 건설을 추진했다. 1950년 5월, 인민해방군은 하이난섬을

---

2) 도문소 주필, 〈미국의 대중국정책 문건집(1949~1972)〉 제2권 상, 세계지식출판사 한문판, 2004년, 40쪽.

3) 도문소 주필, 〈미국의 대중국정책 문건집(1949~1972)〉 제2권 상, 세계지식출판사 한문판, 2004년, 44~45쪽.

공략했고 타이완 해방을 위한 준비사업을 한층 더 앞당겨 진행했다. 그런데 한국전쟁의 발발, 특히 미국함대가 타이완해협을 침입함으로써 전반 정세에 중대한 변화가 일어났다. 중공중앙은 국내외 정세를 전면적으로 분석하고 각종 득실을 가늠한 다음 "조선인민(북한)을 지원하고 타이완 해방을 지연하는"[4] 중대한 전략적 결책을 내린 동시에 우선 외교 측면에서 미국의 타이완 침략과 점령을 반대하는 투쟁을 진행하기로 했다.

1950년 6월 28일, 마오쩌둥은 중앙인민정부위원회 제8차 회의에서 다음과 같이 지적했다. "올해 1월 5일에 트루먼이 미국은 타이완을 간섭하지 않겠다고 성명을 발표했다. 하지만 지금은 그 스스로 그것이 거짓임을 증명했으며 동시에 중국 내정을 간섭하지 않겠는 미국의 모든 국제협의를 깨버렸다."[5] 같은 날 저우언라이는 성명을 발표하고 중국정부를 대표하여 다음과 같이 선포했다. "트루먼의 27일 성명과 미국해군의 행동은 곧바로 중국영토를 무력으로 침략한 것이며 유엔헌장을 철저히 파괴한 것이다." "미국제국주의자들이 그 어떤 방해활동을 벌이더라도 타이완이 중국에 속한다는 사실은 영원히 변하지 않을 것이다." "중국 전체 인민은 기필코 한마음 한뜻이 되어 침략자 미국의 수중에서 타이완을 해방하기 위해 끝까지 분투할 것이다."[6]

8월 하순, 정무원 총리 겸 외교부장인 저우언라이는 유엔안전보장

---

4) 저우언라이, '충분히 준비하여 손을 쓰면 승리한다.'(1950년 8월 26일), 중공중앙 문헌연구실, 중국인민해방군 군사과학원 편, 〈저우언라이 군사선문집〉 제4권, 인민출판사 한문판, 1997년, 43쪽.

5) '중앙인민정부위원회에서는 제8차 회의를 소집하여 저우언라이의 현 시기 국제정세 보고를 청취하고 토지개혁법, 공회법과 국장을 채택', 1950년 6월 29일 자, 〈인민일보〉 1면.

6) 저우언라이외교부장 성명발표, '트루먼의 성명과 미국해군의 행동은 우리나라에 대한 무력침략이며 우리 전체 인민은 기필코 미국침략자 수중에서 타이완을 해방할 것이다' 1950년 6월 29일 자, 〈인민일보〉 1면.

이사회와 유엔사무총장에게 여러 차례 전보를 보내 미국의 침략정책을 폭로하고 한반도 문제를 평화적으로 조정하기 위한 소련의 제안을 지지하며 한국에서의 군사행동을 중지하고 외국 군대를 철수시킬 것을 요구했다. 동시에 미국이 중국 영토 타이완을 침점하고 미국 공군이 중국 영공을 침범한 것을 공소했으며 유엔총회와 안전보장이사회에서 관련 회의를 소집할 때 반드시 중화인민공화국정부 대표를 참석시킬 것을 엄정하게 요구했다. 안전보장이사회는 중국의 공소안을 의정에 넣었으며, 9월 29일에 결의를 채택하고 중국정부에서 대표를 파견하여 토론에 참가하는 데 동의했다.

10월 23일, 중국정부는 우슈취안(伍修權)을 대사급 특별대표로 임명하고 안전보장이사회의 토론에 출석하게 했다. 11월 24일, 유엔회의에 참석하는 중화인민공화국정부의 첫 대표단이 뉴욕에 도착했다. 당시 한반도의 정세에는 이미 중대한 변화가 일어났다. 미국군대는 벌써 38선을 넘어섰고 중국인민지원군도 조선에 나가 작전을 펼치고 있었다. 28일, 우슈취안은 안전보장이사회에서 한 장편 발언에서 다음과 같이 엄숙하게 지적했다. 타이완은 중국 영토의 불가분의 한 부분으로서 타이완의 지위는 이미 결정되었다. 타이완에는 단 하나의 문제, 즉 미국정부가 중국 영토 타이완을 무력으로 침략한 문제밖에 없다. 조선문제의 진상은 다른 것이 아니라 바로 미국정부가 조선의 내정을 무력간섭한 것이고 또한 중화인민공화국의 안전을 심하게 파괴한 것이다. 마지막으로 우슈취안은 중국정부를 대표하여 안전보장이사회에 미국의 타이완 침략과 조선 간섭을 질책하고 제재하며 미국군대가 타이완에서 철수하고 모든 외국군대가 한국에서 철수하는 데 대한 3가지 건의[7]를 했다. 미국의 조종 아래 안전보장이사회 및 유엔총회 제1위원회는 중국이 제기한 미국의 중국침략 제지에 관한 안건은 토론하지 않았으며 중국의 3가지 건의를 부결했다. 그러나 중국정부는 대표를 파견하여 안전보장이사회 토론에 출석하고 그 토론에서 우리의 대표가 발언하게 함으로써 중국 정부와 인민의 타이완 문제와 조선 문제에 대한 정의의 입장을 충분히 전달했으며 유엔 안전보장이사회에서 처음으로 안하무인격이던 미제국주의를 피고석에 앉혔다.

2. 항미원조 보가위국(保家衛國)

항미원조의 결책

중국공산당과 중국인민은 시종일관 북한의 국가 독립과 통일을 쟁취하기 위한 투쟁을 동정하고 지지했다. 또한 중국 지도자들은 한반도의 통일문제가 매우 복잡한 것이므로 반드시 신중하게 처리해야 한다는 사실도 인식했다. 신중국 창건 전후의 한동안, 마오쩌둥은 중국을 방문한 조선의 지도자에게 전쟁이 발발하면 그에 따른 제국주의의 간섭을 예견해야 한다고 여러 차례 일깨워주었다.[8]

한국전쟁의 최초 단계에 북한군이 승리를 거듭하는 상황에서 중공 중앙은 정세의 발전을 냉정하게 관찰하고 나서 이번 전쟁이 쉽게 끝

---

7) '안전보장이사회에서 미국의 타이완 무력 침점안을 토론공소, 우리나라 대표 우슈취안이 엄정하게 공소를 제기하고 안전보장이사회에 미국의 타이완, 조선 침략죄행에 대한 제재 등 세 가지 건의를 제기', 1950년 11월 30일 자, 〈인민일보〉 1면; '우슈취안의 안전보장이사회에서의 발언전문', 12월 3일 자, 〈인민일보〉 1면.

8) '마오쩌둥이 소련공산당중앙위원회대표단을 접견할 때 한 담화', 1956년 9월 23일: 이번 담화에서 마오쩌둥은 한국전쟁이 발발하기 전의 일부 정형을 회고했다.

나지 않으리라는 것을 예측하고 군사적으로 일련의 대응조치를 취해 사전준비를 했다. 1950년 7월 13일, 중앙군사위원회는 신속히 20여 만 야전군을 집결시켜 동북변방군을 조직하기로 했다. 동시에 소련에 무기장비를 주문하고 공군과 포병, 고사포병 등 특종병 건설을 추진하고 방공계획을 작성했다. 한반도에서의 교전이 부산지역에서 교착상태에 빠짐에 따라 전쟁 장기화의 추세가 점차 드러났다. 한반도 전국에 나타날 수 있는 불리한 변화와 그에 따라 북한 측에서 제기할 수 있는 요구에 대비해 마오쩌둥은 8월 4일에 열린 중공중앙 정치국 회의에서 출격작전 준비를 해야 한다고 제기했다. 그는 다음과 같이 말했다. 만약 미제국주의가 승리하면 그들은 득의양양하면서 우리를 위협할 것이니 우리는 북한을 도와주지 않을 수 없으며 반드시 도와주어야 한다. 지원군의 형태로 도와주되 물론 시기를 적당히 선택해야 할 것이다.[9]

8월 27일부터 미군비행기가 끊임없이 중국영공을 침입하여 정찰하며 중국 내의 목표물을 폭격하고 기총소사하여 재산이 파손되고 사상자가 발생했다. 이는 미국이 한반도 침략 전쟁의 규모를 확대하려는 신호였다. 따라서 중국의 안전은 갈수록 심각한 위협을 받게 되었다. 9월 중순, 대량의 미국군대가 한반도 서해안 인천에 상륙하여 북한군 남진부대의 뒷길을 차단하자 전쟁 국면은 급속하게 역전되었다. 9월 28일, 미국군대는 서울을 점령했고 30일에는 최전선을 38선까지 밀고 들어왔다. 미국군대가 38선을 넘어 한반도 전역까지 전쟁을 확대할 것인가에 대해 전 세계가 주목하게 되었다. 사실상 미국의 최고당국은 9월 27일에 이미 38선 이북에서 군사행동을 시행하라는

---

9) '마오쩌둥이 중공중앙 정치국회의에서 한 연설', 1950년 8월 4일.

지령을 한반도를 침략한 미국군대에 전달했으며 중공중앙도 이내 정확한 정보를 입수했다.

9월 30일, 마오쩌둥의 결정을 거친 후 저우언라이는 다음과 같이 엄정하게 경고했다. "중국인민은 평화를 사랑한다. 그러나 평화를 보위하기 위해서는 침략전쟁에 반항하는 것을 종래로 두려워하지 않았으며 또 영원히 두려워하지 않을 것이다. 중국인민은 외국의 침략을 절대로 용인할 수 없으며 또 제국주의자들이 우리의 이웃 나라를 침략하는 것을 보고만 있을 수 없다."[10] 10월 3일 새벽, 저우언라이는 중국주재 인도대사 파니카르를 긴급히 불러 만나서는 다음과 같이 정중하게 지적했다. 만약 미국군대가 38선을 넘어 전쟁을 확대한다면 "우리는 결코 가만히 보고만 있지 않고 관여할 것"이다. 우리는 한반도 사건을 평화적으로 해결하기를 주장하며 한국전쟁은 마땅히 즉시 멈춰야 한다.[11] 그날 오후 인도 외교부장 바쪄파이는 저우언라이와의 담화 내용을 영국 측에 몰래 전하면서 자기는 이것이 중국의 '최종적 결정'임을 믿으며 미국군대가 38선을 넘어서면 북한과의 충돌이 확대됨을 의미한다고 했다.[12] 그날 밤 미국정부는 영국 측으로부터 관련 정보를 받았다.

그러나 미국은 힘차게 일어난 중국인민의 결심과 역량을 지나치게 과소평가했다. 미국 최고당국은, 중국은 단독으로 미국과 대항할 능력이 없으니 소련이 군사행동을 취하지만 않으면 소련의 동맹국인

---

10) '인민의 승리를 공고히 하고 발전시키기 위해 분투하자', 1950년 10월 1일 자, 〈인민일보〉 제1면.

11) 저우언라이, '미국군대가 38선을 넘어서면 우리는 관여할 것이다'(1950년 10월 3일), 중화인민공화국 외교부, 중공중앙 문헌연구실 편, 〈저우언라이외교문선〉, 중앙문헌출판사 한문판, 1990년, 25~26쪽.

12) 도문소 주필, 〈미국 대중국정책문건집(1949~1972)〉 제1권 하, 세계지식출판사 한문판, 2003년, 474쪽.

중국도 북한을 원조하러 출병하지 않을 것이라고 판단했다. 10월 1일, 많은 한국군대가 38선을 넘어선 뒤를 이어 미국군대는 7일에 38선을 넘어 한반도 북방을 대거 진공하고 재빨리 조중변경(중-북한)으로 밀고 나갔다. 엄중한 좌절을 겪은 상황에서 북한정부와 김일성 주석은 10월 1일과 3일, 중국정부에 두 차례나 편지와 전보를 보내 북한에 군대를 지원해주기를 요청했다. 스탈린도 10월 1일에 마오쩌둥에게 전보를 보내 중국에서 부대를 파견하여 북한을 원조해줄 것을 제의했다. 소련은 북한에 대한 공개적인 원조로 미국과 직접적 충돌이 발생하게 될 위험을 원하지 않았으므로 중공중앙은 극히 어려운 상황에서 결단을 내리지 않으면 안 됐다.

10월초, 마오쩌둥의 사회로 중공중앙 서기처와 정치국은 여러 차례 회의를 소집하여 북한의 요청에 대해 군사지원을 할지에 대한 문제를 토론하고 연구했다. 당시 중국의 사정은 다음과 같았다. 경제 복구사업을 시작한 지 얼마 안 되었고, 물자는 극도로 부족했으며 게다가 재정형편은 어려웠다. 그리고 신해방구에서는 토지개혁이 아직 진행되지 않았고 인민정권도 아직 완전히 공고화되지 않았다. 또한 인민해방군의 무기장비는 매우 낙후됐으며 해군과 공군은 아직 초창기였다. 그런데 중국이 출전하게 되면 세계적으로 경제력과 군사력이 가장 강대한 미제국주의와 맞서야 했다. 종합적 국력을 가장 뚜렷하게 반영할 수 있는 농공업 총생산액만 비교해 봐도 1950년에 미국은 2,800억 달러이고 중국은 겨우 100억 달러였다. 군사장비 면에서도 미국은 원자탄을 포함한 대량의 선진무기와 현대화된 후근보장을 갖추고 있었지만, 아군은 기본적으로 "좁쌀에 보총" 수준이었다. 피아 간의 역량 차가 이처럼 판이한데 군대를 파견해 참전한다면 이길 수 있겠는가? 전쟁의 "불길을 제 몸에 끌어당기고" "재앙을 문 안으로 끌어들여" 경제건설을 진행하지 못하게 되지 않겠는가? 이러한 것들은 반드시 엄숙하게 고려해야 할 중대한 문제들이었다.

군사사정은 긴급했고 그 압력이 막대하여 결책하기가 극히 어려웠다. 중공중앙이 한반도에 출병할 것인가를 결정할 때 처음에는 출병을 잠시 연기하고 다시 나중에 출병을 결정하는 과정을 거쳤다. 10월 2일, 마오쩌둥은 전날 스탈린이 보낸 전보에 대한 답신으로 직접 긴 전문을 작성했다. 그 주요 내용은 한반도에 지원군을 파견하여 작전하기로 결정한 것과 대북한 원조의 필요성, 초보적인 전략적 구상, 참전 전경에 대한 추측 등이었다.[13] 이는 지원군이 북한으로 가 참전하는 데 중요한 지도적 의의를 지녔다. 하지만 이 전보는 소련 측에 전달되지 못했다. 그것은 그날 오후에 소집된 서기처회의에서 출병 문제에 관해 합의하지 못해 작성한 전보문을 한쪽에 밀쳐두었기 때문이었다. 회의 후에 마오쩌둥은 소련대사 라신을 만나 스탈린에게 다음과 같은 중공중앙서기처회의의 의견을 전하게 했다. 지금 지원군을 파견하여 북한을 원조하면 극히 심각한 결과를 치르게 되기에 중공중앙의 많은 동지는 이를 신중하게 대할 필요가 있으며, 최선의 방법은 당장에는 잠시 군대를 보내지 않으면서 한편에서 적극적으로 역량을 준비하는 것이라고 인정하고 있다. 마오쩌둥은 또 다음과 같이 특별히 설명했다. "우리는 당중앙회의를 소집하려 하는데 중앙 각 부문 임원들이 모두 출석할 것이다. 이 문제에 대해 아직 최종 결정을 내리지 않았다. 이것이 우리의 초보적 전보이다."[14] 중대한 일이

---

13) '마오쩌둥이 기초한 군대를 북한에 파견하여 참전하도록 한 결정에 관해 스탈린에게 보내는 전보', 1950년 10월 2일.

14) 러시아 대통령 당안관에 보존된 '중국주재 러시아 대사 라신이 올린 중국이 잠시 출병하지 않음에 관한 초보적 의견을 스탈린에게 보내는 마오쩌둥의 전보', 1950년 10월 3일.

었기 때문에 마오쩌둥은 즉시 저우언라이와 린뱌오(林彪)를 소련에
보내 직접 스탈린과 상의하도록 했다. 10월 4일과 5일, 중앙정치국
확대회의가 중난하이(中南海) 이녠탕(頤年堂)에서 열렸다. 회의에서
는 민주를 충분히 발양(發揚)했으며 회의참가자들은 신중하게 토론
하고, 이해득실을 거듭 검토한 후 의견의 일치를 보았다. 그리고 중
국인민지원군을 북한에 파견하여 참전함으로써 항미원조, 보가위국
의 투쟁을 진행하기로 했다.

　마오쩌둥과 중앙정치국은 출병에 막심한 어려움이 있긴 하지만 그
래도 필요하다고 인정했다. 그것은 미국침략군이 전 한반도를 점령
하고 강군이 압록강 변까지 밀고 들어오면 중국이 안정적으로 경제
건설을 할 수 없을 뿐만 아니라 미국침략군으로 하여금 제멋대로 세
계평화를 짓밟고 우방을 업신여기게 내버려두어 중국이나 동방 각국
에 모두 불리하기 때문이었다. 중국 군대가 출전해도 승리를 달성할
가능성은 있었다. 중국이 행하는 것은 침략을 반대하는 정의의 전쟁
이므로 많은 곳에서 방조할 것이고 사기가 드높고 내원 병력이 충분
했다. 중국군은 열악한 장비로 우량한 장비를 가진 적을 전승한 풍부
한 전투 경험이 있었고, 영활한 전략전술이 있었다. 또한 희생과 고
난을 두려워하지 않고 용감히 싸우는 불굴의 정신을 가지고 있었으
며 전장이 중국 둥베이와 잇닿아 있어 거리가 가까워 후방 지원에 편
리했다. 미군은 앞선 기술의 무기를 가지고 있었지만 병력이 분산되
어 있고 공급 경로가 길었으며 전투 의지가 강하지 못했다.

　참전의 전경과 관련하여 마오쩌둥은 다음과 같이 지적했다. 반드시
전략 측면에서는 두 가지를 준비해야 한다. 첫째, 북한에 출병하여
미국인들과 작전하기로 결정한 이상 될수록 "북한 지역 안에서 미국
과 기타 나라의 침략군을 섬멸하고 내몰아야 한다." 둘째, 중미 두 나

라 군대가 한반도에서 교전하는 만큼 "미국이 중국과 전쟁상태에 들어간다고 선포할 수 있다는 가능성에 대처해야 하며, 미국이 공군으로 중국의 일부 대도시와 공업기지를 폭격하고 해군으로 연해 일대를 공격할 수 있다는 최소한의 가능성에 대처할 준비도 해야 한다." 그는 다음과 같이 예측했다. "가장 불리한 상황은 중국군대가 한반도에서 미국군대를 대대적으로 섬멸하지 못하고 두 군대가 대치상태라는 난국에 처한 상황에서 미국이 또 중국과 공개적인 전쟁상태에 들어감으로써 현재 중국에서 시작한 경제건설 계획이 파괴되고, 아울러 우리에 대한 민족자산계급과 기타 일부 인민의 불만을 야기하는 것이다."[15] 중공중앙은 최악의 국면에 대비하기 위해 준비했다. 또한 중소동맹이 있음으로써 만약 미국이 중국에까지 전쟁을 확대한다면 이는 전면 전쟁으로 불거지고 세계대전으로까지 확대되겠지만 이런 상황이 벌어질 가능성은 그다지 크지 않으며, 중국이 출병하여 미국의 진격을 막아내고 그 기세를 꺾어버린다면 전쟁은 국부전에 그칠 것이고, 그다음으로 평화적 해결의 경로를 찾을 수 있게 되리라고 예측했다. 바로 얼마 후에 저우언라이는 다음과 같이 지적했다. "미제국주의가 무력으로 다른 나라 인민을 억압하고 있으므로 우리는 미제국주의가 다른 나라 인민을 억압하지 못하도록 하고 그들을 좌절시켜 그들이 겁을 먹고 물러서게 해야 한다. 그런 다음에라야 문제를 해결할 수 있다. 우리는 절도 있게 행동할 것이다. 가령 적들이 겁을 먹고 물러선다면 유엔이나 유엔 밖에서 협상을 통해 문제를 해결할 수 있다. 그것은 우리가 전쟁을 반대하고 평화를 요구하기 때문이

---

15) '마오쩌둥이 기초한 군대를 북한에 파견하여 참전하도록 한 결정에 관해 스탈린에게 보내는 전보', 1950년 10월 2일.

다."[16]

중공중앙에서 정책을 결의하던 기간에 출병 준비사업은 줄곧 긴박하게 진행되고 있었다. 10월 6일, 저우언라이의 사회로 당, 정부, 군대의 고위급간부회의를 열고 지원군이 북한으로 가 작전할 일에 대해 의논했다. 사상을 통일하고 중앙의 결책을 관철하기 위해 저우언라이는 다음과 같이 강조했다. "지금은 우리에게 중요한 것은 싸울 것인가 싸우지 않을 것인가 하는 것이 문제가 아니다. 적들은 우리를 싸우지 않으면 안 되게 핍박하고 있다. 북한정부가 우리에게 출병하여 원조해 달라고 거듭 요청하고 있는 상황에서 우리는 그들이 사지에 처한 것을 그저 보고만 있을 수는 없지 않은가? 당중앙위원회와 마오 주석께서 이미 결정을 내렸으니 지금은 출병 여부를 고려할 것이 아니라 출병한 후 어떻게 승리를 쟁취할 것인지를 고려해야 한다."

10월 8일, 미국군대가 38선을 넘어선 이튿날, 중국인민혁명군사위원회 주석 마오쩌둥은 둥베이 변방군을 중국인민지원군으로 구성하라는 명령을 내리고 펑더화이를 중국인민지원군의 사령원 겸 정치위원으로 임명하며 북한에 들어가 작전 출동명령을 기다리게 했다. 동시에 "현 정세에 비추어 우리는 지원군을 파견하여 북한 안에 들어가 당신들을 도와 침략자를 반대하기로 결정했다."[17]고 김일성 주석에게 전보로 알렸다. 38선은 하한선이었다. 후에 마오쩌둥은 "미제국주의가 간섭을 해도 38선만 넘지 않으면 우리는 관여하지 않는다. 만약

---

16) 저우언라이, '항미원조하며 평화를 보위하자'(1950년 10월 24일), 중공중앙 문헌연구실, 중국인민해방군 군사과학원 편, 〈저우언라이 군사문선〉 제4권, 인민출판사 한문판, 1997년, 75~76쪽.

17) '지원군을 파견하여 북한에 나가 작전하는 문제와 관련하여 김일성에게 보낸 마오쩌둥의 전보', 1950년 10월 8일.

38선을 넘는다면 우리는 반드시 가서 그들을 칠 것이다."[18]고 회고하며 말했다.

10월 8일, 저우언라이는 비행기를 타고 모스크바에 갔다. 소련 방문 기간에 그는 스탈린, 몰로토프 등과 중국이 지원군을 출동시켜 항미원조를 하는 문제와 소련이 군사를 원조하는 한편 지원군에 공군의 엄호를 제공하는 문제 등을 상의했다. 회담이 시작되었을 때 스탈린은 바로 소련공군은 아직 준비가 안 돼 두 달 또는 두 달 반 후에야 출병할 수 있다고 했다. 그 때문에 중국 측에서는 출병시기를 다시한 번 고려하게 되었다. 10월 13일, 마오쩌둥은 저우언라이에게 보내는 전보에서 중앙정치국에서는 "마땅히 참전해야 하고 반드시 참전해야 하며 참전하면 이익이 극히 크고 참전하지 않으면 손해가 극히크다."[19]는 결론에 합의했다고 알렸다. 소련 측에서는 중공중앙에서 즉시 출병하기로 결정한 것을 확인한 후 중국에 군사장비를 제공하고 또한 소련공군을 파견하여 중국에 와 방공과 훈련을 도와주는 데동의했다. 그런데 소련공군이 북한에 들어가 지원군의 작전을 엄호하는 데는 동의하지 않았다.[20] 18일, 저우언라이는 베이징에 돌아와당중앙위원회에 스탈린과 회담한 정황을 보고했다. 그날 밤 마오쩌둥은 중국인민지원군에 조선에 나가 작전하라는 정식명령을 내렸다.

지원군을 출동시켜 항미원조를 시행한 것은 신중국 창건 초기에 당에서 내린 가장 어려운 결정이었다. 이러한 방책을 결정하는 가운데

---

18) '소련공산당중앙위원회 대표단을 접견할 때 한 마오쩌둥의 담화', 1956년 9월 23일.

19) '중국 군대가 북한에 나가 참전하는 데 관하여 저우언라이에게 보내는 마오쩌둥의 전보', 1950년 10월 13일.

20) 1950년 10월 말, 소련군은 압록강 상공에서 엄호를 수행하기 시작했으며, 1951년 이사분기부터는 청천강 이북 지역 상공에 출동하여 작전했다. 한국전쟁에서 소련군의 임무는 처음에는 중국영공을 보위하는 데 그쳤으나 후에는 한반도 북부의 교통선까지 확대되었다. 그러나 처음부터 끝까지 중국인민지원군의 지면부대 작전을 엄호하는 일은 하지 않았다.

당내에서는 민주가 충분히 발양되었으며 이때부터 당내의 사상이 통일되었다. 지원군 각 부대에서도 정치적 동원을 깊이 있게 진행했으며 보편적으로 선서대회를 진행하여 고취된 투지로 가장 흉악한 적을 반격하려는 전투준비를 갖추었다.

중국인민지원군의 북한진출 작전과 한반도 전국의 안정

1950년 10월 19일, 중국인민지원군은 조국인민의 중책을 짊어지고 밤 장막의 엄호를 받으며 예정대로 안둥[安東, 현재의 랴오닝성(遼宁省) 단둥(丹東)], 장전강 어구, 지안[集安, 현재 지린성(吉林省)에 속함] 세 출입항으로부터 압록강을 건너 비밀리에 한국전장에 들어갔다. 이때부터 중국인민의 위대한 항미원조전쟁이 시작되었다.

미제국주의는 중국이 출병하여 참전하리라고는 전혀 생각하지 못했다. 지원군이 북한에 들어갔을 때 맥아더가 지휘하는 유엔군은 이미 평양, 원산 일대를 점령하고 동서 두 갈래로 나누어 가장 빠른 속도로 북한-중국의 경계선까지 진격하고 있어 정세가 극히 준엄했다. 지원군이 비밀리에 북한에 나간 낌새를 적들이 알아채지 못함에 따라 마오쩌둥, 펑더화이(彭德懷)는 결단을 내리고 북한에 나가 방어전을 벌이려던 원래 계획을 변경하고 적을 각개 격파하는 방침을 취하기로 결정하고 즉시 진격했다. 10월 25일, 전투 준비를 갖춘 지원군은 거침없이 쳐들어오던 적군과 조우하여 제1차 전쟁을 치렀다. 이 전투는 전략상의 돌연성을 이용하여 적군에 예상 밖의 타격을 주었다. 펑더화이의 지휘 아래 지원군은 먼저 싸우면서 진군하는 전법을 이용했다. 여러 갈래로 나뉘어 진격하던 적을 각개 격파하고 뒤이어 지원군을 집중적으로 보강하여 운산전투에서 미군 부대인 기병제1사를 타격했으며 또 동부 전선에서 북상하던 미국 지원군을 성공적으로 물리쳤다. 연속되는 전투를 거쳐 11월 5일 제1차 전쟁이 끝날 때까지 지원군은 1만 5,000여 명의 적을 섬멸했으며 유엔군을 압록강 변에서 청천강 이남까지 몰아냄으로써 11월 23일 추수감사절 전에 한국전쟁을 끝맺겠다는 맥아더의 계획을 무산시켰다. 제1차 전쟁의 승리는 북한 전국을 안정시켰고 지원군이 북한에 정착하게 했으며 이후의 전쟁에 유리한 조건을 마련했다. 1년 후 중국인민은 10월 25일을 '중국인민지원군 항미원조 기념일'로 정했다.

지원군이 갑자기 한반도의 전장에 나타나자 미국의 정책당국과 도쿄에 있던 맥아더는 깜짝 놀랐다. 맥아더는 즉시 도쿄에서 한반도 전장에 날아와 한반도 북부를 전면적으로 공략하고 "성탄절(12월 25일) 전에 전쟁을 마무리" 짓는 총공세를 펼쳤다. 이에 대해 마오쩌둥, 펑더화이는 적을 깊이 끌어들이고 우세한 병력을 집중하여 각개 섬멸하는 작전을 벌이기로 하고 11월 하순부터 제2차 전쟁을 시작했다. 전쟁이 시작된 후 지원군은 한 부대로 북한 동북부의 장진호 지역에서 적군을 미리 정해놓은 전장으로 깊이 유인했다. 그런 다음 나머지 지원군 부대가 불시에 반격을 가했다. 또한 동서 두 갈래로 나누어 미군의 부대인 육군 제1사단을 포함한 대량의 적군을 포위, 섬멸하여 또 한 차례의 승리를 거두었다. 12월 24일 전쟁이 끝날 때까지 중-북한 군대는 모두 3만 6,000여 명의 적을 섬멸했고, 평양과 38선 이북 양양을 제외한 모든 지구를 수복했으며, 북한의 한 부대는 38선 이남 일부 지역까지 들어갔다. 제2차 전쟁은 중-북한인민의 사기를 크게 높였고 중국인민 지원군의 위력을 한층 더 드높였다. 또한 유엔군을 전략적 방어 체제에 돌입하게 함으로써 한반도 전국을 돌려세웠다.

연속 두 차례나 타격을 받은 유엔군 진영에는 의견 차이가 생기고 사기가 떨어졌다. 영국, 프랑스 등 나라는 38선에서 멈추고 협상을 거쳐 전쟁을 마무리할 것을 주장했으며 미국은 전쟁의 정세를 안정시키기 위해 정전 문제를 토론하는 데 부득이 동의했다. 이런 상황에 따라 마오쩌둥은 펑더화이에게 전보를 보내 다음과 같이 지적했다. "미국, 영국 각국은 그들이 군대를 정비하여 다시 싸우는 데 유리하도록 아군에게 38선 이북에서 전쟁을 정지할 것을 요구하고 있다. 그러므로 아군은 반드시 38선을 넘어가야 한다. 만약 38선 이북에서 전쟁을 정지한다면 정치적으로 매우 불리해진다."[21] 이에 따라 1950년 12월 말부터 1951년 1월 초까지 지원군과 북한군은 제3차 전쟁을 일으켜 38선에 설치한 적의 방어선을 일거에 돌파하고 전선을 남으로 80~110킬로미터나 밀고 내려가 서울을 점령했다. 유엔군은 북위 37도선 부근 지역까지 철퇴할 수밖에 없었다. 이 전쟁에서 총 1만 9,000여 명의 적을 섬멸했다. 이 전쟁은 국제사회를 크게 뒤흔들었다. 그 뒤 지원군 주요부대는 뒤로 철수하여 휴식, 정비하면서 춘기공세를 준비하고 일부 부대만 제1선에 남아 경계임무를 수행했다.

1951년 1월 하순, 유엔군은 지원군이 연속으로 작전하여 극도로 피로하고 수송선이 길어 보급이 어려워진 기회를 이용하여 23만여 명의 병력을 집결하고 대량의 비행기, 탱크, 화포의 지원을 받으며 200킬로미터나 되는 전선에서 전면적으로 반격해 왔다. 중국인민지원군은 즉시 휴식정돈을 정지하고 조선인민군과 함께 제4차 전쟁을 벌였다. 중-북한 군대는 방어를 굳건히 하며 여러 가지 작전양식을 취하면서 기동전과 진지전을 밀접히 결합하여 적을 대량으로 섬멸하고

21) 마오쩌둥, '우리 지원군은 반드시 38선을 넘어가 작전해야 한다.'(1950년 12월 13일), 중공중앙 문헌연구실, 중국인민해방군 군사과학원 편, 〈마오쩌둥군사문집〉 제6권, 군사과학출판사, 중앙문헌출판사 한문판, 1993년, 239쪽.

서울에서 주동적으로 물러나 북으로 이전하면서 적을 계속 저항하며 반격했다. 4월 하순에 이르러 마침내 적들의 진격을 제지하고 38선 부근에서 전선을 안정시켰다. 전반 제4차 전쟁은 극히 어려운 조건에서 진행되었지만 중국인민 지원군은 특별히 고생을 두려워하지 않고 투철한 정신을 발휘하면서 북한군과 함께 싸워 피동적인 부분에서 주도권을 쟁취했다. 이번 전쟁에서는 적을 7만 8,000여 명이나 섬멸했는데 그 수는 지난 세 차례 전쟁의 사상자 총수보다 더 많았다. 그중에서 지원군이 섬멸한 적이 5만 3,000여 명이었는데 지원군 자체도 4만 2,000여 명에 달하는 사상자를 냈다. 유엔군은 전장에서 타격을 받으면 황급히 물러났다가 이내 반격을 해왔다. 그 때문에 지원군은 휴식, 정비할 시간이 없었다. 이에 대해 중앙군사위원회는 2월 초에 지원군을 증파(增派)하여 교대로 전쟁에 나가는 방침을 시행하기로 했다. 교대 작전에 참가하는 두 번째 부대는 신속히 집결하여 제1선으로 나갔다.

4월 초, 지원군총사령부에서는 여러 동정(動靜)으로 보아 유엔군이 38선까지 쳐들어온 다음 좌우와 뒤에서 상륙하여 정면 진공함으로써 다시 한 번 협공하는 전술로 전선을 평양, 원산 일대로 밀고 올라오려 시도할 것이라고 판단했다. 전쟁의 주동권을 탈취하기 위해 중-북한 군대는 4월 하순에 제5차 전쟁을 시작하고 앞뒤로 서부 전선과 동부 전선에서 두 단계의 진격작전을 펼쳤다. 승리를 달성한 후 주력군이 북으로 이동하여 휴식, 정비하려고 할 때 적정(敵情)을 과소평가하여 이전 배치를 면밀히 하지 못해 유엔군이 빠른 반격을 해오자 한때 수세에 몰려 지원군 한 개 사단이 중대한 손실을 보았다. 중-북한 군대는 즉시 전반 전선에서의 저격을 전개했으며 6월 초까지 적을 38선 부근 지역까지 저지시켰다. 제5차 전쟁은 항미원조전쟁에서 규모가 가장 큰 전쟁이었다. 중−북한 군대는 모두 11개 군과 4개 군단의 병력을 투입했고, 유엔군은 거의 모든 육군부대를 투입하고 대량의 항공병부대 지원을 받았다. 병력이 각각 100만 안팎 되는 교전은 연속 50일간이나 치열하게 벌어졌다. 중−북한 군대는 8만 2,000여 명의 적을 섬멸했는데 그중 지원군이 섬멸한 적이 6만 7,000여 명이나 되었고, 끝내 전역의 승리를 거두었다. 이번 전쟁에서 지원군은 전투 인원이 7만 5,000여 명이 줄었다. 그 뒤 양쪽은 모두 전략적 방어 체제에 들어갔다.

1950년 10월부터 1951년 6월까지 중국인민 지원군은 북한군과 밀접히 협력하여 7개월이 되는 기간에 연속 5차례의 큰 전쟁을 치르면서 총 23만여 명의 적을 섬멸했으며 미국을 위수로 한 유엔군을 압록강 변에서 38선까지 밀어내고 전선을 38선 부근 지역으로 안정시켰다.

싸우면서 협정하는 방침을 확정

한국전쟁은 그 복잡한 국제 배경 때문에 장기적이며 간고(艱苦)한 특징을 갖고 있었다. 제2차 전쟁이 승리했을 때 1950년 12월 3일에 마오쩌둥은 베이징에서 김일성과 한 회담에서 "전쟁이 신속히 해결될 가능성이 있다."고 말한 적이 있다. 하지만 동시에 마오쩌둥은 의연히 장기적 헤아려볼 때 적어도 1년은 준비하고 있어야 한다고 강조했다. 제3차 전쟁이 끝난 후 지원군 부대 내에서는 적을 업신여기며 곧 승리하리라는 사상이 보편적으로 나타났다. 하지만 제4차 전쟁이 시작된 후 부대 내에는 속승(速勝) 정서가 사라졌다. 전국의 발전과 더불어 중공중앙과 마오쩌둥은 항미원조전쟁의 장기성, 간고성에 대하여 더 뚜렷하게 인식하게 되었다.

1951년 2월 하순, 펑더화이는 베이징에 돌아와 마오쩌둥과 중앙군사위원회에 한반도 전장의 상황을 회보했다. 그는 지원군이 한국전쟁에서 직면한 각종 곤란을 들면서 한국전쟁이 이내 승리할 수 없는 이유를 중점적으로 회보(回報)했다. 마오쩌둥은 군사위원회의 기타 지도자들과 의견을 거듭 교환하고 나서 "전쟁을 장기적으로 진행할 준비를 하되 될 수 있는 한 단시일 내에 마무리 짓는" 방침을 제기했다. 그는 한국전쟁은 "속전속결할 수 있으면 속전속결하고 속전속결할 수 없으면 늦추어 승리를 달성할 수 있다."[22]고 말했다. 3월 1일, 마오쩌둥은 스탈린에게 보내는 한 전보에서 다음과 같이 명확하게 지적했다. "한국전쟁은 장기화될 가능성이 있으며" "아군은 반드시 장기 작전 준비를 하여 몇 년 안에 미국군 수십만 명을 소멸함으로써 그들이 어려움을 깨닫고 물러서게 해야 조선문제를 해결할 수 있다".[23]

미국이 어려움을 깨닫고 물러서게 하며 협상을 통하여 한국전쟁을 결속 짓는 이 내용은 중공중앙이 북한에 지원군을 출병시킬 당시에 구상한 것이었다. 전쟁 장기화의 추세가 갈수록 뚜렷해지고 있을 때 교전에 대한 협상문제가 제기되었다. 제3차 전쟁이 시작된 후 미국은 그 동맹국의 압력으로 정전문제를 시탐(試探)하는 데 동의했다. 1951년 1월 11일, 유엔총회 제1위원회에서는 한반도의 정전과 극동문제를 평화적으로 해결하는 데 대한 다섯 개 절차 방안을 채택했고, 또한 13일에 중국정부에 알렸다. 이 방안의 요점은 다음과 같다. 우선 전쟁을 멈추고 그다음 협상을 진행하는데 그 내용은 외국군대가

---

22) 〈펑더화이의 자서〉, 인민출판사 한문판, 1981년, 261쪽.
23) '북한의 전쟁 형세와 아군이 교대 작전의 방침을 취할 것과 관련하여 스탈린에게 보내는 마오쩌둥의 전보', 1951년 3월 1일.

단계적으로 한반도에서 철수하는 것, 미국, 소련, 영국, 중국 4개 대국이 회의를 열어 타이완 문제와 유엔에서의 중국의 대표권 문제를 망라한 극동문제를 해결하는 것이었다. 이 다섯 개 절차 방안에서 미국은 전장에서 불리한 상황에 처해 있었으므로 즉시 전쟁을 멈출 것만 희망하고 이외 다른 문제는 토론할 생각이 없었다. 하지만 이 방안을 부결하면 미국은 유엔의 지지를 잃고 고립될 것이고 또한 중국정부가 받아들이지 않을 것을 고려하여 이 방안에 동의했다. 당시 중국, 북한, 소련 3자는 협상문제에서 공동의 입장을 취하여 북한의 군사문제와 정치문제를 가능한 한 함께 해결하려고 했다. 1월 17일, 저우언라이는 관련 답신에서 다음과 같이 지적했다. 이 방안의 기본은 여전히 먼저 전투를 중단하고 그다음에야 각국과 관련 협상을 맺는 것이다. 먼저 전쟁을 멈추는 목적이 미국군대가 숨 돌릴 시간을 얻기 위한 것뿐이라면 중국정부는 먼저 이 방침에 동의할 수 없다. 중국정부는 유엔에 다음과 같이 제의했다. 남북한에서 모든 외국군대를 철수하며 남북한 내정을 그들이 스스로 해결하는 기초 위에서 각국과 관련된 협상을 함으로써 한국전쟁을 신속히 마무리한다. 협상 내용에는 반드시 미국 무장력이 타이완과 타이완해협에서 철수하는 것과 극동의 관련 문제가 포함되어야 한다. 중국에서 중국, 소련, 미국, 프랑스, 영국, 인도, 이집트 7개국 회의를 소집하며 유엔에서의 중화인민공화국의 합법적 지위는 7개국 회의를 진행하는 때부터 확정한다.[24] 이 제의는 유엔에서 거부되었다. 미국의 압력과 영향에 의해 유엔총회는 2월 1일에 결의를 통과하여 "중국이 침략했다."고 결의했다. 이번의 외교 논쟁이 보여주는 바와 같이 쌍방의 주장에 현격

---

24) '유엔 제1위원회에 보내는 중앙인민정부 외교부 부장 저우언라이의 답전', 1951년 1월 18일 자, 〈인민일보〉 1면.

한 차이가 있었으므로 정전은 단시일 안에 실현될 수 없었다.

한국전쟁이 당분간 정지될 수 없었음에도 불구하고 중국인민 지원군의 타격 아래 미국정부는 그들의 한국전쟁에 대한 정책을 조정하지 않을 수 없었다. 1951년 3월, 영국을 대표로 하는 유럽과 미국의 정부들은 공개적으로 성명을 발표하여 한국전쟁 정책을 개정할 것을 주장하면서 유엔군이 다시 38선을 넘어가는 것과 한국전쟁을 확대하는 것을 반대했다. 미국도 한국전쟁은 이미 "완전히 새로운 상황에서 강대한 군사력을 가진 새로운 강국과 전쟁을 하는 것이다."[25]고 승인할 수밖에 없었다. 4월 11일, 트루먼은 한국전쟁을 중국으로 확대해야 한다고 주장한 맥아더의 모든 직무를 철회하고 미국의 제8집단군 사령 리지웨이를 미국극동군과 유엔군 총사령으로 임명했다. 이는 트루먼 정부가 한반도에서의 '한정된 전쟁'을 최종적으로 확정했다는 것을 의미한다. 즉 어느 정도 38선을 넘고 유리한 군사적 지위를 얻음으로써 북한과 중국 측에서 정전을 제기하도록 하자는 것이었다. 그것은 주로 미국의 전략적 중점이 유럽에 있고 중요한 적이 소련이므로 한국전쟁을 중국에까지 확대하는 전략을 시행하면 "잘못된 시간, 잘못된 지점에서 잘못 인정한 적과의 전쟁에 휘말려들기"[26]때문이었다. 그 뒤 미국은 정전협상 문제로 소련과 접촉하게 되었다.

정세가 변함에 따라 6월 초에 마오쩌둥은 김일성을 베이징에 초청하여 진행 가능성이 있는 정전 협정의 방안을 상론했다. 그 뒤를 이어 김일성과 가오강(高崗)이 모스크바에 가 스탈린과 회담을 했다. 6

---

25) 하리 트루먼, 〈트루먼회고록〉 제2권, 이석 역, 생활·도서·신지 삼연서점 한문판, 1974년, 469쪽.

26) 〈극동군사정세청문회, 미국참의원 군사위원회와 외교위원회〉 1951년, 제2권 (Military Situation in the Far East, Hearings, Before the Committee on Armed Services and Committee on Foreign Relations, United States Senate, 1951, Vol. II), 732쪽.

월 중순에 마오쩌둥은 "지구전을 충분히 준비하는 한편 평화협상을 실현하여 전쟁을 마무리하"[27]는 방침을 최종적으로 내놨다. 다시 말하면 정치투쟁과 군사투쟁을 병행하며 평화를 쟁취하나 싸움을 두려워하지 않고 지구전에 대비하며 협상에서는 인내를 발휘하고 싸움에서는 견결(堅決)하며 도리를 따져 끝까지 공평하고 합리한 정전을 달성하는 것이다. 마오쩌둥은 또 "38선 변경을 회복하는 것"[28]이 정전 조건이라고 했다. 중국, 조선, 소련의 삼자협상 후 1951년 6월 23일에 안전보장이사회 주재 소련대표 말리크는 유엔뉴스부에서 연설을 발표하여 한반도 무력 충돌을 해결하는 첫 절차는 쌍방이 휴전에 관해 협정하고 군대를 38선에서 철수하는 것이라고 주장했다. 30일에 리지웨이는 성명을 발표하여 정전협정에 동의했고, 7월 1일에 중-북한 측에서도 정전협정에 동의했다. 이때부터 한국전쟁은 싸우면서 협정하는 단계에 들어갔다.

전국 인민의 항미원조운동

지원군이 북한에 나가 첫 전투를 치른 그 이튿날 당과 정부는 국내에서 전국적인 항미원조운동을 벌였다. 줄기차게 발전하는 이번 운동은 전쟁에 참가한 지원군의 작전을 지원했을 뿐만 아니라 국내 각 방면의 사업도 힘차게 추진했다.

1950년 10월 26일, 중공중앙은 전국적으로 시사선전에 대한 지시를 발부했다. 같은 날, 중국인민세계평화보위및반미국침략위원회(이하 항미원조총회)가 베이징에서 설립되어 전국 인민의 항미원조운동

---

27) 팡셴즈(逢先之)·진충지(金沖及) 주필, 〈마오쩌둥전(1949~1976)〉 상, 중앙문헌출판사 한문판, 2003년, 158쪽.
28) '정전협정문제와 관련하여 고강, 김일성에게 보내는 마오쩌둥의 전보', 1951년 6월 13일.

을 책임지고 영도했다. 11월 4일, 중국공산당은 중국국민당혁명위원회, 중국민주동맹 등 여러 민주당파와 공동선언을 발표하여 다음과 같이 지적했다. 역사는 이미 우리에게 북한의 존망이 중국의 안위와 밀접히 관련됨을 알려주었다. 입술이 없으면 이가 시리고 문호가 파괴되면 집채가 위험하기 마련이다. 중국이 북한의 항미원조를 지지하는 것은 도의적인 책임만이 아니며 중국 전체 인민의 절실한 이익과 밀접히 관련된 것으로 자발적 필요성에 의해 결정된 것이다. 이웃을 구원하는 것이 곧바로 자신을 구원하는 것이듯 조국을 보위하자면 반드시 북한인민을 지원해야 한다. 이때부터 항미원조선전교양운동이 전국적으로 끊임없이 일어나 중국인민들의 애국 열정을 크게 불러일으켰다.

'항미원조, 보가위국'의 구호 아래 전국에서는 참군, 참전, 전방 후원이 고조되었다. 국방 건설을 앞당기기 위해 1950년 12월 1일에 중앙인민정부 인민혁명군사위원회와 정무원은 청년학생, 청년노동자들을 각종 군사간부학교 학생으로 모집하기로 했다. 이듬해 6월 24일에 정무원은 또다시 각종 군사간부학교에서 학생을 모집하기로 결정했다. 이 두 차례에 걸친 군사간부학교 학생모집을 계기로 많은 청년과 학생들이 지원군과 각종 군사간부학교에 참가했으며 많은 도시와 농촌에서는 부모가 자식을, 아내가 남편을 군대에 보내고 형제가 앞다투어 참군(參軍)하는 정경이 나타났다. 마오쩌둥의 동의를 거쳐 그의 맏아들 마오안잉(毛岸英)도 첫 번째 지원군과 함께 북한으로 나가 참전했다.[29] 그와 동시에 전국적으로 전선을 지원하는 움직임이 일어났다. 많은 철도 종사자와 자동차 운전사 그리고 의료 종사자들이

---

29) 마오안잉은 지원군사령부에서 러시아어 번역과 기요(記要) 사업을 했는데 1950년 11월 25일에 미국 공군이 대유동지원군지휘소를 폭격하는 바람에 불행하게 희생되었다. 당시 그의 나이는 28세였다.

자발적으로 북한에 나가 전방근무와 수송사업에 종사했다. 동북지구만 하더라도 60여 만 명의 농민들이 담가대(擔架隊)와 운수대(運輸隊), 민공대에 참가했다. 후방의 대중도 옹군우속사업과 특무와 간첩방지 사업에 참가했다. 지원군이 참전한 초기에는 운수보급이 어려운 데다 미국 군대의 공습을 방비하고 기동전을 시행했으므로 부대는 익은 음식을 먹기가 어려웠다. 부대의 식사문제를 해결하고자 제2차 전쟁 때부터 국내에서는 전선으로 미숫가루를 보냈다. 둥베이지구에서는 "남녀노소 할 것 없이 모두가 동원되어 집집이 미숫가루를 볶기" 시작해 20여 일도 안 되어 405만 근의 미숫가루를 전선에 보냈다. 뒤이어 전국 각지에서 과자와 고기, 달걀, 채소, 과일 등으로 마련된 음식들을 몇 차례로 나누어 전방으로 수송했다. 그 덕분에 지원군 장병들에게 공급되는 식품이 좀 나아지게 되었다.

전국적으로 항미원조운동을 더 보급시키고 심화하여 지원군이 한반도 전장에서의 작전을 더욱 승리로 이끌 수 있도록 1951년 1월, 2월 사이에 중공중앙은 일련의 지시를 내리고 애국운동의 세 가지 중심사업을 다음과 같이 명확히 밝혔다. 첫째, 미국이 일본을 재무장시키는 것을 반대하며 전면적이고 공정한 대일강화조약을 쟁취한다. 둘째, 구제품, 위문품을 모집하고 위문단을 조직하여 북한의 난민을 구제하고 중국인민 지원군과 북한군을 위로한다. 셋째, 애국공약의 체결을 발동하여 생산 경쟁과 옹군우속사업을 벌인다. 당중앙위원회는 전국적 범위에서 항미원조선전 교육운동을 계속 시행하여 "이미 시행한 곳은 더욱 심화시켜 진행하고 시행하지 않은 곳은 이를 보급하여 전국적으로 곳곳에서 이런 교육을 받도록 할 것"[30]을 요구했다.

---

30) 마오쩌둥, '중공중앙 정치국 확대회의의 결의요점'(1951년 2월 18일), 〈마오쩌둥문집〉 제6권, 인민출판사 한문판, 1999년, 143쪽.

한국전쟁이 발발한 후 미국은 일본을 아시아에서 침략 확장을 위한 자국의 기지로 만들기 위해 일본과의 단독적인 강화와 일본을 재무장시키는 데 서둘렀다. 이는 제2차세계대전 기간 동맹국이 공동으로 서명한 일련의 문건을 뚜렷이 위반한 것이었다. 그러므로 중공중앙은 1951년 2월 2일에 '항미원조애국운동을 한층 더 전개하는 것에 관한 지시'를 발부하여 "미국이 일본을 재무장시키는 것을 반대하며 전면적이고 공정한 대일강화조약을 쟁취한다."는 것을 항미원조애국운동을 전개하는 세 가지 중심과업의 첫째로 삼았다. 이 지시에 비추어 중국인민들은 항미원조총회와 각급 분회의 조직 아래 미국이 일본을 재무장시키는 것을 반대하며 전면적인 강화를 쟁취하는 운동을 조직적으로 벌였다. 이해에 전국적으로 5.1국제노동절을 전후하여 2억 2,990만여 명의 사람들이 항미원조하고 일본 무장을 반대하며 세계평화를 보위하는 시위행진에 참가했다. 4월부터 7월까지 미국의 일본 무장에 반대하는 투표에 참가한 사람이 3억 3,990만여 명이나 되었고 세계평화이사회의 결의에 서명하고 미국, 소련, 중국, 영국, 프랑스 5개국에 평화공약을 체결할 것을 요구한 사람이 3억 4,400만여 명에 달했다. 미국의 침략을 반대하는 애국운동은 중국역사에서 전례 없던 규모였다.[31]

인민의 자제병(子弟兵)을 배려하고 위문하는 것은 중국인민이 치른 장기간의 혁명전쟁에서 형성된 좋은 전통이었다. 이 전통은 항미원조운동에서 한층 더 발휘되었다. 1951년 1월 14일과 22일에 중국인민세계평화보위및반미국침략위원회에서는 선후하여 구제품과 위문품을 모집하며 북한방문위문단 조직에 대한 통지를 발부했다. 지원

---

31) 펑전(彭眞), '항미원조보가위국운동에 관한 보고'(1951년 10월 24일), 중국인민항미원조총회 선전부 편, 〈위대한 항미원조운동〉, 인민출판사 한문판, 1954년, 159쪽.

군에 대한 존경과 사랑의 정을 전달하고, 영용(英勇)하게 작전하도록 그들을 고무하고 격려하기 위해 여러 민족 인민들은 바로 위문품, 위문금을 모으고 위문의 편지를 쓰는 등 지원군을 위문 활동에 적극적으로 참가했다. 전국 인민은 또 각종 위문단을 조직하고 각 민주당파와 인민단체, 소수민족 그리고 각 지역의 혁명열사가족, 혁명군인가족, 농공업노동모범, 부녀, 청년, 학생, 상공계, 문화예술계, 교육계, 종교계, 해외 화교 등 각계 인민들을 대표하여 북한 전후방 각 지구 곳곳으로 나가 지원군과 북한인민군, 북한인민을 위문함으로써 중-북한 군대의 전투의지를 크게 고무했으며 피로써 맺어진 중-북한인민의 우의와 미국의 침략을 반대하고 세계평화를 보위하는 중-북한인민의 승리 신념을 고취했다.

애국공약의 체결은 인민대중의 항미원조운동에서 비롯한 것이다. 그것은 인민대중의 항미원조, 보가위국의 애국 열정과 실제 활동을 결합하여 공약의 형식으로 강화하고 공고히 한 것이다. 이 대중 운동은 1950년 11월부터 시작되었다. 중공중앙은 그 이듬해 2월 2일에 지시를 내려 전국 각지, 각계 인민들 속에서 이런 방법을 보편적으로 보급할 것을 요구했다. 각급 정부와 항미원조총회, 각 지방분회의 조직 아래 전국적으로 애국공약을 체결하는 움직임이 일어났다. 애국공약의 내용은 주로 생산 경쟁을 벌이고 군인을 우대하며 미국과 일본의 단독강화를 반대하는 것 등이었다. 1951년 10월에 이르기까지 베이징, 톈진, 상하이 등 도시와 허베이성(河北省)의 통계에 따르면 80% 이상의 인민대중이 애국공약을 체결했다.

애국공약을 체결하는 과정에 한층 더 국방을 강화하고 북한 전선을 지원하기 위해 항미원조총회는 1951년 6월 1일에 전국의 남녀노소, 각 계층 인민들을 동원하여 비행기와 대포를 헌납하는 운동을 벌였다. 1952년 5월 말, 운동이 마무리될 때까지 각계 인민이 헌납한 의연금은 모두 인민폐 5억 5,650만 위안이나 되었는데 이 돈으로 전투기를 사면 3,710대를 살 수 있었다. 그와 동시에 전국 인민들은 또 생산을 늘리고 엄격히 절약하며 풍작을 일궈 애국의 정을 표하는 등 운동을 적극적으로 벌였다. 애국주의 정신의 고무 아래 전국의 많은 공장에서는 밤낮없이 지원군을 위한 군수품과 무기탄약을 생산했다. 노동자들은 "공장이 곧 전장이고 기계가 곧 무기이다."라는 구호를 외치며 모든 힘을 다하여 전선에 공급할 물자를 보급했다.

항미원조운동은 또 경제 분야와 문화교육 분야에서 제국주의, 특히 미제국주의의 잔여세력과 영향을 숙청하는 투쟁을 벌였다. 항미원조전쟁이 시작된 후 미국정부는 미국에서의 중화인민공화국의 공유재산과 사유재산을 관제하며 미국에 등록한 모든 선박이 중국 항구로 가는 것을 금지한다고 선포했다. 영국도 미국의 뒤를 따라 샹강에서 수리하고 있는 중국의 유조선을 불법적으로 징용했으며 또 원 중국항공회사와 중앙항공회사가 의거한 후(즉 "두 항공회사 의거") 샹강에 정착해 두었던 중화인민공화국 소유의 비행기 71대와 기타 재산을 미국 민용 운수회사에 넘겨주었다. 미국, 영국 등 나라들이 중국에 대해 '제재'를 가하고 수송을 금지하는 조건 아래 당과 정부는 날카롭게 맞서는 방침을 취했다.

1950년 12월에 정무원은 중국에 있는 미국정부와 기업의 모든 재산을 관제, 실사하는 동시에 중국에 있는 미국 은행의 모든 공적, 사적 예금을 동결하라는 명령을 내렸다. 이에 따라 각 지방에서는 미국 자본기업을 징용하거나 대신 관리, 관제하고 수매함과 동시에 선후하여 중국에 있는 영국의 몇 개 큰 회사의 재산 전부를 징용했다. 징용하지 않은 영국 자본기업과 중국에 있는 일반자본주의 나라의 외

자기업에 대해서는 당시에도 여전히 중국의 법령을 준수하고 국가의 경제와 인민의 생활을 해치지 않는 조건으로 계속 경영하게 했다. 이후 미국이 중국에 대해 봉쇄와 수출입금지를 발동했기 때문에 이런 외자기업들은 운영난에 빠져 연이어 위축되었거나 양도되었다.

외국인이 운영하는 기구나 외국의 보조금을 받는 문화, 교육, 위생, 구제 등 기구들에 대해서는 신중국 창건 초기에는 정부의 법령을 준수하는 조건 아래 사업을 유지하게 했다. 그런데 미국 등 서방 국가들이 중국에 대해 봉쇄와 수출입 금지를 시행한 후 이런 기구들은 사실상 유지하기 어렵게 되었다. 1950년 말, 정무원은 미국의 보조금을 받는 문화교육구제기관과 종교단체들은 완전히 자체로 운영하게 했다. 그 가운데 문화, 교육, 의료 기구는 정황에 따라 혹은 정부에서 접수하여 국가사업으로 돌리거나 민간단체 경영을 완전히 중국인민의 자체 운영 사업으로 바꿨다. 구제기관은 중국인민구제총회에서 전부 접수하여 계속 운영했고 종교단체는 완전히 중국교도들이 자체로 운영하게 했다. 동시에 기타 국가의 보조금을 받는 문화, 교육, 위생, 구제 등 기관들과 단체들은 등록하도록 했다. 1951년 1월, 교육부에서는 외국의 보조금을 받는 20개 사립고등학교를 접수하기로 했는데 그중 11개는 공립학교로, 9개는 중국인이 운영하는 사립학교로 바꿨다. 1950년 7월과 11월부터 중국 기독교회와 천주교회는 그 지명인사의 호소에 따라 끊임없이 전국적 범위에서 "자체로 교회를 운영하고, 자체로 신자를 육성하고, 자체로 선교하는 것"을 목적으로 "3가지를 자체로 하는" 애국운동을 벌였다. 이때부터 중국의 기독교회와 천주교회는 자주적으로 교회를 운영하는 길로 나아갔으며 외국교회의 통제를 더 이상 받지 않게 되었다.

3. 한국전쟁 정전의 실현

전투와 협정을 통해 전선을 공고히 하다

한국전쟁 정전협상은 1951년 7월 10일부터 시작되었다. 협상 장소는 처음에는 개성으로 정했다가 10월 25일에 판문점으로 자리를 옮겼다. 쌍방의 협의로 협상은 정치적 측면을 포함하지 않고 군사적 측면으로 국한했다. 해결해야 할 주요한 문제는 다음과 같았다. 첫째, 군사분계선을 설치한다. 둘째, 정전감독과 전쟁 후 한반도 전 지역에서의 군사시설을 제한한다. 셋째, 전쟁포로를 교환한다. 정전협정은 양측 합의가 잘 이루어지지 않아 전후 2년 정도 지속하다가 1953년 7월에야 마무리되었다.

협상이 시작된 후 미국 측은 중-북한 측에서 제기한 38선을 군사분계선으로 정하는 것에 대한 제의를 거부하고 미국 측의 해군, 공군의 우세에 대한 '보상'으로 분계선을 중국-북한 군대 진지의 후방에 배치할 것을 요구했다. 중-북한 측에서 이 요구를 거부하자 미국군대는 1951년 8월에 동부전선에서 하기 공세를 일으켰고 9월에는 또 서부전선에서 추기 공세를 일으켜 협상에서 얻지 못한 것을 군사적으로 얻으려고 했다. 중국인민지원군과 북한인민군은 단호히 반격하여 진지방어와 공격을 결합하는 전술로 적들의 공세를 물리쳐 미국군대와 한국군을 총 15만 7,000여 명 섬멸했으며 적들의 병력을 소멸하는 중대한 승리를 거두어 정전협상에 힘을 실어줬다. 그 시기에 미국군대는 또 이른바 교살전(絞殺戰)을 벌였는데 대량의 비행기를 출동시켜 한반도 북방의 철로를 파괴하는 것을 주요 목표로 하고 지원군의 물자운수를 봉쇄, 저지함으로써 식량과 탄약 부족으로 지원군을 굴복시키려고 했다. 지원군의 공군, 고사포병, 철도병, 공병, 후방근무부대 그리고 후방에서 휴식, 정비하고 있던 모든 병단 각 군 등이 협동작전을 벌여 반폭격, 반교살전 투쟁을 완강하게 진행했다. 10개월간의 끈질긴 노력으로 마침내 "포탄도, 폭탄도 끊을 수 없는 철강 수송선"을 건설했다. 반교살전에서 젊은 지원군 공군은 공중에서 백병전을 벌이는 용기로 빈번하게 출동하여 작전에 참여함으로써 미국 공군에게 심대한 타격을 주었으며 총 330대의 적기를 격추하고 95대의 적기를 타격했다. 그들은 중국 내 부대를 후방군으로 하고 교대로 북한에 들어가 전쟁을 치르면서 미국군대와의 전쟁에서 경험을 쌓음으로써 지원군의 병력을 크게 강화했다. 1952년 초, 중-북한 측은 미군들이 국제공법을 무시하고 한반도 전장과 중국변경 해안방어지구에서 세균무기를 사용한 것을 발견했다. 중-북한 군대와 두 나라 인민들은 반세균 전쟁을 전면적으로 전개했으며 세계의 진보적 언론들은 미국에 대하여 여지없이 규탄했다. 병균과 온역(瘟疫)의 확산을 막기 위하여 중국은 국내에서 전국적인 애국위생운동을 벌였다.

  중-북한 군대의 강력한 군사투쟁 끝에 쌍방은 1951년 11월 27일에 군사분계선문제에서 초보적으로 협의했다. 말하자면 실제적인 접촉선을 경계로 하여 쌍방 군대가 각각 2킬로미터씩 물러나며 이 지역을 비무장지역으로 결정했다. 이 분계선은 중-북한 측에서 본래 주장하던 38선과 별반 차이가 없었다. 1952년 5월, 쌍방은 또 정전감독과 전쟁 후 한반도 내에서의 군사시설을 제한하는 등 문제를 해결했다. 그러나 전쟁포로에 대해서는 쌍방의 주장이 완전히 대립했다. 중-북한 측에서는 국제관례와 '전쟁포로 대우에 관한 제네바 공약'의 해당 조항에 따라 전쟁포로 전부를 송환해야 한다고 주장했으나 미국 측은 국제공약의 요구대로 송환할 수 없다며 전쟁포로 매개인의 요청에 따라 '자원적인 송환'을 시행할 것을 제기했다. 전쟁포로 문제에서 난국에 처하자 미국극동군과 유엔군 신임 총사령 클라크는 한반도 북부 전략적 요충지에 대한 폭격을 강화하라고 명령하는 것으로 더욱 큰 군사적 압력을 가했으며 중-북한 전쟁포로를 강제로 억류하고 협상을 중지하는 등 수단을 취하여 중-북한 측을 굴복시키려 했다. 중-북한 군대는 협상석상에서 날카롭게 맞서 투쟁하는 한편 갱도공사와 튼튼한 방어체계를 구축하고 "엿사탕을 조금씩 깨어먹"는 전술을 취해 반격함으로써 조금씩 적을 섬멸해나갔다. 10월 14일, 클라크는 김화군 지역에서 1951년 가을 이후 규모가 가장 큰 이른바 '김화공세'를 발동하여 전략적 요충지인 상감령에 맹렬한 진격을 벌였다. 일주일에 최고 30만 발의 포탄을 퍼붓고 비행기로 500여 개의 대형폭탄을 떨어뜨려 산머리를 2미터가량 깎아내렸다. 지원군은 갱도공사에 의지하여 완강하게 대항하면서 적과 진지 쟁탈전을 거듭하여 적에게 2만 5,000명 사상자를 내고, 상감령 진지를 굳건히 지켜냈다.

전쟁과 협상을 2년간이나 거듭 지속하는 과정에 미국은 중-북한 측에 끊임없이 군사적 압력을 가했다. 미국은 육군 전체의 3분의 1, 공군의 5분의 1과 해군의 절반가량을 한반도 전장에 투입했다. 중-북한 인민군대는 날카롭게 맞서 싸움으로써 협상이 계속되도록 추진했고 적들이 협상석상에서 얻을 수 없는 것을 전장에서도 얻지 못하게 했다. 정전협정에서 보여준 하나하나의 진척은 사실상 중-북한 군대가 전장에서 적들의 진격에 심대한 타격을 준 결과였다.

한국전쟁 정전의 실현

1953년 초에 한국전쟁 정전협정의 난국은 마침내 끝을 보았다. 그해에 아이젠하워가 미국 대통령에 취임했다. 그는 선거전에서 한국전쟁을 조속히 마무리하는 것을 자기의 우선 과업으로 삼겠다고 했다. 2월 22일, 유엔군 총사령관 클라크는 중－북한 측에 서한을 보내 부상당했거나 질병을 앓는 전쟁포로를 먼저 교환하자고 했다. 3월 5일, 스탈린이 서거했다. 소련의 새 지도자는 국내 정세를 안정시키고 또한 동서방의 긴장한 관계를 완화하기 위해 한국전쟁이 될 수 있는 한 빨리 끝나기를 바랐다. 그들은 저우언라이가 스탈린의 장례에 참석하러 모스크바에 갔을 때 한국전쟁이 지속되면 소련이나 중국에 모두 불리하며 평화의 주도권을 가지기 위해서라도 전쟁포로 문제에 타협할 준비를 하는 것이 바람직하다고 밝혔다.[32] 그 후 자세한 연구를 거쳐 중－북한 측에서는 3월 28일에 먼저 부상당했거나 질병에 걸린 전쟁포로를 교환하는 데 동의하며, 또한 즉시 협상을 회복하도록 제의하는 답신을 클라크에게 보냈다. 30일에 저우언라이는 성명을 발표하여 참전 쌍방이 정전 후 자국으로 송환을 바라는 모든 전쟁포로를 즉시 보내고 그 밖의 전쟁포로는 중립국에 넘겨 그들의 송환문제가 공정하게 해결되도록 제의했다. 이 제의는 이내 국제적으로 중요한 반향을 일으켰다. 영국, 프랑스를 비롯한 많은 나라의 지지를 받았고 그와 더불어 협상에 전환의 계기가 되었다. 5월 13일부터 6월 15일까지 지원군은 선후하여 1953년 여름 반격 전쟁 제1, 2단계 작전을 개시함으로써 협상을 촉진했다. 6월 8일에 쌍방은 전쟁포로 송환에 대해 협의했다. 이때에 와서는 정전과 관련한 모든 의안이 협의를 이루었다.

이때 이승만 집단은 정전의 실현을 계획적으로 파괴하기 위해 '현지 석방'이란 명목 아래 2만 7,000명의 북한인민군 포로를 억류했으

---

32) 팡셴즈 · 진충지 주필, 〈마오쩌둥전(1949~1976)〉 상, 중앙문헌출판사 한문판, 2003년, 181쪽.

며 또한 "전쟁을 계속 할 것이며 압록강까지 싸워나갈 것이다."라고 언명했다. 이런 상황에서 중-북한 측은 정전협정 조인 시간을 미루기로 결정하고 6월 25일부터 시작하여 여름 반격 전쟁의 제3단계 작전을 벌였고 7월 13일부터 27일까지 금성전투를 개시하여 이승만 군대에게 심대한 타격을 줌으로써 정전협정이 확실하게 시행되도록 했다. 7월 27일, '조선정전협정'이 마침내 판문점에서 조인되었다. 이때 미국극동군과 유엔군 총사령관을 맡았던 클라크는 후에 회고록에서 "나는 흠모할 가치가 없는 명성을 얻었다. 말하자면 미국의 역사에서 나는 승리하지 못하고 정전협정에 조인한 첫 사령관이었다."[33]고 기록했다.

3년 1개월이나 지속된 한국전쟁에서 작은 반도에 쌍방이 전장에 투입한 병력은 최고 300여 만 명이나 되었는데 병력밀도, 적의 공중폭격밀도 및 많은 전투에서의 화력밀도는 세계 전쟁사에서 모두 전례 없는 것이었다. 가열처절(苛烈悽絶)한 전쟁은 참전한 각 측에 모두 엄청난 사상과 손실을 보게 했다. 1950년 6월 25일부터 1953년 7월 27일까지 조선인민군과 중국인민지원군이 사상하고, 포로로 수용한 적은 총 109만여 명이었는데 그중 미국 군대가 39만여 명이나 되었다. 지원군이 2년 9개월 되는 항미원조전쟁에서 발생한 적의 사상자와 포로는 모두 71만여 명이었고, 지원군도 자체 인원이 36만 6,000여 명이 줄었다. 미국의 전쟁 지출비용은 400억 달러였고 소모한 작전물자는 7,300여 만 톤이었으며 중국의 전쟁 지출비용은 인민폐로 62억 5,000위안이었고 소모한 작전물자는 560여 만 톤이었다.[34]

33) 마르크 W. 클라크, 〈도나우강에서 압록강까지〉, 하아라프회사, 런던 1954년(Mark W. Clark, From the Danube to the Yalu, George G. Harrap&Co. Ltd, London, 1954), 11쪽.
34) 군사과학원 군사역사연구부, 〈항미원조전쟁사〉 제3권, 군사과학출판사 한문판, 2000년, 461쪽.

항미원조전쟁에서 중국인민지원군은 조국인민과 평화를 사랑하는 세계인민의 의지와 염원을 대표하여 조국의 안전을 보위하고 극동 및 세계평화를 보위하는 위대하고 영광스러운 과업을 집행했다. 지원군의 많은 지휘군과 전투원들은 우리 군대의 정치적 우세와 영광스런 전통을 남김없이 발휘하여 북한인민군과 함께 극히 어려운 조건에서 단점을 극복하고 장점을 발휘하면서 영활하고 기동적인 전략 전술로 세계에서 가장 강대한 군대와 비할 바 없이 간고한 투쟁을 벌였다. 그들은 두려움 없이 희생을 마다하지 않았으며 과감히 투쟁하고 승리하여 신중국의 위세와 지원군의 위세를 떨쳤고 위대한 항미원조정신을 창조했으며 중화민족의 공명정대하고 어엿한 기개를 보여주었다. 중국인민들은 그들에게 '가장 사랑스러운 사람'이란 영예를 주었다. 항미원조전쟁 기간에 지원군 내에는 약 6,000개의 공신집단과 30여 만 명의 영웅, 공신이 생겨났는데 그중에는 양건쓰(楊根思)[35], 황지광(黃繼光)[36], 추사오윈(邱少云)[37], 뤄성자오(羅盛敎)[38]를 비롯한 많은 영웅이 있었다. 그들은 전국 인민들이 마음속으로 존경하는 본보기가 되었다. 지원군의 지휘군과 전투원들은 "북한의 산천초목을 사랑하고 북한 인민의 바늘 하나 실 한 올 다치게 하

---

35) 양건쓰(1922~1950)는 장쑤성(江蘇省) 타이싱시(泰興市) 출신으로 중국공산당 당원이며 중국인민지원군 제20군 58사 172퇀 3영 연장이다. 1950년 11월, 소고령전투에서 양건쓰는 전우들과 함께 진지를 사수하다가 혼자만 남자 폭파약을 안고 적 무리에 뛰어들어 적과 함께 최후를 마쳤다.

36) 황지광(1931~1952)은 쓰촨성 중장현(中江縣)출신으로 중국공산당 당원이며 중국인민지원군 보병 제135퇀 2영 통신원이다. 상감령전투에서 탄약을 다 써버린 황지광은 가슴으로 미국군의 총탄을 막고 장렬히 희생했다.

37) 추사오윈(1926~1952)은 쓰촨성 퉁량현[銅梁縣, 현재의 충칭(重慶) 소속임] 출신으로 중국공산당 당원이며 중국인민 지원군 제15군 87퇀 9연 전사이다. 1952년 10월 중순, 잠복임무를 수행할 때 적들의 소이탄에 맞아 몸에 불이 붙었다. 부대가 알려지지 않게 하려고 추사오윈은 강인한 의지로 열화와 극통을 참으면서 장렬히 희생될 때까지 꼼짝하지 않고 있었다.

38) 뤄성자오(1931~1952)는 후난성(湖南省) 신허현(新和縣) 출신으로 중국공산당 당원이며 중국인민지원군 제47군 141사 정찰대 문서원이다. 1952년 1월 2일에 그는 얼음 강에 빠진 조선 소년을 구해내고 장렬히 희생되었다.

지 않는다."는 당중앙위원회의 지시를 받들고 북한인민과의 두터운 우의를 돈독히 했다.

한국전쟁 정전 이후 중국인민 지원군은 1954년 9월부터 기를 나누어 북한에서 철수하여 귀국했다. 이때까지 미국은 한반도 문제의 평화적 해결과 한반도에서 모든 외국군대를 철수시킬 문제에 대해 중-북한 측과 여전히 협의를 보지 않으려고 했지만 지원군의 이 행동은 중국인민이 한반도 문제를 평화적으로 해결하려는 성의와 중국이 외국에 군대를 주둔시키려는 의사가 없다는 입장을 보여주었다. 1958년 10월, 중국인민지원군의 마지막 부대가 귀국했다.

한국전쟁은 제2차 세계대전이 끝난 후에 발생한 첫 국제적인 대규모 국부전쟁으로서 그 시간이 비교적 길었고 참전한 나라도 매우 많았다. 이는 사실상 동서방 두 진영이 벌인 한 차례의 날카로운 전쟁이었다.

신중국의 입장에서 한국전쟁은 신중국 창건 초기에 어쩔 수 없이 직면하게 된 준엄한 도전이었고 중국이 통제할 수 없는 요소가 중국에 강요한 전쟁이었다. 전쟁의 불길이 압록강까지 퍼졌을 때 중국인민은 두려움 없는 영웅적 기개로 일어나 응전(應戰)했다. 위대한 항미원조전쟁은 신중국이 미국을 주요한 적수로 한 군사, 정치, 경제, 외교 면에서의 전면적인 투쟁이었다. 또한 중국인민이 제국주의를 반대하며 벌인 장기간의 투쟁이 신중국이 창건된 역사적 상황에서 계속 이어진 것이었다. 후에 저우언라이는 다음과 같이 말했다. "한국전쟁은 우리가 예상한 것이 아니다. 그렇지만 그것이 우리가 전혀 예상하지 못한 것이라고 보아서도 안 된다. …… 미제국주의가 중국에서 물러났다. 아니, 중국에서 쫓겨났는데 그들은 여기에서 그치지 않을 것이며 반드시 우리와 겨루어보려고 할 것이다. 이 점은 우리가

　1949년 10월 1일 톈안먼 성루에서 중화인민공화국 중앙인민정부의 수립을 장엄하게 선포하고 있는 마오쩌둥.

1984년 10월 1일 중화인민공화국 창건 35돌 경축대회에서 중요한 연설을 발표하고 있는 덩샤오핑.

1999년 10월 1일에 톈안먼 성루에서 중화인민공화국 창건 50돌 경축대회에 참가한 군중행진대에 화답하고 있는 장쩌민 (江澤民).

2009년 10월 1일 중화인민공화국 창건 60돌 경축대회에서 중요한 연설을 발표하고 있는 후진타오(胡錦濤).

2012년 제18차 당 대회에서 당 총서기와 중앙 군사위 주석에 오른 시진핑(習近平) 국가 주석이 전인대에서 연설하는 모습.

1949년 10월 1일 오후 3시 중화인민공화국 중앙인민정부 수립의식(개국대전)이 톈안먼광장에서 성대히 진행되었다. 사진은 마오쩌둥이 "중화인민공화국 중앙인민정부가 오늘 수립되었습니다."라고 장엄하게 선포하고 있는 모습.

1949년 12월부터 1950년 2월까지 마오쩌둥이 소련을 방문하였다. 중·소 두 나라는 1950년 2월 14일에 '중소우호동맹호조조약'을 체결하였다. 사진은 두 나라 정부의 전권대표가 조약서에 조인하고 있는 모습.

1950년 10월 상순, 북한의 당과 정부의 청구에 의해 중공중앙에서는 항미원조, 보가위국의 전략적 결책을 내렸다. 사진은 북한에서 작전하려고 압록강을 건너고 있는 중국인민지원군 모습.

1951년 5월 23일 중앙인민정부 전권대표와 서장지방정부 전권대표가 북경에서 '서장을 평화적으로 해방하는 방법에 관한 중앙인민정부와 서장지방정부의 협의'를 체결하였다. 사진은 중앙인민정부 전권대표가 협의서에 서명하고 있는 모습.

1952년 말까지 전국의 광대한 신해방구의 농촌에서는 토지개혁을 기본적으로 끝내 봉건토지소유제를 철저히 폐지하였다. 사진은 농민들이 '중화인민공화국 토지개혁법'을 열렬히 옹호하고 있는 장면.

1978년 12월 18일부터 22일까지 당중앙위원회 제11기 제3차 전원회의가 열렸다. 전원회의 1951년 12월에 당중앙위원회는 당, 정부기관 노동자들 속에서 '3반'운동을 벌일 것을 결정하였다. 사진은 허베이성 인민법원에서 조직한 대탐오범 류청산, 장자선에 대한 공판대회 현장 모습.

1953년에 당중앙위원회는 과도기 총노선을 공식적으로 제기하였다. 사진은 1954년 '5·1' 국제노동절에 군중행진대가 표어를 높이 치켜들고 톈안먼 앞을 지나는 장면.

1954년 9월 15일부터 28일까지 전국인민대표대회 제1기 제1차 회의가 열렸다. 회의에서는 '중화인민공화국 헌법'을 채택하였고 국가의 지도자들을 뽑고 결정하였다. 사진은 1954년 국경절에 군중행진대가 '중화인민공화국 헌법' 모형판을 들고 톈안먼 앞을 지나는 장면.

1955년 4월 국무원 총리 겸 외교부장 저우언라이는 중국 대표난을 인솔하여 인도네시아 반둥에서 29개국이 참가한 아시아-아프리카회의에 참가하였다. 사진은 저우언라이가 대회에서 연설하고 있는 모습.

1955년 9월 27일 중화인민공화국 수석이 원수군함 및 훈장을 수여하는 의식이 중난하이에서 진행되었다. 사진은 마오쩌둥이 주더 원수에게 1급 8·1훈장, 1급독립자유훈장, 1급해방훈장을 수여하고 있는 장면.

　개인농업에 대한 사회주의적 개조를 거쳐 농민의 개인 소유를 사회주의적 집단소유로 이행시켰다. 사진은 베이징시 풍태구 동관두향 농민들이 합작사입사 수속을 하고 있는 장면.

　　　　　중국 도시와 농촌의 광범위한 개인수공업자들은 합작화의 길을 거쳐 점차 사회주의에 들어섰다. 사진은 광둥성 신회현 개인수공업자들로 이루어진 목기 생산 합작사이다.

1956년 말 중국에서는 자본주의적 공상업에 대한 사회주의적 개조를 기본적으로 끝냈다. 사진은 상하이 신대상명주포목 상점에서 공사합영의 새 간판을 거는 장면.

제1차 5개년 계획기간에 안산강철공사를 중심으로 한 동북공업기지는 사회주의공업화 건설에서 중요한 역할을 하였다. 사진은 안산강철공사의 전경 모습.

1956년 4~5월 마오쩌둥은 중앙정치국 확대회의와 최고국무회의에서 '10대 관계에 대하여'란 보고를 하였다. 보고에서는 '소련의 경험'에 비추어 중국 국정에 맞는 사회주의 건설의 길을 탐색한 데 대한 과업을 내놓았다. 사진은 마오쩌둥이 최고국무회의에서 '10대 관계에 대하여'란 보고를 하고 있는 모습.

1956년 7월 중국의 첫 국산 자동차인 '해방'표 트럭이 창춘(長春) 제1 자동차공장에서 시험 제작되었다. 사진은 '해방'표 트럭을 본격적으로 대량생산하고 있는 장면.

1956년 9월 15일부터 27일까지 중국공산당 제8차 전국대표대회가 열렸다. 대회에서는 당
과 전국 인민의 주요한 과업은 역량을 집중하여 사회생산력을 발전시킴으로써 가급적 빨리
중국을 낙후된 농업국에서 선진 공업국으로 바꾸는 것이라고 제기하였다. 사진은 대회 주석
단 모습.

1959년 4월 18일부터 28일까지 전국인민대표대회 제2기 제1차 회의가 열렸다. 회의에서는 류사오치를 국가 주석으로 주더를, 전국인민대표대회 상무위원회 위원장으로 선출하였고, 저우언라이를 국무원 총리로 결정하였다. 사진은 마오쩌둥, 류사오치가 대회 주석단에 서 있는 모습.

1958년 5월 5일부터 23일까지 중국공산당 제8차 전국대표대회 제2차 회의가 열렸다. 회의에서는 사회주의 건설 총노선을 공식적으로 채택하였다. 뒤이어 '대약진'과 인민공사화 운동이 전국적으로 전개되었다. 사진은 '세 폭의 붉은기' 표어판을 들고 행진하고 있는 군중 모습.

1960년에 전국적으로 뽑은 몇천 명의 과학기술자들과 1만여 명의 노동자들이 대경에 모여들어 석유대회전에 참가하였다. 사진은 대회전대열이 대경으로 몰려들고 있는 모습.

1963년에 산시성 석양현 대채대대에서는 큰 홍수재해를 입은 후 자력갱생, 간고분투하면서 고향을 건설하였다. 사진은 대채대대 사원들이 산비탈에서 다락밭을 만들고 있는 장면이다.

1962년 1월 11일부터 2월 7일까지 당중앙위원회는 확대사업회의(7,000명 대회)를 열었다. 사진은 회의 기간에 마오쩌둥, 류사오치, 저우언라이, 주더, 덩샤오핑이 자리를 같이한 모습.

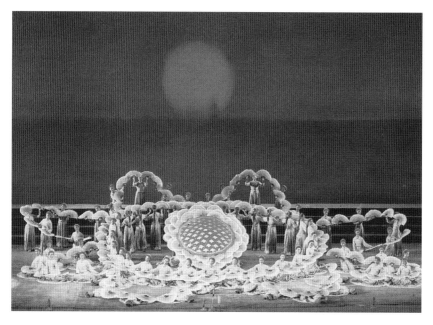

1964년 10월 대형 음악무용서사시《동방홍》이 인민대회당에서 첫 공연을 하였다. 사진은 《동방홍》서곡인《태양 따르는 해바라기꽃》가무의 한 장면이다.

1964년 10월 16일 중국은 원자폭탄 개발에 성공하였다. 왼쪽 사진은 원자탄이 폭발한 후 솟구친 버섯구름이고, 오른쪽 사진은 원자탄 폭발 성공 소식을 담은《인민일보》호외이다.

1964년 12월 21일부터 1965년 1월 4일까지 전국인민대표대회 제3기 제1차 회의가 열렸다. 회의에서는 국가의 지도자들을 뽑고 결정하였으며, 국민경제의 조정과업을 기본적으로 완수하였다고 선포하면서 '네 가지 현대화'의 웅대한 목표를 제기하였다. 사진은 대회장 모습.

1960년 허난성 림현의 인민들은 태항산맥에서 '인공천하'로 불리는 홍기수를 건설하였다. 사진은 1966년 림현 인민들이 총간선수로의 수로 갈림갑문에서 홍기수오 제1기 공사 준공을 경축하고 있는 장면이다.

허난성 란고현 현당위원회 서기 초유록이 심한 병고에 시달리면서도 대중을 이끌고 모래바람, 고인 물 피해, 알칼리성 땅을 다스림으로써 '현다위원회 서기의 본보기'로 불렸다. 사진은 란고의 오동나무 옆에 서 있는 초유록의 모습.

대경의 '무쇠사람' 왕진희는 완강한 의지와 기세 충천한 열정으로 1205 시추대를 거느리고 대경에서 첫 유정을 시추하였다. 사진은 왕진회와 노동자들이 몸으로 시멘트를 혼합하여 원유 분출을 막고 있는 모습.

위대한 공산주의 전사인 심양군구 공정병모 부 운수련 반장 레이펑(雷鋒)은 전심전력으로 인민을 위해 복무하면서 평범한 일터에서 평범하지 않는 업적을 이룩하였다. 사진은 레이펑이 자동차를 정비하고 있는 모습.

중국의 과학자 첸쉐썬(錢學森)은 미국의 극진한 대우도 마다하고 귀국하여 중국의 로켓 유도탄과 우주항공산업의 창건과 발전에 크게 기여했다. 첸쉐썬은 '나라에 걸출한 기여를 한 과학자'의 명예 칭호와 '2탄 1성' 공훈 훈장을 받았다. 사진은 서재에 있는 첸쉐썬의 모습.

1966년 5월 중앙정치국 확대회의와 8월 당중앙
위원회 제8기 제11차 전원회의는 문화대혁명이 전
면저으로 받동되었음을 상징한다. 왼쪽 사진은 당
중앙위원회 제8기 제11차 전원회의 회의장이고, 오
른쪽 사진은 두 회의에서 채택된 문건이다.

문화대혁명 기간에 지식청년들이 농촌과 산간지대로 진출하는 운동이 전국을 휩쓸었다. 사
진은 1968년 섬북 농촌에 내려가 자리 잡으려고 친구들과 작별의 인사를 나누는 베이징 지식
청년들 모습이다.

1968년 12월 중국에서는 자체 설계, 축조한 철로와 도로를 겸한 남경장강대교가 준공되어 개통되었다. 사진은 남경장강대교 모습.

1970년 4월 24일 중국은 첫 인공위성을 발사하는 데 성공하였다. 사진은 '동방홍 1호' 인공위성 모습.

1972년 2월 미국 대통령 닉슨이 중국을 방문하였다. 중미 쌍방이 상해에서 《연합공보》를 발표한 것은 중미관계의 정상화가 시작되었음을 상징한다. 사진은 마오쩌둥이 중난하이에서 닉슨과 회담하는 모습.

'9·13사건' 이후 저우언라이는 마오쩌둥의 지하에서 중앙의 일상 사무를 주관하였다. 저우언라이는 극좌적 사조에 대한 비판을 지도하고 국민경제를 조정하여 각 분야의 사업을 호전시켰다. 사진은 1971년 10월 저우언라이가 북경동방홍석유화학 총공장을 시찰하고 있는 장면.

1971년 10월 25일 중국은 제26회 유엔총회에서 압도적인 다수표로 2758호 결의를 통과하여 유엔에서의 중화인민공화국의 모든 합법적 권리를 회복하였다.

왼쪽 사진은 1971년 11월 15일, 중국 대표단이 처음으로 유엔총회에 출석한 장면이고, 오른쪽 사진은 유엔사무청사 앞마당에 게양되어 있는 오성홍기이다.

1975년에 실시한 전면적 정돈에서 철도 부문은 보다 일찍 정돈을 하여 뚜렷한 효과를 보았다. 사진은 열차운행의 정상화를 회복한 서주철도분국 모습.

1976년 10월 6일 중앙정치국에서 단호한 조치를 취하여 '4인방'을 내몰고 10년이나 지속된 문화대혁명의 내란을 마감했다. 사진은 톈안먼광장에서 경축행사에 참가한 군중 모습.

　1978년 12월 18일부터 22일까지 당중앙위원회 제11기 제3차 전원회의가 열렸다. 전원회의는 당과 국가의 사업 중심을 경제건설로 옮기고 개혁개방을 실시하는 역사적 결단을 내림으로써 새 중국이 창건된 이후 중국 당 역사에서 거대한 의의가 있는 전환을 실현하였으며, 중국 개혁개방의 새 역사의 장을 열었다. 이번 전원회의가 있은 후 덩샤오핑은 중앙지도집단의 핵심이 되었다. 위 사진은 덩샤오핑이 전원회의에서 연설하고 있는 장면이고, 아래 사진은 전원회의 회의장 모습이다.

간파한 것이다."[39]

한국전쟁 전장에서 서방 세계의 으뜸가는 강국의 군대가 원자탄을 제외한 모든 현대 무기를 다 썼지만 결국에는 전쟁의 시발점인 38선에 되밀려나고 말았다. 이 사실은 미제국주의는 전승할 수 있다는 신화를 깨뜨렸으며 또한 미국에 엄중한 교훈을 주었다. 바로 펑더화이가 '중국인민지원군의 항미원조사업에 관한 보고'에서 말한 바와 같이 "이는 서방 침략자들이 수백 년 이래 동방의 어느 해안에다 대포 몇 문을 앉혀놓고 한 나라를 강점하던 시대는 영원히 지나갔음을 웅변적으로 실증해 주고 있다."[40]

항미원조전쟁의 승리는 전국 인민 마음속에서의 중국공산당의 위신을 크게 높여주었다. 뜻밖에 들이닥친 시련에 직면하여 당은 이해득실을 가늠하고 역사적 검증을 받을 수 있는 전략적 결책을 내렸다. 항미원조전쟁을 영도하는 과정에 당은 전국적으로 집권하는 최초의 경험을 쌓았으며 복잡한 국면에 대응하고 이를 좌지우지하는 능력과 높은 영도적 능력을 보여주었다. 당은 전장과 국제정세의 변화에 따라 제때에 전쟁에서의 전략을 조정함으로써 가장 좋은 결과를 쟁취한 한편, 전쟁과 건설의 전반적 국면을 통일적으로 계획함으로써 각 방면의 사업과 긴밀히 결합했다.

항미원조전쟁의 승리는 중국인민의 민족적 자신감과 민족적 긍지를 높여주었으며 미제국주의에 대해 두려움과 환상을 가지고 있던 일부 사람들을 깊이 교육하고 그들을 각성시켰다. 항미원조운동 가운데서 중국인민은 드높은 애국주의 정신과 국제주의 정신을 발휘했다. 그

39) '지원군 간부대회에서 한 저우언라이의 연설', 1958년 2월 17일.

40) 펑더화이, '중국인민지원군의 항미원조사업에 관한 보고'(1953년 9월 12일), 중공중앙 문헌연구실 편, 〈건국 이래 중요문헌선〉 제4권, 중앙문헌출판사 한문판, 1993년, 379쪽.

들의 혁명 열정과 적극성은 더없이 크게 고무되었으며 중국의 사회적 참여능력과 조직능력은 전례 없이 높아졌다. 전쟁에서 승리를 쟁취하는 것은 국민경제를 복구 발전시키며 각항 사회개혁을 추동(推動)하는 거대한 동력이 되었으며, 이로 말미암아 신중국의 공고화가 크게 가속화되었다.

항미원조전쟁의 승리는 중국공산당과 그 영도하의 인민군대가 지난 장기간의 혁명전쟁 연대에 형성한, 약한 것으로 강한 것을 이기는 인민전쟁의 사상이 여전히 현대전쟁에 적용된다는 것을 증명했다. 바로 마오쩌둥이 지적한 바와 같이 "우리의 경험은 인민에 바탕을 두고 거기에 올바른 영도를 더하면 우리의 열세한 장비로도 선진 장비를 가진 적을 이길 수 있다는 것이다."[41] 적아 쌍방의 경제력과 군대무기장비의 대비가 현격하고 지극히 비대칭적인 상황에서 중국 군대는 현대전쟁의 세례를 받고 현대전쟁의 수요에 응하는 많은 군사 인재들을 단련해냈으며 열세한 장비로 현대전쟁에서 승리하는 일련의 새로운 경험과 새 전술을 창조했다. 이번 전쟁을 통해 인민군대의 건설은 새로운 발전단계에 들어섰다. 중국의 군사상과 군사이론은 매우 풍부해졌고 군사과학기술이 매우 큰 발전을 이룩했으며, 인민해방군은 지난날의 단일병종 작전에서 더 나아가 현대적 다군종, 다병종 작전을 실행함으로써 국방의 현대화에 진일보했다. 동시에 이번 전쟁은 또 당과 국가의 지도자로 하여금 국가의 공업화와 국방 현대화 건설을 앞당기는 데 대한 절박성을 깊이 느끼게 했다.

항미원조전쟁의 승리는 미국의 침략 확장의 기세를 막아내고 아시아와 세계의 평화를 수호함으로써 신중국의 국제적 위상을 전례 없

---

41) 마오쩌둥, '항미원조의 승리와 의의'(1953년 9월 12일), 〈마오쩌둥군사문집〉, 제6권, 군사과학출판사, 중앙문헌출판사 한문판, 1993년, 355쪽.

이 드높였다. 미국, 소련을 비롯한 세계 각국에서는 아시아와 국제
사무에서의 중국의 지위와 위신을 새롭게 평가해야 한다는 것을 느
끼게 되었다. 중국의 둥베이변강은 공고해졌고 국가의 경제건설과
사회개혁은 상대적으로 안정된 평화적 환경을 얻게 되었다.

제3장

반봉건적인 토지개혁과 민주개혁의 완수

당과 인민정부는 국민경제를 복구 발전시키는 기본 조건으로 억만 농민을 영도하여 봉건토지제도를 폐지하는 토지개혁운동을 단계적으로 진행하여 농촌생산력을 크게 해방했다. 동시에 전 사회적으로 민주개혁을 심도 있게 전개했다. 토지개혁을 중심으로 한 민주개혁은 봉건적 착취의 경제제도를 폐지하고 반동정권의 사회정치적 토대와 구중국의 온갖 폐단을 없애고 제국주의와 봉건매판(封建買辦)의 영향을 극복하는 등 모든 방면에서 신중국으로 넘어가는 사회적 변혁을 반영했다.

1. 봉건토지제도 폐지

신해방구의 토지개혁을 위한 조건을 마련

봉건토지제도는 농민들을 가난하게 하고 농업생산을 낙후하게 하는 총체적 근원이었다. 봉건적 착취의 토지소유제를 농민의 토지소유제로 개혁하는 것은 중국신민주주의혁명의 역사적 과업이며 기본 강령 중 하나였다. 중화인민공화국이 창건될 때 전국에는 아직도 3분의 2의 지역에 봉건토지제도가 남아 있었다. 약 2억 9,000만 명의 농업인구를 가진 화둥, 중난, 시난, 시베이 등 신해방구와 비해방구에서는 봉건토지소유제가 여전히 사회발전을 속박하고 있었다. 이는 신민주주의 혁명이 비록 기본적으로 승리를 거두긴 했지만 그 경제강령은 아직 완전히 실현되지 못했음을 말해준다.

국가 통계청에서 공포한 통계 자료를 보면 전국적으로 토지개혁 전에 농촌 각 계급의 경작지 소유 상황은 다음과 같았다. 농가 총수의 7%가 안 되는 지주, 부농이 총경작지의 50% 이상을 차지했고, 전국 농가의 57%가 넘는 빈농, 고농들은 경작지 총수의 14%밖에 차지하지 못해 땅이 없거나 적은 상태에 있었다. 지주의 1인당 경작지 점유율은 빈농의 20~30배나 되었다. 농촌에는 토지가 없거나 적은 농민들이 대다수였다. 신구역의 종합적 상황을 보면 빈농, 고농(雇農)과 중농(中農)들이 90%의 토지를 경작하고 있었지만 극히 일부분의 토지만을 소유하고 있었다. 그 때문에 지주들로부터 심하게 소작료를 착취당하고 있었다. 그리하여 '공동강령'은 다음과 같이 규정했다. "무릇 이미 토지개혁을 시행한 지구에서는 반드시 농민들이 얻은 토지 소유권을 보호해야 한다. 아직 토지개혁을 시행하지 않은 지구에서는 반드시 농민 대중으로 하여금 농민단체를 결성하고 토비, 패악한 지주계급을 깨끗이 타도하고 감조감식(減租減息)과 토지분배 등의 절차를 거쳐 밭갈이하는 자에게 자기의 땅을 가지게 해야 한다."

'공동강령'의 요구에 따라 신해방구에서는 인민정부에서 먼저 토비 무리를 힘써 숙청하여 사회 환경을 안정시켰다. 또한 농민으로 하여금 반봉건 투쟁을 벌임으로써 농촌에서 지주계급의 통치를 뒤엎고 반동세력에 따르거나 반동세력을 조직하여 지방에서 폭력과 권세로 인민들을 억압하고 수탈하는 그런 향리의 패악(悖惡)을 엄격히 징벌했다. 반봉건 투쟁을 통해 농민 대중이 우세를 점하는 기층 민주주의 정권을 세움으로써 신해방구에서 토지개혁을 진행하는 데 필요한 정치적 조건을 마련했다.

농촌에서 반봉건 투쟁을 하는 동안 농민들의 경제적 부담을 줄이기 위해 신해방구에서는 토지개혁을 시작하기 전에 감조감식과 보증금반환 사업을 보편적으로 진행했는데 주로 농민들이 지주에게 바치던 일부 소작료를 일반적으로 '25'(소작료를 25% 삭감)로 낮춘 한편, 농민들이 지주에게서 빌려 쓴 돈의 일부 고액의 이자를 낮춰 주었다. 남방의 소작관계에 보편적으로 존재하는 보증금 제도, 즉 농민이 지주의 땅을 소작할 때 반드시 보증금을 먼저 내는 것에 대해 인민정부는 원칙적으로 지주가 보증금을 돌려주어야 하지만 옛 장부를 따지지 말고 이자를 계산하지 말아야 한다고 규정했다. 감조감식과 보증금반환 사업을 시행한 것은 경제적 측면에서 지주계급의 소작료 착취와 소작료 이 밖에 착취를 반대하는 중요한 절차였다. 이는 농민들이 받는 경제적 착취를 일정한 정도로 경감시켰을 뿐만 아니라 농민들의 생산 적극성을 높여 전쟁에서 파괴된 농업생산을 더욱 빨리 복구, 발전시키는 데 기여했다.

감조감식과 보증금 반환 운동을 거쳐 신해방구의 광범한 농민들은 경제적 이익을 얻었다. 농가 총수의 50~70%가 수입이 늘어났으며 또한 생산에 더 많이 투입하여 생활이 점차 개선되었다. 이와 동시에 이번 투쟁에서 많은 농민은 계급적 각오와 정치적 각오가 높아졌고 각 지방에서는 농민을 중심으로 하는, 전투력이 있는 농민협회, 청년단, 부녀연합회, 민병을 조직하여 농민의 정치적 역량을 한층 더 강화함으로써 신해방구에서 토지개혁을 시행하는 데 조직적 기초와 대중적 기반을 마련했다.

전국적으로 인민정권이 수립된 새로운 정세에 따라 당은 노해방구 토지개혁의 경험을 종합하여 신해방구의 토지개혁에서 부농경제를 보존하는 정책을 제정했다. 중국의 부농은 자본주의적 부농과 반봉건적 부농으로 나뉜다. 신해방구의 전형표본조사에 따르면 토지개혁 당시 부농 호수가 농촌 총호수의 3% 안팎을 차지했다. 부농 경제는 중국 경제에서 중요한 위치를 차지하지는 않았지만 부농에 대해 어떤 정책을 취하느냐 하는 것은 농민 가운데의 기타 계층, 특히 중농에 직접적인 영향을 주었으며 또 토지와 관련 있는 민족자산계급에게도 영향을 주었다. 이로 말미암아 마오쩌둥은 1949년 11월에 중앙

정치국회의에서 신해방구의 농촌 정책을 토론할 때 강남의 토지개혁에서 부농의 문제를 신중하게 대하도록 제기했다. 1950년 3월, 마오쩌둥은 부농정책에 대한 의견을 널리 청취하기 위해 각 중앙국에 보내는 전보에서 신해방구의 토지개혁 운동에서는 "자본주의적 부농에 피해를 주지 않을 뿐만 아니라 반봉건적 부농도 그대로 두었다가 몇 해 후에 가서 다시 반봉건적 부농문제를 해결할 것"[1]을 제기했다. 이렇게 하면 지주를 고립시키고 중농을 보호하며 지나친 좌적 편향을 방지하는 데 보다 효과적이었다. 이 밖에 민족자산계급을 안정시켜 사회진동을 감소시키기 위해서도 반봉건적 부농을 잠시 유지시키는 것이 타당했다.

같은 해 6월, 당중앙위원회 제7기 제3차 전원회의에서 토지개혁법 초안을 토론할 때 신해방구의 각 지방은 상황이 서로 달라 특히 토지가 적은 지구에서 부농의 토지를 징수하지 않으면 대다수 빈농, 고농이 최저 생계도 유지할 수 없으므로 정책집행 측면에서 어느 정도의 유동성이 있었으면 좋겠다는 의견이 제기되기도 했다. 당중앙위원회는 상기 의견은 지구마다 서로 다른 토지점유 상황에 의거한 것이므로 부농경제를 보존하는 이 기본정책을 통일한 전제 아래 부농의 여분의 토지를 처리할 때는 일부 특수 지구는 그 지방의 실정에 맞게 처리하도록 허용했다.

이렇게 부농경제를 보존하는 정책은 지구마다 자기의 실제 상황에서 출발하여 '일률'로 처리하지 않기로 했다. 이 정책은 정치적으로 부농을 중립시키고 지주계급을 더욱 고립시키며 토지개혁의 저애를 감소시키는 데 유리했다. 또한 생산을 발전시키려는 중농의 적극성

---

1) 마오쩌둥, '부농에 대한 책략문제에 관한 의견을 청취한다'(1950년 3월 12일), 〈마오쩌둥문집〉 제6권, 인민출판사 한문판, 1999년, 47쪽.

을 고무하고 민족자산계급의 정서를 안정시키며 토지개혁운동에서 '좌'적 편향이 나타나는 것을 방지하는 데도 이로웠다.

'중화인민공화국 토지개혁법'의 반포 및 새로운 정책 규정

1950년 6월 14일부터 23일까지 베이징에서 소집된 중국인민정치협상회의 제1기 전국위원회 제2차 회의에서는 중공중앙에서 제의한 '중화인민공화국 토지개혁법(초안)'을 토론했다. 회의에서 류사오치는 중공중앙을 대표하여 '토지개혁문제에 관한 보고'를 하면서 신해방구토지개혁의 중요한 의의, '토지개혁법(초안)'의 해당 정책을 세우게 된 근거와 토지개혁을 진행할 때 마땅히 주의해야 할 사항 등을 설명했다. 보고에서는 다음과 같이 지적했다. 중국의 토지제도는 극히 불합리한 것으로 우리 민족이 침략과 억압을 당하고 빈궁하고 낙후하게 된 근원이며 기본적으로 중국의 민주주의화와 공업화, 독립, 통일과 부강을 가로막는 장애가 되고 있다. 이런 상태를 개혁하지 않고서는 중국인민혁명의 승리가 공고해질 수 없고 농촌의 생산력이 해방될 수 없으며 신중국의 공업화가 실현될 가망이 없다. 또한 인민들은 혁명 승리의 기본적 노획물도 얻을 수 없다. 이런 상태를 개혁하자면 반드시 지주계급의 봉건적 착취의 토지소유를 폐지하고 농민의 토지소유를 시행함으로써 농촌 생산력을 해방하고 농업생산을 발전시켜 신중국의 공업화의 길을 개척해야 한다. 이것이 바로 우리가 토지개혁을 시행하는 기본 이유이고, 목적이다. 이 기본 이유와 목적은 토지개혁을 반대하고 토지개혁에 의심을 품으며 지주계급을 변호하는 온갖 이유를 모두 반박할 수 있었다.

중국인민정치협상회의 제1기 전국위원회 제2차 회의에서는 '토지개혁법(초안)'을 심의하고 약간의 수정과 보완을 거쳐 6월 28일에 중앙인민정부위원회 제8차 회의에서 '토지개혁법(초안)'을 통과시켰다. 6월 30일, 마오쩌둥 주석은 명령에 서명하고 '중화인민공화국 토지개혁법'을 공식적으로 반포하고, 이를 전국 신해방구에서 토지개혁을 시행하는 법적 근거로 삼았다. 노해방구의 토지개혁에 비해 '토지개혁법'은 정책 측면에서 약간의 새로운 규정을 더했다.

첫째, 부농의 여분의 토지와 재산을 징수하던 데에서 부농경제를 보존하는 것으로 바꿨다. "부농이 소유하는 자작지(自作地)와 사람을 고용하여 경작하는 토지, 그리고 기타 재산은 보호해야 한다. 부농의 소유로서 그들이 소작을 주는 소량의 토지도 그대로 둔다. 그러나 일부 특수한 지구에서는 성급 이상 인민정부의 비준을 거쳐 소작을 준 일부 또는 전부의 토지를 징수할 수 있다."고 규정했다. 동시에 반지주식의 부농이 소작을 준 대량의 토지는 봉건적 착취의 성격을 띠기 때문에 무릇 그 자신이 자작을 하거나 또 사람을 고용하여 부치는 토지면적을 초과할 경우에는 소작을 준 토지를 징수해야 한다고 규정했다.

둘째, 지주의 농촌에서의 모든 재산을 몰수하던 데에서 그의 '다섯 가지 재산', 즉 토지, 역축(役畜), 농기구, 여유 양곡과 농촌에 있는 여유 가옥만 몰수하며 기타 재산은 몰수하지 않는다고 바꿨다. 이렇게 하면 지주들이 생계를 유지해갈 수 있는 한편, 기타 재산을 농업생산에 투입하거나 상공업에 투자할 수 있게 되어 사회질서를 안정시키고 생산을 발전시키는 데 유리했다. 이 밖에 지주가 겸하여 경영하고 있는 상공업 및 상공업을 경영하는 데 직접 사용하는 토지와 재산에 대해서는 몰수하지 않는 정책을 시행했다. 그것은 지수가 겸하여 경영하고 있는 상공업의 이 부분 사유재산은 '공동강령'의 보호를 받기 때문이었다.

셋째, 소토지 임대인에 대한 정책을 증가했다. '토지개혁법'은 다음과 같이 규정했다. 혁명군인, 열사유가족, 노동자, 사무원, 자유직업자, 소상인 그리고 기타 직업에 종사하거나 노력이 부족하여 소량의 토지를 소작 준 자들을 모두 지주로 취급해서는 안 된다. 그 1인당 소유한 토지가 당지 1인당 토지의 200%를 초과하지 않는 자는 다 보류하며 그대로 두지 않는다. 이 기준을 초과한 자에 대해서는 그 초과 부분의 토지를 징수해야 한다. 소토지 임대자의 토지가 차지하는 비중이 아주 작으므로 이 부분의 토지를 기본적으로 보존하는 것은 토지에 대한 빈곤 농민들의 요구를 충족시키며 농업생산을 발전시키는 데 불리한 점이 별로 없기 때문이다. 그러나 이런 사람들을 돌보아주면 특히 그들 중에서 생활이 어려운자들이 생계를 유지할 수 있게 되므로 사회보험의 작용을 하게 된다.

'토지개혁법'은 또 중농(부유 중농을 포함)의 토지와 기타 재산이 침해당하지 않도록 보호한다고 규정했다. 상기 법률은 토지개혁이 순조롭게 진행되도록 하고 농업생산을 복구 발전시키는 데 중요한 의의가 있었다.

'토지개혁법'이 반포된 후 정무원은 '농민협회조직통칙', '인민법정조직통칙', 그리고 '농촌계급성분 분획에 관한 결정' 등을 망라한 '토지개혁법'의 보조적인 법규, 정책을 계속 제정, 공포, 시행했다. 농촌계급을 분획하는 데 정무원은 지주, 부농, 중농, 빈농, 노동자 등 성분의 기준을 구체적으로 규정했으며, 또한 "지식인의 계급 출신은 그 가정 출신 성분에 의해 결정하고 그 본인의 계급은 본인이 생활 수입을 취득하는 주요한 방법에 의해 결정한다."고 명확히 했다. 소수공업자, 자유직업자, 수공업 자본가, 수공업 노동자, 소상인, 개명신사의 분획 그리고 지주의 개변 등 문제에 대해서도 각각 규정했다.

토지개혁은 봉건적 착취제도를 소멸하는 중대한 사회적 변혁이었다. 봉건적 착취제도는 중국에서 2,000여 년간이나 지속되어왔다. 국민당 반동정권이 대륙에서 이미 전복되었고 일부 중소지주와 개명신사들이 토지개혁법령에 복종하겠다고 했지만 전체 지주계급을 놓고 말하면, 농촌에서 그들이 가진 기존의 통치 지위와 경제 이익을 잃는 것을 달가워하지 않았다. 토지개혁 전의 준비 기간에 각 지방에서는 일부 지주가 재산을 몰수당하지 않으려고 미리 토지 및 기타 몰수될 수 있는 재산을 친우들에게 '나누어 기증'하거나 또는 소작농가와 머슴에게 분산시켰다가 토지개혁이 지나간 후 다시 협박하여 되찾으려 하는 현상들이 나타났다. 심지어 소수의 완고한 지주들은 온갖 수단으로 토지개혁에 대항했는데 일소를 도살하고 농기구를 파괴하고 가옥을 허물고 산림을 남벌하고 농업생산을 파괴했다. 또한 돈과 여색으로 간부와 농민을 매수하여 그들의 비호를 받으려고 하거나 심복, 대리인을 농민협회에 혼입시켜 파괴하게 했다. 유언비어를 퍼뜨려 농민들을 미혹시키거나 농촌 간부와 농민열성자를 살해하려고 음모를 꾸미고 역청산을 하려고 옛 장부를 감추어두었다. 사실이 보여주다시피 신중국이 창건된 후의 토지개혁은 의연히 날카롭고 복잡한 계급투쟁이었다. 지주계급은 정부에서 토지개혁법령을 반포했다고 해서 순순히 토지를 내놓지 않을 것이고 농민들도 위에서 아래로의 '은사'에 의해 토지를 얻을 수 없을 것이었다. 이런 상황에서 당은 토지개혁 운동에서 확고부동하게 농민의 정치적 각오와 조직적 역량에 따라 농민을 일으켜 그들 자신이 지주를 타도하게 함으로써 토지를 얻고 토지를 보위하는 군중노선의 방침을 견결히 시행해야 한다고 강조했다.

중앙인민정부는 토지개혁에 대한 통일적 영도를 강화하기 위해 류사오치를 주임으로 하는 중앙토지개혁위원회를 세우고 전국의 토지개혁사업을 책임지고 지도하게 했다. 각 대행정구, 성, 전구, 현 인민정부에서는 각기 토지개혁위원회를 세웠다. '토지개혁법'이 공포된 후 당과 인민정부는 여러 가지 형식을 취해 농촌과 도시의 각계 인민들 속에서 토지개혁의 합리성과 필요성, 목적성을 널리 선전하고 토지개혁에 관한 법령과 방침 정책을 해설함으로써 모든 가구가 알게 하고 마음속 깊이 새기게 했다.

'토지개혁법'이 정확하게 시행되도록 중앙으로부터 지방에 이르기까지 많은 간부를 뽑아서 토지개혁사업대를 조직했는데 그중에는 신해방 도시의 청년들과 학생들이 상당수를 차지했다. 신해방구에서 토지개혁을 시행하는 3년 동안 사업대에 참가한 인원수는 해마다 30만 명 이상 되었다. 각 지방의 토지개혁사업대는 모두 집중적 훈련을 통해 토지개혁법령을 학습하고 각항 정책과 사업방법을 숙지한 후 차례로 농촌에 내려가 토지개혁을 벌였다. 도시에서 온 많은 지식 청년들은 이제껏 농촌에 가본 적이 없었고 농민들의 빈곤상황에 대해 잘 알지 못했지만 토지개혁사업대에 참가하여 농민들과 함께 지주계급과 마음껏 투쟁하면서 많은 깨달음을 얻고, 단련과 시련을 통해 재능이 늘었으며, 많은 사람이 정책을 잘 이해하고, 대중과 밀접히 연계하는 능력 있는 간부로 자라났다.

신해방구의 단계적인 토지개혁 진행

정책 정신을 명확히 규정하고 법률, 법령을 제정하며, 대중을 조직, 동원하는 등 일련의 준비를 충분히 한 기초 위에서 1950년 겨울부터 역사상 전례 없던 규모의 토지개혁운동이 신해방구를 시작으로 단계적으로 전개되었다. 먼저 대중을 움직이고 계급을 분획한 다음 토지와 재산을 몰수, 징수, 분배했으며 마지막으로 재조사를 진행하고 생산을 동원했다. 정상적인 농업생산에 영향을 끼치지 않기 위해 각 지방의 토지개혁운동은 일반적으로 겨울과 봄의 농한기에 진행했다.

당에서 제정한 "빈농, 고농에 의거하고 중농을 단결하고 부농을 중립시키며 절차에 따라 분별 있게 봉건적 착취제도를 소멸하고 농업생산을 발전시키"는 신해방구에서의 토지개혁 총노선에 따라 각 지방 토지개혁사업대는 군중 노선을 견지하여 농호, 특히 빈고농 사이에 들어가 그들을 도우며 지주의 치부(致富)와 농민의 피땀의 어린 역사, 그리고 해방 후 농민 지위의 변화를 명확히 알게 했다. 농민들은 "지주들이 노동을 하지 않고도 양곡을 산더미로 쌓을 수 있는" 것은 토지제도가 불합리하기 때문임을 알게 되었다. 대중을 깊이 있게 움직이자 많은 농민이 신속히 각오를 다졌다. 이 기초 위에서 농민열성자와 각 방면의 대표 인물들로 농민협회를 세우고 건전히 했다. 나아가 농민협회가 해당 지방의 토지개혁에서 토지와 재산을 몰수하고 분배하는 것을 결정할 수 있는 권한이 있는 합법적인 집행조직이 되게 했다.

대중이 기본적으로 움직인 후 계급을 분획하기 시작했다. 사업대는 먼저 농민들에게 계급을 분획하는 주요 기준은 사람들의 생산수단에 대한 점유 상황과 노동 상황, 생활수입 상황에 따라 착취와 피착취 관계를 가르는 것이며, 정치 태도와 생활수준의 정도로 기준을 삼으면 안 된다고 알려주었다. 그리하여 일부 대중이 가진 "계급을 분획한다는 것은 빈부를 가르는 것이며 가난할수록 더 영광스럽다."는 등의 모호한 인식을 바로잡았다. 지주들이 스스로 인정하는 성분에 대해서는 착취를 계산하고 면밀히 따지는 방법으로 투쟁하면서 그들이 허위 보고를 한 등의 행위를 폭로했기 때문에 지주를 빼놓거나 잘못 분획하는 것도 예방할 수 있었다. 부농에 대해서는 착취 수입이 그 가족의 연간 총수입의 25%를 초과하는지에 따라 엄격히 소속 범위를 확정하여 부유 중농을 부농으로 잘못 분획하지 않도록 했다.

중농들의 정서를 안정시키기 위해 각 지방은 중농 단결 정책을 제대로 관철하고 중농들에게 "노동으로 치부하는 것은 영광이다."라는 도리를 해설하여 그들의 '두드러질까' 봐, 그리고 '부농'의 낙인이 찍힐까봐 두려워하는 등의 우려를 없애주었다. 농민협회는 빈농을 지도적 핵심으로 하면서 중농 열성자도 받아들여 사업에 참가시켰으며 또한 중농을 초청하여 빈농대회 또는 빈농대표회의에 배석하게 했다. 평의 과정에 빈농과 중농의 분쟁이 드러나면 일반적으로 단합하고 양보하는 방식으로 협상을 해결했다. 기타 직업에 종사하거나 노동력 부족으로 소량의 토지를 소작을 준 자에 대해서는 그 직업으로 성분을 분획하거나 소토지 임대자로 분획하고 지주로 취급하지 않았다. 이렇게 소지주의 분획 범위를 좁혔을 뿐만 아니라 농촌에서 나와 각종 비농업 분야에 종사하는 상당수 근로자의 합법적 이익도 보호했다. 계급성분의 평의에 초보적 방안이 있은 후 향농민대회를 열어 통과시키고 구인민정부에 보고하여 비준을 받은 후 결정된 방안을 공시문으로 내붙였다.

지주의 토지와 재산 몰수는 다음과 같이 진행했다. 먼저 향농민협회의 통일적 영도 아래 몰수징수위원회를 구성하고 농민대표회의, 빈고농대표회의를 열어 '토지개혁법'에서 규정한 몰수, 징수의 범위에 따라 관련 규율과 공약을 제정한 다음 농민대중을 조직하여 지주의 토지와 역축, 농기구, 여유양곡, 여유가옥 다섯 가지 재산을 몰수했다. 이와 동시에 부농의 규정량을 초과하여 소작을 준 토지를 징수했다. 토지와 재산을 나누어주는 데는 먼저 관련 정책 규정과 당지 상황에 따라 토지분여기준을 확정하고 그다음 당사자가 요구하고 대중 심의를 거치는 방법으로 각 호에 나눠준 토지의 무수, 위치 및 역축, 농기구 등을 확정했다. 토지개혁승리의 결실을 나눠줄 때 각 지방에서는 가능한 한 공정합리적이고도 질서정연하게 했으며 절대적 평균주의 경향을 방지하고 농촌의 생산수단과 생활수단에 대한 파괴와 낭비를 줄였다.

토지, 재산의 분여사업을 완수한 다음 각 지방은 농민들을 조직하여 봉건적인 낡은 땅문서를 없애버리고 농민대회를 열어 토지개혁이 성공적으로 마무리되었음을 선포했다. 토지개혁을 결속한 지구에서는 또 사업조를 파견하여 재심사를 진행하고 계급성분을 분획하지 않았거나 잘못 분획한 것, 토지개혁결실분여가 불공평한 것 등 편차를 시정했으며 지주가 농민들을 역청산하는 것을 방지하고 징벌했다. 재심사를 거친 후 인민정부는 농민들에게 토지 소유증을 발급했으며 동시에 모든 토지 소유자가 자기의 토지를 자유로 경영하고 매매하고 임대할 수 있는 권리를 승인했다. 지주에 대해서는 토지를 일단 보류하게 하여 준법 노동을 통해 그들을 점차 제 손으로 벌어서 살아가는 근로자로 바꿨다. 토지권을 확정한 다음, 각 지방 정부는 농민들의 정치적 열정을 제때에 생산을 발전시키는 데로 인도하고 농민들을 동원하여 생산을 발전시키고 풍작을 일구며 생활을 개선하고 국가의 경제 건설을 지원하게 했다. 농촌의 기층당 조직과 농회는 또 호조합작을 제창하고 빈농을 도와 생산자금, 기술 등 곤란을 해결해 주었으며 그들을 지도하여 생활을 안착시키고 생산계획을 작성하게 했다. 그리하여 토지개혁이 완수된 후 농촌에서는 생산을 복구 발전시키는 움직임이 신속하게 고조되었다.

신해방구의 토지개혁은 농촌뿐만 아니라 많은 대도시의 교외에서도 진행되었다. 도시 교외의 토지 관계는 봉건성을 띠고 있었지만 상황이 비교적 복잡했다. 많은 토지가 도시 상공업과 관련되어 비농용화의 특수한 용도로 사용되었고, 토지와 농산물의 상품화 정도가 비교적 높았다. 또한 지주가 상공업을 함께 경영하거나 상공업자가 지주인 경우가 동시에 존재하고 있었고 도시의 일부 근로자도 교외에 소량의 토지를 소작 주고 있었다. 도시 교외 토지의 상황에 따라 1950년 11월, 정무원은 '도시 교외 토지개혁조례'를 반포하여 토지의 몰수, 징수 및 분여 방법에 대해 구체적으로 규정했다. 예를 들면, 사영상공업자가 교외에서 상공업에 사용하는 토지재산 및 농업에 대한 그의 합법적 경영을 보호하며 당, 절, 사원, 교회, 학교와 단체의 도시 교외에 있는 농업 토지와 황무지를 징수한다. 혁명군인, 열사가족, 노동자, 사무원, 자유직업자, 소상인, 그리고 도시 교외의 소량 농업 토지 임대자에 대해서는 모두 지주로 취급하지 않으며 또 사정을 참작하여 적당히 보호한다. 도시 공업과 기타 사업의 발전으로 교외의 많은 토지를 점용(占用)하게 되는데 토지를 농민의 사적 소유로 돌리면 토지 징수가 어려워지므로 '조례'는 다음과 같이 규정했다. 도시 교외의 몰수, 징수한 모든 농업 토지는 모두 국가 소유로 하고 시인민정부에서 관리하며 이 토지와 교외에 있는 국가의 기타 분여할 수 있는 농업 토지는 향농민협회에 맡겨 땅이 없거나 적은 농민들에게 통일적으로 분여하여 경작하게 할 수 있다. 다시 말하면, 도시 교외의 농민들은 분여받은 국가소유의 토지에 대해 사용권만 있을 뿐 소유권은 없다. 국가는 시정 건설 및 기타 수요로 농민이 경작하는 국가소유 토지를 회수하고 개인이 소유하는 농업용 토지를 징수할 경우에는 보상을 하거나 적당한 대가를 주어야 한다. 이 조례에 따라 1950년 하반기부터 1951년 상반기까지 전국 각 지방에서는 도시 교외의 토지개혁을 계속 시행했다.

토지개혁 중에서 당과 정부는 또 화교 고향의 토지개혁 정책을 규정했다. 광둥, 푸젠(福建) 등 연해성으로 출국한 화교가 비교적 많고 화교의 가족들이 비교적 집중된 화교 고향은 상황이 비교적 특수했다. 예를 들면, 화교들이 일반적으로 소유하고 있는 토지는 비교적 적었고 분산되었으며 토지를 구매한 자금은 주로 봉건적 착취에서 비롯한 것이 아니라 화교들이 해외에서 수년 동안 일하여 저축한 것이었다. 화교 가족의 생활은 주로 토지 임대에 의한 것이 아니라 화교가 보낸 외화에 의해 유지되고 있었다. 이런 실제 상황으로 당과 정부는 화교의 이익 보호를 원칙으로 하여 화교 고향의 토지개혁에서 계급을 분획하고 화교의 토지, 재산의 처리에 대해 특별 정책을 제정함으로써 화교 고향의 토지개혁 운동이 발전하도록 지도했다. 화교 이익을 보호하는 정책을 집행하고, 토지개혁 가운데 일부 지구에서 화교 가족을 들볶고 화교 송금에 영향을 준 오류를 바로잡았다. 그로 말미암아 토지개혁 기간에 중국의 화교 외화 수입은 1950년의 1억 1,800만 달러에서 1951년, 1952년의 1억 6,800만 달러와 1억 7,000만 달러로 늘어났는데 그 합계가 해방 전 2년간 화교 외화 총수의 7배나 되었다. 이 화교 외화 수입은 외화 보유량이 극히 적었던 당시 경제복구사업에 무시할 수 없는 중요한 역할을 했다.

신해방구 토지개혁 운동 가운데서 특히 신중하게 처리해야 하는 것은 소수민족지구의 사회개혁이었다. 중국의 각 소수민족의 집거구에는 경제 구조와 정치 상황, 사회역사 조건 면에서 한족지구와는 다른 특징들이 많았고 토지관계에서도 복잡한 민속관계와 종교관계가 있었다. 이런 상황에 따라 당중앙위원회는 소수민족지구의 사회개혁은 중대한 일이므로 반드시 신중히 해야 한다고 인정했다. 조건이 성립되지 않으면 개혁을 진행하지 못하게 하고 한 가지 조건이 성립되었더라도 기타 조건이 맞지 않으면 개혁을 진행하지 못하게 했다. 민주개혁을 진행할 수 있는 소수민족지구에서는 반드시 "민족단결을 중시하고 신중하고 합당하게 시행하"는 방침과 더욱 완화한 절차를 취하며 각 민족 특징과 민족단결에 이로운 정책과 조치를 취하도록 했다. 중앙에서 확정한 방침에 따라 먼저 한족지구와 사회경제 구조가 비슷한 몽골족, 쫭족, 회족 등 소수민족지구에서 토지개혁을 시행했다. 봉건 농노제, 심지어 노예제 단계에 처한 따이족, 이족, 하니족, 니수족, 징퍼족, 부랑족, 와족, 누족 등 소수민족지구에서는 1955년 봄에 와서야 단계적으로 민주개혁을 진행했다. 변강 소수민족지구의 민주개혁 정책은 민족 상층을 안정시키고 단합시켰으며 대중의 적극성을 동원했다. 이는 변방을 공고히 하며 민족 지구의 경제사회 발전을 촉진하는 데 중요한 역할을 했다. 티베트 민족지구의 상황은 더욱 특수하여 당중앙위원회는 제2차 5개년 계획기간(1958~1962년)에도 여전히 민주개혁을 진행하지 않을 수 있다는 데 동의했다.[2]

토지개혁은 농촌의 변혁일 뿐만 아니라 농촌과 여러 가지로 연계가 있는 사회 각계의 사람들과 관련되는 것이었다. 중국인민정치협상회의 제1기 전국위원회 제2차 회의에서 마오쩌둥은 연설을 발표하여 '토지개혁법(초안)'을 찬동한 민주인사들의 태도를 긍정했다. 그는 다음과 같이 지적했다. 전쟁과 토지개혁은 신민주주의의 역사 시기에 전 중국의 모든 사람, 모든 당파를 검증하는 두 '관'이다. 마오쩌둥은 각 민주당파, 민주인사와 정치협상회의 각계에 "사상을 납득시

---

2) 1959년 3월에 티베트 상층반동집단이 무력 반란을 일으키자 당중앙위원회는 반란을 평정하는 동시에 장족인민들과 상층애국인사의 요구에 따라 티베트지구에서 민주개혁을 진행하기 시작했으며 1960년 말에 기본적으로 완수했다.

키고 보조를 맞추어 위대한 반봉건 통일전선을 결성할 것"과 전쟁관을 잘 넘겼듯이 '토지개혁관'[3]을 잘 넘길 것을 호소했다. 이번 회의는 민주당파 상층 인사들의 사상 문제를 해결했으며, 그들을 통해 반봉건통일 전선을 결성하게 되었다.

민주인사들이 각급 영도(위로는 대행정구에서 아래로는 향에 이르기까지)와 각 방면(빈농에서부터 지주에 이르기까지)의 상황을 직접 볼 수 있고, 의견을 들을 수 있게 함으로써 토지개혁의 진정한 정형을 이해시키기 위해 마오쩌둥은 민주당파와 무소속민주인사들로 하여금 토지개혁운동을 참관하고 시찰하게 하는 것은 유익한 일이라고 특별히 강조했다. 각 지방 당위원회와 인민정부의 지지와 조직 아래 각 민주당파에서는 많은 인원을 뽑아 토지개혁에 참가시키거나 토지개혁사업을 시찰하게 했다. 1952년 봄까지 베이징과 톈진 두 시만 하더라도 대학교수, 과학자, 문예계, 상공계와 종교계 등 각계의 인사 7,000여 명이 참가했다. 그들은 농민들의 생활을 향상하는 투쟁을 도와주는 한편, 이를 통해 자신의 정치적 인식을 심화했다. 이 중요한 정책은 일부 민주인사들의 토지개혁운동에 대한 의심과 우려를 제거했을 뿐만 아니라 토지개혁 사업에서의 결함과 편차를 발견하고 바로잡는 데 도움이 되었다. 또한 지주계급을 전사회적으로 철저히 고립시킴으로써 토지개혁이 순조롭게 진행되도록 했다. 총체적으로 보면 봉건 토지소유제를 폐지하는 투쟁 가운데 각 민주당파, 상공계 및 사회 각계 인사들은 시련을 이겨내고 비교적 순조롭게 토지개혁 '관'을 넘겼다.

---

3) 마오쩌둥 '중국인민정치협상회의 제1기 전국위원회 제2차 회의에서 한 연설'(1950년 6월 14일, 23일), 《마오쩌둥문집》 제6권, 인민출판사 한문판, 1999년, 80쪽.

토지개혁이 기본적으로 완수되다

　1952년 말까지 일부 소수민족지구 그리고 타이완성 외에 광대한 신해방구의 토지개혁은 기본적으로 완수되었다. 노해방구까지 토지개혁을 완수한 농업 인구는 전국 총농업인구의 90% 이상 되었다. 전반 토지개혁에서 몰수하고 징수한 토지가 총 7억 묘 가량(약 4,700만 헥타르)되었는데 이 토지를 땅이 없거나 땅이 적은 약 3억 농민에게 분여했다. 또한 토지개혁 전에 농민들이 해마다 지주에게 바치던 3,000만 톤 이상의 양곡소작료를 면제했다. 이로써 경제 이익을 얻은 농민이 농업인구의 약 60~70%를 차지했다.[4]

　토지개혁이 기본적으로 달성되면서 중국 농촌의 토지점유 관계에는 근본적인 변화가 일어났다. 농촌 인구의 92.1%를 차지하는 빈농, 중농이 전체 경작지의 91.4%를 차지했으며 원래 농촌 인구의 7.9%를 차지하던 지주, 부농은 전체 경작지의 8.6%밖에 차지하지 못했다. 중국에서 2,000여 년이나 지속된 봉건적 토지소유제가 철저하게 폐지되었으며 "토지는 밭갈이하는 자에게"라는 이상이 공산당의 영도 아래 현실화되었으며 장기간 속박되어 있던 농촌 생산력이 역사적인 대해방을 맞았다. 토지개혁으로 많은 농민이 토지를 얻었을 뿐만 아니라 기타 많은 생산수단과 생활수단도 나누어 받았다. 계산에 따르면, 역축 296만 마리, 농기구 3,944만 개, 가옥 3,795만 채, 양곡 100여 억 근이 분여되었다. 이는 역사상 전례 없던 경제적 보상으로 억만 중국 농민들의 생산 적극성을 최대로 이끌어냈다. 인민정부는 생활이 향상된 농민들을 경제적으로 보장하는 외에 농업생산을 추진하는 데 이로운 정책을 시행했다. 생산 적극성에 전례 없이 고무된

---

4) 요로언, '지난 3년 동안 토지개혁의 위대한 승리', 1952년 9월 28일 자, 〈인민일보〉 2면.

많은 농민은 보편적으로 역축, 수차와 신식 농기구를 장만하고, 경영을 개선하고 확대하면서 생산 활동을 고조시켰다.

토지개혁이 점차 완수됨에 따라 양곡, 목화, 기름작물 등 주요 농산물의 생산량이 해마다 늘어났다. 1951년에는 전년에 비해 각각 8.7%, 48.8%, 22.4% 늘어났으며, 그다음 해인 1952년에는 각각 14.1%, 26.5%, 12.5%[5] 늘어나 토지제도의 개혁이 생산력을 해방하고 농업생산을 복구 발전시키는 데 크나큰 추진 역할을 했다. 또한 토지개혁은 농업의 대폭적 증가를 비롯하여 농산물을 원료로 하는 공업생산과 전반 국민경제가 전면적으로 복구 발전하는 데 중대한 역할을 했다.

생산이 발전한 기초 위에서 농민 수입이 보편적으로 늘어났고 생활이 뚜렷이 개선되었다. 토지개혁을 기본적으로 완수한 1953년에 농민들의 화폐 순수입은 1949년에 비하여 123.6% 늘어났고, 1인당 화폐 순수입은 111.4% 늘어났다. 아울러 농민들의 구매력이 배로 늘어나 1953년에는 1949년에 비해 111% 늘어났고 세대 당 평균 소비품 구매력은 1배 늘어났다. 1953년에는 1950년에 비해 농민들이 공제하고 있는 양곡이 28.2% 늘어났으며 그중 생활용 양곡이 8.6% 늘어났다.

토지개혁이 전국적으로 완수된 것은 중국 경제, 정치, 문화와 도시와 농촌 사회에 극히 중요한 영향을 주었다. 많은 농민은 토지 등 기본 생산수단을 얻고 경제적 지위가 신속히 높아졌을 뿐만 아니라 의식 있고, 조직성 있는 계급대열로 형성되었다. 1951년 10월의 통계에 따르면 화둥, 중난, 시난, 시베이 4개 대행정구의 농민협회 회원들은

---

5) 국가통계국 국민경제종합사 편, 〈신중국 55년 통계자료휘집〉, 중국통계출판사 한문판, 2005년, 45쪽.

8,800여 만 명이나 되었으며 그중 부녀가 30% 안팎을 차지했다. 많은 농촌당원, 농민열성자들이 농촌 기층정권 조직에 참가했고 농촌에서는 낡은 기층 정권에 대한 개조를 실현했다. 또 향촌마다 민병조직이 세워져 전국의 민병수가 1,280여 만 명이 되었다. 이는 인민민주주의 독재를 공고히 하고 생활수준이 향상된 결실을 보호하는 중요한 요소였다.

토지개혁운동은 농촌문화의 발전을 크게 촉진했다. 토지개혁 후 농촌경제가 복구됨에 따라 농민들의 문화적 수요가 점점 늘어났다. 각 지방 농촌에서는 보편적으로 문맹퇴치운동을 전개하여 겨울철 농한기에 농민들에게 문화학습, 정치학습을 시키며 농민들의 자질을 높였다. 1950년에 전국적으로 겨울철학교를 다니는 농민은 2,500만 명 이상이나 되었고, 1951년에 장기 야간학교에 다니는 농민은 1,100여 만 명이나 되었다. 새로운 과학 지식이 보급되기 시작했고, 점차 노동을 영광으로 여기는 풍토가 형성되었다. 동시에 형편이 나아진 농민의 자녀들이 대량으로 학교에 들어가 문화지식교육을 받기 시작했다. 1952년에는 1949년에 비해 농촌의 소학교 재학생수가 111.8% 늘어났고, 중학생수가 186.2% 늘어났다. 새 혼인법이 관철되고 문맹퇴치, 애국위생 운동 등의 사업이 전개됨에 따라 농촌에서는 봉건미신을 없애버리고 낡은 규칙과 관습을 개혁하는 등의 활동이 보편적으로 진행되어 농촌에서 문화를 학습하는 고조가 일어나기 시작했다. 이는 농촌경제의 발전과 농촌사회의 진보에 중요한 역할을 했다.

전국적인 토지개혁의 기본적인 완수는 중국 봉건제도를 근본적으로 뽑아버렸으며 농촌 생산력을 크게 향상시키고, 농촌 경제를 크게 발전시켰으며 농민들의 생산 적극성을 크게 들어 높여 중국에서 사회주의적 공업화를 실현하는 데 따르는 장애를 제거했다. 이것은 중국공산당이 중국인민을 영도하여 봉건주의를 반대하는 투쟁을 진행한 역사적 표징으로 신중국 경제의 복구발전과 사회적 진보의 토대를 마련했다. 하지만 다른 측면으로 보면 토지개혁의 완수는 결코 반봉건주의 과업을 철저히 완수한 것은 아니었다. 봉건적인 요소, 소생산적인 정치와 사상의 영향을 계속 숙청하는 것은 여전히 중국에서 상당히 오랜 세월에 걸쳐 이뤄야 할 역사적 과업으로 남아 있었다.

2. 전 사회적인 민주개혁운동

공장, 광산 기업에서의 민주개혁

항미원조, 토지개혁 운동이 진행되는 동시에 당과 인민정부에서 영도한 기타 민주개혁도 전사회적 범위에서 심도 있게 전개되었다. 농촌에서 도시에 이르기까지 공장, 광산 기업에서 기관, 학교에 이르기까지 사회 전반으로 많은 변화가 일어났다. 각 계층 인민들은 민주개혁의 기초 위에서 혁명정신과 생산열정을 발휘하여 국민경제를 복구발전시키는 데 훌륭한 대중적 기초와 사회 환경을 마련했다.

공장, 광산 기업의 민주개혁은 토지개혁을 중심으로 진행한 중요한 사회개혁이었다. 반식민지 반봉건적 역사 조건에서 중국의 근대 공업은 기형적으로 발전하여 공장, 광산 기업들에서 봉건십장[6]이 생산과 관리를 독점하는 부패한 제도가 형성되었다. 온갖 봉건십장들은 노동자들을 억압했고, 노동자들에 대해 경제외적 착취를 감행했다. 국민당 통치 기간에 많은 봉건십장들은 공장, 광산 기업의 반동 단체, 특무계통, 봉건파벌의 조직자와 중심을 이뤘다. 반동정권에 의거

---

6) 봉건십장의 칭호는 각 지방에 따라 서로 다르다. 우한에서는 '우두머리(頭佬)'라고 부르고 상하이에서는 '나몬(拿摩溫)'이라고 부르며 북방지구에서는 '십장(把頭)'이라고 불렀다.

하여 공장, 광산 기업을 통치하는 이런 방식을 봉건십장제도라고 통칭한다. 도시가 해방된 후 공장, 광산 기업을 인수할 때 '일률적으로 도맡는' 정책을 취했으므로 기업 내부에 반동십장 세력이 잔존할 수밖에 없었다. 인수 초기에 일부 공장, 광산에서는 민중의 분노가 매우 큰 십장들을 처리했지만 대부분 공장, 광산에서는 지난날 노동자들의 머리 위에서 위세를 부리던 십장들이 그대로 남아 있었다. 이자들은 기업 내에 숨어 있는 원 국민당 군정인원, 특무들 그리고 농촌에서 도주해온 지주들과 결탁하여 암암리에 유언비어를 날조하고 이간질을 하며 봉건관계를 이용하여 대중을 농락하고 적극분자를 타격하며 생산을 파괴하는 활동을 감행했다. 그중 일부는 해방 후에 진보한 것처럼 위장하고 공산당 내나 청년단 내에 혼입해 들어갔거나 기층공회조직을 장악하고 있으면서 공장, 광산의 생산과 사업에서 노동자들의 정치열정과 생산 적극성을 압제함으로써 노동자들의 주체적 지위를 구현하지 못하게 했다.

1950년부터 각 국영 공장, 광산에서는 당, 청년단, 공회 조직을 건립한 기초 위에서 민주개혁을 연이어 시행하여 노동자 대중이 극도로 미워하는 봉건십장제, 노동자를 모욕하는 몸수색 제도를 폐지했다. 대규모적인 반혁명 진압운동이 전국적으로 발발한 후 중공중앙은 1951년 11월에 '공장, 광산, 교통 등 기업에서 반혁명분자를 깨끗이 정리하며 이런 기업들에서 민주개혁을 전개하는 것에 관한 지시'를 발부하여 각 지방에서 노동자대중을 움직여 그들에게 의해 계획적으로 공장, 광산, 교통 등 기업 부문, 우선 국영 공장, 광산, 교통 등 기업 내에서 필요한 민주개혁을 진행하거나 더 나아가 완수할 것을 요구했다.

공장, 광산 기업의 상황은 일반적으로 당, 정부 기관보다 복잡했다.

특히 신해방도시는 당의 영도적 역량과 대중적 기초가 비교적 약했다. 이런 상황에 따라 각 지방은 당위원회의 통일적인 영도 아래 각 방면에서 유능한 간부들을 뽑아 기업 내의 기존 간부들과 함께 전문 기구를 구성하고 민주개혁을 영도했다. 먼저 기업 정형에 대해 계통적인 조사연구를 진행하고 종업원 가운데서 적극분자를 훈련했으며 동시에 사상 동원을 깊이 있게 진행하여 근로자 대중에게 피아를 똑똑히 가르며 자기대오를 정돈할 것을 호소했다. 그리고 문제가 있는 모든 사람에게는 자기의 삶을 성실하게 바꾸어 죄책감을 버리고 마음의 짐을 벗어던질 것을 요구했다. 뒤이어 근로자 대중을 대담하게 움직여 그들로 하여금 반혁명분자를 적발, 공소하고 노동자를 함부로 억압하고 착취한 봉건십장, 나쁜 분자와 투쟁했으며 응당 또는 반드시 죄를 판결해야 할 반혁명분자에 대해서는 법에 의해 징벌했다. 지난날 일반적 억압 행위나 경미한 착취 행위를 한 작은 십장, 청부업자 등에 대해서는 그들의 과실의 크기와 회개하는 태도를 보아 분별 있게 처리했으며 기업에 남겨둔 자에 대해서는 생산 반조장을 담당하지 못하게 했다. 노동자들은 민주개혁을 통해 "고통을 털어놓고 머리 위의 돌덩어리를 치워버려 삶을 향상하고 맑은 하늘을 보게 되었으니 몸에서 힘이 솟구친다."고 표현했다.

공장, 광산 기업에서의 민주개혁은 국영 기업에서만 진행한 것이 아니라 당의 기초가 비교적 좋고 규모가 큰 사영 공장, 광산 그리고 기타 기업에서도 연달아 전개했다. 반혁명과 반동십장 세력을 청산할 때 먼저 자본가 측과 협상하여 동의를 얻은 후 당, 청년단, 공회, 공안부문과 자본가 측 대표 및 비당사무원, 노동자 공동으로 영도기구를 구성하고 역량을 집중하여 기업 내에 숨어 있던 반혁명분자와 봉건 잔여세력을 깨끗이 제거했다. 자본가 측이나 그 심복으로서 만약 지난날 노동자를 심하게 압박한 행위가 있어 노동자들이 매우 불만스러워 하는 자에 대해서는 노동자들 앞에서 잘못을 인정하도록 독촉함으로써 관계를 개선하게 했다. 무릇 지난날 엄중한 죄행이 없었고 해방 후 노동자들에 대한 태도가 비교적 좋은 자에 대해서는 지난 일을 묻지 않았다. 민주개혁은 사영기업 내 노동자들의 정치적 지위와 조직 능력을 크게 높였고 노동자와 자본가 간의 합작을 추진하고 생산을 공동으로 복구 발전시키는 데에 중요한 역할을 했다.

반혁명 잔여세력을 정리하고 깨끗이 제거한 다음 민주개혁의 중점은 노동계급 내부의 단결을 강화하는 것으로 바뀌었다. 장기간 반동 통치를 받은 영향으로 공장, 광산 기업 내에는 일부 복잡한 상황이 있었다. 예를 들면 일부 사무원이나 노동자는 반동당파와 단체 또는 미신단체에 참가한 적이 있고 소수의 사무원과 기술자는 노동자들을 압박한 행위가 있으며 일부 노동자들 속에는 낡은 동업조합, 파벌 습성과 속좁은 지역관념이 남아 있었다. 이 밖에 공장의 생산, 행정 관리에서도 일부 문제를 제대로 처리하지 못해 노동자와 노동자 간, 사무원과 노동자 간, 간부와 대중 간에 알력이 있었다. 이런 형편에 따라 각 공장, 광산에서는 대중 속에서 보편적으로 사상교양을 진행했으며 충성하고 성실하며 문제를 솔직하게 고백하는 활동을 전개하여 정치역사 문제가 있는 노동자, 사무원들이 사상의 보따리를 벗어던지게 했다. 지난날 노동자를 압박한 행위가 있었거나 기타 나쁜 짓을 약간 한 기술자와 직원에 대해서는 단결을 위주로 하는 원칙을 취해 노동계급 내부의 문제로 해결했다. 민주개혁 가운데 각 공장, 광산에서는 좌담회, 진실한 대화를 통해 비판과 자기비판의 방식으로 노동자, 사무원, 간부들이 낡은 사상, 낡은 작풍을 극복하고 이전의 대립과 알력을 주동적으로 해소하여 단결에 힘쓰게 했다. 그리하여 공장,

광산 기업에서 민주주의적이며 단결, 협력하는 새로운 관계가 점차 형성되었다.

민주개혁의 기초 위에서 각 국영 공장, 광산에서는 생산을 중심으로 노동 조직을 정돈하고 새로운 노동제도와 노동조직을 만들어 생산 측면에 경험이 많고 대중에게 신망이 있는 노동자와 사무원을 행정과 생산 관리부서에 발탁함으로써 기업의 각급 영도권을 노동계급에게 부여했다. 화난, 화베이의 8개 탄광 구역의 통계에 따르면 민주개혁 가운데 각종 죄악을 저질렀던 봉건십장 2,000여 명이 처리되었으며 동시에 노동자 1만 2,000여 명이 반조장, 갱장, 광산의 지배인 또는 기술원으로 진급되었다. 이 기초 위에서 각 공장, 광산에서는 공장장 관리 아래 공장관리위원회를 결성했다. 또한 공회위원회, 종업원대표회의를 통해 노동자, 사무원 군중을 연계한 종업원들이 기업 관리에 참여하도록 동원하고 조직함으로써 생산의 수요에 적응하는 민주주의적 관리제도를 점차 수립했다.

공장, 광산 기업의 민주개혁은 관료자본기업을 사회주의 성격의 기업으로 바꾸며 또한 반식민지반봉건사회의 사영기업을 신민주주의적 사영기업으로 개혁하는 중요한 절차였다. 민주개혁을 거쳐 기업 내에 남아 있던 반동세력을 깨끗이 제거하고 낡은 관료관리기구와 노동자를 압박하던 각종 제도를 폐지했다. 또한 생산 개혁과 함께 민주주의적 관리제도를 수립함으로써 많은 노동자 대중에게 주체적으로 생산을 향상하려는 적극성을 불러일으켰다. 민주개혁이 진행됨에 따라 각 지방의 공장, 광산 기업에서는 애국주의 노동경쟁과 기타 여러 가지 정치, 경제, 문화 사업을 진행하여 공업생산과 교통운수업을 회복, 발전시켜나갔다.

혼인제도를 개혁하고 풍속습관을 개변

구중국 봉건의 중요한 특징 가운데 하나는 가부장을 중심으로 하고 여성을 압박하는 동시에 남녀의 혼인 자유를 박탈한 봉건주의 혼인제도를 답습해온 것이었다. 이 제도는 인성과 인권을 속박하고 짓밟아 무수한 비극을 초래했다. 동시에 이 제도는 사회관념, 윤리도덕, 종법습속(宗法習俗) 등 여러 문제들과 관련되어 있어 사회 전반에 뿌리 깊은 영향을 끼쳤다. 중국 공산당은 혼인제도 개혁과 그와 관련된 사회문제로 주요 관심을 돌렸다. 민주주의 혁명 시기에 중앙소비에트 구역에서는 '중화소비에트공화국 혼인법'을 제정했고 민중 근거지에 '부녀청년보호조례' 등을 반포했다. 신중국이 창건된 후 지난날 봉건사회의 기형적인 사회도덕과 사회풍속 그리고 반식민지적인 사회기풍들은 모두 중국공산당과 인민정부의 개혁 대상에 속했다. 이들은 혼인제도의 개혁 과정에서 집중적으로 구현되었다.

봉건적 혼인제도를 폐지하기 위해 일찍이 전국 해방 전인 1948년 겨울, 중공중앙 부녀운동위원회와 중공중앙 법률위원회는 새 혼인법 기초사업에 착수했다. 중앙인민정부가 건립된 후 정무원 정치법률위원회는 중화전국민주부녀연합회[7] 등 관련 부문과 연석회의를 열고 새 혼인법 초안의 각 장, 각 조항에 대해 여러 차례 연구, 토론하고 수정했다. 1950년 4월 13일, 중앙인민정부위원회는 제7차 회의를 열고 '중화인민공화국 혼인법(초안)'을 심의, 채택했다. 4월 30일, 마오쩌둥 주석은 명령을 발부하여 '중화인민공화국 혼인법'을 공포하고 5월 1일부터 시행했다. 이것은 신중국이 창건된 후 제정한 첫 기본법이다.

---

7) 즉 전국부녀연합회이다. 1957년 9월에 중화인민공화국 부녀연합회로 이름을 고치고, 1978년 9월에 중화전국부녀연합회로 이름을 바꿨다.

‘혼인법’은 첫머리에서 요지를 밝히고 두 가지 기본원칙을 규정했다. 제1조, 강제강박의, 남존여비의, 자녀의 이익을 멸시하는 봉건주의적 혼인제도를 폐지한다. 남녀혼인자유의, 일부일처의, 남녀권리평등의, 여성과 자녀의 합법적 이익을 보호하는 신민주주의 혼인제도를 시행한다. 제2조, 중혼, 축첩을 금지하며 민며느리를 금지하며 과부 혼인자유를 간섭하는 것을 금지하며 어떤 사람이든지 혼인관계 문제로 재물을 요구하는 것을 금지한다. 이는 구중국 사회에서 성행하던 강제 혼인과 자주적 혼인을 간섭하는 낡은 제도에 대한 철저한 부정이었다. 상기 원칙에 따라 ‘혼인법’에서는 혼인관계의 수립, 부부 간의 권리와 의무, 부모자식 간의 관계, 이혼, 이혼 후 자녀의 부양과 교육, 이혼 후의 재산과 생활 등의 내용에 대해 구체적으로 규정했다.

‘혼인법’은 혼인관계 조정을 위주로 하는 동시에 사회 구성원으로서 가정관계의 조정과도 관련이 있었다. 또한 인민대중의 생활과 아주 밀접한 관계가 있었기에 사회 각계의 주목을 받았다. 혼인법의 반포와 시행은 토지개혁의 기초 위에서 봉건 잔재를 한층 더 청산하고 새로운 사회생활을 수립하는 중대한 사회개혁이었다. 또한 많은 여성이 봉건혼인제도의 압박과 속박에서 해방되어 혁명과 생산건설 사업에 투신하는 데 법적으로 보장했다.

당과 인민정부는 ‘혼인법’의 집행으로 정책의 중점을 돌렸다. ‘혼인법’이 채택되던 그날, 중공중앙은 ‘혼인법의 실시에 관해 전 당에 전하는 통지’를 발부했다. 중앙인민정부법제위원회는 뒤이어 ‘혼인법 실시 문제에 관한 해답’을 발부하고 정무원과 내무부, 사법부도 선후하여 혼인법 집행 상황 검사에 대해 지시를 내렸다. 그리고 정당, 정부, 군대, 인민 각급 기관들에 대중 속에서 혼인법의 내용을 전달하고 장기간 교육을 통해 대중이 의지에 따라 자신들의 문제를 해결하도록 추진함으로써 강박명령 현상이 발생하지 않도록 방지할 것을 요구했다.

'혼인법'의 반포와 함께 각급 정부, 그리고 해당 부문에서는 대중이 즐기는 형식으로 전국의 도시와 농촌에서 널리 홍보활동을 하여 새로운 혼인제도에 관한 법률규정을 알려주었다. 희극 '쇼얼헤이의 결혼'은 노해방구의 청춘남녀가 강제 혼인의 낡은 관습을 타파하고 공동노동의 기초 위에서 자유연애를 통해 결혼한다는 이야기인데 이는 도시와 농촌의 대중에게 널리 알려졌다. 광범위한 홍보와 학습을 통해 남녀권리평등, 혼인자유 등 새로운 도덕관념이 인민대중 속에 빠르게 수립되었으며 "시집가는 것은 먹고살기 위해서다."라는 등 낡은 결혼 관념이 변하기 시작했다.

경제와 사회 발전의 불균형으로 각 지구에서 '혼인법' 시행도 균형을 이루지 못했다. 어떤 지방에서는 일부 간부들이 '혼인법'에 대해 올바로 이해하지 못하고 '혼인법'은 곧 '이혼법', '부녀법'이라고 인정하여 혼인문제를 다룰 때 법령을 잘 적용하지 못했다. 심지어 지역마다 큰 편차가 발생하기도 했다. 일부 간부는 짙은 봉건종법사상을 가지고 있어 '혼인법'을 의심하거나 전혀 무관심한 태도를 보였다. 이런 상황에 따라 정무원은 1951년 9월 26일에 '혼인법 집행상황의 검사에 관한 지시'를 내렸다. 10월 하순, 최고인민법원, 최고인민검찰서 등 19개 부서의 사람들로 구성된 '혼인법' 집행상황중앙검사조는 각기 화둥, 중난, 시베이, 화베이에 내려가 약 2개월 동안 검사를 진행했다. 검사 결과가 보여주다시피 화베이 및 산둥 등 노해방구에서는 '혼인법'을 잘 집행했지만 화둥, 중난, 시베이 등 신해방구, 특히 먼 국경지구에서는 '혼인법'이 잘 시행되지 않았다. 이들 지역에는 강제 혼인과 조혼 현상이 계속되었고 민며느리, 축첩축비의 나쁜 풍속이 아직 남아 있었으며 여성을 학대하거나 혼인문제로 여성이 자살 또는 피살되는 사건이 여전히 벌어지고 있었다.

이러한 검사 결과는 당과 정부에 심각한 중요성을 불러일으켰다. 1952년 11월과 1953년 2월에 중공중앙, 중앙인민정부 정무원은 선후하여 각 지방에서 토지개혁, 반혁명진압 등 정치운동이 마무리된 후 '혼인법' 시행운동을 진행하는 데 관한 지시를 내렸다. 당은 다음과 같이 정확하게 지적했다. 혼인제도의 개혁은 반봉건적 민주개혁이기는 하지만 그것은 농촌에서의 토지개혁과 기타 사회개혁과는 다른 것이다. 혼인제도의 개혁은 인민 내부의 사상 투쟁으로 사람들이 지닌 사상 가운데 구사회가 남겨 놓은 혼인문제와 관련된 봉건의식을 깨끗이 제거하려면 장기적으로 면밀하게 인내심을 가지고 사업을 해야 한다. 난폭하고 성급하게 서두르는 태도와 계급투쟁의 방법을 취해서는 안 된다. 그러므로 한편으로 '혼인법'을 알리고 '혼인법' 집행 상황을 검사하는 대중적 운동을 전개하여 많은 대중과 간부들 안에 봉건주의 혼인제도와 신민주주의 혼인제도의 경계를 명확히 갈라주어 수천 년 이어온 낡은 제도를 근본적으로 없애야 한다. 또 다른 한편으로는 또 반드시 교육의 방침을 견지하여 혼인 자유를 일반적으로 간섭하거나 '혼인법'을 위반한 간부와 군중은 주로 그들을 비판하고, 그에 따른 교육을 시행한다. 또한 여성을 학대, 살해하거나 혼인 자유를 간섭하여 심각한 피해를 준 극소수의 범죄자에 대해서는 법에 의해 징벌해야 한다.

중공중앙과 정무원의 지시에 따라 1953년 3월에 전국적으로 '혼인법'을 선전하고 관철하는 운동을 전개했다. 소수민족지구와 토지개혁을 채 완수하지 못한 지구를 제외한 각 지방에서는 '혼인법' 시행을 그 달의 중심사업으로 삼고 농촌, 공장, 광산, 거리에서 전형시험을 치렀으며 기층간부, 선전원 그리고 열성분자들을 대규모로 훈련시키고 '혼인법' 관철 선전제강을 내주었다. 신문, 간행물, 화보, 그림책과 보고회, 좌담회, 방송, 설창, 희극, 환등, 영화 등의 방식으로 많은 대중에게 '혼인법'을 알렸는데 이를 통해 대중의 의식과 습관이 바뀌게 되었다. 이번 '혼인법' 관철선전 운동은 그 폭과 깊이가 전례 없는 것이었다.

'혼인법'을 관철하고 선전하는 운동에서 각급 부녀연합회, 청년단과 민정, 사법부서는 공동으로 강제혼인을 고수하는 일부 완고한 세력, 그리고 여성의 권리를 무시하고 매매혼인과 타협하는 일부 기층간부들의 그릇된 행위와 투쟁했다. 또한 남녀의 혼인 자유, 특히 이혼 자유를 통해 봉건적 강제 혼인을 해제하고 새로운 혼인관계를 수립하는 등 많은 근로여성의 합법적 권익을 보호하는 대규모 사업을 벌여 혼인제도의 민주개혁이 신중국이 창건된 지 몇 년 안에 뚜렷한 성과를 거두게 했다. 이번 운동을 통해 전국 대부분 지구에서 봉건혼인제도가 무너졌으며 혼인자유, 남녀평등이 새로운 사회기풍으로 형성되기 시작했다. 이로써 민주주의적인 새 가정이 형성되기 시작했다. 전국 인구의 절반을 차지하는 많은 여성은 더욱 적극적으로 생산과 사회에 참여하게 되었으며 그들의 정치적 지위가 크게 높아졌다.

봉건혼인제도를 개혁하는 것은 중국공산당이 민주개혁과 사회개조를 추진하는 데 중요한 요소였다. 이번 개혁은 근본적 면에서 봉건혼인제도와 낡은 가정관계의 뿌리를 뒤흔들었다. 또한 낡은 전통사상과 윤리도덕도 근본적으로 개혁하여 전 사회에 새로운 혼인가정관계를 수립하고 사회 분위기를 크게 변화시켰다. 이와 동시에 이번 혼인제도 개혁의 진척은 2,000여 년간 지속된 중국 봉건사회에서 봉건혼인풍속이 사회 전반으로 얼마나 깊은 영향을 주었으며, 특히 광대한 농촌과 고립되고 낙후한 지방의 가정에서 나타나는 많은 봉건사상과 풍속습관은 단시일에 바꿀 수 없음을 보여주었다. 중국인민들이 낡은 혼인제도가 남겨놓은 봉건사상의 영향을 깨끗이 제거하고 새 시대 도덕 기준에 맞는 새로운 혼인관계를 수립하려면, 특히 많은 여성의 진정한 해방과 사회적 지위의 향상은 결국 생산력의 발전과 경제와 사회의 발전에 의해 결정된다.

구사회의 고질을 제거하기 위한 투쟁

도시 해방 초기에는 보통 구사회의 많은 고질, 예를 들면 매춘, 성관계, 마약 판매와 복용, 도박 등이 남아 있어 많은 대중의 신심을 파괴하고 있었다. 신중국이 창건된 후 당과 인민정부는 각종 사회적 병폐를 없애기 위한 투쟁을 신속하게 벌였다. 이 투쟁의 타격 대상인 유흥업소 경영자, 마약 판매자와 도박업소 관계자 등은 대부분 봉건세력에 속했으므로 구사회의 여독을 제거하는 것은 봉건세력을 반대하는 투쟁과 밀접한 관련이 있었으며 역시 민주개혁의 성격을 띠었다.

구중국의 창기현상은 사회역사적으로 뿌리 깊이 박혀 있었으며 기녀들은 지옥과도 같은 고난을 겪고 있었다. 도시에 집중한 유흥업소, 유곽들은 음란활동의 장소였을 뿐만 아니라 절도와 강도, 마약 사용과 판매, 인신매매, 사기협박 등 범죄 활동이 암암리에 진행되는 곳이었다. 그리하여 도덕이 상실되고 성병이 만연했다. 신중국이 창건된 후 당과 인민정부는 이러한 성노예제도를 방관하지 않았다. 도시 해방 초기에 당과 인민정부는 신속히 조치를 취해 유흥업소 등 사회의 어둔 곳에 있는 반혁명의 뿌리를 집중적으로 조사하고 유흥업소에 대한 관제를 강화했으며 기녀의 인권을 보호한다고 언명했다. 사회질서가 기본적으로 안정되고 사회조직, 의료위생 등 면의 필수적 준비사업이 완성된 후 인민정부에서는 성노예제도를 폐지한다는 명령을 내렸다.

수도인 베이징에서 처음으로 중대한 행동을 취했다. 1949년 11월 21일, 베이징시 제2기 각계 인민대표회의에서는 다음과 같은 결의를 채택했다. 전 시 인민들의 의사에 따라 즉시 모든 유흥업소를 폐쇄하고 그 재산을 몰수했으며 모든 유흥업소 주인, 포주, 관계자 등을 집중적으로 심문하고 처리했다. 또한 집중적으로 기녀들의 사상을 개조하고 성병을 치료해주었으며 집이 있는 사람은 집으로 보내고 결혼 상대자가 있는 사람은 결혼을 할 수 있도록 도와주었다. 오갈 데가 없고 배우자가 없는 사람은 기예를 배우게 하고 생산에 종사하게 했다. 그날 오후, 시공안국은 민정국, 부녀연합회, 위생국 등의 부서와 함께 2,400여 명의 간부와 인민경찰들을 출동하여 전 시에 있던 유흥업소 224곳을 폐쇄하고 주인과, 포주 400여 명을 집중심사하고 그 죄의 경중에 따라 법에 의해 각기 징벌했다. 베이징시 정부에서는 부녀생산교양원을 만들어 기녀 1,200여 명을 수용했다.

베이징의 뒤를 이어 상하이, 톈진, 우한, 난징 등 대중도시들에서도 계속 매음, 매춘을 단속했으며 전국적으로 모두 8,400여 곳의 유흥업소를 폐쇄하고 악덕 주인들을 징벌함으로써 핍박에 의해 기녀가 된 부녀들을 절망의 나락에서 벗어나게 했다. 각 지방 부녀연합회와 민정부서는 심하게 유린당하고, 심성이 비뚤어진 부녀들에 대한 면밀한 사상사업을 통해 구사회의 죄악을 공소하도록 했다. 또한 그들의 성병을 치료해주고 그들을 조직하여 문화, 생산기술과 자립할 수 있는 기능을 교육함으로써 그들 중 절대다수는 자기의 노동으로 살아가는 근로여성이 되었고 배우자를 만나 가정을 이루며 정상적인 생활을 하게 되었다. 유흥업소를 폐쇄하고 매음, 매춘을 단속하는 투쟁으로 구중국에서 장기간 여성을 엄중하게 짓밟던 사회의 추악한 현상이 해방 후의 짧디짧은 몇 년 내에 자취를 감추게 되었다. 광범한 인민대중은 더없이 기뻐했고 특히 여성들의 반향이 강렬했다. 많은 사회인사는 "공산당은 말한 대로 해낸다."고 칭찬했다. 이 중요한 활동은 즉각 효과를 보았으며 당과 인민정부는 시작부터 훌륭한 사회적 정황을 수립할 수 있게 되었다.

  신중국 창건 초기에는 또한 역사적으로 이어져온 아편과 마약 등의 문제에 직면했다. 근대 서방 열강들이 견고한 군함과 대포로 중국의 문호를 개방한 후 중국에 대한 아편의 피해는 끊임없이 만연되었다. 청나라에서는 린쩌쉬(林則徐)가 금연운동을 엄격히 벌였다. 그러나 청나라 정부는 극도로 부패했고, 아편 피해가 중국 땅에서 기승을 부리면서 인민들의 생명을 해치고 민족정신을 마멸시켰다. 국민당 통치 초기에 장제스는 일찍 이른바 '새 생활 운동'을 보급했지만 마약 금지에 대한 효과적인 조치를 하지 않아 각 지방에서는 여전히 마약이 범람했다. 해방 초기에 와서는 전국적으로 마약 제조판매를 업으로 하는 자가 수십 만 명에 달했고 아편 중독자가 1,000만 명에 달했다. 아편 피해가 가장 심한 윈난성에서는 아편 재배면적이 전 성 경작지 총면적의 20~30%나 되었고, 아편 흡입인구가 전 성 총인구의 매우 큰 비중을 차지했다. 간쑤, 산시 등지의 많은 농촌에서는 심지어 여성과 아동을 비롯해 마을 전체가 아편을 흡입하는 악습에 물들었다. 많은 지역이 아편은 많고 양곡이 적어 인민들의 생활이 어려웠고, 게다가 기근이 자주 들었다. 많은 아편쟁이는 일하지 않고 종일 아편 연기나 내뿜으며 가산을 탕진하고 자녀를 팔아버리고 도적, 기녀로 전락하여 사회 안정에 큰 피해를 끼쳤다. 아편의 피해가 만연됨으로써 정치, 경제적으로 심각한 결과를 빚어냈기에 신중국이 창건된 후 중공중앙과 중앙인민정부는 아편을 뿌리부터 철저히 뽑아버리기로 했다.

1950년 2월 24일, 정무원은 아편 피해를 엄금하는 명령을 반포하고 그날부터 전국 각지에서 생아편과 마약을 제조, 운반하고 판매하는 모든 행위를 더 이상 허용하지 않았다. 또한 이를 범한 자는 누구를 막론하고 생아편과 마약을 몰수할 뿐만 아니라 반드시 엄격하게 처벌한다고 선포했다. 민간에 흩어져 있는 생아편과 마약에 대해서는 기한 내에 반납하게 하고 그렇게 하지 않은 자에 대해서는 조사하여 몰수하며 그 정상의 경중에 따라 치죄했다. 아편과 마약을 흡입하는 사람은 기한 내에 해당 부서에 신고, 등록하게 하고 기한을 정하여 나쁜 습관을 고치게 했다. 만약 등록하지 않거나 기한이 넘도록 그 습관을 고치지 않은 자에 대하여는 처벌을 했다. 각급 위생기관에서는 아편을 끊는 약을 조제하고 효과적으로 아편을 끊는 처방을 보급하며 아편에 중독된 가난한 사람에 대해서는 무료 또는 염가로 치료해주었다. 아편과 마약이 성행하는 도시에서는 아편 중독을 치료하는 기구를 설치했다. 전쟁이 이미 마무리된 지구에서는 1950년 봄부터 아편을 심지 못하게 했으며 전쟁이 아직 완전히 끝나지 않은 지구에서는 전쟁이 마무리되는 대로 아편 재배를 금지하게 했다. 일부 소수민족지구에서는 아편을 심는 자가 있으면 해당 지역의 형편을 고려하고 신중한 조치를 취해 심지 못하게 했다. 정무원의 마약금지명령 아래 전국적인 마약금지운동이 전개되기 시작했다. 1951년 3월에 이르러 시난의 다수 지구의 아편밭을 없앴다. 둥베이, 화베이, 화둥, 시베이 4대 행정구의 불완전한 통계에 따르면 거둬들인 마약이 아편으로 환산하면 2,447만 냥이나 되었으며 많은 마약 판매자와 아편흡입자들은 생업을 바꾸었거나 나쁜 습관을 고치기 시작했다.

1952년 초, 각 지방에서는 '3반', '5반' 운동에서 마약 밀수밀매와 관련된 적지 않은 큰 사건, 중요한 사건을 수사해내 철도, 수상운수, 우정, 공안, 사법, 세무 등 부문의 적지 않은 내부 인원들이 간상배(奸商輩), 마약판매자와 결탁하여 마약을 운송해 국가와 인민에게 막대한 손실을 빚어낸 사실을 밝혀냈다. 4월 15일에 중공중앙은 '마약 유행 숙청에 관한 지시'를 발부하여 "전통적인 범위에서 집중적이고 활발한 대중운동을 일으켜 이를 깨끗이 쓸어버리고" 마약제조와 운반 판매문제를 해결하도록 요구했다. 당중앙위원회의 지시에 따라 각 지방에서는 충분한 준비와 면밀한 계획에 따라 전국 1,200여 곳의 마약금지 중점지구에서 군중을 움직여 사건을 집중적으로 밝혀냈는데 마약을 제조, 판매, 운송한 이들 36만 9,000여 명을 수사하고 8만 2,000여 명을 체포했다. 그중 형벌에 처하고 노동개조와 관제를 받은 자가 5만 1,000여 명이었고, 처벌당한 마약사범이 880명이었다. 아편으로 환산하면 근 400만 냥 되는 마약과 마약 제조기계 235대, 마약 판매, 운송, 은닉 도구 26만 개를 거둬들였으며 또한 대량의 마약밀수에 쓰인 총, 대포 등 무기와 송신기[8]를 노획하여 창궐하던 마약 제조, 판매활동에 타격을 줌으로써 대중에 의해 마약금지운동을 전개한 위력을 남김없이 과시했다.

마약 수입원을 끊어버린 조건 아래 각 지방에서는 공안, 민정, 보건위생 세 부문이 함께 아편 중독을 치료하는 기구를 설치하고, 아편을 끊는 약을 조제했으며 또한 아편 대용품이 제조, 유통되는 것을 절

---

8) '전국적인 마약금지운동에 관한 뤄루이칭(羅瑞卿)의 총화보고', 1952년 12월 14일.

저히 방지하면서 마약금지사업에 전력을 다했다. 구사회에서 넘어온 마약 사용자는 일반적으로 '피해자'로 취급하여 스스로 알리고 마약을 끊거나 "정부에서 관리하고 대중이 감독하며 집중적으로 또는 분산적으로 끊"는 방법을 취했으며 노약자에 대해는 잠시 늦추는 방침을 취했다. 각 지방에서는 군중회의, 마약사용자학습회 그리고 그 가족좌담회 등을 소집하고 대중으로 하여금 그들을 도우면서 "마약 사용자들이 스스로 끊도록" 호소했다. 각급 정부와 광범한 대중의 활동으로 지난날 전국 각지에 분포되어 있던 천 만의 마약 사용자들이 이내 마약에서 벗어났다. 인민정부에서 아편과 마약을 금지하고부터 대규모 대중운동을 일으켜 마약 금지운동을 벌이기까지 대략 3년이 걸렸다. 1952년 말에 이르러 구중국에서 성행하던 아편재배와 마약 제조, 판매, 흡입 등의 현상이 사라졌다.

마약을 엄금한 동시에 당과 정부에서는 또 인민대중으로 하여금 도박활동을 엄금하는 투쟁을 벌였다. 각 지방에서는 광대한 도시와 농촌에 포고문을 내걸고 도박 금지를 서면으로 명령했다. 그리고 각종 도박장을 엄격히 단속하고 폐쇄하며 도박자금과 도구들을 몰수했다. 도박꾼을 모아 돈벌이를 하던 주범, 장소 제공자와 여러 차례 교화시켜도 변하지 않는 도박꾼을 징벌했다. 도박에 참여한 일반인에 대해서는 교화시키고 설득하여 자발적으로 도박을 끊게 했다. 사회적인 지원과 각계 대중의 적극적인 참여를 통해 구사회에서 성행하던 도박의 나쁜 습관은 사라졌다.

중국공산당의 영도 아래 전국 인민의 3년간의 노력을 거쳐 구중국에서 여러 차례 금지해도 없어지지 않고 불치로 간주되던 매춘, 마약, 도박 등 사회적 고질이 사라졌다. 이것은 기적이 아닐 수 없었다. 많은 국제인사를 비롯한 사회 각계에서는 경탄과 찬양을 금치 못했다. 구사회의 고질을 제거하는 민주개혁운동은 뚜렷이 사회기풍을 개선하고 사회 환경을 정화했으며 인민정권을 공고히 하고 민족정신을 고취시켜 세상이 주목하는 성과를 달성했다. 광범한 인민대중과 사회 각계 인사들은 바로 이런 일련의 민주개혁이 중국 사회에 가져온 거대한 변화를 통해 당과 인민정부에 잔존한 구사회의 온갖 오물을 없애기 위한 노력을 감수하고 새 나라, 새 사회, 새 생활을 건설하는 위대한 투쟁에 더욱 힘써 투신했다.

제4장

국민경제 복구와 제반 건설 추진

당과 인민정부는 토지개혁과 제반 민주개혁을 질서 있게 추진하는 동시에 경제, 정치, 사상문화 등 여러 방면의 건설을 영도했다. 각 분야 건설은 생산을 회복, 발전시키는 과업을 중심으로 진행되었다. 경제 측면에서는 공영경제와 개인경제를 고루 관리하고 노동자와 자본가에게 모두 이익을 주며 도시와 농촌이 서로 돕고 국내와 국외가 교류하는 기본 경제방침을 전면적으로 시행했다. 이로써 여러 경제체제가 국영경제의 지도로 서로 협력하고 각자 이익을 얻도록 촉진함으로써 생산을 발전시키고 경제를 번영시켰다. 정치 측면에서는 각급 정권의 민주주의 건설을 강화하고 각 분야의 사회적 역량을 단합, 동원하여 민주개혁과 국가건설에 참여하게 했다. 사상문화 면에서는 마르크스–레닌주의, 마오쩌둥 사상의 지도적 지위를 수립하고 교육문화 사업을 단계적으로 바꾸고 건설했다. 신중국 건설을 실천하는 가운데 중국공산당은 집권 상황에서 자체 건설을 강화하기 시작했다.

1. 신민주주의 경제 방침을 관철하다

공영경제와 개인경제의 균등한 관리와 도시의 상공업 조절

신중국이 창건된 후 몇 달 동안 당은 투기자본을 없애고 물가를 안정시키며 전국의 재정경제 사업을 통일시키는 등 일련의 조치를 취했다. 그럼으로써 지난 시기의 반식민지 반봉건적 경제를 점차적으로 국영경제의 지도 아래 각종 경제체제가 분공협력하고 각기 적재적소에 배치되는 신민주주의 경제로 발전시켰다. 경제 전환과정에는 일정한 진통이 따르기 마련이다. 1950년 3월에 중앙에서 통화팽창억제정책을 시행한 후 사영상공업은 생산 경영에서 어려움을 많이 겪었다. 그것은 바로 사회경제 구조의 신구 교체를 보여주었다. 많은 도시의 공장들에서 생산을 제대로 진행하지 못하고 시장이 불경기에 처해 사회와 인심의 안정에 영향을 끼쳤으며 민족자산계급은 불안한 나날을 보냈다. 우한의 한 자본가는 "붉은 기를 걸었어도 마음은 불안하고 양걸춤을 추면서도 갈 바를 모른다."[1]라는 주련(柱聯)을 써 사영상공업자들의 심경을 토로했다.

중앙재정경제위원회는 사영상공업이 겪고 있는 어려움의 원인을 연구하여 다음과 같은 몇 가지로 결론지었다. 첫째는 통화팽창을 억제한 후 인민들이 물건을 사들여 화폐가치를 보장할 필요가 없게 되면서 사회적 수요가 크게 줄었기 때문이다. 둘째는 과거의 일부 사치품과 서비스업종들이 이제는 인민들에게 소비되지 않고, 전에 해외시장에 의뢰했던 것이 더 이상 의뢰할 수 없게 되었음에도 관련 업종들이 제때에 다른 제품을 생산하거나 다른 업종으로 넘어가지 않아 제품판로가 어려워졌기 때문이다. 셋째는 당시의 군인, 정부공직자, 기관원, 교직원과 기업, 사업단위 종업원들의 소비 수준이 일반적으로 낮고 특히 인구 대다수를 차지하는 농민들의 구매력이 매우 낮아 많은 생산용 제품과 생활용품들을 살 수 없었기 때문이다. 넷째는 많은 개인 기업이 사회적 수요가 변한 것을 모르고 맹목적으로 생산하고 경쟁하여 제품이 심하게 적체되었기 때문이다. 그 밖에 또 한 가지 원인은 전 단계에 인민정부가 물가조절 정책을 강도 높게 시행했기 때문이었다. 세금납부와 공채금 수납을 재촉하여 시장자금을 긴축시키고 공영상업을 확장하는 이 '네 가지 조치'는 통화팽창을 억제하고 물가를 안정시켰으나 합법적으로 경영하는 일부 사영상공업자들에게

---

1) '중국인민정치협상회의 제1기 전국위원회 제2차 회의에서 한 발언', 1950년 6월 25일 자, 〈인민일보〉 2면.

심각한 어려움을 주었다. 그 밖에 일부 정부 부서가 공영경제와 개인경제 간의 관계를 처리하는 데 개인경제를 지나치게 배척하고 제한하여 사영상공업이 경영 측면에서 불리한 처지에 놓이게 되었다.

중앙재정경제위원회는 기존의 사회경제 구조가 전반적으로 새롭게 구성되고 있는 만큼 오랫동안 투기가 성행하고 금융이 혼란했던 구 사회 환경에서 생존해온 개인경제가 난관에 봉착한 것은 피할 수 없는 일임을 인정했다. 하지만 천원이 분석한 것처럼 "이것은 새롭게 태어나고 다시 번영을 이룩해가는 과정에서 겪게 되는 고통이고 곤란이며 전반적으로 보면 이러한 고통과 곤란은 얼마 동안 존재하는 현상이었다".[2]

신중국 창건 초기에 사자본주의 경제는 전국 경제에서 매우 중요한 자리를 차지했다. 국가통계국의 자료에 따르면, 1949년에 자본주의 공업 생산액은 전국 공업 총생산액의 63%를 차지했다. 1950년에 개인 상업은 사회상품 도매 총액의 76.1%를 차지했고, 소매 총액의 85%를 차지했다. 이를 통해 알 수 있듯이 사영상공업은 사회에 제품을 제공하고 상품 유통을 실현하며 취업을 늘리고 국민경제를 조속히 복구하고 발전시키는 데 중요한 역할을 했다. 그러므로 당중앙위원회 제7기 제3차 전원회의는 다음과 같이 지적했다. 도시 상공업을 합리적으로 조절하는 것은 재정경제 상황을 호전시키는 중요한 조건 중 하나이다. 중앙은 상공업을 조절하는 사업을 확정하는 데 반드시 "공영경제와 개인경제를 균등하게 관리하여 노동자와 자본가 모두에게 이익이 돌아가게 하는" 기본 방침을 시행하면서 세 개의 주요한 고리인 공영경제와 개인경제 간의 관계, 노동자와 자본가 간의 관계,

---

2) 천원, '현시기 경제정세와 상공업을 조절하고 세수를 조절하는 조치'(1950년 6월 15일), 〈천원선문집〉 제2권, 인민출판사 한문판, 1995년, 102쪽.

생산과 판매 간의 관계를 잘 조정하되 중점적으로는 공사 관계, 다시 말하면 인민정부, 국영경제와 사자본주의 경제 간의 관계를 잘 조정해야 한다. 그러기 위해서는 주로 사영공업에 대한 가공 주문을 확대하고 화폐를 투입하여 농산물, 부업생산물과 토산물을 수매하고 도시와 농촌의 교류를 확대한다.

 공영경제가 개인경제에 위탁하여 가공 주문을 하고 제품을 수매하는 형태는 해방 초기부터 나타났으나 대부분 분산적이었고 규모가 크지 않았다. 조절 사업이 전개된 후 정부는 국영경제 기구들의 수요와 가능성에 근거해 사영공업 기업을 상대로 조직적으로 제품을 가공 주문하고 수매함으로써 사영공업의 원료 공급과 제품 판로, 자금 회전의 곤란을 해결해 주고 그들을 도와 생산을 유지, 회복하게 하도록 요구했다. 가공 주문의 방침은 인민생활과 국가 건설에 시급히 필요한 업종 혹은 기업들을 중점적으로 지원해 주는 것이었다. 또한 국가건설 수요에 부응하지 못하는 기업들은 그들이 생산제품을 바꾸도록 도와주며 국민경제와 인민생활에 도움이 안 되는 업종은 후원하지 않았다. 이렇게 함으로써 가공 주문이 사영공업의 합리적인 재구성을 촉진하도록 했다. 당시 항미원조전쟁이 일어나자 국가는 전선에 필요한 물품을 공급하기 위해 사영공장이 가공주문할 물량을 신속히 확대했다. 그리하여 1951년에 전국 개인 공업의 총생산액 가운데 가공주문, 수매와 전매가 차지하는 비율이 27.3%까지 늘어났다. 전국 개인 공업 총생산액의 3분의 1을 차지하는 면방직공업은 1950년에 국가가 개인 공장에서 가공주문한 부분이 그들 생산 능력의 70% 이상을 차지했다. 이들은 개인 공업이 생산을 회복하는 데 직접적인 역할을 했다.

 상업 측면에서는 중점적으로 국영 상업과 개인 상업의 영업 범위를 조절했다. 국영 상업은 도매 범위를 점차 확대하는 전제 아래 물가를 안정시키고 투기상의 시장 교란을 막는 한도 내에서 소매점포망을 구축하여 주로 양곡, 석탄, 면사, 면직물, 식용유, 소금, 석유 등 인민 생활필수품을 다루고 기타 상품의 소매 실무는 개인 상업 혹은 소상인들에게 넘겨 경영하게 했다. 농산물과 부업생산물과 토산물의 수매에서는 국영무역회사가 물량이 큰 주요농산물과 해외 판매 농산물의 일부분만 경영하고 나머지는 공급판매합작사와 개인상인이 구입하고 판매하도록 했다. 정부는 공영과 사영의 경영 범위를 적절하게 조정하는 동시에 생산, 유통, 판매를 배려하는 원칙에 따라 도매와 소매, 생산 지역과 판매 지역, 원료와 완제품 및 다른 계절 사이에 합리적인 가격 차이를 책정하여 개인 상인들이 이익을 볼 수 있도록 했고 개인 상인이 장거리 유통, 판매를 하고 내지 깊숙이 들어가 구매하여 멀리 내다 파는 것을 격려함으로써 도시와 농촌의 교류를 활발하게 했다.

금융정책 조절에서는 주로 사영상공업에 대한 국가은행 대출을 강화하고 대출이율을 연속 두 차례나 낮추어 사영기업의 자금회전 문제를 해결하도록 도와주었다. 세금 징수는 국가 재정수요를 만족시키는 전제 아래 개인기업의 세수부담을 적당히 덜어주고 세율을 정하는 데 공업세가 상업세보다 낮고 일용공업품 세금이 사치품 세금보다 낮게 하는 원칙을 적용했다. 소득세 징수도 역시 중소기업에 유리하게 조절하고 또 일부 공업품에 대해서는 세금을 감면해주어 사영기업이 사회수요를 충족시키기 위해 생산하도록 격려했다.

이러한 조치들은 국영경제의 지도로 각종 경제체제를 통일적으로 계획하고 고루 돌보는 정신을 실현했다. 국영경제와 개인경제 간의 관계를 효과적으로 조절했으며 사영공업에 비교적 안정적인 생산 주문과 그에 필요한 원료를 제공했고 동시에 사영상업이 일부분 시장을 차지하고 판매이익을 얻도록 양보했으며 가격과 이율, 세율을 조절하는 경제적 수단을 이용하여 국가경제와 인민생활에 유익한 사영상공업이 회복, 발전하도록 추진했다.

공영경제와 개인경제 간의 관계를 조정하는 동시에 정부는 또 사영기업 내부의 노동자와 자본가 간의 관계조정에도 힘썼다. 주로 일부 기업이 어려움을 겪게 되면서 자본가는 생산을 중지하고 임금을 체납하며 노동자들을 해고하고 노동자들은 임금 전액 지급하거나 해고수당을 줄 것을 요구하여 노동자와 자본가 사이에 충돌이 생기는 등 문제들을 조정했다. 노동자와 자본가 간의 관계조정에 대해 중앙의 기본 원칙은 반드시 노동계급의 민주권리를 확실하게 인정하고 생산을 발전시키는 데 이롭게 하며 노동자와 자본가 간의 분쟁은 협상으로 해결하고 합의가 이루어지지 않을 때에는 정부가 나서서 중개하는 것이었다. 각급 노동조항에 따라 사영기업은 보편적으로 노동자자본가협상회의제도를 통해 기업의 어려움을 극복하는 방법을 상의했는데 자본가 측에는 적극적으로 경영할 것을 요구하고 자금을 빼내 도망가거나 아예 생산을 중단하는 것을 반대하는 한편 노동자들에게는 생산성을 높이고 교대근무와 임금감소 등으로 인한 얼마 동안의 어려움을 극복하며 사영기업의 생산을 유지하도록 요구했다. 그 밖에 정부는 큰 힘을 들여 실업자들을 구제하고 실업자들을 집중적으로 조직하여 시정공공공사 건설에 참가시킴으로써 일자리를 제공했다. 이러한 조정을 거쳐 사영 기업 내부에는 노동자자본가협상회의제도 등 새로운 노동자와 자본가 간의 관계가 수립되었다.

생산과 판매 관계를 조정할 때에는 주로 사영공업이 시장의 수요에 따라 생산하게 함으로써 생산이 맹목적으로 진행되지 않도록 도와주었다. 1950년 6월부터 9월까지 중앙재정경제부문은 공영 및 사영대표가 함께 참석하는 일련의 전국적인 전업회의를 소집하여 매개 업종에서 공과 사를 나누어 맡고 협력하는 원칙과 생산, 판매 계획을 작성했다. 고무, 방직 등 원료가 부족한 업종은 원료공급 상황에 따라 생산임무를 분배했으며 성냥, 담배 등 제품이 적체된 업종은 판매에 따라 생산을 확정했고 어떤 것은 판매범위를 합리적으로 분획해 주었다.

도시 상공업은 이러한 조절을 통해 뚜렷한 효과를 보았다. 위축되었던 공업생산이 성장세를 보였고 상업 판매량도 빠르게 늘어났다. 베이징, 톈진, 상하이 등 도시의 통계에 따르면 밀가루, 입쌀, 면사, 면직물 네 가지 주요 상품의 판매량이 10월에는 4월에 비해 각각 54%, 289%, 128%, 133% 늘어났다. 또 베이징, 톈진, 상하이, 우한, 정저우(鄭州), 지난(濟南), 광저우, 시안, 충칭, 선양 10개 도시의 통계에 따르면 1950년 하반기 사영상공업 개업기업 수와 휴업기업 수가 서로 상쇄되어 2만 5,000호 늘어났다. 천원은 불경기에서 회복된 상공업을 다음과 같이 표현했다. "3월에는 물가가 안정되었고 5월 중순에 이르러 전국 각지의 상공업자들이 상품이 팔리지 않는다고 항의하게 되었다. 그리하여 우리는 가공을 위탁하고 제품을 주문하는 것과 토산물을 수매하는 두 가지 '원군'을 출동시켰다. …… 9월에 접어들어 전국적으로 상황이 변하여 네온사인까지 번쩍이는 성황을 이루었다."[3] 우한의 자본가들도 현 상태에 불만을 토로하며 썼던 주련을 "붉은 기를 거니 마음이 안정되고 양걸춤을 추니 안정적으로 전진하도다."라고 고쳤다. 이를 토대로 1951년의 정세는 더욱 호전되었다.

3) 천원, '1951년도 재정경제사업요점'(1951년 4월 4일), 〈천원선문집〉(1949~1956년), 민족출판사 1983년, 148쪽.

사영공업 총생산액이 39% 늘어났고 사영상업(순 상업과 요식업의 좌상, 행상, 노점상을 포함)의 판매액은 38.7% 늘어났다. 상공업 정책의 조정으로 활기를 띤 시장과 늘어난 이윤으로 자본가들은 크게 고무되었다. 상하이의 한 자본가는 1951년을 사영상공업 발전의 '황금년'이라고 했다.

사영상공업의 회복으로 국가의 재정수입이 늘어났다. 시장 침체기와 비교할 때 베이징 등 10대 도시의 상공업 세수는 1950년 3분기와 4분기는 1분기에 비해 각각 90%와 80% 늘어났다. 이와 동시에 취업이 확대되고 시장이 활기를 띠게 되었다. 조절정책으로 국가 경제와 인민생활에 이로운 사영상공업들은 비교적 빠른 발전을 이루었고, 국가의 경제와 인민의 생활에 이롭지 않은 사영상공업들은 제한을 받았다. 가공주문, 중개판매와 대리판매 등 국가자본주의의 형태가 비교적 크게 발전했고, 부분적 사영상공업의 생산경영 활동이 국가계획의 궤도에 간접적으로 들어서게 했다. 이러한 조절 과정에서 국영경제의 지도적 지위와 국민경제를 조절하는 국가의 역량이 한층 더 강화되었다.

시장 활성화와 도시─농촌 간 교류 확대

통일적으로 계획하고 균등하게 관리하는 기본 경제방침을 시행하는데 중요한 내용은 도시와 농촌의 교류를 확대하는 것이었다. 중국의 광대한 농촌은 매년 수확 시기를 맞으면 양곡, 목화, 식용유 등 주요한 농산물 매매 외에 또 대량의 농산물과 부업생산물과 토산물을 판매했다. 통계에 따르면 신중국 창건 초기 돼지목털, 오동씨기름, 찻잎, 달걀, 약재 등의 종류만도 평균 농업 수입의 10%를 차지하고 일부 경제가 발달한 지역은 20%, 심지어는 더 많이 차지하기도 했다.

1950년 전국의 토산물 가격을 양곡으로 환산하면 약 240억 근에 달했는데 이것은 농민들이 1년 동안 바친 공량의 총수와 비슷했다. 그러나 장기간의 전쟁으로 도로교통이 원활하지 못했고 격렬한 통화팽창으로 유통경로가 막힌 데다 제국주의의 봉쇄로 도시와 농촌, 대내외 상품교환이 단절되었다. 1950년 3월 이후 전국에 시장침체 상황이 나타나 도시에서는 공업품이 적체된 반면 농산물과 부업생산물 공급은 부족했으며, 농촌에서는 농산물과 부업생산물과 토산물이 쌓여간 반면 공업품이 모자랐다. 그리하여 도시와 농촌 간의 벽을 무너뜨리고 농민들을 도와 농산물과 부업생산물과 토산물을 판매하여 수억 농민의 구매력을 향상하고 상공업의 복구와 발전을 촉진하여 국가의 세수를 늘리는 것이 뚜렷한 과제로 드러났다.

중앙은 1950년도 도시 상공업을 조절한 경험을 바탕으로 한 반년간의 재정경제 사업이 증명하듯이 도시의 번영은 농촌경제가 회전된 결과이며 도시 상공업의 빠른 회복은 토산물 수매가 결정적인 작용을 했다고 말했다. 특히 항미원조전쟁이 시작된 후 미국을 중심으로 한 서방국가들이 중국에 대해 경제봉쇄와 수출입 금지 정책을 폈으므로 중국은 내부 잠재력을 발굴하고 국내의 수요를 늘려 농공업 생산을 복구하고 발전시켜야만 했다. 그리하여 중앙은 중앙재정경제위원회가 제정한 '1951년도 재정경제사업요점'을 비준하고 도시와 농촌의 교류 확대를 첫 자리에 놓기로 명확히 규정했다. 천원은 다음과 같이 명확하게 지적했다. 도시와 농촌의 교류정책은 하나는 농산물과 토산물을 수매하는 것이고 다른 하나는 도시의 공업품을 판매하는 것이다. 이는 전국 인민의 경제생활과 관계되는 한 가지 대사로서 "전 당의 역량을 동원하여 이 사업을 수행해야 한다. 이러한 실제 문제를 해결하는 것이 바로 인민을 위해 일하는 것이다. 실제 문제를 해결하지 않으면서 인민을 위해 일한다고 운운하는 것은 빈말일 뿐이다."[4]

도시와 농촌의 교류를 확대하는 데 국영상업은 중요한 지도적 역할을 했다. 당중앙위원회와 각 대행정구, 성, 시에 모두 특산물무역회사를 설립하고 많은 자금을 투입하여 토산물을 수매하고 운송, 판매하는 것으로 농민들에게 일용소비품을 공급했다. 각지는 또 공급판매합작사를 적극적으로 발전시키고 농산물과 부업생산물과 토산물 소매상점을 많이 차려 수매와 판매를 했으며 농민들과 수매와 판매계약을 체결함으로써 농민들에게 농업생산 수단과 소비품을 제때에 공급하여 공급판매합작사 계통이 도시와 농촌의 교류를 촉진하고 시장을 활성화하는 주요 역량이 되게 했다. 수매자금이 어려운 문제를 해결하기 위해 국가은행은 1950년 4월부터 10월에 이르는 반년 동안 각종 대부 총액을 139% 늘렸는데 그중 무역 부문의 대부가 대부 총액의 80% 이상을 차지했다. 1950년의 은행대부는 1949년에 비해 배로 늘어났는데 그중 국영무역 부문의 대부 총액이 증가액의 83.3%를 차지했다. 각지에서는 또한 농촌신용합작사를 발전시켜 농민들의 임시적 자금난을 도와주었다.

공영과 사영을 균등 관리하는 방침에 따라 국가는 사영상업이 도시와 농촌 간의 수매와 운수 실무에 종사하는 것을 격려했다. 각지에서는 국영 전업회사와 사영상업의 경영 비중과 방향을 확정하고 경영 품목에서는 되도록 사영상업이 먼저 구매하고 더 많이 구매하도록 했다. 국영 토산물회사는 여러 지역에서 개인 기름방, 약재, 잡화 등 업종과 대리 판매 관계를 구축하거나 사영상업과 토산물수매판매

---

4) 천원, '1951년도 재정경제사업요점'(1951년 4월 4일), 〈천원선문집〉(1949~1956년), 민족출판사 1983년, 149쪽.

위원회를 구성하여 공동수매와 공동판매 방법으로 각 업종의 곤란을 일괄적으로 해결했다. 일부 지역에서는 시험적으로 공사합영상점을 세워 경영했다. 사영상업의 적극성을 불러일으키기 위해 정부는 특산물 실무를 경영하는 사영상업에 세금감면 정책을 실시했고 도시와 농촌 간의 농산물과 부업생산물과 토산물의 운수 비용을 낮추었다. 자금 면에서 은행이 합동대부와 화환어음(押匯)에 편리를 제공하게 했다. 가격정책에서는 농산물, 부업생산물과 토산물의 생산과 판매 지역에서 도매와 소매 및 다른 계절 간의 가격 차이를 적당하게 조절하여 경영에 종사하는 상인들이 이익을 도모할 수 있게 했다. 도시와 농촌 간의 물자교류를 통해 사영상업은 비교적 빠른 발전을 이루었고, 그들이 농촌에 판매하는 매출이 도시에 판매하는 매출보다 더 빨리 늘어났다.

물자교류회를 열고 농촌 자유시장 무역을 발전시킨 것은 도시와 농촌의 교류를 확대하는 데 중요한 작용을 했다. 적체된 농산물과 부업생산물과 토산물의 판로를 열기 위해 1950년 겨울부터 1951년 봄까지 화베이구의 5개 성과 2개 시는 토산물 교류회와 전시회를 성공적으로 개최하여 총액이 약 70억 근의 양곡에 달하는 토산물을 판매했다. 그것은 화베이 양곡 총생산량의 4분의 1을 넘었고 그 가치는 화베이 전 지구의 1950년도 공량수를 초월했다. 중앙재정경제위원회는 제때에 화베이 지역의 경험을 각 지역에 보급했다. 각 대행정구와 성에서도 적극적으로 호응하여 물자교류대회를 열어 한때 대성황을 이뤘다. 많은 지역에서는 적극적으로 농촌의 자유시장과 묘회(廟會), 가축대회 등 무역형태를 회복, 발전시키고 농민을 조직하여 근거리 물자교류를 진행하고 또 전통적인 물자집산지에 국영토산물회사를 증설하고 개인 무역 화물창고 혹은 농민교역소 등을 설립했다.

토산물을 수매하고 공업품을 판매하는 실무는 수륙 교통수단을 따라 전국의 사면팔방으로 확장되어 화물이 원활하게 유통되고 번영했다. 이런 역동적인 상황을 토대로 천원은 "농산물과 부업생산물과 토산물의 수매량과 판매량을 증대시키는 것은 농촌에 관계되는 문제일 뿐만 아니라 중국의 경제를 활기 띠게 하는 관건으로도 작용한다."고 했다.[5]

　도시와 농촌의 교류를 확대함에 따라 국영상업은 합작사상업과 사영상업의 역량을 조합하고 토산물의 종류가 많고 수량이 방대한 특징에 근거하여 상호 분공협력하고 각각 적재적소에 배치함으로써 도시와 농촌의 유통경로를 확장했다. 잠정적인 통계에 따르면 1951년 전국적으로 토산물교류회를 통해 판매된 토산물 총액은 10억 4,000만 원이고 1952년 전국 각지에서 개최된 물자교류회는 7,000여 차이며 그 총거래액은 16억 3,800만 원에 달하여 1951년보다 62% 이상 늘어났다. 이 시기 상업부문의 수매와 판매 총액은 뚜렷하게 늘어났는데 1952년에는 1950년에 비해 전국적으로 상품 총소매액이 44.7% 늘어났고 농산물과 부업생산물과 토산물 수매액은 62.1% 늘어났으며 농업생산수단 공급 총액은 91.15% 늘어났다. 이처럼 대규모의 도시와 농촌의 교류는 구사회에서는 볼 수 없었던 것이다. 도시와 농촌 교류의 확대로 상공업 세수가 효과적으로 늘어났고 따라서 국가의 재정수입도 늘어났다. 1950년부터 1952년까지 상공업 세수는 23억 6,000만 위안에서 61억 5,000만 위안으로 늘어났고 상업 부문에서 나라에 바친 재정수입은 10억 7,000만 위안에서 41억 7,300만 위안으로 늘어났으며 국가재정 총수입은 65억 2,000만 위

---

5) 천원, '항미원조가 시작된 후의 재정경제사업방침'(1950년 11월 15일, 27일), 〈천원선문집〉(1949~1956년), 민족출판사 1983년, 137쪽.

안에서 183억 7,000만 위안으로 늘어나 모두 대폭의 성장을 이룩했다. 상업의 진흥은 공업과 농업의 관계를 이어주어 도시에서는 농촌을 대상으로, 농촌에서는 도시를 대상으로 서로 돕게 되었다. 농민들의 구매력이 향상됨에 따라 공업기업은 힘써 생산을 늘려 농촌에 더욱 많은 공업품을 제공함으로써 도시와 농촌의 수매와 판매가 모두 왕성해졌다. 농민들이 생산투입을 늘릴 수 있게 되면서 농업생산도 복구되고 발전하게 되었다.

서방국가들의 경제 봉쇄와 수출입 금지에 대한 반대

신중국은 정치적으로 독립한 후 경제적으로도 독립하기 위해 대외적으로는 무역을 관제하고 대내적으로는 민족공업을 보호하는 무역정책을 시행했다. 중공중앙은 서방제국주의 국가들이 신중국을 적대하는 태도를 이내 바꿔놓을 수 없었다. 그래서 신중국 창건 전야에 기본적인 대외무역의 중점을 소련과 동유럽 및 기타 지구의 인민민주주의 국가들로 바꾸고 서방자본주의 국가와도 무역을 하려고 노력했다. 마오쩌둥은 모스크바를 방문하는 동안 중공중앙에 전보를 보내 다음과 같이 지적했다. "대소련 무역조약 체결을 준비할 때 전반적인 상황을 통일적으로 계획하는 관점에서 출발하여 소련을 우선 첫자리에 놓아야 한다. 그러나 폴란드, 체코슬로바키아, 독일, 영국, 일본, 미국 등 나라들과도 무역할 준비를 해야 하며 그 범위와 수량을 대략적으로 예상해두어야 한다."[6]

이러한 방침에 따라 1949년 말부터 1950년 초까지 중앙무역부는 돼지목털, 가죽 털, 비단, 찻잎과 유색금속인 월프람, 안티몬, 석 등

---

6) '대소무역조약을 체결할 준비 문제에 관하여 중앙에 보낸 마오쩌둥의 전보', 1949년 12월 22일.

에 관해 전국적인 전업회의를 연속 소집하고 수출이 제일 많은 상품의 생산과 판매 상황을 연구하여 수출계획과 보증조치를 제정함으로써 생활소비품의 수입을 통제하는 동시에 일부 서방국가와의 무역관계를 유지했다. 당시는 주로 샹강의 '현상을 잠시 유지'하는 중계항의 지위를 이용해 대륙이 대외무역을 통해 외화를 창출하고 필요한 건설물자를 수입하는 데 샹강의 역할을 충분히 이용했다. 미국의 지지 아래 국민당의 군함이 연해에서 봉쇄 정책을 벌였지만 미국, 영국 등의 적지 않은 상인들이 중국과 여전히 거래를 하고 있었다. 1950년에 신중국의 대외무역 총액은 11억 3,500만 달러로 1931년 '9·18'사변(만주사변) 이래 어느 해보다도 많았다.

한국전쟁이 시작된 후 미국은 중국에 대한 봉쇄와 수출입 금지 정책을 더욱 앞당겼다. 중국, 샹강(홍콩), 아오먼(마카오)에 대한 전략적 물자수출을 관제하는 법령을 반포하고 미국에 있는 중국정부의 자산, 중국인민이 미국은행에 저축한 돈과 기타 재산을 동결한다고 선포했다. 1951년 5월, 미국은 또 유엔총회를 조종하여 '중국에 대한 수출입 금지 시행에 관한 결의'를 채택하고 회의에 참석한 각국에 압력을 가해 그들이 중국에 대한 미국의 수출입 금지 품목을 참조하여 무기, 탄약, 전쟁용품, 원자력 자재, 석유 및 전략적 가치가 있는 운수기재 등을 중국에 수송하지 못하게 했는데 그 금지품목이 무려 1,700여 종에 달했다. 이로부터 미국을 중심으로 하는 자본주의 국가들은 중국에 대해 전면적인 봉쇄와 수출입 금지 정책을 폈는데 수출입 금지에 가담한 국가는 모두 45개였다. 1951년, 서방국가와의 무역액이 갑자기 떨어져 신중국은 대외무역에서 아주 큰 곤란에 직면하게 되었다.

일찍 전국이 해방되기 전에 중공중앙은 "제국주의의 장기적인 봉쇄에 대처할 준비를 해야 할 것"이라고 예견했다. 그 기본적인 판단 근거는 다음과 같다. 지금 그들이 중국의 수출품을 사지 않고 우리에게 필요한 물품을 팔지 않는 것과 같은 경제적인 면에서의 봉쇄에도 대처할 각오를 해야 한다. 물론 그들은 우리를 완전히 봉쇄할 수는 없다. 중국은 지역이 넓어 남방과 북방에 모두 수출로가 뚫려 있다. 이 밖에 제국주의 간에 모순이 존재하므로 우리는 그 모순을 이용할 수 있다. 우리와 장사를 하지 않으려는 자가 있는가 하면 우리와 장사를 하려는 자도 있는 것이다.[7] 그러므로 제국주의의 봉쇄를 타파하는 것은 완전히 가능한 것이다. 이러한 예측에 따라 중앙인민정부는 독립 자주적 원칙을 견지하면서 일련의 유력한 조치를 취함으로써 제국주의의 봉쇄와 수출입 금지를 반대하는 투쟁을 진행했다.

항미원조전쟁이 시작된 후 중앙재정경제위원회는 즉시 긴급조치를 취해 물자를 대대적으로 수매함으로써 외화손실을 줄였다. 중앙무역부의 보고에 의하면 1950년 말부터 1951년 12월까지 무역부계통은 미국에 동결되고 압류될 뻔한, 약 2억 4,000만여 달러에 달하는 외화와 물자를 대부분 구입해 국내로 운송했다. 1950년 12월 중앙재정경제위원회는 자본주의 국가들과의 외화결제 무역방식을 물물 교환 방식으로 바꾸고 먼저 들여오고 다음에 내주게 했으며, 무릇 자유외화로 구입할 경우는 반드시 화물이 도착한 다음 대금을 내게 하고 그렇지 않으면 그만두게 했다. 동시에 사영 수출입상인들과 외국회사와의 지속된 연계와 두터운 신용관계를 충분히 이용하여 국가의 지지 아래 수출입 실무를 적극적으로 개척하게 함으로써 좋은 성과를 거두었다.

---

7) 천윈, '심각한 재정경제 곤란을 극복하자'(1949년 8월 8일), 〈천윈선문집〉(1949~1956년), 민족출판사 1983년, 2쪽.

봉쇄와 수출입 금지로 중국이 건설 기자재와 원료 등 물자수입이 날로 어려워지는 상황에 따라 중국은 소련과 기타 인민민주주의 국가들과의 대외무역을 적극적으로 확대함으로써 한편으로는 국내의 수출구조를 재구성하여 소련 등 국가의 수요를 만족시켰고 다른 한편으로는 소련 등 국가에 앞으로 수년간의 공업 기자재와 원료에 대한 중국의 수요를 제기하여 수입물자가 공업의 수요를 만족시키지 못하는 애로를 해결했다. 이로부터 중국과 소련 등 인민민주주의 국가 간의 무역액이 대폭 늘어났다. 국내에 소비되는 공장, 광산, 교통, 건설 기자재 등 중요한 물자들은 주로 소련과 인민민주주의국가들이 공급했다.

인도, 미얀마, 파키스탄, 말레이시아 등 신흥독립국가들은 미국의 협박에 못 이겨 중국에 대한 수출입 금지에 참가하기는 했다. 하지만 이 때문에 그들도 국가의 경제와 무역에 큰 손실과 영향을 입었기에 중국과의 무역이 절박했다. 중국은 이 기회를 충분히 이용하여 동남아시아와 남아시아 국가들에 문을 열어 일부 전략물자와 기타 중요한 물자를 수입해 왔다.

소련과 인민민주주의 국가와의 무역을 확대하는 동시에 중앙은 "자본주의 세계는 철판같이 한 덩어리가 아니다."고 강조하면서 적극적인 조치를 마련하여 일본과 기타 자본주의 국가와의 무역을 발전시켜 중요한 물자들을 수입하도록 했다. 실제로 영국, 프랑스, 벨기에, 캐나다 등 국가들도 방법을 취해 샹강과 아오먼을 기반으로 하여 중국과 비공식적으로 혹은 비밀리에 무역을 진행했다. 샹강의 경제는 대륙에 많이 의존했기 때문에 홍콩·영국당국은 미국이 압력을 가해도 중국과의 기래를 단절하지 않았다. 중국공산당 샹강아오먼사업위원회가 설립한 무역기구인 샹강화윤회사, 아오먼남광회사는 적극적으로 화물을 공급했고 샹강, 아오먼의 애국 상공업자들도 위험을 무릅쓰고 도와주었다. 대륙의 건설에 드는, 즉 한반도 전선에서 중국인민지원군에게 필요한 약품과 유약, 다이아몬드 등 '수입금지' 물자들을 비롯한 많은 물자가 비밀리에 대륙으로 운송되었다. 또한 대륙에서 수출하는 입쌀, 조류, 채소, 달걀, 과일, 어류, 잎담배 등 농산물과 부업생산물은 거의 샹강을 통해 중계되었다. 서방이 중국에 대해 경제봉쇄를 시행할 때에 샹강과 아오먼은 중국이 자본주의 국가와 중계무역을 진행하는 중요한 통로가 되었다.

이 밖에 당과 인민정부는 외국, 특히는 서방국가와의 민간무역을 매우 중요시했다. 중국대표단은 1951년에 라이프치히와 프라하에서 개최된 국제박람회에 참가하여 신중국의 수출입 무역과 시장 상황을 소개했고, 1952년 4월에는 모스크바국제경제회의에서 사회제도가 다른 30여 개 나라의 100여 개 상공업 단체 및 기업들과 널리 접촉하여 영국, 프랑스, 스위스, 네덜란드, 벨기에 등 11개 국가의 50여 개 상공업계 기업과 총 2억 2,400만 달러에 달하는 무역협정을 체결함으로써 서방의 수출입 금지 보루에 돌파구를 만들었다. 5월에는 중국국제무역촉진회를 설립하고 우선 일본과의 민간무역을 발전시켜 가치가 3,000만 파운드에 달하는 무역협의를 달성했다. 비록 미국 등 서방국가정부들의 간섭으로 이런 민간무역협의가 완전히 실현되지는 못했지만 중국의 경제 잠재력은 이미 각국의 상공업계에 알려졌다.

미국을 중심으로 하는 서방국가들의 신중국에 대한 봉쇄와 수출입 금지 정책은 중국의 국민경제를 복구하는 데 적지 않은 어려움을 주었다. 하지만 자신들의 힘으로 새로운 국가를 건설하려는 중국인민에게 독립자주 정신과 자력갱생의 정신을 키워주었다. 봉쇄와 수출입 금지 정책에 직면하여 당과 인민정부는 내부 잠재력을 발굴하는 데 더욱 힘을 기울였다. 한편으로는 토지개혁과 수리공사를 벌여 농업의 회복과 발전을 촉진함으로써 양곡, 목화, 잎담배 등 농작물 생산량을 크게 늘려 국내수요를 충족시킴으로써 더 이상 서방국가의 수입에 의존하지 않게 되었다. 다른 한편으로는 도시와 농촌의 물자교류를 크게 발전시키고 내수를 적극적으로 확대함으로써 잠시 어려웠던 수출이 출구를 찾게 되어 서방국가가 중국 수출제품을 억제하던 문제를 효과적으로 해결했다.

신중국 대외무역의 기본 문제는 어떻게 반식민지적인 무역을 독립자주적인 무역으로 점차 발전시키는가 하는 것이었다. 대내외 교류를 적극적으로 진행하고 봉쇄와 수출입 금지 반대 투쟁을 적극적으로 벌인 것은 중국의 대외무역으로 하여금 대외무역제품 생산과 대내외 상업연계를 망라한 기구, 관리, 수출입 경영 등 여러 면에서 개편을 진행하도록 촉진함으로써 경제적 독립의 실현을 더욱 앞당겼다. 이는 중국의 대외무역 발전에서 보여준 중요한 성과였다. 반면에 서방 자본주의 국가들은 중국에 대해 봉쇄와 수출입 금지 정책을 폈다. 하지만 이득을 얻기보다 오히려 중국이란 방대한 시장과 중요한 원료 공급지를 잃게 되었다. 조선 전국이 안정됨에 따라 서방 각국 상인들의 운수금지 물자품목을 줄여 달라는 목소리가 점차 높아졌다. 저우언라이 총리는 이 단계의 투쟁을 종합할 때 "제국주의자들의 '봉쇄'와 '수출입 금지'로 우리가 반식민지에 의존하던 경제적인 측면을 숙청하고 경제적으로 완전한 독립과 자주를 달성하는 과정을 단축하게 되었다. 그러므로 타격을 받은 것은 오히려 그들이었다".[8]고 말했다.

---

8) '중국인민정치협상회의 제1기 전국위원회 제3차 회의에서 한 저우언라이의 정치보고', 1951년 10월 23일.

"3년간 준비로 10년간 계획적 경제건설을 이루는 것"에 관한 대비

1950년 6월, 당중앙위원회 제7기 제3차 전원회의는 원래 3년에서 5년 사이에 생산을 복구하고 그 후 대규모 경제건설을 진행하며 1951년부터 재정 면에서 군사비와 국가기구의 행정지출을 대폭 줄이고, 가능한 경제건설비와 문화교육사업비를 늘리려고 계획했다. 이는 혁명전쟁에서 평화적 건설로 당의 지도방향이 바뀌는 중요한 결정이었다. 그러나 얼마 지나지 않아 미국이 조선과 타이완을 침입하여 중국은 어쩔 수 없이 항미원조전쟁을 치르게 되었다. 당과 인민정부는 재정과 경제면에서도 반드시 그에 알맞게 조정해야 했다.

1950년 11월 중하순, 중앙재정경제위원회는 제2차 전국재정회의를 열고 미국이 한반도침략 전쟁을 확대하는 상황과 "이웃 나라의 전쟁에 중국이 폭격을 받는" 상황에 따라 항미원조전쟁을 중심으로 하여 1951년도의 재정사업방침을 세우기로 했다. 개괄해 보면 "국방이 첫째이고, 시장안정이 둘째며, 기타(투자 성격을 가진 지출)가 셋째"였다. 이 방침으로 1951년 항미원조전쟁에 쓴 재정지출은 전년 수입의 57%를 차지하여 전해보다 대폭 늘어났다. 수지의 균형을 잡기 위해 중앙은 농업세지방부가세를 높이고 토지개혁 후 토지와 집을 나눠 받은 농민들의 소유증에 대하여 계약세를 징수하여 전해보다 수십억 근의 양곡을 더 거둬들였다. 또한 생활필수품인 면사와 면직물을 일괄적으로 수매하고 판매하며 자본가의 이윤을 일정하게 보장하면서 통일적 수매세를 많이 징수했다. 도시와 농촌의 교류를 통해 상공업이 번영하도록 촉진하고 국가의 세수를 늘렸으며 각지의 세무기관을 독촉하여 빈틈을 막게 하고 지방에서 포탈한 15~30%의 세금을 받아들이는 등 효과적인 정책을 시행함으로써 수입을 늘렸다. 재정수지에서 "무를 깎는" 방법으로 지출을 절감하고, "우유를 짜는" 방법으로 수입을 늘려 1951년에 국가재정은 수지가 균형을 이뤘고 얼마간 흑자를 유지함으로써 재정과 경제적으로 모두 괄목할 만한 성과를 거두었다.

1951년 2월, 마오쩌둥은 중공중앙 정치국 확대회의에서 "3년간 준비하여 10년간 계획적 경제건설을 수립한다."는 사상을 내놨다. 중장기 발전에 착안점을 둔 이 전략적 사상은 한국전쟁 상황이 점차 안정되고 국내 여러 사업이 순조롭게 전개됨에 따라 제기된 것이다. 중앙은 중국인민이 3년 동안 경제를 복구하는 과업을 완수할 수 있다고 믿었기 때문에 계획적인 경제건설 정책을 당의 지도 간부들에게 제기하여 각 방면에서 준비 사업을 시행해야 한다고 인정했다. 그리하여 중공중앙 정치국 확대회의 결의에서 다음과 같이 강조했다. "'3년간 준비하여 10년간 계획적 경제건설을 수립한다.'는 사상을 성, 시급 이상 간부들에게 모두 알려야 한다. 준비 기간은 지금부터 아직 22개월 남아 있는데 여러 면으로 사업을 추진해야 한다."[9]

5월 7일과 7월 5일, 류사오치는 마오쩌둥의 위탁을 받고 중국공산당 제1차 전국선전사업회의에 참석한 간부와 마르크스-레닌학원 제1반 학원들에게 보고하여 "3년간 준비하여 10년간 계획적 경제건설을 수립한다."는 사상을 명확히 설명했다. 첫째는 3년의 준비 동안 군사적으로 한국전쟁에서 승리하고 토비를 숙청하며 티베트 문제를 해결한다. 정치적으로는 통일전선과 대중운동을 효과적으로 진행하고 농촌의 토지개혁을 완수하며 생산을 발전시키고 호조조를 조직하며 공장에서는 애국주의 경쟁과 공장 관리를 잘 수행한다. 경제적으로는 국내의 각종 자원, 국내 시장과 국제 시장을 정확히 파악하고 전국적

---

9) 마오쩌둥, '중공중앙 정치국 확대회의의 결의요점'(1951년 2월 18일), 〈마오쩌둥문집〉 제6권, 인민출판사 한문판, 1999년, 143쪽.

인 통계사업제도를 수립하며 또한 공사관계를 조절한다. 문화적으로는 인재를 육성하고 현재의 지식인들을 더욱 잘 이용한다. 총체적으로 각 방면의 준비사업을 강화한다. 둘째는 경제건설 정책으로 농공업을 모두 발전시키는 것이다. 우선 농업을 복구 발전시키고 다음으로 공업을 발전시키며 일부 경공업을 시작한다. 농업과 경공업의 발전은 중공업 건설의 토대가 된다. 셋째는 10년간의 계획적 경제건설 시기에 네 개 계급의 동맹을 바탕으로 하는 통일전선은 변할 수 없다. 그러나 우리와 자산계급 간에는 제한과 반제한의 투쟁이 있다. 총체적으로 다섯 가지의 경제체제가 모두 발전하면서 각기 적재적소에 배치되지만 다섯 가지 경제체제의 발전과 비중은 변할 수 있다. 하나는 근대공업의 비중이 점차 늘어나고 농업과 개인경제가 줄어드는 것이고 다른 하나는 사회주의와 반사회주의 성격의 경제가 점차 늘어나고 사자본주의 경제와 그 역할이 점차 줄어드는 것이다. 그다음으로는 노동계급과 공산당이 국가 경제생활에서 역할이 강화되고 또 국가의 역할도 강화된다. 넷째는 사회주의로 넘어가는 준비를 하는 것이다. 10년간 건설을 통해 정치, 경제적으로 이러한 변화가 일어나야 비로소 단계적으로 사회주의에 들어설 수 있다. 첫 단계는 공업 국유화를 실현하는 것이고, 둘째 단계는 농업 집단화를 실현하는 것이다. 이 10년간의 건설 단계는 신민주주의 단계이면서 사회주의로 넘어가는 단계이다.[10] 여기에서 "3년간 준비하여 10년간 계획적 경제건설을 수립한다."는 사상에 대한 서술은 언제부터 사회주의로 바뀌기 시작하는가에 대한 당 중앙지도층의 최초 견해를 반영했다.

---

10) 류사오치, '3년간 준비하여 10년간 건설하다'(1951년 5월 7일), 〈춘우재연설〉(1951년 7월 5일), 중공중앙 문헌연구실 편, '류사오치의 신중국 경제건설에 대하여', 중앙문헌출판사 한문판, 1993년, 178~182, 201~215쪽.

중앙의 이 중대한 결정에 따라 항미원조가 협상을 촉진하는 단계에 진입함에 따라 국내에서는 도시와 농촌의 교류가 날로 활기를 띠고 기본 건설과 지방 공업도 의사일정에 놓이게 되어 수리시설, 철도 교통, 방직과 경공업 등에 대한 건설이 한층 더 강화되었다. 또한 제1차 5개년계획 제정사업도 시작되었다. 한국전쟁 정전협상이 한 단계 진행된 후 천원, 리푸춘 등은 당중앙위원회에 '1952년도 재정경제사업 방침과 임무'를 제기하여 1952년도 재정예산 방안을 제기했는데 "평화협정이 지연될 수 있으며 따라서 계속 전쟁에 대처할 수 있어야 한다는 데 기점을 두어야 하며" "재정경제사업의 중점은 수입을 늦추지 않는 전제 아래 지출을 관리하는 것으로 옮겨야 한다. 또한 재정, 금융 및 시장 관리를 늦추지 않는 전제 아래 공업, 농업, 교통 등 부문으로 옮겨야 한다."[11]고 지적했다. 중앙은 이 방침에 동의한다고 회답하고 또한 1952년 5월에 그것을 "한편, 투쟁하면서 안정시키고 건설하"는 재정경제사업 방침으로 개괄했다. 이리하여 항미원조전쟁 국면이 안정된 정세 변화를 보임에 따라 당은 시기를 놓치지 않고 "국방이 첫째이고 시장 안정이 둘째이며 기타가 셋째"인 재정경제사업 방침을 국방의 수요와 시장안정, 경제건설 세 방면을 고루 돌보는 것으로 바꾸는 한편, 점차 경제건설을 첫 자리에 놓았다. 1952년 6월, 전국재정경제회의는 한 걸음 나아가 1952년도 재정예산을 작성할 때에는 건설을 첫 번째, 군사를 두 번째, 행정을 세 번째 순위로 확정했다.

　"한편 투쟁하면서 안정시키고 건설하"는 재정경제사업 방침과 "3년간 준비하여 10년간 계획적 경제건설을 수립한다."는 전략적 사상을

---

11) 천원, '1952년도 재정경제사업 방침과 임무'(1952년 1월 15일), 〈천원선문집〉(1949~1956년), 민족출판사 1983년, 188쪽.

유기적으로 결합하여 중앙으로부터 성, 시, 현 각급에 이르기까지 단계적으로 완전하고 통일된 재정체제를 수립했다. 1952년 11월, 국가계획위원회가 설립되어 중앙에서 중요한 물자를 조달하며 균형을 조정하고 국가의 재력 그리고 경제, 문화, 국방의 수요와 인민생활의 수요를 미리 계산했다. 동시에 국민경제와 사회발전 각 방면의 투자 비율을 기본적으로 확정하고 건설계획의 작성과 간부의 통일적인 배치에 착수하여 대규모 경제건설을 이룩하기 위해 충분한 준비 과정을 거쳤다.

2. 농업호조합작사업의 초보적인 발전

농촌경제의 복구와 당면 문제

중국은 농업대국이지만 봉건 토지제도의 속박과 오랫동안의 전란으로 전반 농촌경제가 쇠퇴해 있었다. 하천의 제방을 오랫동안 수리하지 않아 자주 큰물의 피해를 당해 농업생산이 크게 손실을 보았다. 신중국이 창건된 후 당과 정부는 농업의 복구를 전반 국민경제를 복구하는 토대로 여기고 농업 발전이 가장 중요한 사업임을 강조했다. 한편, 토지제도의 개혁을 통해 호조조를 조직하고 수리공사를 진행하며 농업 대출을 해주고 도시와 농촌 간에 교류하는 등 일련의 조치를 취해 농민들이 생산 여건을 개선하고 농업생산을 발전시키도록 도와주었다.

신해방구의 토지개혁이 절차에 따라 진행되면서 정무원은 '1951년도 농업 임업 생산에 관한 결정'을 반포하여 농민이 안심하고 생산하여 치부(致富)하도록 격려하는 10가지 정책을 규정했다. 즉 농민의 토지 재산권이 침해되지 않도록 보호하는 정책, 농업 세수를 합리적으로 부담하도록 관철하는 정책, 노동호조조가 정부의 각종 장려와 우대를 받도록 하는 정책, 주요한 공업원료 작물의 생산을 장려하는 가격 정책, 산림관리를 시행하고 대중 조림(造林)을 장려하는 정책, 수리공사와 황무지 개간과 경작을 장려하는 정책, 가축사육 농가의 이익을 보장하는 정책, 농민들의 확대 재생산 투자를 격려하는 정책, 다종 경영을 창조하는 정책 등이 포함된다. 동시에 각지의 상황을 잘 파악하여 호조조를 보편적으로 발전시키고, 보급하며, 중점적으로 토지를 출자하는 농업생산합작사를 발전시킬 것을 요청했다. 이런 일련의 농촌 정책은 농민의 생산 열성을 보호하고 충분히 발휘시켜 농업생산을 신속히 복구하고 발전시키도록 촉진하는 데 중요한 역할을 했다.

농업생산과 인민의 생명이 해마다 이어지는 극심한 가뭄으로 피해를 보게 되는 상황에 대해 당과 인민정부는 계획적으로 인민을 영도하여 수리보수사업을 진행했다. 1950년부터 1952년까지 전국적으로 농업, 임업, 수리에 대한 투자 총액은 10억 3,000만 원으로 기본 건설투자 총액의 13.14%를 차지했으며 그중 대부분은 수리공사에 소요됐다. 화이허(淮河) 유역에서는 "저장과 방류로" 화이허를 다스리는 공사를 벌였고 징장(荊江) 유역에서는 거대한 징장의 홍수 피해를 막기 위해 방수로 공사를 벌였다. 황허(黃河) 유역에서는 "물을 가두어 모래를 막는" 한편, 하류에서 홍수를 방지하여 황허를 통일적으로 다스렸다. 1952년 말에 이르러 전국 4만 2,000킬로미터에 달하는 하천의 제방을 대부분 보수, 보강했고 관팅저수지(官廳水庫), 포쯔링(佛子嶺)저수지, 삼하갑문 등의 수리 기초시설도 보수건설 공사에 착수했거나 주요한 공사를 완수하여 풍작에 이로운 조건을 마련했다. 물길을 열어 홍수를 방지하고 물을 가두어 가뭄 피해를 막는 대규모 보수건설을 통해 중국 농토의 피해 면적을 대폭 줄였고 가뭄 피해 지역의 복구 조건도 어느 정도 개선했다. 동시에 인민정부는 농촌에서 병충해방지사업을 대규모로 벌여 피해를 줄였다.

인민정부는 농업생산 격려 정책을 실시했는데 그중 하나가 농업 대출 범위를 넓히는 것이었다. 1950년부터 1952년까지 국가는 총 15억 7,000만 위안에 달하는 농업대출금을 방출하여 생산에서 필요한 농기구, 종자, 비료, 역축 등을 해결하도록 지원했다. 각지에서는 또 농업세수를 합리적으로 부담하게 하는 정책, 농산물 수매와 가격정책, 풍작을 장려하는 정책을 시행하고 대중적인 농업기술개량운동과 애국증산운동을 벌였다. 이런 일련의 정책들은 농업을 신속하게 복구하고 발전시키는 데 이바지했다. 1952년에 농업 총생산액은 483억 9,000만 위안에 이르러 1949년보다 48.5% 늘어났고, 연평균 14.1% 늘어났다. 콩, 땅콩, 유채씨, 찻잎을 제외한 양곡, 목화, 황색종담배, 황마, 사탕수수 등 전국적으로 주요한 농산물의 생산량은 모두 해방 전의 최고 연간 생산량을 초과했다.

농촌경제의 복구로 농민의 생산과 생활 여건이 해방 전에 비해 뚜렷이 개선되었다. 농민들은 토지개혁 이후 첫해에는 배불리 먹게 되었고, 두 번째 해에는 도구들을 갖추게 되었으며, 세 번째 해에는 여유 있게 되었다고 말했다. 농민들의 생활개선 정도는 농민들의 수입이 해마다 늘어나는 것으로 알 수 있다. 농민의 양곡 수입을 볼 때 중난 지역의 조사에 따르면 토지개혁이 기본적으로 마무리된 1951년 빈농의 1인당 연간 평균수입은 양곡이 933근으로 항일전쟁 전 양곡 생산량이 최고 수준이던 해보다 약 24% 늘어났다.[12] 그뿐만 아니라 대다

---

12) 중난구토지개혁위원회 편, '토지개혁 후 농촌생산운동과 호조합작운동 관련 자료집', 1952년 9월 15일.

수 농민의 양곡 수입은 보통 이 평균 수치를 넘어섰다. 국가 통계국의 통계에 따르면 토지개혁이 기본적으로 완수된 몇 년간 중국 농민의 일인당 평균 화폐 수입의 변화를 보면 1949년에 14.9위안, 1950년에 18.7위안, 1951년에 23.6위안, 1952년에 26.8위안이었다. 농민들의 수입이 늘어남에 따라 농민들의 구매력도 해마다 높아졌으며, 각지 농민들이 생산수단 구입에 쓰는 지출이 보통 생활수단 구입에 쓰는 지출보다 높았다. 소남행정구 18개 현의 전형적 농촌의 구매력 총액을 비교, 조사한 바에 따르면 1951년은 1950년보다 생활수단은 23.82% 늘어났고 생산수단은 45.76% 늘어났는데 주로 비료, 농기구와 역축 등이 늘어난 것이었다. 토지개혁 이후 농민들은 늘어난 수입 대부분을 생산을 발전시키는 데 썼으므로 농업경제가 비교적 빨리 복구되었다.

농업생산이 복구되고 발전함에 따라 토지개혁 후의 농촌에서는 일부 새로운 상황과 새로운 문제들이 나타났다. 우선 농촌 각 계층의 상황이 새로운 변화를 가져왔다. 광범한 농민들이 토지와 기타 생산수단을 나눠 받은 후 힘써 생산을 발전시킨 결과 경제적 지위도 대체로 올라가 대부분이 원래의 빈농으로부터 신중농으로 발전했다. 토지개혁을 더 일찍 완수한 둥베이 지역과 화베이 지역에서 실시한 1950년과 1951년의 전형조사에 따르면 중농이 농촌 총농가 수의 63.8%와 86%를 차지했는데 그들이 차지한 토지는 75.7%와 88.7%였고 역축은 87.5%와 84.6%였다. 당시 토지개혁이 한창이던 신해방구에도 중농이 농촌에서 차지하는 비율이 더욱 빨리 증가했다. 1951년 장쑤성(江蘇省)의 쑤난(蘇南) 9개 현에 대한 전형조사에 의하면 중농이 총농기 수의 60.4%를 차지했다. 이는 토지개혁 이후 농촌에서 나타난 중농화 추세가 농업생산의 복구와 발전에 긍정적인 영향을 주었음을 보여준다.

또 다른 상황은 농촌 계층에 새로운 분화현상이 나타나기 시작한 것이었다. 중국 농민이 토지개혁 이후 나눠 받은 토지와 기타 생산수단, 생활수단은 그 총량을 보면 매우 많지만 농가마다 소유한 토지, 역축, 농기구, 자금과 노동력 및 생산기능 등 상황은 각기 달랐다. 일부 부유한 농민은 자금, 농기구, 노동력 등의 우세에 의지해 경제적 지위도 빠르게 상승했고 그중 소수는 머슴을 고용하거나 고리대를 놓아 신부농으로 발전했다. 총체적인 상황을 보면 당시 신부농으로 바뀐 농가는 극히 적었다. 둥베이국(東北局)이 1952년 3월 중앙에 올린 보고를 통해 추측하면 둥베이 농촌에서 1%에 달하는 농가가 신부농이 되었다. 같은 해 9월, 화베이국(華北局)이 중앙에 올린 보고에서는 허베이, 산시, 챠하르[13] 3성의 전형조사에 따르면 신부농이 총농가수의 2% 조금 넘게 차지한다고 했다. 비록 대다수 농민의 생산 여건과 생활 여건이 어느 정도 개선되긴 했지만 자금, 역축, 농기구가 부족하거나 노동력이 부족하여 확대 재생산에는 여전히 많은 어려움을 겪었다. 더욱이 자연재해와 인위적인 피해는 더욱 감당할 수가 없었다. 노해방구의 각지에서는 토지개혁이 완수된 후 몇 년간, 일부 농민이 생산과 생활의 곤란 등 여러 가지 원인으로 어쩔 수 없이 고리대를 다시 쓰고 심지어 토지를 담보 잡히거나 팔아버리고 머슴살이를 하거나 남의 땅을 소작하는 것으로 생활을 유지하는 현상이 나타났다. 어떤 사람들은 원래 빈농에서 신중농으로 신분이 올랐다가 생활고로 다시 빈농으로 내려앉게 되었다. 이렇게 농촌의 계층에는 어떤 종류의 분화현상이 나타나기 시작했다. 일부 금방 토지를

___

13) 1952년 11월 15일, 중앙인민정부위원회 제19차 회의에서 '성과 구의 행정구역 조절에 관한 결의'를 채택하여 챠하르성을 취소하고 원 관할구를 산시와 허베이 두 성에 편입하기로 결정했다.

나눠 받은 농민들은 다시 토지를 잃어버리거나 토지를 잃어버릴 위기를 맞았다. 만약 이런 현상들을 그대로 내버려둔다면 농촌에는 다시 양극화가 나타나 심각한 결과를 초래할 수 있었다.

토지개혁 후에 농촌에 나타난 새로운 상황과 새로운 문제는 당중앙위원회에 중시를 불러일으켰다. 총체적으로 보면 중국 농민은 봉건 토지제도의 속박에서 벗어난 후 그동안 보지 못했던 생산 열성을 보여주었고 건실한 노동으로 새로운 생활을 개척함으로써 장기적으로 침체했던 농촌 경제에 활기를 불어넣었다. 이것은 하나의 크나큰 변화였다. 그러나 다른 한편으로 토지개혁 후 농업생산의 복구와 발전은 실제로는 전후복구의 성격을 많이 띠고 있었다. 중국의 농업은 그 기본 형태를 보면 분산적이고 개인적이며 낙후했다. 광대한 농촌은 여전히 전통적인 수공도구를 사용하고 사람과 가축에 의지해 농사를 지었으며 하늘을 믿고 살았기 때문에 생산 수준이 낮았으며 농산물의 상품율도 매우 낮아 도시와 국가의 공업화에 더 많은 양곡과 기타 농산물을 공급하지 못했다. 연해 지역을 제외한 중국 내 많은 농촌은 기본적으로 자급, 반자급적인 경제 상황에 머물러 있었다. 이런 상황에 따라 당은 토지개혁을 완수한 농촌에서 여러 형태의 호조합작을 벌이는 데 중점을 돌림으로써 새로운 양극화를 피하고 농촌의 생산력을 한층 더 발전시키도록 했다.

농업생산호조조직의 공고화와 제고

일찍 혁명전쟁 시기에 당은 근거지와 해방구에서 형편이 나아진 농민들을 지도하여 여러 노동호조조직을 만들고 발전시키며 경험을 쌓아갔다. 신중국 창건 전의 당중앙위원회 제7기 제2차 전원회의 결의와 '공동강령'은 토지개혁을 철저하게 실현한 모든 지역에서는 반드시 개인농업을 이끌어 사회화, 집단화의 방향으로 발전하게 하고 농민을 이끌어 자원 및 상호 이익의 원칙에 따라 여러 가지 형태의 노동호조와 생산합작을 조직해야 한다고 명확히 규정했다. 신중국이 창건된 후 노해방구에서 농촌 경제의 복구 시기에 성장한 여러 가지 호조합작조직은 토지개혁을 끝낸 신해방구에서 아주 빨리 보급되었다. 이런 생산호조합작조직, 공급판매호조합작조직, 신용호조합작조직은 사적 소유를 토대로 하여 설립된, 노동계급이 영도하는, 국가정권의 관리 아래에 있는 근로인민대중의 집단적 경제조직이었다.

신중국이 창건된 후 당과 정부는 농업생산 면에서 임시적이며 계절성을 띤 호조조와 농업과 부업이 결부된 장기호조조를 포함한 노동호조조직을 발전시키는 정책을 제창하고 격려해주는 동시에 여러 가지 장려 정책과 우대 정책을 제정하여 농업호조조가 국가 대부금과 기술 지도를 받을 수 있을 뿐만 아니라 각종 우량품종, 농약을 뿌리는 기계와 신식 농기구를 구매하여 사용할 수 있는 우선권, 그리고 국가무역 기관이 판매하는 농산물과 부업생산물을 구매하고 또 국가무역 기관이 공급하는 생산수단을 구매할 수 있는 우선권을 누릴 수 있다고 규정했다.[14] 토지개혁이 완수된 농촌에서 대다수 농민들, 특히 경제적 지위가 더 늦게 올라간 빈농들이 개인경리(個人經理)를 하는 가운데 어려움을 극복하려면 생산 측면에서의 노동호조조직이 아주 절실했다. 이런 생산호조조직으로 필요한 집단노동과 분공협력을 통해 대부분 노동효율을 높일 수 있었다. 또한 경작 기술을 개발하고 생산조건을 개선할 수 있어 농작물의 생산량이 일반적으로 개인경리를 하는 농가를 초월했으며 따라서 호조조 농민의 수입도 늘어났다.

---

14) '1951년도 농림생산에 관한 정무원의 결정'(1951년 2월 2일), 중공중앙 문헌연구실 편, 〈건국 이래 중요문헌선〉 제2권, 중앙문헌출판사 한문판, 1992년, 30쪽.

동시에 토지와 기타 생산수단이 여전히 개인에게 귀속되어 있었으므로 가정에서 개인경제를 경영하는 열성을 불러일으킬 수 있어 농민 대중은 이를 기꺼이 받아들였다. 새 기술과 새 농기구가 보급됨에 따라 농업생산호조조직은 총체적으로 발전하며 공고해졌으며 장기적인 호조조의 비중도 점차 높아졌다. 1950년의 통계에 따르면 전국에 280만 개의 호조조가 있었는데 여기에 가입한 농가가 1,150만 호에 달해 농가 총수의 약 11%를 차지했고 그중 대부분은 노해방구에 분포되어 있었다.

신중국 창건 초기에는 전쟁으로 유통경로가 차단되어 각지의 많은 농산물과 부업생산물과 토산물이 판로를 찾지 못했는가 하면 농촌의 생산과 생활에 필요한 공업품 또한 구입하기 힘들었다. 그래서 많은 농민은 공급과 판매 합작을 매우 바랐다. 당과 정부는 도시와 농촌의 교류를 확대하고 되도록 빨리 생산을 복구 발전시키기 위해 1950년 7월, 중화전국합작사연합총사[15]를 세워 공급판매합작사업을 조직하고 지도하고 보급하게 했다. 공급판매합작사는 국가가 일부분 자금을 투입하여 지원하고 농민대중이 자금을 모아 출자하여 설립되었다. 이는 직접 농업생산의 수매와 판매 곤란을 해결하도록 도와주었고 중간상인의 착취를 없애버렸으므로 농민들의 환영을 많이 받았다. 또한 농민들이 가장 쉽게 받아들일 수 있어 토지개혁 후 농촌에서는 우후죽순 격으로 발전하기 시작했고 도시와 농촌 경제를 이어주는 중요한 고리가 되었다. 각급 정부에서 대대적으로 제창하고 지원해준 결과 1952년 이사분기에 이르러 전국적으로 농촌공급판매합작사는 3만 1,953개로 늘어났고 사원은 9,546만 명에 달했다. 1951

---

15) 1954년 7월에 '중화전국공급판매합작총사'로 이름을 바꿨다.

년에는 전국적으로 합작사 농산물 수매총액이 1949년보다 19배 늘어났다. 이것은 전쟁으로 파괴된 국민경제를 복구하고 도시와 농촌의 교류를 강화하며 많은 농민에게 생산수단과 생활수단 공급을 보장하는 데 중요한 작용을 했다.

많은 지역의 공급판매합작사는 사내에 신용부를 설치하고 신용대부업까지 겸하여 농민들이 역축, 농기구, 비료를 구입할 때 일부분 자금을 지원해주었다. 이로부터 농촌신용합작사가 발전하기 시작했다. 당과 정부는 농촌에서의 국가은행의 임무를 통일적으로 배치할 때 신용합작을 발전시키고 지도하는 것은 농촌금융사업의 중요한 내용 중 하나라고 명확하게 제시했다. 각 성과 현, 향의 중점적인 시험과 점진적인 보급을 거쳐 1952년 말에 이르러 전국에 이미 2,271개의 농촌신용합작사가 세워졌고 그밖에 1,000여 개의 공급판매합작사에 신용부가 부설되었으며 또 만을 헤아리는 신용호조소조가 설립되었다.[16] 각지의 신용합작조직은 사원들의 모금과 저금으로 농촌의 유휴자금을 모아 봄과 여름철 농번기에 농민들의 생산과 생활자금 부족 문제를 어느 정도 해결하도록 도와줌으로써 농업대부금을 방출하는 국가은행의 조수작용과 보충작용을 통해 농업생산이 발전하도록 했다.

1950년 말에 이르러 노해방구의 노동호조조직은 총체적으로 보면 계속 발전했지만 일부 지역에서는 해이해지거나 해체되는 현상이 나타났다. 전국적으로 일찍 농업호조합작을 시작한 산시성에서는 토지개혁 이후 농업생산이 발전하자 일부 부유한 농민들은 호조조를 "가난뱅이를 돕는" 조직으로 보기 시작했고 호조조에서 나와 개인경리

---

16) 국사회과학원, 중앙당안관 편, '1949~1952년 중화인민공화국 경제보존서류자료선 · 금융권', 중국물자출판사 한문판, 1996년, 576~580쪽.

를 해야만 돈을 벌 수 있다고 여겼다. 그리하여 일부 호조조직이 해이해지거나 위축되는 추세가 나타났고 어떤 장기호조조는 반해체 상태에 처하기도 했다. 중국공산당 산시성위원회는 이런 상황에 따라 토론, 연구를 통해 반드시 영도를 강화하고 호조조직을 격상시키며 그들을 이끌어 한 단계 더 높은 형태로 발전할 것을 제기했으며 장치전구 각 현에서 시범적으로 농업생산합작사를 꾸리기로 결정했다. 1951년 4월 17일, 산시성당위원회는 중앙과 화베이국에 '노해방구의 호조조직을 한 단계 높이자'는 보고서를 올렸다. 이 보고서는 농촌 호조조에 와해 현상이 나타나게 된 근본적인 원인은 농민들의 자연발생적 세력이 부농 쪽으로 발전했기 때문이라고 분석했다. 보고서는 호조조직 내부에서 반드시 두 가지 새로운 요소를 보장하고 강화해야 한다고 했다. 그 첫째는 공공축적 제도를 만들어 점차 확대하며 호조조에서 퇴출할 경우 돌려주지 않는 것이고, 둘째는 통일적으로 경영하는 생산합작사로 바꾸어 노동력에 따른 분배율을 토지에 따라 분배율보다 크게 하며 또 생산의 발전과 함께 노동에 따른 분배율을 점차 늘리는 것이었다. 보고서는 농민의 자연발생적인 세력을 이어 가려면 가장 근본적으로 "농업생산호조조직을 적극적으로 격상시켜 한 단계 더 높은 형태로 이끌"어야 하며 "사적 소유제 토대에 대해서는 공고히 하는 방침을 실시할 것이 아니라 점차 약화시켜 최종에는 부정해버리"도록 [17]해야 한다고 제시했다. 산시성당위원회의 보고서는 현 단계에서 호조합작조직의 사적 소유 기반을 어떻게 처리해야 하는지 중요하고도 현실적인 문제를 제기했다.

개인농민을 조직해야만 비로소 가난에서 벗어나 부유해질 수 있다.

---

17) 국가농업위원회 판공청 편, '농업집단화 중요문헌집(1949~1957)' 상권, 중공중앙당교출판사 한문판, 1981년, 35~36쪽.

개인농민의 조직목표는 농업 집단화와 사회주의화이다. 이 두 가지는 당의 일관적인 주장이었고 당내의 인식도 통일된 것이었다. 그러나 농촌에서 방금 머리를 쳐든 빈부격차 현상을 어떻게 이해하고 어떤 조건에서 어떤 형태로 농민을 이끌어 집단화로 나아가게 해야 하는가에 대해서는 당내에 서로 견해가 달랐다. 5월 4일에 화베이국은 산시성당위원회의 보고서를 회답하고 중앙에 보고했다. 그 회답 내용은 다음과 같다. "공동 축적금을 적립하는 방법과 노동에 따라 분배하는 방법으로 점차 사적 소유 토대를 동요시키고 약화시켜 최종에 부정해버리는 것은 당의 신민주주의 시기의 정책과 공동강령의 정신에 부합되지 않으므로 그릇된 것이다." 눈앞의 호조조를 격상시키고 공고히 하는 주요 문제는 어떻게 호조조의 생산 내용을 충실히 하여 생산을 한 단계 더 발전시키려는 농민들의 요구를 충족시켜주는가 하는 것이지 점차 사적 소유 토대를 동요시키는 것이 아니다.[18]

중앙정치국의 일상적인 사무를 주관한 류사오치는 화베이국의 의견을 지지했다. 그는 관련 연설들에서 자기의 의견을 다음과 같이 서술했다. 단지 농업합작사와 호조조를 운영하는 방법만으로 중국 농업을 직접 사회주의에 들어서게 하는 것은 불가능하다. 단지 농촌의 여건에만 의지해서는 사회주의를 실현할 수 없는 것은 농업사회화는 공업에 의거해야 하기 때문이다.[19] 7월 3일, 류사오치는 산시성당위원회의 보고서를 비준하면서 농민들의 자연발생적인 세력을 제지하고 계급분화가 생기는 것을 모면하려고 "농업생산호조조를 농업생산

---

18) 국가농업위원회 판공청 편, '농업집단화 중요문헌집(1949~1957)' 상권, 중공중앙당학교출판사 한문판, 1981년, 34쪽.

19) 류사오치, '3년간 준비하여 10년간 건설하다'(1951년 5월 7일), 중공중앙 문헌연구실 편, '류사오치의 신중국 경제건설에 대하여', 중앙문헌출판사 한문판, 1993년, 183쪽.

합작사로 격상시키고 그것을 새로운 요소로 삼아 '농민의 자연발생적인 요소를 전승'한다는 것은 일종의 그릇되고 위험하며 공상적인 농업사회주의사상이다.[20]라고 지적했다. 류사오치와 화베이국의 의견은 당시 당내에서의 한 가지 견해를 반영했다. 다시 말하면, 토지개혁 후 농민의 자연발생적인 요소에 대해서는 현재의 가격정책, 세수정책 등을 더 제한하여 자연발생적 세력이 발전하지 못하도록 적당히 통제해야지 사적 소유 토대를 동요시켜서는 안 되며 국가공업화가 시행되지 않고 기계의 사용 없이 경작하는 조건에서는 호조조에서 직접 농업의 사회주의화를 이룰 수 없다는 것이었다.

마오쩌둥은 산시성당위원회와 화베이국의 보고서를 보고 난 후 상술한 견해에 동의하지 않았다. 그는 류사오치 그리고 화베이국의 책임자인 보이보(薄一波), 류란타오(劉瀾濤)와의 담화에서 산시성당위원회의 의견을 지지한다고 명확히 밝히고 호조조가 농업생산합작사가 될 수 없다는 견해와 현 단계에서 사적 소유 토대를 동요시킬 수 없다는 견해를 비판했다. 농업 집단화는 공업화와 기계농업을 조건으로 해야 한다는 견해에 대해 마오쩌둥은 다음과 같이 지적했다. 서방자본주의도 그 발전과정에 공장제수공업 단계, 즉 증기동력기계를 이용하지 못하고 공장제분공으로 새로운 생산력을 형성했듯이 중국의 합작사도 통일적인 경영에 따라 새로운 생산력을 형성하여 사적 소유 토대를 동요시킨다면 역시 가능한 것이다. 이것은 합작사 경

20) 류사오치, '중국공산당 산시성위원회의 "노근거지의 호조조직을 한 걸음 더 제고시키자"에 대한 평어'(1951년 7월 3일), 중공중앙 문헌연구실 편, '류사오치의 신중국 경제건설에 대하여', 중앙문헌출판사 한문판, 1993년, 192쪽. '농업사회주의사상'에 대한 비판은 원래 마오쩌둥이 1948년 4월에 '진수 간부회의에서의 연설'에서 토지개혁에서 나타난 절대적 평균주의사상에 비교해 제출했던 것이다. 같은 해 9월에 그는 중앙정치국회의에서 "우리가 반대하는 농업사회주의는 공업을 이탈하고 오로지 농업만을 주력으로 하는 사회주의를 말하는 것인데 이는 생산을 파괴하고 생산의 발전을 방해하는 것으로서 반동적인 것이다."라고 지적했다.

제는 반사회주의 성격의 경제라는 것에 관한 당중앙위원회 제7기 제2차 전원회의와 정치협상회의의 공동강령의 결정에 부합하기 때문이다.[21] 류사오치 등은 마오쩌둥의 의견을 받아들였다. 그리하여 당내는 농업호조조직을 고급화하는 문제에 대해 의견을 일치했다.

농업생산호조합작에 관한 중앙의 결의

중앙은 마오쩌둥의 제의에 따라 1951년 9월 20일부터 30일까지 전국 제1차 농업호조합작회의를 소집했다. 회의는 연구 토론 끝에 '농업생산호조합작에 관한 중공중앙의 결의(초안)'를 제정했다. 이 '결의(초안)'는 농업합작사 발전에 관한 마오쩌둥의 논술을 지침으로 삼는 동시에 개인경제에 대한 농민들의 적극성을 중시하며 관련 정책은 마땅히 생산발전의 수요에 부합해야 한다는 등 당내 의견을 수렴하면서 농업생산호조합작 발전에 관한 기본적인 방침, 정책과 지도 원칙을 명확하게 제시했다.

'결의(초안)'는 우선 농민들의 토지개혁을 기반으로 발휘되고 있는 생산 열성, 즉 개인경제에서의 열성과 노동호조에서의 열성을 다음과 같이 분석했다. 농민들의 이 같은 열성은 국민경제를 재빨리 복구하고 발전시키며 국가의 공업화를 촉진하는 기본요소이다. 농촌 당시의 현실적인 경제 여건에서 농민들의 개인경제는 상당히 긴 기간 대량 존재하게 될 것이며 개인농업에서의 농민들의 열성은 피할 수 없는 것으로서 농민들의 개인경제 열성을 소홀히 여기거나 난폭하게 대해 손상을 주어서는 안 된다. 동시에 농민들을 도와 가족단위 개인경영의 어려움을 극복하고 양극화를 피해 생산을 발전시키기 위하여

---

21) 〈당대 중국 농업합작화〉편집실 편 '당대 중국에서의 농업합작제 편집요강', 〈중국농업합작화사 자료〉, 1989년 제1기.

복구건설을 진행하여 자연재해를 막으며 농업기계와 기타 신기술을 이용하며 국가로 하여금 더 많은 양곡과 공업원료를 얻도록 하기 위해 반드시 "조직해야 한다."는 것을 제창하며 농민들의 노동호조에서의 열성을 발휘시켜야 한다. 이 같은 노동호조는 개인경제(농민 사유재산)를 기반으로 건립된 것이며 그 발전은 농업 집단화로 이어진다.

'결의(초안)'는 다음과 같이 지적했다. 과거의 경험에 비춰 보면 농업생산에서의 호조합작은 대체로 세 가지 주요 형태가 있다. 첫째는 계절적인 호조조이고, 둘째는 장기적인 호조조이며, 셋째는 토지를 출자하여 조직된 농업생산합작사이다. 중앙은 각지에서는 농촌 생산력 발전의 필요성에 따라 농업호조합작운동을 발전시키는 데 마땅히 서로 다른 절차를 거쳐야 한다고 요구했다. 즉 전국 각지, 특히 신해방구와 호조운동이 약한 지역에서는 임시적이고 계절적인 노동호조 형태를 지도적이면서도 대량적으로 발전시키며 초보적이나마 호조운동 기초가 마련된 지역에서는 내용이 더욱 다양한 장기호조조를 보급하며 대중 속에서 비교적 풍부한 호조 경험이 있는가 하면 튼튼한 중견지도 인력을 갖춘 지역에서는 토지를 출자하여 조직하는 농업생산합작사(후에 초급농업생산합작사라고 불렀다)를 중점적으로 발전시켜야 한다고 했다. 이 밖에 또 농민들이 완전히 동의하고 기계설비 여건이 허락되는 지방에서는 사회주의 성격의 집단농장(후에 고급농업생산합작사라고 불렀다)을 적은 수량이나마 시범적으로 운용할 수 있다고 했다.

'결의(초안)'는 농업합작화 문제에 관해 당내에 존재하는 두 가지 경향을 분석했다. 하나는 소극적인 태도를 취하는 것으로 농업호조합작을 발전시키는 것이 당이 농민들을 이끌어 개인경제에서 점차 기계를 사용하는 대규모 집단경제의 길로 나아가는 데 반드시 거쳐야 할 길임을 보지 못하고 이미 나타난 각종 농업생산합작사는 농업사회주의화로 나아가는 과도 형태임을 인정하지 않는 것이다. 다른 하나는 조급한 태도를 보이는 것으로 농민들이 자발적이든 그렇지 않든 경제적으로 갖추어져야 할 각종 필수여건을 전혀 고려하지 않은 채 합작사에 가입하는 농민들의 사유재산을 너무 성급히 부정하거나 제한하려고 시도하면서 단번에 완전한 사회주의를 성취할 수 있다고 인정하고 있는 것이다. '결의(초안)'는 이 두 가지 그릇된 경향을 비판하고 생산발전의 수요와 가능성에 근거해 적극적으로 발전시키고 온당하게 추진하는 방침과 자원 및 상호 이익의 원칙에 따라 전형으로 시범을 보이고 점차 보급하는 방법을 취해 호조합작의 길을 따라 전진하도록 개인 농민들을 이끌어줄 것을 요구했다.

1951년 12월 15일, '농업생산호조합작에 관한 중공중앙의 결의(초안)'가 각급 당위원회에 정식으로 전달됐다. 당중앙위원회는 통지에서 다음과 같이 지적했다. 이 결의는 이미 토지개혁을 완수한 모든 지방에서 해석되고 실행되어야 하며 전당은 농업생산호조합작을 "하나의 대사로 여기고 주도해야 한다". 이 '결의(초안)'에 근거하여 농업생산호조합작운동은 신속하게 전국적인 범위에서 진행됐다. 이는 농업에서 사회주의적 개조라는 사업이 이미 진행되기 시작했음을 알렸다.

1952년 말에 이르러 이미 조직된 농가가 전국 전체 농가의 40% 안팎을 차지하여 1950년에 비해 3배 증가했다. 호조조는 802만 6,000개로 발전했는데 그중 장기호조조가 175만 6,000개로 1,144만 8,000호가 가담했으며 초급농업생산합작사는 3,644개로 5만 9,000호가 가담해 합작사마다 평균 16.2호가 들어 있었다. 그 밖에 전국적으로 시범 역할을 할 수 있는 고급농업생산합작사가 10개 조직되었다. 1952년에 애국증산절약운동이 전국적으로 활발하게 전개되었는데 조직에 가담한 농민들이 농업증산에 앞장섰다. 전국 각지에서 백만 개가 넘는 호조조직이 솔선하여 애국풍작경쟁에 참가했으며 증산경쟁평가대비를 통해 호조합작조직의 생산실적이 개인경리보다 우월하다는 것이 드러났다. 그해 상반기에 전국 각지에서 소형수리공사를 시행하여 관개 면적이 2,290만 무로 늘어났는데 이는 1951년에 비해 2배 넘게 늘어난 셈이며 그중 대부분은 호조합작조직의 힘으로 건설된 것이다.

다양한 형태의 호조합작조직을 발전시키는 것은 당시의 농촌 생산력 발전 수준과 광범한 농민들의 염원에 부합하는 것으로서 농업생산의 발전을 촉진했다.

3. 민주주의 정권건설과 민족사업 개시

인민대표회의의 창설과 운영

인민대표대회제도는 중화인민공화국의 기본적인 정치제도이다. 그러나 신중국 창건 초기 일반선거를 할 수 있는 인민대표대회의 여건이 아직 갖추어지지 못했기에 민주정치의 건설은 각계 인민대표회의란 조직을 창설하고 이용하는 데에서 시작되었다.

도시를 접수, 관리하기 시작한 초기에는 아직 대중과의 광범위한 연계가 이뤄지지 못했기에 각지 신해방구의 도시들에서는 우선 군사관제위원회 또는 임시정부가 나서서 일부 단체의 대표성을 띤 인사들로 각계 대표회를 구성하여 각종 정책과 모든 도시 관리 문제들에 관해 각계 대표들의 의견을 청취하며 토의를 통해 의제를 수용하며 최종결정을 내리고 집행했다. 중공중앙은 "당이 도시 진입 초기에 도시를 잘 관리할 수 있는가를 조사하는 결정적인 힘은 바로 당의 정책이 대중 속에 스며들어 가는 것, 즉 대중을 설득하여 당의 정책을 옹호하도록 하는 것이며 이 결정적인 힘을 형성하는 조직적 무기는 당의 영도 아래에 있는 인민대표회의이다.”고 했다.

마오쩌둥은 각계 인민대표회의의 사업을 매우 중요하게 여겼다. 중앙인민정부가 설립된 첫 한 달간 그는 상하이 쑹장현(松江縣)과 화베이 각 도시에서 각계 인민대표회의를 소집한 경험을 여러 중앙국과 분국에 회답하여 전달하면서 “소속 부문들에 즉각 발령을 내려 일률로 본받도록 하라.”고 요구했다. 마오쩌둥은 만약 전국의 천 기백 개의 현들에서 모두 전 현 각계 인민대표회의를 소집할 뿐만 아니라 제대로 소집한다면 “그것은 모두 우리 당이 수억 인민과 연계하고 당내외의 많은 간부를 교양하는 데에 지극히 중요한 것이다.”[22]고 했다. 1949년 11월 27일에 중공중앙은 신해방구에서는 반드시 시와 현의 각계 인민대표회의를 각계 인민을 단결하고 대중을 동원하여 비적 토벌과 반대세력 반대, 특무숙청, 감조감식, 세금과 현물세 징수, 생산의 복구와 발전, 문화교육의 복구와 발전을 실현하며 최종적으로 토지개혁을 완수하는 극히 중요한 도구로 여기며 일괄적으로 석 달에 한 차례씩 회의를 소집할 것을 요구하는 지시를 전달했다. 12월 2일에 열린 중앙인민정부위원회 제4차 회의는 성, 시, 현 각계 인민대표회의의 조직 통칙을 각각 채택하고 각지에서 지방 각급의 각계 인민대표회의를 조속히 소집하며 민주주의를 발양하고 인민정권의 건설을 강화함으로써 지방인민정부로 하여금 각 계층 인민들과의 연계를 긴밀히 하고 그들에 의해 각종 사업을 추진하도록 요구했다.

---

22) 마오쩌둥, ‘현급의 각계 인민대표회의를 잘 여는 것은 하나의 대사이다.’(1949년 10월 13일), 〈마오쩌둥문집〉 제6권, 인민출판사 한문판, 1999년, 4쪽.

각지에서는 중앙의 지시와 회답의 경험으로 각계 인민대표 회의를 개최할 때 대체로 원료공급, 제품판매, 노동자와 자본가 간 관계 조정 및 석탄과 식량 배급 등 도시생활에서 제기되는 절박한 문제들을 비롯하여 현실적인 생산문제를 의제로 삼고 각계 대표들의 지혜를 모으고 의견들을 널리 청취하면서 다자간 협상으로 해결했다. 공산당의 영도 아래에 민주주의 정권 건설은 일부 서구식 교육과 서방 자본주의 정치의 영향을 받은 사회인사들에게 새로운 형식의 교육이었다. 예를 들면, 당시 청화대학 교수였던 페이샤오퉁(費孝通)은 공산당이 민주주의를 실행할 수 있을지를 두고 의문을 품고 있었다. 그 무렵 그는 베이핑시 제1기 각계 대표회의에 참석했는데 회의 참석자 가운데는 제복을 입은 사람, 작업복을 입은 사람, 반소매 적삼을 입은 사람, 치포(旗袍)를 입은 사람, 양복을 입은 사람, 두루마기를 입은 사람 등 각계각층의 사람들이 모두 한 회장에 모여 다 같이 문제를 토의하는 것을 보았다. 마오쩌둥은 이 회의에 참석하여 연설했으며 또한 물가가 높고 세금이 많은 문제와 실업 등 문제를 반영한 민간 내신 한 통을 낭독하고 그 자리에서 바로 회의에 넘겨 처리하도록 했다. 각계 대표들의 제안은 248건이나 되었는데 대개 사회생활에서 시급히 해결해야 하는 문제들이었으며 역시 회의에 교부하여 심의하고 처리했다. 이 모든 것을 직접 목격한 페이샤오퉁은 한 차례의 '민주주의 수업'[23]을 받는 느낌을 받았다. 인민대중은 각계 인민대표 회의를 통해 어떻게 나라의 주인으로서 권리를 행사하는지를 배웠고 민주주의적 자질과 민주주의적 절차 등을 배울 수 있게 되었다.

당중앙위원회 제7기 제3차 전원회의는 민주주의 정권 건설사업을

---

23) 페이샤오퉁, '내가 참석한 북평 각계 대표회의', 1949년 9월 2일 자, 〈인민일보〉 4면.

매우 중요시하면서 반드시 제대로 각계 인민을 단결하여 공동으로 사업할 수 있도록 인민대표회의를 잘 개최해야 하고 인민정부의 일체 중요한 사업은 모두 인민대표회의에 교부하여 토의하고 결정해야 한다고 강조했다. 인민대표회의를 소집하는 사업을 민주주의 토대 위에서 진일보하기 위해 1951년 2월에 류사오치는 베이징시 제3기 인민대표회의의 연설에서 다음과 같이 지적했다. 인민대표회의와 인민대표대회제도는 중국의 기본제도이며 인민민주주의 정권의 가장 훌륭한 기본 조직 형태이다. 인민대표회의를 잘 개최하는 것은 현 시기의 중요한 정권건설 과업 가운데 하나다. 중국의 민주화는 국가의 경제건설, 인민경제 사업의 발전 및 중국의 공업화와 갈라놓을 수 없다. 그러므로 "우리의 기본 구호는 민주화와 공업화이다!"[24]

사회질서가 기본적으로 안정되고 대중의 조직능력이 향상되고 경험이 쌓이게 되자 정무원에서는 1951년 4월에 '인민민주주의 정권 건설 사업에 관한 지시'를 발부했다. 즉 각급 인민정부는 반드시 각급 인민대표회의의 조직 통칙에 따라 제때에 각급 인민대표회의를 개최해야 하며 그중 대도시에서는 1년에 적어도 한 차례, 현에서는 적어도 두 차례 열어야 한다. 각급 인민정부의 모든 중요한 사업은 반드시 해당급 인민대표회의에 보고서를 제안하여 대표회의에서 토론하고 심사를 거쳐야 하며 모든 중대한 문제는 반드시 인민대표회의의 토론을 거쳐 결정해야 한다. 만약 아직도 인민대표대회직권을 대행하지 못하고 있는 현과 시의 각계 인민대표회의는 반드시 조건을 적극적으로 충족함으로써 조속히 인민대표대회의 직권을 대행할 수 있도록 해야 한다고 명확하게 지시했다. 정무원은 동시에 10만 명 이상의 인

---

24) 류사오치, '베이징시 제3기 인민대표회의에서의 연설'(1951년 2월 28일), 〈류사오치선집〉(하), 민족출판사 1987년, 73쪽.

구를 가진 도시들에서 구인민대표회의를 소집할 것을 지시했다.

이러한 지시에 따라 각지에서는 민주주의 정권 건설사업을 앞당겨 진행했다. 당시 사회의 기층 조직이 초보적으로 건립된 도시와 토지 개혁이 완수된 향촌에서는 인민들이 자신의 대표를 뽑을 수 있게 되었다. 각지에서 소집된 각계 인민대표회의에서 인민들이 직접 혹은 간접적으로 선거한 대표의 비율이 점차 늘어났고 단체들에서 추천한 대표와 정부가 특별히 초청한 대표의 비율은 점차 줄어들었다. 1951년 10월에 이르러 전국 대다수 성, 시와 현들에서 인민대표회의를 개최했는데 그중 17개 성과 69개 시, 186개 현에서 인민대표회의가 인민대표대회직권을 대행하여 민주적인 선거방식으로 각급 인민정부를 정식으로 창설했다. 1952년 말에 이르러 인민대표회의는 이미 경상적인 제도로서 전국 각지에서 아래에서 중앙으로 올라가며 수립되기 시작했다. 실천은 각계 인민대표회의는 도시 진입 초기의 임시적인 군사관제제도에서 점차 공식 선거에 의한 인민대표대회제도로 넘어가는 데에 적합한 형태로서 민주주의 중앙집권제를 실시하는 인민대표대회의 최초의 모델이었음을 실증해주었다. 이는 당과 인민정부에서 민주주의 정치건설을 더욱 강화하는 중요한 경험이 되었다.

민주당파와의 협력과 동업 강화

공산당의 영도 아래에서 다당합작과 정치협상 제도는 중국공산당 집권의 중요한 특징 가운데 하나였다. 이 정치제도는 민주주의 혁명 시기 공산당이 각 민주당파와 장기간 협력하면서 이룩한 것이며 중국 역사의 구체적인 산물이었다.

중국국민당혁명위원회, 중국민주동맹, 중국민주건국회, 중국민주촉진회, 중국농공민주당, 중국치공당, 구삼학사, 타이완민주자치동맹 등 민주당파는 주로 항일전쟁과 해방전쟁 시기에 생겨났으며 모두 중국공산당과 정도부동하게 연합하고 협력하는 관계를 맺고 있었다. 그뿐만 아니라 노동계급이 영도하고 노농동맹에 기초한 인민민주주의 통일전선에 단합하여 국민당 반동파의 통치를 뒤엎고 신중국 건설을 준비하는 데 이바지했다. 신민주주의 혁명 가운데 산생한 각 민주당파는 대개 계급동맹의 일반적인 성격을 가지고 있었지만 단일한 자산계급과 소자산계급의 정당은 아니었다. 공산당의 집정 아래, 인민민주주의 정권 가운데서 각 민주당파는 공산당과 대립하는 야당과 반대당이 아니라 민족자산계급과 소자산계급, 그리고 이들 계급과 연계한 지식인들의 정치적인 대표로서 공산당과의 동맹을 계속 유지하고 발전시킴과 더불어 공산당의 지도로 정부의 사업에 참여하여 경제, 정치, 문화, 사회의 각종 건설사업의 발전을 적극적으로 지지했다.

중국인민정치협상회의는 중국인민민주주의 통일전선의 조직 형태이며 또한 중국공산당 영도의 다당합작과 정치협상의 주요 기구였다. 일반선거에 의한 전국인민대표대회를 소집하기 전에 국가의 모든 기본방침은 모두 중국인민정치협상회의 전국위원회에 교부되어 협상을 거친 후 정부에 넘겨 시행하도록 제의하게 되었다. 정치협상회의 구성원으로서 각 민주당파는 상호 간의 연계와 공동역할을 할 수 있는 통일적 조직기구인 정치협상회의를 통해 국가의 기본방침을 협상하고 결정하며 시행 감독에 참여할 수 있었다. 동시에 민주당파는 또한 각자 독립적인 조직계통과 독자적으로 역할을 발휘할 수 있는 경로를 통해 그들 각자와 연계한 사회인사들을 동원하고 단합하여 신중국 건설에 뛰어들도록 할 수 있었다. 각 민주당파의 대표 인물들은 또 중앙인민정부 및 산하 각 부문에서 여러 가지 직무를 맡아

직접 국가사무의 관리에 참여했다. 이는 중국공산당 집권방식의 한 가지 특징, 즉 참정하는 각 민주당파와 협력하는 가운데 장기적으로 공존하고 서로 감독하는 관계를 수립했다. 이 같은 집권 형태는 모든 애국 역량을 묶어 세우고 전국의 가장 광범위한 인민대중으로 하여금 인민민주주의 정권을 공고히 하며 신중국 건설사업을 진행하는 데 매우 중요한 역할을 했다.

민주주의 정권 건설과정에 당내의 일부 간부들은 당중앙위원회 제7기 제2차 전원회의에서 확정한 당외민주인사들과의 장기협력 방침을 깊이 이해하지 못하면서 신중국 창건 후의 민주당파의 역할과 그 존재의 필요성을 두고 의문을 품고 있었다. 1950년 3월에 소집된 제1차 전국통일전선사업회의에서 민주당파에 대해 정치적으로 우대하고 조직적으로 확장하다가는 혼란만 초래할 수 있으므로 방관해서는 안 된다는 의견이 있었다. 어떤 사람은 심지어 민주당파는 민주주의를 쟁취하기 위해 설립된 것이므로 현재 민주주의가 실현되어 그 과업도 완수되었기에 민주당파는 사실 '머리카락 한 올의 공로'를 세운 것에 불과하다고 주장하는 등 여러 가지 의견이 제기되었다. 이 같은 '좌'적 관문주의의 경향은 통일전선사업을 강화하는 데 불리한 영향을 끼쳤다.

마오쩌둥은 전국통일전선사업회의의 상황을 청취하고 나서 다음과 같이 명확히 지적했다. 민주당파와 비당인사들을 중요시하지 않는 것은 일종의 사회적 현상으로 당내뿐만 아니라 당 밖에도 존재한다. 장기적 안목과 전체적인 시각에서 반드시 민주당파가 있어야 함을 모두에게 잘 설명해야 한다. 민주당파는 소자산계급 및 자산계급과의 연계돼 있으므로 정권 가운데 반드시 그들의 대표가 있어야 한다. 민주당파의 공로를 '머리카락 한 올의 공로'라고 하면서 "머리카락 한 올쯤은 뽑아버리나 놔두나 마찬가지"라고 하는 것은 옳지 않다. 그들이 배후에서 연계하고 있는 사람들을 보면 그들은 머리카락 한 올이 아니라 머리카락 한 줌이기에 경시해서는 안 된다, 마땅히 그들과 단결하고 그들이 진보하도록 도와주며 함께 문제를 해결하고 그들이 자신의 역할을 다하도록 마련해주며 그들을 존중하고 간부처럼 대해야 한다. 손바닥이나 손등이나 다 제살이므로 차별해서는 안 된다. 그들을 평등하게 대해야 한다. 호수의 연꽃처럼 들쑥날쑥해서는 안 된다. 민주주의를 실시해야 한다. 지금 적잖은 사람들이 화풀이할 기회를 얻지 못해 끙끙거리고 있는데 그 화란 사실 도리가 있는 것과 도리가 없는 것 두 가지다. 도리가 있는 것은 접수해야 하고 도리가 없는 것은 그들에게 도리를 설명해주어야 한다. 군자는 이치를 따지지 힘으로 하지 않는다. 비판하지 못하게 하면 앞에서는 말할 수 없기에 꼭 뒤에 가서 꺼내기 마련이고 그러면 결국 종파주의가 생기게 되는데 이는 당내에서도 마찬가지이다. 그 때문에 그들이 털어놓고 말할 수 있도록 해주어야 한다.[25]

저우언라이도 전국통일전선사업회의에서 한 연설에서 다음과 같이 지적했다. 각각의 민주당파는 명칭에 상관없이 여전히 정당이기에 모두 대표성을 지니지만 영국과 미국 정당의 기준으로 그들을 가늠해서는 안 된다. 그들은 중국이라는 땅에서 성립된 것이다. 여러 민주당파에는 모두 진보인사가 있으며 또한 반드시 있어야 하며 그래야만 우리와 아주 훌륭하게 합작할 수 있다. 그러나 민주당파를 순수한 진보인사들의 조직으로 만들어서는 안 된다. 전부가 진보인사들이라면 아무런 의미도 없게 된다. 민주당파가 "우리에게 소란만 가져

---

25) '마오쩌둥이 제1차 전국통일전선사업회의 상황에 대한 회보를 청취할 때 중앙통일전선사업부 책임자와의 담화', 1950년 4월.

다줄 것"이라고 인정하는 견해는 그릇된 것이다. 민주당파는 인민민주주의 통일전선에서 상당히 중요한 역할을 하고 있다. 우리의 인민민주주의 독재의 국가는 현 단계에서는 4개 민주계급의 동맹으로 이루어졌다. 어떤 사업은 우리가 나서서 시행하기보다 그들이 나서서 하는 것이 더 효과적이며 국제적 영향도 크다. 민주당파성원들은 우리의 도움과 교양으로 우리와 함께 사회주의로 나가려 한다. 그러므로 우리에게 조력자들이 더 늘어나게 되는데 이것은 좋은 일이 아니겠는가![26]

노동계급의 선진정당으로서 중국공산당은 이미 광범한 인민대중 가운데 지도적 지위를 공인받았고 당과 비당의 관계에서 주요한 책임을 맡도록 자체의 당원들에게 요구했다. 중앙은 마오쩌둥의 "공산당원에게는 당외인사들과 민주주의적 합작을 실행할 의무가 있을 뿐 남을 배척하거나 모든 것을 독단할 권리는 없다."[27]는 지시에 따라 공산당원들에게 다음과 같은 요구를 제기했다. 정부 사업 가운데 반드시 당외 인사들과 정책, 사상을 나누며 그들에게 직무와 권력을 주고 각급 정직과 부직을 합리적으로 나누며 '직무, 권력, 책임 3자가 불가분리'를 이룬다. 비당인사들로 하여금 가능한 한 그들의 직권 범위 내에서 그들이 참여해도 되는 모든 일에 참여하게 한다. 마땅히 그들과 의논해야 할 모든 일은 그들과 의논하며 그들에게 들어야 할 모든 일은 그들에게서 듣는 동시에 그들이 직책을 이행하고 성과를 낼 수 있도록 적극적으로 도와주어야 한다. 정부기관에서 공산당 조

---

26) 저우언라, '인민민주주의 통일전선의 적극적인 역할을 발휘시키는 것에 제기되는 몇 가지 문제에 관하여'(1950년 4월 13일), 중공중앙 통일전선사업부, 중공중앙 문헌연구실 편, 〈저우언라이통일전선문선〉, 민족출판사 1986년, 202쪽.

27) 마오쩌둥, '섬감녕변구참의회에서 한 연설'(1941년 11월 6일), 〈마오쩌둥선집〉 제3권, 민족출판사 1992년, 1,025쪽.

직은 자체의 당원들을 적당히 알선하여 모든 비공산당사업 역량과 밀접한 관계를 맺어야 한다.

어떤 중앙부문에서 당외 인사와 단결하는 데 있어서 일부 문제가 발생한 것을 감안하여 1951년 11월 17일에 마오쩌둥은 민주인사들과 단결할 것에 관한 중국공산당 재정경제위원회 분당조의 통보를 회답했는데 통보는 공산당이 당외 인사들과 협력한 경험을 들면서 민주인사 및 기타 당외 인사들과 관계를 돈독히 하려면 반드시 다음 몇 가지 사항을 효과적으로 주도해야 한다고 지적했다. (1) 당외 인사들에게 직위가 있고 권력이 있도록 해야 하는데 이는 결코 겉치레적인 말이 아니다. 공산당원은 마땅히 이 말을 그대로 집행해야 하며 상급이든 동급이든 하급이든 할 것 없이 모두 자기 직분의 책임을 다해야 하며 당내에서 이미 결정된 일이라 해서 당외 인사와 의논하지 않으면 안 된다. 의논할 것은 반드시 의논해야 하고 들어야 할 것은 반드시 들어야 하며 절차를 밟아야 할 것은 반드시 절차를 밟아야 한다. 만약 사업 가운데 당외 인사와 의견이 맞지 않을 경우 억지로 결정할 것이 아니라 자신의 의견이 타당치 못한 게 있는지 여부를 검토해 볼 뿐만 아니라 마땅히 당외 인사를 돕고 설득시키고 나서 결정하도록 해야 한다. (2) 모든 중요한 결정은 당연히 참석해야 하는 당외 인사(예를 들면 부장, 부부장 등)들이 참석한 가운데 결정해야 한다. 이것은 절대 형식적인 것만이 아니라 반드시 그들로부터 실질적인 동의를 얻음으로써 그들로 하여금 중대사에 대한 결정권이 있다는 것을 진정으로 느끼도록 해야 한다. (3) 일상적으로 처리하는 일부 중요한 사무(예를 들면 전보와 공문)와 상급의 지시, 하급의 청시는 읽을 권한이 있는 당외 인사들에게 보이며 매일의 업무 상황을 그들이 모두 알도록 해야 한다. (4) 인사 처리도 마땅히 당외 인사와 상론해야 하며 당외 인사가 추천하는 인사일 경우 마땅히 신중히 고려하고 쓸 만한 사람이라면 가능한 한 채용하도록 해야 한다. 마오쩌둥은 이 문건을 중앙재정경제위원회 계통 이외의 각 부문 당조에도 전달하여 연구하도록 하면서 민주인사들과의 단결에 엄중한 문제가 존재하는 각부에 반성문을 쓸 것을 요구했다.[28]

중앙의 요구에 따라 당외 인사와 장기적으로 협력하는 정책은 사상면에서 또한 사업 가운데서 확정되었다. 각급 정부 부서는 당외 대다수 민주인사들을 자기의 간부처럼 대했으며 반드시 의논하거나 해결해야 하는 문제들은 함께 풀어갔다. 그럼으로써 그들에게도 직위가 있고 권력이 있음을 느끼게 하여 사업성과를 이끌어내는 데 노력하도록 했다.

당의 민족사업 방침과 민족구역자치의 시행

중국은 통일된 다민족 국가로 한족 외에도 55개의 소수민족이 내몽골, 신장, 광시, 닝샤, 티베트와 윈난, 구이저우, 쓰촨, 칭하이, 지린, 간쑤, 후난 등의 성과 자치구에 집거(集居)하거나 혼거(混居)해 있다. 해방 초기 전국 소수민족 인구는 약 2,800만 명으로 전국 총인구의 6% 정도 차지했지만 분포된 지역은 매우 넓어 전국 총면적의 50~60%를 차지했다. 신중국 창건 전까지만 해도 여러 소수민족과 한족은 제국주의, 봉건주의와 관료자본주의의 압박과 착취를 똑같이 받았고 소수민족은 크거나 작거나 대한족주의의 차별대우 또는 억압을 받았다. 중화인민공화국의 창건은 중국의 민족 역사에서 여러 민족의 평등호조, 단결협력과 민족번창으로 나아가는 새로운 기원을

---

28) '민주인사들과 단결하는 문제에 대한 교통부당조의 반성문에 관한 중앙재정경제위원회의 통보를 이관할 때의 마오쩌둥의 평어', 1951년 11월 17일.

열었다.

신중국 창건 초기에 민족사업이 직면한 정세는 매우 복잡했다. 반동적인 통치계급들이 역사적으로 이어져 오면서 장기간에 민족압박 정책을 벌였기 때문에 여러 민족 간, 주로 소수민족과 한족 사이에는 깊은 갈등이 있었다. 어떤 소수민족은 인민정부에 대해 의심하는가 하면 어떤 곳에서는 복잡한 역사적인 원인과 반동 세력들의 도발로 심각한 민족대립이 존재하기까지 했다. 소수민족 대다수에는 종교가 있었는데 과거로부터 반동적인 선전을 받아왔기에 일부 소수민족의 상층과 종교 신봉자들은 종교신앙 자유를 존중한다는 공산당과 인민정부의 정책을 잘 이해하지 못해 민족문제가 흔히 종교문제와 한데 얽혀 해결하기가 힘들었다. 그 외 각 소수민족의 경제와 사회 발전이 매우 불균형적이다 보니 사회경제가 다양한 형태로 병존했다. 한족 지역과 이웃한 지역은 지주에 의한 경제가 대체적이었고 자본주의적 경제도 두드러지게 발전했으나 변강과 편벽한 지역의 소수민족은 대부분이 봉건농노제, 노예제 심지어 원시공사제 말기 등 발전이 없었다. 각 소수민족의 정치제도와 정권 형태도 복잡하여 세습적인 봉건왕공과 정교합일의 승려귀족 통치제도가 있었는가 하면 부계 혈연을 유대로 하는 가지(家支)제도가 있었으며 토사제도와 산관제도, 왕자제도, 부락수령제도, 천백호제도 등도 있었다. 사회제도 측면에서 한족 지역과 대체로 비슷한 소수민족 지역마저도 정치와 경제, 문화, 생산력 발전 수준에서 역시 한족 지역과 큰 차이를 보였다. 그러다 보니 지역마다 민족사업을 전개하는 상황이 아주 달랐다. 이 같은 상황으로 신중국 창건 초기 민족사업의 복잡함과 어려움이 있었다.

상황이 복잡한 소수민족 지역에서 당의 정책을 집행하는 데 민족관계에 영향을 줄 수도 있고 심지어 사고가 나 심각한 결과를 초래할 수도 있음을 염두에 두고 중국공산당은 소수민족 지역의 사회, 경제, 정치의 실제 상황을 고려하여 올바른 민족사업 방침과 정책을 제정했다. 1950년 3월에 열린 제1차 전국통일전선사업회의에서는 민족사업 문제를 토의하면서 반드시 효과적인 방법을 통해 역사적으로 조성된 민족 간의 원한, 갈등, 시기, 차별대우와 불신의 심리를 제거하며 특히 한족의 대민족주의 경향을 집중적으로 반대하는 동시에 소수민족의 속좁은 민족주의 경향도 반대할 것을 요구했다. 5월에 중앙인민정부 정무원은 정무회의를 열고 민족사업의 방침 문제에 대하여 토의했다. 회의는 "소수민족 지역의 정치, 경제, 문화 발전이 극도로 불균형적이기에 모든 사업은 반드시 신중하면서 완만히 전진하는 방침에 따라 온당하게 전진해야 한다. 성급한 방법은 필연적으로 심각한 과오와 손실을 초래하므로 새로 해방한 지역에서는 이에 더욱 특별히 유의해야 한다."고 지적했다. 그 후 저우언라이는 "신중하면서 완만히 전진"하여를 "신중하면서 온당하게 전진"하는 것으로 고치고 또 국경 1주년 축전에 참가하러 베이징에 온 소수민족 대표들을 환영하는 연설에서 소수민족 내부의 개혁은 여러 민족 대다수 인민의 각성과 희망에 비추어 "신중하면서도 온당하게 전진하는 방침을 취해야 한다."[29]고 정식으로 제시했다.

같은 해 6월 6일에 마오쩌둥은 당중앙위원회 제7기 제3차 전원회의의 연설에서 다음과 같이 강조했다. 소수민족지구의 사회개혁은 중대한 일인 만큼 신중하게 해야 하며 대중적인 여건이 조성돼 있지 않고 인민의 무장력이 없고 소수민족들의 간부가 없는 상황에서는 어떠한 대중적 개혁사업도 진행하지 말아야 한다. 일부 지방의 당위

---

29) '저우 총리의 연회 연설', 1950년 9월 30일 자, 〈인민일보〉 1면.

원회와 간부들이 소수민족문제를 처리하는 데 신중하지 못하고 처리해야 할 문제를 상급에 보고하지 않아 적지 않은 사건들이 발생하여 당의 민족정책이 올바로 시행되는 데 영향을 주고 있는 것을 고려하여 6월 13일에 당중앙위원회는 '소수민족문제 처리에 관한 지시'를 전문 발부하여 다음과 같이 명확하게 요구했다. 앞으로 소수민족문제를 더욱 신중하게 처리하여 소수민족문제에 한해서는 문제에 부닥칠 때마다 반드시 상급에 보고해야 하고 하급에서 제멋대로 처리해서는 안 된다. 앞으로 각급 당위원회에서 보고도 하지 않은 채 소수민족 관련의 문제들을 처리하여 사건이 발생할 경우 마땅히 질서를 위반한 것으로 취급하고 그에 합당한 벌을 받도록 해야 한다. 앞으로 각지의 소수민족 관련 문제는 반드시 여러 중앙국에 집중하여 처리하며 중요한 문제는 중앙에 보고하여 처리하도록 해야 한다. 중앙은 "소수민족 가운데서 사업을 진행하려면 반드시 우선 소수민족의 구체적인 상황을 이해해야 하며 또한 각 소수민족의 구체적인 상황에 따라 당지의 사업방침과 구체적인 사업보조를 결정해야 한다. 한족 지역에서의 사업 경험과 구호를 기계적으로 적용하는 것을 엄격히 방지해야 하고 한족 지역에서 시행되고 있는 각종 정책을 명령주의의 방식으로 소수민족에게 적용하는 것을 엄격하게 금지해야 한다."[30]고 강조했다.

당중앙위원회 제7기 제3차 전원회의 이후 당은 소수민족과의 단결 강화를 중요한 과업으로 삼았다. 구사회의 통치자들이 소수민족을 소홀히 대했던 소수민족 차별정책의 영향을 철저히 제거하고 여러 민족 인민의 생활을 파악하며 여러 민족 인민 사이의 연계를 강화

---

30) 류사오치, '소수민족 문제 처리에 관한 중앙의 지시'(1950년 6월 13일), 중공중앙 문헌연구실, 중앙당안관 편, 〈건국 이래 류사오치문고〉 제2권, 중앙문헌출판사 한문판, 2005년, 219~220쪽.

하고자 중앙인민정부는 1950년부터 중앙민족방문단 세 팀을 조직하고 저명한 민족인사들을 초청하여 팀에 참가시켜 각기 시베이, 시난, 중난과 둥베이, 내몽골 등 소수민족 지역을 방문하게 했다. 방문단들은 수개월을 거쳐 수만 리 길을 걸으면서 티베트를 제외한 전국의 모든 소수민족 지역을 거의 돌아보았고 소수민족 대중에게 당과 국가의 민족정책을 선전했다. 또한 그들의 병고와 수요를 헤아려보았고 민족사업에 대한 그들의 건의를 청취하며 그들에게 급히 필요한 약품, 의료기기 및 생활필수품들을 제공했다. 이런 대규모의 방문활동은 당의 소수민족 지역에서의 대중적 토대와 정책 영향력을 확대하고 당과 정부의 민족사업을 개진하며 각 민족의 단결을 증진하는 데 매우 고무적인 역할을 했다.

각지의 당과 정부 부문에서는 민족단결의 호조를 강화하기 위해 사업을 대대적으로 벌이고 정치, 경제, 문화 면에서 성심성의로 소수민족을 도와 실질적으로 시행해나갔다. 각종 사업 가운데 역사적으로 대민족주의에 의해 빚어진 한족과 소수민족 사이의 갈등을 제거하는 등 많은 일을 했다. 동시에 각 소수민족 사이, 또는 민족 자체 내부에 존재하는 역사적인 분규에 대해서는 알력을 해소하고 단결을 강화하는 원칙에 따라 우호적인 협상을 통해 공정하고 합리적으로 중재함으로써 수십 년 심지어 백 년이 넘게 내려온 민족 간의 수많은 원한, 예를 들면, 원수 간의 패싸움, 초원과 산 등의 영토 다툼, 변에서의 다툼, 마을의 충돌 등을 기본적으로 해결했다. 신중국 창건 초기에 추진해야 할 건설사업이 산더미처럼 쌓여 있고 자금이 극히 부족한 상황에서 각급 정부는 필요한 재력과 물력을 조달해 소수민족을 도와 농업과 목축업 생산을 회복, 발전시켰고, 물자 교류 경로를 개척하고 농산물, 축산물, 특산물의 무역을 확대하여 소수민족 대중의 생활을 개선했다.

민족사업 가운데 당은 대량의 소수민족 간부를 양성하는 문제를 매우 중요시했다. 마오쩌둥은 "민족문제를 철저하게 해결하며 민족 반대 세력을 철저히 고립시키려면 많은 소수민족 출신의 공산주의적 간부가 없이는 불가능하다."[31]라고 지적했다. 1951년 2월에 열린, 중공중앙 정치국 확대회의는 결의를 채택하여 민족구역자치를 시행하고, 소수민족의 간부 양성을 당의 소수민족 가운데 진행하는 사업 두 가지를 중점으로 삼았다. 이에 따라 중앙인민정부는 소수민족 간부들을 양성하는 방안을 작성하고 베이징에 중앙민족학원을 설립하여 소수민족 간부의 양성 기지로 삼기로 했다. 동시에 중앙은 또한 시베이, 시난, 중난에 각각 중앙민족학원 분교를 하나씩 세우며 필요에 따라 더 늘리도록 했다. 각지에서는 사업 가운데서 소수민족 간부를 스스럼없이 등용하고 대담하게 발탁하는 외에 또 각종 민족간부훈련반과 민족간부학교를 보편적으로 운영했다. 1954년에 이르러 중앙민족학원과 시베이, 시난, 중난, 윈난, 구이저우, 광시, 광둥 등 8개의 민족학원 총 졸업생 수는 1만 1,000여 명에 이르렀는데 그 가운데는 몽골족, 회족, 장족, 위글족, 쫭족, 조선족, 이족, 묘족, 따이족, 요족, 뚱족, 바이족, 부이족 등 10여 개 민족이 포함되었다. 이런 학생들은 소수민족 간부 중 핵심이 되었다. 그 밖에 실제 사업에서의 단련과 단기양성 등을 통해 소수민족 간부를 대량 양성했다. 1954년에 이르러 전국 소수민족 간부들은 15만 명으로 늘어났다. 소수민족 간부를 대량 양성하는 사업이 뚜렷한 성과를 거둠으로써 소수민족 지역에서의 각종 사업을 전개하는 데 아주 큰 추동적 역할을 했다.

---

31) 마오쩌둥, '소수민족 간부를 대량으로 양성하자'(1949년 11월 14일), 〈마오쩌둥문집〉 제6권, 인민출판사 한문판, 1999년, 20쪽.

사회개혁 측면에서 당과 인민정부는 신중하고 온당하게 전진하는 방침을 견지하여 소수민족 지역의 대다수 인민 및 인민들과 연계가 있는 수령 인물들의 소원에 따르면서 또 주로 그들을 통해 자체적으로 진행하도록 했다. 이 방침의 지도 아래 1952년에 이르러 소수민족 농업지역은 대부분이 소작료를 낮추고 소작료 보증금을 되돌리는 정책을 시행했고 조건이 성숙된 내몽골, 닝샤, 칭하이, 신장 지역에서는 토지개혁을 진행했다. 중앙은 소수민족이 집거한 목축업 지역에서 목장주와 목축민 둘 다 이득을 볼 수 있는 정책을 시행하기로 하는 한편, 점차 목장주의 봉건적 특권을 취소하고 목축민의 생산 적극성을 고무하고 격려하면서 목축 경제를 발전시켰다. 이는 당과 정부가 소수민족 지역에서 사회개혁을 진행하는 데 매우 신중했고 조건을 중요시했음을 보여준다.

민족사업에서 모든 문제의 고리는 '공동강령'에 규정된 민족자치정책을 착실하게 시행하는 데 있었다. 정무원은 1952년 2월에 열린 중앙중치국 확대회의의 결의를 의거로 하고 전국 각 소수민족 지역에서 민족사업을 전개한 경험을 총화한 기초 위에서 2월 22일에 '중화인민공화국 민족구역자치실시요강'을 채택했다. 같은 해 8월 8일, 중앙인민정부위원회는 '실시요강'을 비준하고 8월 9일에 반포하고 시행했다. '실시요강'은 아래와 같이 명확하게 규정했다. 각 민족자치구는 모두 중화인민공화국의 불가분리 일부이다. 각 민족자치구의 자치기관은 모두 중앙인민정부 영도 아래 일급지방정권이며 상급 인민정부의 영도를 받는다. 각 소수민족 집거지역은 당지의 민족관계와 경제발전 조건에 근거하고 역사적으로 내려온 상황을 참소하여 나름내로 여러 형태의 자치구를 설립할 수 있다. (1) 하나의 소수민족 집거지역을 토대로 하여 자치구를 설립한다. (2) 하나의 큰 소수민족 집거지역을 토대로 하여 자치구를 설립하며 여기에는 해당 자치구 내의 인구가 매우 적은 기타 소수민족 집거구를 포함하는데 모두 구역자치를 시행해야 한다. (3) 두 개 혹은 여러 개 소수민족 집거구를 연합으로 자치구를 설립한다. '실시요강'은 또 민족 자치기관, 자치권리, 자치구 내에서의 민족관계, 상급 인민정부의 영도 원칙 등에 대해서도 구체적으로 규정했다.

'실시요강'은 중국 소수민족의 특성에 따라 제정한 민족구역 자치정책의 시행법이다. 이 '실시요강'은 민족자치와 구역자치를 올바르게 결합하여 여러 소수민족의 권리를 충분히 존중했기에 국가의 완정과 통일을 보장하는 데 이로울 뿐만 아니라 중앙인민정부의 지도로 각 자치지역 소수민족의 자체의 사업관리에 대한 열성을 고취시키며 민족 간의 평등, 단결과 호조관계를 추진하고 여러 민족의 공동발전과 공동번영을 추진하는 데도 이로웠기 때문에 여러 소수민족의 환영을 받았다. '실시요강'은 각 소수민족 집거지역에서 시행됨으로써 중국의 민족구역자치사업에서 더욱 큰 진전을 가져왔다. 1953년 3월에 이르러 전국적으로 이미 현급과 현급 이상에 상당한 민족자치 지방 47개를 설립했다. 그중에는 1947년에 설립된 성급에 상당한 내몽골자치구와 규모가 비교적 크고 전구급에 상당한 광시성 구이시(桂西) 쫭족자치구, 시캉성 장족자치구와 량산(凉山) 이족자치구, 후난성 샹시(湘西) 묘족자치구, 광둥성 하이난 여족자치구, 윈난성 시솽반나 따이족자치구, 지린성 옌볜(延邊) 조선민족자치구, 칭하이성 옥수 장족자치구, 쓰촨성 장족자치구, 쑤이위안성(綏遠省) 이크쥬 맹몽골족자치구와 울란차부 맹몽골족자치구 등이 있으며 일부 인구가 아주 적은 소수민족은 자체의 집거구에서 구역자치를 시행했는데 대다수는 구급과 향급에 해당했다.[32] 이와 동시에 준비 기구를 설립하여 신장과 닝샤에 성급에 상당한 민족자치구를 설립할 준비를 했다.

'실시요강'의 규정에 따르면 각 민족자치구의 자치기관은 그 행정 지위에 해당하는 일급지방정권으로 그 설립은 마땅히 민주주의 중앙 집권제와 인민대표대회제도의 기본원칙에 따라야 하고 또한 주로 구역자치를 시행하는 민족의 성원들로 구성됨과 동시에 마땅히 자치구역 내에서 일정한 수를 차지하는 기타 소수민족과 한족의 성원도 포함되어야 했다. 자치기관은 아래와 같은 자치권을 향유했다. 국가법령이 규정한 범위 내에서 본 자치구 단행법을 제정할 수 있으며 본민족 대다수 인민 및 인민과 관련 있는 영수인물들의 염원에 따라 내부개혁 사무를 결정하며 중앙의 권한 분획 관련 규정에 따라 본 자치구의 재정을 관리하며 국가의 통일적인 경제제도와 계획에 따라 자유롭게 본 자치구의 경제사업을 발전시키며 적당한 방법으로 여러 민족의 문화, 교육, 예술과 위생 사업을 발전시켰다. 민족구역자치제도의 시행은 민족단결을 강화하고 여러 소수민족의 애국열성을 불러일으켰으며 민족 지역의 각종 사업을 추동하고 사회생활의 여러 측면으로부터 점차 소수민족들의 모습을 바꿨다. 민족구역자치는 중국의 기본 정치제도의 하나로 조국통일을 수호하고 민족평등을 강화하며 민족발전을 추진하는 데 중대하면서도 장원한 의의를 지닌다.

---

32) 1954년에 제1기 전국인민대표대회를 개최한 후 전 구급에 상당한 자치구를 자치주로 개칭했고 인근의 두 개 혹은 몇 개의 동일 민족의 구에 상당한 자치구는 합병하여 자치현을 설립했으며 합병하여 자치현을 설립할 여건이 안 되는 것은 민족자치기관을 마무리 짓고 구공소를 설립했으며 구내의 소수민족이 집거한 향은 민족향으로 고쳤다.

4. 선전 및 사상 사업의 전개와 교육문화사업에 대한 개혁

당의 선전 및 사상 사업에 대한 방침과 과업

중국인민혁명의 승리는 중국에서의 마르크스-레닌주의의 승리이며 마르크스-레닌주의 기본 원리를 중국혁명의 구체적 실천에 반영한 마오쩌둥 사상의 승리이다. 이 승리로 마르크스-레닌주의와 마오쩌둥 사상은 중국인민들 속에서 커다란 위망(位望)을 얻게 되었고 인민공화국의 제반 사업의 지도 사상으로 받아들여졌다. 마르크스-레닌주의와 마오쩌둥 사상으로 인민들을 선전하고 교양하는 것은 새로운 정세에서 모든 사회역량을 동원하여 신중국을 건설하는 데 필연적 요청이 되었다.

언론, 출판과 신문, 라디오 방송 등 여론기구를 주도하는 것은 당이 선전 및 사상 사업에 대한 통일적 영도를 강화하는 중요한 절차였다. 중공중앙은 무엇보다 먼저 1949년 8월에 중국공산당 화베이국의 기관지였던 〈인민일보〉를 당중앙 기관지로 삼고 전국적으로 공개 발행함으로써 전국과 전 세계에 중국공산당과 신중국 중앙인민정부의 방침, 정책과 주장을 널리 선전하고 중국인민들의 건설성과 등을 보도하는 데 이롭게 했다. 중앙인민정부가 창건된 후 당이 옌안에 세운 신화통신사는 점차 중공중앙의 결정에 따라 전국 각지의 기구를 통일하고 조절하여 집중적인 국영통신사가 되었으며 중요한 뉴스는 신화통신사를 통해 통일적으로 보도하는 제도를 시행했다. 옌안에서 설립된 베이징신화방송국도 1949년 12월에 중앙인민라디오방송국으로 정식 명명되면서 인민라디오방송사업을 대대적으로 벌이기 시작했다.

많은 도시가 해방되면서 각지에서는 구사회에서 출판된 신문, 간행물을 폐간하고 구사회가 남겨 놓은 라디오방송국과 여러 유형의 통신사들을 정리했다. 인민들의 언론출판자유를 보호하고 반동파들의 반인민적인 언론출판 자유를 박탈한다는 원칙으로 그 성격과 정치적 편향에 따라 분별 있게 처리했다. 무릇 국민당의 반동정부, 당파, 군대계통에서 꾸리고 직접 통제하고 있던 신문사, 잡지사, 라디오방송국과 통신사는 그전 재산을 일괄적으로 몰수하여 국가소유로 귀속시켰다. 관료자본과 민족자본이 합자하여 경영하는 것에 대해서는 그 중 관료자본을 몰수하고 민족자본을 보호했으며 개편한 뒤 계속 경영하도록 했다. 개인 명의로 경영되고 있는 모든 신문, 간행물과 라디오방송은 반드시 군사관제위원회에 신청하여 등록하고 자격심사를 거친 뒤 계속 경영하게 했다. 외국인이 운영하는 중국 내 신문과 통신사 등은 정간하거나 취소하도록 단계를 나누어 서면으로 통보했다. 이로부터 혁명적 사상을 선양하는 민족적이고 과학적이고 대중적이고 신문화적인 여론선전진지가 구축되었다.

당중앙위원회는 집권 아래 당의 선전 및 교육 사업을 체계적으로 확립하고 강화하며 선전 및 사상 사업에 대한 당의 통일적 영도를 강화하기 위해 각급 당의 선전기구를 이른 시일 안에 건전하게 할 것과 신문, 출판, 라디오방송, 영화, 학교 및 기타 각종 문화교육도구를 통하여 각 층 인민에게 늘 마르크스-레닌주의, 마오쩌둥 사상과 당의 각항 주장을 선전할 것을 요구한 한편, 신문출판, 라디오방송, 문화예술 및 군중선전, 이론교육, 학교교육 등에서 당의 선전부문의 영도 직책을 규정했다.

1951년 5월에 중국공산당 제1차 전국선전사업회의가 베이징에서 소집되었다. 류사오치는 회의총화보고에서 혁명이 승리한 후 마르크스-레닌주의, 마오쩌둥 사상을 선전함에서의 유리한 조건에 대해 분석하면서 "전국적 범위에서와 전체적 규모에서 마르크스-레닌주의적 사상원칙으로 인민을 교양하는 것은 우리 당 앞에 나서는 가장 근본적인 정치 과업이다."라고 제기했으며 당원, 당 외 열성분자들을 비롯한 사회 전반에 마르크스-레닌주의 기본 이론을 선전하며 인민에 대한 당의 사상적 영도를 강화하여 올바르게 사상투쟁을 진행할 것을 요구했다. 이 선전사업회의에서는 당의 신민주주의 건국강령을 실시하는 시기에서의 사상 선전사업의 방침과 과업을 확정했고 각급 당의 영도기관으로 하여금 당 내외에서 마르크스-레닌주의선전교양을 진행하는 것을 하나의 중요한 사업으로 삼는 한편 당의 중심사업과 결부시켜 진행하도록 촉구했다.

중앙은 다음과 같이 강조했다. 마르크스-레닌주의의 지도적 지위를 확립하기 위해 각종 그릇된 사상과 투쟁해야 한다. 공산당 내부에서는 주로 형형색색의 비무산계급 사상을 제거하고 비판해야 하고 공산당 외부에서는 주로 반동적인 잔여세력을 깡그리 소멸하는 것과 밀접히 결부하여 모든 제국주의와 봉건주의적인 사상 영향을 숙청해야 한다. 항미원조전쟁이 시작된 후 당의 선전 및 사상 사업은 제국주의, 특히 미제국주의가 장기간 중국인민들 속에서 퍼뜨린 모든 해로운 영향과 반식민지 노예화적 매판사상과 남아 있는 국민당 반동파의 사상을 숙청하는 데 중점을 두었다. 미제국주의와의 투쟁에서는 민족적 자존심과 인민혁명전쟁의 위대한 전통을 떨쳐 일으키도록 했다.

사자본주의 경제가 존재하는 것을 허용하는 시기에 당은 자산계급사상에 대해서는 경계를 명확히 가르고 신중하게 대하는 방침을 취했다. 즉 당의 대오에 대한 자산계급사상의 침식을 방지하고 당내의 자산계급에 의해 부식된 사상과 투쟁하는 한편 현 단계에서 자산계급, 소자산계급 사상이 존재하는 합법성을 시인하면서 자산계급 부패사상을 반대하는 당내의 투쟁을 사회경제 분야까지 확대해 자본주의의 경제체제를 반대하는 일이 없게 했다. 그러면서 중앙은 다음과 같이 강조했다. 중국공산당은 복잡한 환경 속에서 사업하고 있으므로 모든 당원, 특히 간부들은 반드시 이 경계를 분명히 구분할 수 있어야 한다. 자산계급의 사상체계는 정확하지 못한 것이었고 노동계급의 사상과 자산계급 사상 사이에는 또 누가 누구를 전승하느냐 하는 투쟁문제가 있다는 점에 대해 명석한 인식이 있어야 한다. 그 때문에 자산계급과 정치적 및 경제적인 동맹을 계속 유지하는 한편, 인민들에게 자산계급 사상의 오류에 대해 지적하면서 마르크스–레닌주의의 입장과 관점, 방법으로 자산계급사상을 비판하고 반박하도록 해야 한다. "그래야 노동계급사상의 영도적 지위를 확립할 수 있고 노동계급의 정치경제적 승리를 담보할 수 있으며 중국에서의 마르크스–레닌주의의 승리를 보장할 수 있다."[33]

당은 인민들을 도와 중국혁명의 경험을 올바르게 이해시키며 중국의 혁명과 건설의 기본 이론과 방법을 장악하기 위해 신중국 창건 이후 즉시 마르크스–레닌주의의 원리를 중국혁명의 구체적 실천에 적용한 마오쩌둥 사상을 체계적으로 전파하는 임무를 제기했다. 1950년 5월에 당중앙위원회는 중공중앙 마오쩌둥선집출판 위원회를 설립하고 중앙의 이름으로 권위 있는 〈마오쩌둥선집〉을 편집하여 전국적으로 출판하기로 했다. 마오쩌둥은 해방 전에 내부에서 출판하거나 공개적으로 출판한 각종 마오쩌둥 선집과 문집에 대해 직접 목록을 새로 고르고 문고를 보충하고 문자를 정리하고 해석과 주해를 달아

---

33) 류사오치, '선전전선에서의 당의 임무'(1951년 5월 23일), 〈류사오치선집〉 (하), 민족출판사 1987년, 98쪽.

주었다. 1951년 6월 하순에 〈인민일보〉는 중국공산당 창건 30주년을 기념하기 위해 당의 많은 지도자가 쓴 기념 문장을 연속 발표하여 여러 측면에서 당의 역사와 중국혁명의 경험을 한데 모았다. 그리고 또 후차오무(胡喬木)[34]가 집필한 〈중국공산당의 30년〉도 발표했는데 이는 처음으로 중공중앙의 비준을 받고 집필된 당의 약사이다. 7월 1일부터 〈인민일보〉는 편집 중인 '마오쩌둥선집' 제1권의 부분적인 글들을 연이어 게재했다. 10월 12일에 〈마오쩌둥선집〉 제1권이 정식으로 출판되었는데 첫 발행에서 총발행량이 60만 부를 초과하면서 당시의 사회정치생활에서 사람들의 주목을 끌었다. 간부와 공산당원들, 청년들과 지식인 및 각계 인민대중 속에서 마오쩌둥 저작을 학습하는 열의가 일어났다. 1952년 4월과 1953년 4월에 〈마오쩌둥선집〉 제2권과 제3권의 출판과 더불어 중국 혁명과 건설의 지도 사상으로서 마오쩌둥 사상은 전국적으로 널리 전파되었고 따라서 이는 중국 인민의 사상 변화와 국가의 각항 사업의 발전에 심원한 영향을 주었다.

과학적 관점, 즉 마르크스주의적 관점으로 역사를 연구하고 해석하는 것은 당의 선전 및 사상문화 면에서의 중요한 사업이었다. 이는 경제사회의 전환 시기에 구사상의 영향을 제거하는 데 특히 의미가 있었다. 사업 내용이 구사회로부터 넘어온 사람들, 특히는 지식인들의 사상 전변과 관련되는 것이었기에 어느 정도 복잡성을 띠고 있었는데 이는 당에게 하나의 새로운 과제였다. 1951년에 당의 이 면의 사업은 우선 영화 〈무훈전〉[35]에 대한 평가를 둘러싸고 전개되었다.

---

34) 후차오무는 당시 정무원 신문총서 서장과 중공중앙 선전부 부부장직을 맡고 있었다.

35) 영화 〈무훈전〉은 상하이사영곤륜영상업공사가 1950년에 촬영한 영화인데 쑨위(孫瑜)가 각색하고 자오단(趙丹)이 주연을 맡았다. 영화는 청나라 말엽에 무훈이 30년간 동냥하면서 서당을 의무적으로

새로 상영된 이 영화에서 구가한 무훈은 청나라 말엽에 "동냥하여 학교를 꾸려" 이름났고 봉건 통치자들에게 표창받은 "천고에 드문 거지"였다. 이 영화를 둘러싸고 신문과 잡지에서는 찬미와 비판 두 가지 의견이 나타났다. 5월 20일, 〈인민일보〉는 "영화 〈무훈전〉에 대한 토론에 마땅히 중시를 돌려야 한다"는 제목으로 사설을 발표하여 무훈이란 이 역사적 인물을 어떻게 평가할 것인가 하는 문제를 제기했을 뿐만 아니라 중국 근대 역사와 중국혁명의 노선을 어떻게 볼 것인가 하는 것과 같은 근본적인 문제에까지 토론을 넓혀갔다. 마오쩌둥은 이 사설을 심열하고 수정하면서 마르크스주의를 습득했노라고 자처하는 일부 공산당원들이 구체적인 역사사건, 구체적인 역사인물(예컨대 무훈), 구체적인 반역사사상(예컨대 영화<무훈전>및 무훈에 관련된 기타 저작들에 부딪치기만 하면 "비판 능력을 잃어버리며 어떤 사람은 이 반동사상에 투항하기까지 한다."고 특별히 비판했다. 전국의 각 주요 신문과 간행물들이 이 사설을 실었다. 각지의 문화교육기관과 단체들에서는 학습과 토론을 조직하는 한편 신문과 잡지에 많은 글을 발표하여 영화 <무훈전>과 인물 무훈에 대한 비판을 벌였다. 무훈과 같은 구체적인 역사인물을 근대 중국의 역사적 조건에서 다시 고찰하면서 사람들을 도와 인민혁명이란 무엇이고 개량주의란 무엇인가를 올바로 알게 함으로써 사람들의 인식을 높여준 것은 필요한 것이었고 또 당시 학습을 새로 시작한 사상문화계에는 더구나 필요한 것이었다. 그러나 당시의 방법에는 뚜렷한 결함이 존재하고 있었다. 즉 사상인식문제를 반동사상에 '투항'하는 정치적 수준으로 부당하게 끌어올리는 바람에 교육문화계에서 정치적 비판을 통해 사상문제를 해결하

운영한 실화를 소재로 하고 있다.

려는 나쁜 선례를 보여주어 충분한 민주적 토론을 통해 옳은 것과 그른 것을 분명히 구분 짓는 목적에 이르는 데 불리했다.

교육, 과학, 문화, 위생 사업에 대한 개혁 및 기본적인 건설

인민민주주의 제도의 건립 및 이에 따른 사회의 변혁과 더불어 우매하고 낙후한 관념과 문화는 청산되고 과학적이고 진보적인 세계관, 역사관, 인생관이 광범한 인민들에 의해 점차 접수되기 시작했다. 민족적이고 과학적이며 대중적인 문화교육 발전에 관한 '공동강령'의 요구에 따라 당과 정부는 절도 있게 낡은 문화교육사업에 대하여 개혁을 진행하고 인민을 위해 복무하도록 지식인들을 고무하여 학교의 교육제도와 사상문화건설로 하여금 신구사회 교체의 요구에 응하고 생산사업의 회복과 발전을 추진하는 데 유익하게 했다.

중화인민공화국 창건 이전의 낡은 교육사업은 매우 낙후했고 문맹이 많았으며 기초교육도 박약했다. 도시에서는 적령기 아동의 입학률이 20%밖에 되지 않았고 노동자와 가난한 시민들의 자녀들은 일반적으로 공부를 할 수 없었으며 농촌에서는 아직 구식 교육이 상당히 많이 남아 있었고 농민 자제들은 거의 학비 때문에 학교 문 앞에 갈 엄두를 못 내고 있었다. 구식 교육은 전통적인 민족문화를 전파하는 기능을 가지고 있었지만 그중에는 봉건적인 내용이 많이 침투해 있었고 근대 이래의 신식교육, 특히 고등교육은 과학발전과 기술 진보를 위해 유용한 인재들을 양성했지만 교육 주최권은 대개가 제국주의에 의해 통제되고 있었다. 신중국이 창건된 후 구식 학교교육은 새 사회의 요구와 거리가 멀었다. 당과 인민정부는 옛것을 버리고 새것을 창조하면서 인민의 교육사업을 한껏 발전시켰다.

구사회에서 내려온 교육제도를 개혁하는 데 주로 두 가지 방면에서 이루어졌다. 하나는 교육 사업을 지난날 소수에게만 해당하던 것에서 광범위한 노동인민을 위하여 복무하는 방향으로 바꿨다. 둘째는 교육사업을 과거의 실제와 생산을 떠나던 데에서 국가의 생산사업을 복구하고 발전시키는 데 봉사하는 방향으로 바꿨다. 당은 낡은 교육사업에 대해서는 반동 정권기구를 무너뜨리는 방식을 취하지 말고 마땅히 먼저 타당하게 접수한 뒤 다시 점차 개혁하는 신중한 정책을 취해야 한다고 강조했다. 원래 국민당 정부에서 운영하던 여러 유형의 공립학교에 대해서는 일률적으로 인수하여 관리하고 각 학교의 교직원에 한해서는 극히 반동적인 개별분자들만 시후 처리를 하는 외에 모두 원래의 직무와 봉급 기준대로 계속 일하도록 했다. 사립학교에 대하여서는 일률적으로 원 상태를 유지하고 학교사업을 정상적으로 진행하게 했다. 이렇게 함으로써 학교의 교학질서를 수호하고 수많은 지식인의 사상을 안정시켰을 뿐만 아니라 교육의 전승성도 존중해주었다. 이 정책은 학교 교직원들과 사회 각계로부터 옹호와 지지를 받았다. 학교를 인수한 후 우선 파시즘 훈도제도, 특무통치 및 반동적 정치교육을 없애고 국민당 정부가 반포한 '당의', '공민', '동자군', '군사훈련' 등과 같은 반동성을 띤 과목을 폐지했다. 혁명적인 정치교육을 창건하고 정치경제학, 신민주주의론, 사회발전사 등과 같은 새로운 과정을 증설함으로써 마르크스-레닌주의, 마오쩌둥 사상에 대한 교육이 학교에서 자리를 잡도록 했다. 그리하여 기존의 교육사업이 완전히 인민들에게 되돌아오게 되면서 신중국의 교육사업 건설에 기초적 조건을 창조했다.

교육부는 1949년 12월 23일부터 31일까지 제1차 전국교육사업회의를 열고 구식 교육을 개혁하는 방침과 절차 및 새로운 교육을 발전에 관한 방향을 확정했다. 회의는 교육은 반드시 국가 건설을 위해 복무하고 중점적으로 노동자와 농민을 위해 복무해야 하며 보급과 제고를 정확하게 결부시키되 상당히 긴 시일 내에는 보급을 위주로 해야 한다고 강조했다. 그리하여 전국적 범위에서의 낡은 교육제도에 대한 신중한 개혁이 단계적으로 시작되었다. 개혁의 한 가지 중요한 측면은 낡은 사회에서 노동인민들이 교육을 받을 기회가 없었던 상황을 바꾸고 교육이 노농 대중들에게 문을 여는 문제를 해결하는 것이었다. 이 문제를 해결하기 위해 당은 소학교와 중학교를 발전시킬 것, 노동자와 농민의 자녀들을 널리 받아들일 것, 여러 가지 다양한 노농속성중학교, 노농간부문화보습학교(반)와 기술연수반을 운영할 것, 단기 속성의 방법으로 많은 노농간부, 산업노동자와 해방군 지휘원, 전투원들을 중등문화 수준에 도달하게 하며 학습 성적이 좋은 일부 사람들은 직접 대학교 또는 전문대학교에 들어가 수학할 수 있게 할 것을 요구했다. 증산절약운동 가운데 전국노동모범으로 평의받은 마헝창[36], 쑤창유[37], 자오구이란[38], 하오젠슈(郝建秀)[39] 등은 모두 노농속성중학교를 거쳐 기초 문화지식을 습득했고 또 고등교육학업까지 마칠 수 있게 되었다.

신중국 창건 초기까지만 해도 해외로부터 보조금을 받는 교회학교가 전국 각지에 많이 분포해 있었다. 중앙인민정부는 이런 교회학교

---

36) 마헝창은 선양제5기계공장 '마헝창소조' 조장이다. 항미원조전쟁이 발발한 후 이 작업소조는 전국의 종업원들에게 애국주의노동경쟁을 전개하는 데 관한 창의를 내놓아 전국 각지의 1만 8,000개의 작업반과 작업소조로부터 적극적인 호응을 받음으로써 국민경제의 신속한 복구를 위해 적극적인 추동적 역할을 했다.

37) 쑤창유는 둥베이공업부건설공정공사 하얼빈공정처 미장공반 반장으로 토막식 연속 벽돌쌓기 방법, 즉 '쑤창유벽돌쌓기법'을 창조하여 질을 보장하는 전제 아래 작업 효율을 높였다.

38) 자오구이란은 대련건신공장의 화학품배분녀공이다. 1949년 12월 19일에 그는 뇌산수은을 배치실로 운반하던 도중 갑자기 졸도했지만 공장의 안전을 보호하기 위하여 뇌산수은을 꼭 잡고 놓지 않았다. 넘어질 때 뇌산수은이 폭발하는 바람에 장애인이 되었다. 그는 '당의 훌륭한 딸'이라는 칭호를 받았다.

39) 하오젠슈는 국영칭하이제6면방직공장 정방사 여공으로 일련의 과학적인 정방사작업 방법, 즉 '하오젠슈작업법'을 발명하여 전국방직공업의 노동생산 능률을 높여 주는 데 큰 역할을 했다.

들이 정부의 정책과 법령을 준수하는 원칙에 따라 외국이 지원하는 보조금을 계속 받도록 허용했다. 그러나 어떤 외국 교회에서는 이 원칙을 얕잡아보고 무리하게 학교행정에 관여하고 학교개혁을 방해했으며 또 어떤 교회는 경비수입원을 단절하겠다고 협박하거나 교회학교를 이용하여 암암리에 반동선전과 적대활동을 벌였다. 이런 상황에서 인민정부는 교회학교 인수 사업을 시작했다. 1950년 10월에 중앙인민정부 정무원의 비준을 거쳐 교육부는 중국의 법령을 위반한 로마교황청이 주관하는 푸런대학(輔仁大學)을 정식으로 인수하여 자체적으로 운영하도록 명령했다. 그해 12월 말에 정무원에서는 미국 경내의 중국재산을 동결시킨 미국의 도발행위에 대비하여 '미국으로부터 보조금을 받고 있는 문화교육구제기관 및 종교단체 처리방침에 대한 결정'을 반포했다. 교육부는 이 결정에 따라 1951년 1월에 '미국으로부터 보조금을 받고 있는 교회학교 및 기타 교육기관을 처리하는 것에 관한 지시'를 발부하여 교회학교를 인수하는 처리방법을 규정했다. 푸런대학을 인수한 뒤를 이어 전국 각지에서는 외국으로부터 보조금을 받고 있는 대학 20개, 중등학교 514개, 초등학교 1,133개를 인수했고 상황에 따라 정부에서 인수하여 운영하던 데에서 공립 또는 중국인민이 자체 운영하는 사립학교를 세우고 정부에서 보조했다.

신중국 건설의 수요에 부응하기 위해 교육부는 1951년 말부터 전국 이공대학에 대한 조정 방안을 제정하기 시작했다. 1952년 후반부터 전국 각지의 대학교에서는 "공업 분야에서의 건설인재와 교사 양성을 중점으로 삼고 전문학원과 전문학교를 발전시키며 종합대학을 정돈하고 강화하는" 방침에 따라 차례와 단계를 나누어 학원과 학부를 조정하고 전공을 설치하는 사업을 진행했다. 첫째, 많은 대학의 문학원, 이학원, 법학원 또는 학부를 통합하고 종합대학을 조정하고 강화했다. 둘째, 각 대학의 공학원과 각 학부를 통합하여 다학과 성 공학원을 만들거나 독립시켜 전문적인 공학원을 설립하여 기계, 전 기기계, 토목, 화학공업 등 주요한 전공을 더욱 잘 갖춘 학과 체계를 형성했다. 동시에 사범, 농림, 의약 등 학원, 대학에 대한 조정을 진 행했다. 조정을 거쳐 대다수 성에서 종합대학 하나에 공과, 농과, 의 학, 사범 등 전문학원을 보유할 수 있게 되었다. 1953년에 이르러 전 국에 총 181개의 대학이 있었는데 그중 종합대학이 14개, 공과학원이 38개, 사범대학(학원)이 33개, 농림대학(학원)이 29개, 의약대학(학 원)이 29개였고 그 나머지는 재정경제, 정법, 소수민족 등 대학(학 원)들이었다. 이리하여 전국적으로 학과와 전공이 모두 잘 갖추어진 대학교 체계가 형성되었다. 1952년에 정무원에서는 전국 대학교들 에서 통일적으로 학생모집과 졸업생 배치를 시행하기로 하고 기존의 사립대학교 79개를 전부 공립대학교로 바꿨다.

대학교에서의 학원과 학부 조정을 통해 국가에서 시급히 필요한 건 설 인재를 양성할 수 있게 됨으로써 중국에서의 분포가 합리적이지 못하던 대학교의 상황이 어느 정도 바뀌었다. 그러나 경험 부족으로 실제 사업 가운데 일부 결함들도 나타났다. 예컨대 소련의 교육 모델 을 그대로 옮겨오다 보니 중국의 교육유산 중 우수한 부분들을 충분 히 받아들이지 못했고 일부 유명한 대학들이 지니고 있는 다년간 형 성된 학과들의 특장점을 충분히 배려해주지 못했다. 학과 구조에서 도 '이과, 공과의 분할, 문과와 이과와의 분가' 현상이 나타났고, 학 과 조절에서도 문과, 법학, 재정경제 학원과 학부를 너무 많이 철수 또는 통합시켰으며 사회학과 정치학 등 학과를 부당하게 취소했다. 이 같은 상황은 신중국의 교육사업의 발전에 일부 단점을 가져다주었다.

신중국의 문화건설은 먼저 문학예술 면에서 시작되었다. 제1차 중화전국문학예술사업 일꾼대표대회가 신중국 창건 전야인 1949년 7월 2일부터 19일까지 베이핑에서 열렸다. 마오쩌둥은 중공중앙을 대표하여 대회에 보내는 축전을 작성했다. 축전은 다음과 같이 명확히 지적했다. "혁명이 승리한 후 우리의 과업은 주로 생산을 발전시키고 문화교육을 발전시키는 것"이다. 당은 모든 애국적 문학예술사업인들이 한층 더 단결하도록 호소하여 인민을 위해 복무하는 문예사업을 폭넓게 발전시킴으로써 인민의 문학예술활동이 대대적으로 발전시키고 이로써 "인민들의 기타 문화사업 및 인민들의 교육사업과 손을 맞추며 인민들의 경제건설사업과 손을 맞추게 해야 한다."[40] 이는 신중국 문학예술의 발전에 올바른 방향을 제시했다.

제1차 중화전국문학예술사업인대표대회는 장기간 해방구와 원 국민당통치구에서 갈라져 있던 두 갈래의 문예대열이 합류하게 해줌으로써 진보적이고 애국적인 문학예술사업인들의 성공적인 대집합이 이루어졌다. '5 · 4'운동 후 분산 상태에 처해 있던 '신문예운동'은 이때부터 '새로운 인민의 문예' 시대에 들어서게 되었다. 이는 중국문학예술 발전 환경의 근본적인 변화였다. 회의에 참석한 문학예술계 인사들은 문학예술사상과 문학예술 면에서 공감을 이루었다. 즉 마오쩌둥의 '옌안문예좌담회에서 한 연설'에서 제기한 "문학예술은 인민을 위해 복무하되 무엇보다 먼저 노농병들을 위해 복무해야 한다."는 방침을 지금 이후부터 전국문학예술운동의 총체적 방향으로 확정하며 인민혁명의 승리라는 새로운 현실에 근거하여 신중국 인민문학

---

40) '중화전국문학예술사업일꾼대표대회에 보낸 중공중앙의 축전'(1949년 7월 1일), '마오쩌둥이 문학예술을 논함(증정본)', 인민문학출판사 한문판, 1992년, 82~83쪽.

예술의 건설을 위해 분투하자는 임무를 제기했다. 대회는 중화전국 문학예술계연합회 전국위원회(이하 전국문연)를 설립함과 동시에 그 산하에 여러 분류의 문학예술협회를 세워 인민문학예술사업의 발전을 지도하고 추진하게 했다.

신중국 창건 후 당과 인민정부는 민족문화의 우수한 전통을 계승하고 키우는 것을 창도하면서 인민의 문학, 예술, 희곡, 영화 등 문화사업을 중점적으로 발전시켰다. 진보적인 문학예술계는 지난날 반동세력의 압제를 받았기에 민족적이고 과학적이며 대중적인 문화 주제를 우회적이고 은유적인 방법으로 표현할 수밖에 없었다. 이런 상황은 신중국이 탄생하면서 근본적으로 바뀌었다. 1949년 한 해 동안 옌안문예좌담회 이후 해방구의 우수한 문학예술작품을 집대성한 '중국인민문학예술총서'가 총 53종으로 나뉘어 모두 출판되었다. 예를 들면 가극 '백모녀', 소설 '태양은 상건하를 비춘다'와 '폭풍취우' 등은 문학예술계에 새로운 기운을 가져다주었다. 많은 문학예술사업 종사자들이 현실 투쟁에 적극적으로 뛰어들어 사회생활 안으로 깊이 들어가 인민들의 정치적 각성을 일깨워주었다. 또한 인민들의 노동 열정을 고취하는 혁명전쟁과 민주개혁을 소재로 한 수많은 우수 작품들을 창작했다. 연극 '용수구', 가극 '장정', 소설 '금성철벽', 교양방송 '누가 가장 사랑스러운 사람인가?', 가곡 '조국을 노래하네', 영화 '강철의 전사' 등 작품들은 대중의 정신문화생활을 풍요롭게 했다.

중국에는 풍부한 희곡 유산이 있으며 수십만 명의 희곡예술인들이 수천만 명의 관중과 청중에게 영향을 주고 있었다. 당과 정부는 이 중요한 문학예술대열을 단합시키는 일을 매우 중요하게 여기고, 대중의 사랑을 받고 있으며 구사회를 겪은 모든 예술인을 마땅히 존중하고 그들을 노동인민의 일원으로 여기며 그들의 사회적 지위를 높여주어야 한다고 강조했다. 또한 그들이 낡은 문학예술에 대한 개혁에 적극적으로 참여하도록 동원해야 한다고 강조했다. 1951년 봄에 마오쩌둥은 중국희곡연구원에 책 머리글을 써주면서 "백화가 일제히 피어나고 낡은 것을 밀어내고 새것을 창조"하는 희곡사업을 번영, 발전시킬 방침을 제기했다. 5월 5일에 정무원은 희곡개혁사업에 관한 지시를 발부하여 '희곡개혁, 인원개혁, 제도개혁'에 관한 과업을 제기하면서 다음과 같이 요구했다. 희곡 무대를 정화하고 전통적인 희곡 작품을 정리하며 구사회의 희곡 가운데 봉건적인 요소를 제거하고 각종 희곡 형식의 자유경쟁을 고무해야 한다. 희곡예술인들은 정치와 문화 및 실무에서 학습을 강화해야 한다. 구사회의 극단과 연극사 운영에서 보이는 일부 불합리한 제도를 개혁해야 한다. 개혁에서는 예술유산에 대한 거친 태도도 반대했고, 낡은 것을 고집하면서 개진하려고 하지 않는 보수사상도 반대했다. 많은 희곡예술인은 여러 가지 사회정치활동에 참가하는 가운데 사상을 단련하고 교육을 받았으며 애국적 정치 열정과 창작 열성이 높아지면서 주도적으로 낡은 희곡 가운데 일부 소극적이고 해로운 내용과 노동인민들을 모욕하는 저속한 연기를 제거해버렸다. 개혁을 거쳐 나온 많은 우수한 극작품들은 새로운 사상을 바탕으로 하면서 낡은 유산을 정리한 것으로 인민들의 문화적 수요와 감상 취미를 드높이는 데 적합하여 대중으로부터 각별히 환영을 받았다.

출판사업에서는 '공동강령'에서 규정한 "인민의 출판사업을 발전시키며 인민에게 유익한 통속적 신문출판물 간행을 중요시"하는 방침에 따라 출판, 인쇄, 발행 등 기업에 대한 분업과 전문화를 시행하고 진국의 신화서점을 국영 출판물발행기구로 통일했으며 인민출판사 등 비교적 큰 규모를 갖춘 10여 개 국영 전문출판사와 신화인쇄공장을 설립했다. 공영과 사영 출판업의 관계를 합리적으로 조절하고 전업에 따른 분공을 원칙으로 국영과 사영 출판사의 출판 범위와 중점을 갈라놓았다. 문화사업의 발전과 진보를 위해 다년간 공헌한 생활, 독서, 신지식 등 서점들에 대해서는 해방 후 삼련서점으로 통합했다. 출판업계에서 유구한 역사를 가지며 상당한 영향력을 미쳤던 상무인서관, 중화서국, 개명서점 등 사영출판기구들도 연합 경영을 실시하면서 차츰 단계적으로 공사합영을 실시했다.

신중국이 창건된 후, 당과 정부는 과학기술이 건설사업에 미치는 역할을 매우 중요하게 여겼다. 중앙인민정부 정무원 산하에 설치한 중국과학원은 구중국의 '중앙연구원'과 '국립베이핑연구원' 및 그 소속 연구소들을 인수하여 창립한 것이다. 중국과학원의 주요 임무는 "근현대 과학성과를 계획적으로 이용하여 공업, 농업 및 국방건설을 위해 복무하며 전 중국의 과학연구 수준 향상을 위해 전국의 과학연구를 조직하고 지도하는 것"이었다. 학술연구를 실제 수요에 밀접하게 반영해야 한다는 방침에 따라 중국과학원은 과학 인재를 합리적으로 분배하고 산하의 과학연구기구를 조정하며 관련 사업을 충실히 수행했다. 또한 지방의 과학연구기구 설립을 지도하고 과학연구대열 건설을 강화할 뿐만 아니라 대학교, 산업 분야, 국방 분야의 과학연구기구와 손잡고 비교적 완벽한 과학연구 체계를 확립해감으로써 중국의 근대화 이래 뒤떨어진 과학 사업이 점차 부흥하도록 그 기초를 닦아놓았다. 동시에 당과 정부는 또 과학기술단체를 조직하는 사업에도 중시를 돌려 1950년 8월에 중화전국 자연과학전문학회연합회와 중화전국과학기술보급협회를 설립했다. 이 두 전국적인 과학기술단체는 광범한 과학기술사업 인재들을 단합시키고 학술연구와 학술교류를 촉진하며 과학 지식을 보급하고 인민들의 과학기술 수준을 향상하는 등 많은 사업을 벌였다.

의료위생 측면에서는 1950년 8월 7일부터 19일까지 제1차 전국위생회의를 소집하고 "노농병에게 관심을 돌리며" "예방을 위주로 하며" "중의와 서의를 단합"하는 것을 신중국 위생사업의 3대 원칙으로 확정했다. 이에 따라 각급 위생부문은 광범한 농촌과 도시 가두및 공장, 광산 기업들에서 기층위생조직을 설립했다. 전국적으로 또 각종 전문적인 방역기구를 세우고 방역대열을 두어 의학교육을 강화하고 의약위생 인력을 양성했다. 동시에 해방 전, 중의가 무시당하던 상황을 바꾸고 중의와 양의 간의 갈등을 풀어주어 중서의약위생 인력들을 단합시킴으로써 현대의학뿐만 아니라 전통의학도 발전시켜 다 같이 인민을 위해 복무하도록 했다. 그 밖에 항미원조전쟁 기간에 미국이 중국에 대한 세균전을 펼침에 따라 전국적으로 대규모의 애국위생운동을 전개했다. 많은 도시에서는 구사회로부터 수십 년 동안 쌓여온 쓰레기를 청소하여 시내의 구역 환경을 정리했다. 베이징시에서 썩은 물이 넘쳐흐르던 용수구를 성공적으로 정리한 것을 범례로 전국 도시와 농촌의 낙후한 위생 면모가 기본적으로 개선되었다.

지식인들의 사상개조운동

중화인민공화국이 창건되기 전, 지식인들의 수는 매우 적었다. 학교교육, 과학연구, 공정기술, 문화예술, 의약위생 등 몇 개 분야 지식인들이 전국 총인구에서 차지하는 비율은 매우 낮았다. 당은 역사적으로 지식인들이 혁명 가운데서 발휘하는 역할에 중시를 돌려왔기에 신중국이 창건된 후, 중국의 낙후한 경제문화 면모를 바꾸려면 반드시 지식인들을 당과 인민정부의 주위에 단합시키고 그들로 하여금

과학문화 지식을 충분히 이용하여 신중국의 건설사업을 위해 복무하도록 해야 한다고 한층 더 강조했다.

구사회를 겪어온 지식인들의 대다수는 애국적이었다. 민주주의 혁명에 적극적으로 참가했던 진보적인 지식인들은 해방 후 당의 주위에 더욱 긴밀하게 뭉쳤고 적지 않은 사람들은 당과 정부부서에서 중견으로 활약하고 있었다. 혁명에 동정심을 품었던 많은 지식인도 새로운 정권에 마음을 두면서 공산당의 영도 아래 새로운 국가를 건설하기를 원하고 있었다. 도시에 진입한 초기에 당과 정부는 구사회를 겪어온 지식인들에 대해 "몽땅 받아들이는" 정책을 시행하여 그들의 절대다수가 교육, 문화, 과학, 기술 등 사업을 계속하면서 자신들의 능력을 발휘하게 했다. 지식인들 가운데 대표적인 인물들에 대해서는 알맞은 사회정치적 지위를 주고 그들을 통해 각 방면 각 분야 지식인들을 연계하고 단결시켜 새로운 국가를 함께 건설하도록 했다. 당은 또 해외에서 유학하거나 거주하는 학자와 유학생들이 귀국하도록 적극적으로 노력하여 그들을 도와 나라를 위해 힘을 이바지하려는 염원을 실현했다. 1949년 12월 6일, 정무원 문화교육위원회는 유학생귀국사무위원회를 설립하고 유학생과 학자들의 귀국 사항을 통일적으로 처리했다. 1950년을 전후하여 리쓰광(李四光), 화뤄겅(華羅庚), 예두정(葉篤正), 청카이자(程開甲), 셰시더(謝希德), 자오중야오(趙忠堯), 왕간창(王淦昌) 등 많은 과학자와 학자들은 해외에서의 좋은 조건을 포기하고 결연히 조국으로 돌아와 건설에 참여했다. 1952년 말에 이르러 유학생귀국사무위원회에서는 이미 2,000여 명에 달하는 귀국유학생과 전문가, 학자들을 맞이했다. 이는 광범한 지식인들의 애국 열정을 집중적으로 체현했다.

신중국 창건 초기는 중국이 구사회에서 신사회로 갓 들어선 시기였기에 지식인들 가운데는 제국주의와 봉건적 매판사상의 영향이 아직도 깊이 남아 있었다. 많은 사람은 새로운 사회 물정을 잘 이해하지 못하고 익숙하지 못했다. 상황이 그렇다 보니 지식인들은 혁명, 공산당, 그리고 새로운 사회를 깊이 있게 이해함으로써 정세의 거창한 발전과 변화에 적응할 수 있기를 바랐다. 지식인들에 대한 단결, 교양, 개조의 방침에 따라 각지에서는 군정대학과 혁명대학 및 여러 가지 단기훈련반을 운영하고 지식인들을 조직하여 시사정치문건을 학습시켰으며 사회 발전사, 역사적 유물주의, 신민주주의론 등 이론 과목을 개설했다. 새로운 해방구의 수많은 청년학생과 구식 교육 또는 서방 교육을 받은 지식인들은 바로 이런 교육과 학습을 통해 노동이 인류 세계를 창조했다는 등 기본적인 도리들을 알게 되었고 중국혁명과 중국공산당을 인식하기 시작했으며 점차 혁명적인 인생관을 수립하기 위한 초보적인 토대를 다지게 되었다.

1951년 9월에 베이징대학 교장인 마인추(馬寅初) 등은 교직원들의 정치사상 수준을 높이며 학교의 교육개혁을 추동하기 위해 저우언라이에게 편지를 보내 마오쩌둥 등 중앙지도자들이 베이징대학의 정치학습운동에서 교원직을 맡아줄 것을 간절히 요청했다. 당중앙위원회는 적극적으로 배우려는 이런 행동을 아주 찬성하고 지지하면서 학습운동을 베이징과 톈진에 있는 모든 대학교에 확대하기로 했다. 9월 29일에 저우언라이는 당중앙위원회의 위탁을 받고 베이징과 톈진의 대학교교원학습회의에 참석한 3,000여 명의 교원에게 '지식인의 개조 문제에 대하여'를 보고했다. 저우언라이는 자신의 경력과 결부하여 지식인의 사상개조 필요성에 대해 알기 쉽게 설명하고 나서 민족사상과 애국사상을 지닌 모든 지식인이 인민의 입장에 더 가까이 서고 더 나아가서는 노동계급의 입장에 서도록 노력하라고 고무했다.

그는 입장문제는 단번에 해결될 수 있는 것이 아니고 일정한 과정이 필요하지만 반드시 이러한 과정을 촉진하여 지식인의 진보를 추진하는 한편 생길 수 있는 여러 가지 편차들을 방지해야 한다고 강조했다. 저우언라이의 강의는 친절하고 성실하여 회의 참석자들은 깊은 교육과 계발을 받게 되었고 사상을 개조해야만 사상 측면에서의 진보를 이룰 수 있음을 깊이 느끼게 되었다. 뒤이어 베이징과 톈진 두 도시의 20여 개 대학교에서 마르크스-레닌주의, 마오쩌둥 사상을 주요 내용으로 학습하고 본인의 사상과 학교의 실제에 결부하여 비평과 자기비평을 진행하면서 봉건매판사상을 숙청하고 자산계급과 소자산계급 사상을 비판하는 학습운동이 전개되었다. 11월 30일에 당 중앙위원회는 영도에 따라 계획적으로 대, 중, 소학교의 교직원들과 고중 이상 학생들 가운데 기본적인 사상개조사업을 보편적으로 진행하며 주로 혁명과 반혁명을 명확히 분별하고 인민을 위해 복무하는 태도를 수립하는 문제를 해결하라고 지시했다. 이로부터 사상개조학습운동이 전반 교육 분야에 보급되기 시작했다.

마오쩌둥은 문화와 교육계 지식인들의 자기 교육과 자기 개조 운동을 찬양했다. 그는 중국인민정치협상회의 제1기 제3차 회의에서 한 연설에서 지식인들에 대한 여러 방식의 사상개조는 중국이 여러 측면에서 민주개혁을 철저히 실현하고 점차 공업화를 실시하는 하나의 중요한 조건으로 이는 축하할 만한 새로운 기상이라고 지적했다. 중화전국문학예술연합회는 마오쩌둥의 호소를 받들고 문학예술계에서 한 차례의 정풍학습을 시행하기로 했다. 1951년 11월 하순부터 1952년 여름까지 각지에서는 마오쩌둥의 '옌안문예좌담회에서 한 연설' 발표 10주년 기념에 발맞춰 문학예술계에서 정풍학습을 전면적으로 전개했다. 또한 문학예술사업에 남아 있는 자산계급 및 소자산계급

사상의 영향을 기본적으로 밝혀내고 문학예술은 무엇보다도 먼저 노농병을 위해 복무해야 한다는 방향을 명확히 했다. 1952년 1월에 중국인민정치협상회의는 학습위원회를 설립하고 각 민주당파와 무소속 민주인사, 상공업 및 종교계 인사들을 책임지고 조직, 영도하여 학습운동을 전개했다. 전국적으로 한창 전개되고 있는 '3반' 운동과 더불어 비평과 자기비평을 통해 국가 이익과 인민의 이익에 위배되는 그릇된 사상과 행위를 바로잡도록 했다. 1952년 6~7월경 과학기술계에서도 학습운동을 전개했다. 그리하여 사상개조를 주요 내용으로 하는 학습운동은 교육계에서 시작하여 점차 전반 지식계로 퍼지고 전국적 규모의 지식인 사상개조운동으로 발전했다.

　지식인들의 사상개조는 우선 한 차례 학습운동이었다. 주로 해당 문건을 학습하여 국내외 정세와 당의 제반 정책을 이해했다. 또한 여러 유형의 강연대회를 열고 토지개혁, 항미원조, 반혁명진압 전시회를 견학하거나 또는 공장과 농촌에 대한 견학을 조직함으로써 각계 지식인들이 정치적 각성을 높이고 혁명적 입장에 굳건히 서며 정치적으로 큰 시비와 피아 계선을 명확히 구분하는 문제를 해결하며 애국주의사상과 인민을 위한 복무 사상을 수립하도록 도와주었다. 학습과 제고를 바탕으로 비평과 자기비평을 진행했다. 자각을 일깨워야 한다는 원칙 아래 지식인들은 자신들의 경력에 따라 일정한 범위의 작은 회의에서 자신의 낡은 사상, 낡은 관념 및 불량한 작풍을 검토하고 대중의 평의를 듣고 받아들였으며 소속 단위 학습위원회에서는 그들을 도울 수 있는 의견을 제시했다. 개인적으로 정치 및 역사 면에서 확실히 문제가 있거나 오점이 있는 지식인에 대해서는 조직적으로 징리하는 단계에서 솔직하게 자료를 써내도록 요구하고 조직에서 합당하게 결론을 지음으로써 그들이 역사적인 부담을 털어버리고 가벼운 몸과 마음으로 나서도록 했다. 이러한 절차를 거쳐 전국적인 지식인 사상개조운동은 1952년 가을에 기본적으로 끝났다. 전국 대학교 교직원의 91%, 대학생의 80%, 중학교 교원의 75%가 이 운동에 참가했다.

사람들의 사상과 태도를 전환 변화시키는 가운데 문제를 어떻게 확실하게 해결할 것인가에 대한 경험 부족으로 지식인들의 사상개조사업에는 일부 결함들이 나타났다. 주로 사상 가운데 일부 문제에 대한 옳고 그름의 경계가 뚜렷하지 못했다. 예컨대 어떤 단위에서는 소련을 따라 배우면서 소련의 일부 생물학설은 '무산계급'의 것으로 인정하고 서방과학자들의 생물학설은 '자산계급'의 것이기에 비판하기를 요구했다. 어떤 단위들에서는 군중투쟁의 방법을 취하고 사상을 검토하는 과정에 '사람마다 고비를 넘을 것'을 요구했고, 실제 방식도 다소 단순하고 거칠어 지식인들에게 엄청나게 큰 압력을 주었으며, 일부 지식인의 감정을 해치기도 했다. 이같이 사상개조를 운동의 방식으로 진행한 교훈은 총화해 볼 필요가 있었다. 그러나 총체적으로 볼 때 구사회에서 신사회로 넘어가는 전환기에 진행한 중국 지식인들의 자기 교육과 자기 개조의 효과는 적극적인 것이었으며 당은 운동 가운데 나타난 결함을 비교적 알맞게 바로잡았다.

역사적으로 볼 때 신중국 창건 초기의 지식인들의 사상개조운동은 총체적으로 낡은 사회를 겪어온 지식인들이 새로운 것을 익히려 하고 사상을 바꿔 새로운 사회에 적응하려 하는 요구에 맞았다. 실천의 결과도 설명하다시피 이 같은 사상개조 활동과 인식제고 활동은 광범한 지식인들이 새로운 정신적 면모로 신중국 건설 사업에 적극적으로 뛰어드는 데 유익했다. 사상을 개조하는 과정에 교육문화, 신문출판, 과학기술, 의약위생 등 사회 각계의 지식인들은 토지개혁, 항미원조와 정권을 공고히 하는 실제 투쟁에 발맞춰 여러 방식의 학습 활동을 통해 자기비평과 자기 교육을 진행했다. 사상적으로 남아 있던 제국주의와 봉건매판계급의 영향을 제거했으며 정치적으로 혁명과 반혁명의 경계를 명확히 구분하고 아울러 자산계급의 사상과 유심론적 관념을 청산한다는 측면에서 기본적으로 성과를 거두었다. 또한 사상개조를 통해 대다수 지식인은 노동인민을 경시하던 낡은 사상을 버리고 한 걸음 더 인민의 곁에 다가서게 되었다. 또한 유물론적 역사관과 유물변증법을 학습하고 장악하기 시작했으며 마르크스주의적 세계관을 기본적으로 수용할 수 있게 되었다. 이것은 신중국 창건 초기에 당의 지식인들에 대한 사상개조사업의 주류였다. 당의 단결, 교육, 개조 방침의 인도 아래 광범한 지식인들은 실제적인 투쟁의 시련을 이겨냈으며 힘써 사회의 변화에 적응하고 시대의 요구에 부응하면서 신중국의 교육, 과학, 문화 사업의 발전을 위해 그들의 지식과 재능과 지혜를 다해 헌신했다.

5. '3반(反)', '5반(反)' 운동

탐오와 낭비를 반대하며 관료주의를 반대하는 투쟁

항미원조전쟁 기간에 국내의 공업과 농업 전선에서는 애국증산운동이 폭넓게 전개되었다. 농촌에서의 토지개혁이 실현되고 공장, 광산 기업에서의 민주개혁이 실현된 후 노동자와 농민들이 애써 생산을 증가하려는 열성이 더욱 활발히 일어나 당과 정부에서는 노동자와 농민에 더한층 의거하고 그들을 단합시켜 전국적 범위에서 보편적으로 기세 드높은 애국증산운동을 벌이기로 했다. 1951년 10월 23일에 열린 중국인민정치협상회의 제1기 제3차 회의에서 마오쩌둥은 항미원조라는 절실하고 정의적인 투쟁을 계속 견지하기 위해 중국은 항미원조사업을 계속 강화해야 하며 생산을 늘리고 절약을 이행함으로써 중국인민지원군을 지원해주어야 하는데 이것은 오늘날 중국인민의 중심 과업이라고 지적했다. 회의는 전국의 여러 민족과 여러 계층 인민들에게 증산절약운동을 벌일 것을 호소했다. 생산을 늘리고 절약하는 것은 항미원조 전선의 물자공급을 보장하기 위한 수요이면서 또한 대규모 경제건설을 전개할 준비를 하여 국가의 공업화를 위해 자금을 축적하기 위한 수요이기도 했으며 또 당의 규율과 정부기관의 규율을 정돈하고 사업 효율을 높이며 사회기풍을 바로 세우는 수요이기도 했다. 또한 이는 국가건설의 기본 방침이었다.

증산절약운동이 전개되면서 각급 당과 정부 기관 내부에 존재하던 많은 놀라운 탐오, 낭비 현상과 관료주의의 문제들이 폭로되었다. 11월 1일, 둥베이국은 중앙에 증산절약운동의 전개 상황을 보고할 때 선양시의 일부 단위에서 적발된 탐오행위가 있는 자들의 사례를 들면서 탐오퇴화를 반대하는 투쟁은 복잡하면서도 첨예한 투쟁이라고 인정했다. 11월 29일, 화베이국은 중앙에 허베이성에서 적발된 류칭산(劉青山)과 장쯔산(張子善) 두 사람이 각기 중국공산당 톈진지구위원회 서기와 톈진행정공서 전원을 맡고 있던 기간에 대탐오범으로 타락한 심각한 상황을 보고했다. 여러 중앙국으로부터 보고된 상황은 당중앙위원회와 마오쩌둥의 높은 중시를 불러일으켰다. 30일에 중앙위원회는 화베이국의 보고를 비준, 발부한 회답에서 류칭산, 장쯔산이 적발된 사건은 간부들이 자산계급에 물들어 엄중한 탐오행위가 생기는 데 특별히 주목해야 한다고 전당에 경고를 내린 것이라고 제기하고 나서 반부패를 한 차례의 큰 투쟁으로 삼고 주도해야 한다고 지적했다.

1951년 12월 1일에 중공중앙은 '기구 간소화를 실시하며 생산을 늘리고 절약하며 탐오를 반대하며 낭비를 반대하며 관료주의를 반대하는 것에 관한 결정'을 내렸다. '결정'은 다음과 같이 지적했다. 도시에 진출한 2년 동안 엄중한 탐오 사건들이 끊임없이 발생했는데 이는 당중앙위원회 제7기 제2차 전원회의에서 제기한 자산계급사상의 부식을 방지하고 극복해야 한다는 방침의 근거를 정확히 보여준다. 지금이 바로 이를 확실하게 집행해야 할 때이며 그러지 못한다면 큰 오류를 범하게 될 것이다. 그러면서 '결정'은 전당에 경고했다. "국가사업, 당무사업과 인민단체사업에 종사하는 당원들이 직권을 이용하여 탐오를 벌이고 낭비를 조성하는 것은 모두 엄중한 범죄 행위에 속한다." 중앙은 당의 영도 아래 당, 정부, 군대 세 계통에서 각기 각급 증산절약검사위원회를 설립하고 지도자가 직접 책임지고 나서서 상급기관에서 하급기관으로, 하급기관에서 상급기관에 이르는 방법으로 탐오와 낭비 현상을 검사하면서 이 투쟁을 전개하도록 결정했다. 당의 방침은 모든 대, 중, 소형의 탐오 사건들을 철저히 적발, 폭로하되 중점적으로 대탐오범을 타격하고 중, 소형의 탐오범에 대해서는 이를 되풀이하지 않도록 교육하고 개조하는 것이었다.

1952년 양력설에 마오쩌둥은 중앙인민정부의 명의로 개최된 양력설 세배모임에서 축사에서 전국 인민과 모든 사업 종사자들이 함께 일어나 높은 기세로 신속히 대규모의 반탐오, 반낭비, 반관료주의 투쟁을 전개함으로써 낡은 사회가 남겨놓은 이런 오물과 독소를 깨끗이 씻어버릴 것을 호소했다. 1월 4일에 당중앙위원회는 정해진 기한에 '3반' 운동을 벌이는 데에 관한 지시를 내렸다. 1월 초에 이르러 각 중앙국, 중앙분국, 성, 직할시, 자치구 당위원회, 각 대군구당위원회, 중앙인민정부 각 부는 거의 모두 동원과 배치를 기본적으로 끝냈다. 전국의 현급 이상 기관과 단위들에서는 간부와 전체 사업 종사자들을 동원하여 문건을 학습하고 각급 지도자들의 연설과 보고를 학습하면서 사상을 통일하고 인식을 통일했으며 자체로 자백하고 탐오행위를 검거했다. 일부 전형적인 탐오사건은 적발되는 대로 사회에 공개함으로써 탐오분자들에 대해 내외로 협공하는 정세를 이루었다. 한 차례의 대중적인 '3반' 운동이 전국적으로 재빠르게 고조되었다.

당중앙위원회는 운동의 발전을 추동하기 위해 전형적인 중대한 사건을 제때에 통제하고 엄중하게 처리했다. 2월 1일에 베이징시에서는 공판대회를 열고 최고인민법원에서 7명의 대탐오범에 대해 판결을 내렸다. 그중 두 사람은 사형을 선고받았다. 2월 10일에 허베이성에서는 보정에서 영향력이 더 큰 류칭산과 장쯔산에 대한 공판대회를 열었다. 류칭산과 장쯔산은 입당 기간이 길고 혁명전쟁의 시련을 겪은 지도간부들이었다. 그러나 도시에 진출한 후 착취계급사상에 부식되면서 직권을 이용하여 공금 171만 위안을 도용하고 투기매매와 암거래 등 불법경영 활동을 했다. 또한 치수민부들의 돈 22만 위안을 갈취하고 국가의 재산과 자금에서 3만 7,000위안을 탐오하고 탕진했으며 부화타락한 생활을 하여 인민의 죄인으로 처벌되었다. 비록 이들이 민주주의혁명 시기에 공로를 세웠지만 당은 절대 용서하지 않았다. 전국의 정권을 장악하고 있는 정당이라는 점을 고려할 때 만약 당내의 극단적 부화타락분자들에 대해 엄격하게 징벌하지 않는다면 "우리 당은 인민대중에게 할 말이 없어지고 국법이 무기력해질 것이고, 당에 대한 손해가 엄청나게 심각해질 것"[41]이었기에 당중앙위원회와 마오쩌둥은 류칭산과 장쯔산에게 사형을 선고하는

---

41) '중국공산당 허베이성위원회에서 유청산과 장자선의 처리의견을 두고 화베이국에 보낸 전보', 1951년 12월 14일.

것에 관한 화베이국의 제의를 비준했다. 허베이성인민법원은 최고인민법원의 심사 비준을 거쳐 류칭산과 장쯔산을 사형에 처했다.

'3반' 운동이 철저히 전개되면서 당과 정부 및 군대 기관들에서 생산사업에 대한 엄중한 문제들이 존재한다는 사실이 드러났다. 지난날 혁명전쟁 시기에 적들의 봉쇄를 받고 있는 특수한 조건에서 근거지의 당, 정부, 군대, 대중 기관들은 생산경영에 종사하여 생산을 발전시키고 공급을 보장하며 전쟁을 지원하고 재정난을 극복하는 데 어느 정도 적극적인 역할을 했다. 그러나 전국적인 승리를 거둔 후 이러한 수요는 이미 점차 줄어들었고 기관에서의 생산의 분산성과 맹목성은 오히려 국가 경제의 집중 및 계획성과 저촉이 생기게 되었다. 특히 착취계급사상의 침식으로 말미암아 일부 국가사업의 종사자들은 정력이 분산되고 기관의 생산을 통해 이윤을 추구하는 데에만 깊이 빠져들어 향락만 탐내다 보니 엄중한 탐오와 낭비 현상이 나타나게 되었다. 이 같은 상황에 따라 당중앙위원회의 비준을 거쳐 정무원은 1952년 2월에 '기관에서의 생산을 통일적으로 처리하는 것에 관한 결정'을 발부하고 기관에서의 생산을 마무리하기로 했다.

중앙에서 규정한 방법에 따라 각급 인민정부, 인민해방군, 학교, 당파, 인민단체 과 그 소속 각 부문, 각 단위에서 경영하던 공업, 농업, 상업, 건축업, 교통운수업 등 기관기업체들 중 경영을 비준받은 일부 생산사업을 제외하고는 일률로 중앙, 대행정구, 성(시), 전구, 현 각급 인민정부에서 기관생산처리위원회를 조직하여 등록하고 청산하게 했다. 기관생산에서 기업체의 모든 투자는 그 수입원의 여하를 불문하고 모두 통일적인 처리를 기다리게 했다. 기관의 생산으로부터 얻은 모든 수입에 한해서는 일률로 인출하지 못하며 이를 위반한 자는 엄격히 징벌하게 했다. 중앙의 이 같은 결정은 권력으로 개인의 욕심을 채우고 간부대열이 침식당하는 등 기관생산으로 의해 빚어진 폐단의 근원을 효과적으로 뿌리 뽑음으로써 '3반' 운동으로 하여금 당과 정부 부문 자체의 결함을 극복하는 중요한 성과를 거둘 수 있도록 했다.

'3반' 운동은 당이 전국적 범위에서 집권한 후 당과 정부기관의 청렴을 유지하고 탐오와 부패를 반대하기 위해 진행한 최초의 투쟁이었다. '3반' 운동이 대중운동의 방식을 취하게 된 것은 당시의 역사적 조건과 경험에 의해 결정되었다. 탐오범을 수사하는 '범잡이' 단계에서 "구체적인 계획을 세우고 목표 수치와 기대 수치를 정하며 상황의 진전을 보면서 '범잡이' 수치를 추가"한 경험을 보급하고 탐오혐의가 있는 사람에 대해 "대담하게 의심하고 자료를 수집하며 시험적으로 수사"할 것을 요구했기에 많은 지방과 부문에서 과격하게 투쟁하는 편향이 나타났다. 당중앙위원회는 이를 알아차리고 제때에 바로잡았다. '범잡이'가 고조될 무렵에 마오쩌둥은 공술을 강요하고 그것을 믿는 것을 방지해야 한다고 제기하고 또 법정에서 재판하고 탐오한 것을 몰수하고 사건을 최종으로 확정하는 단계에서는 반드시 실사구시하고 틀림없으면 결론짓고 오판했으면 이를 바로잡고 혐의를 인정하기 어려운 자는 처리를 잠시 보류하도록 제기했다. 1952년 4월에 중앙인민정부에서는 '중화인민공화국 탐오징벌조례'를 반포하고 시행하여 탐오에 관련한 문제를 처리함에 그 방침, 방법, 절차 및 비준권한 등을 명확히 규정함으로써 해당 처리사업이 법정재판 절차에 들어서도록 했다. 마오쩌둥은 법정에서 재판하고 탐오한 것을 몰수하고 사건을 최종적으로 확정하는 사업에서 사실대로 문제를 해결하고 주관주의와 부정적인 반향을 두려워하는 정서를 극복할 것을 요구하면서 "이는 공산주의자들이 국가를 통치하는 데 아주 좋은 학습이며 전당과 전국 인민 모두에게 커다란 의의를 갖고 있다."고 지적했다. '3반' 가운데서 발견된 문제에 근거하여 중앙은 제도건설을 강화하는 데 주로 재정과 기본건설 등 각종 제도를 건립하고 건전히 함으로써 탐오, 낭비와 관료주의 현상의 재생을 방지해야 한다고 총화하고 강조했다.

'3반' 운동은 1952년 10월에 종결되었다. 총체적으로 말하여 이번 반탐오투쟁은 기본적으로 건전하게 발전했다. 통계에 따르면 전국 현급 이상의 당과 정부기관에서 1,000위안 이상 탐오한 사람이 총 10만 8,000명이 되었는데 이는 '3반' 운동에 참가한 총수의 2.8%를 차지했다. 그중 중·소형 탐오범이 절대다수였는데 행정적으로 처분을 받은 사람이 20.8%였고 처분을 면제받은 사람이 75.56%였다. 만위안 이상을 탐오하여 형사처리를 받은 대탐오범이 3.64%였는데 그중 유기도형을 선고받은 자가 9,942명, 무기도형을 선고받은 자가 67명, 사형을 선고받고 즉각 집행된 자가 42명, 사형집행유예를 선고받은 자가 9명이었다. '3반' 운동은 간부의 대다수를 교양했고 과오를 범한 동지들을 건져냈으며 당대오와 국가간부대열 중 탐오부패범들을 제거했다. 동시에 '3반'은 또 대중적인 사회개혁운동으로서 낡은 사회가 남겨놓은 악습과 자산계급의 부패를 힘차게 배격했으며 국가사업 종사자들의 청렴하고 소박하며 인민을 위해 복무하는 사업작풍을 수립해주었다. 동시에 사회 각계 대중들의 광범한 참여로 절약하고 간고분투하며 국가재산을 사랑하는 등 새로운 사회기풍이 한층 더 강화되었다.

자본가들의 불법행위를 타격하는 '5반' 운동

'3반' 운동이 당기관과 국가기관에서 전개되면서 각지 각 부문에서는 일부 기관 내부 인원들이 사회의 불법 자본가와 서로 결탁하여 국가자산을 삼켜버린 사건들이 드러났다. 총체적으로 볼 때 1950년의 도시상공업을 합리적으로 조정한 후 사영상공업은 보다 큰 발전을 이룩했다. 그러나 자본가들 중 불법분자들은 정상적이고 합법적으로 이윤을 획득하는 데 만족하지 않고 국가사업 종사자들에게 뇌물을 주는 등 불법적으로 폭리를 획득하려고 온갖 애를 썼다. 1951년 11월에 둥베이국은 중앙에 제출한 보고서에서 다음과 같이 밝혔다. 두 달 동안 적발된 많은 탐오자료에서와 모든 중대한 탐오사건에서 사영업자와 간부들 중의 부화타락한 자들이 서로 결탁하여 국가재산을 공동 절도를 범했다는 것이 그 공통된 특징임을 알 수 있다. 12월에 제출한 화둥국(華東局)의 보고서에서도 당과 정부 기관 내부에 생긴 탐오는 흔히 불법 상인들과 외부에서 결탁하여 생겨난 것이라고 지적했다.

이 같은 심각한 상황을 고려하여 중앙은 당과 정부 기관 사업 종사자들 가운데서 '3반' 투쟁을 전개하는 동시에 상공업계에서도 뇌물을 주며 탈세와 누세로 국가재산을 절취하고 품과 원료를 속여 떼먹으며 국가 경제 정보를 절취하는 등 '5독'을 반대하는 '5반' 운동을 벌이기로 했다. 1952년 1월 5일에 중앙은 베이징시의 '3반' 투쟁에 관한 보고서를 넘기는 회답에서 '5반' 투쟁을 큰 규모로 벌여 자산계급이 3년 동안 이 문제에서 발동한 발광적인 진공에 단호한 반격과 무자비한 타격을 가할 것을 요구했다. 1월 26일에 중앙은 '우선 대도시 및 중형도시들에서 5반 투쟁을 전개하는 것에 관한 지시'를 발부하여 전국의 모든 도시, 우선 대도시와 중형 도시들에서 노동계급에 의거하고 법을 지키는 자산계급 및 기타 시민과 단합하여 불법자산계급을 향해 한 차례 단호하면서도 철저하며 대규모적인 '5반' 투쟁을 벌일 것을 요구했다.

운동 가운데 적발 폭로된 상황으로부터 보면 불법 자본가들의 '5독' 행위는 그 파급 범위가 아주 넓었다. 국가 세무국의 1950년 제1기 영업세납부후의 표본조사자료에 따르면 상하이시의 3,510호 납세호 가운데 탈세 행위가 있는 호가 99%였고 톈진시의 1,807호 납세호 가운데 탈세누세 행위가 있는 호가 82%였다. 또 베이징시 1952년의 조사에 따르면 약 1만 3,087호, 즉 상공호 총수의 26%가 뇌물을 준 행위가 있었다. 일부 불법 자본가들은 국가공사 건설을 도급 맡고 가공주문 임무를 완수하는 가운데 품과 원료를 속여 떼어먹고 속임수를 써가며 사기를 쳤다. 특히 항미원조 전선에 보내는 군수물자 속에도 불법자본가들이 제조하고 판매한 변질된 통조림 식품, 가짜 불량약품과 세균이 묻은 구급가방 등이 들어 있어 일부 전사들이 그것을 쓰고 병에 걸리거나 불구가 되고 심지어는 목숨까지 잃은 일까지 발생했다. 이는 광범한 인민들의 사회적 분노를 초래했다. "자산계급의 발광적인 진격을 물리치는 것"은 그 시기 전국 국민들의 강렬한 목소리로 되었다.

'5반' 운동의 시작과 전면적인 전개 단계에서 우선 불법 자본가들의 법을 엄중하게 위반한 범죄 사실을 대량으로 적발 폭로하여 그들을 고립에 빠뜨렸다. 인민정부는 많은 간부, 산업노동자들과 점원 가운데 열성분자들을 뽑아 공작대 또는 검사조를 조직한 후 차례를 나누어 사영 공장과 상점에 들어가게 했다. 그들은 기업체의 노동자와 점원을 중심으로 일반직원들을 단결시키고 고급직원들을 쟁취하여 노동계급을 주체로 하는 통일전선을 구축했다. 중점호에 대해서는 상층에서 기층으로 훑으며 중점적으로 검사하는 방법과 기층에서 상층으로 올라가며 민중을 동원하여 직접 만나 가르치면서 투쟁하는 방법을 취했다. 일반적인 불법행위가 있는 자본가에 대해서는 정책을 분명히 설명해주고 이해관계를 확실히 말해주는 데 치중하면서 그들이 자백하여 공을 세우는 길을 선택하도록 했다. 악행이 뚜렷한 일부 불법자본가는 인민정부에서 체포하여 법에 따라 처리했다.

이번 운동이 시간적 제한을 받으면서 전개되고 또 기세 드높게 진행되다 보니 적지 않은 도시들에서는 한때 타격 범위가 지나치게 넓어진 상황이 나타났다. 심지어 어떤 곳에서는 공술을 강요하고 그 공술을 근거로 삼는 등의 현상이 나타나 준법 경영을 원하는 일부 상공업자들에게 상처를 입혔고 따라서 정상적인 경제생활도 일정하게 교란을 받게 되었다. 운동이 고조되자 당중앙위원회는 제때에 여러 큰 도시에서 반드시 정책에 주의를 기울이고 경제생활을 정상적으로 유지하는 데 주의해야 하며 생산, 운수, 금융, 무역 중 하나라도 중단되지 않도록 해야 한다고 지시했다.

'5반' 운동 과정에 마오쩌둥은 '공동강령'에 따라 일을 처리하며 정책계선, 즉 불법 여부를 잘 파악할 것을 강조했다. 그는 민족자산계급이 '공동강령' 범위 안에서 발전하는 것은 합법적이지만 이 범위를 벗어나면 불법적이라고 말했다. 운동 가운데서 당내에서 자라나고 있는 민족자산계급에 대한 '좌'적 정서에 대비하여 당중앙위원회는 불법 자본가에 대한 타격은 민족자산계급에 대한 정책의 개변이 아니며 현시기에 실시하고 있는 것은 여전히 신민주주의이지 사회주의가 아니며 자산계급을 약화시키려는 것이지 자산계급을 소멸하려는 것이 아니라고 지적했다. 당의 선전사업 가운데서 나타난, 자산계급은 여전히 적극적인 면을 갖고 있다는 것을 부인하는 그릇된 사상에 대비하여 당중앙위원회는 "민족자산계급이 공동강령에 기초하여 가져야 할 정치적, 경제적 지위는 여전히 변함이 없다."[42]고 강조했다.

1952년 3월 5일, 중공중앙은 '5반 운동에서 상공업호에 대해 분별 처리하는 기준과 방법에 대하여'란 문건을 발부하고 그 기본원칙을 "과거의 것에 대해서는 관대히 처리하고 금후의 것에 대해서는 엄격히 처리하며, 다수에 대해서는 관대히 처리하고 소수에 대해서는 엄격히 처리하며, 자백하면 관대히 처리하고 항거하면 엄하게 처리하며, 공업에 대해서는 관대히 처리하고 상업에 대해서는 엄격히 처리하며, 일반상업에 대해서는 관대히 처리하고 투기상업에 대해서는 엄격히 처리해야 한다"고 정하고 각급 당위원회에 '5반' 가운데 이러한 몇 가지 원칙을 주도하여 처리할 것을 요구했다. 그러면서 중앙은 '5반' 운동이 이루고자 하는 목표에 따라 사영공업호를 준법호, 기본준법호, 반준법반불법호, 엄중불법호, 완전불법호 다섯 가지 부류로 나누어야 한다고 규정하고 마지막 두 부류를 분류할 때 상공업호에서 차지하는 비중을 약 5% 이내로 통제할 것을 요구했다. 5월 9일에 중앙은 '5반' 가운데 사건을 결론짓고 보충, 반환하는 사업에 관한 지시를 발부하여 합리적으로 관대하게 처리하는 정책을 규정하고 자본가의 불법소득을 실제로 더 많이 계산했다면 사건을 결론지을 때 일정한 비례에 따라 합리적으로 낮추어 실제 경제상황에 부합하도록 하며 반드시 일반 자본가들로 하여금 불법 소득을 되돌리고 탈세, 누세 금액을 추가 납부한 후 잉여금이 있게 할 것을 요구했다. 그러면서 중앙에서는 다음과 같이 지적했다. 이렇게 모든 자본가에게 우리의 너그러움과 진지한 태도를 보여주면 우리는 정치적 및 경제적으로 완전히 주도권을 쥘 수 있게 되어 경제를 재빨리 복구, 발전시킬

---

42) '중공중앙에서 비준, 발부한 중앙급 각 기관의 반탐오, 반낭비, 반관료주의 운동에 관한 보이보의 보고', 1952년 1월 21일.

수 있고 자본가들이 우리와 다시 가까워지면서 경영 열성이 회복되어 노동자들이 실직당하지 않도록 할 수 있다. 중앙에서 규정한 처리 원칙을 집행하고 실사구시의 방법을 견지하는 한편 자본가들의 신소와 재검사를 허용해주었기에 사건의 최종적 결론사업은 더욱 온당하게 진행되었다.

전국적 규모의 '5반' 운동은 1952년 10월에 종결되었다. 화베이(華北), 둥베이(東北), 화둥(華東), 시베이, 중난 다섯 개 대행정구의 67개 도시와 시난 전 지역의 집계에 따르면 '5반' 운동에 참가한 사영상공호가 총 99만 9,707호가 되었는데 사건의 최종 결과를 보면 상공호 총수에서 준법호가 10~15%, 기본준법호가 50~60%, 반준법 반불법호가 25~30%, 엄중불법호가 4%, 완전불법호가 1%를 차지했다. 형사처분을 받은 자가 1,509명으로 상술한 사영상공업호 총수의 1.5‰를 차지했다. 항미원조전쟁을 파괴하고 국가 이익에 막대한 손해를 끼친 죄로 사형판결을 선고받은 상공호가 19명(그중 5명은 집행유예)이었다. 이번 운동은 불법 자본가들의 엄중한 '5독' 행위를 강하게 처벌했고 상공업자들 속에서 법에 맞게 경영하는 교양을 한차례 진행했으며 사영기업체에서 노동자 감독제도를 세우고 민주개혁을 시행하도록 추동했다. 이는 신중국 창건 초기에 국가에서 경제의 신속한 복구와 발전을 확보하며 자산계급의 반제한 투쟁을 반격하는 데서 거둔 하나의 중요한 승리였다.

'5반' 운동에서 자본가들의 불법행위를 적발 폭로하는 투쟁이 시작되면서 사회경제생활에 불가피적으로 충격을 가져다주었다. 톈진시 공상국의 집계에 따르면 1952년 1월부터 9월까지 공업에서 366호가 개업을 했고 1,102호가 휴업을 했으며 상업에서는 1,085호가 개업을 했고 4,353호[43]가 휴업을 했다. 1952년 한 해에 전국적으로 대중형 도시의 사영상공업자 중 휴업을 한 호수가 개업 중인 1만 1,791호를 초과했다. 3월부터 4월 사이에 신중국 창건 이후 또 한 차례 실업 고조가 나타나면서 적지 않은 지구에서 생산과 세수가 모두 대폭 하락했고 노자관계와 공사관계도 긴장을 형성했다. 운동 기간에 생산이 중지되고 시장이 침체하면서 사영상공업은 영업 손실을 보게 되었고 가공 주문량과 은행신용대출이 줄어든 데다 불법 소득을 없애고 탈세, 누세한 세금을 납부해야 했기에 자본가들은 보편적으로 불안에 떨면서 앞으로 경영을 어떻게 해야 할지를 몰라 했다. 상공업이 위축되고 시장이 침체에 빠진 이 새로운 상황에 대해 당과 정부는 제때에 조치를 취해 새로운 토대에서 상공업을 조정했다.

공업 측면에서 공사관계를 조정하는 데 주로 가공주문과 제품구입을 확대함과 아울러 정당하면서도 합리적인 기준에 따라 사영 공장에 가공이윤을 지불하여 줌으로써 자본가가 이득을 보도록 했다. 상업 측면에서는 도매와 소매의 가격 차와 지구 간 가격 차를 적당히 확대하고 개인이 경영하는 소매, 운수 실무 범위를 적당히 확대했다. 또한 시장 관리 조치를 조정하여 사영업자로 하여금 정당하게 경영하여 이윤을 얻도록 했을 뿐만 아니라 상업 투기활동도 방지했다. 세수에서는 "먼저 살아나가도록 해주고 다음에 세금을 거둬들이며" "먼저 세금을 물게 하고 다음에 탈세, 누세한 것을 보충"하는 방침을 취해 자본가들이 '5반' 후 불법 소득을 없애는 데 따른 어려움을 덜어주었다. 노자관계를 조정하는 데 주로 자본가 측의 재산을 보호하고 자본가 측의 기업체에 대한 경영관리와 인력 배치권을 보호해주었지만

---

43) 중국사회과학원, 중앙당안관 편, '1949~1952년 중화인민공화국 경제보존서류자료선 · 공상체제권', 중국사회과학출판사 한문판, 1993년, 911쪽.

자본가 측이 반드시 노동자들의 감독을 받고 정부의 법을 지키게 했다. 상공업에 대한 재조정을 통해 사영상공업에서 국가자본주의의 초급 및 중급 형태가 더욱 큰 발전을 이룩하게 되었으며 사영상업의 소매액도 신속하게 올라가게 되어 공사관계와 노자관계를 완화시키고 노동자들과 점원들의 취업을 보장해주었으며 시장의 침체 상황을 회복했다.

조정을 거쳐 자본주의적 상공업은 계속하여 일정한 발전을 이룩했다. 1952년에 자본주의 공업의 총생산액은 1951년에 비해 5% 올라갔고 1953년에는 1952년에 비해 20.5% 늘어났다[44]. 사영공업 중 국가자본주의의 초급 형태가 비교적 큰 발전을 가져와 많은 사영공업 생산이 점차 국가계획의 궤도에 들어서게 되었다. 사영상업의 영업액도 뚜렷이 회복되었다. 1953년에 사영상업의 도매액은 1952년에 비해 16.4% 늘어나고 소매액은 144% 늘어났다. '5반'운동 후 한동안 자본주의적 상공업은 '공동강령'의 궤도 위에서 계속 국가 경제와 인민생활에 적극적인 역할을 발휘했다.

6. 집권 조건 아래 당 건설을 강화

집권 초기 당의 상황과 당 건설의 새로운 과업

중화인민공화국이 창건될 때 중국공산당은 이미 450만 명에 가까운 당원을 가지고 있는 광범한 대중성을 띤 큰 당으로 발전했다. 지방 각급 인민정권이 수립됨에 따라 지방의 각급 당 영도기구도 설립되었다. 당원을 발전시키고 기층 당조직을 건립하며 간부를 심사숙

---

44) 〈중국 자본주의적 상공업의 사회주의적 개조〉자료총서 중앙권편집부 편, 〈중국 자본주의적 상공업의 사회주의적개조 · 중앙권〉 하, 중공당사출판사 한문판, 1992년, 1,327쪽.

고하여 선발하는 사업도 각지에서 전개되었다. 당의 기본대오에서 볼 때 절대다수 당원들은 혁명이 승리한 상황에서 일심전력으로 인민을 위해 복무한다는 취지를 받들고 희생적으로 사업하며 간고분투하고 규율을 지키며 대중과 연계하며 솔선수범 역할을 적극적으로 발휘할 수 있었기에 당은 인민대중 가운데에서 상당한 위신을 가지고 있었다. 그러나 다른 한편으로 당의 상황과 조직 발전 가운데는 적지 않은 약점과 문제도 존재하고 있었다.

한 가지 상황은 중국혁명의 발전이 불균형적이고 또 당이 장기간 분산된 농촌 환경에 처해 있었기에 당의 조직 분포가 매우 불균형적이었다. 당시 당지부는 전국적으로 약 20만 개가 있었는데 군대 내의 지부를 제외하고 16만 9,000개의 지방지부 가운데 농촌지부가 79.8%를 차지했다. 대부분은 노해방구와 반노해방구에 집중되어 있었으며 공장, 광산 기업의 지부는 겨우 3.65%밖에 되지 않았다. 1949년 하반기의 집계에 의하면 지방당원 326만여 명 중 농민 출신이 83%를 차지하고 노동자 출신이 5.8%를 차지했으며 문화 정도가 보편적으로 매우 낮았다.[45] 당 조직의 이 같은 상황은 신중국 건설을 영도하는 이러한 위대하고 어려운 과업을 수행하기에는 적절하지 않았다.

당조직의 분포가 불균형적인 문제를 해결하기 위해 당중앙위원회는 일찍이 1948년 말에 지난날 비밀리에 당을 건설하던 방식을 바꾸고 "공개적으로 당을 건설하자."는 구호를 제기하여 당과 대중과의 연계를 더욱 긴밀하게 했고 당의 활동을 공개적으로 대중의 방조와 감독

---

45) 당시 지방당원 326만여 명 가운데 문맹과 반문맹이 69%를 차지했고, 소학교 문화수준이 27.66%를 차지했으며 중학교 문화수준이 3.02%를 차지했고 대학 이상 문화수준은 겨우 0.32%밖에 차지하지 못했다. 당중앙위원회 제7기 제3차 전원회의에서 안쯔원이 '중국공산당의 조직상황 및 당을 발전시키고 공고히 하는 문제에 관하여' 라는 제목으로 한 발언을 참고. 1950년 6월 7일.

아래 두었다. "공개적으로 당을 건설"하는 원칙에 따라 각급 당위원회는 근로인민들 속에서 당 강령과 당 규약에 관한 선전교양을 공개적으로 진행했다. 또한 입당하려는 모든 사람을 엄격하게 평가했으며 소개인의 소개와 본인의 의견 및 당내의 반영을 청취했을 뿐만 아니라 대중의 의견도 널리 청취하여 신입 당원을 발전시키는 데 그 수준을 보장했다. 이리하여 신해방구의 도시와 농촌, 광산 기업과 기관, 학교들에서 당의 기층조직이 신속하게 건립되었다. 1949년 한 해 동안 전국적으로 당원은 140만 명이나 늘어났다. 이는 당의 조직 역사에서 대발전을 가져온 한 해였다. 이와 동시에 대발전은 불가피적으로 당원 대오의 구성이 혼잡한 현상을 초래하게 되었다. 지난날 공산당은 국민당 혹은 일본 괴뢰 통치구에서 비밀리에 활동을 해왔다. 그 때문에 당에 참가할 경우 수시로 체포되어 감옥살이하거나 심지어 살해될 위험이 있었다. 혁명 근거지나 해방구에서는 전쟁에서 희생될 위험이 있었다. 혁명이 승리한 후 일부 투기꾼들은 입당하면 영예와 지위를 얻는 데 유리하다고 보고 온갖 힘을 써서 당내에 들어오려고 했다. 이는 어느 정도 당조직의 불순함을 조성했다.

다른 한 가지 상황이라면 마오쩌둥이 전국의 해방 전야에 이미 경고한 바와 같이 승리로 하여 당내에 교오(交惡)하는 경향, 공신으로 자처하는 경향, 정지하여 진보를 추구하지 않는 경향, 향락을 탐내면서 더는 간고한 생활을 하지 않으려는 경향들이 벌써 일부에서 나타나고 있었다. 혁명이 승리한 후의 실제 상황을 볼 때 어떤 농촌당원들은 "땅 30무에 소 한 마리, 마누라와 자식에 뜨끈뜨끈한 온돌이면 만족"한다는 식의 생활을 동경하면서 혁명 의지가 쇠퇴해졌다. 어떤 당원은 명예와 지위를 다투면서 개인주의가 팽창되었으며 일부 간부는 관료주의와 명령주의 작풍이 심하여 폭력적이며 무례한 태도로 대중을 대해 당과 정부의 위신에 손상을 주었고 소수의 의지가 박약한 자들은 자산계급의 칭찬과 사탕발림의 공격에 못 이겨 인민이 부여한 권력을 이용해 개인의 이익을 도모하고 타락했다.

당조직의 이러한 상황에 근거하여 당중앙위원회는 전국적으로 집권하는 조건에서 당의 건설을 강화할 새로운 과업을 제기했다. 마오쩌둥은 일찍 당중앙위원회 제7기 제2차 전원회의에서 전당에 "중국의 혁명은 위대하다. 그러나 혁명 이후의 노정은 더욱 길며 그 사업은 더욱 위대하고 더욱 간고하다. 이 점을 지금 당내에서 명백히 말해 두어야 하며 동지들로 하여금 모름지기 겸손하고 신중하고 교만하지 않고 조급해하지 않는 태세를 계속 유지하게 하며 간고분투하는 태세를 계속 유지하게 해야 한다."[46]고 지적했다. 이는 사실 전국집권을 실현한 후의 당의 건설 방향을 제시한 것이다. 새로운 정세에서 당내의 감독사업을 더욱 강화하기 위해 1949년 11월 9일에 중앙은 주더를 서기로 하는 중앙규율검사위원회와 지방 각급 당의 규율검사위원회를 설립하기로 했다. 규율검사위원회의 주요 과업은 중앙 직속의 각 부서와 각급 당조직, 당간부 및 당원들이 당의 규율을 위반한 행위를 검사하고 심리하는 것이었다. 당이 전국적으로 정권을 영도하게 되면서 사업의 오류와 결함이 매우 쉽게 광범한 인민들의 이익을 해칠 수 있다는 점을 감안하여 1950년 4월에 중공중앙은 결정을 내려 신문과 간행물들에서 당과 인민정부 및 모든 경제기관, 군중단체들의 사업 가운데서의 오류와 결함에 대해 비평과 자기비평을 전개하도록 요구했다. 이는 또한 집권 초기의 당건설에서 여론의 감독 역할을 발휘시키는 데 주의를 돌리기 시작했음을 보여주었다.

---

46) 마오쩌둥, '중국공산당 중앙위원회 제7기 제2차 전체회의에서 한 보고'(1949년 3월 5일), 〈마오쩌둥선집〉 제4권, 민족출판사, 1992년, 1,806쪽.

정풍운동과 정당운동 전개

한 시기의 중심과업과 당내에 존재하는 문제에 따라 제때에 정풍, 정당 운동을 전개한 것은 옌안정풍 이래 당이 자체 건설을 강화하는 한 가지 효과적인 방법이었다. 혁명이 전국에서 승리를 거두면서 당 조직도 크게 발전하여 새 당원이 약 200만 명이나 늘어나게 되었다. 그러나 그중 수많은 사람의 사상이 불순했고 일부 노당원과 노간부들 가운데 교오자만하는 경향이 나타나면서 차츰 심한 관료주의 또는 명령주의 바람으로 악화되어 인민들의 불만을 초래했다. 중국공산당중앙위원회는 이런 상황에 따라 1950년 5월 1일에 '전당, 전군에서 정풍운동을 전개하는 데에 관한 지시'를 발부하고 전당과 전군적으로 한 차례 정풍운동을 벌여 전당의 사상, 무엇보다 먼저 간부들의 사상을 엄격히 정돈할 것을 요구했다. 6월에 열린 당중앙위원회 제7기 제3차 전원회의는 전당의 정풍사업에 대해 구체적으로 배치하면서 당의 조직을 공고히 하고 발전시키며 당과 인민대중과의 연계를 강화하며 비평과 자기비평을 전개하는 등에 관한 당중앙위원회의 일련의 지시를 틀림없이 집행하며 각항 사업임무를 분리시키지 않고 밀접히 결부시키는 전제 아래 한 차례의 대규모 정풍운동을 진행할 것을 요구했다.

전당의 정풍운동은 1950년 하반기부터 시작되어 몇 차례의 정돈과 훈련을 거쳐 연말에 결속되었다. 중앙의 요구에 따르면 이번 정풍운동의 주요 과업은 간부와 일반당원들의 사상과 정치 수준을 높여 사업에서 범하게 되는 오류를 극복하고 공신으로 자처하면서 교오자만하는 경향을 극복하며 관료주의와 명령주의를 극복함으로써 당과 인민의 관계를 개선하는 것이었다. 정풍의 중점은 각급 영도기관과 간부를 정돈하는 것이었다. 일반적으로 지도자가 책임지고 사업에 대한 총화보고를 하고 지정한 문건을 열독하며 정책수행 상황을 토론하고 사상과 태도를 검사하며 비평과 자기비평을 전개한 후 개선방법을 제정하고 필요한 사업제도를 건립하고 공고히 하곤 했다. 각지에서는 정풍에서 상급부서로부터 기층으로 내려가면서 지도자들을 정돈하는 것과 기층으로부터 상급부서로 올라가면서 사업검사를 하는 것을 결부하여 상급부서의 관료주의와 중급, 하급 부서의 명령주의를 극복하게 했다. 또한 간부와 당원들 가운데 공신으로 자처하거나 교오자만하는 경향과 "혁명은 끝났다."는 사상을 바로잡았으며 당과 인민대중과의 연계를 강화하고 광범한 신해방구에서의 토지개혁을 위해 간부 면에서 조직적인 준비를 했다.

1950년의 정풍운동은 시간이 비교적 짧아 사업 태도 방면의 문제만을 대체로 해결하고 당내의 사상이 불순하거나 조직이 불순한 문제는 미처 해결하지 못했다. 정치와 재정경제 상황이 기본적으로 호전됨에 따라 1951년 2월, 중앙은 '중국공산당 중앙정치국확대회의 결의 요점'을 발부하면서 3년을 들여 한 차례의 정당을 진행할 과업을 제기하고 중국혁명이 승리한 새로운 정세에서 당원의 조건을 더욱 드높이며 도시와 신해방구에서의 당의 건설사업을 신중하게 진행함으로써 당의 각항 사업과 과업을 더욱 잘 완수하도록 요구했다. 중앙은 다음과 같이 지적했다. 우리의 당은 위대하고 영광스럽고 정확한 당이다. 이 점은 주요한 측면이며 반드시 긍정하여 줌과 더불어 또 각급 간부들에게 이 점을 명확히 알려주어야 한다. 그러나 문제도 존재하고 있으며 이것들을 반드시 정리해야 하고 또 신해방구의 당건실에 신중한 태도를 취해야 한다는 점도 명백하게 밝혀주어야 한다. 중앙정치국의 결의에 따라 정당사업은 1951년 하반기부터 차근차근 전개되기 시작했다.

중국공산당 제1차 전국조직사업회의가 1951년 3월 28일부터 4월 9일까지 베이징에서 열렸다. 류사오치는 대회에서 한 보고에서 혁명이 승리한 후 당의 상황과 존재하는 문제를 중점적으로 분석하면서 다음과 같이 지적했다. 당은 30년의 위대한 투쟁을 거쳐 이미 혁명에서 위대한 승리를 이룩했다. 사상 및 정치적으로의 당의 영도는 정확하며 조직적으로 당은 또한 광범한 인민대중과 연계되어 있다. 당내에는 오랜 시련을 겪은 수십만 명의 간부와 수백만 명의 노동계급과 인민대중에게 무한한 충성심을 가진 우수한 공산당원들이 있다. 이는 우리 당이 승리를 달성할 수 있는 근본적인 원인이자 당의 총적이면서도 주요한 상황이다. 그러나 당이 국가를 영도하게 되면서 투기분자, 파괴분자들도 갖은 방법을 다하여 당내에 들어오려 하는데 이는 매우 위험하다. 그런가 하면 또 일부 당원들에게는 소극적이고 안일하며 공신으로 자처하면서 교오자만하고 관료주의를 내세우고 대중을 이탈하거나 당에서 맡긴 간고한 사업을 거절하면서 개인의 사업만 발전시키는 데 신경 쓰는 등 비교적 심한 결함이 있다. 그 때문에 당의 기층조직에 대해 계획적으로 준비되고 영도가 있는 한 차례 보편적인 정돈을 진행하는 것은 절대적으로 필요하다. 4월 9일에 류사오치는 당중앙위원회를 대표하여 '공산당원의 조건을 더욱 높이기 위하여 투쟁하자'라는 제목으로 총화보고를 하면서 중국혁명이 승리를 달성한 새로운 정세 아래 보통 노동자들과 기타 근로인민의 각성이 높아졌기에 노동계급 선봉대로서 공산당원의 조건은 더욱 높아져야 하며 또한 높일 수 있는 정도까지 높여야만 지난날보다 더욱 위대하고 더욱 간고한 혁명임무와 경제문화건설임무를 수행할 수 있다고 제기했다. 회의는 '당의 기층조직 정돈에 관한 결의'와 '새 당원을 발전시키는 것에 관한 결의'를 채택하여 정당과 건당 사업에 대해 구체적으로 배치하고 공산당원의 기준에 관한 약간의 기본조건을 규정했다. 이는 당이 전국적인 정권을 영도하는 새로운 역사적 조건에서 공산당원의 더욱 높은 조건을 유지하기 위하여 기울인 새로운 노력이었다.

중앙의 비준을 거치고 전국조직사업회의에서 내린 각항 결의에 근거하여 정당운동은 전당적으로 차근차근 전개되었다. 그 첫 보조로 광범한 당원들에게 당 강령과 당 규약, 그리고 어떻게 자격을 갖춘 공산당원이 될 것인가에 관한 교육을 보편적으로 진행했다. 둘째 보조로 당원들에 대한 등록을 진행했으며 셋째 보조로 당조직에서 당원들에 대해 심사평가했다. 마지막 보조로 각각의 상황에 따라 조직적인 처리를 내렸다.

당원들을 보편적으로 교육하는 데에 주로 당원마다 공산당원의 기준에 관한 8가지 조건을 분명히 이해하도록 했다. 그 요점은 다음과 같다. (1) 중국공산당은 중국노동계급의 정당이며 중국노동계급의 선진적이며 조직적인 부대이다. (2) 당의 최종 목적은 중국에서 공산주의제도를 실현하는 것이다. 당은 현재는 신민주주의제도를 공고히 하기 위해 투쟁하고[47] 장래에는 사회주의제도를 이행하기 위해 투쟁하며 최종적으로는 공산주의제도를 실현하기 위해 투쟁해야 한다. (3) 공산당원은 반드시 결심을 내리고 종신토록 혁명투쟁을 용감하게 견지해야 한다. (4) 당원의 투쟁과 사업은 반드시 당의 통일적인 영도 아래 진행되어야 한다. (5) 당원은 반드시 인민대중의 공공이

---

47) 1953년 12월 11일에 수정을 거친 '새 당원을 발전시키는 것에 대한 결의'는 이 구절을 "신민주주의 혁명의 승리를 달성하기 위하여 분투해야 할 뿐만 아니라 사회주의와 공산주의 사회를 건설하기 위하여 분투해야 한다."로 고쳤다.

익, 즉 당의 이익을 개인의 이익보다 앞자리에 놓아야 한다. (6) 당원은 마땅히 비평과 자기비평의 방법을 이용하여 자체의 사업 가운데 오류와 결점을 항상 검토하며 제때에 바로잡아야 한다. (7) 당원은 반드시 전심전력으로 인민을 위해 복무해야 한다. (8) 당원은 반드시 마르크스-레닌주의, 마오쩌둥 사상을 열심히 학습해야 한다. 이러한 각 조항의 내용은 바로 전체 공산당원을 교양하고 고찰할 때뿐만 아니라 새 당원을 받아들일 때에도 반드시 견지해야 하는 조건이었다. 전당적으로 이 같은 교양활동, 특히 사회주의와 공산주의의 전도에 대한 교양활동을 깊이 있게 진행하는 것은 집권당의 당원들이 정치적 신념을 확고히 하고 정치 방향을 명확히 하며 전심전력으로 인민을 위해 복무하는 사상을 수립하고 시종 절대다수 인민들의 이익을 대표하도록 하는 데 심원한 의의가 있다.

당조직의 현황에 근거하여 정당 가운데 당원을 4가지 부류로 나누었다. (1) 당원 조건을 갖춘 사람 (2) 당원 조건을 완전히 갖추지 못했거나 비교적 엄중한 결함을 갖고 있어 반드시 바로잡고 제고해야할 사람 (3) 당원 조건에 부합되지 못한 소극적이고 낙후한 분자 (4) 당내에 혼입한 계급이색분자, 변절자, 투기분자, 퇴화변질분자 등이다. 당중앙위원회는 정당을 진행하는 데 우선 네 번째 부류의 사람들을 숙청하고 다음으로 둘째 부류와 셋째 부류의 사람들을 구별하여 대하는데 그중에서 가르쳐도 여전히 당원 조건에 전적으로 부합되지 않는 사람은 퇴출시킬 것을 요구했다. 당중앙위원회의 요구에 따라 각급 당위원회는 당원에 대하여 심사평가를 하는 단계에서 당내에 혼입한 각종 나쁜 분자들을 단호히 숙청하여 당의 조직을 순수하게 하는 한편, 당원 조건을 완전히 갖추지 못했거나 엄중한 결함이 있는 당원을 가르쳐 그들로 하여금 당원 조건에 부합되도록 노력하게 했다. 교양을 거절하거나 교양과 개조를 받고 나서도 효과가 없는 소극적 분자에 대해서는 타당한 방법을 취해 그들에게 퇴출되도록 권고하거나 그들의 당적을 취소함으로써 당의 순수성과 전투력을 높였다.

정당을 한창 진행하는 과정에 전국적으로 반탐오, 반낭비, 반관료주의의 '3반' 운동을 전개했다. 1952년에 '3반' 운동이 전면적으로 시작되자 당중앙위원회는 2월과 5월에 선후로 '3반 운동과 정당운동을 결부하여 진행하는 것에 관한 지시', '3반 운동의 기초에서 정당, 건당 사업을 진행하는 것에 관한 지시'를 발부했다. '지시'는 '3반' 운동은 공산당원들에게 한 차례의 준엄한 시련이고 당조직에 대해서도 한 차례의 효과적인 정리이기에 반드시 양자를 결부시켜야 한다고 지적했다. '3반' 운동 가운데 광범한 대중은 일부 당원과 간부들의 탐오, 낭비 및 관료주의 현상과 소수의 부화변질분자를 적발했다. 이것은 당원과 당조직에 대한 한 차례 대중적인 심사로 정당운동이 심오하게 전개되도록 지원했다.

정당 기간에 각지에서는 중앙의 요구에 따라 적극적이면서도 신중하게 새로운 당원을 발전시켰다. 도시에서는 주로 산업노동자들 속에서 당조직을 건립했으며 신해방구의 농촌들에서는 토지개혁이 완수된 후 교양을 통해 당원 조건에 부합되는 사람들을 받아들여 당지부를 구성했다. 도시와 농촌을 막론하고 당의 교양을 받으려 하는 적극분자들에 대해서는 어떻게 자격을 갖춘 공산당원으로 될 것인가에 관한 교양을 진행한 후 확실히 당원 조건에 부합되면 입당시켰다.

1953년 6월 말까지 전국적으로 8만 2,000개 당지부를 새로 건립하여 기층지부가 1951년의 24만 6,000개에서 32만 8,000개로 발전했다. 50명 이상 직원을 둔 공장, 광산 기업들과 대학, 전문학교들에는 일반적으로 모두 당조직이 있었다. 이미 정돈을 마친 기층당 조직 가운데 대체로 90%의 당원이 공산당원의 기준에 부합되거나 기본적으로 부합되었으며 당원 기준에 부합되지 못한 당원은 10% 정도였다. 정당을 거쳐 총 32만 8,000명이 당조직을 떠났다. 그중 23만 8,000명이 당내에 혼입한 여러 부류의 나쁜 분자와 퇴화변질분자에 속해 축출당하고 9만여 명이 당원 조건에 부합되지 않아 자발적으로 또는 권고를 받고 퇴당했다.

 3년 넘는 정당 기간에 전국적으로 총 107만 명의 신입당원을 받아들였는데 당에서 제명당하고 퇴출당한 수를 제외하고 전국의 공산당원 총수는 580만 명에서 636만 9,000명으로 늘어났다. 당원의 분포도 공장, 광산 기업에서의 당원수가 66만 6,000명에 달해 1950년 말보다 108% 늘어났고 학교교직원당원과 학생당원은 14만 3,000명으로 30% 늘어났으며, 농촌에서의 당원은 337만 2,000명으로서 8.7% 늘어났다[48]. 정돈과 발전을 거쳐 당은 조직성분과 당원자질 등에서 모두 뚜렷한 개선과 제고를 이뤘다.

 당건설은 중국 혁명과 건설이 승리를 달성할 수 있는 중요한 방법이었다. 민주주의혁명 시기, 당은 농촌환경 속에서 어떻게 당을 건설할 것인가 하는 기본적인 문제를 성공적으로 해결함으로써 중국혁명을 영도하여 승리를 이룩했다. 신중국 창건 초기, 당은 지난날 장기간 지하 비밀상태에 처해 있던 데에서 전국적 범위 내에서 공개적으로 당을 건설하고 당의 조직적 기반과 당원대오를 확대하는 데 이르렀다. 또한 사업의 중점을 농촌에서 도시로 옮기면서 도시에서 농촌을 영도하는 것으로 중대한 전환을 시작하는 데 적응했다. 민주개혁

---

48) '당의 기층조직을 정돈하고 새 당원을 발전시키는 사업의 집행상황에 관한 중앙조직부의 보고서에 대한 중공중앙의 비준, 발부서', 1954년 1월 16일.

과 생산을 복구하는 제반 사업을 밀접히 결부시켜 정풍과 정당을 진행하고 사상건설, 조직건설과 작풍건설을 강화함으로써 새로운 조건에서 당과 인민대중의 혈육적 연계가 공고해지고 강화되었으며 당의 정책이 사회 각 계층 인민들의 옹호와 지지를 받았으며 대중 속에서 당의 위신이 전례 없이 높아졌다. 다른 한편으로 당이 처한 지위와 환경에 따라 당의 과업은 지난날 무장투쟁을 영도하여 국부적 정권을 장악하던 데에서 전국의 정권을 장악한 조건에서 인민을 영도하여 새로운 국가와 새로운 사회를 건설하고 당의 집권 수준과 집권 능력, 당의 전투력 및 당원의 자질이 전반적인 제고를 이루는 것이었다. 어떻게 당의 지위에서 이 같은 역사적 변화에 더 잘 부응하며 어떻게 마르크스-레닌주의, 마오쩌둥 사상으로 무장하고 중국을 이끌어 순조롭게 사회주의와 현대화로 나아가는 집권당을 건설할 것인가는 중국공산당이 끊임없이 탐색해야 할 하나의 중대한 과제가 될 것이다.

당이 국가사업을 영도하는 제도가 기본적으로 형성

중국공산당은 민주주의혁명 시기에 혁명 근거지 건설을 영도하는 일련의 제도를 만들었다. 중국혁명의 특징은 먼저 국부적인 지역에서 승리를 거두고 나중에 전국적인 승리를 거둔 것이었다. 그러므로 신중국을 창건할 때 당은 벌써 자체의 조직 및 지도 체계를 상당 수준 발전시켰고 행정과 재정을 기본적으로 관리할 줄 아는 지도자와 관리자를 많이 양성했다. 이는 전국적인 정권을 영도하는 데 주요한 조직적 토대와 영도방법 및 사업제도를 제공했다. 신중국의 창건과 더불어 당은 지난날 전쟁환경 속에서 국부적인 지역의 일정한 정부 직능을 행사하던 데에서 평화적 환경 속에서 전국의 국가정권을 주도하고 관리하게 되었다. 어떻게 점차 평화적 건설로 전이하는 집권 조건에서 주로 민주와 법제의 방법에 따라 복잡한 국가사무와 사회 생활을 효과적으로 영도하고 관리할 것인가 하는 것은 당이 직면한 또 하나의 중대한 과제였다.

신중국 창건 초기 각급 정부기구는 아직 초기 단계에 있었지만 당의 지도기관과 각급 조직은 비교적 체계적이고 건전했으며 당, 정부, 군대, 대중에 관련되는 제반 사업을 구체적으로 영도하는 데 풍부한 경험을 갖고 있었다. 동시에 적들의 잔여세력을 숙청하고 반혁명을 진압하며 미국에 저항하고 북한을 원조하는 정치 및 군사 투쟁을 진행하는 데 권력이 집중된 하나의 지휘 중심이 필요했으며 경제복구와 민주주의 개혁이라는 이 무거운 과업에도 강력한 조직 영도가 필요했다. 그리하여 항일전쟁 시기에 형성된 당의 일원화영도 방식이 계속되었는데 그 기본점은 당의 중앙국과 지방당위원회는 각자 해당 지역에서의 최고영도기관으로서 각 지역에서 당, 정부, 군대, 대중과 관련한 사업에 대한 영도를 통일하며 동급 정부의 당단(후에는 당조로 바뀌었다), 군대의 군정위원회 및 민중단체의 당단과 당원들은 모두 중앙국과 각급 당위원회의 결정과 지시를 무조건 집행해야 한다는 것이었다. 군사적, 정치적으로 투쟁 정세가 매우 준엄했던 신중국 창건 초기에 동급 당과 정부, 군대, 대중 조직들의 상호 관계에 대해 당의 일원화 영도를 강조한 이것은 지휘를 통일하고 역량을 집중하며 다 함께 경제복구와 민주주의 개혁의 과업을 수행하는 데 매우 중요한 역할을 했다.

일원화 영도의 구도 아래 당은 지도방법 면에서 어떻게 당과 정부를 분리하지 않고 당으로 정부를 대체하는 것을 방지할 것인가 하는 문제에 주의를 기울였다. 1949년 10월 30일에 당중앙선전부와 신화

총사는 당중앙위원회의 요구에 따라 '중앙인민정부 창건 후 선전사업에서 마땅히 주의를 돌려야 할 사항에 관한 지시'를 발부했다. '지시'는 "중앙인민정부 설립 이후 무릇 정부직권 범위에 속하는 사항은 마땅히 중앙인민정부에서 토론하여 결정하며 정부로부터 명령을 반포하여 실시한다. 그 사항이 전국적 범위에 속할 경우 마땅히 중앙정부에서 반포해야 하고 그 사항이 지역적 범위에 속할 경우 지방정부에서 반포해야 하며 더는 지난날처럼 가끔 중국공산당의 명의로 행정적인 결정, 결의 또는 통지를 인민들에게 반포해서는 안 된다."고 명확히 지적했다. 저우언라이는 1950년 4월에 열린 전국통일전선사업회의에서 이 점에 대해 다음과 같이 설명했다. 우리는 이미 전국적 범위 내에서 국가정권을 수립했으며 우리 당은 정권기관에서 영도적 지위에 있다. 그러므로 모든 명령은 마땅히 정권기관을 통해 내려야 한다. 이 점에 대해 중앙에서는 이미 주의를 돌리고 있는데 각지에서도 주의를 돌려야 할 것이다. 지난날 오랫동안 전쟁환경에 처해 있던 관계로 우리는 흔히 당의 명의로 명령을 하달하는 습관이 생겼으며 특히 군대에서 더욱 그러하다. 평화 시기에 들어섰고 전국적인 정권을 수립한 오늘에는 마땅히 이런 습관을 고쳐야 한다. "당과 정부는 서로 연계되면서도 구별된다. 당의 방침, 정책은 반드시 정부를 통해 실시해야 하며 당조직은 그 관철을 보장해야 한다."[49]

중앙인민정부가 건립된 후, 정부사업에 대한 당의 영도를 보장하기 위해 1949년 11월에 중국공산당 중앙위원회는 '중앙인민정부 내에 중국공산당 당위원회를 조직하는 것에 관한 결정'과 '중앙인민정부 내

49) 저우언라이, '인민민주주의 통일전선의 적극적인 역할을 발휘시키는 것과 관련한 몇 가지 문제' (1950년 4월 13일), 중공중앙 통일전선사업부, 중공중앙 문헌연구실 편, 〈저우언라이통일전선문선〉, 민족출판사 1986년, 204.205쪽.

에 중국공산당 당조를 건립하는 것에 관한 결정'을 내렸다. 이러한 결정은 중앙과 지방 각급 정부부서에서 모두 집행하도록 했다. 각급 정부기관 당위원회의 기능은 주로 중앙인민정부의 정책결의에 따라 정부부서의 각종 행정 과업의 완수를 보장하는 것이었다. 이와 동시에 사업 가운데 당의 정치노선 및 각종 정책을 관철하기 위해 중앙인민정부소속의 각 위원회, 부, 회, 원, 서, 행의 책임사업을 맡은 공산당원들로 당조를 구성했는데 당조는 정부사업에 관련되는 당중앙위원회의 모든 결정과 지시가 반드시 집행되도록 보장해야 하며 이를 어겨서는 안 되었다. 신중국 창건 초기에 각 국가기관의 지도자들 중에는 비당원민주인사들이 적지 않았다. 그들은 당조 계통에 따라 당중앙위원회에 사업을 청시하고 보고했으며 당조를 통해 정부분야에서 당의 정책과 결정을 시행하고 동시에 당원간부와 비당원간부들의 단결을 강화함으로써 매우 훌륭한 역할을 했다. 당조 제도는 중앙기관과 국가기관으로부터 각급 정치협상회의 조직과 인민단체 등을 포함한 지방 각급 정부부서에까지 보급되었고 또 줄곧 견지되어왔다.

신중국이 창건된 후 간부인사제도 면에서 당이 간부를 관리하는 원칙을 시행했다. 즉 국가의 모든 간부는 당의 해당 정책과 원칙에 따라 통일적으로 관리했다. 군대간부에 대해 단독관리를 실시하는 외에 나머지 모든 간부에 대해서는 모두 중앙과 각급 당위원회의 조직부서에서 통일적으로 관리했다. 정부의 인사부서는 당이 간부를 관리하는 조직 형태로 동급 당위원회 조직부의 지도를 받았다. 이 밖에 신중국 창건 초기에 정법계통에서는 해당 사건 심리에서 당내 심사비준제도를 시행했다. 당시 적들의 잔여세력을 숙청하고 반혁명분자들의 파괴활동을 진압하는 과업이 매우 과중했다. 당은 법제가 매우 완벽하지 못하고 검찰심판기구도 매우 건전하지 못한 상황에 따라 주로 위에서 아래로 내려가면서 대중을 동원하고 정책지도를 강화하는 방법을 취했다. 당은 반혁명 진압이라는 대규모 운동 가운데 '좌'적 편차가 나타나는 것을 방지하기 위해 체포와 판결, 특히 사형판결과 관련하여 모두 해당 급 당위원회의 심사비준을 거쳐야 한다고 강조했다. 각별히 중요한 사건에 대한 판결은 반드시 당중앙위원회에 보고하여 비준을 받도록 했다. 이는 당시에 잘못 체포하거나 잘못 판결하거나 잘못 사형을 하는 경향이 나타나는 것을 방지하고 그것을 바로잡는 데 필요한 것이었다. 문제는 후에 와서 각종 사건에 대한 당내 심사비준제도가 형성되면서 "당으로 정부를 대체하는" 나쁜 결과를 초래하여 장기간 중국의 법제 건설에 불리한 영향을 끼쳤다는 것이다.

국가사업의 영도관계 조정에 관해 정무원 정법위원회 주임인 둥비우는 다음과 같이 여러 차례 지적했다. 당이 국가정권을 영도한다고 해서 직접 국가사무를 관리한다는 것이 절대 아니며 당과 국가를 하나로 보아도 된다는 말이 절대 아니다. 국가정권기관에 대한 당의 영도는 당의 영도를 통해 국가기관을 강화함으로써 정권의 역할을 발휘할 수 있도록 하는 것이라고 이해해야 마땅하다. 어떤 상황을 막론하고 당은 당기관의 기능과 정권기관의 기능을 혼동시해서는 안 된다. 당은 정권기관을 영도한다고 하여 정권기관의 사업을 도맡아서는 안 되며 정권을 영도하는 기관이라고 하여 당 자체의 조직적 직능을 취소해도 안 된다. 국가정권기관과 당의 정확한 관계를 다음과 같은 세 가지로 개괄할 수 있다. 첫째는 정권기관의 사업 성격과 사업 방향에 대해 확정적인 지시를 내리는 것이다. 둘째는 정권기관 및 그 사업 부문을 통해 당의 정책을 시행하는 한편 정권기관과 사업부문의 활동에 대해 감독하는 것이다. 셋째는 충성심이 있고 능력이 있는 간부(당원과 비당원)를 등용 또는 발탁하여 정권기관에서 사업하게 하는 것이다[50].

신중국 창건 초기, 당은 지난날 전쟁환경에 처해 있을 때의 영도 방식을 조정하는 데 주의를 돌리고 당과 정부와의 관계를 올바르게 처리하는 일부 기본원칙을 기본적으로 제기했다. 그 당시 정권을 공고히 하고 경제를 복구하고 사회를 개조하는 임무가 매우 무거워 여러 면에서 당의 영도를 강화해야 했기에 일원화영도 방식에 따라 당과 정부가 분리되지 않고 당으로 정부를 대체하는 문제는 결코 원만하게 해결되지는 못했다. 그러나 이러한 부분에 기울인 노력은 당이 영도제도와 집권방식을 탐색하는 발단이 되었다.

7. 국민경제 복구 과업의 완수

국민경제의 전면적인 복구와 초보적인 성장

당과 인민정부는 중국공산당 중앙위원회 제7기 제3차 전원회의의 정신에 따라 전국 여러 민족 인민을 영도하여 농공업생산과 제반 경제사업을 복구하고 발전시키기 위해 거대한 노력을 기울인 동시에 항미원조전쟁이 정전협상 단계에 들어서도록 힘차게 추진했다. 1949년 10월부터 1952년 말까지 3년간의 간고한 노력을 거쳐 구중국에서 파괴되었던 국민경제는 전면적으로 복구되었고 또 더욱 큰 발전을 가져왔다.

농업을 복구하는 것은 국민경제 모든 부문을 복구하기 위한 토대였다. 당과 인민정부는 토지개혁을 통해 농민들의 토지문제를 해결하

---

50) 둥비우, '인민대표대회의의 사업을 강화하는 것에 대하여'(1951년 9월 23일), 〈둥비우선집〉, 인민출판사 한문판, 1985년, 307~309쪽.

고 농민들의 개인경제와 노동호조 두 방면의 생산 열성을 남김없이 불러일으키기 위해 농업생산 복구와 발전을 추진하는 일련의 경제 정책과 조치들을 취했다. 3년 동안 국가에서 농업에 들인 투자는 해마다 늘어나 1950년에는 2억 7,400만 위안이던 것이 1951년에는 4억 1,700만 위안으로, 1952년에는 9억 400만 위안으로 늘어났으며 국가은행의 농업생산대출도 해마다 늘어났다. 3년 동안 국가에서 수리건설에 사용한 경비는 약 7억 위안으로 전국 예산 내 기본건설투자 총액의 10% 이상을 차지했다. 전국적으로 직접 수리공사건설에 참가한 사람은 2,000만여 명으로 17억 세제곱미터 이상 되는 토공량을 완수했다. 화이허치수공사, 징장홍수방지공사, 관청저수지공사 등이 기본적으로 완공됨에 따라 해방 전에 하천의 제방 보수가 따라가지 못하여 수해가 빈번하던 상황이 대체로 개변되면서 천백 년간 중국인민들을 위협하던 홍수재해가 효과적으로 다스려지기 시작했다. 하천을 다스리는 한편 각지에서는 또 수로와 작은 저수지들을 힘써 정비하여 농경지관개 면적을 확대했다. 이러한 모든 것은 농업생산의 신속한 복구와 발전을 촉진했다. 전국의 양곡 총생산량은 1949년의 2,263억 6,000만 근에서 1952년의 3,278억 4,000만 근으로 늘어나 44.8% 성장함으로써 사상 최고 생산량을 기록하던 1936년보다 9.3% 늘어났다. 목화 총생산량은 1949년의 8억 8,800만 근에서 1952년의 26억 800만 근으로 늘어나 193.7% 성장함으로써 사상 최고 생산량을 기록하던 1936년보다 53.6% 성장했다.

공업생산에 대한 복구는 어려운 형편에서 시작되었다. 당은 첫째는 노동계급에 의거하며 둘째는 국영경제에 의거해야 한다고 강조했다. 우선 국가 경제와 인민생활에 시급히 소요되는 광산, 강철, 동력, 기계 제조와 주요 화학공업을 중점적으로 복구하는 한편, 방직 및 기타 경공업 생산을 복구했다. 중앙의 배치에 따라 공업 기초가 더욱 튼튼한 둥베이 각 성에서 솔선으로 공업생산을 회복하고 경제건설을 기본적으로 시작했다. 둥베이에서 생산되는 기계설비와 공업물자들은 또 상하이, 톈진 등 각 대도시에서 생산사업을 복구하는 데 지원되었다. 기존의 기업을 중점적으로 복구하고 개조한 것 외에 3년 사이에 국가에서는 또 일부 자금을 떼어 시급히 필요한 공장, 광산 기업들 예를 들면 부신해주로천탄광, 안산강철공사 인발강관공장과 대형압연공장, 산시중형기계공장, 우한, 정저우, 시안, 신장의 면방직공장, 하얼빈아마공장 등을 계획적으로 새로 건설했다. 경제복구 시기에 가장 일찍 새로 건설된 이런 공장과 광산은 후에 모두 중국 공업전선에서의 기간 기업이 되었다.

교통운수는 국민경제의 중요한 기초시설로 경제복구의 중점 분야였다. 기본건설자금이 극히 제한된 조건에서 국가에서 3년 동안 교통운수건설에 들인 투자는 17억 7,000만 원으로 기본 건설 총투자의 22.6%를 차지했다. 철도를 복구하고 건설하기 위해 철도직원 수십만 명이 인민해방군 철도병단과 공동으로 분투한 결과 1949년 말에 기존의 철도망이 기본적으로 복구되어 남북 대동맥인 징한선(京漢線, 베이징~우한)과 웨한선(粤漢線, 광저우~우창)선이 운영을 회복했고 동서 간선인 룽하이선[隴海線, 란저우(蘭州)~롄윈강(連雲港)]도 전 구간이 개통되었다. 1950년 6월부터 쓰촨성 경내를 통과하는 청위철도(成渝鐵路, 청두~충칭)를 건설하기 시작해 1952년 7월에 완공하고 개통시켰다. 이 철도는 청나라 말기부터 일찍 건설을 계획했지만 거의 반세기 동안 레일 한 토막도 펴지 못하고 계속 지연되었다. 그러나 신중국이 창건된 후 단 2년이라는 시간을 들여 건설을 마치고 개통시켰다. 대서북의 악조건에서 건설된 톈란선[天蘭線, 톈수

이(天水)~란저우]도 같은 해 9월에 준공되었다. 도로건설에서는 기존의 도로를 보수하는 것을 제외하고 일부 주요 간선 및 현, 향급 도로를 새로 건설하거나 개조, 건설했다. 1952년에 이르러 전국의 도로 개통 거리는 해방 초기의 8만 700킬로미터에서 12만 6,700킬로미터로 늘어났다. 인민해방군의 티베트 진출에 협력하여 해방군공정부대는 광범한 민공들과 함께 감칭하이로, 천강도로, 천칭하이로를 앞당겨 건설했다. 특히 해발고도가 약 5,000미터에 달하는 6개의 대설산과 아찔하게 깊은 골짜기들 사이에 건설된 강장도로는 '세계의 지붕'(히말라야 산맥)과 이어져 기적으로 불리고 있다.

3년 동안의 노력을 거쳐 국민경제는 전면적으로 복구되고 더욱 빨리 발전했다. 1952년의 농공업 총생산액은 810억 위안으로 불변가격으로 계산하면 1949년보다 77.6% 성장했고 매년 평균 20% 내외 성장했다. 그중 공업 총생산액은 1949년보다 145.1% 성장했고 강철 생산량은 134만 9,000만 톤에 달하여 1949년보다 7.54배 늘어나 사상 최고 수준보다 46.3% 성장했으며 선철 생산량은 1949년보다 6.72배 늘어나 사상 최고 수준보다 7.2% 성장했다. 원유, 시멘트, 전력, 석탄 등도 모두 사상 최고 생산량을 초과했다. 면사, 면직물, 설탕 등 주요 경공업제품 생산량도 사상 최고수준을 초과했다. 평균적으로 볼 때 1952년의 중국 공업생산은 구중국에서의 사상 최고 수준인 23%를 초과했다. 농업 총생산액은 1949년보다 48.4% 성장했고 양곡, 목화 등 주요농산물의 생산량과 돼지, 역축의 연말 마릿수는 모두 신중국 창건 전의 최고 연 생산량을 초과했다.

국가재정 상황이 근본적으로 호전되었다. 불변가격에 따라 계산하면 1952년의 국민소득은 1949년보다 69.8% 성장했다. 재정수입은 1950년보다 181.7% 성장하여 배로 늘어났을 뿐만 아니라 2년 연속 소득이 지출보다 많았다. 재정 총지출 가운데 경제건설에 대한 지출이 해마다 올랐고 사회문화사업에 대한 지출도 다소 늘어났다. 도시와 농촌 인민들의 소득도 해마다 늘어나 생활이 보편적으로 개선되었다. 1957년의 불변가격에 따라 계산하면 항일전쟁 전인 1936년의 전국 직원(가족을 포함)들의 평균 소비액은 140위안 내외였는데 1952년에는 189.5위안으로 늘어나 35% 내외로 성장했다. 농민들의 순화폐 소득은 1949년의 68억 5,000만 위안에서 1952년의 127억 9,000만 위안으로 늘어나 86.7% 성장했으며 1949년부터 1952년까지 각지 농민들의 수입은 일반적으로 30% 이상 성장했다.

신중국이 창건되어 3년간의 국민경제의 장성에는 전후 복구 성격이 비교적 짙었다. 그러나 세계적 범위에서 볼 때 유럽과 아시아 각국에서 제2차 세계대전 후에 경제를 전쟁 전 수준으로 복구한 상황에 비하면 신중국의 전쟁 후 경제복구는 빠를 뿐만 아니라 성장폭 크기를 봐도 세계에서 드문 일이었다. 국민경제의 전면적인 복구는 대규모의 경제건설을 시작하는 데 전제조건을 마련해주었다.

통일적으로 계획하고 균등하게 관리하며 여러 지역을 보살펴주는 경제건설의 총방침을 전면적으로 관철하여 중국의 경제를 활성화했을 뿐만 아니라 더욱 중요하게는 사회경제 구조를 뚜렷이 개선했다. 국민경제에 내포된 5가지 경제체제 가운데 사회주의 국영경제는 선차적으로 성장해야 할 위치에 놓여 있었다. 전국의 공업(수공업은 제외) 총생산액 가운데 국영공업 생산액은 해마다 평균 57% 늘어나면서 1952년에는 그 차지하는 비중이 52.8%에 달했다. 전국 사회상품 총도매액에서 국영상업의 도매액이 차지하는 비중은 1952년에 60.5%에 달해 사회상품 유통 과정의 상당 부분을 통제했다. 당시 국영경제는 비록 전반 국민경제 가운데서 주체적 지위는 차지하지 못했지만 이미 중국에서 생산을 발전시키고 경제를 번영시키는 데 주요한 경제적 토대가 되었다.

국영경제가 재빨리 성장하는 한편 경제 구조 가운데 합작사경제, 사자본주의경제, 사영경제 및 국가자본주의경제도 모두 각기 자기의 자리에서 비교적 큰 발전을 이룩하면서 매우 뒤떨어졌던 사회 생산력 수준이 전반적으로 높아졌고 전반 국민경제에서 차지하는 공업 생산력의 지위가 보강되었다. 전국의 농공업 총생산액 가운데서 공업(수공업 포함) 총생산액이 차지하는 비중은 1949년의 30%에서 1952년의 43.1%로 올라갔다. 그중 현대공업의 총생산액이 차지하는 비중은 17%에서 27.7%로 올라갔다. 공업 총생산액에서 중공업 생산액이 차지하는 비중은 1949년의 26.4%에서 1952년의 35.5%로 올라갔다. 이는 신중국의 경제복구가 양적으로 발전했을 뿐만 아니라 빠르게 변화하고 질적으로도 향상되었음을 설명해주었다. 이 같은 급격한 변화는 중국이 농업국으로부터 점차 공업국으로 전환하는 좋은 발단이 됐다.

국가와 사회생활에 일어난 급격한 변화

신민주주의 사회적 개혁과 국민경제에 대한 전면적인 복구를 거쳐 전반 국가와 사회에는 모두 커다란 변화가 일어났다. 3년 동안의 중국사회의 발전에는 하나의 깊은 주제가 내포되어 있었다. 즉 중국공산당이 민족의 독립과 인민의 해방을 실현한 기초 위에서 전국 여러 민족 인민들을 영도하여 근대의 중국이 남겨놓은 정치유산, 경제유산 및 문화유산에 대해 신중하면서 비교적 철저한 성리와 개소를 신행하여 부패정치를 청산하고 국민경제를 개편하며 사회질서를 안정시키고 전 민족의 공감대를 형성하며 사회의 응집력을 보강하고 국가의 안전을 보위하며 새로운 국가 형태를 수립하는 등 커다란 성공을 달성한 것이다.

정치적으로 노동계급(공산당을 통해)이 영도하고 노농동맹을 토대로 하는 인민민주주의 독재의 국가정권을 수립했다. 정부기관이 전심전력으로 인민을 위해 복무한다는 취지를 확립했고 또 중앙에서 지방의 기층사회에 이르기까지 일률로 민주주의 중앙집권제 원칙을 시행하며 상층에서 기층에 이르기까지의 정령의 원활한 집행을 시행하며 통치 직능을 효과적으로 발휘할 수 있는 정권계통을 공고히 구축했다. 3년 동안에 인민민주주의 독재가 공고해지고 강화되었으며 항미원조전쟁에서 국가의 독립과 안전 및 민족 존엄을 성공적으로 수호했다. 또한 제국주의 국가들의 중국에 대한 고립, 봉쇄 정책을 무너뜨렸다. 질서정연하게 토지개혁을 중심으로 하는 민주주의 개혁과 사회개조를 완수하여 정치 국면과 사회질서가 전례 없이 안정되었고 인민의 혁명 열정과 생산 열성이 전례 없이 고양되었다. 민주주의적인 정권건설이 시작되면서 중국인민은 광대한 범위에서 민주정치의 훈련을 받게 되었으며 점차 나라의 주인으로서 권리를 행사하게 되었다. 이 같은 일련의 중요한 성과들은 중국이 근대에 들어선 후 국가가 사분오열되고 민중이 뿔뿔이 흩어져 있던 국면을 철저히 결속지음으로써 국가의 통일과 여러 민족 인민의 단결을 추진했다.

경제적으로 관료자본의 기업을 몰수하고 토지개혁을 기본적으로 완수하여 생산력 발전을 장기적으로 속박하던 막중한 장애를 근절함으로써 사회 생산력으로 하여금 미증유의 큰 해방을 얻게 했다. 사회주의 성격의 국영경제가 건립됨으로써 국가는 현대 경제체제 가운데 가장 중요한 기초 부분을 주도하게 되었고 전반 국민경제의 복구와 발전을 위해 중요한 물질적, 기술적 토대를 마련하게 되었다. 상공업을 합리적으로 조정하고 국가 경제와 인민생활에 이로운 사자본주의 경제의 발전을 고무격려하고 촉진했으며 그중 일부를 점차 국가에서 지도하고 통제할 수 있는 국가자본주의 궤도에 오르게 했다. 전국의 재정 관리를 통일하고 대외무역을 통일적으로 통제하며 중국에서의 외국의 경제 특권을 취소하는 등 일련의 정책을 취함으로써 경제 운영과 경제 자원에 대한 국가의 통제력이 효과적으로 강화되었다. 토지개혁을 완수한 후 억만 농민들은 개인경제의 적극성과 호조합작의 적극성을 발양하여 농업의 복구와 발전에 새로운 활력을 불어넣었다. 여러 가지 경제체제는 국영경제의 영도 아래 분공합작을 시행하고 공동 발전함으로써 사회경제의 영활성과 다양성을 유지했을 뿐만 아니라 또 경제 운영에서의 계획성을 강화하여 전쟁의 피해를 심각하게 입은 국민경제가 재빨리 복구되고 발전하도록 하여 세계가 주목할 만한 성과를 거두었다.

사회관계에서도 급격한 변화가 나타났다. 3년 동안에 반식민지 반봉건적인 부패한 생산관계를 청산하고 사회 생산력을 해방하고 발전시키는 데에서 기본적으로 인민민주주의적인 정치, 법률 등 상부구조를 구축하기에 이르기까지 구중국의 불합리한 사회구조를 근본적으로 바꾸기 시작했다. 과거에 인구의 극소수를 차지하는 지주계급과 관료자산계급들이 독점하던 사회정치 권력과 그들이 차지하던 거대한 사회재부가 인구의 절대다수를 차지하는 보통 노농대중과 각 계층 인민들의 수중으로 넘어오면서 인민들은 생활이 개선되고 해방을 얻으며 나라의 주인이 되는 새로운 시대를 개척했다. 민주주의 개혁과 사회개조운동은 파벌이 만연하던 낡은 시대의 정치조직, 즉 제국주의 세력, 봉건적인 종법세력, 인민정권을 적대시하는 반동적인 종교 세력과 반동적인 미신단체, 봉건적 동업자조직 등 사회의 암적

세력들을 망라한 각종 정치조직을 효과적으로 소멸시켰다. 이는 생산력을 해방하고 사회 진보를 추동하는 데 중요한 측면이었다.

국내 여러 민족의 일률적인 평등과 민족구역자치제도를 시행하여 점차 국민당통치 시기부터 내려온 국내 여러 민족 간의 역사적인 알력을 해소하고 소수민족 내부의 계급적 대립과 모순을 완화해주었으며 민족단결을 방해하는 대한족주의와 편협한 민족주의를 반대하고 조국통일을 파괴하는 민족분열 세력을 반대함으로써 여러 민족이 평등하고 화기애애하고 단결합작하며 공동으로 위대한 조국을 건설하는 새 국면을 이룩했다. 국민경제가 복구되고 국가의 재정역량이 강화됨에 따라 국내 여러 민족 사이, 지역들 사이에 경제문화 발전이 극히 불균형적이던 상황이 기본적으로 개변되었다.

경제가 부흥하고 정치가 융성발전하고 사회가 안정됨으로써 사람들의 사상 각성을 높이고 정신적인 생활방식을 바꾸는 전제조건을 마련해주었다. 당은 민족적이고 과학적이고 대중적인 문화를 발전시키는 총체적 방향에 따라 전국 인민들을 영도하여 봉건적이고 매판적인 사상영향 및 제국주의 문화침략으로 빚어진 나쁜 결과를 힘써 제거하고 낡은 문화교육 사업을 단계적으로 개혁하면서 마르크스-레닌주의, 마오쩌둥 사상이 주도적 지위를 차지하는 새로운 문화의식 형태를 구축했다. 3년 동안의 생산복구, 민주주의개혁과 항미원조운동을 거쳐 사회 각 계층 인민들은 전국적 범위와 전체적인 규모에서 깊은 사상정치 교양을 받고 지난날에 받았던 제국주의, 봉건주의와 국민당반동파의 영향에서 벗어나게 되었으며 낡은 사회로부터 답습되어온 낡은 사상, 낡은 관념, 낡은 습관을 차츰 개조하면서 사상관념에 커다란 변화가 생겼다. 적극적이고 진취적인 혁명적 인생관을 수립하며 문명하고 진보적인 사회공덕을 양성하며 애국주의와 집단주의를 숭상하고 인민을 위하여 복무하는 방향을 명확히 하는 것이 점차 각계 인민들의 주류 사상이 되면서 중국공산당의 영도 아래 신중국을 다같이 건설해야 한다는 통일적인 의지를 형성하게 되었다. 이 같은 급격한 변화는 구중국에서 신중국으로 넘어가는 위대한 사회변천의 중요한 하나의 측면을 이루었다.

신중국이 창건된 첫 3년 동안 이루어진 제도변혁, 경제 재조직 및 사회에 대한 개조에는 시종 노동계급의 집권당으로서 중국공산당의 영도 핵심적 역할이 일관되어 있었다. 당은 아주 복잡한 투쟁 가운데 신민주주의 건국강령을 관철하고 실시하는 태도를 견지하기 위해 생산을 복구하고 발전시키는 중심 과업을 총체적으로 파악했을 뿐만 아니라 민주주의 개혁과 사회에 대한 개조를 절차 있게 진행하면서 제국주의, 봉건주의와 관료자본주의 잔여를 청산하는 과업을 계속하여 수행했다. 당은 인민정권을 공고히 하고 발전의 길을 모색하기 위해 모든 필요한 준비를 하는 동시에 혁명에서 건설로 전환하는 문제에 대해 실사구시적이고 온당하게 전진하는 방침을 취해 생산력을 해방하고 발전시키는 핵심을 확고히 주도했다. 또한 모든 역량을 동원하여 국민경제의 전면적인 복구와 발전을 추진하고 민주주의 정권 건설과 사회문화의 개혁 및 건설을 추동함으로써 국가와 사회 전체가 신민주주의에서 사회주의로 전환하는 기반을 다지고 조건을 마련해주었다.

제5장

과도기 총노선과 국민경제 발전을 위한 제1차 5개년 계획 시행

1953년, 중국은 국민경제를 발전시키기 위한 제1차 5개년 계획 시행을 중심으로 대규모의 경제건설을 시작했다. 그 1년 동안, 당은 정식으로 국가의 사회주의 공업화를 점차 실현하고 농업, 수공업 및 자본주의적 상공업에 대한 국가의 사회주의적 개조를 점차 실현하는 과도기의 총노선을 제기하고 이 노선을 당과 국가의 모든 사업의 지침으로 삼았다. 당은 또 전국 인민에게 소련의 선진 경험을 제대로 습득해 중국을 건설하도록 호소했다. 이때부터 중국은 계획적인 경제건설과 전면적으로 사회주의적 개조를 시행하는 시기에 들어섰다.

1. 과도기 중국공산당의 총노선

총노선에 대한 숙고와 제기

신민주주의 혁명이 승리한 후 중국은 어떻게 해야 낙후한 반식민지, 반봉건적 농업국에서 공업국으로 발전하고 전국 여러 민족 인민으로 하여금 사회주의의 길로 나아가게 할 수 있겠는가? 이 문제에 대해 1949년에 열린 당중앙위원회 제7기 제2차 전원회의에서는 이미 기본적인 계획을 제시했다. 혁명이 전국적으로 승리한 후 당의 근본적인 과업은 상호 연계된 두 가지 전환, 즉 농업국에서 공업국으로의 전환과 신민주주의에서 사회주의 사회로의 전환을 제대로 촉진하는 것이라고 지적했다. 어떤 조건에 따라 언제부터 시작하고 또 어떤 방식으로 두 가지 전환을 실현할지에 대해 당중앙위원회와 마오쩌둥은 신중국 창건 초기에 일부 구상들을 내놓았고 그 후 객관 정세의 발전과 변화와 더불어 또 새로운 사고를 했다.

신중국이 창건된 후, 3년 동안의 노력을 거쳐 중국은 1952년 하반기에 이르러 토지개혁의 과업을 곧 기본적으로 완수하는 단계까지 발전했다. 한국전쟁은 평화적 협상이라는 주요한 문제에서 이미 미국과 협의했으므로 얼마 안 가서 마무리될 가능성이 보였다. 국민경제 복구사업은 한국전쟁의 영향과 함께 번잡한 사회개혁이 동반되었지만 중국은 단 3년 만에 예상했던 목표를 실현하고 계획적으로 경제건설을 할 수 있는 조건을 갖추었다. "3년간 준비하여 10년간 계획적 경제건설을 수립한다."는 구상에 따라 중공중앙은 1953년부터 국민경제를 발전시키기 위한 제1차 5개년 계획을 시행하기 시작했다. 이는 농업국에서 공업국으로 전환하는 중요한 발단이 되었다.

중국에서 사회주의를 실현하는 것은 중국공산당이 창건되면서부터 확정한 노력 목표였다. 근대 이래의 역사가 이미 증명하다시피 중국에서 자본주의적 제도를 수립하기 위해 진행한 모든 노력은 개량주의적 방법을 택하거나 혁명적 방법을 택하거나를 막론하고 모두 실패로 돌아갔다. 이리하여 그 외 다른 노력 목표를 모색해야 하는 역사적 필연성이 생겼다. 당이 창건 초기의 강령에서 사회주의를 실현하기 위해 노력하자는 목표를 명확하게 제출한 것도 바로 이런 역사적 필연성을 구현한 것이었다. 그러나 중국의 반식민지 반봉건적 사회 형태에서 당이 인민을 영도하여 사회주의를 실현하려면 반드시 두 단계로 나누어 진행해야만 했다. 첫 단계에서는 우선 반제반봉건적 신민주주의 혁명 강령을 실현하고 그런 다음에야 두 번째 단계인 사회주의 혁명으로 넘어가는 것이었다. 이는 중국 혁명이 반드시 가야 할 길이었다. "신민주주의에서 사회주의로 넘어가는 준비를 완수하는 것에 관하여" 마오쩌둥은 전국 해방 전야에 "중국이 경제 면에서 민족적 독립을 완수하려면 아직도 10~20년의 세월이 걸려야 한다. 우리는 힘써 경제를 발전시켜 신민주주의 경제 발전을 발판으로 사회주의로 넘어가야 한다."[1]고 제기했다. 당시에는 먼저 10년에서 15년의 신민주주의 경제건설을 거쳐 공업을 발전시키고 국영경제가 장대해지면 다시 공업 국유화와 농업 집단화를 실현할 계획이었다. 이를테면 1950년 6월, 마오쩌둥은 "중국은 바로 이렇게 전쟁을 치르고 신민주주의의 개혁을 거치면서 온당하게 전진해야 한다. 그리고 미래에는 나라의 경제사업과 문화사업이 크게 융성하며 각종 조건이 갖춰지고 전국 인민의 성숙한 고려와 또 여러분의 동의를 통해 타당하고 여유 있게 사회주의 새 시대에 들어설 수 있다."[2]고 말한 적이 있다.

1952년에 이르러 중국경제의 내부 관계에 일부 중대한 변화가 일어났다. 우선 공영경제와 사영경제가 차지하는 비중에 근본적인 변화가 생겼다. 전국공업(수공업은 제외)의 총생산액에서 국영공업은 1949년의 34.2%에서 1952년의 52.8%(합작사경영, 공사합영 공업이 8.2%를 차지)로 증가했고 사영공업은 63.3%에서 39%로 하락했다. 사회상품 도매 총액에서 국영상업은 1950년의 23.2%에서 1952년의 60.5%로 늘어났고 사영상업은 76.1%에서 36.3%(단지 소매에서만 사영상업은 여전히 57.2%를 차지)로 줄어들었다. 이런 변화의 본질은 전반 국민경제 가운데 사회주의 성격의 국영경제의 영도적 지위를 더욱 강화하여 국영경제가 국가 경제와 인민생활에 관련한 중요한 업종과 산업 부문을 통제할 뿐만 아니라 현대공업에서도 사영공업을 초과하여 우세를 차지함과 동시에 도매상업에서도 뚜렷한 우

---

1) 마오쩌둥, '중공중앙 정치국회의에서 한 보고와 결론'(1948년 9월), 〈마오쩌둥문집〉 제5권, 인민출판사 한문판, 1996년, 146쪽.

2) 마오쩌둥, '중국인민정치협상회의 제1기 전국위원회 제2차 회의에서 한 연설'(1950년 6월 14일, 23일), 〈마오쩌둥문집〉 제6권, 인민출판사 한문판, 1999년, 80쪽.

세를 차지하여 중요한 상품의 가격, 공급과 수요의 관계를 강력하게 조절, 통제함으로써 중국이 점차 사회주의로 과도하는 주요한 물질적 기반이 되었다. 다음으로 사영상공업은 일련의 조절을 통해 대부분이 가공위탁 주문, 중개판매 및 대리판매, 공사합영 등 여러 가지 형태로 국가자본주의의 궤도에 오르고 각각 다르게 국가의 관리와 감독을 받게 되었다. 그다음으로 토지개혁이 전국에서 기본적으로 완수된 후 농업호조합작운동이 광범한 농촌에서 보편적으로 전개되었다. 그중 호조조에 가입한 농호가 농호 총호수의 40%를 차지함으로써 개인 농민들을 조직하여 농업생산을 늘리는 우월성을 보여주었다. 이러한 실천들로 알 수 있듯이 신중국이 창건되고 첫 3년 동안 일부 부문(모든 부문이 아니다)에서는 이미 사회주의적 개조에 대한 사업이 기본적으로 시작되었다.

이 기간에 중국 사회경제에도 일부 새로운 모순들이 쌓였다. 공업을 복구하고 새로운 건설 대상을 착공하려면 상품 양곡과 기타 공업원료의 생산을 더욱 큰 폭으로 늘려야 했다. 그러나 토지개혁 후 개인 농민들의 확대 재생산 능력이 극히 제한되어서 대규모 공업화건설의 수요를 만족시키지 못했다. 국가는 계획적인 경제건설을 시작하면서 제한된 자원, 자금 및 기술역량을 중점건설에 집중적으로 투입했지만 사자본주의 경제는 자유생산과 자유무역을 확대하는 것으로 자체적으로 발전해야만 했다. 그리하여 국영경제와 사자본주의 경제 사이에는 불가피하게 모순과 충돌이 생겼다. 중국이 발전한 현실은 당이 새로운 방침으로 사회와 경제의 모순점을 해결하도록 요구했다. 이리하여 국민경제에 대한 체계적인 사회주의적 개조를 시행해야 할 과업이 의사일정에 오르게 되었다.

당의 인식은 실천의 발전과 더불어 점차 심화되었다. 원래 구상대로

라면 10년에서 15년간 신민주주의의 건설 단계를 거친 다음 실제적인 사회주의 단계를 밟고 여유롭게 사회주의 사회로 들어서는 것이었다. 그러나 지금에 와서 보면 지난 3년 동안 사회주의적 요소가 계속 늘어났고 게다가 의심할 여지없이 사영상공업의 발전을 훨씬 초월했으며 그 통제력이 날로 더 강화되었다. 이것은 신중국 창건 이후 신민주주의의 건설 시기가 곧 신민주주의에서 사회주의로 바뀌는 과도기에 들어섰음을 표명했다. 우리 당이 영도하는 신민주주의 혁명이 구민주주의 혁명과 다른 근본적인 차이점은 사회주의를 전도로 삼고 반제반봉건적 민주주의 혁명의 과업을 완수하고 나서 반드시 사회주의 사회로 넘어간다는 데 있다. 3년간의 복구와 발전을 거쳐 중국의 사회주의적 요소는 정치 측면에서뿐만 아니라 경제 측면에서도 이미 영도적 지위를 차지했고 비사회주의적 요소를 이미 끊임없이 제한하고 개조했다. 바로 이러한 이유로 중국 신민주주의 사회는 사회주의적 체계에 속하고 점차 사회주의 사회로 넘어가는 과도적 성격의 사회에 속한다고 말하는 것이었다. 저우언라이는 1953년 9월에 중국인민정치협상회의 전국위원회 상무위원회 확대회의에서 일찍이 "총체적으로 말하면 중국의 신민주주의 건설 시기는 점차 사회주의로 과도하는 시기, 즉 국민경제에서 사회주의 경제체제의 비중이 점차 성장하는 시기이다."[3]라고 명확하게 지적했다.

실천의 발전과 정세의 변화에 따라 1952년 9월 24일, 마오쩌둥은 중앙서기처회의에서 "중국은 어떻게 눈앞에서 점차 사회주의로 과도할 것인가" 하는 지도 사상과 대체적인 구상을 기본적으로 제기했다. 신중한 고려와 거듭되는 숙고를 거쳐 1953년 6월, 중앙정치국회의에

---

3) 저우언라이, '사회주의적 개조 및 국가자본주의'(1953년 9월 11일), 〈저우언라이통일전선문선〉, 민족출판사 1986년, 298쪽.

서는 사회주의로의 과도 방법과 경로, 절차 등의 문제에 대해 정식으로 토론을 벌였다. 6월 15일, 마오쩌둥은 회의에서 한 연설에서 처음으로 '당의 과도기 총노선'의 기본 내용을 제기했다. 8월에 마오쩌둥은 저우언라이가 전국재정경제회의에서 내린 결론을 교열할 때 처음으로 과도기의 총노선에 대해 "중화인민공화국의 창건부터 사회주의적 개조를 기본적으로 완수하기까지가 과도기이다. 이 당의 과도기 총노선과 총과업은 상당히 긴 기간 내에 나라의 공업화와 농업, 수공업, 자본주의적 상공업에 대한 사회주의적 개조를 기본적으로 실현하는 것이다."고 더욱 완벽하게 문서로 공식화했다. 8월 11일, 저우언라이는 전국재정경제회의에서 결론을 내릴 때 총노선에 대한 마오쩌둥의 이 같은 설명을 전달했다.

학습과 선전의 수요에 적응하기 위해 중앙선전부는 당의 과도기 총노선을 학습, 선전하는 것에 관한 제강(提綱)을 작성했다. 마오쩌둥은 제강을 교열할 때 과도기 총노선에 대해 완전하게 정식화하여 다음과 같이 최종적으로 확정했다. "중화인민공화국의 창건부터 사회주의적 개조가 기본적으로 완수될 때까지가 하나의 과도기이다. 이 당의 과도기 총노선과 총과업은 상당히 긴 기간에 국가의 사회주의적 공업화를 점차 실현하며 국가에 의해 농업, 수공업 및 자본주의적 상공업에 대한 사회주의적 개조를 점차 실현하는 것이다. 이 총노선은 우리의 제반 사업을 밝게 비춰주는 등대이다. 어떠한 사업에서나 이 총노선을 벗어나면 우경적 또는 좌경적 오류를 범하게 된다."[4] 과도기의 총노선을 당의 정식 문건에 기재한 것은 전당의 사상을 통일하는 데 중요한 의의를 지닌다.

---

4) '모든 역량을 동원하여 중국을 위대한 사회주의 국가로 건설하기 위해 분투하자.'(1953년 12월), 중공중앙 문헌연구실 편, 〈건국 이래 중요문헌선〉 제4권, 중앙문헌출판사 한문판, 1993년, 700~701쪽.

당의 과도기 총노선은 과도기의 시작점을 중화인민공화국의 창건으로 했다. 이와 관련하여 마오쩌둥은 제강에서 다음과 같이 설명을 덧붙였다. "우리가 혁명 성격의 전환을 상징하며 신민주주의 혁명 단계의 기본적인 총결과 사회주의혁명 단계의 시작을 상징한다고 말하는 것은 정권의 교체, 즉 국민당반혁명정권의 멸망과 중화인민공화국의 창건을 말하는 것이지 사회주의적 개조와 같은 이러한 위대한 임무가 인민공화국이 창건된 후 즉시 전국의 모든 면에서 시행될 수 있다는 것이 아니다. …… 그때 농촌에서의 주요 모순은 자본주의와 사회주의 간의 모순이 아니라 봉건주의와 민주주의 간의 모순이었다. 그러므로 2년에서 3년 동안에 거쳐 농촌에서 토지개혁을 시행해야 했다. 그때 우리는 한편으로는 농촌에서 민주주의적 토지개혁을 실현했고 다른 한편으로는 도시에서 즉시 관료자본주의적 기업들을 접수하여 그것을 사회주의적 기업으로 만들었으며 사회주의적 국가은행을 창설하는 한편 전국적 범위에서 사회주의적 국영상업과 합작사상업을 세웠으며 또 이미 지난 몇 년 동안에 사자본주의 기업에 대해 국가자본주의의 조치를 시행하기 시작했다. 이 모든 것은 중국 과도기의 첫 몇 해 동안의 복잡한 형상을 보여주었다."

당의 과도기 총노선을 제기한 것은 중화인민공화국의 역사 발전에서 전환적 의의를 띠었다. "실제로 중국이 사회주의 앞날을 향해 나아갈 수 있도록 보장해야 한다."는 방침에 대해서는 당중앙위원회 제7기 제2차 전원회의 결의에서 이미 원칙적인 규정을 내렸었다. 신중국이 창건된 후, 노동계급이 영도하는 인민민주주의정권이 공고해지고 국영경제와 합작사경제가 끊임없이 늘어남에 따라 자본주의와 농촌소 사적 소유에 대한 초보적인 개조를 포함한 경제와 사회에서의 사회주의적 요소의 결정적 역할도 날로 더 강화되었다. 새로운 실천의 토대 위에서 당은 다음과 같이 인정했다. 반드시 지난 3년 동안에 창조한 경제와 정치 조건을 충분히 이용하여 원래의 구상을 변경해야 한다. 장기간의 준비를 거치고 나서 다시 실제적인 사회주의적 단계를 밟을 것이 아니라 지금 사회주의 공업화와 사회주의적 개조를 동시에 진행하는 방침을 취하고 여러 가지 과도형태로 개인경제와 사자본주의경제를 개조하는 구체적 정책을 실시하여 적극적이고 점차 경제면의 사회주의혁명과업을 완수함으로써 사회주의적 경제 토대와 기본 경제제도를 대체로 확립해야 한다. 이는 당이 신중국 창건 후의 경제와 정치 조건의 새로운 변화에 근거하여 내린 중대한 결책이었고 당의 총노선, 총과업 및 발전전략상의 중대한 전환이었다. 그 내용은 당중앙위원회 제7기 제2차 전원회의 결의에서 확정한 원칙에 대해 한층 더 명확히 하고 구체화한 것이었다. 역사가 증명하다시피 당이 제기한 과도기 총노선은 신중국 사회발전의 실제와 법칙에 부합되고 역사의 필연성을 반영했는데 적확한 것이었다.

당의 과도기 총노선은 '한 가지를 실현하고 세 가지를 개조하는 것' 과 '하나의 주체에 두 날개'였다. 총노선의 주체 과업은 사회주의 공업화를 점차 실현하는 것이었다. 두 날개란 각기 개인농업과 수공업에 대한 사회주의적 개조 및 자본주의적 상공업에 대한 사회주의적 개조를 가리켰다. 주체와 두 날개는 불가분의 총체였다. 사회주의 공업화를 실현하는 것은 국가의 독립과 부강을 실현하는 데 당연한 요구이자 필요 조건이었다. 마오쩌둥은 1945년, 7차당대표대회에서 한 보고에서 다음과 같이 지적했다. 독립, 자유, 민주주의 및 통일적인 중국 없이는 공업을 발전시킬 수 없다. 독립과 자유와 민주주의와 통일 없이는 진정으로 대규모적인 공업을 건설할 수 없다. 공업 없이는 국방을 공고히 할 수 없으며 인민의 복리가 있을 수 없으며 나라의 부강이 있을 수 없다. 신민주주의의 정치적 조건을 이룩한 후 중국인 민과 그 정부는 반드시 절실한 절차를 취하여 몇 년 내에 점차 중공 업과 경공업을 건설함으로써 중국을 농업국으로부터 공업국으로 바 꾸어야 한다. 신중국이 창건된 후 3년 동안 인민민주주의 독재가 공 고화된 정치적 조건에서 농공업생산의 새로운 발전, 국민경제의 신 속한 복구, 특히는 국영공업 비중이 우세를 차지하고 사회주의 국영 경제 역량이 신속하게 장대해지면서 국가 공업화 건설이 기본적인 경제조건을 획득할 수 있게 되었다. 국제환경으로부터 보면 항미원 조전쟁이 결속된 후 새로운 전쟁위험이 단시일 안에 나타나지 않을 것이고 또 소련의 우호호조합작과 경제적 지원은 중국이 공업화건설 을 진행하는 데 이로운 국제적 조건을 제공해주었다. 국내와 국제 방 면의 조건이 모두 기본적으로 구비된 점에 비추어 당은 알맞은 때에 과도기의 총노선을 제기했다. 이는 대규모의 계획적인 경제건설을 진행하고 국가사회주의적 공업화를 실현하는 역사적 요구에 근본적 으로 부합되었다.

공업화를 실현하는 것은 강성 국가를 건설하기 위해 반드시 거쳐야 할 길이었다. 그러나 중국처럼 분산되고 낙후한 소농경제 토대 위에 서는 사회주의 대공업을 건립할 수 없었다. 근로농민의 생산수단의 사적 소유 위에 건립된 소농경제는 농업 생산력의 발전을 방해했고 인민들의 수요, 특히는 공업화 건설의 가속화로 인한 양곡과 공업 원 료에 대한 날로 늘어나고 있는 수요를 만족시킬 수 없었다. 소농경제 와 국가의 계획적 경제건설 간의 모순은 공업화의 진전과 더불어 날 로 더 드러났다. 그리하여 반드시 사회주의 원칙에 따라 중국의 개 인농업을 개조하고 농민들이 사회주의 집단화의 길로 나아가도록 이 끌어야 했다. 중국의 개인 농민, 특히 토지개혁에서 새로 토지를 분배받았으나 기타 생산수단이 부족한 빈농과 하중농에게는 다시 고리로 돈을 빌리거나 심지어 토지를 압류하거나 팔아버려 양극화 발생을 피하고 생산을 발전시키고 수리건설을 진행하고 자연재해를 막으며 농업기계와 기타 새 기술을 도입하기 위해서라도 확실히 호조합작의 길로 나아가려는 요구가 있었다. 공업화의 발전과 더불어 농산물에 대한 날로 늘어나는 국가의 수요와 농업기술 개조에 대한 날로 늘어나는 국가의 지원 역시 개인농업이 합작화 방향으로 발전하도록 촉진했다.

지난 3년 동안, 자본주의적 상공업은 국민경제와 인민의 생활에 이롭고 적극적인 역할을 했다. 그러나 중국의 사자본주의는 경제역량이 미약하고 기계설비가 낙후하며 관리가 혼란하고 자금, 원료와 시장 측면에서 국가 및 국영경제에 대한 의존성이 커져 자체 발전이 아주 어렵게 되면서 국가 공업화의 과업을 완수할 수 없게 되었다. 동시에 자본주의 사적 소유와 그 생산의 사회화 간에는 심각한 모순이 있었다. 국가는 국가 경제와 인민생활에 이로운 자본주의적 상공업이 어느 정도 발전하기를 바랐으나 자본주의적 상공업의 발전은 또 기필코 국가 경제와 인민생활에 불리한 일면도 가져다주기 마련이므로 제한과 반제한의 투쟁이 발생하지 않을 수 없게 되었다. 특히 '5반' 운동 이후, 자본주의 기업과 국가의 각항 경제정책, 자본주의 기업과 사회주의 국영경제, 자본주의 기업과 본 기업 종업원 그리고 전국 각 민족 인민의 이익 충돌이 갈수록 뚜렷해졌다. 따라서 노동계급과 자산계급, 사회주의 노선과 자본주의 노선 간의 모순이 곧 국내의 주요 모순으로 드러났다. 사실 당과 정부가 3년 동안 실시한 불법투기자본에 대한 타격, 상공업에 대한 조절 및 개편, '5반' 운동의 전개, 생산에 대한 노동자감독제도 그리고 그 후에 실시한 양곡과 목화에 대한 통일적 수매와 통일적 판매 등 일련의 필요한 조치와 절차들은 필연적으로 원래 낙후하고 혼란하고 기형적으로 발전하던, 이익만을 추구하던 자본주의적 상공업을 점차 사회주의적 개조의 길로 들어설 수 있게 했다.

이로부터 알 수 있듯이 사회주의 공업화를 건설하는 동시에 전반 경제와 사회를 사회주의로 발전할 수 있도록 개인농업, 수공업과 자본주의적 상공업에 대해 체계적인 사회주의적 개조를 진행할 필요가 있었다. 중국에서 사회주의를 실현하자면 사회화와 대량생산을 보편적으로 실시하는 공업화를 주체로 해야 했다. 그러나 만약 개인경제를 개조하고 사자본주의 경제를 개조하는 이 두 날개가 없었더라면 대규모 계획적인 공업건설이 순조롭게 진행되지 못했을 것이다. 이두 가지 과업은 반드시 긴밀히 융합하고 조화롭게 발전시켜야 했다. 총노선의 주체와 두 날개, 그리고 두 날개인 개인경제에 대한 개조와 자본주의적 상공업에 대한 개조는 서로 연계되고 서로 촉진하면서 생산력의 해방, 발전과 생산관계 변혁 간의 변증법적 통일을 구현했다.

당의 과도기 총노선을 숙고하고 제기하면서 당은 사회주의적 개조의 과도형태 문제를 온당하게 해결했다. 농업의 집단화를 실시하는 과도 형태는 사실상 경제복구를 실천하는 가운데 이미 어느 정도 해결되었다. 이것이 바로 1951년 9월에 '농업생산호조합작에 관한 중공중앙의 결의(초안)'에서 확정한 임시적 계절성 호조조와 장기 호조조의 토대 위에서 토지를 출자하는 초급농업생산합작사를 발전시켜 점차 토지를 공유하는 고급농업생산합작사로 넘어가게 함으로써 농업의 사회주의화를 실현하는 것이었다. 개인 수공업에 대해서도 역시 유사한 합작사 형태를 취해 점차 집단화 수공업으로 발전하게 했다.

남은 한 가지 문제는 도대체 어떤 경로로 자본주의적 상공업을 점차 사회주의로 넘어가게 할 것인가였다.

이러한 측면에서 당내에서는 기본적인 탐색을 했다. 일찍이 1948년 9월, 장원톈(張聞天)은 둥베이국이 중앙에 제출한 한 보고제강에서 "국가자본주의는 사자본주의 경제 가운데서 신민주주의 경제 발전에 가장 이로운 형태"이므로 마땅히 "의식적으로 제창하고 조직해야 한다."[5]고 제기했다. 1949년 6월, 류사오치는 '신중국 경제건설 방침에 관하여'란 당내 보고의 제강에서 국가자본주의 경제는 사회주의 경제와 아주 가깝기 때문에 어느 정도에서는 국영경제의 조수가 될 수 있다고 인정했다.[6] 1950년 6월에 천윈은 도시상공업을 조절한 경험을 총화할 때 사영공장에 대해서 가공 상품 주문의 방법으로 "그들을 사회주의로 이끌어 가야 한다."[7]는 견해를 제기했다. 1952년 10월, 저우언라이는 일부 자본가 대표인물들과 담화할 때 "앞으로 어떤 방법으로 사회주의에 들어갈 것인가는 아직 완전하게 말할 수 없지만 총체적으로 말하면 평화적 전환의 길을 걸을 것이다. …… 예컨대 여러 가지 국가자본주의의 방식을 통하여 계급을 소멸하고 개인들을 유쾌하게 하는 것이다."[8]라고 말했다. 이런 탐색들은 서로 다르게 사자본주의 경제를 사회주의로 넘어가게 하는 경로 문제를 언급했지만 아직 성숙하지 못했으므로 실천을 통해 발전하면서 증명하고 구체화해

5) 장원톈, '둥베이 경제구조 및 경제건설 기본방침에 관한 제강'(1948년 9월 15일), 〈장원톈선집〉, 인민출판사 한문판, 1985년, 407쪽. 장원톈은 당시 중공중앙 정치국위원을 담임했다.

6) 류사오치, '신중국 경제건설 방침에 관하여'(1949년 6월), 중공중앙 문헌연구실 편, 〈류사오치의 신중국 경제건설에 대하여〉, 중앙문헌출판사 1993년, 145~146쪽.

7) 천윈, '공사관계를 조절하고 세금징수사업을 정리정돈하는 것에 대하여'(1950년 6월 6일), 〈천윈선문집〉(1949~1956년), 민족출판사 1983년, 120쪽.

8) 저우언라이, '민족자산계급과 단결하며 국민경제를 발전시키자.'(1952년 10월 25일) 중공중앙 통일전선사업부, 중공중앙 문헌연구실 편, 〈저우언라이통일전선문선〉, 민족출판사, 1986년, 278쪽.

야 했다.

사영상공업의 상황을 확실하게 장악하여 계획적인 경제건설 진행을 편리하게 하기 위해 1953년 4, 5월 사이에 중국공산당 중앙위원회 통일전선사업부 부장 리웨이한은 조사조를 거느리고 우한과 상하이 등 사영공업이 더욱 집중된 대도시에 가서 조사연구를 진행했다. 조사조는 당지의 재정경제 부문, 상공 부문, 세무 부문과 은행, 공회 등 부문의 상황 보고를 널리 청취하고 중난국(中南局), 화둥국(華東局) 및 관련 성, 시의 책임자들이 참석한 좌담회를 소집하여 사영상공업의 상황을 깊이 있게 고찰하고 공업 면에서 국가자본주의를 발전시킨 경험을 총화했다.

5월 27일, 리웨이한은 중앙과 마오쩌둥에게 '자본주의공업에서의 공과 사의 관계 문제'란 조사보고와 함께 설명보고를 제출했다. 이 보고는 다음과 같이 지적했다. 신중국이 창건된 후 3년 동안 국가자본주의는 이미 상당한 발전을 가져와 가공, 위탁주문, 수매, 일수판매, 통일적 수매, 통일적 판매로부터 공사합영 등 일련의 저급에서 고급으로 이르는 형태가 형성되었다. 생산력으로 보면 국가의 가공, 위탁주문을 접수하는 사영공업들은 모두 더욱 빨리 발전하여 생산량이 증가했을 뿐만 아니라 기술이 향상되고 설비가 확대되고 개진되었다. 이리하여 국가는 국영공업의 제품을 주도하게 되었을 뿐만 아니라 사영공업의 주요한 제품도 주도하게 되어 상품공급을 보장하고 가격정책을 제정하는 데 주요한 물질적 조건을 갖추게 되었다. 생산관계로 보면 사영공업이 국가자본주의적 저급 형태로부터 고급 형태로 발전하는 행정은 곧바로 사영공업의 생산관계를 점차 개조하고 점차 사회주의로 나아가는 행정이었다. 그중에서 고급 형태인 공사합영은 사영기업을 사회주의로 과도하게 하는 가장 이로운 형태였다. 보고는 생산력과 생산관계를 결부시키는 견지에서 중앙에 다음과 같이 제의했다. 국가자본주의 각종 형태는 "우리가 공업자본주의를 이용하고 제한하는 주요한 형태이며 우리가 자본주의적 공업을 점차 국가계획의 궤도에 끌어넣는 주요한 형태이며 우리가 자본주의적 공업을 개조하여 점차 사회주의로 과도하게 하는 주요한 형태이다."[9]

'자본주의 공업에서의 공과 사의 관계 문제' 보고는 조사 연구를 토대로 하여 자본주의 기업을 어떻게 개조할 것인가 하는 구체적인 경로문제를 해결했으므로 당중앙위원회와 마오쩌둥의 각별한 중시를 받았다. 1953년 6월, 마오쩌둥은 두 차례에 거쳐 중앙정치국회의를 주최하여 리웨이한의 보고 및 이 보고에 토대해 중앙통일전선사업부에서 작성한 '자본주의적 상공업을 이용하고 제한하고 개조하는 몇 가지 문제에 관하여'란 문건에 관해 토론했다. 토론을 거쳐 중앙정치국은 국가자본주의를 거쳐 자본주의적 공업을 개조하는 것에 관한 방침을 확정했다. 얼마 지나지 않아 또 자본주의적 상업에 대해서도 단순하게 '배척'하는 방법을 취하지 않고 국가자본주의를 시행할 결정을 내렸다. 이에 대해 마오쩌둥은 "3년 남짓이 쌓은 경험에 비추어 이제는 국가자본주의를 거쳐 사영상공업에 대한 사회주의적 개조를 완수하는 것이 더욱 건전한 방침이며 방법이라는 것을 긍정할 수 있게 되었다."[10]고 명확하게 지적했다.

총체적으로 말해 당의 과도기 총노선은 자본주의에서 사회주의로의

9) 리웨이한, '자본주의공업에서의 공과 사의 관계 문제'에 관하여 중앙과 주석에게 올린 보고'(1953년 5월 27일), 〈리웨이한선집〉, 인민출판사 한문판, 1987년, 266쪽.

10) 마오쩌둥, '자본주의적 상공업을 개조하는 것에 반드시 거쳐야 할 길'(1953년 9월 7일), 〈마오쩌둥문집〉 제6권, 인민출판사 한문판, 1999년, 291쪽.

과도기에 관한 마르크스-레닌주의 이론에 근거하고 중국의 구체적 정형에 따라 중국이 신민주주의에서 점차 사회주의로 넘어가는 노선, 방법 및 절차를 확정했다. 당시에는 사회주의 공업화와 사회주의적 개조를 기본적으로 완수하기까지 매우 긴 시일이 걸릴 것으로 예상했다. 구체적으로 보면 대략 3차의 5개년 계획 기간에 경제복구 기간의 3년을 합하여 18년이 걸릴 것으로 짐작했다. 그때에 이르면 중국에는 기본적으로 위대한 사회주의 국가가 건설될 것이라고 여겼다. 1954년 2월 6일, 류사오치는 중앙정치국을 대표하여 당중앙위원회 제7기 제4차 전원회의에서 1953년에 중국은 계획적인 경제건설 시기에 들어섰고 또 제1차 5개년 건설계획을 수행하기 시작했다고 보고했다. 이 시기에 중앙정치국은 당의 과도기 총노선을 제기한 것은 필요하고도 시의적절하다고 인정했다. 당중앙위원회 제7기 제4차 전원회의는 결의를 채택하여 중앙정치국에서 확인한 이 총노선을 정식으로 비준했다. 그해 9월, 제1기 전국인민대표대회 제1차 회의에서 과도기 총노선의 내용을 첫 '중화인민공화국헌법'에 올려 이를 국가 전반의 통일적 의지가 되게 했다.

과도기 총노선에 대한 학습과 선전

과도기 총노선이 제기된 후 당중앙위원회는 전당과 전국 인민들에게 선전과 교양 사업을 광범위하고도 깊이 있게 진행했다. 우선 당내에서 재빨리 인식을 통일하고 나아가 전국 인민에게 광범한 이해와 호응을 얻음으로써 당과 국가의 사업으로 하여금 모든 역량을 동원하여 중국을 위대한 사회주의 국가로 건설하기 위해 분투하는 새로운 단계로 전면적으로 전환하도록 했다.

1953년 6월부터 8월까지 당중앙위원회는 전국재정경제사업회의를 열었다. 회의는 경제건설 계획에 관한 가오강(高崗)과 리푸춘의 보고와 자본주의적 상공업을 이용, 제한, 개조하는 것에 관한 리웨이한의 의견보고를 청취하고 토론했다. 저우언라이는 회의에서 6월 15일에 마오쩌둥이 중앙정치국회의에서 제기한 당의 과도기 총노선의 내용을 전달하고 우리가 여러 측면으로 임무를 수행하고 사업을 검사하고 오류를 비판할 때 모두 당의 총노선을 지침으로 삼아야 한다고 지적했다. 마오쩌둥은 회의에 참석하여 전당을 단합하여 과도기 총노선을 실현하기 위해 노력하자고 연설했다. 두 달에 걸친 이 회의는 당의 고위급 간부들이 총노선을 학습하고 관철하는 한 차례 동원대회가 되었다.

9월 7일, 마오쩌둥은 민주당파와 상공계의 일부 대표들과 담화하면서 그들에게 자본주의적 상공업에 대해 당이 실시하는 사회주의적 개조의 방침과 정책을 해석해주었다. 마오쩌둥은 다음과 같이 말했다. 국가자본주의는 자본주의적 상공업을 개조하며 사회주의로의 과도를 점차 완수하기 위해 반드시 거쳐야 할 길이다. 이 점은 공산당 측도 그렇고 민주인사 측도 그렇고 모두 명확히 해야 한다. 전국의 사영공업을 기본적으로 국가자본주의 궤도에 끌어올리자면 적어도 3년에서 5년이 걸려야 한다. 국가 공업화의 기본적인 완수와 농업, 수공업과 자본주의적 상공업에 대한 사회주의적 개조의 기본적인 완수를 포함한 전반 과도기의 과업은 3년 내지 5년에 완수할 수 있는 것이 아니라 몇 차례의 5개년 계획을 치러야 한다. 이 점에 대해 아득한 미래의 일이라고 생각하는 사상도 반대해야 하거니와 너무 급하게 나아가려는 사상도 반대해야 한다.[11] 마오쩌둥의 제의에 따라 9월

---

11) 마오쩌둥, '자본주의적 상공업을 개조하기 위해 반드시 거쳐야 할 길'(1953년 9월 7일), 〈마오쩌둥 문집〉 제6권, 인민출판사 한문판, 1999년, 291, 293쪽.

8일부터 11일까지 정치협상회의 전국위원회는 제49차 상무위원회 확대회의를 열고 부분적인 상공업계 대표인물들을 초청하여 참석시켰다. 저우언라이는 과도기 총노선에 관한 보고와 총화연설을 했다. 사회주의적 개조에 대한 상공업계의 우려에 대해 저우언라이는 중국 사회주의적 개조의 방침과 절차를 체계적으로 논술했다. 그는 국가자본주의는 결코 자본주의적 소유를 취소하지 않았고 상공업자들이 국가의 정책과 법을 지키고 투기하지 않고 독점하지 않으며 기업의 제품을 인민의 수요를 충족시켜주는 데 쓰기만 한다면 그들의 과업은 영광스러운 것이라고 지적했다.

마오쩌둥의 담화와 저우언라이의 보고는 자산계급 상층 대표인물들의 사상 우려를 덜어주었다. 그들 중 어떤 사람은 "자본가들은 지금 이윤을 얻을 수 있고 장래에 할 일이 있다."는 데 대해 만족스러워했다. 또 어떤 사람은 당의 사회주의적 개조 방침을 "함께 대안에 오르니 그 광경이 오색찬란하다."고 형용하면서 과도기의 총노선과 국가자본주의 방침을 옹호한다고 했다. 이런 태도는 공산당과 가까이하고 역사의 조류에 순응하는 상공업 대표인물들의 진보적인 경향을 대표했다.

10월 23일, 제1기 중화전국상공업연합회 회원대표대회가 열렸다. 대회주석 전수퉁(陳叔通)은 마오쩌둥과 민주당파 및 상공업계 일부 대표들의 담화 정신에 근거하여 개막사에서 전국상공업인사들에게 나라에서 과도기 총노선을 실시하고 사영상공업의 적극적인 역할을 정확히 발휘하기 위해 노력할 것을 호소했다. 리웨이한이 회의에 참석하여 연설했다. 그는 사영상공업에 대한 당의 관련 정책을 논술하고 특히 각종 형태의 국가자본주의에 대해 구체적으로 설명했다. 그는 다음과 같이 지적했다. 과도기 총노선을 실현하기 위해 적극적으로 노력하는 모든 사영상공업자는 현재는 합법적인 이윤을 얻을 수 있고 미래에는 알맞은 사업을 할 수 있다. 전국 인민과 함께 사회주의사업을 위해 복무하는 것은 사영상공업자들의 현실과 전도이자 또한 그들의 광명한 길이다. 대회는 11월 12일에 결의를 채택하여 당의 과도기 총노선과 사영상공업에 대해 이용하고 제한하고 개조하는 정책을 받아들이고 옹호한다고 정중히 선고했다. 회의 후 중화전국상공업연합회는 상공계에서 당의 과도기 총노선을 학습하고 선전하는 활동을 벌였다. 지난 몇 년 동안 다수의 사영상공업자는 국가의 지원정책으로 이익을 얻었고, 이윤만을 추구하는 행위를 반대하는 준법경영교양을 받았으므로 당과 정부의 '이용, 제한, 개조'의 정책에 기본적으로 보조를 맞추었다. 이것은 적극적인 측면이었다. 그러나 다른 한 측면으로는 종국적으로 자본가의 사적 소유를 소멸한다는 데 대해 수많은 상공업자는 매우 모순된 심리를 보였고 다수의 중소자본가들은 흐름을 따랐다. 총체적으로 중국의 사영상공업자들은 복잡한 심리 상태에서 사회주의적 개조를 받아들이기는 했지만 그들 다수는 중국이 사회주의 사회 진입은 불가피한 대세의 흐름이라는 것을 알고 있었다.

1953년 말부터 시작하여 공장, 광산 기업과 전국의 농촌에서는 보편적으로 총노선을 학습하고 선전하는 활동을 벌였다. 11월 25일, 중화전국총공회는 '과도기의 총노선을 학습하고 선전하고 관철하는 것에 관한 지시'를 발부하고 다음과 같이 요구했다. 반드시 종업원과 가족들로 하여금 오직 국가의 사회주의 공업화와 농업, 수공업과 자본주의적 상공업에 대한 사회주의적 개조를 해야만 중국을 낙후한 농입국으로부터 사회주의 공업국으로 발전시킬 수 있고 날로 늘어나는 노동계급과 전체 근로인민의 물질적 및 문화적 수요를 충족시켜줄 수 있다는 것을 알게 해야 한다. 노동계급은 이 위대하고 간고한 역사적 과업을 완수하는 데 주요한 책임을 떠맡았다. 전국의 종업원들은 총공회의 호소를 받들고 노동계급의 용감하고 간고분투하는 영광스러운 전통을 발휘하여 헌신적인 노동으로 증산절약과 노동경쟁을 앞으로 한 걸음 더 앞당김으로써 국가의 제1차 5개년 건설계획이 효과적으로 완수되도록 힘써야 한다. 총공회의 요구에 따라 사영기업에서의 공회조직과 종업원 군중은 적극적으로 일어나 자본가를 교양하고 그들의 경영관리를 개선하도록 협조하여 국가 경제와 인민생활에 이로운 생산과 경영을 발전시킨 한편, 자본가들을 감독하여 그들이 국가의 정책과 법을 지키게 했다. 이 두 가지 방식으로 자본가들이 국가자본주의의 길에 들어서도록 이끌었다.

11월에 〈인민일보〉는 '농민들에게 반드시 과도기의 총노선을 대대적으로 선전해야 한다.', '농민을 영도하여 모두가 부유해지는 길로 나아가자.'는 등 여러 편의 사설을 연이어 발표하고 국가는 왜 공업화를 실현해야 하는가, 공업화는 농업의 발전과 농민들의 생활향상과 어떤 관계가 있는가는 등 도리를 알기 쉽게 논술했다. 그럼으로써 광범한 농민 대중이 국가의 공업화를 지원하려면 국가에 더 많은 양곡을 팔아야 하고, 양곡을 더 많이 생산하기 위해서는 반드시 조직화해야 함을 깨닫게 했다. 총노선을 학습하고 선전하는 가운데 각지 당위원회는 많은 간부를 뽑아 차례로 강습시키고 농촌에 깊이 내려가 농촌간부들과 함께 독보좌담, 영화와 환등 방영, 사진전시회, 트랙터 운전 시범을 하거나 농민들을 조직하여 공장, 광산을 참관하고 소련 집단농장을 방문한 농업노동모범을 청하여 보고를 듣는 등 여러 가지 형식으로 농민들에게 국가 공업화, 농업합작화의 좋은 점을 설명했다. 구체적이고 깊이 있는 선전을 통해 광범한 농민들은 앞다투어 총노선을 옹호했다. 어떤 농민은 총노선을 학습하고 나니 "머리가 트이고 마음이 가벼워졌다.", "더 좋은 나날을 보내고 공업화를 실현하기 위해 여유양곡을 국가에 더 많이 팔겠다."고 말했다. 각지의 농민들은 일반적으로 양곡을 팔아 가축을 사고 농기구를 장만하고 생산 투입을 늘렸다. 적지 않은 지방의 농촌에서는 애국양곡판매와 호조 합작의 고조가 일어났다.

1953년 12월, 중공중앙은 중앙선전부에서 제정하여 발부한 '모든 역량을 동원하여 중국을 위대한 사회주의 국가로 건설하기 위해 분투하자－당의 과도기 총노선의 학습, 선전에 관한 제강'을 비준했다.

'제강'은 다음과 같이 지적했다. 당의 과도기 총노선을 실현하는 것은 바로 사회주의공업을 충분히 발전시키고 또 현존의 비사회주의 공업을 사회주의공업으로 변화시킴으로써 사회주의공업이 중국 전반 국민경제 발전에서 결정적인 역할을 하는 지도적 역량이 되게 하는 것이다. 당의 과도기 총노선을 실현하는 것은 바로 사회주의의 전 인민적 소유와 집단적 소유를 확대하고 농민과 수공업자들의 자기 노동에 기초한 사적 소유를 합작사 사원의 집단적 소유로 만들고 잉여노동을 착취하는 데 기초한 자본주의 사적 소유를 전 인민적 소유로 만드는 것이다. '제강'은 "당의 과도기 총노선의 본질은 생산수단의 사회주의적 소유를 중국 국가와 사회의 유일한 경제적 토대로 만드는 것이다."라고 강조했다. 마오쩌둥은 여기에 "우리가 이렇게 해야 하는 것은 생산수단의 사적 소유로부터 사회주의적 소유로의 이행을 완수해야만 비로소 사회생산력의 급속한 발전과 기술 측면에서의 혁명에 유익하며 중국의 절대 부분의 사회경제에서 간단하고 낙후한 도구와 농기구로 일하는 상태를 바꾸고 여러 가지 기계, 나아가서는 가장 선진적인 기계로 일하게 함으로써 여러 가지 공업 및 농업

생산물을 대규모 생산하여 날로 늘어나는 인민들의 수요를 충족시키고 인민의 생활수준을 높이며 국방력을 강화하여 제국주의의 침략을 반대하며 종국적으로 인민정권을 공고히 하고 반혁명의 복귀를 방지하는 목적을 달성할 수 있기 때문이다."고 한 단락을 더 넣었다.

중앙에서 비준한 학습과 선전 제강에 따라 각급 당조직은 과도기 총노선에 대한 선전교양활동 범위를 정부기관, 국영기업, 중등이상 학교 및 각 민주당파와 인민단체에까지 넓혀나갔다. 많은 도시에서 여러 가지 보고회를 열고 문화교육, 신문출판, 과학기술, 의약위생 사업자들에게 총노선을 선전했다.

중국공산당의 과도기 총노선은 레닌의 과도기 학설에 근거하여 제기한 것이었다. 세계 첫 사회주의 국가로서 소련의 사회주의 건설 경험은 중국에 직접적인 참고로서 의의를 지녔다. 그러므로 중공중앙과 마오쩌둥은 소련의 경험을 학습하는 것을 아주 중요시했다. 1953년 2월, 마오쩌둥은 중국인민정치협상회의 제1기 제4차 회의에서 "전국적으로 마땅히 소련을 본받는 고조를 일으켜 중국을 건설해야 한다."고 호소했다. 그는 다음과 같이 강조했다. 우리가 진행하는 위대한 5개년 계획건설은 사업이 아주 험난한 데다 경험 또한 부족하므로 소련의 선진 경험을 본받아야 한다. 이 문제에서 마땅히 성심성의로 그들의 모든 장점을 배워야 한다. 마르크스-레닌주의 이론을 학습해야 할 뿐만 아니라 그들의 선진적인 과학기술을 배워야 하며 모든 쓸 만한 것들은 마땅히 모조리 겸허하게 배워야 한다.[12]

총노선을 학습하고 선전하는 데에 관한 제강이 하달됨에 따라 중공중앙은 당원간부들을 조직하여 〈소련공산당(볼셰비키) 역사간략독

---

12) 마오쩌둥, '중국인민정치협상회의 제1기 전국위원회 제4차 회의 폐회식에서 한 연설'(1953년 2월 7일), 〈마오쩌둥문집〉 제6권, 인민출판사 한문판, 1999년, 264쪽.

본〉 제9장부터 제12장까지, 즉 소련공산당이 인민을 영도하여 국민 경제를 복구하고 국가 공업화와 농업집단화를 실시한 내용을 학습하 게 했다. 또한 사회주의 경제건설에 대한 레닌과 스탈린의 저작을 학 습하게 했으며 전당에 소련이 사회주의를 건설한 경험을 체계적으로 이해하고 또 당중앙위원회 제7기 제2차 전원회의의 결의와 마오쩌둥 이 당중앙위원회 제7기 제3차 전원회의에서 한 보고, 저우언라이가 1953년 여름 전국재정경제사업회의에서 한 결론 등 중요한 문건을 참고하여 당의 과도기 총노선을 깊이 이해하고 관철 집행하도록 요 구했다. 중앙 각 국가기관, 각 중앙국, 분국, 성과 시의 당위원회 영 도기관들은 이 학습활동에 각별히 중시를 돌리고 당원간부들을 고급 조, 중급조, 초급조로 편성하고 한동안 집중적으로 이론과 정책을 제 대로 학습, 장악하게 했으며 당지와 본 부문의 실제 상황에 따라 소 련이 중공업을 선차적으로 발전시켜 사회주의 공업화를 실현한 경험 을 연구, 토론하고 사회주의 공업화의 의의, 공업화사업의 간고하고 도 복잡한 성격, 노농동맹에서의 노동계급의 지도 역할과 당의 영도 역할 및 당의 통일과 단합을 강화하는 의의를 더욱 깊이 이해하게 했 다. 그럼으로써 이론 및 사상 면에서 공업화 시기에 부닥치게 될 공 업 및 농업 생산물 부족 등 여러 가지 어려운 문제를 직시하고 계획 적인 수매와 공급을 시행하며 국가계획에 복종해야 하는 필요성과 중요성, 그리고 간고분투하고 증산절약해야 하는 의의 등을 분명히 알려주었다. 각지의 학습활동은 당의 과도기 총노선의 관철을 추동 하는 면에서 매우 좋은 성과를 거두었다.

당의 과도기 총노선을 학습하고 선전하는 것은 신중국이 창건된 후 전당, 전체 인민 가운데서 사회주의 관념을 보급하는 한 차례 전 례 없는 규모의 학습활동이었다. 당시의 인식으로 소련의 경험은 유일하게 성공한 사회주의 건설 경험으로 간주했다. 다시 말하면 사회주의는 곧 생산수단의 사적 소유를 철저히 소멸하고 국가소유와 집단소유를 실시하며 공업의 국유화를 실현하는 것이고 또 전반 경제와 사회생활에서 집중적이고 통일적인 계획경제를 실시하는 것 등이라고 인정했다. 이러한 인식들은 중국이 사회주의를 건설하는 이론과 실천에 장기간 영향을 주었다. 총체적으로 볼 때 이 학습과 선전활동에서 가장 중요한 것은 광범한 당원간부와 인민대중의 범위에서 신민주주의에서 점차 사회주의로 넘어가는 사상 전환의 문제를 확실히 해결하고 중국이 사회주의 노선으로 나아가는 것은 역사의 필연적 선택임을 명확히 한 것이며 또 나아가 당 내외의 사상인식을 기본적으로 과도기 총노선으로 통일하고 사회주의 길을 따라 국가 공업화를 실현하는 중국인민들의 신심을 확고히 한 것이었다. 사상을 통일한 토대 위에서 과도기의 총노선은 전당과 전국 인민을 단결하여 위대한 사회주의 국가를 건설하기 위해 공동 분투하는 행동강령으로 자리매김했다.

2. 제1차 5개년 계획 편성

중공업을 선차적으로 발전시키는 전략 확정

당의 과도기 총노선에 따라 중국은 상당히 오랜 기간을 거쳐 사회주의 공업화를 실현해야 했다. 공업화를 실현하는 것은 근대 중국의 지사들이 공동으로 추구하는 이상이었다. 그러나 청나라 말기 정부와 북양군벌 시기 및 국민당 반동통치 시대에 그것은 단지 아름다운 꿈이었다. 중국공산당은 민주주의 혁명을 영도하는 행정에서 이미 중국을 낙후한 농업국에서 선진 공업국으로 발전시켜야 한다는 분투 목표를 명확히 제기했다. 그러나 당시의 주요 과업은 제국주의, 봉건주의와 관료자본주의의 통치를 뒤엎고 공업화를 위해 길을 닦는 것이었다. 1949년에 중화인민공화국이 창건되어서야 중국은 민족독립과 인민해방의 기초 위에서 국가 공업화를 실현하는 기본 조건을 얻게 되었다. 마오쩌둥은 신중국 창건 전야에 우리의 국가는 정치적으로 이미 독립했지만 완전한 독립을 이루려면 또 반드시 국가 공업화를 실현해야 한다고 지적했다. 신중국이 창건된 후 1952년에 국민경제가 전면적으로 복구되고 특히 항미원조전쟁이 기본적으로 결속되어 중국인민들이 오래전부터 기다려온 역사적인 기회가 마침내 다가왔다.

중국이 공업화를 실현하자면 노동계급이 영도하는 노농동맹을 기초로 하는 인민민주주의 독재의 조건에서 오로지 사회주의 노선으로만 나아가야 했다. 중국공산당이 영도하는 신중국은 자국의 인민을 압박착취하고 해외 식민지를 약탈하는 데에서 원시적인 축적을 얻는 자본주의 공업화로는 갈 수 없었다. 구중국은 외국독점자본의 압박과 자국의 봉건생산 관계의 속박을 받았으므로 민족자본주의공업은 처음부터 끝까지 발을 내딛기조차 어려운 형편에 처해 있었다. 독립 후의 중국은 오직 사회주의 제도에 역량을 집중하여 큰일을 해내는 우월성을 발휘하고 주로 내부 축적에 의거해 국가로 하여금 강대한 중공업을 이룩하게 하여 각종 필요한 공업장비를 제조하게 하여 현대 공업으로 하여금 전반 국민경제를 영도하고 또 농공업 총생산액에서 절대적인 우세를 차지할 수 있게 했다. 또한 사회주의 공업으로 하여금 모든 공업의 주요한 토대로 되게 해야만 국가 공업화를 추진하는 데 박차를 가하여 진정으로 경제적인 독립을 이룩하게 할 수 있었다. 그러므로 경제와 문화가 낙후한 대국으로서의 중국이 사회주의 노선을 통해 국가 공업화를 실현하는 것은 역사적인 필연이었다. 국가 공업화를 건설하는 데 어떤 발전 전략을 취해야 하는가는 중국의 실제와 역사적 조건에 따라 선택해야 했다.

공업혁명 이래 세계적으로 몇 가지 다른 공업 발전 모델이 있었다. 17, 18세기, 영국, 미국 등 선진 공업화 국가들은 경공업을 발전시키는 것에서 시작하여 많은 자본을 축적한 후 다시 중공업을 발전시켰다. 이런 공업화의 모델은 상당히 긴 행정을 겪었다. 19세기 중, 후기의 독일과 일본은 조기 공업화 발전이 창조한 과학기술 성과를 계승한 기초 위에서 정부 투자를 통해 중공업(특히는 군사공업)을 발전시키고 민간에서 투자하여 경공업을 발전시키면서 정부와 민간이 다같이 중시를 돌려 아주 빨리 후기 공업화 국가로 발전했다. 20세기 20, 30년대에 이르러 첫 사회주의 국가인 소련은 제국주의의 포위를 무너뜨리고 국가안전을 수호하기 위해 차르 러시아 시대에 군사공업이 기본적으로 발전한 기초 위에서 중공업을 먼저 급속히 발전시켜 짧은 시간 내에 독립적이고 완전한 공업체계를 구축함으로써 유럽의 제일 강국으로 된 동시에 독일 파시즘을 전승하는 데 필요한 물질적 토대를 마련했다. 소련은 비록 공업화 행정에서 경공업과 농업의 발전이 상대적으로 느렸지만 공업화의 고속 실현과 건설 성과는 전 세계에 주목을 끌었다. 특히 낙후한 상태에 처해 있었지만 한창 사회주의로 나아가고 있는 중국에 더욱 적절한 모범을 보여주었다. 항일전쟁 후기 국민정부 재정부서에서 전후 국가재건 문제를 토론할 때 적지 않은 사람들은 소련의 경험을 본받아 국가에서 경제를 통제하고 "먼저 강성을 도모하고 후에 치부"함으로써 외적의 침입으로 국내 경제가 하루아침에 무너지는 것을 방지해야 한다고 주장했다.

신중국 창건 전후에 중국공산당 영도층은 국가 공업화 전략 문제를 고려하기 시작했다. 중국의 경제적 토대가 박약하고 자금이 달리는 등의 상황을 감안하여 일찍이 농업과 경공업을 우선으로 발전시켜 공업에 원료와 양곡을 충분히 공급하고 공업의 발전을 위해 시장을 확대하고 자금을 축적하며 이와 동시에 근로인민들의 생활수준을 한층 향상해야만 최대의 자금과 역량을 집중하여 모든 중공업 토대를 닦을 가능성이 있다는 구상을 내놓았다.[13] 그러나 얼마 지나지 않아 한국전쟁이 발발했고 한반도 전장에서 중국은 미국과 역량 대비가 엄청난 대결을 치렀다. 아직 시작 단계였던 공업과 낙후한 무기장비가 전쟁 국면을 안정시키는 데 가져다주는 제약과 영향이 두드러지게 나타났다. 이런 엄청난 대비는 중국의 공업화와 국방 현대화를 재촉하고, 더욱 긴박하게 필요한 요구들을 실현하도록 했다. 국제적으로 제2차세계대전 후 새로 일어난 민족독립 국가들은 모두 공업화 전략의 선택에 직면하고 있었으며 선진공업국가를 따라잡을 수 있는가는 나라와 민족의 전도와 운명과 관계되어 있었다. 발전 속도 문제는 모든 나라의 공업화 전략 가운데 극히 중요한 문제로 나타났다.

미제국주의의 전쟁 위협, 서방자본주의 국가들의 경제적 봉쇄와 수출입 금지에 직면하여 중국 지도자들은 하루빨리 중공업기지를 건설함으로써 종합적 국력을 강화하고 외적의 침략 위협에 대처할 방법을 강구하지 않을 수 없게 되었다. 한편으로는 소련이 중공업을 우선하여 발전시키고 빠른 속도로 공업화를 실현한 경험을 거울로 삼을 수 있고 다른 한편으로는 중국의 경공업이 상대적으로 일정한 토대를 갖추었고 상당한 대비역량을 가지고 있어 국영경제의 인도로 상당한 증산 잠재력을 발휘할 수 있었다. 동시에 신중국이 창건된 후

---

13) 류사오치, '국가의 공업화와 인민들의 생활수준의 제고에 대하여'(1950년), 〈류사오치선집〉 (하), 민족출판사 1987년, 5~6쪽

농업생산을 복구한 경험이 보여주다시피 농민들을 조직하여 호조합 작을 하면 평균 생산량을 15%에서 30%까지 높일 수 있었기 때문에 농업합작화 이후 여러 가지 증산 조치들은 더욱 쉽게 성과를 거둘 수 있었다. 그러므로 국가에서 주요 역량을 집중하여 중공업을 발전시 키는 것은 객관적으로 가능했다. 각 방면의 요소를 종합적으로 분석 하고 손익을 계산하고 나서 중공중앙은 중공업을 우선하여 발전시킬 전략을 결정했다.

중공업을 먼저 발전시키는 전략에 관해 마오쩌둥은 "돈을 구할 수 있는 모든 방법을 강구하여 중공업과 국방공업을 건설하는 것이 중 점이다."고 간단명료하게 개괄했다. 1951년 12월, 마오쩌둥은 중앙 의 한 문건을 수정할 때 다음과 같이 설명했다. "1953년부터 시작하 여 우리는 곧 대규모의 경제건설에 들어서게 되며 20년의 세월을 들 여 중국의 공업화를 완수하려고 한다. 물론 공업화를 완수한다는 것 은 단지 중공업과 국방공업만을 말하는 것이 아니다. 필요한 경공업 을 모두 건설해야 한다. 국가의 공업화를 완수하기 위해서는 반드시 농업을 발전시켜야 하며 또 농업사회화를 점차 완수해야 한다. 그러 나 우선으로 중요하고 또 경공업과 농업을 이끌어 앞으로 발전하게 할 수 있는 것은 중공업과 국방공업을 건설하는 것이다."[14]

중공업을 먼저 발전시키는 전략은 주로 중국공업의 토대가 극히 박 약한 데 근거하여 확정했다. 총생산량으로 비교할 때 중국과 당시 주 요한 자본주의국가들의 공업 수준의 격차는 적어도 100년 이상이 되 었다. 1949년 중국의 공업제품생산량은 주요한 자본주의국가보다 훨 씬 뒤떨어졌을 뿐만 아니라 아시아의 신흥독립국가인 인도와 비교해

---

14) 마오쩌둥의 '기구를 간소화하고 증산절약하며 탐오를 반대하고 낭비를 반대하며 관료주의를 반대 하는 것에 관한 중공중앙의 결정'에 대한 평어와 수정. 1951년 12월 1일, 2일.

보아도 많이 뒤처져 있었다. 13가지 주요 공업제품 가운데 8가지 제품의 생산량이 인도가 중국보다 높았고 강철과 선철의 생산량은 심지어 5~7배 높았다. 같은 인구 대국으로 1949년 중국의 1인당 국민소득은 27달러로 57달러인 인도의 절반에도 못 미쳤다. 구중국의 공업산업 구조는 아주 불합리했는데 공업 내부의 수공업 생산액의 비중이 비교적 높았고 기업의 생산기술도 상당히 낙후하여 수많은 기업이 수공으로 생산을 진행했다. 주로 생산수단의 생산에 종사하는 중공업이 차지하는 비중이 아주 낮았는데 1949년의 전국 공업 총생산액 가운데서 경공업은 73.6%를 차지했으나 중공업은 겨우 27.3%밖에 차지하지 못했다. 중국 공업의 구역 분포도 극히 불균형적이었다. 전체 공업의 4분의 3 이상이 연해의 좁고 긴 지대에 집중되어 있었고 광범한 내지, 특히 변강의 소수민족지구에는 현대공업이 아주 적거나 전혀 없었다. 연해지역의 공업은 또 거의 모두 상하이, 톈진, 광저우 등 소수의 몇 개 대도시에 집중되어 있었다. 둥베이는 전국 반 이상의 중공업을 갖고 있었다.

　비록 1952년에 중국 주요 공업제품의 생산량이 역사의 최고 수준에 도달했거나 초과했지만 중국의 현대공업, 특히 중공업의 토대가 박약한 상황은 결코 근본적으로 개선하지 못했다. 중국의 농업은 상당히 뒤떨어져 있었다. 경작과 수확은 기본적으로 인력과 축력에 의지했고 연간 수확량도 주로 기후 조건에 따라 결정되었다. 농업 생산량을 증가하려면 농업기계와 기술장비를 대량 제공해야 했다. 중국은 철도, 교통과 기타 기초시설이 매우 부족했기 때문에 모두 발전시키고 확장해야만 했다. 그러나 주로 내부 축적으로 경제건설에 사용할 수 있는 재력은 상당히 제한되어 있었다. 1950년부터 1953년까지 국가의 재정 수입은 총 600억여 위안이었는데 만일 평균적으로 사용하여 모든 사업을 일으켜 세우려고 시도했다면 반드시 아무 일도 성사시키지 못했을 것이었다. 그러나 중공업이 일어나지 못하면 화학비료, 농업기계, 디젤유, 수리공정 설비들을 대량 공급할 수 없게 되고 따라서 철도를 대량으로 보수하고 건설할 수 없으며 기관차 차량, 자동차, 비행기, 기선, 연료와 각종 운수설비를 제조할 수 없었다. 그밖에 인민들의 생활을 실속 있게 높이려면 반드시 경공업을 확대해야 했다. 그러나 당시의 현실을 보면 많은 경공업 생산시설의 이용률이 매우 낮았는데 그 원인은 바로 농업으로부터 오는 원자재가 부족하고 또 중공업으로부터 오는 기계설비와 현대 기술장비가 부족했기 때문이었다. 동시에 중국은 여전히 제국주의의 포위와 위협 속에 처해 있었기 때문에 강대하고 현대화한 국방력을 이룩하자면 현대 국방공업을 재빨리 발전시켜야 했다. 이 모든 것은 중국으로 하여금 반드시 중공업을 우선 발전시키는 전략을 취하게 했다.

중국 대기계제조업과 현대 기술장비가 부족한 상황에 대해 마오쩌둥은 다음과 같이 말했다. "지금 우리는 어떤 것들을 만들어낼 수 있는가? 책상, 걸상을 만들어낼 수 있고 찻잔이나 주전자를 만들어낼 수 있고 양곡을 생산할 수 있고 밀가루를 가공할 수 있고 종이를 만들어낼 수 있지만 자동차, 비행기, 탱크, 트랙터 등은 한 대도 만들어내지 못하고 있다."[15] 이 말과 그것이 반영한 현실은 몇 세대 중국 사람들의 마음속 깊이 아로새겨졌고 이로부터 위에서 아래에 이르기까지 전국적으로 분발 노력하여 남을 따라잡는 정신적 힘을 합치게 되었다. 중국이 공업화를 건설하는 시발점이 상대적으로 아주 낮은 점을 감안하여 당중앙위원회와 마오쩌둥은 발전 속도 문제를 몹시 중

---

15) 마오쩌둥, '중화인민공화국 헌법 초안에 관하여'(1954년 6월 14일), 〈마오쩌둥문집〉 제6권, 인민출판사 한문판, 1999년, 329쪽.

시하면서 3차의 5개년 계획 또는 더 많은 시일이 걸리더라도 공업화를 기본적으로 완수할 것을 요구했다. 훗날 실천이 보여주다시피 비록 이 시간표는 일정한 여지를 두었지만 중국처럼 경제가 낙후한 대국을 놓고 볼 때 그 시간은 무척 짧고 촉박했다. 십 몇 년간의 노력은 국가 공업화를 위한 초보적인 토대만 닦아주었을 뿐이었다. 물론 이 토대는 중국이 최종적으로 사회주의 공업화, 현대화를 실현하기 위해 가장 긴박하고 필요한 것이었다.

중국에서 공업화를 점차 실현하는 데에는 이로운 조건과 불리한 조건이 병존하고 있었다. 이로운 면으로부터 볼 때 신중국은 하나의 집중, 통일되고 비교적 능률적인 중앙정부를 설립했고 절대다수 인민의 충성심 어린 옹호와 지지를 받고 있었으며 막강한 조직동원 능력을 갖췄다. 사회, 경제적 여건이 비교적 안정되었고 통화 팽창률이 비교적 낮았다. 국제적인 면에서는 서방의 봉쇄와 수출입 금지가 많은 어려움을 가져다주었지만 소련이 중국의 제1차 5개년 계획 건설에 전면적인 경제기술 지원을 제공했는데 이는 중국 역사상 전례 없는 일이었다. 어려운 면을 보면 다음과 같다. 첫째, 중국은 낙후한 농업국이고 농업은 앞으로 상당히 오랜 기간 기술 개조를 할 힘이 없기 때문에 노동생산능률이 매우 낮아 필연적으로 공업의 안정적인 발전에 영향을 주게 되었다. 둘째, 농업은 기본적으로 기상 조건에 의지하고 있어 1년 수확은 가을 추수철이 되어야 비로소 알 수 있었기 때문에 그해에 제정한 국민경제 계획은 매우 불확정적이었고 생산 발전의 실제 상황에 적용하기 어려웠다. 셋째, 중국의 경제와 문화가 매우 뒤떨어져 있었다. 신중국 창건 초기, 전국 인구 가운데 문맹과 반문맹이 무려 90%에 달했고 공업건설에 급히 소요되는 공정기술자와 기술노동자가 부족했으며 노동력의 문화자질이 보편적으로 아주 낮았는데 이런 상황은 단시일에 바꿀 수 없었다. 넷째, 중국은 세계적으로 인구가 가장 많은 나라 가운데 하나였다. 따라서 방대한 인구와 끊임없이 늘어나는 소비 수요 간의 모순은 축적과 소비 간의 긴장관계를 완화하기 어렵게 했다. 이런 불리한 요소들은 중국 경제건설과 공업화 행정을 장기적으로 제약했다.

공업화건설은 대량의 자금투입이 필요했고 중공업을 선차적으로 발전시키는 데는 더 많은 자금이 필요했다. 그러나 구중국은 장기간 제국주의의 경제적 약탈을 받았고 장제스 국민당이 20여 년 통치하면서 착취를 하다가 나중에는 타이완으로 퇴각할 때 국고에 비축되어 있던 대량의 황금과 거의 모든 외화 및 기타 중요한 재산을 가져가는 바람에 경제는 수습할 수 없는 상태가 되었다. 그리하여 신중국이 공업화에 사용할 수 있는 자금량은 매우 적었다. 대규모 경제건설에서 심각할 정도로 부족한 것도 바로 자금이었다. 소련은 중국을 도와 우대 조건으로 총 17억 루블의 장기차관을 제공해 주기로 했다. 그러나 이 부분 차관은 겨우 중국 기본건설계획투자의 3%를 조금 넘을 뿐이었다. 이런 상황에서 공업화를 실현하는 데 필요한 대량의 자금은 반드시 국민경제 내부, 우선 공업 내부의 축적에 의지해야 했으며 동시에 중국과 같은 농업대국을 놓고 볼 때 상당 부분의 자금축적은 농업에서 얻어 와야 했다.

중국공업화전략은 중공업을 중점으로 했지만 중공업을 건설하자면 대량의 자금이 필요하고 또 건설 주기가 길뿐만 아니라 제품이 직접 인민들의 소비 수요를 만족시켜줄 수 없었다. 이런 객관적 현실은 공업화 시작 단계에 부득이 전국 인민에게 아껴 입고 아껴 먹으면서 간고분투할 것을 요구하지 않을 수 없었다. 당시 사회적으로 중국은 가난하기에 인민을 편안하게 하려면 중공업보다는 마땅히 경공업을 발전시켜야 한다고 인정하는 관점들이 떠오르면서 정부에 "인정을 시행하라."고 호소했다. 이런 상황에 따라 마오쩌둥은 1953년 9월에 중앙인민정부위원회 회의에서 다음과 같이 지적했다. 이른바 인정에는 두 가지가 있는데 하나는 인민들의 당면한 이익을 위하는 작은 인정이고 다른 하나는 인민의 미래의 이익을 위하는 큰 인정이다. 큰 인정에 중점을 두어야 한다. 그는 다음과 같이 지적했다. 오늘 우리의 중점은 마땅히 중공업건설에 두어야 한다. 건설하자면 자금이 필요하다. 그러므로 인민의 생활을 개선하기는 해야 하지만 당분간은 많이 개선할 수 없다. 다시 말하면 돌보지 않아서는 안 되지만 많이 돌볼 수는 없다. 작은 인정을 돌보느라고 큰 인정을 방해해서는 안 된다.[16]

총체적으로 국가 공업화를 실현하는 것은 중국인민들이 백 년 동안 꿈에도 그리던 이상이었고 중국인민들이 다시는 제국주의에 업신여김당하지 않고 다시는 가난한 생활을 하지 않게 하는 기본적 보장이었다. 그러므로 국가의 사회주의 공업화를 실현하는 것은 전국 인민의 최고 이익이었고 전국 인민의 모든 국부적이고 단기적인 이익은 모두 이 최고 이익에 복종해야 했다. 당과 인민정부는 인민대중을 충분히 동원하여 간고분투하고 자력갱생하며 굳게 단합하고 시련을 극복하며 의지가 강한 훌륭한 전통을 발휘하여 중국 사회주의 공업화를 건설하기 위해 고군분투했다.

제1차 5개년 계획의 제정 및 그 방침과 임무

확실히 실시 가능한 국민경제 발전 중기계획을 제정하는 것은 과도

---

16) '마오쩌둥이 중앙인민정부위원회 제24차 회의에서 한 연설', 1953년 9월 12일.

기 총노선에서 규정한 공업화의 주체 임무를 완수하는 중요한 절차였다. 일찍이 1951년 봄, 중앙재정경제위원회는 곧바로 "3년간 준비하여 10년간 계획적 경제 건설을 수립한다."는 목표에 따라 첫 번째 5개년 계획을 시험적으로 편성했고 1952년 7월에는 두 번째 원고, 즉 '1953년부터 1957년까지의 계획 윤곽(초안)'을 작성했다. 중앙정치국의 토론을 거쳐 이 윤곽 초안을 소련에 원조 요구를 제기하는 기본적 의거로 삼았다.

1952년 8~9월께 저우언라이를 수석대표로 하고 천윈, 리푸춘, 장원톈, 쑤위(粟裕)를 대표로 하는 중국정부대표단이 소련을 방문했는데 주요 임무는 5개년 계획 윤곽 초안과 관련하여 소련 측과 의견을 나누고 소련정부의 지원을 쟁취하는 것이었다. 스탈린은 저우언라이 등을 회견할 때 중국의 5개년 계획에 일부 원칙을 건의하고 소련은 중국의 5개년 계획 건설에 자원탐사, 기업설계, 설비공급, 기술자료 제공, 전문가 파견과 차관제공 등에 대해 있는 힘껏 도와주겠다고 표명했다.

저우언라이, 천윈은 앞당겨 귀국하여 중앙정치국에 회보했다. 토론을 거쳐 중앙은 반드시 중공업을 발전시키는 것을 중점으로 하고 제한된 자금과 건설역량을 집중하되 우선 공업과 국방공업의 기본건설을 보장하며 특히 국가에 대해 결정적 역할을 하고 국가공업 토대와 국방역량을 재빨리 강화할 수 있는 주요 공정을 완수하도록 확보해야 한다는 등 지도사상을 확정했다. 중앙의 지시에 따라 1953년 초, 중앙재정경제위원회는 세 번째로 5개년 계획을 편성했다. 그해 6월에는 국가계획위원회에서 네 번째로 편성을 진행했다.

그때까지 소련에 남아 있던 중국대표단원들은 중앙재정경제위원회 부주임 리푸춘의 인솔로 소련정부 관련 부서와 널리 접촉하고 의견을 청취하면서 소련에서 지원하는 구체적 대상을 협상했다. 소련정부는 중국의 제1차 5개년 계획을 매우 중시하면서 경제발전 속도, 중공업과 기본건설의 규모 및 건설 지원 대상의 구체적 시행 등을 비롯한 중국의 5개년 계획에서 해결해야 할 문제들에 대해 구체적으로 연구했다. 1953년 4월, 소련 측은 정식으로 중국 측에 중국의 제1차 5개년 계획 윤곽 초안에 대한 의견과 건의를 통보했다. 중공중앙은 연구를 거쳐 소련이 중국 5개년 계획에 대해 제기한 건의와 설계대상 목록을 찬성하고 중국정부는 모든 힘을 다해 협정 문건에서 규정한 의무와 책임을 완수할 것이라고 했다.

5월 15일, 리푸춘은 중공중앙의 위탁을 받고 중국정부를 대표하여 모스크바에서 '소비에트사회주의공화국연맹정부가 중화인민공화국 중앙인민정부를 지원하여 중국의 국민경제를 발전시키는 것에 관한 협정' 등 문건을 체결했다. 문건은 소련이 중국을 도와 91개 공업대상을 새로 건설 또는 개건해준다고 규정했다. 거기에 1950년에 이미 확정한 지원 건설 대상 50개를 합하면 대상이 총 141개에 달했다. 이런 대상들에는 강철, 유색 야금, 탄광, 석유제련기업, 중형기계, 자동차, 트랙터 제조공장, 동력기계와 전력기계 제조공장, 화학공장, 화력발전소 등이 포함된 외에 또 약간의 국방공업기업도 포함된다. 1954년 10월에 이르러 소련정부가 또 15개의 지원 대상을 증가하면서 중국 제1차 5개년 계획 기간에 소련이 지원하여 건설하는 156개의 중점 대상이 형성되었다.[17] 이런 대상의 건설은 20세기 50년대 중국 공업건설의 핵심을 이루었다. 추산에 따르면 이런 대상들이 건설

---

17) 1955년 3월, 중국정부는 소련정부와 또 새로운 중소협정을 체결했다. 이 협정에는 군사공정, 선박공업과 원자재공업 등 16개 대상이 포함되었다. 그 후 구두협의를 통해 또 2개 대상을 증가했다. 후에 수차례의 조절을 거쳐 154개 대상을 확정했다. 이미 앞서 156개 대상을 공포했기에 여전히 "156공정"이라고 불렀다. 그러나 실제로 시공한 것은 150개 대상이었다.

된 후 중국 공업의 업종과 생산능력이 모두 더욱 크게 성장하여 구중국이 남겨놓은 공업의 낙후한 부분과 불균형한 공업 분포는 기본적으로 개변될 것이었다. 이는 제1차 5개년 계획 시기에 소련의 지원이 중국의 공업건설을 추진하는 데 중요한 역할을 했음을 보여주었다.

1954년 2월, 중앙정치국 확대회의는 천원을 주관자로 하는 8인사업소조를 설립하여 제1차 5개년 계획 요강 초안에 대해 다섯 번째 편성을 하기로 결정했다. 구중국이 남겨놓은 통계자료는 충분하지 못하고 국내 자원 상황도 명확하지 못해 현존 기업의 생산능력을 파악하기 어려운 상황이었고 또 중앙으로부터 지방 각급 부문에 이르기까지 모두 경제건설계획을 편성한 경험이 부족했다. 그 때문에 중국에서 제1차 5개년 계획 편성을 제정하는 한편 그에 따른 수행 방법을 취할 수밖에 없었다. 꾸준히 수정, 조절, 보충하면서 4년 안팎의 기간을 거쳐 5차례나 수정해서야 마침내 중국 초기의 공업화건설의 설계도가 그려졌다. 1955년 3월 31일, 중국공산당 전국대표회의는 제1차 5개년 계획 초안을 원칙적으로 채택했다. 7월 30일, 전국인민대표대회 제1기 제2차 회의에서 중공중앙이 주최하여 제정한 '중화인민공화국 국민경제발전의 제1차 5개년 계획(1953~1957년)'을 정식으로 심의해 채택했다. 회의는 이 계획은 "전국 인민들이 과도기의 총체적 과업을 실현하기 위해 분투하는 결정적 의의를 가지는 강령이며 평화적 경제건설과 문화건설의 계획이다."라고 인정했다.

제1차 5개년 계획의 지도 방침은 다음과 같다. 주요한 역량을 집중하여 중공업을 발전시키고 국가 공업화와 국방 현대화의 초보적인 토대를 닦아놓으며 교통운수업, 경공업, 농업 및 상업을 상응하게 발전시킨다. 건설 인재를 상응하게 양성하며 농업, 수공업의 합작화를 단계적으로 촉진하며 자본주의적 상공업에 대한 개조를 계속 진행한다. 국민경제 가운데의 사회주의 성분의 비중이 온당하게 성장하도록 보장하는 동시에 개인농업, 수공업과 자본주의적 상공업의 작용을 올바르게 발휘시키며 생산을 발전시키는 기초에서 인민의 물질생활 수준과 문화생활 수준을 높이도록 보장한다.

이러한 지도 방침에 따라 제1차 5개년 계획의 기본 임무는 다음과 같았다. 5년 동안에 규모가 크고 기술이 선진적인 새로운 공업 부문을 건설하는 한편, 현대 선진 기술로써 기존 공업 부문을 확장, 개조하며 둥베이, 상하이 및 기타 연해지구 도시들에 이미 앞선 공업기초를 합리적으로 이용하고 재건설하는 한편, 내지에 일부 새로운 공업기지를 건설한다. 5년 동안 국가는 경제와 문화교육 건설에 황금으로 환산하면 7억여 냥에 해당하는 766억 4,000만 위안을 투자한다. 이처럼 엄청난 건설투자는 쑨원이 건국방략을 제출한 이후 구중국 역대 정부가 모두 할 수 없었던 일이었다.

제1차 5개년 계획은 편성과 시행 과정에서 실사구시의 원칙을 견지하고 신중하게 일을 처리하고 여러 차례 논증을 거쳤기에 중국 경제 건설 가운데 몇몇 중대한 관계 문제를 비교적 잘 해결했다.

첫째, 중공업을 먼저 발전시키고 농업, 경공업 등을 상응하게 발전시키는 문제에 관하여. 제1차 5개년 계획은 국가의 모든 기본건설 투자의 58.2%를 공업 기본건설에 돌렸는데 그중에서 88.8%는 생산수단을 제조하는 중공업건설에 돌렸다. 경공업과 중공업에 대한 투자비는 1대7.3이었다. 중국 중공업은 경공업에 비해 토대가 너무나 박약했다. 경공업은 비록 이윤이 높고 투자 회수가 빨랐지만 경공업 발전은 원료와 자원 부족의 제약을 받고 있었다. 그렇다고 만일 공동소유기업, 사영기업과 수공업을 한데 합치면 생산능력 과잉이 나타나게 되었다. 그러므로 중공업에 대한 투자율을 늘리도록 한 것은 합리적이었다. 물론 중공업을 선차적으로 발전시킨다고 해서 중공업만을 고립적으로 발전시킨다는 것은 아니었다. 제1차 5개년 계획은 통일적으로 계획하고 고루 돌보고 전면적으로 배치함으로써 여러 부문 간의 종합적 균형을 실현하는 데 상당한 중시를 돌렸다. 기본건설 투자 총액 가운데서 농업, 임업, 수리, 교통운수, 우편, 은행, 무역, 문화교육 등 부문에 모두 적당한 비율로 투자하고 동시에 시장의 안정에 큰 주의를 돌려 재정, 신용대부, 외화, 물자의 '4대 균형'을 강조함으로써 국민 경제가 계획적으로, 균형적으로, 조화롭게 발전하도록 했다.

둘째, 경제발전의 분포 문제에 관하여. 중국의 공업은 약 70%가 연해지구에 있고 30%만 내지에 있었다. 역사적으로 형성된 이런 불합리한 상황은 연해지구와 내륙지구의 경제발전의 불균형을 조성했고 지역 간의 빈부격차가 지나치게 커지게 하여 전국의 자원을 전면적으로 개발하고 효과적으로 이용하는 데 불리했고 인민의 생활을 보편적으로 개선하여 공동부유를 실현하는 데 불리했으며 국방과 전쟁 준비에도 불리했다. 이런 상황을 점차 개변시키기 위해 제1차 5개년 계획 기간에 국가가 내지에 배치한 기본건설은 전국 투자액의 절반 정도를 차지했다. 규정액 이상의 공업 건설 단위 가운데 53%가 내지에 분포되어 있었다. 그중 우한, 타이위안(太原), 시안, 바오터우(包頭), 란저우에 일련의 중공업 대상을 건설했는데 이는 기존의 불합리한 공업 분포를 개변하는 중요한 역할을 했다. 동시에 중앙은 둥베이와 상하이의 노후 공업 기지를 충분히 이용하고 그런 공업기지와 기술 조건을 계속 키우고 충분히 이용하여 새로운 공장, 광산과 새로운 기지를 건설하기 위해 조건을 창조할 것을 요구했다. 제1차 5개년 계획에서 확정한 694개 규정액 이상[18]의 공업 기본건설 대상 가운데 222개를 둥베이와 연해도시에 배치하여 당지 공업 토대를 합리적으로 이용했다.

셋째, 경제건설의 규모, 속도 및 효과 문제에 관하여. 계획에서 규정한 경제건설 규모와 속도는 반드시 중국의 실제로부터 출발하고 국력에 부응하여 능력에 따라 시행해야 했다. 그러나 제1차 5개년 계획을 시범적으로 편성할 때 경험이 부족했기 때문에 뒤떨어진 면모를 하루 빨리 개변하려는 욕망으로 경제성장지표를 너무 높게 정했다. 후에 반복적인 추산을 거쳐 필요한 조절을 했다. 예컨대 공업생산을 연평균 20.4% 성장시키기로 한 것을 후에 연평균 14.7로 성장시키기로 확정했고 농업생산을 연평균 7% 성장시키기로 한 것을 후에는 연평균 4.3% 성장시키기로 했다. 이런 지표는 적극적이면서도 또 비교적 타당했기 때문에 노력을 들이면 얼마든지 완수할 수 있었다. 동시에 당과 국가는 또 적지 않은 조치와 방법을 제정하여 주로 현존 기업이 노동생산능률을 높이고 농민들이 생산량을 증가시키도록 함으로써 건설의 경제적 효과를 높였다.

넷째, 자력갱생과 외국의 원조를 쟁취하는 문제에 관하여. 중국이 공업화를 실현하자면 외국의 원조를 쟁취해야 했다. 미국 등 서방자본주의 국가들이 중국에 대해 경제봉쇄를 시행하는 상황에서 소련이 중국을 도와 건설하기로 한 제1차 5개년 계획의 156개 중점 대상은 중국 공업화의 첫 시작에서 아주 중요한 역할을 했다. 이와 동시

---

18) 중대한 기본건설 대상에 대한 관리를 진행하는 데 편리를 도모하기 위해 국가는 각 유형의 기본건설대상투자규정액(300만 위안부터 1,000만 위안까지 같지 않다)를 규정했다. 새로 건설하는 것이나 개건하는 것이나를 막론하고 무릇 하나의 대상에 대한 모든 투자가 규정액보다 많으면 규정액 이상 건설 단위로 하고 규정액보다 적은 것은 규정액 이하 건설단위로 했다. 제1차 5개년 계획 기간 규정액 이상 건설단위는 921개에 달했다.

에 당은 국가건설에서 국내역량을 중심으로 하는 지도 방침을 제기하고 생산건설에서 자력갱생하고 정치적으로 독립 자주적이어야 한다고 했다. 한편으로는 주로 내부 축적에 맡겨 가장 긴박한 자금 문제를 해결했다. 제1차 5개년 계획을 실시하는 5년 동안 국가재정 수입 가운데 69.4%는 국영경제에서 상납한 이윤이었고 전국 여러 민족 인민도 국가건설공채를 앞다투어 사들였다. 외국으로부터 빌린 차관은 근근이 총수입의 2.7%만 차지했다. 다른 한 방면으로는 건설 중에 있는 공업대상들 가운데서 무릇 자체의 힘으로 해결할 수 있는 것은 외국의 지원에 의뢰하지 않았다. 그리하여 경제건설의 대내외 관계 문제를 비교적 잘 처리했다.

다섯째, 생산과 생활, 축적과 소비 관계에 관하여. 사회주의 건설을 진행하는 근본적인 목적은 인민의 물질문화적 생활의 수요를 충족시키기 위한 것이었다. 동시에 인민의 장원한 이익을 위해 국가와 집단은 반드시 적당한 축적을 유지해야 했다. 제1차 5개년 계획 기간에 당과 국가에서는 생산 발전과 인민의 생활 개선을 타당하게 적용하는 데 주의를 돌리고 5년 내에 취업 인구수를 422만 명 늘리고 노동자의 평균 노임을 33% 높이며 농촌의 구매력을 1배 높이려고 계획했다. 제1차 5개년 계획 기간에 국가건설 규모는 상당히 컸지만 전반 국민소득에서 차지하는 축적의 비중은 그다지 높지 않았다. 5년 평균 축적률은 24.2%로서 1952년에 비해 다만 2.8% 올라갔을 따름이었다. 생산 발전의 기초 위에서 전국의 노동자와 농민들의 소비 수준은 모두 비교적 크게 올라갔다. 축적과 소비의 비례관계는 더욱 조화를 이루어 광범한 인민의 사회주의 건설 열성을 북돋워줌으로써 공업화 건설의 순조로운 진행을 강하게 보장해주었다.

총체적으로 중국 국민경제발전의 제1차 5개년 계획의 제정은 소련의 건설 경험을 본받은 것일 뿐만 아니라 또 중국의 실제 정형과도 잘 맞았다. 비록 제정 과정이 길었지만 여러 방면의 반복적인 논증을 거쳐 총체적으로 좋은 중기발전계획을 이룸으로써 중국공업화건설의 시작 단계에서 중요한 역할을 발휘했다.

3. 사회주의 공업화 건설 시작

공업화 건설을 위한 조직적 준비

1953년 양력설날, 당과 정부는 〈인민일보〉 사설을 통해 전국 인민에게 중국에서는 국가건설의 제1차 5개년 계획을 수행하기 시작한다고 선포했다. 연초에 중국인민정치협상회의 제1기 전국위원회 제4차 회의는 노동계급과 전국 인민을 동원해 역량을 집중하고 곤란을 극복하며 1953년도의 건설계획을 완수 또는 초과 완수하기 위해 분투하는 것이 올해 모든 것을 앞서는 중심 과업이라고 지적했다. 1954년 9월, 전국인민대표대회 제1기 제1차 회의에서는 제1차 5개년 계획이 이미 수행되기 시작하면서 "경제건설사업은 이미 전반 국가생활에서 일차적 지위를 차지"[19]했기 때문에 전당과 전국 인민은 주의력을 사회주의 공업화를 실현하는 과업에 집중하고 드높은 열정으로 계획적인 대규모의 경제건설에 뛰어들어야 한다고 더한층 지적했다.

사회주의 공업화건설의 도래와 함께 중공중앙은 중공업 발전을 중심으로 하는 대규모 경제건설을 이룩하자면 우선 반드시 국가 경제의 계획성을 강화해야 하기 때문에 반드시 중앙의 통일적이고 집중적인 영도를 강화해 제때에 각 방면의 상황을 이해하고 각 경제 고리

---

19) 저우언라이, '중국을 현대화된 강대한 사회주의 공업국가로 건설하자'(1954년 9월 23일), 〈저우언라이선집〉 (하), 민족출판사 1986년, 164쪽.

사이의 협력을 확보할 수 있도록 해야 한다고 인정했다. 그리하여 첫 3년 동안 지방에 권력을 더 많이 분할하던 상황은 더이상 새로운 정세와 과업에 적응되지 못했다. 군사사업, 외교사업, 공안사업에 대한 영도에서 계속 통일과 집중을 유지해야 할 뿐만 아니라 경제사업, 문화교육사업, 정치사업 등 기타 각 방면에서의 사업에도 모두 통일과 집중을 한층 더 강화해야 하며 중앙인민정부기구도 한층 더 강화해야 했다.

1952년 11월 15일, 중앙인민정부위원회 제19차 회의는 다음과 같은 결정을 내렸다. 첫째, 행정절차를 줄이고 대행정구급정부 기능을 취소하며 대행정구인민정부(군정위원회)를 일괄적으로 행정위원회로 고쳐 중앙인민정부를 대표하여 이런 각 지구에서 지방정부를 영도, 감독기관으로 삼는다. 둘째, 성과 자치구의 조직체계를 조정하고 성, 직할시급 인민정부의 조직을 강화하며 성, 직할시급 지도자의 책임을 강화한다. 셋째, 중앙인민정부기구를 강화하고 중앙인민정부 국가계획위원회, 체육운동위원회, 고등교육부, 문맹퇴치사업위원회 4개 부문을 증설한다. 이는 곧 시작하게 될 계획적인 경제건설과 문화건설의 새로운 정세와 새로운 과업에 부응하기 위해 취한 중요한 조치였다.

새로 증설한 중앙인민정부 국가계획위원회는 가오강이 주석을, 덩쯔후이가 부주석을, 천윈 등 15명이 위원을 맡았다. 계획사업을 실속 있게 강화하고 국가계획의 수행을 보장하기 위해 1953년 2월에 중공중앙은 '계획기구를 건립에 관한 통지'를 발부하여 다음과 같이 요구했다. 중앙급 각 경제건설부문과 문화교육부문은 반드시 계획사업을 조속히 강화해야 한다. 각 대행정구와 각 성, 직할시의 재정경제위원회는 계획 임무를 맡으며 그 계획에 관련된 실무는 마땅히 국가계획위원회의 지도를 받아야 한다. 각 업종의 장기 계획과 연도 계획을 종합적으로 편성하고 계획 수행 상황을 검사하며 국영경제와 합작사 경제가 발전시키고 장대해지도록 적극적으로 추진하며 여러 사회경제 체제들이 점차 비례적으로 발전하도록 보장해야 한다.

국가가 바야흐로 공업화건설 시기에 들어서면서 각 분야의 사업들은 모두 중앙의 영도가 더욱 집중될 것을 요구했다. 그러나 실제로는 당중앙위원회의 책임자들이 지나치게 적었지만, 해야 할 사업은 도리어 너무 많았다. 당중앙위원회의 사무기구도 이런 요구를 만족하지 못하고 있었다. 1952년 하반기부터 중공중앙은 둥베이, 화베이, 화둥, 중난, 시베이, 시난 각 중앙국의 서기들을 중앙으로 전근시켜 중앙의 영도를 강화하는 동시에 중앙 현존의 각 부, 위원회, 판공실의 조직 및 그 사업을 강화했다. 중앙의 결정에 따라 가오강, 라오수스(饒漱石), 덩샤오핑 등 중앙국 주요지도자들과 덩쯔후이(鄧子恢), 시중쉰(習仲勳) 등 실제 책임자들이 잇달아 중앙에 전근되어 사업하게 되었다.

간부를 통일적으로 조절하고 공업 건설 인재를 대량으로 양성하는 것은 당의 과도기 총노선을 실현하고 제1차 5개년 계획을 순조롭게 완수하는 중요한 조직적 보장이었다. 중앙은 당의 간부 역량을 올바르게 조직하여 당의 총노선과 총과업을 완수하는 것을 언제나 중요시했다. 마오쩌둥이 "3년간 준비하여 10년간 계획적 경제건설을 수립한다."는 전략적 방침을 제기한 후 당은 이미 공업 간부, 특히는 지도 중견들이 반드시 한발 앞서 미리 준비함으로써 공업에 익숙하지 못하거나 공업을 전혀 알지 못하던 간부들로 하여금 계획적 경제 건설이 시삭되기 선 1~2년 동안 새로운 사업장에서 배우게 해야만 공업화 건설과 긴밀하게 연결될 수 있다고 예견했다. 대규모 경제건설을 맞이하기 위해 중공중앙은 1951년 10월에 3,000명의 현, 처급 및 현, 처급 이상 간부들을 뽑아 국영공업 부문에 가서 일하게 했다. 1952년 하반기에 중앙은 세 차례에 걸쳐 지방에서 5,000여 명의 간부들을 뽑아 중앙 각 부문에서 일하게(80% 이상은 중앙재정경제 부문에 배치했는데 그 가운데 사국급 이상 간부가 712명이었다) 했다. 이런 간부들은 총체적 자질이 높고 모두 장기간 혁명투쟁의 시련을 겪어 더욱 높은 정치 수준과 사업 경험을 가지고 있었으며 대부분 고중 이상 문화수준을 갖추고 있었다. 한동안의 학습을 거쳐 이런 간부들은 공업관리에 익숙해져 기본적으로 대규모 경제건설을 시작하기 위한 준비를 잘하게 되었다.

당의 과도기 총노선이 제기된 후 중공중앙은 1953년 9월에 제2차 전국조직사업회의를 소집하고 당의 조직사업의 임무는 전당을 동원하여 조직으로 당의 과도기 총노선의 관철집행을 보장하고 국가 제1차 5개년 계획의 순조로운 실현을 보장함으로써 당조직을 공고히 해나가고 확대하며 당원들의 사상정치 수준을 높이고 당의 전투력을 높이는 것이라고 확정했다. 마오쩌둥은 회의 관련 연설원고를 교열할 때 한 단락을 더 보충하여 "목전 전당적으로 당의 과도기 총노선, 즉 농업국을 사회주의 공업국으로 바꾸고 각종 비사회주의적 경제체제를 사회주의적 경제체제로 개조하는 이 같은 역사적 시기에 조직사업을 하는 우리는 당의 이 총노선을 보장하기 위해 반드시 모든 정력을 다하여 노력해야 한다."[20]고 강조했다.

회의는 간부사업이 직면한 새로운 상황을 중점적으로 연구하고 소련의 지원으로 신설, 개건하거나 확장 건설하는 100여 개 중점대상

---

20) '류사오치 등의 전국조직사업회의 지도소조회의에서의 연설원고에 대한 마오쩌둥의 평어와 수정', 1953년 10월 23일.

의 공장, 광산 기업에 일정한 자질을 갖춘 간부들을 반드시 충분히 보내야 한다고 인정했다. 전국조직사업회의는 다음과 같이 명확하게 제기했다. 반드시 전시에 많은 간부를 선발하여 군대에 파견했던 것처럼 결심하고 대량의 지구당위원회급 이상의 우수한 간부들을 공업전선에 보내고 그들을 파견하여 새로 건설하거나 재건설하는 공장과 광산들을 주도적으로 관리함으로써 그들을 공업건설 분야를 책임질 수 있는 중견지도자로 키워야 한다고 인정했다. 중견지도자 문제를 해결하는 외에 또 통일적으로 조절하고 중점적으로 배치하며 대담하게 발탁하는 원칙에 따라 공장, 광산 기업들의 관리간부 부족 문제를 합리적으로 해결했다. 그밖에 앞으로 5년 이내에 필요한 20만 명의 기술간부 문제를 해결하기 위해서는 반드시 최대한의 노력과 가장 빠른 속도로 노동자와 지식인들 가운데서 새로운 기술 인재를 대량으로 양성해야 했다. 이러기 위해 제2차 전국조직사업회의는 중앙을 대신하여 '간부를 통일적으로 조절하고 기존의 기술자들을 단합하고 개조하며 간부를 대량으로 양성하고 강습시키는 것에 관한 결정', '간부관리사업 강화에 관한 결정' 등 문건을 제정하고 중앙의 비준을 거친 후 집행하도록 하달했다.

역량을 집중하여 공업건설을 강화하는 것이 중점이라는 제1차 5개년 계획의 요구에 따라 각급 당위원회와 조직 부문에서는 큰 결심을 내리고 각 부문에서 우수한 간부들을 뽑아 공업전선에 보내 공업전선을 강화했다. 동시에 행정기관 간소화, 사업 능률 제고, 간부의 파격적 제발 및 실제 사업 가운데서 간부를 양성하는 등 방법을 통해 일부분 간부들이 뽑혀간 후 나타난 어려움을 이겨내어 아주 빠른 시일 내에 새로운 사업질서를 세웠다. 전국적인 상황으로부터 볼 때 각 대행정구, 성, 직할시의 영도기관은 간부 발탁에 관한 중앙의 방침을 제대로 관철하여 간부에 대한 통일적 조절을 결정적 의의가 있는 가장 중요한 임무로 삼고 급별 책임제를 시행하고 정성껏 선발하고 엄격하게 심사함으로써 더욱 우수한 간부를 공업건설 부문에 보내주도록 보장했다. 간부를 뽑는 동시에 각지에서는 농업, 수공업, 사영상공업에 대한 사회주의적 개조와 기타 방면의 무거운 임무를 골고루 돌보는 견지에서 사업능력이 더 강한 일부 간부들을 남겨 중점 지구, 현과 중점 부문의 사업을 주도하게 했다.

잠정적인 통계에 따르면 1952년부터 1954년까지의 3년 동안 전국적으로 공업 부문으로 파견한 한 간부는 모두 16만여 명이었고 그 가운데 소련이 지원한 중점 공장, 광산에 선발되어간 지도 간부는 3,000여 명이나 되었다. 이런 우수한 간부들을 국영대기업에 중점적으로 배치함으로써 중국의 사회주의 공업화에 필요한 공업건설을 아는 간부대열을 양성해주었으며 그들로 하여금 기업관리 지식과 경험을 쌓게 했다. 이와 동시에 각급 조직 부문에서는 지덕겸비의 기준에 따라 선진적인 기술노동자와 청년 지식인들 가운데 한때 새 간부들을 대거 등용했다. 문화수준이 비교적 높은 이런 젊은 간부들을 대량 등용하지 않았다면 과도기에 당의 여러 가지 복잡하고 간고한 임무를 순조롭게 진행할 수도 없었을 뿐만 아니라 완수하기가 어려웠을 것이었다.

이 시기, 공업화 건설은 국가 제반 사업의 발전을 이끌 수 있었으나 공업전선 외 기타 사업 부문에서도 많은 간부가 급히 필요했다. 정세 발전의 요구에 따라 중앙조직 부문에서는 1,000여 명의 중견지도자들을 문화교육 부문에 보내 일하게 함으로써 대학교, 중학교 및 연구기구에 대한 영도를 강화했다. 정법, 외사 등 부문에 대해서도 역시 제때에 상응한 간부를 배치했다. 그 밖에 노후공업기지와 연해의 발달한 지구에서도 몇 년간 계속하여 재정, 경제, 문화교육, 의료, 보건 위생 등 부문의 간부와 기술 일꾼들을 뽑아 변강지구와 소수민족지구의 건설을 지원함으로써 그 지역의 경제와 사회 발전에 중요한 역할을 했다.

지도 간부들의 자질을 한층 더 높이기 위한 경제건설 과업의 요구에 부응하기 위해 1953년 12월, 중공중앙은 '간부들의 문화교육사업 강화에 관한 지시'를 발부하여 다음과 같이 요구했다. 노농 간부를 대량으로 양성하고 등용하며 그들의 정치, 문화 및 실무 수준을 계획적으로 높이며 특히 문화수준이 낮은 간부들을 점차 고급소학교 나아가 초중졸업 정도로 향상해 효과적으로 정치 이론을 학습하고 실무 지식을 습득할 수 있게 함으로써 그들을 제반 건설사업의 중견으로 양성해야 한다. 1954년 12월에 중공중앙은 전당의 각 방면의 고위급, 중급 간부들을 계획적으로 절차 있게 각급 당학교에 보내 차례로 강습시켜 전당 간부들의 이론 수준, 정책 수준과 사업능력을 높이는 데 결정적인 역할을 했다. 공업화 건설이 꾸준히 전개됨에 따라 당중앙위원회는 오랜 간부나 새 간부를 막론하고 모두 제대로 공업건설 실무를 연찬(研鑽)하고 자신을 전문가로 향상해 사회주의 공업화와 현대화된 국방 건설이라는 새로운 과업의 요구에 부응할 것을 호소했다.

총체적으로 대규모 경제건설과 국가 제반 사업의 발전 수요에 부응하기 위해 중앙과 지방의 당조직 부문과 정부 관련 부문은 힘을 합쳐 합작하고 긴밀히 배합하고 통일적 조절, 중점적 배치, 대담한 등용, 신속한 양성 등 일련의 사업과 꾸준한 노력을 통해 중국공업화건설 초기 간부들에 대한 여러 절박한 수요를 기본적으로 충족시켜줌으로써 제1차 5개년 계획 건설 임무를 순조롭게 완수하는 데 중요한 조직적 보장을 제공했다.

제1차 5개년 계획 실시

중국은 인구가 많고 토대가 약하며 이용할 수 있는 외자가 제한되어 있었다. 이러한 역사적 조건 아래 중공업을 우선으로 발전시키는 전략을 선택했다. 여기에는 필연적으로 높은 축적과 자원의 집중적 배치가 요구되었다. 이것은 국가가 대규모 경제건설에 들어섬에 따라 투자가 중공업과 국방공업 부문에 대량으로 흘러들어가면서 국민경제를 긴장 상태에 들어서게 만들었기 때문이다. 신중국이 창건된 후 첫 3년간 시장 조절을 위주로 하고 직접적인 계획과 간접적인 계획을 결부시키는 경제체제로는 날로 심해지는 자금부족, 건자재와 공업원료 부족, 특히는 농산물과 부업생산물이 장기간 공급이 수요를 따라가지 못하는 모순을 분명히 해결할 수 없었다. 그 때문에 공업화 건설과 시장기제 사이의 모순과 긴장은 더 두드러졌다. 그리하여 고도로 집중된 계획경제체제를 실시하여 축적률을 높이고 한정된 자원을 집중적으로 배치한 것은 국가의 중점 공업건설을 보장하기 위해서였다. 제1차 5개년 계획 시기 계획경제를 실시한 것은 소련이 빠른 속도로 공업화를 실현한 경험을 견습한 것일 뿐만 아니라 또한 중국공업화 초창기의 현실적인 선택이기도 했다.

중국 제1차 5개년 계획은 편성하는 과정에서 점차 시행되기 시작했다. 중앙에서는 대규모 경제건설을 전개하도록 조직하고 추동하기 위해 일련의 조치를 했다. 위에서부터 아래에 이르기까지 집중되고 통일된 계획경제기구를 설립하고 증산절약운동을 진행했다. 또한 기술혁신과 노동경쟁을 벌이고 국가건설을 위한 자금을 모으기 위해 공채를 발행하고 연간 계획을 제정하여 경제사업에 대한 영도와 조절을 강화함으로써 제1차 5개년 계획의 실시를 확보했다.

제1차 5개년 계획 건설이 시작되는 해에는 먼저 1953년의 연간 계획을 시행했다. 4월 25일, 중공중앙은 국가계획위원회의 '1953년도 국민경제계획요지'를 비준해 하달하고 그해 국민경제발전의 제반 주요 지표를 확정했다. 그해의 계획지표를 완수할 수 있도록 확보하기 위해 국가계획위원회는 국영기업 부문들에 반드시 다음과 같은 몇 가지 사업을 잘 시행하도록 요구했다. (1) 계획적 관리를 세우고 강화하며 전국에서 위에서 아래에까지 이르는 계획과 통계체계를 구축하고 기업의 계획과 통계기구를 강화해야 한다. (2) 책임제를 수립하고 모든 경제 부문에서는 모두 과학적인 관리제도를 제정하며 특히 안전생산, 제품품질, 설계사업, 원자재와 설비공급, 시공 등 대상에 대한 책임제를 세우는 데 유의해야 한다. (3) 선진 경험을 대대적으로 보급해야 한다. (4) 모든 국영기업은 엄격한 경제 채산제도를 점차 시행해야 한다. (5) 기본건설 사업을 강화하고 기본건설과 사업의 완수를 보장해야 한다.

제1차 5개년 계획 건설의 시작은 좋았다. 생산력을 합리적으로 배치하기 위해 중앙은 공업건설에 대해 다음과 같이 배치했다. 둥베이, 상하이 및 기타 연해도시의 공업토대를 충분히 이용하고 역량을 집중하여 둥베이의 중공업기지건설을 강화함으로써 둥베이와 연해 공업도시를 보다 빨리 전국의 건설을 지원하는 기지가 되게 한다. 동시에 경광철도연선 및 그 서부지역에 중점골간대상이나 부대적인 대상을 새로 건설하고 화베이, 중난, 시베이와 시난 지구에는 새 공업기지를 건설한다. 구체적인 배치에서 노후기지 건설은 원 기초 위에서 재건하거나 확장 건설하는 것을 위주로 하고 새 기지는 새로 건설하는 것을 위주로 했다.

중공업건설의 중점은 야금공업과 기계공업이었다. 야금 부문에 배치한 재건과 확장건설공사는 주로 둥베이의 안산강철공사, 안후이(安徽)의 마안산, 쓰촨의 충칭[21], 산시 타이위안의 강철기업들이었다. 1955년에 착공하여 건설하기 시작한 우한강철공사는 새로 건설한 대형종합성 철강기지에 속했다. 이 공사의 건설로 중국강철공업의 지구 분포는 동부연해에서 중부지구로 움직이기 시작했다. 기계제조 측면에서는 야금광산설비, 발전설비, 운수기계설비, 금속절단선반제조 등 부문을 중점으로 하면서 전기기계, 전기공학기자재설비, 정유화학공업설비 및 농업기계 등의 제조도 적당히 발전시켰다. 투자 방향은 둥베이, 중난, 화둥 및 화베이 지역을 중점으로 진행했다. 새로 건설한 핵심 대상은 주로 헤이룽강(黑龍江)의 울란바토르 및 산시 타이위안중형기계공장, 뤄양(洛陽)광산기계공장, 선양 펑둥(楓洞)도구공장, 하얼빈의 전기기계공장, 증기터빈공장과 보일러공장, 창춘제1자동차제조공장, 우한, 치치할, 베이징의 선반공장, 뤄양과 난창(南昌)의 트랙터공장 등이었다.

중공업건설을 위주로 하여 기초시설, 에너지 및 경공업 등 면의 건설도 대규모로 전개되었다. 철도건설의 중점은 주로 빈대선, 경심선, 경포선, 경한선, 농해선 중부 구간, 석태선 동부 구간 및 동포선에 대해 기술 개조를 하는 동시에 서부자원을 개발하기 위해 포난선, 난신선, 보성선의 보수와 건설에 착수하는 것이었다. 연해 기타 철도간선에 대해서도 상응한 기술 개조를 진행했다. 석탄공업에서는 기존의 광산구역에 대한 재건과 확장건설을 중점으로 하고 동시에 이미 매장량을 탐사한 새 광산구역을 적극적으로 개발했다. 또한 콕스제

---

21) 1997년 3월 14일, 전국인민대표대회 제8기 제5차 회의에서 결정을 채택하여 충칭직할시의 설립을 비준했다.

련기지건설을 배치하여 강철공업을 위해 봉사하도록 했다. 전력공업에서는 화력발전소건설을 위주로 하고 한편으로는 전국의 중점건설과 배합하여 둥베이, 화베이, 중난 및 화둥의 전력공업건설을 강화하고 다른 한편으로는 시난, 시베이에 일련의 발전소들을 새로 건설하거나 재건 또는 확장건설을 함으로써 서부개발을 위해 준비했다. 신로공업기지의 분포를 둘러싸고 경공업건설의 중점은 방직, 제당, 제지 공업건설을 강화하는 것이었다. 면방직공업의 원료공급을 기본적으로 수입에서 점차 자급으로 돌리기 위해 새로운 방직공업기지들을 모두 원료와 소비시장과 가까운 경광선연선 및 그 서부지역에 배치했다.

제1차 5개년 계획 수행 과정에 국가에서는 중점건설에 대해 집중적이고 통일적인 관리를 시행했다. 주요 역량을 집중하여 156개 공사를 중심으로 하고 규정액 이상의 694개 건설단위로 구성된 공업건설을 진행하자면 대량의 재력, 물력과 기술역량이 필요했다. 그러나 대규모 건설 초기에는 국가의 경제력이 약하고 재력, 물력, 기술역량이 극히 제한되었으므로 반드시 전국의 경제역량을 집중하여 중점건설에 사용해야 했다. 그리하여 중앙에서는 자금의 분산과 낭비를 피하기 위해 국가의 재정 수입과 지출을 집중적으로 조정하기로 했다. 1953년부터 시작하여 국가에서는 점차 계획 관리의 강도와 범위를 확대했다. 첫째로 재정 면에서 중앙, 성(자치구, 직할시), 현 3급의 수지 범위를 명확히 분획하고 통일적으로 영도하고 급별로 관리하는 재정경제 관리체제를 실시했다. 둘째로 국가계획위원회와 중앙 각 주관부문에서 엄격하게 통제하는 물자 관리 및 분배 제도를 제정했다. 셋째로 각급의 계획, 노동 부문과 공회가 통일적으로 노동자를 모집하고 통일적으로 노임 기준을 제정하는 노동관리 제도를 제정했다. 이로부터 중국에는 집중적이고 통일된 계획경제 관리체계가 점차 형성되었다.

중점건설을 확보하기 위해 중앙에서는 기본건설 대상에 대해 중앙 각 부문을 중심으로 관리하는 원칙을 시행했다. 중앙은 다음과 같이 규정했다. 경제건설 면에서의 지방정부의 임무는 당지에서 건설 중인 국가 중점 대상을 지원하는 외에 주로 농업, 농업합작화, 사영상공업에 대한 개조 등 사업을 주도하고 국가에서 하달한 농산물과 부업생산물 수매 및 할당 계획을 완수하도록 보장하고 시장물가를 안정시키고 인민들의 생활을 잘 배치하는 것이다. 중점건설 대상에 대해서는 중앙 각 주관부문에서 인력, 재력, 물력의 조달에서부터 기초시설의 시공, 생산준비 배치 등에 이르기까지 모두 철저히 책임지도록 한다. 지방의 기본건설은 주로 농림수리, 도시공공사업, 문화, 교육, 보건위생 등의 건설을 시행하는 것이다. 이런 지방들의 기본건설 대상은 여전히 중앙 각 부에서 정하고 설계와 시공 임무는 국가에서 하달한다. 이러한 조치를 통해 중요한 건설대상과 기본건설 대상에 대한 국가의 집중적이고 통일된 관리를 기본적으로 실현하고 제1차 5개년 계획의 완수를 보장했다.

전국 인민은 드높은 정치적 각성과 생산열정으로 제1차 5개년 계획 건설에 뛰어들었다. 노동계급은 공업화건설 진행에 적극적으로 앞장섰다. 전국의 광범위한 종업원들은 당의 호소를 적극적으로 받들고 드높은 생산열정으로 증산절약과 노동경쟁을 전개하고 기업의 잠재력을 충분히 발굴했다. 또한 생산을 힘써 늘리고 제품의 질을 향상시키며 원료와 자재를 절약하고 제품의 원가를 낮추면서 안전생산에 중시를 돌리고 노동생산 능률과 기업의 관리수준을 꾸준히 향상해 국가계획을 전면적으로 완수, 또는 초과 완수하도록 보장함으로써 노동계급의 국가건설에서의 주력 역할을 한층 더 발휘했다.

안산강철기계본공장의 기술혁신 달인 왕승윤은 힘써 기술을 연찬하여 8차례 도구를 개진하고 평삭반으로 슬로팅머신을 대체하는 '만능 도구 바퀴'를 발명하여 설비 이용 능률을 대폭 높였다. 이런 창의적인 정신은 전국의 많은 공장, 광산들에서 대중적 기술혁신의 새로운 고조를 불러일으켰다. 전국의 석탄계통에서는 마륙해 등 종업원들이 고안한 쾌속굴진법 등 생산 경험을 보급하여 노동생산 능률을 높이고 안전생산을 보장했다. 청년여성종업원 하오젠슈의 정밀면사작업법이 방직공업계통에서 전면적으로 보급되면서 각지의 방직공장들은 생산 기록을 끊임없이 경신했다. 각급 당과 정부부서와 공회조직의 발기로 공업생산에서는 과거에 무모한 노동경쟁을 더 중시하던 방식을 점차 바꾸고 생산기술의 혁신과 노동조직의 개진에 주의를 돌리면서 조직적이고 계획적으로 노동경쟁을 벌였다. 사람들은 과감히 생산에서 신기록을 창조하는 선진인물들을 "시간 앞에서 달리는" 사람이라고 찬양했다. "사회주의 사회를 창조하기 위해 분초를 다투어가며 일한다."는 시대적 정신으로 가득 찬 구호는 5개년 계획의 원대한 목표가 바야흐로 수천 수백만 종업원들의 행동으로 실현되어 중국노동계급이 더욱 헌신적으로 사회주의 공업화를 실현하기 위해 노력하도록 고무하고 있음을 반영했다.

광범한 농민들은 총노선에 관한 선전교양을 통해 사회주의 공업화가 농업발전에 드넓은 앞날을 펼치리라는 사실과 생활을 근본적으로 개선하고 자연재해를 막아내려면 여유 양곡을 팔아 국가의 공업화 실현을 지원해야 한다는 것을 인식하게 되었다. 각지의 농민들은 나라의 호소를 받들어 적극적으로 국가에 양곡과 복화를 납부판매하고 각종 농산물과 부업생산물을 공급하여 도시주민들과 공장, 광산

구역 종업원들의 생활수요를 보장해주었다. 또한 농민들은 적극적으로 농업호조합작조직에 가입하여 농업생산을 늘리며 공업건설을 지원했다. 기본건설이 끊임없이 확대됨에 따라 수많은 청장년 농민들이 자신들을 낳아주고 길러준 땅을 떠나 공장, 광산과 건축기업에 흡수되어 노동계급대오에 가입함으로써 직접 국가의 공업화건설에 투신했다. 국가의 공업 토대가 약하고 공업제품의 생산량이 비교적 낮고 품종이 비교적 적었기에 공업품 도매가격지수와 농산물 수매가격지수 사이에는 부등가교환 요소가 존재했다. 자금을 더 많이 축적하여 공업건설을 진행하기 위해 농공업상품교환 가격대비 간의 차이(보통 협상가격이라고 한다)는 점차로 줄어들게 될 뿐 단기간에 해소될 수는 없었다. 이는 사실상 국가가 공업건설을 위해 자금을 축적할 수 있는 중요한 원천의 하나가 되었고 또 공업화 초창기에 중국의 수억을 헤아리는 농민들이 사회주의 공업화를 실현하기 위해 한 중대한 기여이기도 했다.

기세 드높은 공업건설은 지식인들에게 재능을 발휘할 드넓은 기회를 마련했다. 공정기술 일꾼들은 노동자들과 함께 생산 최전선에서 분투했다. 고등학교와 여러 부류의 전문기술학교의 수많은 졸업생은 국가의 배치에 무조건 복종하여 조국 각지의 공장과 광산으로 달려갔다. 기본건설의 수요를 만족시키기 위해 전국의 대학교들에서는 1952년과 1953년 두 기의 이공과 졸업생들을 1년 앞당겨 졸업시키고 "집중적으로 사용하고 중점적으로 배치"하는 방침에 따라 주로 새로 건설하거나 재건하거나 확장건설을 하는 공장, 광산 및 교통, 수리 등 부문에 배치하여 탐사, 설계 및 설비설치 등 작업에 종사하게 했다. 중국 광산자원 매장량 상황을 정확하게 탐사하기 위해 당과 정부에서는 지질 대오 건설과 지질 인재 양성에 눈을 돌리기 시작했다.

해방 전 전국적으로 지질사업에 종사하던 일꾼은 겨우 200여 명뿐이 었는데 해방 후 해마다 늘어났다. 1954년, 각 대학교의 지질학부, 각 지질학원 및 중등지질학교를 졸업한 학생은 2,000여 명이나 되었다. 조국의 드넓은 대지에는 이르는 곳마다 지질사업 노동자들의 발자국 이 찍혀 있었다. 그들은 풍찬노숙(風餐露宿)하고 산을 넘고 물을 건 너며 고생을 마다하지 않고 지하의 보물을 탐사하여 떳떳한 '조국 건 설의 척후병'이 되었다. 화뤄겅을 대표로 하는 많은 해외 과학자들은 국외의 우월한 사업 환경과 생활 조건을 깨끗이 포기하고 수많은 장 애를 뚫고 조국으로 돌아와 위대한 건설사업에 참가했다. 1953년까 지 약 2,000명의 유럽, 미국의 유학생들이 계속 귀국하여 과학기술 의 각 분야에서 중요한 역할을 했다.

"중점적으로 건설하고 온당하게 전진"하는 방침

1953년은 중국이 경제 복구에서 계획적인 경제 건설로 나아가는 첫 해로서 전국의 경제 상황은 기본적으로 안정되었다. 공업 총생산액 은 국가 계획 목표량을 달성했고 공업생산, 교통운수, 기본건설 등 면에서도 모두 뚜렷한 성과를 거두었다. 그러나 다른 한편으로 경제 사업 가운데 적지 않은 문제들이 나타났다.

우선 세금제도를 수정에 편차가 나타났다. 몇 년간 사회경제가 끊 임없이 개편되고 경영방식과 유통 고리에 변화가 생기면서 국가세수 에 하강 추세가 보이는 점을 감안하여 중앙재정경제위원회는 1950 년에 세금징수법에 대해 약간의 수정을 가하고 정무원의 비준을 거 쳐 1953년 1월 1일부터 시행하기 시작했다. 세금제도의 변동이 경제 생활의 각 방면에 영향을 주는 점을 충분하게 예견하지 못했기 때문 에 새 세금제도의 일부 조항에 대한 수정은 타당하지 못했다. 주로 납세고리를 변경하고 영업세를 공장에 전가하여 바치게 했는데 이는 실제로 국영상업과 합작사에 한 가지 세금을 더 부과한 것이 되었다. 반면 큰 사영도매상은 세금을 바치지 않아도 되었다. 그 밖에 선전 측면에서 "공영과 사영이 똑같이 세금을 납부해야 한다."는 적절하지 못한 구호를 강조했다. 새 세금제도를 공포한 후 얼마 지나지 않아 물가파동과 사상혼란 현상이 나타났다. 각지에서는 분분히 상황을 중앙에 보고했고 마오쩌둥은 이 사건에 대해 조사추궁하고 비판했다.

그 밖에 경험이 부족하고 중국 현존의 국력과 경제건설이 도달할 수 있는 규모에 대해 이해가 부족했던 탓에 중앙재정경제위원회는 1953년도 국가예산을 편성할 때 경제발전 속도를 재촉하고 기본건설 투자를 늘리기 위해 타당하지 못하게 지난해의 이월잔고 흑자 30억 위안을 국가 예산수입에 넣음으로써 예산수입의 기초를 크게 만들어 주어 예산 지출에서 팽창현상이 나타나게 되었다. 예산수지가 첫 시작부터 균형을 잃어 그해 8월에 즉시 21억 위안의 적자가 나타났고 은행신용대출금이 달리면서 상업 부문들에서는 부득이 재고를 압축할 수밖에 없었으며 정상적인 상품 유통에도 영향을 끼쳤다. 동시에 예상외의 수요에 대처하기 위한 자금을 많이 남기지 않고 대비(對備) 역량을 적게 남겨두었기 때문에 국민경제발전에 어려움이 드러나게 되었다.

중앙은 제때에 이런 문제들을 발견하고 1953년 여름에 열린 전국재정경제사업회의에서 집중적으로 이전 시기 세수, 상업, 재정, 은행 사업에서 나타난 편차와 문제들을 검사했다. 8월 11일, 저우언라이는 전국재정경제회의에서 결론을 보고하면서 경제건설사업의 경험 교훈을 심도 있게 총화하고 다음과 같은 몇 가지 문제들에 극히 큰 주의를 돌리도록 했다. (1) 생산을 발전시키고 수요를 보장하며 계획성을 높이고 맹목성을 방지해야 한다. 생산이 실제로 발전한 기초 위에서 경중과 앞뒤를 가려서 날로 늘어나는 시장의 수요를 점차 해결해야 한다. (2) 중점적으로 건설하고 온당하게 전진해야 한다. 모든 계획은 반드시 믿음직한 기초 위에 세우고 국가 재력은 반드시 건설의 주요 방면에 집중적으로 사용하도록 요구하며 절약을 제창하고 모든 건설을 한꺼번에 벌이는 것을 반대해야 한다. 반드시 대비역량을 충분히 마련하여 결정적인 의의가 있는 기본건설의 완수를 보장하는 한편 생길 수 있는 의외의 수요에 대처할 준비를 해야 한다. (3) 집중적 통일을 강화해야 할뿐더러 지방과 대중의 열성을 발휘시켜야 한다. 원칙적으로는 반드시 집중과 통일을 강화하지만 그렇다고 각지의 구체적 상황에 따라 적절한 방법을 취하는 유연성을 없애서는 안되며 더욱이 군중이 생산을 잘하려는 열성과 창의성의 발휘를 방해해서는 안 된다. (4) 반드시 당의 통일적 영도를 강화하고 당의 영도에 복종해야 한다. 각급 당위원회는 반드시 정부사업, 특히는 경제사업을 강력하게 주도해야 하며 당의 부분적 조직은 반드시 통일적으로 중앙에 복종함으로써 나타날 수 있는 오류를 줄이거나 피해야 한다. (5) 맹목성을 줄이고 오류를 적게 범하기 위해서는 반드시 경험과 지식이 있는 모든 사람을 본받아야 한다.

9월 14일, 천원은 중앙인민정부회의에서 보고를 할 때 재정경제사업의 결함과 오류와 관련한 문제를 중점적으로 분석했다. 그는 다음과 같이 지적했다. 세금제도를 수정하는데 문제는 주로 "공영과 사영이 똑같이 세금을 납부해야 한다."는 것이다. 국영상업은 이윤을 모두 국가에 바쳐야 하며 또 생산을 유지하고 시장을 안정시키는 책임을 져야 한다. 상기 제기법은 한편으로 공정한 것 같지만 실제로는 국영상업에 공정하지 못한 것이었다. 문제가 발생한 후 중앙에서는 구제 조치를 취하고 큰 사영도매상들에 대해 한 가지 세금을 회복시켜주고 일정한 제한을 했다. 상업사업에서는 주로 시장 수요량을 적게 예측하고 물자 적재량을 지나치게 많이 예측해 한때 "배설시키는" 조치를 취하면서 가공위탁 제품주문을 줄이고 국영공장의 제품을 적게 수매하여 시장에 품절 현상이 나타나게 되었다. 재정예산 면에서는 주로 지출 항목 가운데 지난해에 절약한 부분의 액수가 많지 않아 예비비용이 모자라는 등 문제가 나타났다.

재정경제사업에서의 결함과 오류에 대해 중앙은 1953년 하반기에 긴급조치를 취해 전당, 전국 인민들을 동원하여 수입을 늘리고 절약을 엄격하게 실시하며 지출을 줄였다. 이런 조치들은 모두 엄격하게 관철, 집행되었고 경제사업의 피동적인 국면을 신속히 돌려놓았다. 경험을 총화하고 오류를 바로잡음으로써 당은 "중점적으로 건설하고 온당하게 전진"하는 방침을 더한층 명확히 함으로써 종합적 균형의 기초 위에서 제1차 5개년계획의 과업을 순조롭게 실시하는 데 중요한 지도적 역할을 했다.

1954년에 편성된 국가재정예산에서는 "수입을 늘리고 지출을 줄여 흑자를 내야 한다."는 방침을 견지하여 수입 목록의 허위성을 피했다. 그해의 국가예산 결과 지난해에 남은 돈을 지출하지 않았을 뿐만 아니라 수입과 지출이 거의 맞아떨어지고도 16억 위안이란 돈이 남게 되어 신중국이 창건된 5년 이래 재정사업이 가장 잘 시행된 해가되었다. 1954년, 중국 징장중류, 화이허유역과 화베이평원지구에서는 보기 드문 홍수침수 재해가 발생했다. 홍수대처, 긴급구조 및 심각한 자연재해를 이겨내야 하는 어려운 조건에서도 제반 건설사업은 여전히 국가계획을 잘 완수했다. 1955년, 중국 공업발전은 지난해의 농업흉작으로 말미암아 영향을 받았지만 기본건설 임무 면에서 노력을 거쳐 계획의 94%를 완수했다. 현존 공업기업의 생산 잠재력을 발굴하여 공업설비의 이용률과 기업의 계획관리 수준이 향상되었다. 증산절약과 노동경쟁을 조직하고 선진생산자 쟁취활동을 벌여 선진적인 사업 경험을 교류함으로써 종업원대중들의 노동 적극성과 창의성을 크게 높였고 그들로 하여금 생산을 개진하기 위한 합리적인 의견들을 끊임없이 제기하여 국가를 위해 대량의 자금을 절약하고 공업생산의 발전을 촉진했다.

전반적으로 볼 때 제1차 5개년 계획 첫 3년 동안 공업화건설은 매우 큰 성과를 거두었다. 1953년 12월 26일, 안산강철공사의 3대공사인 인발강관공장, 대형압연공장, 7호용광로가 조업식을 가졌다. 이것은 신중국의 중공업건설에서 처음으로 준공하여 생산에 투입된 중요한 공사로서 안산강철공사를 중심으로 하는 둥베이강철기지의 건설을 크게 강화했으며 전국강철공업의 발전에 기초를 닦아주었다. 1955년 말에 이르러 기본건설투자는 이미 5개년 계획 투자 총액의 51%를 완수했다. 계획에서는 5년 이내에 규정액 이상 건설대상 455개를 완수할 것을 요구했는데 이미 253개가 건설되어 조업에 들어갔거나 부분적으로 조업(그 가운데 전부 조업에 들어간 것이 134개이고 부분적으로 조업에 들어간 것이 119개다)에 들어갔다. 소련에서 도와 설계한 156개 중점건설 대상 가운데서 106개가 정식으로 시공되었고 이미 조업에 들어간 것이 29개(그 가운데 전부 조업에 들어간 것이 17개, 부분적으로 조업에 들어간 것이 12개다)였다. 공업 성장 속도는 3년 평균 17.4%에 달하여 계획에서 요구한 14.7%의 수준보다 높았다. 새로 건설한 많은 공업기업 또는 공업생산단위들에서는 소련의 선진적인 기술 장비를 채용했는데 예를 들면, 기계공업에서의 하얼빈측정절삭도구공장, 선양제1선반공장, 창춘제1자동차제조공장 그리고 전력공업에서의 이미 건설된 울란바토르화력발전소, 무순화력발전소, 풍만수력발전소 및 신축한 탄광 등이 그러했다.

 이런 새로운 공업기업들이 계속 생산에 투입되면서 공업의 생산능력은 재빨리 올라갔다. 1952년부터 1955년까지 현대공업이 중국 농공업 총생산액 가운데 차지하는 비중은 26.7%에서 33.6%로 올라갔고 전국공업(수공업 포함) 가운데 생산수단생산이 차지하는 비중은 35.6%에서 42.5%로 올라갔다. 특히 기계제조공업에서 장대한 발전을 가져와 기본적으로 40개의 제조계통을 형성했고 더 중요한 제품 1,900여 종을 제조할 수 있어 수량적으로 국내 건설의 절반 수요를 만족시켜줄 수 있게 되었다. 국가에서는 이미 기관차, 대형선반, 전기기계, 현대적인 채탄기계, 지질시추기계 등 대형설비들을 생산할 수 있게 되었고 초교5형훈련기 시험제조에도 성공했다. 제1차 5개년 계획에서는 중국 발전량을 연평균 17% 성장시키기로 규정했는데 1953년부터 1955년까지 실제 발전량은 연평균 19%로 성장하여 중국으로 하여금 같은 시기에 세계에서 전력 성장 속도가 가장 빠른 나라가 되게 했다. 교통운수에서는 처음으로 창장을 가로지르는 우한창장(武漢長江)대교가 이미 건설을 시작했고 총길이가 2,255킬로미터에 달하는 창장(長江)도로도 개통되었으며 란신(蘭新)철도, 황허(黃河)대교도 개통되었다. 1955년 말까지 전국의 도로건설은 이미 제1차 5개년 계획 과업을 앞당겨 완수했다.

 1953년부터 1955년까지 중국의 경제건설은 큰 성적을 거두었다. 그러나 제1차 5개년 계획의 시행 상황은 경제건설이 고속으로 발전하면서 부닥치는 어려움도 상당이 크다는 것을 보여주었다. 가장 두드러진 문제는 농업의 발전이 공업발전의 수요에 비해 훨씬 뒤떨어진 것이었다. 1955년에 이르러 공업생산 가운데 농산물을 주요 원료로 하는 부분이 여전히 상당히 큰 비중을 차지하여 전체 공업 총생산액의 50% 내외를, 경공업 생산액은 80% 내외를 차지했다. 1953년, 1954년의 농업생산이 재해로 흉작을 입어 공업생산 성장 속도는 1953년의 30.35%에서 1954년의 16.3%로 떨어졌고 1955년에는 또 다시 5.6%로 떨어졌다. 이는 농업생산 수확의 좋고 나쁨이 직접 공업생산의 성장 속도에 영향을 준다는 사실을 설명해주었다.

에너지, 교통운수, 원자재공업제품의 생산도 공업건설 발전수요를 따라가지 못했다. 1954년, 석탄, 강재, 화학비료 등 50가지 주요 공업품 가운데 국내 생산으로 부족한 것이 23가지나 되었고 그 가운데 5가지 제품은 수입품을 합하여도 여전히 수요를 만족시키지 못했다. 1955년, 각 공업부문의 공급, 수요와 생산 간의 협력이 더욱 경직되었다. 그것은 지질사업이 박약하고 석탄, 전기, 기름 공급이 달리며 강철, 유색금속, 화학, 건축자재 등 제품의 수량이 부족하고 품종이 많지 못하며 규격이 불완전하고 질이 높지 못한 데서 두드러지게 나타났다. 또한 기계공업이 수리와 조립에서 독립적 제조로 전환하는 과정에 있었기에 최신 기술로 국민경제 각 부문을 잘 갖추지 못한 데서 두드러지게 나타났다. 생산이 발전하고 기본건설 규모가 갈수록 확대됨에 따라 철도운수, 특히 주요 구간의 운수에 비교적 어려움이 많았다. 이런 상업구조 면에 존재하는 문제들은 단기간에 해결할 수 있는 것이 아니었다. 이상의 여러 가지 모순들은 제1차 5개년 계획 공업건설의 남은 2년의 과업이 여전히 매우 어려움을 보여주었다.

중국 제1차 5개년 계획의 제정과 시행은 소련정부의 지원을 직접 받았다. 이는 당시 초보적인 공업화 목표를 앞당겨 실현하는 데 더없이 소중한 것이었다. 소련 측에서는 156개 대상을 중심으로 하여 차관을 주었을 뿐만 아니라 자원탐사, 공장부지 선택, 기술설계, 기계설비, 건축장치를 비롯하여 기술자 양성, 시운전조업에 이르기까지 구체적으로 지도하고 도와주었다. 제1차 5개년 계획 시행 기간에 소련에서는 중국에 기술전문가 3,000여 명을 파견했고 중국에서는 소련에 유학생 7,000여 명, 견습생 5,000여 명을 파견했다. 국외의 지원을 적극적으로 이용하는 동시에 당과 정부에서는 지원에만 의뢰하지 않는다는 원칙을 줄곧 견지하여 소련에서 제공한 차관(항미원조전쟁 기간에 소련의 군사 장비와 물자를 구매하는 데 쓴 차관을 포함)에 대해서도 1955년부터 광산물과 농산물 수출로 점차 상환하기 시작했다. 소련이 설계하고 설비해준 기술건설대상에서도 20~30%의 설계 작업량과 30~50%의 기계 설비를 중국 공정기술자들이 맡았다. 동시에 노동자와 기술자들이 선진기술설비를 터득하고 익히고 받아들이는 사업을 강화하는 데 중시를 돌렸다. 1956년, 중앙에서는 독자적이고 비교적 완전한 공업체계와 국민경제체계를 구축하는 방침을 더한층 명확하게 제기했다. 이런 방침의 관철 시행은 훗날 중소관계가 급변하는 과정에서 중국이 독립자주의 입장을 흔들림 없이 견지하고 주로 자력갱생, 간고분투에 의거하여 독자적이고 비교적 완전한 공업체계와 국민경제체계를 구축하는 데 매우 중요하고 심원한 의의가 있었다.

제6장

생산수단의 사적 소유에 대한
사회주의적 개조의 전면 시행

당은 계획적인 경제건설을 진행함과 아울러 생산수단의 사적 소유에 대한 사회주의적 개조를 영도했다. 과도기에 당은 창조적으로 중국 특성을 띤 사회주의적 개조의 길을 개척했다. 개인농업에 대해서는 주로 자원호혜의 원칙이나 전형적 시범을 보여주는 원칙, 국가에서 도와주는 원칙에 따라 반사회주의 성격의 초급농업생산합작사를 집중적으로 발전시킨 후 다시 사회주의 성격의 고급농업생산합작사로 발전시켰다. 개인수공업 개조에도 비슷한 과도 방법을 취했다. 자본주의적 상공업에 대해서는 가공위탁, 계획적 제품주문, 통일적 수매 및 일수판매, 위탁판매 및 대리판매 등 낮은 국가자본주의 형태에서 점차 공사 합영이라는 고급 형태로 발전했다. 당의 사회주의적 개조 방침의 정확한 영도로 1953년부터 1955년 상반기까지 중국의 농업, 수공업과 자본주의적 상공업에 대한 개조사업은 전반적으로 안정되고 건강하게 발전했다.

1. 농업합작화운동의 대대적 전개

농업호조합작운동의 새로운 발전

어떻게 중국 인구의 절대다수를 차지하는 농민들을 조직해 사회주의 노선으로 나가야 하는가는 중국이 모색해야 하고 올바르게 해결해야 할 큰 문제였다. 1953년 2월, 당중앙위원회는 1951년 12월에 하달해 시행한 '농업생산호조합작에 관한 결의(초안)'에 약간의 수정을 한 후 공식 결의하고 각 중앙국, 분국에 내려보냄과 동시에 각 성, 시 당위원회에서 시행하도록 했다. 이 결의는 조건이 비교적 충족된 지구에서 영도가 있고 중점이 있게 초급농업생산합작사를 발전시키도록 요구했다. 초급농업생산합작사는 토지 출자를 특징으로 했는데 그 성격에서 한편으로 사유재산의 기초 위에서 농민에게는 토지 사유권과 기타 생산수단의 사유권이 있고 농민은 출자한 토지에 따라 일정한 수확량을 분배받으며 또 출자한 농기구 및 가축으로 합리적인 대가를 받았다. 다른 한편으로는 기록한 작업량에 따라 보수를 받고 노동에 따라 분배받으며 일부 공공재산을 가지는 등 공동 노동의 기초 위에서 부분적인 사회주의 요소도 가졌다. 중앙은 "이런 사회주의로 나아가는 과도적인 형태는 또한 생명력이 있고 전도가 있는 형태이다."고 인정했다.

중공중앙은 농업합작화사업을 지도하고 조직하기 위해 1952년 11월, 중앙과 중앙국, 분국, 성당위원회에 일괄적으로 농촌사업부를 세우기로 결정했다. 마오쩌둥은 중앙농촌사업부 부장 덩쯔후이를 만났을 때 다음과 같이 지적했다. 농촌사업부의 임무는 4억 농민을 조직하여 공업화의 도움으로 점차 집단화로 나아가는 것이다. 이는 농촌에서 수행해야 할 당의 기본 임무이다. 이 문제는 매우 복잡한데 어떤 의미에서 공업화보다 더 어려운 점이 있다.

당중앙위원회는 낙후한 농업이 공업건설을 매우 크게 제약함에 따라 농업합작화를 발전시키는 것은 농업생산을 늘리는 주요한 방법이라고 하면서 다음과 같이 인정했다. 농업합작화사업은 반드시 빈농과 중농의 연합을 공고히 하는 것과 농민의 자원원칙에 따르는 것을 견지해야 하며 주관주의와 명령주의를 반대해야 한다. 반드시 설득하고 시범하는 방법과 국가에서 지원하는 방법으로 농민들이 자발적으로 연합하도록 해야지 단순한 호소 혹은 강압적인 명령으로 합작화를 추진하려는 의도는 그릇된 것이다. 잠시 호조합작운동에 참가하려 하지 않고 개인 경리를 하려는 근로농민들은 반드시 열정적으로 보살펴주고 도와주고 참을성 있게 교육하는 것으로 그들의 생산

열성을 발휘시키고 필요한 대부와 기술지원을 해주어 곤란을 극복하도록 도와주어야 한다. 반드시 그들로 하여금 호조합작의 좋은 점을 느끼게 하고 실질적으로 호조합작이 개인경리보다 우월하다는 것을 깨닫게 하여 점차 호조조와 합작사에 가입하도록 해야 한다.

1953년 봄, 농업호조합작운동의 발전은 총체적으로 건전했다. 하지만 화베이, 둥베이, 화둥 등 일부 지구에서는 너무 급격히 진행하려는 현상이 나타나 농민대중들이 사상 혼란에 빠졌고, 농경준비사업과 봄갈이 생산에 직접적인 영향을 주었다. 3월 8일, 덩쯔후이는 이러한 상황을 중앙에 알렸다. 중공중앙은 이에 큰 중시를 돌려 당일에 '각 대행정구에서 농업증산과 호조합작 발전에서의 5개년 계획 숫자를 줄이는 것에 관한 지시'를 발표했고 16일에 또 '봄갈이 생산에 관해 각급 당위원회에 내리는 지시'를 발표했으며 17일에는 '농촌사업 배치에서 마땅히 소농경제 특점을 고려하는 것에 관한 지시'를, 19일에는 '구, 향 사업에서 다섯 가지가 많은 문제를 해결하는 것에 관한 지시'를 발표했다. 이러한 지시에서 중앙은 농촌의 각항 사업에서 나타난 지나치게 급격한 진행 현상과 강압적으로 명령하는 오류, 여러 차례 바로잡아도 계속 되풀이되는 현상에 대한 원인 등을 깊이 분석하여 다음과 같이 지적했다. 소농경제의 사적 소유성, 분산성과 같은 본질적 특징을 고려하지 않고 경영 조건의 균일성과 획일성만 강요하며 군중들이 직접 체험하고 경험하지 않은 채 급하게 생산개혁을 널리 보급하려고 하면 군중은 반드시 수용하기 힘들 것이고 이로 인한 손실은 농민들의 원망을 자아내 좋은 일을 되레 나쁜 일로 전락시킬 것이다. 그러므로 각 지역에서는 농촌사업을 진행하며 농업생산을 지도할 때 언제나 소농경제의 특점을 명기하고 위로부터 아래까지 획일적으로 완수할 것을 강요해서는 안 된다. 가령 농업호조합작조직이 보편적으로 발달한 농촌일지라도 현재 이러한 조직이 사유재산을 토대로 건립되었다는 것을 고려해야 하며 일부 실제적인 효과가 있는 선진기술과 경작방법은 마땅히 농민들 속에 깊이 들어가 총화하고 한층 더 향상하며 점차 널리 보급해야지 군중을 명령하여 단번에 집행하게 해서는 안 된다. 중앙은 집단농장 및 생산합작사에서 통하는 방법을 기계적으로 개인농민에게 강요해서는 절대 안 되며 이 원칙을 잘 파악하지 못하면 좋은 일도 모두 그르칠 것이라고 강조했다.

더욱 효과적으로 농촌사업에서 나타나는 오류를 바로잡기 위해 중앙의 결의와 방침을 공개적으로 정확하게 해석할 필요가 있었다. 그리하여 3월 26일부 〈인민일보〉는 중공중앙의 '농업생산호조합작에 관한 결의'와 '봄갈이생산에 관해 각급 당위원회에 내리는 지시'를 공포하는 동시에 '농업생산을 지도하는 관건'이란 제목으로 사설을 발표했다. 이 사설은 마오쩌둥의 심열과 수정을 거쳐 중앙의 지시 정신을 반드시 먼저 해결해야 할 두 가지 관건으로 개괄했다. 첫째, 각급 지도기관은 "생산 임무를 당면 농촌에서 가장 중요한 중심 사업으로 확실하게 인식하고 사업상의 평균주의와 분산주의를 반대해야 한다." 둘째, "소농경제의 생산 현황에서 출발해 농업생산운동에 대한 지도 방법을 개진하여 이를 현재 농촌경제의 현실 상황에 부합하도록 하며 사업상의 주관주의와 명령주의를 반대해야 한다." 4월 1일, 중공중앙은 위의 두 가지 문건과 〈인민일보〉의 사설을 〈현 단계 농촌사업 지침서〉란 책으로 묶었다. 마오쩌둥은 이 책의 머리말에서 다음과 같이 지적했다. 이 3개의 문건은 '당이 현 단계에서 농촌사업을 지도할 때 반드시 파악해야 할 이론적 인식과 중요한 정책원칙 및 군중노선의 사업방법'을 제시했"는데 농촌사업에 종사하는 모든 사람은 이를 효과적으로 학습하여 사상 수준을 전반적으로 한층 더 높여야 한다. 이는 당시 농업호조합작사업에서 지나치게 급격히 나아가는 경향을 바로잡고 제멋대로 나아가도록 방임하는 현상을 방지하는 데 중요한 역할을 했다.

4월 중에 중앙농촌사업부는 중앙의 위탁을 받고 제1차 전국농촌사업회의를 소집했는데 회의의 주요 의제는 어떻게 "소농경제의 현황에서 출발하는" 것을 과도기에 도달해야 할 원대한 목표와 연결할 것인가를 토론하는 것이었다. 덩쯔후이는 회의에서 총화보고를 할 때 다음과 같이 중점적으로 제시했다. 당의 농촌사업에서 이룩해야 할 과업은 농민을 영도해 조직적으로 나아가는 것이며 호조합작, 공동 상승, 함께 부유해지는 길로 나아가는 것이다. 호조합작운동은 반드시 온당하게 전진하는 방침을 택해야지 지나치게 조급해서는 절대 안 된다. 호조합작은 농민들의 생산과 생활의 근본 문제와 관계되므로 반드시 작은 데서 큰 데로, 적은 데서 많은 데로, 국부에서 전반으로, 저급에서 고급으로 발전하는 즉시 공고히 해야지 무턱대고 벌이지 말아야 한다. 반드시 사회주의로의 발전과 현행 정책의 집행을 통일시켜야 한다. 덩쯔후이는 다음과 같이 지적했다. "사유제를 확보한다."는 견해는 그릇된 것이다. 그러나 토지를 농민들에게 나눠주었다면 함부로 박탈할 수 없다. 반드시 법에 따라 소유권을 보장해야만 비로소 집단과 개인 두 측면에서 농민들의 생산열성을 발휘시킬 수 있다. 농촌에서 모호하게 고용, 대부, 소작, 무역의 '4대 자유'라는 구호를 제기하는 것은 타당하지 못하지만 조건과 한도가 있는 자유는 마땅히 허용해야 한다. 각지의 호조합작운동에서 제멋대로 나아가도록 방임하거나 조급해서 너무 급격히 나아가는 두 가지 편향이 존재하는데 전국적으로 보면 지나치게 급격히 나아가는 것이 주된 편향으로 나타난다.

　제1차 전국농촌사업회의는 농촌 개진의 원대한 목표와 온당하게 전진하는 방침을 명확히 하여 농촌사업을 하는 지도간부들의 사상을 통일시켰다. 중앙농촌사업부의 구체적인 지도로 농업생산을 영도하는 관건적인 문제를 해결하기 위해 당중앙위원회의 일련의 정책들이 농촌에서 관철 집행되었다. 몇 개월의 노력을 거쳐 각지에서는 지나치게 급격히 나아가는 편향을 시정하는 사업을 계속 완수했다. 1953년, 호조조는 정돈과 공고화 작업으로 1952년 말 802만 6,000개에서 745만 개로 줄었다. 하지만 참가한 농가는 어느 정도 늘어났다. 그중 장기호조조는 181만 6,000개로 늘어났고 참가한 농가는 1,144만 9,000호에서 1,332만 8,000호로 증가하여 호조조에 참가한 농가 점유율은 1952년의 25.2%에서 29%로 늘어났다. 초급농업생산합작사는 정돈한 후 1만 5,000여 개로 늘어났고 참가한 농가는 27만 5,000호로서 평균 한 합작사에 18.3호가 되었다. 사업이 비교적 착실하게 진행되었고 생산조직이 잘 이루어져 그해 90% 이상의 호조조와 합작사가 증가했다. 합작사의 생산량은 대부분 같은 토지에서 개인 경리호와 일반 호조조의 수준을 초과함으로써 초급농업생산합작사의 우월성을 나타냈다.

　국가는 농업호조합작조직을 발전시키는 동시에 경제적으로 농업생산에 대한 지원을 더욱 강화하고 농산물 및 부업생산물의 수매가격을 적당히 높이며 세율에 따른 세금징수 시행과 증산을 격려하는 세금수입 정책을 견지하고 농업용 생산수단의 공급량을 늘리며 농토수리건설의 규모를 확대함으로써 농업증산을 강력히 지지하고 농업합작화운동이 발전하도록 했다.

　1953년부터 1954년까지 농업 생산수단의 공급에 대한 공업 부문의 지원이 대폭 늘어났다. 1952년보다 1954년에는 두 바퀴 쌍날 보습이 10.8배 늘어났고 화학비료 질산암모늄이 2.6배 늘어났으며 농약 '666'이 3.8배 늘어났다. 그 밖에 신형 농기구와 과학기술을 보급하며 각지의 농업 증산 경험을 총화하고 교류하며 농업기술의 핵심역량을 양성하기 위해 1953년에 각 성에서는 현을 단위로 집중적으로 농업기술보급소를 세웠다. 1954년에 이르러 전국에는 총 4,549개의 농업기술 보급소가 설립되었는데 1953년보다 25.2% 늘어났다. 통계에 따르면, 1954년에 농업기술보급소에서 지도한 농업생산합작사는 전반 농업사의 10% 안팎이었고 중점적으로 지도를 받은 합작사는 일반합작사와 비교할 때 평균 20~30% 성장했다.

재정지원 측면에서 볼 때 1953년 농업에 대한 국가의 지원은 투자 총액의 9.7%였는데 그중 수리건설에 대한 투자가 6%를 차지했다. 농민들을 도와 자금부족의 어려움을를 해결해 주고 농업사의 확대 재생산의 수요를 만족시키기 위해 국가신용대부에서의 농업 대부 금액은 해마다 늘어났다. 1953년 6월 말까지 농업 대부금액은 1952년의 같은 시기보다 180% 늘어났고 1954년에는 1953년보다 111.8% 늘어났으며 1955년에는 또 1954년보다 125.3% 늘어났다. 동시에 국가는 농업대부조건에 대해 많은 배려를 하여 1953년 10월에는 농업, 부업의 대부금의 월 이자를 1.5%에서 1%로 낮췄고 농업합작사의 설비에 관해 대부금을 방출할 때에는 특혜까지 주었다. 대량의 저리 농업대부는 농업생산과 농업사의 발전을 적극적으로 지지했다.

그 밖에 공급판매합작사와 신용합작사의 끊임없는 확장은 농업생산합작사의 발전을 더욱 촉진했다. 공급판매합작사는 자체의 수매와 공급을 통해 농민들을 공급 판매 관계에서 사회주의 경제와 이어놓음으로써 투기상들의 되넘기 판매로 농민들이 받을 착취를 줄이거나 받지 않도록 도와주었다. 신용합작사는 자금조절 측면에서 소농경제와 사회주의 경제의 연계를 강화하고 농촌의 고리대금을 제한하면서 농업생산에서의 호조합작을 지지했다. 농업호조합작운동에서 정부는 농업사를 도와 생산경영 관리를 개진했다. 1954년 4월, 농업부는 '농업생산합작사 간부 훈련에 관한 통지'를 반포했다. 잠정적 통계에 따르면 1954년 겨울과 1955년 봄에 각지에서는 새로 세운 합작사를 도와 50여만 명의 부기원을 훈련시켰고 구를 단위로 계속해서 많은 재무부기보도원을 배치했다.

1953년과 1954년에 일어난 연이은 자연재해로 중국의 농업 총생산액 증가폭은 하락했다. 1953년에는 1952년보다 겨우 3.1% 늘어났고 1954년에는 1953년보다 3.4%밖에 늘어나지 못했다. 이런 상황에서 당과 정부는 농업호조합작운동을 농업생산 발전과 밀접히 연결하고 두 가지, 곧 호조합작과 개인경영에서 농민들의 적극성을 동원하기 위한 정책을 시행했다. 그럼으로써 1952년에는 농업생산이 전반적으로 회복되었으며 이를 기초로 여전히 발전하는 추세를 확보하도록 했다. 목화의 감산 폭이 비교적 컸지만, 양곡 총생산량은 1953년에는 3,336억 6,000만 근, 1954년에는 3,390억 3,000만 근으로 늘어나 모두 1952년의 3,278억 3,000만 근보다 어느 정도 증가했다.

양곡의 통일적 수매, 통일적 판매 정책의 제정과 시행

대규모의 경제건설이 시작된 후 일부 새로운 상황들이 나타나면서 한 가지 뚜렷한 문제가 초래되었는데 바로 전국적으로 양곡의 대량 부족 현상이 일어난 것이다. 신중국 창건 초기, 식량의 생산과 수요의 모순, 공급과 수요의 모순은 매우 첨예했다. 1953년에 중국의 경제 규모가 신속히 확대되면서 기본건설에 대한 투자가 지난해보다

83.7% 늘어났고 공업 총생산액은 30% 늘어났다. 이러한 쾌속적인 발전은 도시 인구와 취업 인구수를 대폭 증가시켰다. 1953년에 전국의 도시 인구는 7,826만 명에 달해 1952년보다 663만 명이 늘어나 9.3% 증가했으며, 주민 소비 수준은 1952년보다 15% 높아졌는데 그 중 가장 중요한 소비품목은 양곡이었다. 공업, 대외무역, 도시 소비 양곡 수량이 크게 늘어난 한편 공업에 수요되는 경제작물의 재배면적이 확대됨에 따라 양곡의 재배면적이 상대적으로 줄어들었고 현지 농민들도 상품양곡을 소비해야 했기 때문에 국가에서 농촌지역에 도로 판매하는 양곡이 대폭 늘어났는데 1952년보다 1.3배나 늘어났다. 그 밖에도 몇 년간의 경제회복을 통해 일반 농민들의 양곡 소비량도 늘어나 배불리 먹을 것을 요구할 뿐만 아니라 집에 여유식량이 있기를 바랐다. 이러한 상황은 양곡의 공급과 수요 간의 긴장한 모순을 더욱 악화시켰다.

1953년 연간계획을 제정할 때 중앙은 중국 양곡 수요량이 1952년보다 비교적 크게 늘어날 것을 고려하고 공업 발전의 속도와 조정하기 위해 농업 총생산액 계획을 1952년보다 6.4% 늘렸는데 그중 양곡 생산량을 7.2% 늘렸다. 그러나 농업은 아직도 전적으로 자연 조건에 의지하는 상황에서 벗어나지 못했고 자금 투입이 부족하여 농업증산 계획은 실현되지 못했다. 1953년의 양곡 생산량은 전해보다 겨우 1.8% 늘어났다. 양식부의 보고에 따르면 1952년 7월 1일부터 1953년 6월 30일까지 국가는 양곡을 총 547억 근을 수입하고 587억 근을 지출했는데 수입과 지출을 상쇄하고 나면 40억 근의 적자가 생겼다. 1953년에 일부 지구에서는 밀 재해를 입어 계획보다 70억 근이나 감산되어 상황은 더욱 심각했다.

국민경제가 회복되던 시기에 국가에서 수요되는 양곡은 공량(농업

세)만 보장될 뿐 나머지는 양곡시장에서 구매해야 했는데 양곡의 공급과 수요의 관계는 시장에 의해 조절되었다. 공급 측은 매우 널리 분포되어 있는 1억 가구가 넘는 농가들이고 수매 측은 국영공사, 공급판매합작사와 개인 양곡상인들이었다. 국가는 정가를 책정하는 것으로 양곡 가격을 통제하고 양곡시장의 안정을 유지했다. 하지만 1953년의 양곡시장의 수요는 공급보다 많아 한편으로 양곡값이 올라 농민들이 양곡을 팔기 꺼려했고 국가에서는 합당한 가격으로 양곡을 대량으로 수매할 수 없었기에 양곡값을 안정시킬 수 없었다. 다른 한편으로는 양곡의 시장가격이 정가보다 훨씬 높아(주요 양곡생산지구는 정가보다 30~50% 높았다) 이득을 본 개인 양곡상인들이 다투어 사재기를 함으로써 일부 지구의 벼는 거의 개인 상인들의 손에 들어갔다. 일부 도시 주민들도 양곡 공급이 불안정하여 양곡 가격이 오르자 너도나도 다투어 양곡을 사들였다. 이러한 요인으로 1953년의 여름 수확 후 국영공사의 양곡 판매량은 수매량을 훨씬 초과하게 했다. 비록 국가에서 대량의 재고량을 풀었지만 여전히 수요를 만족시키지 못했다.

양곡시장이 불안정한 원인은 물론 농민들이 판매를 꺼려하고, 개인 상인들이 마구 사재기한 영향도 있겠지만 근본적인 원인은 여전히 양곡 생산과 구매량의 증가가 양곡 판매량의 증가 속도를 따라가지 못한 데 있었다. 1953년의 양곡 판매량의 증가는 주로 공업건설이 전면적으로 개시되고 도시 인구가 급격히 늘어난 결과였다. 이러한 긴장 상황이 지속되도록 방치한다면 양곡의 공급과 판매가 분리되는 혼란이 나타날 수 있고 물가의 전면적 상승을 야기할 수 있어 몇 년 동안 국가에서 물가안정을 실현하기 위해 노력한 성과가 한낱 물거품이 될 수 있었다. 특히 그해 7월부터 9월까지 각지에 양곡 공황이 일어났다. 이 3개월간 총 98억 근의 양곡을 수매해 원래 계획보다 7억 근을 초과했고 124억 근을 판매해 원래 계획보다 19억 근을 초과했다. 9월에 햅쌀이 시장에 나왔지만 종합적인 상황은 여전히 수매가 적고 판매가 많아 공급과 수요의 관계는 날로 불안정해졌으며 적지 않은 지방에서는 혼란이 일어나기 시작했다. 베이징, 톈진 등 대도시에서도 밀가루 공급이 불안정해졌다. 이러한 상황을 당중앙위원회는 주의 깊게 살폈다.

9월 중에 천원은 연속 10일간 중앙재정경제위원회 관련 책임자들을 불러 회의를 소집하고 전문적으로 양곡의 수매와 판매 방법을 연구했다. 천원은 양곡 부족 현상이 비교적 장기간 중국에 존재하게 될 기본 상황임을 고려하여 양곡문제에 관한 여러 가지 해결책을 하나하나 비교하고 거듭 그 이해득실을 따져본 후 농촌에서는 양곡 수매를, 도시에서는 양곡 배급 판매를 시행하는 방안을 중앙에 제기했다.

10월 2일 오후, 중앙정치국은 확대회의를 열어 양곡 문제를 토론했다. 천원은 회의에서 양곡문제에 관해 보고했다. 그는 다음과 같이 지적했다. 지금 전국 양곡사정은 매우 심각하다. 단호한 조치를 취하지 않는다면 양곡시장에는 필연코 심각한 혼란이 일어날 것이며 그 결과는 반드시 전면적인 물가 파동을 초래하고 노임이 상승하며 공업생산에 영향을 주고 예산도 불안정해져 건설 계획이 바로 영향을 받게 될 것이다. 양곡문제를 해결하는 가장 좋은 방법은 농촌에서 수매를 시행하고 도시에서 배급 판매를 시행하여 개인 양곡상인들을 엄격하게 통제하는 것이다. 그 기본 이유는 국가의 양곡 수요량은 나날이 늘어나지만 양곡 수입원이 부족해 수요와 공급원 사이에 모순이 있기 때문이다. 수매를 통해 양식을 손에 넣기만 하면 기타 문제들은 처리하기가 쉬워진다.

마오쩌둥은 회의에서 결론을 내리면서 다음과 같이 말했다. 농민의 기본 출로는 사회주의이고 호조합작에서 큰 합작사(반드시 집단농장이라고 부를 필요는 없음)로 나아가는 데 있다. 지금은 '보릿고개'여서 일부 농민들은 토지분배의 혜택을 이미 잊어버리기 시작했다. 그들은 지금 개인경제에서 사회주의 집단 경제로 넘어가는 시기에 처해 있다. 중국의 주체는 국영경제인데 여기에는 두 개의 날개, 즉 양쪽 날개가 있다. 한쪽 날개는 국가자본주의(사자본주의에 대한 개조)이고 다른 한쪽 날개는 호조합작, 양곡수매(농민에 대한 개조)다. 양곡수매, 개인 상인에 대한 정돈, 통일관리 이 세 가지 문제는 반드시 해결해야 한다. 소농경제는 증산이 많지 않은데 양식에 대한 도시의 수요는 해마다 늘어나기 때문에 반드시 배급 판매도 시행해야 하는 추세이다.[1]

10월 10일, 전국양곡회의가 베이징에서 긴급히 소집되었다. 천원은 발언에서 다음과 같이 지적했다. 만일 양곡을 장만하지 못하면 전반 시장에 심각한 파동이 일어날 것이고 수매 방법을 취하면 농민들이 반대할 것이다. 그는 이렇게 설명했다. "이는 마치 멜대에 앞에는 검은 폭약을, 뒤에는 노란 폭파약을 메고 있는 격이어서 어느 것이나 모두 위험하"지만 이 방법을 택하지 않는다면 결과는 더욱 악화될 것이다. 원래부터 많지 않은 외화를 양곡 수입에 쓴다면 공업화건설을 진행할 수 없고 뒤처진 국면을 발전시킬 수 없다.[2] 회의는 토론을 거쳐 양곡 수매를 '계획적 수매'로 명명하고 양곡 배급 판매를 '계획

---

1) 마오쩌둥, '양식의 통일적 수매와 통일적 판매 문제'(1953년 10월 2일), 〈마오쩌둥문집〉 제6권, 인민출판사 한문판, 1999년, 295, 297쪽.

2) 중공중앙 문헌연구실 편, 〈천원연보(1905~1995)〉 중권, 중앙문헌출판사 한문판, 2000년, 179~180쪽.

적 공급'으로 명명한 후 '통일적 수매'와 '통일적 판매'라고 하기로 확정했다. 구체적인 정책은 계획적으로 수매하고 계획적으로 공급하며 국가에서 양곡시장을 엄격히 통제하며 중앙에서 양곡에 대해 통일적인 관리를 시행하는 것이었다. 10월 16일에 중공중앙에서 '양곡의 계획적 수매와 계획적 공급 시행에 관한 결의'를 내렸고, 11월 19일에 정무원에서 '양곡의 계획적 수매와 계획적 공급 시행에 관한 명령'을 내렸다.

중앙의 '결의'와 정무원의 '명령'에 따라 전국 농촌은 1953년 12월부터 통일적 수매사업을 진행하기 시작했다. 먼저 선전교육을 진행했는데 당원과 많은 농민을 교육해 그들에게 통일적 수매와 통일적 판매 정책을 시행하는 것은 분산된 소농경제를 국가계획건설의 궤도에 들어서게 하고 농민들을 인도해 호조합작의 사회주의 노선으로 나아가며 농업에 대한 사회주의적 개조를 시행하는 데 반드시 취해야 할 하나의 중요한 절차임을 인식시켰다. 관리체제 측면에서는 통일적 영도를 엄격히 시행하고 임무를 나누어 책임지게 했다. 시행방법에서 각 성은 모두 수만 명의 간부를 뽑아 훈련을 통해 농촌 곳곳에 내려가 계획적 수매사업을 진행하도록 했다. 대량의 선전교육과 조직동원사업을 통해 수매를 시행한 첫 1개월 내에 수매가 적고 판매가 많은 상황을 바로잡았는데 양곡 수매량은 1952년 같은 시기보다 38% 늘어났다. 1953년 7월 1일부터 1954년 6월 30일까지의 양곡연도 내에 농업세를 포함한 전국의 실제 수입 양곡은 784억 5,000만 근에 이르러 전국양곡회의에서 계획했던 29.3%를 초과해 75억 5,000만 근을 더 수매했다. 수매와 판매를 상쇄하고 나면 국가 재고 양곡도 50% 안팎으로 늘어나 1952년부터 1953년까지 양곡연도 내 판매가 수매를 초과하여 불균형 현상을 일거에 바꿨다. 이러한 일련의 효과적인 조치는 끝내 전국적으로 양곡난을 이겨내게 했고 공급과 수요의 긴장 관계도 완화시켰다.

　양곡의 통일적 수매와 통일적 판매 정책은 당시의 조건에서 농민들의 개인 이익과 국가, 전체 인민들의 공동 이익을 결합하고 농민들의 당면 이익과 장래 이익을 결합하려 했다. 하지만 양곡의 계획적인 수매는 농민들의 자신이 생산한 양곡을 보유하고 판매하는 자주적 권리와 관련되었기 때문에 수매 과정에서 국가와 농민은 한때 심각한 긴장 관계를 형성했었다. 이는 주로 바로 세워진 수매, 판매 제도가 엄밀한 조사통계사업을 기초로 하지 않아 전국의 수매, 판매 지표가 대체로 실제와 부합하기는 했지만 분배 면에서 구와 구, 농가와 농가의 불균형을 피하기 어려웠기 때문이었다. 특히 실제 양곡 생산량을 예측하고 양곡 과부족 상황과 여유 양곡 수량을 명확히 한다는 것은 상당히 어려운 것이었다. 때로는 수매할 것을 넉넉히 수매하지 못하고 또 때로는 너무 많이 수매하곤 했다. 그 밖에 수매 임무가 기한 내에 완성해야 하는 긴박하고 어려운 일이었기에 일부 지방에서는 강압적으로 명령을 내리는 등 시행에 엄중한 편차가 생겼다. 심지어 개별 지방에서는 수매에 맞서는 소동이 일어나기까지 했다. 양곡의 계획적 공급은 도시 주민들의 일상생활과 관련된 것이었다. 사업의 결함으로 일부 지방에서는 판매해야 할 것을 충분히 팔지 못하고 판매하지 말아야 할 것을 오히려 팔아 사회 각 계층의 관심을 불러일으켜 "집집마다 식량 소리를 하고 가가호호에서 통일적 수매를 의논"하는 현상이 나타났다. 이러한 문제를 해결하기 위해 당과 정부는 경험교훈을 총화한 기초 위에서 신속히 양곡의 생산량, 수매량, 판매량을 정하는 '세 가지 정량' 정책[3]을 제기해 통일적 수매와 통일적 판매 사업이 개선되도록 했다.

양곡의 통일적 수매와 통일적 판매 시행 이후, 중앙은 계획경제건설의 수요에 따라 기름 원료의 통일적 수매와 식용유의 통일적 판매를 시행했다. 1954년에는 또 목화의 통일적 수매와 면직물의 통일적 수매, 통일적 판매를 시행했다. 1954년 9월부터 중국 도시와 농촌에서는 통일적으로 면직물, 식용유를 표에 따라 정량 공급하는 방법을 시행했다. 이로부터 중국 양곡, 식용유지, 기름 원료의 통일적 수매와 통일적 판매를 한층 더 제도화했다.

역사적으로 볼 때 양곡 등 주요 농산물의 통일적 수매와 통일적 판매 시행은 중국 공업화의 초기 단계에서 반드시 취해야 할 중대한 결책이었다. 당시의 역사적 조건에서 이 정책은 시장을 안정시키고, 높지 않은 수준에서 전국 인민의 경제생활에서 가장 중요한 의식 문제를 해결했을 뿐만 아니라 초기 공업건설에 필요한 대량의 양곡을 기본적으로 충족시켰다. 동시에 통일적 수매, 통일적 판매와 호조합작의 상호 연계는 소농경제에 대한 사회주의적 개조의 두 가지 전략적 조치로서 양곡, 기름원료, 목화, 가제 등 중요 물자 면에서 개인 도매상들의 사재기를 근본적으로 제거해 대체했고 국영경제와 농민의 연계를 강화함으로써 많은 농민으로 하여금 합작화의 길로 나아가게 했다. 또한 자본주의적 상공업에 대한 사회주의적 개조도 이끌었다. 물론 통일적 수매, 통일적 판매 제도가 객관적인 면에서 농민과 시장의 그동안의 연계를 단절시키고 상품 생산의 발전을 제한한 점도 있

---

3) 즉 매년의 봄갈이 전에 향을 단위로 하여 전 향의 양곡 계획 생산량을 정하고 농민들에게 국가에서 당해 향에서 수매하고 판매하는 양곡 수량을 선포함으로써 농민들이 확정된 지표에 따라 자신이 얼마나 생산해야 하고 국가에서 얼마나 수매하며 개인이 얼마나 남겨두고 양식이 부족한 농가에 얼마나 공급해야 하는지를 파악하도록 했다.

지만 이는 당시 역사적 상황에서는 피하기 어려운 것이었다. 총체적으로 주요 농산물에 대한 통일적 수매와 통일적 판매는 중국 공업화의 실현 초기에는 당시의 수요에 적응되는 하나의 적극적인 조치였다. 20여 년간의 실천이 설명하듯 이 정책은 경제건설을 공급하고 지지하며 인민의 기본생활 안정을 보장하고 물가와 사회질서의 안정을 확보하며 흉년 때마다 양곡을 모아 이재민을 구제하고 재난을 극복하는 등 모든 측면에서 중요한 역할을 했기에 그 공적은 사라질 수 없는 것이었다.

초급농업사를 중점적으로 발전시키고 정돈, 공고화하는 사업

양곡의 공급과 수요의 모순은 통일적 수매, 통일적 판매 정책을 시행함으로써 일시적으로 완화되었지만 농업생산이 공업 발전에 뒤처지는 상황은 근본적으로 바꿀 수 없었다. 당중앙위원회는 양곡 문제를 해결하려면 오직 양곡 생산을 대량 늘리는 것뿐이라고 인정했다. 그러나 소농경제는 잠재력이 매우 작아 농업에서 대규모의 기계화 생산을 시행하는 것은 단기간에 완수할 수 있는 일이 아니었다. 그러므로 근본적인 해결은 농업합작화의 길로 나아가 집단경제의 힘에 의지하여 합작화를 기초로 알맞은 기술개조를 진행하는 것이다. 오직 이 방법을 통해서 양곡 생산량을 대폭 끌어올릴 수 있었다. 다른 한 편으로 양곡의 통일적 수매와 통일적 판매의 시행은 국가가 1억에 가까운 농민들과 직접 교섭하여 매호의 여유양곡을 심사 결정해야 하며 또한 국가에 팔도록 모든 농가를 동원해야 했으므로 매우 복잡하고 어려웠다. '갈래가 너무 많은 가는 머리채를 합쳐 갈래가 적은 큰 머리채도 뽑아야 할' 필요가 생겼다. 그리하여 개인살림을 하는 농민을 기본적으로 조직해 합작사에 가입하게 함으로써 양곡수매사업을 확실하게 진행하는 데 편리하도록 하고 공업건설에서의 대량의 양곡과 농산공업 원료에 대한 수요를 보장하도록 해야 했다. 이 점에 기초해 당중앙위원회와 마오쩌둥은 개인농업을 개조하는 두 가지 중요한 조치인 농업합작사와 통일적 수매, 통일적 판매를 긴밀히 결합시켰는데 이는 중국에서 농업합작화를 실현하는 데 직접적인 추진 역할을 했다.

농업합작화운동의 발전을 적극적으로 추진하기 위해 중앙농촌사업부는 1953년 10월부터 11월 사이에 전국 제3차 호조합작회의를 개최했다. 회의에 앞서 마오쩌둥은 농촌사업부 책임자와의 담화에서 다음과 같이 지적했다. 각급의 농촌사업부는 호조합작이라는 이 사업을 극히 중요한 일로 간주해야 한다. 개인 농민만으로는 대폭 증산할 수 없으므로 반드시 호조합작을 발전시켜야 한다. 농촌의 거점은 사회주의가 차지하지 않으면 자본주의가 점령하게 된다. 자본주의 노선으로 나아가도 증산할 수는 있지만 시간이 걸리며 또 그 길은 고통스럽다. 우리가 자본주의를 하지 않는 것은 확정된 것이다. 만일 사회주의를 하지 않으면 필연코 자본주의가 범람하게 될 것이다. 그는 다음과 같이 말했다. 양곡, 목화, 고기, 기름, 대도시의 채소의 공급과 수요 사이에 현재 매우 큰 모순이 있다. 수요량은 크게 증가하는데 공급이 따라가지 못한다. "이러한 공급과 수요 사이의 모순을 해결하는 것으로부터 출발하여 소유제와 생산력 간의 모순부터 해결해야 한다." "사적 소유제의 생산관계는 대량적 공급과 전적으로 충돌된다. 사적 소유제는 반드시 집단적 소유로, 사회주의로 넘어가야 한다."

회의 기간에 마오쩌둥은 회의 요약 보도를 보고 또 한 번 중앙농촌사업부 책임자와 담화를 나누고 1953년 봄에 호조합작이 국부적으로 지나치게 급격히 나아간 경향을 바로잡는 사업에 대해 비평했다. 그는 다음과 같이 말했다. 반년 이상이나 수축되고 온건하나 전진하지 않은 이것은 그다지 타당하지 않다. "조급해서 너무 급격히 나아가는 것을 바로잡는다."는 것은 어쨌든 바람으로 된 것이 아닌가, 이 바람이 세게 불어 넘어뜨리지 말아야 할 농업생산합작사들을 어느 정도 넘어뜨렸다. 조건이 갖추어져 세운 합작사를 억지로 해산시킨다면 그것은 옳지 않다. 그는 다음과 같이 강조했다. "사회주의를 해야한다. '사유재산을 확보한다.'는 것은 자산계급적 관념이다. '온종일한데 모여 쓸데없는 허튼소리만 하고 작은 혜택만 베풀기를 좋아하니 어려운 일이다.'" 다시 말해 "사회주의에 따르는 것이 아니라 소농경제에서 방법을 찾고 개인경제에 기초하여 작은 혜택을 베푸는 것으로써 양곡을 대폭 증산하여 양식 문제를 해결하고 국가 경제와 인민생활의 중대한 문제를 해결하려 한다면 그것은 실로 어려운 일이다." 그는 한층 더 나아가 이렇게 지적했다. "벼리를 당기면 그물눈이 벌어진다."는 옛말이 있다. 벼리를 당겨야 그물눈이 벌어질 수 있으므로 벼리가 주제이다. 사회주의와 자본주의 간의 모순, 그리고 이 모순을 점차 해결하는 것, 이것이 주제이고 벼리이다. 이 벼리를 쳐들면 모든 것이 다 통솔된다.[4] 마오쩌둥의 담화 정신에 따라 회의는 어떻게 농업생산합작사를 잘 운영할 것인가 하는 문제를 집중적으로 토론하고 1954년 봄에 농업사를 현재 1만 5,000개에서 3만 5,800개로 발전시키기로 토의, 결정했다.

회의에서는 '중공중앙의 농업생산합작사를 발전시키는 것에 관한 결의'를 토론해 통과시키고 당중앙위원회에 보고해 수정한 후 12월에

---

4) 마오쩌둥, '농업의 호조합작에 관한 두 차례의 담화'(1953년 10월 15일, 11월 4일), 〈마오쩌둥문집〉 제6권, 인민출판사 한문판, 1999년, 301~302쪽.

이를 반포하고 시행하기 시작했다. 이는 중앙의 농업호조합작에 관한 첫 결의에 이은 또 하나의 농업합작화에 관한 결의이다. '결의'는 다음과 같이 강조했다. 농업 개인경제와 급속히 늘어나는 사회주의 공업화의 수요 간에는 점점 모순이 커지고 있다. 농업 생산력을 한층 더 높이고 농업과 공업의 발전이 서로 상응하지 않는 모순을 극복하기 위해 농촌사업에서 당의 가장 근본적인 임무는 바로 농민들이 알기 쉽게 수용할 수 있는 수단과 방법으로 농민들을 교양하고 조직하여 점차 농업의 사회주의적 개조를 시행하는 것이다. '결의'는 다음과 같이 지적했다. 토지개혁이 완수된 후 농민들에게서 나타난 생산 열성은 이중적 성격을 갖고 있다. '농민이 근로자'란 성격에서 출발하여 발전한 호조합작에 대한 열성은 농민을 사회주의로 인도할 수 있음을 설명한다. 또한 '농민이 소사유자와 농산물 판매자'란 성격에서 발전한 개인경제에 대한 열성은 농민의 자발적인 추세는 자본주의임을 설명한다. 이를 통해 농촌에서의 사회주의와 자본주의의 두 갈래 노선투쟁은 피할 수 없는 것이었다. '결의'는 농민들의 개인경제에 대한 열성을 호조합작에 대한 열성의 궤도로 이끌어 개인경제의 기초 위에 건립된 자본주의의 자발적인 세력의 경향을 극복하게 함으로써 점차 사회주의로 넘어갈 것을 요구했다. '결의'는 초급 역사는 이미 시험단계와 초기 발전 과정에 그 우월성을 보여주었으므로 완전히 사회주의적인 고급 역사의 적당한 형태로 넘어가도록 농민들을 인도할 수 있다는 것이 실증되었으며 호조합작운동을 지도하여 전진을 지속시키는 중요한 고리가 되어간다고 인정하면서 각지에서 농촌사업의 중점을 초급농업합작사를 꾸리는 것으로 한층 더 기울이도록 요구했다.

1954년 초, '중공중앙의 농업생산합작사를 발전시키는 것에 관한

'결의'의 전달과 관철은 당의 과도기 총노선의 선전교양과 함께 전개되면서 농촌에서 농업사를 대규모로 건립하는 고조를 일으켰다. 얼마 안 되어 전국에는 농업생산합작사가 9만 5,000여 개로 발전했다. 4월, 중앙농촌사업부는 사업회의를 소집하고 각지의 농업사를 꾸린 경험을 총화하고 다음 해 겨울과 봄 사이에 농업사를 30만 개에서 35만 개로 늘리기로 했다. 10월, 전국 제4차 호조합작회의는 또 지표를 추가해 1955년 봄에 농업사를 60만 개로 늘리고 1957년에는 50% 이상의 농가를 조직해 합작사에 가입시켜 초급사가 전국의 주요 농업구에서 주요 생산 조직 형태로 발전하도록 요구했다. 회의는 합작사는 마땅히 한 해 동안 준비하고 몇 차례로 나누어 발전시켜야지 겨울에 단시일 안에 추진하는 것을 피해야 한다고 강조했다. 하지만 이때 농업사는 이미 연중에 13만 개에서 22만 5,000개로 늘어났다. 12월에 이르러 중앙에서 제4차 호조합작회의 문건을 하달하려고 할 때 농업사를 세우려면 '충분한 준비'가 필요하다는 정신이 미처 전달되지 않은 상황에서 전국 농업사 총수는 연말이 되어 이미 48만 개로 늘어났으며 그 발전 기세는 날로 거세졌다.

농업사가 급속히 발전하면서 1954년 추수 후의 양곡을 통일 수매하는 사업도 시작되었다. 그해 장강 유역의 각 성에서 특대 수재를 입은 까닭에 전국 양곡생산 계획이 완수되지 못했다. 그러나 양곡수매 계획은 줄어들기는커녕 각지에서 계획을 전달할 때 오히려 수치를 늘렸기에 원래 계획보다 100억 근을 더 많이 수매했다. 게다가 합작사가 크게 발전한 가운데 일부 사업이 거칠게 진행되어 일부 농민들의 불만을 자아내었으므로 일부 지방에서는 비정상적으로 돼지나 소를 잡고 거름을 적극적으로 모으지 않고 밭갈이 준비를 소홀히 하는 현상이 나타났다. 당중앙위원회와 국무원에서는 이에 크게 주목해

1955년 1월부터 3월 사이에 '농업생산합작사를 정돈하고 공고히 하는 것에 관한 통지', '가축을 힘써 보호하는 것에 관한 긴급 지시', '양곡수매판매사업을 재빨리 배치하고 농민들의 생산 정서를 안정시키는 것에 관한 긴급 지시' 등 문건을 잇달아 하달함으로써 농촌사업에 대한 지도를 강화했다.

당중앙위원회는 농촌에 긴장이 조성된 원인을 전면적으로 분석하고 다음과 같이 지적했다. 이 중에는 물론 소수의 부농과 기타 불량분자들의 저항과 파괴가 있지만 전반적으로 그 실제는 농민군중, 주로 중농군중들의 농촌에 대한 당과 정부의 조치에 대한 일종의 불만, 경고였다. 어떤 지구에서는 호조합작운동을 지나치게 거칠고 급격하게 진행하는가 하면, 또 지나치게 서둘러 가축 값을 치러 농업사에 들여놓은 후 가격을 낮게 매기고 돈도 제때에 지불하지 않았다. 농민들은 통일적 수매와 통일적 판매 사업을 신뢰하지 않고 양식이 얼마큼 증산되어도 국가에서 수매하고 남는 양식이 얼마 되지 않는다고 (식량이 빠듯하고 가축 사료가 부족하다) 느끼고 있었다. 통일적 판매를 하는 물자의 공급에서 도시는 넉넉하고 농촌은 빠듯하여 농민들이 의견이 있었다. 중앙에서는 다음과 같이 인정했다. 양곡이 불안정한 근본 원인은 생산이 부족한 데 있다. 생산을 발전시키는 것은 양곡 문제를 해결하는 결정적인 열쇠이며 농촌사업의 모든 조치는 반드시 모두 생산 증대란 이 열쇠를 중심으로 추진해야 한다. 또한 반드시 생산에 유익해야 하며 농민의 생산열성을 발휘하는 데 유익해야 하며 이런 열성에 어떠한 손해도 끼치지 않도록 피해야 한다. 농촌의 상황에 대한 분석에 따라 중앙은 다음과 같이 결정했다. 합작화운동은 기본적으로 발전을 통제하고 공고히 하는 데 중점을 두는 단계로 바꾸고 1955년부터 1956년까지의 양곡연도를 확정하며 국가에서 양곡의 수매 지표를 900억 근으로 정하는 동시에 양곡 수매와 판매에 대해 "생산량, 구매량, 판매량을 정하는" 정책을 시행한다. 이와 동시에 또 가축 보호 등의 사업에 대해서도 구체적으로 배치했다.

이 기간에 각지 농업합작사는 줄어들기는커녕 여전히 드높은 기세로 발전하여 1955년 3월에는 60만 개에 달했다. 3월 중순, 마오쩌둥은 덩쯔후이 등 중앙농촌사업부 책임자들의 회보를 듣고 다음과 같이 지적했다. "생산관계는 생산력 발전의 요구에 부합해야 한다. 그렇지 않으면 생산력이 폭동을 일으킬 것이다. 지금 농민들이 돼지며 소를 잡는 것은 바로 생산력이 일으킨 폭동이다." 그는 마땅히 지구별로 상황을 살피며 잠시 발전을 중지하고 적당히 줄이며 발전시키는 '중지(停), 축소(縮), 발전(發)' 방침을 시행해야 한다고 지시했다. 3월 25일, 덩쯔후이는 중앙제2(농림수리사업) 판공실 주임 담진임과 회동하여 저장성당위원회의 동의를 거친 후 중앙농촌사업부의 명의로 저장성당위원회 농촌사업부에 전보를 보내 농업사를 줄이는 의견을 제기했다. 중앙농촌사업부와 중앙제2판공실은 공동으로 인원을 저장으로 파견해 상황을 이해하고 농업사의 정돈을 도와주었다.

4월 20일, 중공중앙 서기처는 회보회를 소집하고 마오쩌둥이 제기한 '중지, 축소, 발전' 방침에 따라 발전을 중지하고 모든 힘을 다해 공고화하며 생산을 우선 잘 통제하고 증산을 보장하는 것을 그해 추수 전 농업사의 총방침으로 결정했다. 4월 21일부터 5월 7일까지 중앙농촌사업부는 중공중앙의 위탁을 받아 제3차 전국농촌사업회의를 열고 중앙서기처에서 제기한 방침을 전달했다. 이때 전국에는 이미 농업사가 67만 개로 늘어났다. 덩쯔후이는 회의 결론에서 다음과 같이 말했다. "원래 우리는 금년 가을만 중지한다고 말했다. 후에 주석께서 아예 중지하고 내년 추수 이후 다시 보자며 1년 반을 중지하라

고 했다."[5] 중앙의 방침과 마오쩌둥의 담화 정신에 따라 이번 회의에
서는 1955년에 농업사 발전을 일반적으로 중지하고 즉시 생산을 촉
진하며 모든 힘을 다해 공고화하는 동시에 호조조를 잘 꾸려가기로
결정했다.

회의 후 각지에서는 농업합작사에 대한 정돈사업을 추진했다. 둥베
이, 화베이, 화둥 각 성(내몽골 제외)에서는 일괄적으로 발전을 중지
하고 모든 힘을 다해 공고화하는 데로 사업을 바꿨다. 중난, 시난, 시
베이 각 성은 이미 세운 농업사를 참답게 공고화하고 계속 발전시켰
다. 산둥, 허난(河南) 등의 성에서는 지나치게 높게 세웠던 계획을
적정선으로 줄였다. 부족한 준비로 촉박하게 전개되던 지방, 이를테
면 허베이, 저장의 개별적인 현들에서는 현유의 농업사 수량과 사원
호수에 대해 합리적으로 삭감을 시행했다. 일부 유명무실하게 이름
만 걸어놓은 합작사는 계속 꾸려나갈 수 없을 경우 호조조로 바꾸었
다. 농업사 정돈사업에서 각지는 농업사 내의 중요한 경제 문제를 정
확히 처리하고 토지의 생산량과 보수에 대한 심사결정을 올바로 내
렸으며 개인소유의 가축 입사 문제에 특히 주의를 기울여 과거에 역
축에 가격을 매겨 농업사에 귀속시켰지만 협의대로 분할 지불을 해
주지 않은 사원에게는 일반적으로 협의대로 가격을 지불해주었다.
사원의 자류지(自留地)가 지나치게 많거나 또는 자류지를 허용하지
않는 두 가지 편향에 대해서도 주의를 돌리고 시정했다. 농업사를 정
돈한 결과 저장성에서는 1만 5,000여 개의 농업사를 줄여 대부분 호
조조로 전이시켰고 산둥, 허베이 두 성에서는 각각 수천 개씩 농업사
를 줄였다. 그러나 산시, 허난, 지린, 윈난 등 성의 합작사는 조금 늘

5) 덩쯔후이, '현재 합작화운동상황에 대한 분석과 금후의 방침정책'(1955년 5월 6일), 중공중앙 문헌연
구실 편, 〈건국 이래 중요문헌선〉 제6권, 중앙문헌출판사 한문판, 1993년, 191쪽.

어났다. 그 밖에 각지에서는 1955년 봄에 책임자들이 비준하지 않고 군중이 자발적으로 꾸린 자발사(自發社)에 대해 구체적으로 분석하고 구별해 취급하는 방법을 취했는데 정돈 과정에서 많은 자발사가 비준을 받았다. 본래 있던 합작사 가운데 일부 유명무실하게 이름만 내걸었던 합작사를 없애며 축소와 증가 정책으로 전국에서 총 65만 개를 보류하고 총 2만 개를 줄였다.

합작사를 정돈하는 사업에도 약간 지나친 현상이 존재했다. 이를테면 일부 줄이지 말아야 할 합작사를 줄였고 어떤 곳에서는 적당히 감소해야 할 것을 아예 해체해 버렸으며 사업을 거칠게 진행하거나 뒤처리를 잘못해 일부 농민들의 열성에 손상을 입혔다. 그러나 전반적으로 이번 농업사 정돈은 전적으로 필요한 것이었으며 효과가 있었다. 자원호혜의 정책과 광범한 군중과의 만남은 중농의 이익을 침범하는 오류를 바로잡았고 한때 불안정했던 중농, 빈농 관계를 잘 해결했으며 농민들의 생산열성을 회복시켰고 간부들의 정책 수준도 향상했다. 원래 잘 운영되던 합작사는 사원들이 만족스러워했고 또 더 좋은 조건으로 합작사를 잘 꾸려나갈 수 있게 되었다. 문제가 많던 합작사는 농민들이 호조조 또는 개인경리로 넘어가 걱정을 덜고 생산에 대한 투입을 늘리게 되었다. 1955년 여름 수확 때 전국에 보류되었던 65만 개 농업사 중 80% 이상이 증산했다. 1954년부터 1955년 상반기까지 초급농업합작사의 두 차례에 걸친 큰 발전과 그에 따른 정돈사업이 보여주듯 이 단계 농업합작화운동의 발전은 기본적으로 적극적이고 안정적이며 건전한 양상을 보였는데 이는 중국 농업합작화의 실현을 위한 기본적인 토대를 닦아놓았다.

2. 개인수공업자들을 이끌어 합작화의 길로 나아가다

개인수공업에 대한 사회주의적 개조는 과도기 총노선에서 제기한 3대 개조과업 중의 하나였다. 중국은 공업 기초가 약하기 때문에 수공업이 줄곧 국민경제와 사회생활에서 중요한 위치를 차지했다. 중국 수공업은 업종과 품종이 매우 많아 도자기, 도량형기구, 철제용품, 죽목칠기, 농기구, 사탕제조, 양조, 밀가루, 모피, 편직물, 자수, 문방구, 민속악기, 조각 등 인민들의 일상생활의 여러 측면이 거의 포함되었다. 광범한 농촌에서 농민들의 생산수단과 생활필수품은 대부분 수공업으로 생산한 것인데 이는 수요량의 60~80% 정도를 차지했으며 일부분만을 대형기계로 생산했다. 중국 수공업 기술은 역사가 유구하며 적지 않은 생산품은 국내에서 유명했을 뿐만 아니라 국외에서도 시장이 넓었다. 공업화 건설 초기에 경공업이 날로 늘어나는 인민들의 생활 수요를 크게 만족시키지 못했기에 수공업의 중요성은 더욱 뚜렷했다. 1952년, 국가 통계국의 잠정적인 통계에 따르면 전국의 도시와 농촌의 수공업 노동자와 수공업 독립근로자는 1,930여만 명에 달했고 수공업 생산액은 1949년의 32억 3,700만 위안에서 73억 1,200만 위안으로 늘어나 공업총생산액의 20.6%를 차지했다.

수공업은 지방 공업의 구성 부분으로 농업생산을 지원하고 도시와 농촌 인민들의 생활수요를 만족시키며 대공업제품이 부족한 것을 보충하고 특종공예품을 수출하는 등 여러 면에서 중요한 역할을 했다. 그러나 그 생산방식과 발전 현황으로 볼 때 수공업은 또한 분산되어 있고 생산 조건이 몹시 낙후하여 새로운 기술을 사용할 수 없었다. 만약 경제적 개편을 거치지 않고 오래된 생산방식을 근·현대의 생산방식으로 개조하지 않는다면 중국 수공업은 생산과 판매에서 많은 곤란에 부닥치게 될 것이었다. 개인수공업은 소상품 경제로서 경제 위험을 막아낼 능력이 매우 약하고 토대가 견고하지 못했다. 만약 이대로 자발적으로 발전하게 내버려둔다면 소수의 사람만이 부자가 되고 대다수 사람은 파산하고 실업을 당하는 길로 나아갈 수 있었다. 그러므로 개인 수공업을 개조하는 과업은 바로 수공업 근로자들을 이끌어 점차 사회주의 집단화의 길로 나아가게 하는 것이었다.

신중국이 창건된 후 당과 정부는 수공업생산의 회복과 발전을 힘써 도와주는 동시에 수공업자들이 집단화로 나아갈 수 있는 길을 적극적으로 모색했다. 1950년 7월, 중화전국합작사업 일꾼 제1차 대표회의가 소집되고 류사오치, 주더가 회의에 참석해 연설을 했다. 류사오치는 다음과 같이 강조했다. 수공업합작은 마땅히 생산 가운데 가장 어려운 공급판매에서 시작해야 한다. 이는 주로 원료의 공급과 완제품 판매이며 "가능한 한 공장을 개설하는 방식을 취하지 않는다." 주더도 먼저 다급히 소유제 형식을 바꾸려고 하지 말아야 한다고 강조했다. 회의는 수공업생산합작사를 조직하는 목적은 연합하여 출자금을 모아 스스로의 공급판매기구를 세우고 자체적으로 생산품을 판매하여 원료와 기타 생산수단을 구매함으로써 상인들의 중간 착취를 피하고 제품의 수량과 질을 높이는 데 있다고 명확히 지적했다. 1951년과 1952년에 전국합작사연합총사는 전국수공업생산사업회의를 두 차례 소집하고 수공업합작사를 조직하는 방침, 절차와 방법을 기본적으로 확정했다. 중점적인 시험적 운영을 통해 1953년 말까지 전국적으로 4,806개의 수공업생산합작사를 조직했는데 사원이 30만 명에 이르렀고 또한 각각 그 우월성을 나타냈다.

과도기의 총노선이 공포된 후 수공업의 사회주의적 개조는 새로운 발전 단계에 들어섰다. 당중앙위원회는 다음과 같이 인정했다. 개인 수공업에 대한 사회주의적 개조를 실현하는 것은 당의 과도기 총노선과 총과업의 불가결한 구성 성분이다. 개인농업에 대한 사회주의적 개조와 마찬가지로 개인수공업의 사회주의적 개조도 합작화의 길을 통해 수공업 근로자들의 사적 소유제를 집단적 소유제로 바꿔야 한다. 수공업자는 근로자인 동시에 또 소사유자이기 때문에 반드시 설득, 시범과 국가원조의 방법으로 그들의 사회주의적 각성을 높이고 그들로 하여금 자각적으로, 자발적으로 수공업합작사에 들어오게 해야 한다. 국영상업과 각지 공급판매합작사는 반드시 수공업자들과 밀접한 연계를 맺고 그들에게 필요한 원료를 공급하고 그들이 생산한 완제품을 판매하여 공급판매 측면에서 수공업자들이 조직되도록 도와줌으로써 그들의 생산이 정상으로 나아가게 하며 농업과 공업생산을 위해, 인민의 생활을 위해 더욱 잘 봉사하도록 해야 한다.

1953년 11월 12일, 중화전국합작사연합총사는 제3차 전국수공업생산회의를 소집했다. 주더는 회의에서 '수공업자들을 조직해 사회주의 노선으로 나아가자'는 제목으로 연설했다. 그는 다음과 같이 지적했다. 수공업합작사를 조직하는 데 저급에서 고급으로, 간단한 방법에서 복잡한 방법으로 나아가야 하며 맹목적으로 집중만을 강조하고 작은 합작사를 큰 합작사로 합병하며 기계화를 요구하는 현상을 방지해야 한다. 수공업자들의 요구에 따라 여러 형태로 조직해야 하며 융통성이 없이 하나의 죽은 격식을 정해놓고 모든 것을 끼워 맞추지 말아야 한다. 그렇게 되면 합작사의 발전을 방해하고 제한하게 된다. 회의는 토론을 거쳐 수공업에 대한 사회주의적 개조의 방침과 정책을 확정했다. 말하자면 "방침으로는 마땅히 적극적으로 영도하고 안정적으로 전진하며 조직형태 측면에서는 마땅히 수공업생산소조, 수공업공급판매생산합작사로부터 수공업생산합작사에 이르며 방법으로는 마땅히 공급판매로부터 착수하여 생산개조를 시행하며 절차 측면에서는 마땅히 작은 데에서 큰 데로, 저급에서 고급으로 나아가는 것이었다."

12월 8일, 류사오치는 전국합작사연합총사의 회의 상황에 관한 회보를 청취했다. 담화에서 류사오치는 수공업생산합작사 문제에 관해 다음과 같은 몇 가지 의견을 내놓았다. (1) 생산관계의 개변에 관한 문제이다. 수공업생산합작사를 국유로 회수하는 것은 한낱 원칙적인 문제일 뿐 함부로 이렇게 해서는 안 되며 또 함부로 훌륭한 생산합작사를 국유로 회수하지 말아야 한다. 합작사의 우월성 여부에 대해서는 국가 소유로 회수한 후 생산력을 높일 수 있는지, 원가를 낮출 수 있는지를 고려해야 한다. (2) 생산 조직 형태에 관한 문제이다. 성수기에는 집중해 생산하고 불경기에는 분산하여 생산하거나 혹은 다른 생산을 하는 유연한 방식을 취하는 것이 가장 좋다. (3) 맹목적으로 반기계화, 기계화를 하는데 이는 지나치게 급격히 나아가는 것으로서 마땅히 비평해야 한다. 반드시 분공협력을 시행하고 수공도구를 개진하며 생산기술을 높이는 기초 위에서 확실한 파악이 있을 때야만 비로소 반기계화, 기계화를 시행할 수 있다. (4) 책임자에 관한 문제다. 수공업 근로자들에 대한 사회주의적 개조를 시행하려면 정부는 전문기구를 조직할 필요가 있다. 성급 이상에는 수공업관리국을 세운다. 수공업근로자협회, 수공업생산연합사 및 당위원회, 정부의 책임자는 능히 4위일체로 일련의 노동자를 배치하여 수행하게 한다. (5) 사회경제를 개편하는 데 수공업의 생산, 공급과 판매 관계에서 일시직으로 괴리가 생길 수 있지만 근본적으로 생산력을 파괴하지 않으며 시장을 파괴하지 않는다. 적당히 하되 너무 조급하거나 격렬하게 하지 말고 사회 생산에 손실이 없도록 주의를 기울여야 하며 한 해 한 해씩 점차 진행해야 한다.[6] 이러한 의견은 수공업의 사회주의적 개조사업이 온당하게 발전하는 데 중요한 지도적 의의를 지녔다.

제3차 전국수공업생산회의는 수공업의 합작화에서 주로 취해야 할 세 가지 형태를 확정했다. 첫째는 수공업생산소조로서 우선 공급과 판매에서 수공업 노동자들을 조직하여 조직적으로 원료를 구매하고 완제품을 판매하거나 가공 실무를 교섭하는 것이었다. 이는 수공업 노동자들을 광범위하게 조직하는 초급 형태였다. 둘째는 수공업공급판매생산합작사로서 약간의 수공업 근로자 혹은 몇 개의 수공업생산소조들을 조직하여 통일적으로 원료를 구매하고 완제품을 판매하며 통일적으로 가공주문을 도급 맡고 또 실무 경영의 축적으로 공동 소유의 생산도구를 사들여 부분적으로 집중생산을 함으로써 점차 사회주의 요소를 늘리는 것이었다. 셋째는 수공업생산합작사로서 수공업 사회주의적 개조의 고급 형태였다. 그중 일부 수공업생산합작사는 주요 생산수단을 이미 사원들의 집단적 소유로 돌렸고 모두 노동에 따라 분배했는데 이는 이미 완전한 사회주의 성격을 띤 생산합작사였다. 그리고 대부분 주요한 수공업생산합작사는 주요 생산수단이 아직 집단적 소유로 돌아가지 않았고 도구를 출자하여 이익을 분배받았으며 통일적으로 경영하고 일부분 수익을 노동에 따라 분배했는데 이는 반사회주의 성격을 띤 생산합작사였다.

1954년 6월, 중공중앙은 제3차 전국수공업생산회의의 보고와 계획을 비준하면서 각급 당위원회에 일정한 부서 및 인원을 지정해 수공

---

6) 참조: 류사오치, '수공업생산합작사 문제에 관하여'(1953년 12월 8일), 중공중앙 문헌연구실 편, 〈류사오치의 신중국 경제건설에 대하여〉, 중앙문헌출판사 한문판, 1993년, 245~250쪽.

업생산과 수공업합작화 사업을 지도하도록 요구했다. 동시에 국영경제의 각 관련 부서와 공급판매합작사, 소비합작사, 전국공회계통에 수공업생산합작사에 필요한 지원을 해주는 한편 구체적인 조치를 취해 효과적으로 수공업을 지원하며 사회주의적 개조를 실현하도록 요구했다. 이번 회의 정신의 관철은 수공업합작화의 행정을 힘차게 추진했다. 1954년 말까지 전국수공업합작조직은 4만 1,700여 개에 이르렀고 사(조)원은 121만 3,500명에 달했다. 그리고 그해 생산액은 11억 7,000만 위안으로 1953년 생산액인 5억 600만 위안의 2.3배와 맞먹었다. 이 시기 수공업의 생산합작은 주요하게 전체 성원들의 자원적인 기초 위에서 공급 판매 고리에서 시작하고 조직되면서 일부 공동 축적과 통일적 경영이 이루어지기 시작했다. 또한 노임 혹은 노동에 따른 이익분배의 형태를 기본적으로 취했기에 수공업의 공급판매생산합작은 매우 생기로 가득 찼으며 사(조)원들의 노동열성도 매우 높아 노동생산능률도 잇달아 향상되어 조직의 우월성을 발휘했다.

대규모 경제건설을 진행함으로써 특히 주요 농산물과 일부 공예품에 대한 통일적 수매와 통일적 판매의 시행으로 수공업은 원료 공급에서 곤란에 처하게 되었고 개인 수공업자들은 그 어려움이 더욱 커졌다. 수공업합작사의 생산 발전에 대해 천원은 관리와 통제를 강화하고 사영공업의 생산과 함께 통일적으로 계획하고 배치하며 생산량이 수요를 초과하는 일을 방지했다. 동시에 원료가 보장되는가에 주의를 기울여 새로운 수공업기지가 옛 기지를 배척하고 조직된 노동자들이 조직되지 않은 노동자들을 배척하는 현상을 방지해야 한다고 주장했다. 이를 위해 천원은 다음과 같이 강조했다. "수공입의 합작화를 좀 더 천천히 진행하더라도 혼란이 조성되지 않도록 해야 한다.

너무 빨리 재촉하면 탈이 생길 수 있다."[7] 1954년 12월, 제4차 전국수공업생산합작회의는 어떻게 수공업과 지방공업의 발전, 수공업과 농업 및 자본주의적 상공업의 사회주의적 개조를 전면적으로 고려하여 잘 처리할 것인가 하는 등 문제를 토론했다. 회의는 다음과 같이 제기했다. 사회주의적 개조 과정에서 반드시 공급과 수요의 상황, 국민경제의 발전 상황, 인민들의 소비 습관에 따라 수공업의 각 업종에 대해 적당하게 발전시키고 이용하거나 또는 통제를 하는 정책을 시행하되 일부 업종에 대해서는 점차 업종을 바꾸게 하거나 또는 도태시키는 방침을 시행해야 한다. 중공중앙은 제4차 전국수공업생산합작회의의 보고를 비준했다.

중앙의 요구에 따라 각지에서는 수공업사업에 대한 영도를 한층 더 강화하고 감독과 검사를 자주 시행했으며 제때에 사업 측면에서 지도와 도움을 제공하고 동시에 수공업관리기구와 수공업생산합작사연합사를 알맞게 건립하고 건전히 했다. 또한 각급 수공업 부문의 간부, 특히 핵심 지도자들을 조절하고 보강하여 수공업의 경영관리에 대해 일반적으로 한 차례 정돈을 진행했다. 1955년 상반년의 통계에 의하면 전국수공업사(조)는 4만 9,800개로 발전해 1954년 말보다 8,100개 늘어났고 사(조)원은 143만 9,000명에 이르러 1954년 말보다 22만 5,500명이 늘어났다. 전반적으로 볼 때 이 시기 수공업합작화의 발전은 적극적이었고 또한 온당하고 건전했다. 그러나 발전 가운데 일부 문제도 존재했다. 주로 공급과 생산, 소비가 균형을 이루지 못했고 수공업합작사 간, 새로운 수공업합작사와 옛 수공업합작사 간, 조직된 수공업자들과 조직되지 못한 개인 수공업자 간에 조화

---

7) 천원, '사영공업생산에서 나타난 곤란들을 해결하자.'(1954년 12월 31일), 〈천원선문집〉(1949~1956년), 민족출판사 1983년, 320쪽.

를 이루지 못하는 현상이 나타났다. 수공업 부문과 농촌수공업부업, 경공업 등 부문 간, 지역과 지역 간에 서로 엇갈림이 생겨 원자재 공급, 생산품 판매 등이 전반적으로 원활하게 처리되지 못하고 잘 배정되지 못했다.

3. 자본주의적 상공업의 사회주의적 개조를 추진

계획적으로 공사합영공업을 확장

자본주의적 상공업에 대한 사회주의적 개조는 과도기 총노선의 중요한 일면이었다. 중앙에서 확정한 방침에 따르면 일정한 시기 내에 단계적으로 모든 국가 경제와 인민생활에 유익하며 국가에 필요한 자본주의 기업을 기본적으로 국가자본주의기업으로 개조함과 동시에 낮은 국가자본주의 형태에서 높은 국가자본주의 형태로 발전시킨 후 조건이 성숙되면 점차 국가자본주의경제를 사회주의경제로 전환시키는 것이었다.

1953년 이전에 가공 주문, 통일적 수매와 통일적 판매를 위주로 하던 낮은 국가자본주의 형태는 사영공업에서 이미 더 큰 발전을 가져왔다. 당의 과도기 총노선이 제기된 후 자본주의적 상공업에 대한 사회주의적 개조는 새로운 단계에 들어섰다. 특히 국가에서 양곡, 기름원료, 목화, 면직물에 대해 잇달아 통일적 수매와 통일적 판매를 시행하면서 농산물을 주요 원료로 하는 경공업과 방직공업은 원료 공급과 판매시장 모두에서 국가정책의 제한을 엄격하게 받았기 때문에 자본가의 생산경영은 부득이 국가의 위탁가공과 계획 주문을 받아들여야만 했다. 사영공업의 총생산량 가운데 경공업과 방직공업의 생산액은 약 3분의 2를 차지했기 때문에 사영공업은 생산액으로 볼 때 이미 대부분 여러 형태의 국가자본주의 궤도에 들어섰다. 조직 형태로 볼 때 사영공업에서 가공주문이 여전히 주요한 위치를 차지했고 공사 합영을 시행하는 기업이 매우 드물었다. 제1차 5개년 계획의 요구에 따라 국민경제에서 계획관리가 점차 강화됨에 따라 사영공업에 대한 개조사업을 앞으로 더 추진하여 국가공업화 건설 발전의 수요에 부합하도록 해야 했다.

1954년 1월, 중앙재정경제위원회는 회의를 소집하고 공사합영공업을 확대하는 계획 문제를 토론했다. 회의는 다음과 같이 인정했다. 사영공업에 대해 가공주문을 시행하는 것은 주로 국가와 자본가의 기업 외부에서의 합작으로 기업은 여전히 자본가가 기본적으로 관리하기 때문에 노동자와 자본가의 모순, 공과 사의 모순 및 이로 인한 기타 모순을 효과적으로 처리하기 힘들다. 공사 합영은 기업 내부에서 사회주의 성분과 자본주의 성분의 합작으로 생산관계에 중요한 변화가 생기며 기업은 사적 소유에서 공과 사가 공유하는 것으로 변하고 국가 측과 노동자 군중이 함께 기업의 행사권을 누리며 자본가는 더 이상 지배적 지위를 차지하지 않는다. 이렇게 되면 노동자와 자본가의 모순, 공과 사의 모순은 국가와 노동자 모두에게 이로운 방향으로 해결될 수 있으며 생산을 개진하고 국가 계획에 포함시키는 데 유익하다. 그러므로 단계적으로 사영기업을 고급 형태의 국가자본주의의 공사합영기업으로 개조하는 것이 필요하다. 이에 따라 회의는 다음과 같이 확정했다. 1954년은 계획적으로 공사합영공업을 확장시키는 첫해로 마땅히 '진지를 공고히 하고 중점적으로 확장하며 본보기를 만들고 준비를 강화하'는 것을 사업방침으로 해야 한다. 공사 합영 확장사업에서는 국가에서 투입한 소량의 자금과 간부로 원 기업을 보강하고 기술 개조를 진행하고 일부 발전시켜 기지로 삼고 공고화한 후 다시 일부를 발전시키는 방법을 취해 10명 이상의 노동자가 있는 자본주의 공업기업을 기본적으로 공사 합영의 궤도에 올려놓아야 한다. 합영의 조건은 반드시 국가의 수요, 기업 개조의 조건, 공급과 생산, 판매의 균형 여부, 간부와 자금의 준비 및 자본가의 자원에 따라 온당하게 나아가는 것이다. 3월 4일, 중공중앙은 중앙재정경제위원회의 이번 회의에 관한 보고를 비준했다.

 9월 2일, 정무원은 '공사합영공업기업의 잠행조례'를 공포하고 공사합영기업의 성격, 임무와 공과 사의 관계, 노동자와 자본가의 관계, 경제관리, 잉여분배 등 문제에 대해 구체적으로 규정했다. 공사합영기업이 원료, 시장, 대부금 등에서 국가의 지지를 받고 있었기 때문에 합영을 하지 않은 적잖은 사영기업들은 점차 독자적 경영의 어려움을 느끼고 주동적으로 국가의 지지를 요구하여 공사합영을 시행했다. 이렇게 되어 공사합영을 확장하는 사업이 매우 순조롭게 진척되었다. 1954년 말, 전국에 공사합영공업의 기업 수는 이미 1,746호로 늘어났고 생산액은 사영공업, 공사합영공업의 전부 생산액의 33%를 차지했다. 다시 말해 사영공업생산액의 3분의 1이 공사합영을 실현했던 것이다. 공사합영기업은 국가에서 간부를 파견해 영도를 강화하고 투자하여 기업을 신설, 증설하며 기업의 경영관리를 정돈하고 노동자들의 노동열성을 높였기 때문에 기업노동 생산 능률이 크게 향상되었고 생산이 급속히 발전했다. 고정 생산액으로 계산하면 1954년에는 1953년보다 25.5% 늘어나 공사 합영의 우월성을 보여주었다. 합영공장의 개인 주식에 배당되는 이윤도 사영 시기의 이윤보다 많았다. 이러한 상황은 더 많은 자본가로 하여금 공사 합영을 시행하도록 요구했다.

 공사합영공업을 확장하는 사업은 일반적으로 규모가 더 큰 기업에서 시작해 하나하나씩 진행했다. 비록 기업의 수가 많지 않지만 대부분은 규모가 더 크고 국가 경제와 인민의 생활에 관련된 중요한 기업이었고 기업의 소유자는 대부분 더 큰 자본가였으며 일부는 정치적으로 영향력이 있는 자산계급의 대표인물이었다. 이러한 대형 기업들에 대해 공사합영을 시행한 뒤 남은 10만여 개는 일반적으로 생산이 뒤떨어진 중소기업들이었다. 이런 기업들은 기계설비가 보잘것없고 공정이 잘 갖추어지지 못한 데다 이전의 경제적 연계가 혼란하여 생산 형편이 더욱 어렵게 되었다. 게다가 나라에서는 역량을 분산시켜 많은 중소기업에 자금과 간부를 투입할 수 없었기 때문에 공사합영사업은 또 새로운 모순과 문제에 부닥치게 되었다.

1954년 12월부터 1955년 1월까지 국무원 제8(사적 소유에 대한 개조)판공실과 지방공업부는 연합으로 제2차 공사합영공업확장계획회의를 소집했다. 회의가 시작되자 각지 대표들은 너도나도 중소사영공장에서 심각한 곤란이 생긴 상황을 보고했다. 게다가 국영경제 부문은 가공주문 임무의 분배에서 국영공업과 공사합영공업만 관여하고 사영공업은 관여하지 않아 애로는 더욱 심해졌다. 만약 사영공업의 생산 배치 문제를 해결하지 않으면 공사합영을 확장하는 사업도 진척시키기 어려웠다. 이런 상황에 따라 천윈은 국무원 상무회의의 토론을 거쳐 1954년 12월 31일에 국무원에서 소집한 사영상공업 문제에 관한 좌담회에서 사영공업생산을 조절하는 것에 관한 방침을 내놨다. 말하자면 국영경제의 영도로 사회주의적 요소의 끊임없는 온건한 성장을 보장하는 조건 아래 국영공업, 합작사경영공업, 공사합영공업, 사영공업을 통일적으로 계획하고 균등하게 관리하며 각각 적당한 자리를 차지하게 하는 방침을 시행하며 합리적으로 배정함으로써 네 부류의 공업을 모두 국가계획의 궤도에 끌어들여야 한다는 것이었다. 천원은 다음과 같이 지적했다. 우리는 다섯 가지 경제가 병존하는 나라이기 때문에 각종 경제에 대해 통일적으로 계획하고 배정해야 한다. 국영만 관계하고 기타의 것을 관계하지 않으면 문제가 생기게 된다. 사영공업 생산에서 나타나는 곤란을 해결하기 위해 반드시 공영과 사영 간의 모순을 정확히 처리해야 하며 국영에서 원료와 생산 임무의 일부분을 사영에 양도할 수 있으면 양도해야 한다. 이렇게 되면 국영에서 바치는 이윤은 줄어들게 되지만 사영생산을 유지하여 구제비를 적게 지불할 수 있기에 재정적으로 변하지 않는다. 사영공업에 대해서는 대체로 차별 없이 대해야 한다. 그것은 모든 사영공업이 조만간에 모두 국가 소유가 될 것이므로 사영공업의 노동자도 국영공업의 노동자와 마찬가지로 다 중국의 노동자이므로 달리 대해서는 안 된다.[8]

당중앙위원회, 국무원의 지시에 따라 공사합영공업을 확장하는 계획회의에서는 "통일적으로 배정하고 균등하게 관리하며 부문별로 배정하고 업종별로 개조"하는 방침을 확정하여 국영기업에서 일부분 원료와 생산 임무를 사영기업에 양도해 공영과 사영 간의 모순을 해결하고 선진을 장려하고 후진을 돌보며 해로운 것을 도태시키는 원칙에 따라 선진과 후진 간의 모순을 해결하게 했으며 상하이, 톈진의 현 상태를 유지하고 기타 지역을 돌보는 방법으로 지역 간의 모순을 해결하게 했다. 공사합영을 확장하는 방식에서는 업종별로 기획하고 통일적으로 배정하도록 했고 상황에 따라 개별적 합영을 시행하거나 혹은 큰 것이 작은 것을 이끌고 선진이 후진을 이끄는 방법으로 업종별 재조직 혹은 공사합영을 시행하도록 요구했다. 이는 자본주의 공

---

8) 천원, '사영공업생산에서 나타난 곤란들을 해결하자.'(1954년 12월 31일), 〈천원선문집〉(1949~1956년), 민족출판사 1983년, 314~316쪽.

업에 대한 개조를 재촉하는 길을 찾아주었다. 1955년, 전국공사합영공업은 이미 3,193호에 이르렀고 생산액은 사영공업, 공사합영공업 총생산액의 49.7%를 차지해 사영공업 생산액의 거의 절반을 공사합영공업에서 실현한 것과 같았다.

시장관리 강화와 사영상업 개조

신중국 창건 초기, 사영상업경영은 매우 큰 비중을 차지하고 있었다. 1950년에 사영 상업은 도매에서 71.6%를 차지하고 소매에서 85.3%에까지 이르렀는데 모두 절대다수를 차지했다. 국민경제 회복 시기에 나라에서는 주요한 상품공급 원천을 주도하여 시장을 안정시키기 위해 이미 국영 도매상업으로 큰 사영 도매상을 대체하는 사업에 착수하기 시작했다. 1952년까지 사영상업의 경영비중은 사회상품 도매 총액에서 36.3%까지 내려갔다. 1953년에 과도기 총노선이 제기된 후 국가에서는 일련의 조치를 취해 대형 사영도매상에 대한 개조를 집중적으로 강화했다. 첫째로 가공 주문과 수매, 일수판매를 확대하고 사영공업의 생산품을 국영 도매기구에서 더 많이 거머쥐었다. 둘째로 국가기관, 기업, 사업단위의 수매사업을 통일적으로 관리함으로써 이러한 대량 거래가 개인 상인에게서 벗어나게 했다. 셋째로 양곡, 목화, 기름원료의 통일적 수매와 통일적 판매를 시행하고 주요 농산물의 고리에서 사영 경영을 배제했다. 1954년에 국가에서는 농산물과 부업생산물에 대한 통일적 수매와 배정수매의 범위를 점차 넓혔고 관련 공업생산과 기본건설에서 수요되는 중요한 원자재 및 인민생활과 수출에서 수요되는 주요 농산물에 대해 배정수매 또는 통일적 수매를 시행했다. 중요한 공업원료 이를테면 석탄, 철, 강재, 동, 황산, 수산화나트륨, 고무 등을 국영상업에서 완전히 통제하고 계획적인 공급을 시행했다. 동시에 개인 상인들이 일반상품의 수입 실무를 독자적으로 경영하지 못하도록 규정했다. 이로써 이와 관련된 많은 대형 사영도매상들이 국영상업에 의해 대체되었다.

대형 사영 도매상들이 대체된 후 남은 것은 대부분 부차적인 상품을 경영하는 비교적 작은 도매상들이었다. 옛 자유시장의 활동 범위는 크게 줄어들었고 국영상업의 전반 시장에 대한 통일적인 관리는 사영 상업에 대한 지도와 감독을 강화했다. 사영 소매의 주요 부분은 이미 이전처럼 사영 도매상 혹은 생산자에 의거해 상품을 사들일 수 없었고 반드시 국영상업, 합작사에 의거해 상품을 사들여 영업을 유지해야 했다. 시장관계의 이런 변화와 개편은 국가에서 사영 상업을 한층 더 개조하는 데 전제조건을 마련한 한편 또 불가피하게 상업의 공영과 사영과의 관계를 긴장하게 했다.

1954년의 봄과 여름에 베이징, 상하이, 톈진 등 대도시에서는 10만여 명의 종업원을 가진 사영 도매상들이 상품 공급 원천이 없어서 장사를 하지 못했다. 국가에서 주요한 농산물과 농업부산물의 수매량을 늘렸기 때문에 농촌 장거리의 개인 상인들의 매상고는 날로 줄어들었다. 도시에서는 식량과 식용유를 계획적으로 공급하여 개인 상인들의 상품 판매량이 줄어든 데다 국영상업과 합작사상업에서 경영범위와 소매를 끊임없이 늘린 탓으로 사영상업의 소매 비중이 급속히 내려가 개인 소매상인들은 불안해했다. 도시와 농촌 간의 교류를 놓고 보면 농촌에서 과도기의 총노선을 선전하여 개인 상인들이 농촌으로 내려가기 힘들어졌고 합작사에서는 당분간 일반 토산물을 모두 경영할 수 없었기 때문에 일부 농산물과 농업부산물이 잘 유통되지 못하는 현상이 나타났다. 시장관계의 변화에 따라 7월 13일에 중공중앙은 '시장관리를 강화하고 사영상업을 개조하는 것에 관한 지시'를 하달했다. 중앙은 다음과 같이 지적했다. 시장의 안정은 경제건설을 진행하는 데 필요한 전제로서 계획적인 수매로 상품 공급 원천을 장악하고 계획적인 공급으로 소비량을 통제하는 것은 많은 상품의 공급이 수요를 만족시키지 못하는 상황에서 시장의 안정을 유지시키는 데 필요한 절차이다. 사영상업의 종업원 수도 매우 많아 700만~800만 명에 이르는데 그들을 맹목적으로 배제하여 일괄적으로 일자리를 마련해주지 않고 살아갈 방도를 제공해주지 않는다면 틀림없이 실업자가 늘어나 사회에 혼란을 초래하게 될 것이다. 중앙은 다음과 같이 요구했다. 국영상업과 합작사상업은 반드시 사영소매상들에게 상품 공급 원천과 공급을 조직해주는 사업을 진행하는 한편 사영 소매상들의 매출이 감소하는 추세를 완화시켜야 한다.

중앙의 지시대로 1954년 하반기부터 각지에서는 여러 다른 상황에 따라 사영도매상들에 대해 "남겨두거나 전환시키거나 도맡는" 등 다른 개조 절차를 취했다. "남겨둔다"는 것은 무릇 국영상업에 필요한 것은 국영상업을 대신해 도매업을 경영하게 할 수 있다는 것이고 "전환시킨다."는 것은 조건이 충족되어 직업을 바꿀 수 있는 자들은 그들을 직업을 바꾸도록 도와준다는 것이며 "도맡는다"는 것이란 영업을 계속할 수 없는 자들은 그 종업원들과 자본가 측 대리인들을 강습시켜 국영상업에서 채용한다는 것이었다. 이러한 개조를 거쳐 남은 도매상점은 비록 그 수는 적지 않지만 모두 소소한 상품을 경영하는 작은 가게들이었다.

사영도매상들이 점차 국영상업에 의해 대체됨에 따라 중앙에서는 사영 소매상업을 개조하는 주요 형태는 대리판매와 중개판매로 국영상업이 상품 공급 수입원을 통제하고 국가에서 규정한 소매정가를 시행한다고 명확히 했다. 1954년 말, 도매에서 국영상업이 차지한 경영비중은 이미 88% 이상에 달했고 소매에서 국영상업과 합작사상업이 차지한 경영비중은 이미 57.5%에 달했다. 양곡, 기름원료, 목화 등 주요 농산물은 기본적으로 자유시장을 이탈했다. 그해 국가의 사영상업에 대한 개조는 커다란 진전을 이룩했다.

시장관계의 변화로 볼 때 농공업생산의 발전과 함께 1954년에는 양곡, 기름원료의 통일적 수매 임무를 초과 완수했고 기타 농산물 수매를 강화했으며 공업품의 가공주문을 넓혔고 국가에서는 주요한 공업제품과 농산물의 공급 원천을 통제하게 되었다. 게다가 양곡, 유지, 포목에 대한 통일적 판매를 시행하여 많은 상품의 공급이 수요를 따르지 못하는 상황에서 시장을 안정시켰고 광범한 인민들의 수요를 기본적으로 만족시켰다. 특히 도시, 공장 및 광산지역의 공급과 수출의 수요를 보장했고 국가의 공업화를 지원했으며 재정경제전선에서 중대한 성과를 거두었다. 이는 중국 시장관계 변화의 주요한 측면이었다.

다른 한편으로 볼 때 국영상업과 합작사상업의 진척이 지나치게 빨라 많은 개인 상인들이 밀려났다. 도시에서는 도매에서나 소매에서나 할 것 없이 사영상업이 날로 쇠퇴해져 빚을 진 가게가 총수의 50~60%를 차지했으며 적지 않은 상인들은 생활을 유지하기 어렵게 되었다. 농촌의 형세는 더욱 긴장했다. 적지 않은 지방에서는 "도시와 농촌의 자본주의연계를 단절"시키기 위해 통일적 수매를 하지 않은 농산물과 농업부산물을 개인 상인들이 구매해 외지로 가져다 파는 것을 금지했으며 농민들이 부업생산을 하거나 또는 자신들의 생산품을 내다 팔게 되면 '자연발생적 자본주의 세력'으로 간주했다. 농촌의 개인 상인들은 다수가 영업을 할 수 없었고 농민들은 일부 필수품을 구입하기 어려웠으며 합작사의 농산물수매 계획도 완성하기 힘들었다. 이에 대해 농민들은 "합작사는 바빠서 죽고 농민들은 죽기를 기다리고 개인 상인들은 한가해 죽는다."고 말했다. 전국공급판매 합작총사의 기본적인 예측에 따르면 1년 사이에 농촌에서 밀려난 개인 가게는 69만 호가 되고 그 인수는 100만 명 안팎 되었는데 이는 1953년 말 농촌의 개인상업 종업원 총수의 약 22.2%를 차지했다. 농촌에서 영업을 유지할 수 없는 많은 상인은 직업을 바꿀 길이 없어 일부는 도시로 들어갔는데 이 또한 도시의 어려움을 가중시켰다. 총체적으로 말해서 시장관계의 변화는 도시와 농촌의 관계, 공영과 사영간의 관계를 긴장시켰는데 이는 국가공업화와 사회주의적 개조의 과정에서 불가피한 것이었다. 그러나 만약 여러 측면의 사업을 착실히 잘해나간다면 긴장도를 어느 정도 완화할 수 있었다. 그렇지 않을 경우 만약 사업에 문제가 생기면 이런 긴장한 관계가 더욱 심해질 수 있었다.

상술한 상황에 비추어 1955년 4월 12일에 중공중앙은 '시장에 대한 영도를 한층 더 강화하고 사영상업을 개조하며 농촌의 수매판매 사업을 개진하는 것에 관한 지시'를 발표하여 우선 1954년 하반기 이래 상업사업의 주요 결함을 분석했다. 말하자면 국영, 합작사 상업의 발전이 지나치게 빠르고 거머쥔 상품을 공영과 사영 상업에 고루 배치하는 문제를 잘 해결하지 못한 것이었다. 중앙은 다음과 같이 심각하게 제기했다. "노동계급이 정권을 잡았다면 반드시 사회 각 계급의 생활방도를 책임지고 알맞게 배치해야 함을 마땅히 알아야 한다. 이렇게 하는 것은 국가의 이익에 적합하며 노동계급에게 유익하다."[9] 그러므로 반드시 아래의 방침을 취해야 한다.

---

9) '중국의 자본주의적 상공업에 대한 사회주의적 개조' 자료총서 중앙권편집부 편, 〈중국의 자본주의적 상공업에 대한 사회주의적 개조 · 중앙권〉 하, 중공당사출판사 한문판, 1992년, 823쪽.

(1) 이미 대체된 개인 도매상들을 계속 받아들이고 채용하는 방침을 관철해야 한다. (2) 도시 소매 일선에서 사회주의 상업이 지나치게 앞서나간 부분은 마땅히 필요하다면 양보를 고려하여 모든 사영 소매상들이 영업을 유지할 수 있는 수준에서 계속 경영하고 생활을 유지하게 함으로써 국영상업의 소매점, 직매점으로 점차 과도시키거나 또는 국가에서 그 인원을 받아들여 채용해야 한다. (3) 농촌의 개인 소매상들을 개조하는 데 마땅히 자원적인 원칙에 따라 공급판매합작사의 영도와 계획에 따라 여러 가지 형태로 조직함으로써 그들로 하여금 호조합작의 길을 거쳐 농촌 상품의 유통 임무를 분담하고 공급판매합작사상업으로 점차 이행하게 하는 방침을 취해야 한다. (4) 통일적 수매와 통일적 판매 면에서 통일적 수매 임무를 완수한 후의 농민들의 여유 생산품은 마땅히 시장관리 원칙에 따라 농민들의 자유매매를 허락하고 조직하며 기타 일반농산물의 매매에 대해서는 함부로 제한하지 말아야 한다. 공급에서는 가능한 한 농민들의 수요를 만족하게 해주고 가능한 한 농민들에게 편리를 도모해줘야 한다.

이러한 방침은 시장관계 변화의 실제 상황에 부합되며 시행이 가능한 것이었다. 중앙의 이 지시에 따라 1955년 4월 이후 각지에서는 국영상업과 합작사상업의 진척이 지나치게 빠른 도시의 소매 유통망을 적당히 통합, 철회하고 도매와 소매의 가격 차이를 조절함과 동시에 국영상업의 도매사업을 개진하고 개인 상인들의 도매망을 증설하여 그들이 영업을 유지할 수 있도록 했다. 각 도시는 또 현지의 구체적인 상황에 따라 시장가격을 안정시킬 수 있을 뿐 아니라 개인 상인들의 영업도 유지할 수 있는 공영과 사영의 비중을 정하여 이를 공영 상업과 사영 상업을 조절하는 척도로 삼고 일정한 기간 안에 기본적으로 변화시키지 않았다. 농촌 장거리에 있는 개인 소매상들에 대해서는 공급판매합작사에서 책임지고 상품공급 원천을 공급하고 현, 구의 공급판매합작사들이 소매에서 적당히 양보했다. 이상의 조치는 사영상업자로 하여금 일부분 매상고를 확보해 경영을 유지하도록 했다.

"개조하면서 배정하고 개조되는 즉시 배정하는" 방침에 따라 몇 개월 동안 조절하고 개조를 한 결과 1955년 8월에 이르러 순사영상업 사회상품 소매 총액에서의 비중은 32개 대중도시에서 25%를 차지했고 농촌 장거리에서는 18%를 차지했다. 적지 않은 일부 사영소매상들은 이미 각종 형태의 국가자본주의 궤도에 올랐다. 이는 국가가 도시와 농촌의 소상인들을 포함한 사영상업에 대한 개조사업이 앞으로 한 걸음 크게 나아갔음을 보여주었다.

전체 시장관계의 변화로 볼 때 국가에서 농산물에 대한 계획수매를 강화하고 계획공급의 품종을 늘리며 계획공급의 범위를 넓혔기 때문에 농촌 수매 총액의 약 42% 안팎을 차지하는 양곡, 기름원료, 목화 등 상품은 자유시장을 이탈했다. 게다가 중요한 공업원료와 주요 부식품을 대부분 합작사에서 이미 수매해 갔으므로 농촌의 70%의 농업부산물의 상품량은 이미 국가와 합작사에서 주도했다. 사영공업에 대해 가공주문을 확대하고 통일적 수매와 일수판매를 한 결과 대부분 공업품의 생산, 판매도 간접적으로 국가계획의 궤도에 들어서게 되었다. 이리하여 사회경제 생활에서 시장의 조절 역할 및 그 활동 범위는 날로 약화되고 줄어들게 되었다.

물론 이러한 방침과 조치를 취한 그 자체는 중국의 여러 가지 경제 체제가 병존하는 기본 구도를 근본적으로 바꾸지는 못했다. 사영경제와 개인경제가 비록 많은 측면에서 제약을 받고 있었지만 일정한 범위와 일정한 정도에서는 존재할 수 있었다. 전체 국민경제의 계획성이 끊임없이 확대되고 강화되는 한편 시장 조절은 아직도 일정한 분야(주로 미시적 경제분야)에서 역할을 발휘할 수 있었다. 이 중 조절의 운영방식으로 계획 관리와 시장 조절 간에 모순이나 충돌이 생기면 국가의 계획 관리가 결정적인 역할을 했다. 이는 중국 사회주의 과도기 경제운영에서의 특징의 하나였다.

제7장

과도기의 정치 건설, 문화 건설과 국방 건설

사회주의 과도기에 당은 사회주의 공업화 건설과 사회주의적 개조라는 총체적 과업을 둘러싸고 정치, 문화, 국방 등 여러 분야의 건설을 영도했다. 1954년에 전국인민대표대회 제1기 제1차 회의가 개최되어 '중화인민공화국 헌법'이 제정, 반포되었는데 이는 중국이 민주제도를 건전히 하고 법제 건설을 강화하며 국내의 정치관계를 조정하는 등에서 중요한 한 걸음을 내디뎠음을 상징한다. 문화, 교육, 과학 사업은 대규모 경제건설의 새로운 상황에 부응하여 인민들의 자질을 높이고 국가 발전과 사회 진보를 추진하는 데 중요한 역할을 했다. 군대의 정규화와 국방 현대화 건설이 시작되었고 국가의 정치, 법률 등 상부 구조가 모두 사회주의 경제 토대의 구축에 한층 더 부응하고 이를 위해 복무했다.

1. 인민대표대회제도의 공식적 시행

전국인민대표대회 제1기 제1차 회의 개최

공업화건설과 사회주의적 개조가 전면적으로 전개됨에 따라 국가의 정치, 법률 등 상부 구조의 건설을 강화하여 사회주의 경제 토대를 구축하기 위해 더욱 잘 복무할 것이 절박한 요구로 드러나게 되었다. 인민대표대회제도는 신중국의 근본적인 정치제도로 '공동강령'에서 명확하게 규정한 것이었다. 신중국 창건 초기에 전국적으로 일반선거에 의한 인민대표대회제도를 시행할 수 있는 조건이 마련되지 않았기 때문에 중앙에서는 중국인민정치협상회의 전체회의를 개최하고 지방에서는 급별로 인민대표회의를 개최하는 방식을 통해 인민대표대회제도로 점차 옮아갔다. 3년간의 노력을 거쳐 국가의 제반 사업이 새로운 궤도에 올랐고 인민의 조직도 각성 수준이 크게 향상되었다.

'중국인민정치협상회의 조직법'의 규정에 따르면 정치협상회의 전체 회의는 매 3년에 1회씩 개최되어야 했다. 1952년 가을에 중국인민정치협상회의 제1기 전체회의 임기가 만료되어 언제 전국인민대표대회를 개최하는가 하는 문제가 의사일정에 오르게 되었다. 이때 당중앙위원회와 마오쩌둥은 어떻게 사회주의로 넘어갈 것인가 하는 문제를 고려하기 시작했다. '공동강령'이 인민들과 민주당파 속에서 숭고한 위신을 갖고 있는 점을 감안해 초기에는 과도기에 헌법을 잠시 제정하지 않고 임시 헌법의 역할을 하는 '공동강령'을 개정, 보충해 시행하고 국내의 계급관계가 기본적으로 변한 후, 즉 중국이 기본적으로 사회주의 사회로 진입한 후에 전국인민대표대회를 개최해 사회주의 헌법을 제정하기로 구상했다. 그해 10월에 류사오치는 소련 방문 기간에 마오쩌둥의 위탁을 받고 이 문제에 대해 스탈린의 의견을 청했다. 스탈린은 회담에서 서방의 적대 세력이 이 문제로 신중국을 반대하는 데 빌미를 주지 말고 중국에서 하루빨리 선거를 치르고 헌법을 제정하기 바란다고 제의했다.[1] 중공중앙은 이 제의를 받아들였다.

1952년 12월 24일에 중국인민정치협상회의 제1기 전국위원회 상무위원회는 제43차 회의를 개최하고 1953년에 전국인민대표대회와 각급 인민대표대회를 개최하는 데 관한 중국공산당의 제의를 토의했다. 저우언라이가 중국공산당을 대표하여 제의에 대해 설명했다. 그는 다음과 같이 말했다. '공동강령'의 규정에 따르면 중국의 정치제도는 인민대표대회제도이다. 신중국 창건 초기, 인민해방 전쟁이 아

---

1) 류사오치, '스탈린과의 회담 정황을 마오쩌둥과 중앙에 보고하는 전보'(1952년 10월 26일, 30일), 중공중앙 문헌연구실, 중앙당안관 편, 〈건국 이래의 류사오치 문고〉 제4권, 중앙문헌출판사 한문판, 2005년, 536쪽.

직 끝나지 않았고 각종 기본적인 정치, 사회 개혁사업도 전국적 범위에서 진행되지 않았다. 경제도 복구 시기가 필요한 점을 고려하여 인민대표대회의 조건이 아직 갖추어지지 않은 상황에서 인민정치협상회의 전체회의가 전국인민대표대회의 직권을 행사해왔고 지방에서는 지방의 각계 인민대표회의가 인민대표대회의 직권을 대행해왔다. 지금은 이 조건이 성숙되었으므로 새로운 시기의 국가 임무에 부응하기 위해 반드시 전국인민대표대회와 지방 각급 인민대표대회를 개최해야 한다. 이를 위해 중국공산당은 중국인민정치협상회의가 중앙인민정부위원회에 1953년에 전국인민대표대회와 지방 각급 인민대표대회를 개최하고 아울러 선거법과 헌법의 초안 작성 등의 준비사업을 진행하도록 제의한다.

1953년 1월 13일에 중앙인민정부위원회는 회의를 개최해 '전국인민대표대회 및 지방 각급 인민대표대회 개최에 관한 결의'를 정식으로 채택하고 1953년에 인민의 일반선거 방법으로 산생된 향, 현, 성(시) 각급 인민대표대회를 개최하고 이에 따라 전국인민대표대회를 개최하기로 결정했다.[2] 헌법과 선거법의 초안 작성 작업을 진행하기 위해 회의는 이와 동시에 마오쩌둥을 주석으로 하고 주더, 쑹칭링 등 32명을 위원으로 하는 중화인민공화국 헌법초안작성위원회와 저우언라이를 주석으로 하고 23명의 위원으로 구성된 중화인민공화국 선거법초안작성위원회를 구성하기로 결정했다. 두 초안작성위원회에는 공산당 지도자도 포함되고 각 민주당파 및 기타 분야의 인사들도 포함되어 광범한 대표성을 띠였다. 회의가 끝난 후 제1차 전국인민대표대회는 본격적으로 준비단계에 들어갔다.

---

2) 1953년 9월 18일, 중앙인민정부위원회는 전국인민대표대회 및 지방 각급 인민대표대회의 개최 시간을 1954년으로 연기하는 것에 관한 결의를 채택했다.

전국적으로 일반선거를 진행하는 것은 인민대표대회제도를 수립하는 중요한 전제 가운데 하나였다. 일반선거를 거쳐 인민대표를 선출해야만 지방 각급 인민대표대회를 구성할 수 있었다. 선거의 제반 준비사업을 진행하기 위해 선거법초안작성위원회는 〈공동강령〉의 일반선거 문제에 관한 규정에 따라 신중국이 창건된 후 민주정치 측면의 실제 상황을 분석, 연구하고 또 소련의 선거 경험을 참고해 빠른 속도로 선거법 초안을 작성했다. 1953년 2월 11일에 중앙인민정부위원회는 '중화인민공화국 전국인민대표대회 및 지방 각급 인민대표대회 선거법'을 심의, 채택했다. 3월 1일에 '선거법'이 반포, 시행되었다.

이 '선거법'의 주요 특징은 선거권에 보편성과 평등성을 부여한 것이다. '선거법'은 일정한 인구의 비례에 따라 지구와 단위를 적당히 관리하고 도시와 농촌 간, 소수민족과 한족 간에 서로 다른 비례를 규정3)함으로써 전국 각 계층, 각 민족으로 하여금 각급 인민대표대회 중 모두 상응한 대표를 두도록 했다. 인민대중이 보편적으로 선거 경험이 부족하고 문맹이 많은 등 실제 조건에 따른 제한을 감안해 인민대표를 선거할 때 향, 진, 시 관할구 및 구를 설치하지 않은 시 등 기층정권단위에서는 거수표결의 투표방법을 취했으며 현 및 현급 이상은 무기명투표의 방법을 취했다. 이는 당시의 조건에 따라 인민들이 자신의 민주권리를 행사하는 데 도움이 되었다.

전국적으로 선거사업을 진행하는 데는 확실한 인구통계 수치가 필요했다. 중국은 세계에서 인구가 가장 많은 나라지만 오랫동안 확실

---

3) 〈선서법〉 제3장 제20조는 다음과 같이 규정했다. 각 성의 전국인민대표대회 대표 수는 80만 명당 1명으로 정하며 중앙직할시와 인구가 50만 명이 넘는 성직할공업도시는 10만 명당 1명으로 정한다. 제21조는 다음과 같이 규정했다. 전국의 소수민족 가운데 전국인민대표대회 대표를 150명 선출한다. 이 숫자는 전국인민대표대회 1,200명 대표 총수의 약 8분의 1을 차지한다.

한 인구통계 수치가 없었다. 1953년 4월 3일에 정무원은 '일반선거를 위해 전국 인구조사 등기를 진행하는 데에 대한 지시'와 '전국 인구조사 등기 방법'을 반포했다. 뒤이어 중국은 제1차 전국 인구조사 사업을 전개했다. 전국 각지에서는 조사등기, 재조사 확인, 보충등기 등 대량의 사업을 진행했는데 조사 기준 시간인 1953년 6월 30일 24시까지 전국의 총인구는 6억 193만 8,035명이었다. 그중 직접 조사한 인구는 5억 7,420만 5,940명[4]이었다. 나머지는 기타 방법으로 조사한 인구로 거기에는 기층선거를 진행하지 않는 곳과 교통이 불편한 변경지역과 편벽한 지역, 해방되지 않은 타이완성의 인구 및 국외 화교와 유학생 등이 포함되었다. 1953년의 제1차 전국 인구조사 등기는 전국적인 일반선거를 진행하는 데 인구 자료를 제공했을 뿐만 아니라 국가의 경제, 문화와 사회 건설을 진행하는 데 정확한 인구 수치를 제공했다. '선거법'의 규정에 따라 전국적으로 향, 현, 시, 성 각급 선거위원회를 내오고 25만여 명의 간부를 뽑아 선거지도사업에 참가시켰다. 각지에서는 각각 다른 부류의 지구를 선택해 기층선거시범을 진행하고 경험을 얻은 뒤 여러 차례 나누어 선거사업을 전개했다. 1년이 넘는 노력으로 21만여 개의 기층선거단위, 3억 2,300만 명의 등록된 유권자 속에서 기층선거를 진행했는데 총 기층인민대표대회의 대표 566만여 명을 선출했다. 기층선거를 완료한 기초 위에서 성, 시 인민대표대회, 중앙직할 소수민족행정단위 및 군대단위와 화교단위에서 각각 1,226명의 전국인민대표대회 대표(타이완성대표 잠시 공석)를 선출했다. 1,226명의 대표 중 중국공산당원은 668명으로 54.48%를 차지했고 당외인사는 558명으로 45.52%를 차

---

4) '중화인민공화국 국가통계국의 전국인구조사등기결과에 관한 공보', 1954년 11월 1일 자, 〈인민일보〉 1면.

지했다. 이 기간에 마오쩌둥의 주최로 〈중화인민공화국 헌법(초안)〉이 작성되어 반복적인 토론, 수정을 거친 후 중앙인민정부위원회회의에서 심의, 채택되었다.

모든 준비를 마친 후 1954년 9월 15일부터 28일까지 전국인민대표대회 제1기 제1차 회의가 베이징에서 성대히 거행되었다. 대회에 출석한 대표들은 광범한 대표성을 가지고 있었다. 그중에는 각 민주계급, 민주당파의 대표인물, 노력모범자, 전쟁영웅, 저명한 문학가, 예술가, 과학자, 교육가와 상공업, 종교계 인사 그리고 소수민족, 해외화교 대표들이 포함되었다. 이러한 대표진영은 전국 여러 민족, 여러 민주계급, 여러 민주당파와 모든 애국역량이 중국공산당의 영도로 대단결을 이룩했음을 충분히 구현했다. 대회의 임무는 헌법을 제정하고 몇 개의 중요한 법률을 제정하며 정부사업보고를 통과하고 새로운 국가 지도자들을 선출하는 것이었다.

마오쩌둥은 대회에서 "위대한 사회주의국가를 건설하기 위해 노력하자."라는 요지의 개회사를 했다. 마오쩌둥은 다음과 같이 말했다. 이번 회의는 1949년 신중국이 창건된 이래 중국 인민들이 이룩한 새로운 승리와 새로운 발전을 상징하는 이정표이며 이번 회의에서 제정하게 되는 헌법은 중국의 사회주의 사업을 크게 촉진할 것이다. 우리의 총체적 과업은 전국 인민을 단합시키고 모든 국제 벗들의 지원을 쟁취하여 위대한 사회주의 국가를 건설하기 위해 노력하고 국제평화를 보위하고 인류 진보사업을 발전시키기 위해 노력하는 것이다. 마오쩌둥은 전국 인민들이 분발하여 몇 개의 5개년 계획 내에 지금처럼 경제, 문화적으로 낙후한 중국을 공업화하고 고도의 현대문화 수준을 갖춘 위대한 국가로 건설할 것을 호소했다. 마오쩌둥은 다음과 같이 선포했다. "우리의 사업을 영도하는 핵심적 역량은 중국공산당이다. 우리의 사상을 지도하는 이론적 기초는 마르크스-레닌주의이다. 우리는 모든 간난신고를 이겨내고 중국을 위대한 사회주의 공화국으로 건설할 충분한 자신이 있다."

류사오치가 '중화인민공화국 헌법 초안에 관한 보고'를 했다. 그는 다음과 같이 지적했다. 중화인민공화국 헌법 초안은 100여 년 이래 중국인민 혁명투쟁에서 쌓은 역사적 경험을 총화한 것이고 중국 근대 헌법 문제에 관한 역사적 경험을 총화한 것이며 중국 인민의 이익과 인민의 의사의 산물이다. 1949년 제1기 정치협상회의에서 채택한 '공동강령'은 임시헌법의 역할을 했다. 지금 이 헌법 초안은 5년 이래 국가기관의 사업 경험과 각급 각계 인민대표회의의 경험을 총화하고 중국 정치제도에 대해 더욱 완벽한 규정을 내렸다. 그는 다음과 같이 강조했다. 중국공산당은 중국의 지도적 핵심이며 모든 공산당원은 모두 각 민주당파, 당 외의 수많은 대중과 일치단결해 헌법을 시행하는 데 적극적으로 노력해야 한다.

저우언라이는 '정부사업보고'를 하면서 다음과 같이 지적했다. 1953년부터 중국은 경제건설에서의 제1차 5개년 계획을 시작했고 "경제건설사업은 전체 국가생활에서 이미 가장 중요한 지위를 차지했다." 우리의 목표는 중국의 국민경제를 사회주의의 길을 따라 계획적으로 신속하게 발전시키는 것이며 강대하게 현대화한 공업, 현대화한 농업, 현대화한 교통운수업과 현대화한 국방을 건설하는 것이다. 이는 중국 네 가지 현대화 실현 목표에 대한 중국공산당의 최초 개괄이었다. 저우언라이는 뒤이어 다음과 같이 지적했다. 이제 곧 대회에서 창건되는 국가행정기관은 헌법에서 규정한 목표에 따라 전국 인민의 지지와 전국인민대표대회의 감독에 힘입어 중국의 제반 사업을 반드시 새롭고 더욱 큰 승리로 이끌어갈 것이다.

대회는 충분한 토론을 거쳐 '중화인민공화국 헌법', '중화인민공화국 전국인민대표대회 조직법', '중화인민공화국 국무원 조직법' 및 인민법원, 인민검찰원, 지방 각급 인민대표대회와 지방 각급 인민위원회의 조직법을 채택했다. 대표들은 토론과 발언에서 5년 동안의 정부사업에 만족을 표시했고 대회는 정부사업보고를 비준했다.

대회는 헌법과 관련 조직법의 규정에 따라 국가 지도자들을 뽑고 결정했다. 마오쩌둥이 중화인민공화국 주석으로, 주더가 부주석으로 당선되었고 류사오치가 전국인민대표대회 상무위원회 위원장으로, 쑹칭링 등 13명이 부위원장으로 당선되었으며 둥비우가 최고인민법원 원장으로, 장딩청(張鼎丞)이 최고인민검찰원 검찰장으로 선출되었다. 중화인민공화국 주석 마오쩌둥의 지명에 의해 대회는 저우언라이를 국무원 총리로 결정했다. 저우언라이의 지명에 의해 천윈, 린뱌오, 펑더화이, 덩샤오핑, 덩쯔후이, 허룽(賀龍), 천이, 우란후, 리푸춘, 리셴녠(李先念)을 국무원 부총리로 결정했다.

9월 28일에 전국인민대표대회 제1기 제1차 회의는 제반 중대한 역사적 과업을 원만히 완수하고 성공적으로 폐회했다. 제1기 전국인민대표대회의 개최는 인민대표대회제도가 신중국의 근본적인 정치제도로 정식 확립되었음을 상징한다. 그리하여 반동 통치자들의 전제독재 정치에서 인민민주주의 정치로, 사회주의 민주정치로 탈바꿈하게 되어 중국공산당이 중국인민을 이끌고 장기간 분투해온 목적인 민주주의제도가 더욱 튼튼한 기초 위에 구축하게 되었다. 이는 중국 정치제도의 위대한 변혁이었다.

인민대표대회제도의 확립과 공식 시행은 중국공산당이 마르크스주의의 기본 원리를 중국의 구체적인 실제와 결부시켜 이룩한 위대한 창조였고, 당이 전국 여러 민족 인민을 이끌고 장기간 노력하여 이룩한 중요한 성과였으며, 전국 여러 민족 인민의 공동의 이익과 염원을 반영한 것이었다. 이는 국가의 정치 민주화 진척을 위해 일종 새로운 정권조직 형태와 총체적인 민주 절차를 확정했을 뿐만 아니라 중화인민공화국의 국체에 알맞은 사회주의의 근본적인 정치제도를 확립했다. 중국의 국정에 부합하고 중국의 사회주의 국가 성격을 구현한 이러한 민주주의 정치제도는 인민이 나라의 주인임을 근본적으로 보장하고 강대한 생명력과 거대한 우월성을 과시했다. 이와 동시에 발전 과정에 계속 이 제도를 탐색하고 완벽하게 시행할 것이 요구되었다. 예를 들면 땅이 넓고 인구가 많고 경제, 문화적으로 낙후한 사회적 조건에서 인민의 주인 권리를 확실히 보장하려면 계속 다양한 민주적 형태와 절차를 창조해야 했다. 그리고 인민대표대회 자체의 조직구조, 사업제도, 대표 자질 등을 계속 추진, 향상하여 국가권력기관의 직능과 역할을 더욱 충분히 발휘해야 했다. 또한 직접적인 감독의 주체인 인민대표대회의 감독 기준, 감독 절차 및 시행 세칙 등을 제도화, 법률화해야 했다. 총체적으로 국가의 민주법제건설은 장기간 추진해나가야 하는 사업이었다. 당의 영도, 인민의 주권 행사, 의법치국을 유기적으로 통일시키고 인민대표대회제도를 끊임없이 건전화하고 완벽하게 하는 것은 중국 사회주의 정치건설의 장기적이고도 매우 중요한 과업이었다.

'중화인민공화국 헌법'의 제정과 시행

전국인민대표대회 제1기 제1차 회의의 중대한 기여 가운데 하나는 바로 중화인민공화국의 첫 헌법을 채택한 것이다. 이 헌법은 1949년 중국인민정치협상회의에서 채택한 '공동강령'에 기초하여 국가의 새로운 형세와 사회발전의 객관적 요구에 따라 제정한 것이다. 중국공산당의 과도기 총노선의 기본 정신은 헌법초안 작성사업의 총체적인 지도사상으로 하나의 주선처럼 전반 헌법 제정에 일관하여 신중국 창건 초기의 임시 대헌장인 '공동강령'을 크게 개정하고 발전시켰다.

1953년 1월에 중앙인민정부위원회는 헌법 제정의 임무를 의사일정에 올려놓고 마오쩌둥을 주석으로 하는 중화인민공화국 헌법초안작성위원회를 구성했다. 6월에 당의 과도기 총노선을 제기했는데 이는 헌법 초안 작성사업에 새로운 요구를 담았다. 즉 '공동강령'의 기초 위에서 전면적으로, 규범적으로 인민민주주의 원칙을 확립해야 할 뿐만 아니라 사회주의 원칙을 준행하여 국가의 근본 대법의 형태로 과도기의 총체적 과업을 확정하고 동시에 중국에서 사회주의 사회를 건설하는 것을 보장하는 한편 점진적으로 발전하는 임무에 부응하고 원칙성과 신축성을 결부하여 사회주의 과도기의 헌법을 제정해야 했다.

중화인민공화국의 첫 헌법은 마오쩌둥의 주최로 제정되었다. 1953년 12월 27일에 마오쩌둥은 헌법초안작성소조의 몇몇 성원들을 인솔해 항저우에 가서 헌법 초안 작성 작업에 착수했다. 1954년 1월 9일에 헌법 초안 작성 작업을 정식으로 시작했다. 마오쩌둥은 중공 중앙 정치국에서 헌법 문제를 충분히 토론하도록 하기 위해 모든 중앙정치국 위원과 베이징에 있는 모든 중앙위원이 시간을 내어 다음과 같은 일부 주요 참고 문건을 열독할 것을 요구했다. 참고 문건에는 1936년 소련의 헌법 및 스탈린의 보고, 1918년 소비에트헌법, 루마니아, 폴란드, 독일, 체코 등 국가의 헌법, 1913년 천단(天壇)헌법 초안, 1923년 조곤(曹錕)헌법, 1946년 중화민국 헌법(내각제, 연성(聯省)자치제, 총통독재제 세 가지 유형을 대표할 수 있음), 프랑스 1946년 헌법(더욱 진보적이고 더 완전한 자본주의 내각제 헌법을 대표할 수 있음)[5]이 포함되었다. 이는 중화인민공화국 첫 헌법 초안을 작성할 때 세계적인 안목과 역사적인 안목을 갖고 소련과 동유럽 인민민주주의 국가들의 헌법 제정 경험을 참고했을 뿐만 아니라 서방 자본주의 국가 헌법 중 일부 성과도 거울로 삼았음을 말해주고 있다.

3월 초에 헌법초안작성소조의 네 번째 원고가 완성되었다. 중공중앙 정치국은 연속 세 차례 확대회의를 열고 토론과 수정을 거쳐 동시에 중국인민정치협상회의 상무위원회의 토론에 회부했다. 개정 후 네 번째 원고는 헌법 초안의 초고로서 마오쩌둥이 중공중앙을 대표하여 헌법초안작성위원회에 회부했다. 3월부터 6월까지 헌법초안작성위원회는 7차례에 걸쳐 공식회의를 열고 초안의 초고를 연구, 토론했다. 이와 동시에 베이징과 전국 각 대도시에서는 각 방면의 대표인물 8,000여 명을 조직해 2개월 동안 헌법 초고를 토론하여 5,900여 개의 개정 의견을 제기했는데 초안 작성 작업에 중요한 도움을 주었다. 6월 14일에 중앙인민정부위원회 제30차 회의는 '중화인민공화국 헌법(초안)'을 토론해 채택하고 이를 전국 인민들의 토론에 회부하는 결의를 채택했다. 약 3개월의 기간에 전국적으로 1억 5,000만여 명이 토론에 참가하여 118만여 개의 개정, 보충 의견과 문제를 제기했는데 거의 헌법 초안의 매 조목이 언급되었다. 마오쩌둥이 말한 바와 같이 중화인민공화국 헌법 초안은 작성할 때 "지도기관의 의견과 수많은 대중의 의견을 서로 결부하는 방법"을 취하여 중앙의 의견과 전국 인민들의 의견을 결부함으로써 헌법의 내용을 완벽하게 했을 뿐만 아니라 헌법을 사람들의 마음속에 침투시켜 가장 광범위한 대중 기초를 마련했다. 이는 중국의 헌법 제정사의 일대 혁명이었다.

---

5) 마오쩌둥, '헌법 초안 작성 작업 계획'(1954년 1월 15일), 〈마오쩌둥문집〉 제6권, 인민출판사 한문판, 1999년, 320~321쪽.

1954년 9월 20일에 전국인민대표대회 제1기 제1차 회의에서는 '중화인민공화국 헌법'을 채택하고 공포했다. 헌법은 서언에서 다음과 같이 지적했다. "중화인민공화국의 인민민주주의제도, 말하자면 신민주주의제도는 중국이 평화의 길을 통해 착취와 빈곤을 소멸하고 번영하고 행복한 사회주의 사회를 건설할 수 있도록 보장하는 제도이다." "중화인민공화국 창건부터 사회주의 사회가 수립되기까지의 기간이 과도기이다. 과도기에서 국가의 총체적 과업은 점차 국가의 사회주의 공업화를 실현하고 점차 농업, 수공업 및 자본주의적 상공업에 대한 사회주의적 개조를 완수하는 것이다." 헌법 제4조는 다음과 같이 규정했다. "중화인민공화국은 국가기관 및 사회역량에 의거하고 사회주의 공업화와 사회주의적 개조를 통해 점차 착취제도를 청산하고 사회주의 사회를 건립한다." 이러한 규정들은 신민주주의 사회에서 사회주의 사회로 넘어가는 역사적인 필연성을 명시했고 중국공산당이 제출하고 전국의 가장 광범한 인민들의 옹호를 받는 과도기 총노선을 국가의 과도기 총체적 과업으로 근본대법의 형식으로 확정했다. 사회주의 노선으로 확고히 나아가는 것은 중화인민공화국의 하나의 기본 원칙이 되었다.

'중화인민공화국 헌법'은 신중국이 창건된 5년 이래의 국가기관 사업 경험을 토대로 국가의 정치제도에 대해 더욱 완벽하게 규정했다.

헌법 제1조는 다음과 같이 규정했다. "중화인민공화국은 노동계급이 영도하는, 노농동맹에 기초한 인민민주주의 국가이다." 류사오치는 헌법의 기본 내용을 설명할 때 다음과 같이 지적했다. 노동계급이 영도하고 노농동맹을 기초로 한다는 것은 중국의 근본 성격이 인민민주주의 국가임을 말해준다. 중국에서는 절대다수의 인민이야말로 나라의 진정한 주인이다. 반드시 국가에 대한 노동계급의 영도를 계속 공고히 하고 강화하며 부단히 노동동맹을 공고히 하고 강화해야한다. 중국 과도기에서 노동계급이 영도하는 각 민주계급, 각 민주당파, 각 인민단체를 포괄하는 인민민주주의통일전선은 계속 중요한역할을 할 것이다.

헌법 제2조는 다음과 같이 규정했다. "중화인민공화국의 모든 권력은 인민에게 있다. 인민이 권력을 행사하는 기관은 전국인민대표대회 및 지방 각급 인민대표대회이다." "전국인민대표대회 및 지방 각급 인민대표대회와 기타 국가기관은 일률로 민주주의 중앙집권제를시행한다." 이로써 전국인민대표대회는 완전히 통일적으로 최고국가권력을 행사하는 지위를 확립했으며 인민대표대회에서 모든 중대한 문제를 토론하고 결정함과 아울러 그 시행을 감독하게 되었다. 류사오치는 다음과 같이 해석했다. 인민대표대회의 정치제도는 중국의근본 성격과 관련된다. 이 제도가 중국에 적합한 정치제도가 될 수있는 것은 바로 이 제도가 인민들이 자기의 권력을 행사하도록 하는데 편리하고 인민대중이 일상적으로 이런 정치조직을 통해 국가 관리에 참여하는데 편리하여 인민대중의 적극성과 창조성을 충분히 발휘할 수 있기 때문이다. 중국인민은 바로 이런 정치제도로 나라가 사회주의 노선을 따라 전진할 수 있도록 보장한다.

헌법 제3조는 다음과 같이 규정했다. "중화인민공화국은 통일된 다민족국가이다." "소수민족이 집거하는 지방들은 구역자치를 시행한다. 민족자치를 시행하는 지방들은 모두 중화인민공화국의 갈라놓을 수 없는 부분이다." 류사오치는 다음과 같이 지적했다. 이러한 규정은 전적으로 필요하며 중국 각 민족의 공동이익에 전적으로 부합한다. 제국주의자들이 중국 각 민족을 분리하려는 시도와 음모에 맞서 중국 각 민족은 모두 반드시 조국의 통일을 강화하고 공고화해야 하며 반드시 굳게 단결해 공동으로 위대한 조국을 건설하기 위해 노력해야 한다. 동시에 헌법은 여러 가지 규정을 통해 각 소수민족 거주 지방에서 모두 진정으로 자치권을 행사할 수 있도록 보장했다. 사회주의 사회를 건설하는 것은 중국 국내 각 민족의 공동한 목표이다. 국가는 국내 매개 민족이 점차 사회주의 노선으로 나아갈 수 있고 그들이 경제와 문화에서 고도의 발전을 이룩하도록 지원할 책임이 있다.[6]

인민민주주의 원칙에 근거하여 헌법은 공민의 기본 권리와 의무를 다음과 같이 명확히 규정했다. "중화인민공화국 공민은 법률 앞에서 모두 평등하"고 공민은 선거권과 피선거권을 가지며 언론, 출판, 집회, 결사, 시위행진의 자유를 가지며 종교의 자유, 거주와 이주의 자유를 가지며 공민의 인신 자유는 불가침하며 공민의 주택은 불가침하며 공민은 노동, 휴식, 사회보험, 교육 접수 등 여러 방면의 권리와 각종 문화 활동에 종사할 자유를 가지고 여성은 남성과 평등한 권리를 가지며 공민은 법을 위반하고 직무를 유기한 국가기관의 그 어떤 사업 노동자에 대해 각급 국가기관에 고발할 권리 등 여러 가지 권리를 가진다. 이러한 규정에 의해 중국인민의 기본 인권은 근대 이래 처음으로 헌법의 보장을 받게 되었다. 이와 동시에 헌법은 공민은 헌법과 법률을 지키고 공공재산을 아끼고 사랑하며 법률에 따라 세금을 납부하며 법률에 따라 군대에 복무한다는 등 기본 의무를 규정함으로써 공민의 권리와 의무의 일치성을 구현했다.

헌법은 사회주의 원칙을 확립한다는 전제 아래 중국 과도기에 다종 경제체제가 병존해 있는 객관적 현실에 근거하여 중국 생산수단

---

6) 류사오치, '중화인민공화국 헌법 초안에 관한 보고'(1954년 9월 15일), 〈류사오치선집〉 (하), 민족출판사 1987년, 195,197쪽.

소유에는 주로 국가소유, 즉 전인민적 소유, 합작사 소유, 즉 근로대중의 집단적 소유, 개인근로자 소유, 자본가 소유가 있다고 확정했다. 국가는 우선적으로 국영경제를 발전시키고 합작사경제의 발전을 격려, 지도, 지원하는 한편 비사회주의적 경제체제에 대해 점차 사회주의적 개조를 진행해야 했다. 개조를 진행하는 과정에 헌법은 다음과 같이 규정했다. 국가는 법률에 따라 농민의 토지 소유권과 기타 생산수단 소유권을 보호하고 법률에 따라 수공업자와 기타 비농업 개인 근로자의 생산수단 소유권을 보호하며 법률에 따라 자본가의 생산수단 소유권과 기타 자본의 소유권을 보호한다. 이러한 규정은 당시 경제 구조의 실제 상황에 부합했고 중국 과도기에 사회주의적 소유도 있고 자본주의적 소유도 있는 객관적 모순을 반영했다. 헌법의 규정에 따르면 사회주의적 소유와 비사회주의적 소유의 모순을 해결하는 방침과 정책은 바로 자본가 소유의 존재를 허용하는 한편 국가경제와 인민생활에 불리한 자본주의적 상공업의 역할을 제한하고 과도적인 방법으로 전 인민적 소유로 점차 자본가 소유를 대체하며 이와 동시에 개인 근로자들이 자원의 원칙에 따라 생산합작, 공급판매합작과 신용합작을 조직하도록 격려하여 근로대중 집단적 소유로 개인근로자 소유를 대체하는 것이었다.

1954년의 헌법은 중국이 점차 사회주의 사회로 넘어가도록 보장하는 헌법이기에 사회주의 유형의 헌법이었다. 이 헌법은 인민민주주의와 사회주의 원칙성과 점차 과도하는 융통성을 정확하고도 적합하게 결부시켰다. 이 헌법은 중국인민혁명 승리의 역사적 성과와 신중국이 창건된 이래 정치, 경제 측면에서 이룩한 새로운 승리를 공고히 했을 뿐만 아니라 실제 생활에서 이미 발생한 중대한 사회 변혁을 법률의 형식으로 긍정적으로 평가함으로써 과도기 국가 발전의 근본적 요구와 전국 인민들이 실천을 통해 형성한 사회주의 사회를 건설하려는 공동의 염원을 반영했다. 헌법 초안에 관한 보고에서 류사오치는 중공중앙을 대표하여 다음과 같이 정중히 약속했다. "중국공산당은 중국의 영도적 핵심이다. 당이 이런 지위에 놓여 있으므로 당원들에게 더 큰 책임을 지울 수는 있으나 그들이 국가생활에서 그 어떤 특수한 권리를 가지게 해서는 절대 안 된다. 중국공산당 당원들은 헌법과 기타 모든 법률을 준수하는 모범적 역할을 해야 한다."[7]

'중화인민공화국 헌법'에 근거하여 전국인민대표대회 제1기 제1차 회의는 또 '중화인민공화국 전국인민대표대회 조직법', '중화인민공화국 국무원 조직법', '중화인민공화국 인민법원 조직법', '중화인민공화국 인민검찰원 조직법', '중화인민공화국 지방인민대표대회 및 지방 각급 인민위원회 조직법' 등을 반포했다. 이는 중국 정권건설과 제도 건설에 획기적인 의의를 가진다.

'중화인민공화국 헌법'의 채택과 반포, 시행은 전국 인민들에게 사회주의로 통하는 뚜렷하고 명확한 길을 제시해주었고 사회주의를 건설하려는 광범한 인민대중의 열성을 불러일으켰으며 사회주의 제반 사업의 발전을 힘차게 촉진했다. 이는 중국이 사회주의 민주와 법제의 건설로 나아가는 양호한 출발이었다. 물론 국가의 민주와 법제 건설은 단지 하나의 헌법 제정으로 해결할 수 있는 것이 아니었다. 중국이 경제, 문화적으로 낙후하고 민주법제 관념이 희박한 역사적 조건에서 어떻게 중국 특성이 살아 있는 민주주의의 새 길로 나아가고 사회주의를 건설하는 행정에서 진정으로 인민민주와 인민이 나라의 주인이 되는 위대한 목표를 실현하며 성공적으로 사회주의 법치국가

---

7) 류사오치, '중화인민공화국헌법 초안에 관한 보고'(1954년 9월 15일), 〈류사오치선집〉(하), 민족출판사 1987년, 200쪽.

를 건설할 것인가는 중국공산당의 집권의 길에 나선 장기적이고도 어려운 과업이었다.

당과 국가의 영도제도를 조절

대규모 경제건설과 사회주의적 개조를 영도하는 정세와 새로운 형세, 새로운 요구에 부응하기 위해 전국인민대표대회 제1기 제1차 회의를 준비하고 개최 기간에 당중앙위원회는 신중한 연구를 거쳐 당과 국가의 영도제도를 어느 정도 조절했다.

우선은 당 및 정부 영도기구의 조직급별을 조절했다. 1954년 4월에 중공중앙 정치국 확대회의는 대행정구역 1급 당정기구를 취소하기로 결정했다. 6월에 중앙인민정부는 결정을 하달하고 둥베이, 화둥, 중난, 시베이, 시난 5개 대행정구역 행정위원회를 취소했다. 이번 조정을 통해 신중국 창건 초기, 대행정구역 1급 행정기구가 중앙을 대표해 지방정부를 영도하고 감독하던 과도 상태에 종지부를 찍었다. 계획적인 경제건설을 진행하는 새로운 조건에서 중앙이 직접 각 성, 직할시를 영도하고 직접 성, 직할시의 상황을 이해하면 사업 능률을 높이고 관료주의를 극복하는 데도 이롭고 대량의 책임 간부들을 뽑아 중앙의 사업을 강화하고 각 경제부문, 공장과 광산 기업의 절박한 관리간부 수요를 만족시키는 데도 유익했다. 그리고 대행정구역 행정기구의 취소는 성, 직할시 1급의 영도 능력과 사업 책임을 강화하는 데 유익했고 지방정부의 행정관리 수준을 높이는 데도 이로웠다. 이와 동시에 중공중앙의 파출기구인 둥베이(東北), 화베이(華北), 화둥(華東) 중난(中南), 시난(西南), 시베이(西北) 6개 중앙국을 즉시 취소했다. 뒤이어 산둥분국, 화난(華南)분국, 신장분국과 내몽골분국을 취소했다. 1954년 11월에 중공중앙 정치국은 수요에 따라 상하이국을 설립하여 화둥(華東)연해에 위치한 상하이시 및 장쑤, 저장 두 개 성의 사업에 대한 영도를 중점적으로 강화하기로 결정했다.

중앙과 지방 간의 조직등급을 조절한 기초 위에서 1954년 9월에 전국인민대표대회의 개최와 새로운 국가기구의 구성 방안 준비에 따라 당과 국가의 영도제도를 한층 더 조절했다.

당중앙위원회의 영도제도 면에서, 과도기의 점차 복잡해지고 중요해지는 당중앙위원회의 사업 수요에 적응하기 위해 1954년 4월에 중앙정치국 확대회의에서는 덩샤오핑을 중앙비서장으로 임명했다. 9월에 중앙정치국은 중앙서기처 산하에 일상적인 비서장사업회의를 설립하여 중앙정치국과 중앙서기처를 협조하여 관련 측면의 일상사무를 연구, 처리하도록 했다. 다방면의 일상사무를 처리하는 데 편리하도록 중앙비서장회의의 제의로 1955년 초에 중앙 제1, 제2, 제3, 제4 판공실을 조직하고 중앙정치국과 중앙서기처의 사업기구로 각각 정책성종합, 지방사업, 공업사업, 대중단체사업을 맡게 했다. 제2, 제3 판공실은 또 순시원을 어느 정도 두고 일상적으로 각지, 각 공장과 광산 기업에 내려가 사업을 검사하고 그들에 대한 감독을 강화하도록 했다. 직능으로 볼 때 중앙비서장사업회의는 8차 당대회 이후 시행한 중앙서기처회의 사업제도로 넘어가는 형태의 하나였다.

국가행정 체제 면에서, 전국인민대표대회 제1기 제1차 회의에서는 국무원, 즉 중앙인민정부의 1급 정부체제를 확립하여 원래 정무원을 중앙인민정부의 아래에 두고 관할하던 2개 급 정부이던 과도 상태를 바꿨다. 국무원은 최고 국가행정기관으로서 전국 지방의 각급 국가행정기관의 사업을 통일적으로 영도했다. 지방의 각급 인민정부는 국무원이 통일적으로 영도하는 국가행정기관으로서 본급 인민대표대회와 상급 국가행정기관에 대해 책임지는 한편 사업을 보고해야 하며 지방의 각급 인민정부에 소속된 각 사업부서는 동급 인민정부의 통일적인 영도를 받는 동시에 상급 인민정부(국무원에 이르기까지) 주관 부서의 영도를 받아야 했다. 이러한 종적인 영도와 이중 영도가 서로 결합된 행정영도관계는 총체적으로 국가행정사업의 집중통일영도에 이로운 동시에 과거보다 행정 절차를 줄여 행정 능률도 높일 수 있었다.

헌법과 국무원 조직법의 규정에 따라 국무원 전체회의는 총리, 부총리, 각 부 부장, 각 위원회 주임과 비서장으로 구성되며 총리가 국무원 전체회의와 상무회의를 주최하는 사업제도를 시행하고 정부 방면의 일상 영도사업을 맡았다. 무릇 국가의 일상사무에 속하는 것이면 모두 국무원회의에서 토론, 결정하는 동시에 지시와 명령을 내려 집행을 완수했다. 정부사업의 주요 방침, 주요 정책과 중대한 사항은 반드시 당중앙위원회 정치국(또는 서기처)에 제기해 토론하고 결정했다. 국가 주석은 필요하다고 인정될 때 최고국무회의를 개최할 권리가 있으며 국가의 중대한 사무에 대한 당해 회의 의견을 전국인민대표대회와 그 상무위원회, 국무원 또는 기타 관련 부문에 제기해 토론, 결정하게 할 수 있었다.

군사영도제도 측면에서, 전국인민대표대회 제1기 제1차 회의에서 새로 편성된 중앙국가기구 중에 더 이상 중앙인민정부 인민혁명군사위원회를 설립하지 않고 국방위원회와 국방부를 설립하기로 결정했다. 중화인민공화국 주석 마오쩌둥이 국방위원회 주석으로, 펑더화이가 국방부 부장으로 임명되었다. 1954년 9월 28일에 중앙정치국은 중앙정치국과 서기처 산하에 중앙군사위원회를 설립하고 전체 군사사업을 영도하기로 결정했다.[8] 이 체제는 중국인민해방군이 창건된 이래 중국공산당이 인민군대에 대해 절대적인 영도를 시행하는 원칙을 구현했다.

당의 지방영도기구 측면에서, 중국이 사회주의 건설과 사회주의적 개조를 진행하여 각급 당위원회, 특히 성, 직할시 당위원회의 사업 임무가 막중한 점을 감안하여, 그리고 성, 직할시 당위원회에서 정력을 집중하여 중대한 정책과 사업 문제를 연구, 토론할 수 있고 또 제때에 효율적으로 일상실무를 처리하려면 반드시 성, 직할시 당위원회의 조직 형태와 사업 방법을 개선해야 하는 점을 감안하여 중공중앙은 1955년 6월에 '성, 직할시 당위원회 서기처 설립에 관한 결정'을 지었다. 중앙은 다음과 같이 규정했다. 서기처는 위원회와 상무위원회에 책임지며 성, 직할시 당위원회의 결의를 집행하고 집행 상황을 검사하는 직책을 수행한다. 또한 성, 직할시 당위원회에서 이미 결정한 방침, 정책에 따라 각종 일상실무를 처리한다. 서기처의 사업 상황은 상무위원회와 위원회에 보고해야 한다. 이는 당이 과도기의 사업임무에 부응하여 지방영도기구의 조직 형식, 사업제도에 대해 진행하는 데 필요한 조절이었다.

간부관리제도 측면에서는 "당이 간부를 관리"하는 원칙을 견지하는 기초 위에서 중요한 조절을 시행했다. 대규모 경제건설이 시작된 후 국가사업의 분공은 날로 세밀해졌고 각 부문의 조직기구도 날로 늘어났으며 간부대열이 급속히 늘어났을 뿐만 아니라 대다수 간부는 전문 실무에서 상대적으로 안정되어 지난날처럼 자주 전근하지 않았

---

8) 마오쩌둥을 중앙군사위원회 주석으로, 주더, 펑더화이, 린뱌오, 류보청(劉伯承), 허룽, 천이, 덩샤오핑, 뤄룽환, 쉬샹첸(徐向前), 네룽전(聶榮臻), 예젠잉(葉劍英)을 위원으로 임명하고 펑더화이가 군사위원회의 일상사업을 맡았다. 10월 3일, 중앙정치국의 결정으로 황커청(黃克誠)이 중앙군사위원회 비서장을 맡았다.

다. 새로운 상황에서 단지 당의 조직부문에만 의거해 당, 정부, 군대, 인민, 지식계 그리고 공업, 교통, 상업, 대외무역, 농업 등 분야의 간부들을 포함한 많은 간부를 관리하는 사업방식은 이미 형세 발전의 수요에 완전히 적응할 수 없었다. 그리하여 중공중앙은 1953년 11월에 '간부관리사업 강화에 관한 결정'을 발부하여 현행 간부 관리 방법을 바꾸고 점차 중앙 및 각급 당위원회의 통일적인 영도와 중앙 및 각급 당위원회 조직부의 통일적인 관리 아래 있는 부서별, 급별 간부를 관리하는 제도를 수립할 것을 제기했다.

부서별로 관리한다는 것은 중앙 및 각급 당위원회에 원래 있던 조직부, 선전부, 통일전선사업부, 농촌사업부의 기초 위에서 점차 공공교통, 재정무역, 문화교육, 정법 등 새로운 부문을 증설하고 부문별로 공업, 재정무역, 문화교육, 교통운수, 농림수리, 통일전선, 정치법률, 당파와 대중단체 및 기타 모든 부문의 간부들을 관리, 기획하는 것을 말한다. 군대간부는 여전히 군사위원회의 관련 부문에서 관리한다. 이는 소련의 방법을 도입해 당과 정부가 서로 상응하게 부서를 설립하는 발단이 되었다. 급별로 관리한다는 것은 기본적으로 소련의 간부직무 명단도표를 작성하는 방법을 도입한 것으로 중앙과 지방 각급 당위원회 사이에 각급 간부들을 분담하여 관리하는 제도를 세우는 것을 말한다. 즉 모든 간부를 직함, 급별로 간부직무 명단도표에 나열하고 전국 각 방면의 중요한 직무를 맡은 간부들은 모두 중앙에서 관리하며 기타 간부는 각각 각급 지방 당위원회에서 분담해 관리하는 것이었다.

부서와 급별로 간부를 관리하는 제도를 수립한 것은 중국공산당이 대규모 경제건설이 시작된 후의 새로운 정세 변화에 따라 혁명전쟁 시기부터 사용해오던 간부 관리 방법에 대한 중대한 개혁이었다.

그 목적은 정세 발전의 수요에 부응하여 간부의 정치력과 실무능력을 전면적으로 깊이 고찰, 이해함과 동시에 이를 근거로 간부를 선발하려는 데 있었다. 한동안의 준비를 거쳐 1955년 10월에 중공중앙은 중앙조직부에서 1955년 8월 1일에 중앙에 제기한 사업보고를 비준했고 당의 부서와 급별로 간부를 관리하는 제도를 전국적으로 공식적으로 수립하기 시작했다.

당은 신중국 창건 후 국영기업의 영도제도에 대해 많은 탐색을 해왔다. 먼저 사업 기초, 간부 조건이 비교적 좋은 둥베이지구에서 공장장 책임제(즉 소련에서 통용되는 '1장제')를 시행했다. 1953년, 대규모의 경제건설이 시작된 후 중공중앙은 국영기업에서 "각종 책임제도, 특히 공장장 책임제와 생산배치자 책임제를 수립하고 건전화할 것"을 요구했다. 1954년에 각 지구에서는 계속 공장장 책임제를 시행했다. 하지만 실천 과정에 두 가지 문제에 부닥쳤다. 하나는 많은 기업의 당조직에서 정치사업과 경제사업을 잘 결부시키지 못하고 왕왕 행정사업을 도맡아 함으로써 공장장은 직위는 있으나 권리가 없는 지위에 놓이게 되었다. 다른 하나는 공장장과 당위원회의 직권 범위에 대한 세부 규정이 부족했기 때문에 어떤 기업의 행정 책임자들은 당과 대중의 감독을 소홀히 하는 경향이 있었고 일부 중대한 문제도 관리위원회의 토론을 거치지 않고 개인이 결정했다. 이러한 문제에 따라 중앙서기처 제3(공업)판공실은 1955년에 집중적으로 몇 개월간의 조사연구를 진행하고 행정영도와 당위원회 직권의 구분 및 양자의 관계를 놓고 토론을 벌였다. 1956년 2월에 국영기업의 영도제도를 개선하는 것에 관한 문제를 중앙정치국에 상신해 연구하고 결정하게 했고, 중앙성치국은 반복석인 연구를 거쳐 그래도 당위원회의 영도로 분담책임을 시행하기로 했다. 그해 9월에 8차 당대표대

회는 정식으로 국영기업은 당위원회 영도로 공장장 책임제를 시행한
다고 확정했다.

당과 국가의 영도제도에 대한 이러한 조절은 집권당의 정부사업에
대한 집중 통일된 영도와 중앙의 지방사업에 대한 집중 통일된 영도
를 한층 더 강화했다. 이는 당과 국가의 과도기 총체적 과업을 실현
하고 제1차 5개년 계획의 중점 건설과 기타 여러 분야의 과업을 순조
롭게 완수하는 데 중요한 역할을 했다. 이로부터 국가생활에서의 중
국공산당의 일원화 영도구조가 기본적으로 형성되었다.

당의 일원화영도제도로 정부사업, 특히 재정경제사업, 공업건설에
대한 당중앙위원회와 각급 당위원회의 영도관계와 영도 책임에 대해
마오쩌둥은 1952년 말에 다음과 같이 개괄했다. (1) 당중앙위원회가
모든 주요하고 중요한 방침, 정책, 계획을 통일적으로 규정하고 당의
결의, 지시를 제정하거나 각 관련 기관의 책임자와 당조의 제의를 심
사, 비준한다. 각 중앙대표기관 및 각급 당위원회는 당중앙위원회 및
중앙인민정부의 모든 결의, 지시와 법령의 집행을 단호히 보장하고
중앙의 결의, 지시와 법령과 저촉되지 않는 범위 내에서 자기의 결의
또는 지시를 제정하여 중앙과 상급이 하달한 임무를 어김없이 완수
해야 한다. (2) 당의 결의와 지시의 집행 상황을 검사해야 한다.[9] 이
러한 당의 영도 원칙은 과도기 총노선을 실현하는 제반 사업에서 관
철, 시행되고 아울러 당과 국가의 영도제도가 한층 더 조정, 강화됨
에 따라 중국 당과 정부의 관계의 기본 구조를 형성했다.

---

9) 마오쩌둥, '정부사업에 대한 당의 영도 책임'(1952년 12월), 〈마오쩌둥문집〉 제6권, 인민출판사 한
문판, 1999년, 252쪽.

2. 통일전선사업의 새로운 형세와 진전

민족자산계급과의 동맹을 유지하고 다당합작을 견지

사회주의로 넘어가는 시기에 어떻게 민족자산계급과의 관계를 처리할 것인가 하는 것은 새로운 상황에서 반드시 신중하게 대처해야 할 새로운 문제로 떠올랐다. 중화인민공화국이 창건된 후 중국공산당은 노농동맹에 기초하여 민주주의 혁명 시기에 설립한 민족자산계급과의 동맹을 유지해왔다. 당의 과도기 총노선이 제기된 후 당내의 일부 간부들은 자산계급과 단결 협력하는 통일전선에 대해 오해를 하고 이를 부담으로 여기면서 아예 이를 취소, 포기할 것을 주장했다. 이러한 모호한 인식에 따라 1953년 7월 16일에 중공중앙 정치국은 회의를 열고 전문적으로 당의 통일전선사업을 토론했다. 마오쩌둥은 회의에서 다음과 같이 지적했다. 통일전선사업을 부담으로 여기며 아예 취소하자는 주장은 틀린 것이며 마땅히 비판해야 한다. 우선 민주당파, 각종 상층 인물, 지식인과 종교계 인사는 개조할 수 있다는 것을 긍정해야 한다. 우리는 노동계급 자신의 이익을 위해 자산계급, 농민, 수공업자 등을 개조하는 것이다. 노동계급은 전 인류를 해방하지 않고서는 최종적으로 자신을 해방할 수 없다. 여기서 마오쩌둥은 과도기에 두 가지 다른 유형의 계급동맹사상이 존재한다고 명확히 제기했다. 그는 다음과 같이 지적했다. "우리는 두 개의 동맹과 두 개의 협력을 갖고 있는데 하나는 노동계급과 농민의 동맹으로서 바로 노동인민의 동맹이고 다른 하나는 노동계급과 착취자의 동맹으로서 바로 자산계급과의 동맹이다. 첫 동맹은 뒤의 동맹의 기초이고 첫 동맹이 없으면 우리는 역량이 없게 된다. 반드시 이 동맹이 있어야만 협력할 수 있는 착취자들과 연합할 수 있는 역량이 있을 수 있고 그들도 우리와 협력하려 할 것이다."[10]

중앙정치국 회의는 과도기에 노동계급은 주로 노농동맹 및 기타 근로인민의 동맹에 의거하고 이 동맹을 강화하는 외에 자산계급이 중국의 최후의 착취계급으로서 소멸될 때까지 민족자산계급과 계속 경제, 정치 측면에서의 동맹을 유지해야 한다고 생각했다. 이는 중국공산당이 줄곧 민족자산계급과의 관계를 처리해온 기본 정책으로 사회주의 혁명 단계에서 새로 확정한 것이다. 중앙이 과도기에 자산계급과의 동맹 유지를 강조한 것은 자산계급을 보존하기 위한 것이 아니라 노동계급과 노동인민의 이익을 위해서이고 국가 공업화를 실현하기 위해서이며 더욱 순조롭게 사회주의로 나가기 위해서였다. 이는 당의 과도기 통일전선사업의 입각점이었다.

이 직전인 1953년 1월에 중앙은 일반선거를 시행하기로 결정하고 전국인민대표대회와 지방 각급 인민대표대회를 개최할 준비사업을 했다. 각계 민주인사들은 기본적으로 찬성하고 옹호하는 정치 태도를 보였지만 일부 자산계급 대표인물들은 일반선거로 인민대표를 선거하면 공산당 측만 인민대표로 선출되어 자기들의 기존 정치적 지위와 정치적 권리가 보장받을 수 없게 될까 봐 걱정했다. 그리하여 마오쩌둥은 중앙인민정부위원회 제20차 회의에서 당외 인사들의 이런 걱정에 대해 다음과 같이 설득했다. 우리는 중점적으로 다수를 돌보지만 동시에 소수도 돌본다. 무릇 인민국가의 사업에 충성하고 인민국가사업을 위해 일했고 상당한 성과를 이룩했으며 인민에 대한 태도가 비교적 좋은 여러 민족, 여러 당파, 여러 계급의 대표 인물들은 모두 인민대표의 몫을 가질 것이다. "무릇 애국자(오직 이 자격만

10) 중공중앙 통일전선사업부 연구실 편: '지난 매차의 전국통일전선사업회의 개황과 문헌', 중국당안출판사 한문판, 1988년, 127쪽.

있다면)라면 모두 함께 사회주의로 진입할 것이며 우리는 그들과 함께 사회주의로 진입하지 않을 이유가 없다."[11] 마오쩌둥의 설명은 민주당파와 민주인사들의 인민대표대회제도에 대한 믿음을 높여주었다.

중앙의 정신에 따라 1953년 6월 25일부터 7월 22일까지 제4차 전국통일전선사업회의가 열렸다. 회의에서는 인민대표대회가 개최된 후의 민주인사들에 대한 배치와 통일전선의 조직 등 문제에 대해 의견을 제기했다. 회의는 다음과 같이 인정했다. 인민대표대회제도의 시행은 절대 통일전선의 약화를 의미하는 것이 아니라 그것을 더욱 더 강화하는 것이 필요함을 의미한다. 신중국이 창건된 이래 대다수 민주인사는 모두 이미 상이한 정도의 진보를 가져왔다. 인민대표대회제도를 시행할 때 민주인사에 대한 배치는 인민대표의 선거, 정부 지도자의 선임, 통일전선의 조직 및 기타 여러 면의 인사 배치와 결부하여 진행하고 전반적으로 계획해야 한다. 이미 우리와 협력해온 관계라면 계속 구체적 상황에 따라 여러 방식으로, 여러 측면으로 각기 알맞게 배치해야 한다. 각 방면의 새로운 대표인물과 사업에서 특수한 기여를 한 인사는 적당히 등용해야 한다. 민주인사가 있는 현, 시 이상의 각급 인민대표대회, 인민정부, 통일전선조직, 부분적 인민단체와 기타 조직은 모두 민주인사의 인사배치사업을 잘 수행해야 한다.

인사를 알맞게 배치하기 위해 중공중앙은 전국통일전선사업회의의 '인민대표대회제도를 시행한 후 통일전선 조직 문제에 관한 의견', '인민대표대회제도를 시행할 때 민주인사를 배치하는 것에 관한 의

---

11) 마오쩌둥, '전국인민대표대회 개최에 관한 몇 가지 설명'(1953년 1월 13일), 〈마오쩌둥문집〉 제6권, 인민출판사 한문판, 1999년, 260~261쪽.

견'과 이러한 두 개 문건에 대한 1954년 1월 중앙통일전선사업부의 보충 의견을 비준했다. 이 문건들은 중앙을 통해 각지에 전달되어 제대로 관철 집행되었다. 1954년 3~4월경 개최된 제5차 전국통일전선사업회의는 다음과 같이 한층 더 제기했다. 사회주의 건설과 사회주의적 개조의 수요에 부응하기 위해 지금부터 문화교육, 과학기술 면의 통일전선사업도 통일전선부문의 사업 중점에 포함시키고 당외 인사를 배치할 때 많은 문화교육과 과학기술 전문 인력을 채용하는 데 주의를 기울여야 한다. 당중앙위원회는 이번 회의의 의견을 비준했다.

1954년 9월에 전국인민대표대회 제1기 제1차 회의에서 채택한 '중화인민공화국 헌법'은 서언에서 과도기 통일전선의 중요성과 정치 기초에 대해 명확하게 논술했다. 서언은 다음과 같이 지적했다. 중국 인민들은 중화인민공화국을 창건하는 위대한 혁명투쟁에서 이미 중국공산당이 영도하는 각 민주계급, 각 민주당파, 각 인민단체를 비롯한 광범위한 인민민주주의 통일전선을 결성했다. 지금부터 전국 인민들을 동원, 결속하여 나라의 과도기 총체적 과업을 완수하고 내외의 적들을 반대하는 투쟁에서 중국의 인민민주주의 통일전선은 계속 그 역할을 발휘할 것이다. 이렇게 근본대법의 형식으로 신중국 창건 당시 신민주주의의 정치적 기초 위에서 설립된 인민민주주의 통일전선을 사회주의의 정치적 기초 위에서 건립되도록 전환시켰다. 당의 두 개 동맹의 정책과 헌법의 원칙에 의해 중국이 이미 전면적인 사회주의적 개조를 전개하는 상황에서 노동계급은 노농동맹의 기초 위에서 계속 민족자산계급과의 경제, 정치 측면에서의 동맹관계를 유지할 필요가 있었고 노동계급이 영도하는 국가정권에서 여전히 일정한 수량의 민주인사들을 국가사무 관리에 참가시키는 것이 필요했다.

이러한 정책 정신은 전국인민대표대회에서 통과한 국가기구의 구성에서 기본적으로 구현되었다.

전국인민대표대회 제1기 제1차 회의에서 선출된 인민대표대회 상무위원회와 국무원의 인원 구성에서 각 민주당파의 지도자와 저명한 민주인사들이 각각 국가 최고 권력기구인 전국인민대표대회 상무위원회 부위원장, 위원을 맡았다. 13명의 인민대표대회 상무위원회 부위원장 가운데 공산당원이 5명, 당외 인사가 8명이었고 79명의 전국인민대표대회 상무위원회 위원 가운데 공산당원이 40명, 당외 인사가 39명이었으며 새로 편성한 국무원 35개 부, 위원회의 부장, 주임 가운데서 공산당원이 22명, 당외 인사가 13명이었다. 인민대표대회 제도를 시행한 중화인민공화국 국가 정권은 여전히 인민민주주의 독재정권으로서 노동계급의 정치적 영도를 구현했을 뿐만 아니라 인민민주주의 통일전선의 광범위성도 반영했다. 이는 그 어떤 당파 또는 개인의 주관적 의지에 의해 결정된 것이 아니라 중국의 특정한 역사적 조건 및 사회주의 공업화 건설과 사회주의적 개조의 현실적 요구에 따라 결정된 것이다.

인민정치협상회의의 직능과 임무를 전환

전국인민대표대회가 개최된 후 중국인민정치협상회의는 더 이상 전국인민대표대회의 직능을 대행하지 않았다. 그리하여 인민정치협상회의의 성격, 직능 및 내부관계 등 기본 문제를 한층 더 명확히 할 필요가 있었다. 1953년 제4차 전국통일전선사업회의에서 중앙에 보고하여 비준받은 '인민대표대회제도를 시행한 후 통일전선조직 문제에 관한 의견'에서는 다음과 같이 지적했다. 인민대표대회제도를 시행한 후 중국인민정치협상회의는 독립된 통일전선 조직으로 계속 존재한다. 그 편성은 광범위한 대표성을 띠며 공산당의 영도를 보장해야 할 뿐만 아니라 단결대상 폭을 적당히 넓혀 각 민주계급, 민주당파, 무소속민주인사, 소수민족, 화교 및 기타 애국분자 가운데 필요한 인원을 끌어들여야 한다. 통일전선조직과 각 참가단위의 관계는 영도관계가 아니라 협상관계여야 한다. 그러나 공산당은 통일전선조직에 대해 영도관계이고 통일전선조직과 인민정부의 관계는 협상과 건의의 관계이다.

전국인민대표대회 제1기 제1차 회의가 폐회된 후 제2기 중국인민정치협상회의가 개최 준비에 들어갔다. 각 민주당파, 인민단체는 연구 협상을 거친 후 회의의 문제와 관련하여 중공중앙이 제기한 다음과 같은 제안에 동의했다. (1) 제2기 정치협상회의의 조직 형태는 원래의 전체회의, 전국위원회, 상무위원회 3개 기구로부터 전국위원회와 상무위원회 2개 기구로 변경한다. 지방위원회도 2개 기구로 변경한다. 이렇게 하면 불필요한 기구를 줄이고 전국위원회와 지방위원회의 인원을 늘릴 수 있어 광범위한 대표성을 유지하고 단결대상 폭을 넓히는 데 이롭다. (2) 공동강령의 대부분 내용은 이미 헌법에 포함시켰기 때문에 제2기 정치협상회의는 다시 공동강령을 제정하지 않는다. 지금부터 각 민주당파, 인민단체는 헌법에서 규정한 분투 목표에 근거하는 외 개정한 조직법을 기초로 하여 별도로 인민정치협상회의 규약을 작성한다. (3) 전국인민대표대회 대표는 이미 지역에서 선출했기 때문에 지역은 더 이상 정치협상회의에 참가하는 단위가 되지 않는다. 군대도 정치단체로서 정치협상회의에 참가할 필요가 없다. 정치협상회의 전국위원회 상무위원회는 여러 차례 협상과 토론을 거쳐 제2기 정치협상회의 전국위원회는 11개 당파, 8개 인민단체, 9개 업계별 단위와 일부분 특별초청인사로 구성하기로 결정했

다. [12]

전국정치협상회의 위원들의 명단에 관해서는 각 방면의 협상을 거쳐 각 당파에서 자체로 제기하기로 했다. 명단을 배치할 때 아래 네 가지 원칙을 구현했다. (1) 인원수, 대표성, 범위는 모두 지난번 정치협상회의보다 확대되어 단결대상 폭을 넓힌 동시에 상무위원회의 영도를 강화했고 (2) 특별초청 대표는 국내외 적들을 반대하는 투쟁을 강화하고 단결대상 폭을 넓혀 타이완에 영향을 주는 데 중점을 두었으며 (3) 포함 범위를 넓혀 각 당파, 각 단체, 여러 방면을 모두 고려했고 (4) 각 분야의 리더형 유명인사를 포함시켜 영향력이 컸다.

정치협상회의 전국위원회 제2기 제1차 회의 준비 기간, 정치협상회의 전국위원회와 각 민주당파는 중국인민정치협상회의 규약 초안을 여러 차례 협상하고 토론했다. 주요한 의견과 쟁론은 인민정치협상회의의 성격, 지위와 역할 문제에 집중되었다. 어떤 사람들은 전국인민대표대회가 개최된 후 정치협상회의가 계속 존재해야 할 필요가 있는가 하며 의심하는 태도를 보였고 어떤 사람들은 정치협상회의 성격의 변화에 대해 우려를 표시하며 정치협상회의가 이제는 '공론실(淸談館)'이 되어 더 이상 큰 역할을 할 수 없을 것이라고 생각했다. 또한 어떤 사람들은 헌법에서 인민정치협상회의의 지위를 규정하지 않아 정치협상회의의 금후 사업을 추진하는 데 법적 근거가 없다고 걱정했고 또 어떤 사람들은 정치협상회의는 일정한 권리가 있어야 한다면서 정치협상회의와 전국인민대표대회를 똑같이 중시해야

---

12) 11개 당파는 중국공산당, 중국국민당혁명위원회, 중국민주동맹, 중국민주건국회, 무소속민주인사, 중국민주촉진회, 중국농공민주당, 중국치공당, 93학사, 타이완민주자치동맹, 중국신민주주의청년단이고 8개 인민단체단위는 중화전국총공회, 중화전국민주부녀연합회, 중화전국민주청년연합회, 중화전국상공업연합회, 합작사, 중국문학예술계연합회, 대외평화우호단체, 사회구제복지단체이며 9개 업계별 단위로는 자연과학계, 사회과학계, 교육계, 신문출판계, 의약위생계, 종교계, 농민계, 소수민족계, 화교계이다.

한다고 주장했다.

　토론 과정에 각기 다른 의견에 따라 12월 19일에 마오쩌둥은 각 민주당파, 무소속인사를 초청해 정치협상회의 사업좌담회를 열었다. 마오쩌둥은 우선 다음과 같이 말했다. "정치협상회의의 성격은 국가 권력기관인 전국인민대표대회와 다르며 정치협상회의는 국가의 행정기관이 아니다." "정치협상회의는 전국 여러 민족, 여러 민주계급, 여러 민주당파, 여러 인민단체, 국외 화교와 기타 애국민주인사들의 통일전선조직으로서 당파성을 띠며 그 성원은 주로 당파, 단체에서 추천한 대표들이다." "만일 정치협상회의 전국위원회도 국가기관으로 만들면 한 나라에 두 개의 국가권력기관이 생기게 되므로 그래서는 안 된다. 각기 직권을 구별해야 한다." 정치협상회의가 존재할 필요성에 관해 마오쩌둥은 다음과 같이 지적했다. "비록 전국과 지방의 인민대표대회, 국무원과 각 성, 시 인민위원회 각 부문에서는 많은 사람을 받았지만 아직도 정치협상회의 전국위원회와 정치협상회의 지방위원회가 필요하다." 다시 말해 인민대표대회는 권력기관이지만 인민대표대회가 있다고 해서 우리가 정치협상회의를 설립해 정치협상을 하는 데 방해되지 않는다. 여러 당파, 여러 민족, 여러 단체의 지도자들이 함께 신중국의 대사를 협상하는 것은 매우 중요하다. 인민대표대회의 대표성은 당연히 매우 광범위하지만 모든 분야를 포괄할 수 없기 때문에 정치협상회의는 여전히 존재할 필요가 있다. 정치협상회의의 과업은 첫째, 국제 문제를 협상하는 것이고 둘째, 입후보자 명단을 의논하는 것이며 셋째, 의견을 제기하는 것이고 넷째, 여러 민족, 여러 당파, 여러 인민단체와 사회민주인사 지도자들 사이의 관계를 조율하는 것이며 다섯째, 마르크스-레닌주의를 학습하는 것이다. 의견 제기와 관련하여 마오쩌둥은 지금은 주로 사회주의적 개

조의 문제에 대해 의견을 제기해야 한다고 강조했다. 자본주의적 상
공업, 농업, 수공업을 모두 개조해야 하는데 그러자면 각 방면의 관
계 문제가 드러나게 된다. 사회주의적 개조는 매우 복잡한 과업이기
때문에 각종 사업을 추진할 때 잘 협상해야 한다. "요컨대 국가 각 방
면의 관계에 대해 모두 협상을 해야 한다."[13] 마오쩌둥이 이처럼 알
게 쉽게 천명한 이러한 의견들은 여러 민주당파, 무소속인사들에게
수용되어 정치협상회의사업의 필요성과 중요성에 대한 각 방면의 사
상 인식을 통일할 수 있었다.

충분한 준비 끝에 1954년 12월 21일부터 25일까지 중국인민정치협
상회의 제2기 전국위원회 제1차 회의가 베이징에서 개최되었다. 회
의에 참가한 전국위원회 위원은 제1기 전국정치협상회의 때의 180명
에서 559명으로 늘어났다. 회의에서 저우언라이가 정치보고를 하고
천수퉁이 제1기 전국위원회 사업보고를 했으며 장바이쥔(章伯鈞)이
'중국인민정치협상회의 규약(초안)'에 관한 설명을 했다. 인민정치협
상회의 규약은 인민정치협상회의의 기본 과업과 분투 목표를 명확히
했고 총칙에서 다음과 같이 명확히 규정했다. 중국인민정치협상회의
의 기본 과업은 중국공산당의 영도로 계속 여러 민주당파, 여러 인민
단체와의 단결을 통해 전국 여러 민족 인민들을 보다 광범위하게 단
합시켜 공동으로 힘써 곤란을 극복하고 위대한 사회주의국가를 건설
하기 위해 노력하는 것이다.

인민정치협상회의 규약은 그 총칙에서 중국인민정치협상회의의 성
격은 "전국 여러 민족, 여러 민주당파, 여러 인민단체, 국외 화교와
기타 애국민주인사의 인민민주주의전선을 조직하는 것"이라고 확정

---

13) 마오쩌둥, '정치협상회의의 성격과 임무에 관하여'(1954년 12월 19일), 〈마오쩌둥문집〉 제6권, 인
민출판사 한문판, 1999년, 384~387쪽.

하고 정치협상회의에 참가하는 각 단위와 개인은 반드시 다음의 준칙을 지켜야 한다고 규정했다. (1) '중화인민공화국 헌법'을 옹호하고 모든 힘을 다해 헌법을 관철 시행해야 한다. (2) 노동계급이 영도하고 노농동맹을 기초로 하는 인민민주주의제도를 튼튼히 하고 국민경제에서의 사회주의 경제역량의 영도적 지위를 강화해야 한다. (3) 국가기관을 협조하고 사회역량을 추진하여 국가의 사회주의 공업화와 사회주의적 개조에 관한 건설 계획을 실현해야 한다. (4) 대중과 밀접히 연계하며 관련 국가기관에 대중의 의견을 반영하고 건의를 제기해야 한다. (5) 전국 여러 민족 인민들의 단결사업을 강화하고 애국주의 정신을 발양하며 혁명적 경각성을 높여 국가건설을 보위하고 국내외 적들과의 투쟁을 견지해야 한다. (6) 중국인민과 전 세계 평화를 사랑하는 인민들과의 친선을 강화하고 침략전쟁을 반대하며 세계의 평화와 인류의 정의사업을 수호해야 한다. (7) 자원에 기초하여 마르크스-레닌주의 이론을 학습하고 국가의 정책을 적극적으로 학습하며 정치 수준을 높이고 비판과 자기비판을 전개하며 사상개조를 적극적으로 진행해야 한다. 이 7개 준칙은 전국 여러 민족, 여러 민주당파, 여러 인민단체와 기타 애국인사들이 단결해 노력하는 공동의 정치적 기초였다.

인민정치협상회의 규약의 규정에 따라 저우언라이는 보고에서 금후 정치협상회의의 임무를 다음과 같이 다섯 가지로 귀납했다. 첫째, 국제 문제를 협상한다. 둘째, 전국인민대표대회 대표와 지방 동급 인민대표대회 대표의 입후보자 명단 및 중국인민정치협상회의 각급 조직의 구성인원 선발을 협상한다. 셋째, 국가기관을 협조하고 사회역량을 추진하여 사회생활에서 각 계급 간의 상호 관계 문제를 해결하는 한편 인민대중과 연계하고 국가 관련 기관에 대중의 의견을 반영하고 건의를 제기한다. 넷째, 정치협상회의 내부와 당파 단체 간의 합작 문제를 협상하고 처리한다. 다섯째, 자원에 기초하여 마르크스-레닌주의를 학습하고 사상개조를 적극적으로 진행한다. 저우언라이는 중국인민정치협상회의는 이러한 5대 임무에 근거하여 국가의 과도기 총체적 과업을 완수하고 국내외 적들을 반대하는 투쟁에서, 즉 사회주의공업화건설을 추진하고 사회주의적 개조의 과업을 완수하며 타이완을 해방하고 평화를 보위하는 투쟁에서 계속 역할을 발휘하리라 믿는다고 말했다.

회의는 '제1기 전국위원회 사업보고에 관한 결의', '중국인민정치협상회의 규약'과 '중국인민정치협상회의 선언'을 채택했고 마오쩌둥을 정치협상회의 제2기 전국위원회 명예 주석으로 천거하고 저우언라이를 주석으로, 쑹칭링 등 16명을 부주석으로, 왕윈성(王芸生) 등 65명을 상무위원회 위원으로 뽑았다. 중국인민정치협상회의 제2기 전국위원회 제1차 회의는 인민정치협상회의 발전사에서 특수한 의의를 가진다. 이번 회의는 전국인민대표대회가 열린 후 인민정치협상회의의 성격, 지위, 역할과 임무에 관한 문제를 해결했고 정치협상회의와 인민대표대회, 정부기관 간에 협력하는 관계 문제를 해결했으며 통일전선과 인민정치협상회의사업을 강화할 필요성과 중요성 문제를 해결했다. 그리하여 중국에서 장기적으로 공산당이 영도하는 다당합작과 정치협상제도를 견지하는 데 사상적 기초, 정치적 기초와 조직적 기초를 닦아놓았다.

과도기 민족사업의 새로운 과업과 그 진전

과도기 국내 정치관계의 조성에서 민족관계는 중요한 측면 가운데 하나였다. 대규모 경제건설과 사회주의적 개조를 시작한 새로운 상황에서 당이 민족사업에서 어떻게 과도기 총체적 과업의 요구에 부응하고 새로운 임무를 확정하며 실천을 추진할 것인가는 시급히 연구, 해결해야 할 문제로 드러나게 되었다.

신중국이 창건된 이래 당이 확정한 민족사업 방침과 민족정책은 여러 소수민족지구에서 기본적으로 올바르게 관철 집행되었으며 당과 인민정부와 여러 소수민족 간의 관계는 더욱 잘 소통되었다. 그리하여 당과 정부에 대한 소수민족 근로 대중, 일부 상층인사들의 신임을 얻게 되었고 그들로 하여금 당의 민족정책이 그들의 민족의 발전에 이롭다는 것을 믿게 했다. 역사적으로 오래된 민족 간의 알력이 점차 해소되고 여러 민족의 평등 협조, 단결 협력이 강화됨으로써 사회주의로 넘어가는 역사적 단계에서 소수민족사업을 한층 더 실현하기 위한 기초를 닦아놓았다.

다른 한 측면으로 어떤 지구, 특히 민족잡거지구에는 민족정책 집행 면에서 여전히 적지 않은 문제들이 있었다. 주로 민족평등 원칙을 지키지 않고 민족연합정부를 조직한다든가, 정부기관에 적당한 정원의 소수민족 간부를 배치하지 않았거나 비록 배치했다 하더라도 소수민족 간부를 존중하지 않는다든가, 민족, 종교 상층에 대해 통일전선 정책을 제대로 집행하지 않는다든가, 소수민족의 풍속습관을 존중하지 않고 심지어 소수민족의 이익을 침범한다든가 하는 등의 문제들이었다. 이러한 상황은 소수민족 인구가 비교적 적은 지구에서 나타나곤 했다. 개별적 지구에서는 심지어 소수민족을 모욕하고 깔보아 그곳 소수민족의 큰 불만을 초래하기도 했다. 어떤 소수민족지구에는 대중성을 띤 소란까지 발생했는데 이는 주로 그곳 간부들이 민족정책을 올바로 집행하지 않았거나 소수민족을 차별하는 조치를 취했기 때문이었다. 이에 대해 중공중앙과 중앙인민정부는 일단 발견하면 제때에 바로잡고 동시에 간부, 당원들이 민족정책을 학습하여 민족정책의 정확한 시행을 방해하는 이러한 현상들이 재발하지 않도록 요구했다.

1952년 8월에 '민족구역자치 시행요강'의 반포 시행과 관련하여 정무원은 '지방민족민주연합정부 시행 방법에 관한 결정'과 '흩어져 사는 소수민족 출신들이 민족평등 권리를 누리도록 보장하는 것에 관한 결정'을 공포하고 동시에 '민족정책 학습에 관한 통지'를 발부했다. '통지'는 이 3개 문건은 소수민족 분포 상황, '공동강령'의 민족정책과 근 3년 이래 각 지역 민족사업의 경험에 근거하여 제정한 것이라고 지적했다. 중대한 획기적 의의가 있는 이 3개 문건 중의 제반규정을 정확히 시행하고 중국 여러 민족의 단결합작을 한층 더 공고히 하고 발전시키기 위해 각 관련 지구에는 민족정책 학습운동이 필요했다. 중공중앙은 정무원의 이를 전달하고 각 관련 지구, 부문의 당위원회에서 이번 학습을 지도하고 학습 문제를 중앙에 보고할 것을 요구했다.

중앙의 지시에 따라 시베이국은 중앙에 간쑤성 딩시(定西)지구위원회의 징위안현(靖遠縣) 회족한족잡거향의 민족정책 집행 상황을 보고하고 한족 간부와 대중들이 현지 회족을 차별하는 상황을 보고했다. 이 전형적인 사례를 가지고 중공중앙은 9월 16일에 이 보고와 간쑤성 당위원회의 지시를 전달하여 시베이, 시난, 중난의 각 소수민족 거주지 또는 잡거지구의 현, 지구 당위원회에서 모두 관할 구, 향의 사업상황을 착실히 검사하고 동시에 중앙에 보고서를 쓰도록 했다. 중앙은 또 관련 지시에서 소수민족이 더 적거나 심지어 아주 적은 지구라 하더라도 민족정책 집행상황에 대한 전문적인 검사가 필요하며 또한 반드시 검사해야 한다고 지적했다. 각지의 검사 상황을 놓고 볼 때 적지 않은 결함과 오류들이 발견되었다. 이를테면 중앙민족위원회 검사단이 허난의 소수민족 상황을 조사할 때 여러 면에서 모두 민족관계가 불안정하다는 상황이 보고되었고 회족과 한족 간의 알력은 현지 간부들이 회족의 종교 신앙과 풍속습관을 존중하지 않은 데서 뚜렷이 드러났다. 민족정책을 위반하는 현상이 나타나게 된 주요 원인은 한족 당원, 간부와 인민들 가운데 엄중한 대한족주의사상이 존재하기 때문이었다. 보편적으로 존재하는 이러한 그릇된 사상은 이미 민족정책을 올바로 관철하는 데 장애가 되었다.

마오쩌둥은 이 문제를 몹시 중시했다. 1953년 3월 16일에 그는 중공중앙의 이름으로 작성한 '대한족주의사상 비판에 관한 지시'에서 다음과 같이 지적했다. 일부 지방의 민족관계는 매우 비정상적이다. "공산주의자들에게 이런 상황은 절대 용납할 수 없는 것이다. 반드시 우리 당내 많은 당원과 간부들에게 존재하는 엄중한 대한족주의사상을 엄중히 비판해야 하며…… 반드시 즉시 이 방면의 오류를 바로잡는 데 착수해야 한다." "중앙은 적지 않은 자료에 근거하여 무릇 소수민족이 있는 곳이면 대부분 아직 해결하지 못한 문제들이 존재하고 어떤 곳에서는 매우 엄중한 문제들이 존재한다고 인정했다. 겉으로는 아무런 문제가 없는 것 같지만 실제로는 문제가 매우 심각하다." 2~3년 이내, 각지에서 발견된 문제들을 보면 "모두 대한족주의가 거의 곳곳에 존재하고 있음을 증명해준다. 만일 우리가 지금 기회를 이용해 교육을 진행하여 당내와 인민 가운데 대한족주의를 단호히 극복하지 않는다면 그것은 아주 위험하다." 중앙은 대한족주의의 여러 가지 표현에 대해 사실적 근거가 있는 글을 신문에 많이 실어 공개비판을 진행함으로써 당원과 인민들을 교육하도록 요구했다.

중앙의 일련의 지시에 따라 전국의 관련 지구들에서는 1952년 말부터 1953년 상반기까지 각급 당조직, 정부사업 일꾼, 많은 인민 가운데서 보편적으로 한 차례 민족정책 집행상황에 대한 대검사를 진행했다. 검사 과정에 발견한 문제에 따라 실제와 연계시켜 대한족주의사상을 집중적으로 비판함으로써 소수민족지구의 당원, 간부와 대중이 한 차례 마르크스주의 민족정책의 교양을 받게 했다. 많은 한족간부들은 학습을 통해 대한족주의사상의 위해성과 이런 사상을 극복해야 할 필요성을 인식했고 정책수준을 높였으며 민족정책을 올바르게 집행하려는 자각을 고취했다. 이번 검사를 통해 각지에서는 민족정책 집행과 사업에 존재하는 엄중한 오류들을 대부분 바로잡았다. 민족관계는 한층 더 개선되었고 민족지구 여러 방면의 사업, 특히 소수민족 가운데 민주개혁과 사회주의적 개조는 건전하게 추진되었다.

1953년 6, 7월 사이에 열린 제4차 전국통일전선사업회의는 지난 몇 년간의 민족사업에 대해 전면적인 평가를 진행하고 이번 민족정책 집행상황의 결과를 충분히 긍정함으로써 중앙에서 규정한 민족 문제에서의 과업과 제반 민족정책, 여러 민족, 여러 다른 상황에서 취한 제반 사업 방침과 사업 절차가 전적으로 정확함을 증명했다. 회의는 동시에 다음과 같이 지적했다. 민족정책을 집행하는 과정에 오류와 결함이 발생한 것은 주로 적지 않은 간부들이 과도기 당의 민족 문제 분야의 과업을 제대로 인식하지 못하고 민족 압박이 근본적으로 청산된 뒤 민족 문제는 더는 존재하지 않으며 더 이상 새로운 내용이 없다고 그릇되게 인식했기 때문이다. 이러한 그릇된 인식에 따라 회의는 '지난 몇 년 동안 당이 소수민족 가운데서 사업을 진행한 주요 경험에 대한 총화'를 토론해 통과시키고 과도기 중국공산당의 민족 문제 측면의 과업을 다음과 같이 명확히 제시했다. "조국의 통일과 여러 민족의 단결을 튼튼히 하고 다 같이 위대한 조국이라는 대가정을 건설하며 통일된 조국의 대가정 속에서 여러 민족의 모든 권리의 평등을 보장하고 민족구역자치를 시행하며 조국의 공동사업의 발전 과정에서 조국의 건설과 밀접히 결부시켜 점차 여러 민족의 정치, 경제, 문화(그중 안정되고 필요한 사회개혁을 포함)를 발전시키며 역사적으로 형성된 각 민족 간의 사실상의 불평등을 해소함으로써 낙후한 민족으로 하여금 선진민족의 행렬에 들어서게 하고 사회주의 사회로 발전하도록 해야 한다."[14]

이 문건은 다년간의 사업 실천에 근거하여 민족구역자치의 추진, 소수민족지구의 토지개혁, 소수민족 가운데 당의 사업 구축과 발전, 소수민족간부 양성, 소수민족 상층에 대한 통일전선사업, 소수민족 종교 문제, 민족지구의 반란 처리 등 정책 문제들이 포함된 당의 민족정책 가운데 몇 가지 중요 문제를 천명했다. 중공중앙은 이 문건 초안을 관련 성당위원회, 사업위원회에 하달해 연구하고 의견을 제기하게 한 후 1954년 10월에 정식으로 이 문건을 비준, 발급했다. 중앙은 이 문건의 회답에서 다음과 같이 지적했다. 이 문건은 과거 몇 년 애래 당이 소수민족사업을 진행한 주요 경험을 체계적으로 총화하고 과도기 당의 민족 문제 측면의 과업과 정책을 명확히 천명했는데 중앙은 이것이 정확하다고 인정한다. 각 중앙국, 중앙분국, 성, 시 당위원회에서 이를 깊이 연구하는 한편 각 관련 지구의 서로 다른 상황에 따라 집행할 것을 요구한다.

문건은 과도기에 민족구역자치를 시행하는 것은 여전히 중국 민족 문제를 해결하는 기본 정책이라고 명확히 지적했다. 사실 이 정책의

---

14) '지난 몇 년 동안 당이 소수민족 가운데서 사업을 진행한 주요 경험에 대한 총화'(1954년 10월), 중공중앙문헌구실 편, 〈건국 이래 중요문헌선〉 제5권, 중앙문헌출판사 한문판, 1993년, 650~651쪽. 여기에서 말하는 '낙후한 민족'이란 당시의 표현으로서 어떤 민족이 아직도 '낙후한 발전 단계'에 처해 있었음을 가리킨다.

시행은 이미 구역자치를 실현한 소수민족과 중앙의 관계를 바꿨고 또 자치구역 내의 정치, 경제, 문화의 면모를 바꾸기 시작했는데 이는 지난날 어떤 시대에도 없었던 것이었다. 만약 이렇게 하지 않는다면 중앙과 변강 여러 민족 간의 관계와 연계를 설립, 공고히 할 수 없고 집거지 소수민족의 여러 권리를 실현할 수 없으며 또한 사실로써 민족분열주의의 중상을 반박하고 제국주의의 분열 음모에 타격을 줄 수 없었다.

문건은 소수민족 지구의 사회 개혁에서 여전히 신중하고 온당한 사업 방침을 견지해야 한다고 확정했다. 그러나 동시에 신중하고 온당하다고 해서 소수민족 인민을 도와 사회개혁을 준비하지 않음을 의미하는 것은 아니다. 또한 마지못해 사회개혁을 지연시킴을 의미하는 것도 아니라고 다시 한 번 천명했다. 지난 몇 년 동안 사회경제 구조에서 한족지구와 동일한 또는 대체로 동일한 소수민족지구는 토지개혁을 이미 완수 또는 시작했으나 아직 개혁을 진행하지 않은 민족지구들은 사회경제 발전이 더욱 뒤떨어진 지구들이었다. 그 때문에 이런 지구에 대해 사회개혁에서 더욱 격렬한 계급투쟁의 방법을 적용하지 않고 평화로운 방법, 즉 우회적인 절차와 온화한 방법으로 사회개혁을 진행하여 이런 지구의 발전을 온당하게 추진하기로 했다.

중국 소수민족은 대부분 종교를 가졌다. 문건은 다음과 같이 강조했다. 종교 문제는 개인의 신앙 문제일 뿐만 아니라 전반 민족 문제에서 불가분리의 중요한 부분 가운데 하나다. 그렇기 때문에 종교신앙 문제를 대하는 데 반드시 장기적이고도 매우 신중한 태도로 종교신앙 자유정책을 단호히 집행해야 한다. 행정 명령의 방법으로 종교를 간섭하는 모든 그릇된 방법을 사용해서는 절대 안 된다.

일부 한족 간부들 가운데 존재하는 대한족주의, 주관주의와 명령주의의 사상 작풍을 시정하기 위해 문건은 다음과 같이 규정했다. 무릇 소수민족지구의 각급 당정기관은 전반적인 사업을 배치하거나 전반적인 성격을 띤 결정 또는 법령을 반포할 때 모두 각 소수민족의 서로 다른 상황에 따라 정책 및 사업 방법에서 필요한 또는 적당한 설명을 해야 한다. 이런 설명이 없을 경우 각 소수민족지구에서는 모두 기계적으로 집행하지 말아야 한다.

문건은 대한족주의 반대에 대해 지적함과 동시에 지방민족주의를 반대하는 문제도 다음과 같이 정확히 천명했다. 대한족주의 또는 소수민족 가운데 지방민족주의는 모두 공산당의 원칙, 다시 말해 마르크스-레닌주의 원칙에 어긋나는 것이다. 각 민족자치기관의 점차적인 민족화를 실현하는 것은 자치구에 대한 당의 영도와 자치구에 대한 상급 인민정부의 영도를 강화하는 것과 갈라놓을 수 없으며 한족 또는 기타 민족간부들의 협조와 지지를 갈라놓을 수 없다는 점을 반드시 지적해야 한다. "주인이 된다." 또는 '민족화'를 한다고 하여 당이 영도하지 않아도 되고 국가의 통일된 법령, 제도를 따르지 않아도 되고, 중앙인민정부의 통일된 영도와 상급 인민정부의 영도에 복종하지 않아도 되고, 한족 인민과 간부의 협조와 지지가 없어도 된다고 생각하는 것은 모두 그릇된 것이며 모두 미연에 방지해야 할 것들이다.

중공중앙이 비준, 발부한 '지난 몇 년 동안 당이 소수민족 가운데서 사업을 진행한 주요 경험에 대한 총화'는 중국공산당이 다년간의 실천에 기초하여 형성한, 국가 민족 문제에 관한 일련의 사업방침과 구체적인 정책을 천명한 기본 문건으로 장기적인 지도적 의의가 있다. 당의 이 일련의 민족사업 방침과 정책을 제대로 관철해 집행함으로써 중국은 장구한 이익을 얻게 되었다.

과도기 당의 민족 문제 측면의 과업과 정책을 명확히 함으로써 민족 사업의 새로운 진전을 힘차게 추진했다. 정치 측면에서 소수민족 인민들의 민주 권리를 보장하기 위해 1953년 3월 1일에 중앙인민정부가 공포, 시행한 '선거법'에서는 다음과 같이 규정했다. 전국인민대표대회의 전국 소수민족 대표수는 150명이어야 하며 중앙인민정부는 국내 각 소수민족의 인구와 분포 등 상황을 참고하여 그 정원을 분배한다. 이 규정 외에도 소수민족 유권자 가운데 전국인민대표대회 대표로 당선될 경우에는 150명 정원에 계산하지 않는다. 지방 각급 인민대표대회는 무릇 경내에 소수민족 집거지가 있을 경우 매 집거지의 소수민족대표가 출석해야 한다. 흩어져 사는 소수민족 출신은 모두 각급 인민대표대회의 선거에 참가하며 대표 수는 인구비례에 따라 정하며 각 대표가 대표하는 인구수는 일반적으로 현지 인민대표대회 각 한 명의 대표가 대표하는 인구수의 2분의 1보다 적어서는 안된다. 이러한 규정에 따라 중국 각 소수민족은 모두 상응한 정원의 대표가 전국과 지방 각급 인민대표대회에 출석하게 되었다. 제1기 전국인민대표대회 1,226명의 대표 중, 소수민족 대표가 177명으로 대표 총수의 약 14.44%를 차지하여 소수민족의 민주, 평등 권리가 구현되었다.

1949년에 민족구역 자치제도가 중국의 기본 정치제도로 확립된 후 1952년에 반포한 '중화인민공화국 민족구역자치 시행요강'의 관철과 시행을 통해 점차 여러 민족 자치지방들을 설립하고 자치기관을 구성해 자치 권리를 행사하도록 함으로써 민족구역자치가 법률화, 제도화의 첫걸음을 뗐다. 1954년의 '중화인민공화국 헌법'은 민족자치 지방을 자치구, 자치주, 자치현 세 개 급으로 나누고 현급 이하의 소수민족 집거구에는 민족향을 설치하여 민족구역 자치제도가 중국의 실제 상황에 더욱 부합하도록 했다. 헌법의 규정에 따라 국무원은 지시를 하달해 지난날 각지에 설립한 민족민주연합정부를 각각 다른 상황과 조건에 따라 점차 자치주, 자치현 또는 민족향으로 재편성했다. 이 사업은 1956년에 완수되었는데 당시 전국에는 총 27개 자치주(이외 윈난다리바이족 자치주는 설립 준비 중이었다), 43개 자치현이 설립되었다.

헌법의 규정에 따라 소수민족 집거 구역이 크고 인구가 더 많은 지구에서는 성급자치지방정부 설립 준비사업을 시작했다. 1947년 5월에 최초로 창립된 내몽골자치정부는 1949년 12월에 내몽골자치구인민정부로 개칭했다. 1955년 10월 1일에 제1기 전국인민대표대회 상무위원회 제21차 회의의 비준을 통해 신장위구르자치구가 창립을 선포했다. 이는 내몽골자치구 이후에 창립된 전국 두 번째의 성급자치지방이었다. 1956년 4월에 티베트자치구 창립 준비위원회가 라싸에서 설립되었다. 광시쫭족자치구, 닝샤회족자치구의 창립을 위한 준비사업도 서둘러 진행되었다. 이는 중국의 민족구역 자치제도사업이 중대한 진전을 이루었음을 상징한다.

소수민족지구의 경제 발전과 관련하여 중앙은 각 성, 자치구에 5개년계획을 제정할 때 중점을 농업, 목축업, 무역, 교통 발전에 두도록 요구했다. 모든 소수민족지구에서는 등가교환 심지어 보조금을 주는 방법으로 무역을 강력히 추진하며 점차 공급판매합작사를 발전시켰다. 철도를 부설하는 지역을 제외하고는 점차 도로 간선을 건설하고 중요한 도로와 교량을 보수하고 몇몇 지구에서 중점적으로 점차 우체국, 전보, 전화 통신기구를 설립했다. 국가에서 건설하는 중요한 공업, 광산 기업 외에 소수민족 중심구 또는 인구밀집 지구에서 인민 생활에 필수적인 공업과 생산의 발전과 밀접히 연계되는 공업을 건설하고 점차 병원, 위생소와 농촌목축구의 의료대, 방역소 및 기타 의료시설을 건설했다. 또한 각종 학교교육, 성인보충교육을 발전시켜 문맹퇴치사업을 전개하고 소수민족어문의 출판, 라디오방송 사업을 개척하며 문예 및 체육 활동을 전개했다.

중국 국민경제의 첫 5개년 계획은 여러 민족 인민들의 장구한 이익을 가져다주었다. 5개년 계획 가운데의 적지 않은 중점건설 공사들, 이를테면 바오터우강철연합기업, 신장유색금속공업, 카라마이유전 등 석유공업들은 모두 소수민족지구에 분포해 있었다. 5개년 계획에서 새로 건설하는 여덟 갈래 철로간선 가운데 다섯 갈래가 소수민족지구에 있거나 직접 소수민족지구와 연결되어 있었다. 예를 들면 간쑤, 신장을 관통한 난신철도, 시베이와 시난을 연결한 바오청(寶成)철도, 내몽골 지닝(集寧)에서 어런호트까지 이어진 철도, 내몽골 바오터우에서 닝샤를 거쳐 간쑤 란저우에 이르는 철도, 광시 여당에서 광동 잔장(湛江)에 이르는 철도이다. 5개년 계획 가운데 도로건설의 중점도 시난 소수민족지구와 변강, 연해 지구에 두었다. 강장도로와 청장도로는 몇 년간의 간고한 부설을 거쳐 1954년 12월에 동시에 개통의식을 거행했다. 이러한 철도와 도로 건설은 소수민족지구의 폐쇄 상황을 크게 바꿨고 각 지역 간의 물자교류와 각 민족 간의 왕래를 증진시켰으며 금후의 경제문화발전에 이로운 조건을 마련했다. 자원의 개발, 공업의 건설과 더불어 소수민족지구의 현대공업은 일어서기 시작했고 기본적으로 단일한 경제구조를 바꾸고 경제 발전을 위한 기초를 마련하게 되었다.

비록 소수민족지구의 대규모적인 건설사업은 비교적 늦게 시작되었지만 발전 속도와 이룩한 성과는 뚜렷했다. 통계에 따르면 농업과 목축업에서 소수민족지구의 양곡 생산량과 가축 수는 1957년과 1949

년을 비교할 때 각기 62.9%와 141% 성장했다. 민족자치지방의 공업 총생산액은 1948년의 5억 4,000만 위안에서 1957년의 29억 5,000만 위안으로 늘어나 4배나 넘게 성장했다. 많은 소수민족지구에 잇달아 중소형 공장, 광산 기업이 건설되었다. 내몽골, 신장, 광시, 칭하이 등 성, 자치구에 또 일부 대형 현대공업기지가 건설되었다. 1957년까지 소수민족지구의 철도 개통 길이는 5,400여 킬로미터에 달했고 도로 개통 길이는 6만여 킬로미터에 달했다. 공업, 교통의 발전과 더불어 소수민족지구의 문화, 교육, 위생 사업도 매우 큰 발전을 거두어 전국의 재학 중인 대학생, 중학생, 소학생 수가 모두 배로 성장했고 위생기구도 보편적으로 설립되었다. 몽골족, 장족, 위구르족, 조선족, 카자흐족, 쫭족, 이족, 타이족, 시버족, 키르기즈족, 징퍼족, 이수족 등 13개 민족의 문자로 출판된 신문은 23종, 잡지는 35종, 각종 도서는 1,763종에 달했다. 소수민족 간부대열도 한층 더 성장, 확대되어 1949년의 4만 8,000여 명에서 1957년의 48만여 명으로 늘어났다. [15)

당중앙위원회와 마오쩌둥이 확정한 과도기 민족사업의 과업 및 일련의 민족사업 방침과 정책의 지도로 중국 민족과 종교 사업은 전반 과도기에 더 온당하게 진행되었다. 소수민족지구의 사회주의적 개조 사업은 각 소수민족지구의 특징과 민족 특징에 근거해 점차 소수민족지구의 여러 민족 농민, 목축민, 수공업자들을 호조합작의 길로 나아가고 사영상공업자들이 공사합영에 가입하도록 이끌었다. 1956년부터 1958년까지 전국소수민족지구(티베트를 제외)에서는 계속 사회주의적 개조를 기본적으로 완수했다. 총체적으로 중국공산당은 다민

---

15) 〈당대 중국〉총서 편집부, 〈당대 중국의 민족사업〉 상, 당대중국출판사 한문판, 1993년, 121쪽.

족의 통일된 국가의 실제 상황에서 출발하여 전국 여러 민족 인민들을 영도하여 구중국의 계급 압박과 민족 압박에 의해 생긴 계급적 근원과 사회적 근원을 뿌리째 뽑아버리고 여러 민족 인민들로 하여금 근본적인 사회해방을 얻게 함으로써 다 같이 사회주의로 넘어가도록 했다.[16] 그리하여 전체 중화민족의 단결통일을 공고히 하고 공동 진보를 추진하는 데 더욱 밝은 미래를 펼쳐주었다.

3. 선전사상사업과 문화건설 발전

당의 선전사상사업 임무의 전환

당의 과도기 총노선이 확정된 후 당의 선전과 사상교양 분야의 사업 임무도 따라서 전환되었다. 지난날 신민주주의 강령과 정책을 중점적으로 선전하고 각 분야의 신민주주의 건설에 배합하여 사상교양 사업을 진행하는 것에서 당의 과도기 총노선과 사회주의사상을 전국 인민에게 선전하여 교양하는 것으로 바뀌었다. 1953년 말부터 전국적으로 당의 과도기 총노선에 대한 선전교양을 대대적으로 진행했는데 이는 과도기 당의 선전사상사업의 전환의 시작이었다.

당중앙위원회는 사회주의적 개조를 완수하고 중국에서 사회주의를 건설하기 위해서는 전국 인민들에게 사회주의사상 교양을 진행하여 사회주의사상이 전국적으로 지배적 지위를 차지하고 대중 속에서 우위를 차지하게 함으로써 전국 인민이 사회주의 혁명과 사회주의건설의 위대한 사업에 적극적으로 참여하도록 동원하고 이 사업의 승리를 위해 간고분투하려는 그들의 열성과 창조성을 발휘해야 한다

---

16) 티베트지구는 특수한 역사적 상황 때문에 1960년에 민주개혁을 완수한 후에야 점차 사회주의로 과도하기 시작했다.

고 인정했다. 과도기의 당의 총노선을 학습하고 선전하는 기초 위에서 당의 인민대중 속에서의 선전교양사업을 한층 더 정돈, 추진하고 선전교양사업에 대한 당의 영도를 강화하며 농촌과 도시에서의 당의 각급 선전기구, 선전망과 일상적인 선전활동을 건전하게 하고 인민대중에게 더욱 체계적으로, 일상적으로, 보편적으로 깊이 있게 사회주의 사상교양을 진행하기 위해 중공중앙은 제2차 전국선전사업회의를 개최하기로 결정했다.

1954년 5월에 중국공산당 제2차 전국선전사업회의가 베이징에서 개최되었다. 회의는 1951년 제1차 전국선전사업회의 후 3년 이래의 경험을 총화하고 당의 선전사업의 당면 주요과업을 확정했다. 즉 한층 더 마르크스-레닌주의의 사회주의사상으로 전당과 인민대중을 교양하고 전당과 전국 인민들을 동원하여 과도기의 당의 총노선을 실현하고 국가건설의 첫 5개년 계획을 완수하기 위해 노력하는 것이다. 회의는 중앙을 대신하여 작성한 '신문사업 추진에 관한 결의', '농촌에서 당의 선전사업을 강화하는 것에 관한 지시'를 토의하고 회의 후 중공중앙의 비준을 거쳐 하달했다.

신문사업을 추진하는 것과 관련하여 중앙은 전국 신문 사업에서 최근 몇 년 동안에 큰 성과를 거두었다고 긍정함과 동시에 신문 사업에 존재하는 일부 결함도 지적했다. 이를테면 실제와 대중과의 연계가 밀접하지 못하고 신문 지상에서 비판과 자기비판이 일상적으로, 올바르게 전개되지 못하며 마르크스-레닌주의 이론에 대한 선전이 아직도 매우 약하고 당 생활에 관한 선전을 홀시하며 편파적으로 경제선전을 진행하는 것 등이었다. 이러한 문제에 따라 중앙은 다음과 같은 당의 선전사업의 요점을 제기했다. 첫째, 이론 선전을 강화하고 마르크스-레닌주의를 선전하며 당의 총노선을 선전하고 사회주의사상을 선전하며 당의 정책과 결의를 선전해야 한다. 체계적으로 마르크스-레닌주의를 선전해야 한다는 것은 내용이 없는 설교를 하라는 것이 아니라 실제 문제와 간부 대중의 사상과 긴밀히 결부시켜 실제 사업에서의 많은 이론 문제와 간부대중 속의 일부 사상 문제에 대해 체계적으로 설명하고 실정에 맞게 해석을 가해야 한다는 것이다. 둘째, 제반 건설에서 당의 정치 영도의 정확한 시행, 광범위한 인민대중에 대한 당의 정치사업과 조직사업, 전체 국가 건설 사업에서의 당의 영도 역할, 당조직의 보루 역할과 간부, 당원의 모범 역할 등을 포함한 당 생활에 대한 선전을 강화해야 한다. 체계적으로 당의 생활 가운데 중대한 문제를 설명하며 당내 각종 불량한 경향과 투쟁해야 한다. 셋째, 경제에 대한 선전을 개진해야 한다. 각급 당위원회는 일상적으로 신문을 통해 수천 수백만 대중을 동원하여 노동 경쟁을 벌이고 노동생산 능률을 높이며 공업, 농업 등 면에서 제1차 5개년 계획을 전면적으로 완수하거나 초과 완수하도록 함으로써 점차 농업, 수공업, 자본주의적 상공업에 대한 사회주의적 개조를 완수하도록 해야 한다. 경제에 대한 선전에서는 국가의 사회주의 공업화를 주체로 하는 총체적 관념이 있어야 하고 공업과 농업, 교통운수, 재정경제사업과 무역사업의 발전에도 모두 적당히 주의를 돌려 선전하도록 해야 한다. 그 밖에 국제 문제에 대한 선전과 신문평론 사업을 개진해야 한다. 신문보도를 추진하는 데 준확성, 다양성, 생동성, 적시성을 강조하고 사실에 토대를 두도록 해야 한다. 이 밖에도 중앙은 비판과 자기비판을 적극적으로 전개할 것을 또다시 천명하고 신문은 당이 비판과 자기비판을 전개하는 가장 예리한 무기라는 것 그리고 비판하는 사실이 완전히 징확해야 한다는 것, 비판은 실제 사업에 이롭고 단결에 이롭고 당, 국가, 인민 그리고 비판을 받는 자에게까지 모두 도움이 되어야 한다는 것, 과거를 징계하여 금후를 삼가게 하고 병을 치료하여 사람을 구하는 올바른 태도로 비판해야 한다는 것, 비판과 자기비판에 대한 당의 영도를 강화해야 함을 지적했다.

농촌에서 당의 선전사업 강화와 관련하여 중앙은 다음과 같이 지적했다. 광범한 농촌에서 농민대중에게 체계적으로 사회주의 교양을 진행하고 당의 농촌에서의 선전망과 일상적인 선전활동을 건전히 하며 수많은 농민대중의 정치적 각성을 사회주의의 수준으로 끌어올림으로써 농촌에서 사회주의적 개조를 전개하기 위한 필요한 사상적 기초를 마련해야 한다.

당의 선전사업과 사상교양사업의 전환은 또한 사상전선 투쟁을 강화하는 측면에서도 표현되었다. 제2차 전국선전사업회의는 다음과 같이 인정했다. 과도기 총노선의 시행은 중국 역사에서 전례 없는 심각한 혁명으로서 모든 형태의 착취제도를 소멸하고 기본적으로 생산수단의 사적 소유를 소멸하는 것이다. 그 때문에 전국적으로 개개인 모두의 생활과 사상에는 모두 종래에 없었던 변화가 일어날 것이고 그것은 민주주의 혁명의 영향보다 더 광범위하고 강렬할 것이다. 자산계급분자들이 사회주의사업이 매번 진전할 때마다 각종 다른 형태로 저항할 것이기 때문에 사회주의사상으로 사람들의 두뇌 속의 자본주의사상을 대체하려면 장기간의 투쟁을 거치지 않으면 안 된다. 지난 몇 년 동안에는 당이 제반 민주개혁과 생산개혁 사업에 역량을 집중하다 보니 민주 임무의 선전에만 치중하고 사회주의사상의 선전과 당내와 사회상의 자본주의사상과의 투쟁은 그 범위, 정도 면에서 모두 비교적 제한적이었는데 금후 당의 선전사업에서는 반드시 제반 사회주의건설과 사회주의적 개조사업을 결부하고 국내, 국제 생활 가운데 중대한 사건과 결부하여 노동계급의 사회주의사상을 전국 인민들에게 체계적으로 일상적으로 생동하고 실제 수요에 맞게 주입해야 하며 사회주의 건설을 선전해야 한다. 한편 반드시 사회주의적 개조와 사회주의 건설을 방해하는 자산계급사상과 단호하게 투쟁해야 한다. 이를 위해 회의는 "사회주의 혁명 단계에 반드시 전반적 사상 전선에서 자산계급사상과 엄숙한 투쟁을 진행해야 한다."는 기본 과업을 제시했다.

요컨대 과도기 당의 총노선의 관철시행을 둘러싸고 당중앙위원회는 전당과 전국적으로 마르크스-레닌주의 이론과 사회주의사상에 대한 학습, 선전과 교양 활동을 전개할 것을 요구하고 당과 국가사업의 모든 고리에서 사상 사업을 강화해야 할 중요성을 명확히 밝혔는데 이는 전체 인민 속에서 국가 공업화를 실현하고 점차 사회주의 사회로 과도하기 위한 사상 기초를 마련하는 데 중요한 의의가 있었다.

문화예술사업에 대한 당의 영도 강화

대규모 경제건설이 시작된 후 중국의 문화예술사업과 문화사업에 대한 당의 영도도 과도기의 총노선에 부응하여 새로운 전환을 가져와야 했다. 1953년 9월 23일부터 10월 6일까지 전국문학예술계연합회는 베이징에서 중국문학예술인 제2차 대표대회를 개최했다. 이 대회는 과도기 총노선을 관철하는 문화동원(文化動員)의 대회였다. 회의는 다음과 같이 확정했다. 사회주의적 사실주의는 중국 문예 창작과 비평의 기본 준칙이며 사회주의적 사실주의의 창작 방법은 지금에 와서 시작한 것이 아니며 실제로는 '5·4' 신문화운동이 바로 이 방향으로 발전했다. 현시기 중국이 이미 과도기에 들어서 인민생활에는 사회주의 요소가 점점 신속히 증가함과 동시에 결정적인 억할을 하고 있다. 이는 사회주의적 사실주의 문학예술의 발전에 더욱 넓은 현실적 토대를 마련해주고 있다. 회의는 다음과 같이 인정했다. 사회주의적 사실주의는 작가의 제재 선택, 표현 형태와 개인 품격 측면에서의 완전한 자유를 속박하지 않을 뿐만 아니라 최대한 이런 자유를 보장하고 작가의 창조성과 열성을 발휘시키는 것이다. 마오쩌둥이 희곡 사업을 지도하기 위해 제기한 '백화제방'의 원칙은 전반 문학예술사업의 발전 방침이 되어야 한다.

회의는 신중국 창건 이래 문예 발전에서의 문제를 분석하고 나서 문화사업의 영도 측면에서 여전히 간단한 행정 방식으로 예술창작 활동을 영도하는 습관적인 결함들이 존재한다고 지적했다. 회의는 다음과 같이 인정했다. 당의 조직은 작가, 예술가 단체에 더욱 많이 의거하여 그들의 창작을 조직하고 작가, 예술가들이 창작에서 자유경쟁을 진행하도록 더 많이 동원하며 그들 속에서 올바른 비판과 자기비판을 벌이고 올바른 사회 여론을 통해 창작을 촉진하고 지도함으로써 그들의 예술 노동에 가장 이로운 조건을 마련해야 한다. 이렇게 하는 것은 당과 정부의 문학예술에 대한 영도를 약화하는 것이 아니라 그와는 반대로 이런 영도를 더욱 잘 실현하는 것이다. 회의는 1951년 영화 〈무훈전〉에 대한 비판을 긍정하고 문예비평에 존재하는 다음과 같은 주요 경향을 지적했다. 즉 전체적인 반인민적인 작품, 진보적이지만 결함이 있는 심지어 오류가 있는 작품을 구별하지 않는 것, 생활에 대한 작가의 의식적인 왜곡과 작가의 인식 능력 또는 표현 방법의 부족으로 만들어진 생활에 대한 진실하지 못한 묘사를 구별하지 않는 것, 문예비평을 할 때 일률적으로 폭로, 공격적인 태도를 취해 사람들이 비평에 대해 반감을 갖게 하는 것 등이다. 회의는 비평가들이 동지에 대한 사랑의 태도로 작가들을 대하고 엄숙한 비평과 열정적인 격려, 작가에 대한 엄격한 요구와 그들의 창작에 대한 관심을 결합시킬 것을 요구했다. 이러한 정책 원칙들을 총화해내고 개괄해낸 것은 제2차 문학예술인대표대회가 문예창작 법칙을 정확히 인식한 것에 기초를 두고 이룩한 귀중한 성과였다.

이번 회의가 개최되기 전인 9월 10일, 중공문화부 당조는 중앙에 '현시기 문화예술사업 상황과 금후 개진 의견에 관한 보고'를 제기했다. 이 보고는 과도기 문화예술사업의 방침과 과업은 인민들이 요구하는 문학예술 창작을 적극적으로 발전시키고 사회주의 정신으로 광범한 인민들을 교양하며 대중이 국가의 경제건설에 적극적으로 참가하도록 격려함과 아울러 대중의 점점 더 늘어나는 문화적 요구를 충족시키는 것이라고 제기했다. 1954년 1월 8일에 중공중앙은 이 보고를 비준하면서 장편 서면 지시를 첨부했다.

중앙은 지시에서 다음과 같이 지적했다. 중국 경제의 회복, 발전과 더불어 인민대중의 문화적 요구는 이미 끊임없이 늘어나고 있다. 앞으로 문학예술의 형태로 대중에게 애국주의와 사회주의 교양을 진행하는 임무는 갈수록 중요해질 것이므로 반드시 문화예술사업에 대한 영도를 올바로 개진하고 강화해야 한다. 문화사업의 선차적 임무는 대중의 수요에 적합한 새로운 문학예술과 영화의 창작을 적극적으로 발전시킴과 동시에 민간에 있는 기존의 각종 예술과 문화오락 형태를 광범위하고 올바르게 발굴하고 이용하고 개혁하고 발전시키는 것이다. 중앙은 다음과 같이 요구했다. 각급 당위원회 선전부와 정부 문화주관 부문에서는 문예창작(문학, 희곡, 영화, 미술, 음악 등 포함)에 대한 영도를 강화하고 작가들로 하여금 문예가 노동자, 농민, 군인을 위해 복무하는 정치 방향과 사회주의적 사실주의의 창작 원칙을 향해 전진하도록 하며 그들이 학습에 노력하고 실제 생활에 깊이 들어가 예술 실천을 강화하도록 격려해야 한다. 또한 창작을 지도하는 데 단순하고 거친 태도를 극복하고 작가의 창작활동에 대해 참을성 있게, 각기 필요한 구체적인 지도와 도움을 줌으로써 그들이 좋은 성과를 거두도록 해야 한다. 중앙은 이번 지시에서 과도기에 당이 문화예술사업을 영도하는 방침과 임무를 제시했는데 이는 사회주의적 사실주의의 창작 원칙에 따라 중국 문화예술사업을 번영시키는 데 중요한 지도적 역할을 했다.

신중국 창건 후 몇 년 이래 문화예술사업은 국가건설의 기타 사업과 마찬가지로 긍정적으로 발전했고 새로운 인민문화예술은 이미 낡고 부패하고 낙후한 문화예술을 대체했다. 소설, 시가, 연극, 영화, 가극, 가곡, 무용, 미술작품 등을 포함한 새로운 문예작품들은 모두 대중에게 널리 전파되었다. 민족전통의 희곡에 대해 내용과 무대예술 면에서 모두 기본적인 개혁을 진행하여 일부 새로운 연극공연 종목을 창조했다. 당의 '백화제방, 추진출신(推陳出新)' 방침의 지도로 문예 노동자들은 우수한 작품을 대거 창작해냈다. 그중 대표적인 작품으로 소설 〈철도유격대〉, 〈풍운초기(風云初記)〉, 〈활인당(活人塘)〉, 〈5월의 광산〉, 소수민족 인민들의 생활을 반영한 〈망망한 초원에서〉가 있고 항미원조의 위대한 투쟁을 표현한 통신오체르크집 〈평화를 보위하는 사람들〉, 실화문학집 〈지원군의 하루〉 등이 있으며, 연극 〈시련〉, 〈명랑한 하늘〉, 〈장안을 바라보며〉, 〈만수천산〉 등이 있고, 새로 엮은 경극 〈장상화(將相和)〉 등이 있다. 영화사업도 큰 발전을 이룩했는데 예술영화 제작은 해마다 늘어났다. 〈화산을 지혜롭게 탈취〉, 〈도강정찰기〉, 〈동존서〉, 〈상감령〉, 〈축복〉, 〈이시진〉 및 신중국의 첫 컬러영화인 〈양산백과 축영대〉 등 여러 편의 우수한 영화들이 상영되었다.

문화부는 1952년 말에 23개 연극 종류가 있고 37개 극단에 총

1,800여 명이 참가하며 82개 연극공연 종목으로 구성된 제1기 전국 희곡견학공연을 개최했다. 이어서 1953년에는 전국 제1기 민간음악 무용합동공연을 개최했다. 1954년에 화둥지구에서 35개 연극 종류가 참가한 158개 연극공연종목의 희곡견학공연회를 개최했다. 1956년에 베이징에서 성대하게 개최한 제1기 전국연극견학공연회에는 전국 각지 41개 연극 단체의 총 2,000여 명이 50여 개 연극공연 종목의 공연에 참가했다. 1956년 5월에 저장성 곤소(昆蘇) 극단은 베이징에 와서 곤곡(昆曲) 〈십오관(十五貫)〉을 공연했다. 마오쩌둥, 류사오치, 저우언라이, 주더 등 당과 국가의 지도자들이 공연을 관람했다. 저우언라이는 "하나의 공연 종목이 하나의 연극 종류를 살렸다."고 하며 칭찬을 아끼지 않았다. 〈인민일보〉는 사설을 발표하여 "온 시내가 십오관을 담론하고 있는" 열띤 분위기에 대해 평론했다. 사설은 다음과 같이 지적했다. 〈십오관〉은 고전곤곡예술을 새롭게 빛냈을 뿐만 아니라 역사극도 마찬가지로 매우 훌륭한 현실 교육 역할을 할 수 있음을 말해주었다. 또한 사람들로 하여금 민족예술의 우수한 전통을 더욱 중시하게 함으로써 '백화제방, 추진출신'의 문예방침을 한층 더 관철시켜 집행하는 데 좋은 본보기가 되었다.[17]

　요컨대 계획적인 경제건설을 전개하는 시기에 중국 문화예술사업이 기본적으로 번영한 이것은 인민대중의 문화생활과 정신생활을 풍부하게 하고 그들의 생산과 건설의 열성을 격려하며 창조적인 사업을 적극적으로 추진하는 데 아주 훌륭한 역할을 했다.

---

17) "하나의 연극공연이 하나의 연극 종류를 살렸다."로부터', 1956년 5월 18일 자 〈인민일보〉 사설.

과학, 교육, 위생 사업의 발전을 추진

사회주의적 공업화건설이 추진됨에 따라 과학과 교육의 역할이 갈수록 더욱 뚜렷해졌다. 중국 과학연구사업이 국가 건설과 발전의 수요에 적응하도록 하기 위해 1953년 9월과 11월에 중공중국과학원 당조는 과학원소련방문대표단의 사업, 과학원사업의 기본 상황과 이후의 사업 임무에 관한 보고를 중앙에 제기했다. 보고는 목전에 존재하는 주요 문제, 예를 들면, 국가건설의 요구로 볼 때 기존의 과학 기초와 역량이 아직 미약하며 기존의 과학자들을 단합하고 새로운 역량을 양성하는 면에서도 부족함이 존재하며 이론과 실제를 연계시키는 방침을 관철하는 면에서 너무 서둘러 목적을 달성하려 하고 실제와 연계시키는 것을 지나치게 강조하는 경향이 존재하는 등 문제들을 검토 분석했다. 과학사업의 방침, 과업, 중점과 관련하여 보고는 당의 과도기 총노선에 따라 소련의 선진과학사업 경험을 학습하고 국가건설을 적극적으로 지원하며 국가의 사회주의적 공업화를 실현하고 전체 국민경제의 발전을 촉진시키기 위해 힘써야 한다고 지적했다. 당중앙위원회는 상술한 보고를 매우 중시했으며 1954년 3월 8일에 '중국과학원 당조가 중앙에 제기한 목전 과학원사업의 기본 상황과 앞으로 사업 임무에 관한 보고'를 비준하고 장편 서면 지시를 첨부했다.

중앙은 지시에서 우선 국가건설에서 과학사업의 전략적 지위에 대해 천명하고 다음과 같이 지적했다. 중국을 생산이 고도로 발달하고 문화가 고도로 번영한 사회주의국가로 건설하려면 반드시 자연과학과 사회과학을 발전시켜야 한다. 국가의 계획적인 경제건설이 이미 시작된 이때 반드시 자연과학을 힘껏 발전시키고 생산기술이 끊임없이 진보하도록 촉진하고 자연자원을 전면적으로 이해하고 더욱 효과적으로 이용하도록 도와야 한다. 중국 과학기초는 취약하며 과학연구간부들이 성장하고 과학연구 경험을 축적하려면 모두 상당히 긴 시간이 필요하므로 반드시 분발하고 성장해야 한다. 중앙은 과학자들을 단합시키는 것은 당의 과학 사업의 중요한 정책임을 강조하고 중국 과학자대열에 대해 분석하면서 다음과 같이 지적했다. 절대다수의 과학자는 모두 당의 영도를 받으려 하며 과학사업에서 성과를 거두어 국가에 기여하려고 한다. 그들은 국가와 사회의 귀중한 재산이다. 반드시 그들을 중시하고 존중해야 하며 모든 과학자와 결합해 인민을 위해 복무하도록 해야 한다. 이러한 전제에서 우선적인 임무는 과학연구에서 과학자들의 적극성을 고양시키고 그들의 연구사업에 대해 관심을 가지고 지원하며 그들이 연구 사업을 순조롭게 진행하도록 제반 조건을 마련해주는 것이다. 지난날 지식인 정책집행 과정에 나타났던 오차에 대해 중앙은 과학자들에 대한 사상교양은 장기적으로 꾸준히 진행해야 하는 사업이라는 것, 이 사업은 반드시 그들의 과학사업을 존중하고 그들의 과학연구의 열성을 불러일으키고 그들의 존엄성을 해치지 않는 전제에서 진행해야 한다고 강조했다. 중앙은 과학연구부문의 당의 기층조직은 청년 과학자들과 원로 과학자들 속에서 적극적이고도 신중하게 당원을 확대하여 점차 과학연구 단위에서의 당조직 역량이 미약한 상황을 바꿀 것을 요구했다. 중공중앙의 이 지시는 대규모 경제건설에 진입한 시기에 당이 제정한, 중국 과학연구사업 추진정책을 체계적으로 천명한 첫 기본 문건이다.

중앙의 지시 정신에 따라 중국과학원과 각 관련 부문에서는 상응한 조치를 취해 관철시켜 집행했다. 중앙은 지시에서 '과학원은 정부의 행정기구'가 아니라 '과학연구의 중심'이며 국무원 영도의 국가최고학술기관이라고 지적했다. 이런 변화에 적응해 중국과학원의 조직

형태도 상응하게 바뀌었다. 당시 국제적으로 통용되었던 원사제도의 조건이 아직 성숙되지 않은 점을 고려해 중앙은, 중국과학원은 학과별로 학부를 설립하고 성과가 있는 과학자를 학부위원으로 초빙하는 것이 전국 과학자들을 더욱 잘 단합시키고 과학사업의 발전을 영도하고 추진하는 데 유익하다고 인정했다. 학부위원제도를 시행하면 점차 원사제도로 이행할 수 있도록 준비하는 데도 편리했다. 적극적인 준비를 거쳐 국무원의 비준으로 중국과학원은 233명의 학부위원(타이완에 가지 않고 대륙에 남았거나 국외에서 대륙으로 돌아온 전 중앙연구원 원사들은 기본적으로 모두 초빙되었다)을 초빙해 각각 4개 학부, 즉 수리화학부, 생물학지학부, 기술과학부, 철학사회과학부를 설립했다. 1955년 6월에 중국과학원은 학부설립대회를 개최했다. 이렇게 전국 과학연구 체제는 점차 자리를 잡아갔고 앞으로 과학사업을 전면적으로 발전시키고 과학의 장구한 계획을 제정하기 위한 기초를 다졌다. 1955년 말에 전국 과학기술 일꾼은 이미 40여 만 명에 달했고 전문적인 과학연구기구는 800개를 초과했다. 이 역량은 계획적인 경제건설에서 대단히 중요한 역할을 했고 특히 새로운 공업기지를 건설하고 소련에서 도입한 선진 기술과 설비를 이해하고 받아들이는 많은 사업을 성과적으로 수행했다.

새로운 형세에 적응해 중국 교육사업도 사업임무의 전환에 직면하게 되었다. 1953년 5월에 중공고등교육부 당조는 전국고등교육의 기본 상황과 이후 방침에 관한 보고를 중앙에 제기했다. 보고는 다음과 같이 인정했다. 간부양성은 국가건설, 특히 공업건설의 수요에 부응해야 하고 우선 중공업, 국방공업 분야, 이와 밀접한 연계가 있는 지질, 건축 등 분야의 기술간부의 공급을 보장해야 한다. 고등교육은 단기적 수요와 장기 건설의 수요를 고루 돌보고 고등공업대학교육은 본과생 교육을 위주로 하고 전문대학교육을 보조로 해야 한다. 종합대학은 고등교육의 기초인 만큼 영도를 강화해 이과를 중점적으로 발전시켜야 한다. 정법, 재정경제 등 대학교 및 사회과학, 철학, 문학과 사학 등 학과는 알맞게 집중, 개조하여 앞으로의 발전을 위한 조건을 마련해야 한다. 대학교는 중국과학원과의 협력을 강화하여 교학과 결부해 점차 과학연구를 전개하며 수업의 질을 높이고 과학연구 인재를 육성해야 한다. 노동자, 농민에게 문을 여는 방침을 한층 더 관철하고 우수한 산업 노동자들을 학생으로 받아들여 노동자 출신의 전문가와 공업지도자 중견을 양성해야 한다. 그해 9월에 당중앙위원회는 이 보고를 비준했다.

1953년에 계획적인 경제건설이 시작된 후 전국 고등학교들에서는 계속 학원, 학부 조절사업을 진행했다. 그중 중요한 절차의 하나로 저우언라이의 직접적인 지도로 베이징에 '8개 학원'(즉 베이징항공학원, 베이징강철학원, 베이징광업학원, 베이징석유학원, 베이징지질학원, 베이징농업기계학원, 베이징임학원, 베이징의학원)과 베이징재정금융학원, 베이징정법학원을 설립했다. 대학교가 지나치게 연해 대도시에만 집중된 상황을 개선하기 위해 1955년에 국무원의 비준을 거쳐 연해지구의 일부 대학교 전공, 학부를 내륙으로 옮겨 새로운 대학교를 설립하고 소수 학교는 전부 또는 일부를 내륙으로 옮겨와 대학교를 설립함과 동시에 기존의 내륙 학교를 강화했다. 몇 년간의 조정을 통해 1956년에 전국의 대학교는 227개로 발전했다. 베이징대학, 중국인민대학, 난카이(南開)대학, 푸단(復旦)대학, 산둥대학, 우한대학, 중산(中山)대학 등을 대표로 하는 종합대학, 그리고 칭화(淸華)대학, 교통대학, 퉁지(同濟)대학, 톈진내학, 저장대학, 충칭대학, 화난공학원, 타이위안공학원 등을 대표로 하는 다학과 공업대학, 많은 사범, 농림, 의약, 재정경제, 정법, 예술, 체육 등 각 유형의 전문대학교와 소수민족대학들은 중국에서 비교적 완전한 고등교육 체계를 구축했다. 대학교 재학생 수는 1952년의 19만 1,000명에서 40만 3,000명으로 늘어났다. 보통교육도 매우 큰 발전을 이룩해 각 유형의 중등학교 재학생 수는 1952년의 314만 5,000명에서 600만 9,000명으로 늘어났고, 소학교 재학생 수는 1952년의 5,110여만 명에서 6,346만 6,000명으로 늘어났으며 성인교육, 종업원교육과 노동자, 농민대중에 대한 비전문문화교육도 모두 매우 큰 발전을 이룩했다.

의료위생부문도 새로운 형세에 발맞춰 앞으로의 사업 중점과 과업을 제기했다. 1953년 10월에 중공위생부 당조는 당중앙위원회에 제기한 보고에서 국가건설의 수요와 목전의 실제 상황에 따라 앞으로 위생사업의 중점으로서 우선 공업 위생사업과 도시 의료사업을 강화하고 계속 애국위생운동을 벌여 인민대중에게 가장 해로운 질병들을 퇴치하며 농촌 위생사업은 호조합작운동과 결부시켜 단계적으로 전개해야 한다고 지적했다. 당중앙위원회는 1954년 4월에 이 보고를 비준, 전달했다.

의약위생 분야에서 지난날 존재한 중의, 양의의 대립과 중의를 차별하는 상황을 바꾸기 위해 1954년 11월 23일에 중공중앙은 원 정무원 문화교육위원회 당조의 중의사업 개진에 관한 보고에 회답하며 다음과 같이 지적했다. 양의가 중의를 배우도록 대대적으로 호소하고 조직하며 현대 과학 지식을 소유한 양의들이 합당한 태도로 중의와 협력하고 중의를 배우는 동시에 현대 과학 방식으로 조국의 의학 유산을 정리, 연구하여 향상하도록 격려해야 한다. 중의에 대한 독단적 태도와 종파주의 경향을 바로잡고 중의와 양의 간의 상호 존중과 단결의 관계를 확고히 구축하며 중국 고유의 의약 지식을 발전시켜 현대 과학의 수준으로 끌어올려야 한다. 중앙의 지시 정신에 따라 의약 위생 분야는 중의와 양의의 단결의 방침을 관철하고 '중의를 봉건의 학'으로 생각하고 "30년 이내로 중의를 소멸"할 것을 주장하는 등 그릇된 언론들을 엄숙히 비판함으로써 의료인들로 하여금 어떻게 중의를 대하는가는 우선 민족문화 유산을 어떻게 대하는가 하는 문제인 동시에 수많은 인민의 생명, 건강과 관계되는 문제라는 것을 인식하도록 했다. 노력을 통해 중국 중의와 양의는 질병예방퇴치사업에서 상호 단결하고 적극적으로 협력할 뿐만 아니라 학술 측면에서도 서로 교류하며 장점을 취하고 단점을 보완하는 양호한 국면을 형성해 갔다.

신중국이 창건된 후 경제가 신속히 복구, 발전하고 인민생활 수준이 향상됨에 따라 인구도 빨리 성장했다. 1953년 제1차 전국인구보편조사(타이완, 샹강, 아오먼과 화교 인구는 제외)에 따르면 전국 인구는 5억 8,000만 명을 초과했고 자연증가율은 23‰에 달했다. 이런 증가율에 따른 공급 문제는 정부에 큰 부담으로 다가왔다. 그러나 이에 따른 정책 관념이 부족했으므로 중앙위생부는 산아제한을 엄격히 제제하고 다산을 격려하는 여러 사회정책을 제정했다. 게다가 자식이 많으면 복이 많다는 중국의 전통적 관념도 더 많은 기혼여성이 생산 일선에 서 나아가 일하는 것을 방해했다. 많은 대중이 아이를 적게 낳으려는 염원과 요구가 있었지만 피임과 산아제한에 대한 지식과 약품 및 기구가 부족하여 대부분 맹목적으로 비과학적인 방법을 쓰다 보니 건강에 해로운 부작용이 초래되었다. 이런 문제에 따라 전국부녀연합회는 여성들의 신상과 이익을 보호하기 위한 선지에서 여러 차례 산아제한에 대한 대중의 목소리를 반영하는 한편 위생기관이 주동적으로 방안을 제정하여 간부, 대중의 피임 문제를 해결할 것을 호소했다. 1953년 8월 후, 정무원 부총리 덩샤오핑은 산아제한을 제재하는 태도와 방법을 고치고 일부 효과적인 조치를 취해 대중의 산아제한을 돕도록 위생부에 여러 차례 지시했다. 샤오리쯔(邵力子), 마인추(馬寅初), 린차오즈(林巧稚), 양숭서 등 사회의 지명인사들과 의학 전문가[18]들도 적극적으로 계획출산을 창도하며 정부에서 계획출산정책을 시행하도록 호소했다.

중국 인구의 급격한 성장을 통제하고 피임산아제한 문제에서 각 분야의 모호한 사상을 바로잡기 위해 1954년 12월에 류사오치는 관련 부문 책임자와 전문가들을 불러 좌담회를 열었다. 류사오치는 회의 총화 연설에서 중앙을 대표하여 다음과 같이 지적했다. 지금 수긍해야 할 점은 "당은 산아제한을 찬성한다."는 것이다. 그는 다음과 같이 분석했다. 중국은 인구가 이미 6억이 되었다. 현재 연평균 증가율은 2%인데 만약 산아제한을 하지 않는다면 증가속도는 더 빨라질 것이다. 이러면 "부모, 가정, 아이들 자신까지 어려움을 겪게 될 뿐 아니라 사회와 나라도 어려움을 겪게 되며" 이 문제는 한꺼번에 해결할 수 있는 문제가 아니다. 그러므로 "반대 이유는 모두 성립되지 않는다." 그는 먼저 당내의 사상을 통일함과 동시에 이를 위생상식 측면에서 선전하고 지도하며 관련 약품과 기구의 생산, 공급을 잘 조직할 것을 요구했으며 자체 생산이 부족할 경우에는 수입을 허용해야 한다고 말했다.[19]

---

18) 샤오리쯔, 마인추는 당시 제1기 전국인민대표대회 상무위원회 위원이고 린차오즈는 제1기 전국인민대표대회 대표이며 양숭서는 당시 위생부 부녀유아위생국 국장이었다.

19) 류사오치, '산아제한을 제창하자'(1954년 12월 27일), 〈류사오치선집〉(하), 민족출판사 1987년, 204~205쪽.

1955년 2월에 위생부 당조는 '산아제한 문제에 관한 보고'를 중앙에 제기했다. 위생부 당조는 보고에서 경솔하게 산아제한 정책을 반대하고 맹목적으로 임신중절을 찬성하지 않은 방법에 대해 반성함과 동시에 산아제한 제창과 관련되는 당 내외 인원, 의료인, 인민대중 속에서의 선전교양 문제, 관련 약품과 기구의 생산공급 문제 등에 대해 상응한 조치를 제기했다. 3월 1일에 중앙은 이 보고를 비준, 발부하면서 다음과 같이 지적했다. "산아제한은 수많은 인민의 생활에 관계되는 하나의 중대한 정책성 문제이다. 목전의 역사 조건에서 국가, 가정과 신생세대들의 이익을 위해 우리 당은 적당한 산아제한을 찬성한다. 각급 당위원회는 간부와 인민대중(소수민족지구는 제외) 속에서 적당히 당의 이 정책을 선전하며 인민대중으로 하여금 산아제한에 대해 올바르게 인식해야 한다."[20] 이는 신중국이 창건된 후 당 중앙위원회에서 산아제한을 제창하는 것에 관해 내린 첫 정책성 문건이었다.

전국부녀연합회 및 마인추 등 전문가, 학자들이 산아제한 제창에 관한 제의에 대하여 마오쩌둥은 찬성하는 태도를 보였다. 1956년 10월에 그는 유고슬라비아부녀 대표단과의 담화에서 다음과 같이 말했다. "사회의 생산은 이미 계획화되었으나 인류 자체의 생산은 아직도 일종 무정부와 무계획 상태에 처해 있다. 우리는 왜 인류 자신의 생산에 대해서도 계획을 시행하지 못하는가? 나는 될 수 있다고 생각한다."[21] 그 후에도 그는 여러 차례 계획출산사업을 언급할 때 "출산계

---

20) '산아제한 문제에 관한 위생부 당조의 보고에 대한 중공중앙의 회시'(1955년 3월 1일), 중공중앙 문헌연구실 편, 〈건국 이래 중요문헌선〉 제6권, 중앙문헌출판사 한문판, 1993년, 56쪽.

21) 마오쩌둥, '유고슬라비아여성대표단과의 담화'(1956년 10월 12일), 〈마오쩌둥문집〉 제7권, 인민출판사 한문판, 1999년, 153쪽.

획부를 내오고" "계획출산도 10년 계획을 세우며" "3년 시행, 3년 보급, 4년 보편화로 계획출산에 도달해야 한다."고 말했다. 이 시기 산아제한에 관한 당의 정책과 사상은 중국 인구정책을 제정하고 그 후 계획출산의 기본국책을 확정하는 데 올바른 지도 사상과 정책 기초를 제공했다.

당의 올바른 방침의 지도로 이 시기 의약위생사업은 뚜렷한 성과를 거두었다. 도시와 농촌의 의료망은 기본적으로 구축되었고 국가 공직자, 대학생과 공장, 광산 기업 종업원들은 공비의료와 노동보호를 누렸다. 국가는 비용을 면제하는 방법으로 농민들의 건강을 엄중히 해치는 유행성 질병에 대한 치료를 강화하여 악성전염병, 폐결핵과 성병을 기본적으로 통제했다. 1956년과 1952년을 비교하면 전국 위생기구의 총수는 3만 8,987개에서 10만 7,305개로 늘어났고 양로원, 요양소는 270개에서 799개로, 위생방역소는 147개에서 1,464개로, 모자보건소는 2,379에서 4,564개로 늘어났다. 각종 의료위생기구는 모두 배로 또는 몇 배로 늘어났고 동시에 대중의료보건사업의 중의 역할도 잘 발휘되어 인민들의 건강 수준을 한층 더 향상했다.

"자산계급의 유심론을 비판"하는 투쟁

과도기의 당의 사상전선에서의 과업에 따라 1954년부터 1955년까지 당은 사상문화 분야에서의 자산계급 유심론에 대한 비판을 영도, 조직했다. 이는 최초로 위핑보(兪平伯)의 〈홍루몽〉 연구 관점을 비판하면서 야기되었다. 〈홍루몽〉은 중국의 우수한 고전문학이다. 역사적으로 〈홍루몽〉에 대한 학술 연구자들의 연구 방법과 평가가 서로 달라 각각 여러 학술유파가 형성되었다. '5·4' 신문화운동에서 후스 등을 대표로 '신홍학파'가 형성되었는데 위핑보가 그 대표자 가운데 한 사람이었다. 신중국이 창건된 후 위핑보는 베이징대학 교수를 맡았는데 그는 당과 밀접한 학자였다. 1952년 9월에 그는 1923년에 출판된 〈홍루몽변(紅樓夢辨)〉을 약간 수정하여 〈홍루몽 연구〉라는 이름으로 다시 출판했다. 1954년 9~10월 두 문학청년이 산둥대학 학보 〈문사철〉과 〈광명일보〉에 글[22]을 실어 위핑보가 〈홍루몽〉의 '반봉건 경향'을 부정했다고 비판하고 위핑보의 기본 관점과 방법은 '반사실주의적 유심론'이라고 지적했다.

9월 중순에 장칭(江靑)[23]은 인민일보사에 가서 〈인민일보〉에 〈문사철〉에서 위핑보를 비판한 글을 전재할 것을 제기했다. 중앙선전부, 인민일보사의 책임자들은 연구를 거쳐 당중앙 기관지에 이런 학술논쟁을 야기하는 글을 게재하는 것은 타당하지 않으므로 중국문학예술계연합회에서 주관하는 〈문예보〉에 전재하기로 토의해 결정했다. 〈문예보〉는 전재 시 편집자의 말을 달아 다음과 같이 지적했다. 글의 저자는 중국고전문학을 연구하기 시작한 두 청년으로 과학적인 관점으로 위핑보 선생의 관점에 대해 비판을 시도했으니 모두 토론을 진행할 것을 바란다. 동시에 작자의 의견에는 분명히 세밀하지 못하고 전면적이지 못한 부분이 있다고 지적했다.

학술연구 분야에서의 이 같은 서로 다른 의견의 논쟁에 대해 마오쩌둥은 매우 중요하게 생각했다. 그는 〈인민일보〉에서 위핑보의 홍학 관념을 비평한 문장을 전재하지 않은 것은 이런 비평에 대한 '방해'라고 인정했다. 10월 16일에 마오쩌둥은 이 일과 관련하여 중앙정치국

---

22) 리시판(李希凡), 란링(藍翎)은 〈문사철〉에 "'홍루몽을 간단히 논함' 및 기타에 관하여'를, 〈광명일보〉에 '홍루몽 연구를 평함'을 발표했다.

23) 장칭은 마오쩌둥의 부인이며 당시 중앙인민정부 문화부 영화사업지도위원회 위원, 중앙선전부 영화처 처장이었다.

성원, 중앙선전부, 국무원 및 관련 부, 위원회 책임자들에게 편지를 썼다. 그는 다음과 같이 지적했다. 위핑보를 논박한 두 편의 글은 30여 년 이래의 이른바 〈홍루몽〉 연구 권위 작가의 그릇된 관점에 대해 처음으로 본격적인 반격을 가한 것이며 고전문학분야에서 30여 년간 청년들을 해친 후스파 자산계급 유심론을 반대하여 투쟁을 전개한 것이다. 그는 다음과 같이 인정했다. 1951년에 비록 영화 〈무훈전〉을 비판했지만 "지금까지 교훈을 섭취하기는커녕 또 위핑보의 유심론을 용인하며 '작은 인물'의 극히 생기 넘치는 비판문을 막아버리는 괴이한 일까지 나타났다. 이는 우리가 주의를 돌려야 할 부분이다."[24] 마오쩌둥의 편지는 위핑보의 홍학관점 비판으로부터 후스파 자산계급 유심론과의 투쟁으로 본의를 확대시켰고 문제를 진지하게 제기하여 문화예술계의 고도의 중시를 불러일으켰다.

10월 31일부터 중국문학예술계연합회 주석단과 중국작가협회 주석단은 공동으로 여러 차례 확대회의를 열고 위핑보의 〈홍루몽〉 연구의 입장, 관점, 방법에 대해 비판을 진행했다. 12월 2일에 중국과학원과 중국작가협회 주석단은 연석회의를 열고 후스파 유심론 사상 비판에 대해 배치했다. 회의는 다음과 같이 인정했다. 후스는 '5·4' 운동 이후 사상문화 분야 자산계급 대표인물 가운데 가장 큰 영향력을 지닌 사람이며 중국 자산계급사상의 가장 주요한 대표자이다. 전면적으로 철저히 후스파 자산계급 유심론을 폭로하고 비판하는 것은 마르크스주의자들의 중요한 전투적 과업이다. 그리하여 연석회의는 사업위원회를 설립하기로 결정하고 공동으로 후스사상비판토론회를 열기로 했다. 그 내용은 후스의 철학, 정치학, 역사학, 문학 및 철

---

24) 마오쩌둥, '〈홍루몽〉연구 문제에 관한 편지'(1954년 10월 16일), 중공중앙 문헌연구실 편, 〈건국 이래 중요문헌선〉 인민대중권, 중앙문헌출판사 한문판, 1993년, 645, 646쪽.

학사, 문학사 등 분야를 포함한 사상 관점을 비판하는 것이었다. 토론회는 이듬해 3월까지 이어졌고 총 21차에 걸쳐 진행되었다. 이 기간에 전국 각 신문, 잡지들은 계속하여 대량의 글을 실어 집중적으로 후스의 유심론 실용주의 철학을 비판했다. 이는 교육학, 정치학, 심리학 등 많은 분야까지 미쳐 후스사상의 영향을 숙청했다.

 사상문화 분야에서 마르크스주의의 지도로 유심론 등 비마르크스주의의 관점, 특히 그중에서 아주 영향이 큰 대표인물인 후스의 사상 관점을 깨끗이 정리하고 비판하는 것은 필요했고 적극적인 의의를 갖고 있었다. 이것은 당의 각급 간부와 수많은 지식인, 그리고 그들을 통해 수많은 인민대중으로 하여금 역사적 유물론 교육을 받게 하여 실제 생활에서 자산계급사상의 영향을 식별하고 청산하게 함으로써 사회주의 건설의 제반 사업을 더욱 잘 수행하는 데 도움이 되었다. 그러나 사상 문제와 학술 문제는 정신세계에 속하는 매우 복잡한 문제이기 때문에 비판운동의 방법으로 해결하면 필연코 일면적이거나 단순화하게 처리될 수 있고 사상, 학술 측면의 관점을 평등하게 토론할 수 없고 시비를 똑똑히 가르지 못할 수 있었다. 비록 당은 위펑보과 같은 지식인들과 단결하는 태도를 취해야 한다지만 〈홍루몽〉에 대한 학술연구사상을 둘러싼 비판은 실제로 일종 정치적인 비판으로 바뀌어갔다. 후스사상에 대한 비판, '5·4'운동 이후 가장 영향력 있는 유파의 자산계급 학술사상에 대한 정리와 비판은 당시 역사적 유물론을 선전하고 자산계급 유심론 사상을 비판하는 구성 요소가 되었다. 하지만 비판 가운데 "전면적으로 부정"하는 결함이 나타났고 사상 문제와 학술 문제를 정치 투쟁으로 삼은 데다 첨예화로 나아가는 경향까지 나타나 소극적인 결과를 빚어냈다.

 당시 사상 이론계에 큰 영향을 끼친 것은 또 후펑 문예사상에 대한 비판이었다. 후펑은 장기간 중국공산당이 영도하는 좌익문화운동에 참가한 진보적인 문예 이론가이며 시인이었다. 전국이 해방되기 전에 후펑이 주장하는 문예사상에 대하여 진보적인 문예계는 논쟁이 있었다. 이러한 논쟁은 신중국이 창건된 후에도 지속되었다. 1952년 9월부터 12월까지 중앙선전부는 4차례 토론회를 가지고 후펑의 문예사상을 비판했다. 1953년 봄에 〈문예보〉는 글을 발표해 후펑의 문예사상은 반마르크스주의, 반사실주의라고 지적했다. 이에 대해 후펑은 불복했고 1954년 7월에 자기가 쓴 〈몇 년간 문예실천 상황에 관한 보고〉를 중공중앙과 마오쩌둥 등 지도자들에게 제출했다. 그는 보고에서 신문, 잡지에서 공개적으로 그의 몇 가지 이론성 문제를 비판한 것에 대해 설명하고 문예지도사업을 추진하는 것에 관한 자신의 의견을 밝혔다.

후스사상에 대한 비판이 전개됨에 따라 후펑의 문예사상의 비판은 매우 빨리 정치적인 차원으로 불거졌다. 1955년 1월에 중앙선전부는 당중앙위원회에 '후펑사상에 대한 비판을 전개하는 데에 관한 보고'를 제기했고 보고에서 다음과 같이 인정했다. 후펑의 문예사상은 철두철미한 자산계급 유심론이며 반당, 반인민적인 문예사상이다. 그의 활동은 종파주의적 소집단의 활동으로 그 목적은 그의 자산계급 문예사상을 지도적 위치에 놓기 위한 것이다. 또한 당의 문예사상과 당이 영도하는 문예운동을 반대하고 배격하려는 것이며 자신을 통해 사회와 중국을 개조하려고 시도하는 것이고 사회주의 건설과 사회주의적 개조를 반대하려는 것이다. 보고는 후펑은 '마르크스주의' 외투를 걸쳤기 때문에 대중을 미혹하고 해치는 역할을 하며 공개적인 자산계급 반동사상보다 더 위험하다고 지적했다. 중공중앙은 이 보고를 비준함과 동시에 각급 당위원회는 반드시 이번 사상투쟁을 중시하고 이를 노동계급과 자산계급 간의 중요한 투쟁으로 간주해야 한다고 요구했다. 따라서 후평의 문예사상을 비판하는 운동이 전국에서 전개되었고 또한 급속하게 이른바 '후평반혁명집단'을 폭로하는 투쟁으로 발전했다.

당시의 역사적 조건에서 당은 사상 문제를 정치 문제로 혼동하여 빚어진 심각한 피해에 대해 똑똑히는 인식하지 못했지만 이 사건에서 나타난 문제에 대해서는 그래도 기본적인 총화를 진행했다. 1955년 3월 1일에 중공중앙은 '유물론사상을 선전하고 자산계급 유심론사상을 비판하는 데에 관한 지시'를 발부하고 지시에서 다음과 같이 지적했다. 각 학술, 문화 분야에서 자산계급의 그릇된 사상을 숙청하는 임무는 단기적인 비판운동으로 완수할 수 없으며 반드시 장기간 노력해 학술 비평과 토론을 전개해야만 완전하게 실현할 수 있다. '지시'는 학술 비평과 토론을 정확히 전개하기 위해 다음과 같은 약간의 원칙을 제기했다. 학술 비평과 토론을 포함해 도리를 말하고 실사구시하며 사업 연구를 바탕으로 하고 단순하고 거친 태도를 반대해야 한다. 학술 문제에서 여러 다른 의견의 논쟁을 해결하려면 자유토론의 방법을 취해야지 행정 명령의 방법은 반대해야 한다. 비판을 받는 자의 반비판을 허용해야지 이런 반비판을 압제해서는 안 된다. 서로 다른 의견을 가진 소수의 의견 보류를 허용해야지 소수는 다수에 복종하는 원칙을 시행해서는 안 된다. 정치 측면에서의 반혁명분자와 학술사상 측면에서 오류를 범한 사람을 구분해야 한다. 이러한 원칙과 요구는 당이 학술과 문화 분야의 법칙에 대한 인식에서 유익한 탐색을 진행함을 반영했고 더욱 실제에 부합했다. 하지만 이런 인식은 그 후 끊임없이 격화된 사상전선투쟁에서 수용되지 못했다.

실천이 증명하다시피 학술과 문화 분야에서 당이 어떻게 마르크스주의의 지도를 견지한다는 전제 아래 유익하고 유효한 사업을 진행할 것인가는 깊이 있게 연구해야 할 과제였다. 단순하고 거친 태도는 백해무익하다. 행정 명령에 의한 대중적인 비판운동을 전개한다면 학술논쟁 문제를 해결하지 못할 뿐만 아니라 마르크스주의의 사상문화 분야에서의 지도적 위치를 확실하고 효과적으로 확립할 수 없다. 노동계급의 정당이 이미 집권당으로 정착했을 때 반드시 관념 형태 분야에서의 마르크스주의의 지도적 위치를 확립하는 문제에 고도의 중시를 기울이는 한편 반드시 문화예술과 학술연구사업에 대한 영도를 제대로 강화하고 개진해야 했다. 이는 지도사상과 제반 실제 사업 면에서의 수요이기도 했다. 문화예술, 학술사상의 발전 법칙을 엄격히 지키고 충분히 이치를 따지며 도리로 사람을 설득하는 민주주의적인 방식으로 정확하고 참을성 있게 작가, 문예가들을 이끌어 그들이 자신의 사상 실천과 예술 실천을 통해 자발적으로 인민과 사회주의를 위해 복무하는 방침을 받아들이게 함으로써 자각적으로 일부 불량한 사상 경향을 바로잡고 건전하고도 진보적인 방향을 향해 부단히 전진하도록 해야 했다.

4. 당의 단결 강화와 간부심사, 그리고 반혁명분자 숙청운동

당내의 분열활동 반대 투쟁

대규모의 경제건설과 전면적인 사회주의적 개조를 시작한 과도기에 당내에는 가오강, 라오수스의 반당분열활동이란 중대한 사건이 발생했다. 당중앙위원회는 전당을 영도해 당의 단결을 해치는 이러한 행위와 엄숙한 투쟁을 벌였고 당원간부, 특히 고위급 간부 가운데 한 차례 당의 단결을 수호, 강화하기 위한 교양을 진행함으로써 과도기 총노선을 실현하는 데 당의 단결을 근본적으로 이끌었다.

당중앙위원회는 각 중앙국 서기를 베이징으로 전근시켜 중앙사업 강화에 관해 결정을 내렸다. 이 결정에 따라 1952년 말과 1953년 초에 가오강, 라오수스는 둥베이, 화둥의 당 및 정부의 최고 책임자로서 중앙으로 발령을 받고 사업을 진행했다. 가오강은 새로 편성된 국가계획위원회 주석을 맡고 라오수스는 중앙조직부 부장을 맡았다. 이때 당중앙위원회와 마오쩌둥은 중국을 어떻게 순조롭게 사회주의로 넘어갈 것인가 하는 문제를 고려하고 있었다. 과도기의 총노선이 공식적으로 제기되기 전에 취했던 자본주의를 이용, 제한하는 정책을 곧 시행할 자본주의적 상공업의 근본적인 개조 정책과 어떻게 맞물릴 것인가 하는 점진적 이행 과정이 필요했다. 바로 이 전환이 시작하던 1952년 말에 중국재정경제위원회에서 개정한 새로운 세금제도에서 사회주의 경제 발전에 불리한 오류가 드러나 당내에서 애초 예상하지 못했던 문제와 투쟁을 벌이게 되었다.

1953년 6월 중순에 개최된 전국재정경제사업회의에서 마오쩌둥의 과도기 총노선에 관한 연설이 전달된 후 회의는 의제를 바꾸어 개정 후의 새로운 세금제도가 사적 자본주의 경제를 제한하는 것에 관한 당중앙위원회 제7기 제2차 전원회의의 원칙 규정에 어긋나며 총노선을 위배했다고 비판했다. 당내, 특히 고위급 간부들의 사상을 과도기 총노선에 통일시키기 위해 마오쩌둥은 재정경제회의지도소조 확대회의를 열고 개정 후의 세금제도에서 나타난 문제에서 중요한 책임이 있는 보이보에게 회의에서 자기비판을 하도록 지시했다. 가오강은 재정경제사업에 대한 중앙의 비판을 이용해 보이보의 사업에서의 결함과 오류를 '두 갈래 노선의 투쟁'으로 끌어올리고 그 칼날을 류사오치, 저우언라이에게로 돌렸다. 가오강의 방해로 보이보를 비판하는 회의 분위기는 엄숙했고 8월 초가 되어도 회의는 여전히 결론을 내리지 못했다. 이런 상황에서 마오쩌둥은 저우언라이에게 외지에 있는 천윈, 덩샤오핑 두 부총리를 베이징으로 불러 회의에 참석시키도록 제의했다.

천윈, 덩샤오핑은 베이징으로 돌아온 후 재정경제회의의 상황을 이해, 파악하고 각각 지도소조 확대회의에서 발언했다. 천윈은 새로운 세금제도의 오류를 비판하면서 다음과 같이 강조했다. "여러 가지 경제체제가 동시에 병존하는 국가에서 세금제도 개혁은 각 계급, 각 지구, 각 부문의 상호 관계에 영향을 끼치게 되고 국가와 인민의 관계에도 연관되기 때문에 반드시 신중을 기해야 한다." 동시에 그는 보이보가 중앙재정경제위원회에서 많은 사업을 해왔고 사업 과정에 상이한 의견이 존재한 것은 사실이지만 중앙재정경제위원회에 두 갈래 노선 문제가 있다고는 말할 수 없다고 지적했다.[25] 덩샤오핑은 발언에서 보이보에 대한 여러 사람의 비판에 찬성했지만 사업 가운데 일어난 이런저런 과실을 노선적 오류라고 말하는 것에는 찬성하지 않았다. 천윈, 덩샤오핑은 발언에서 자의로 '계급투쟁' 문제로 확대해서는 안 된다는 힘을 기울이고 분수를 지키면서 공정하게 평가함으로써 회의에 참석한 동지들의 공감을 이끌어내고 비판의 분위기를 완화시키며 나아가 정상으로 돌아서게 했다. 회의를 빌려 "보이보를 비판하여 류사오치를 헐뜯고" "보이보를 비판하여 저우언라이를 헐뜯으려던" 보이보의 계산은 달성되지 못했다.

8월 11일에 저우언라이는 전국재정경제회의에서 결론 보고를 했다. 이 보고에 대해 마오쩌둥이 수정을 가하고 중앙정치국회의에서 토론

---

25) 중공중앙 문헌연구실 편, 〈천윈연보(1905~1995)〉 중권, 중앙문헌출판사 한문판, 2000년, 171쪽.

하여 통과했다. 이 보고는 전면적으로 당의 과도기 총노선과 총과업을 천명했고 경제건설에서의 경험과 교훈을 정확히 총화했으며 전단계 세수, 상업, 재정, 은행 사업에서 나타난 오류를 비판함과 동시에 어떤 오류는 엄중하지만 노선적 오류라고 해서는 안 된다고 객관적으로 지적했다. 전국재정경제회의의 과정과 결과가 말해주듯이 당의 노선과 정책이 전환되고 지난 시기 사업 가운데 일부 시비 문제를 분명히 가를 수 없는 상황에서는 실사구시의 원칙을 견지하여 전면적이고도 역사적인 관점으로 과거 사업의 결함과 오류를 분석하고 오류의 성격을 올바르게 파악해야 하며 함부로 노선투쟁에 연결시켜 당의 단결을 파괴하고 당과 국가의 사업에 손해를 끼치는 것을 방지해야 했다.

전국재정경제회의가 끝난 후 가오강은 '휴가'를 간다는 빌미로 화둥, 중난 지구에 가서 일부 고위급 간부들 사이를 이간질했다. 그는 이른바 '군당론(軍党論)'을 만들어내고 "총에서 당이 나오며" "당은 군대가 설립한 것"이라며 군대 간부들을 자기편으로 끌어들이려 했다. 그는 또 당중앙위원회 제6기 제8차 전원회의에서 채택한 '몇 가지 역사 문제에 관한 결의'에서 "류사오치는 백색지구사업에서 당의 올바른 노선의 대표자"라고 지적한 것은 틀린 것이며 다시 결론지을 필요가 있다는 여론을 퍼뜨렸다. 그는 또 현재 당중앙위원회와 국가 지도기관의 권력은 '백색지구 당' 사람들의 손에 쥐여 있는데 이를 철저하게 개편해야 한다고 선동했다.

가오강이 류사오치, 저우언라이 반대 활동을 진행하는 동안 중앙조직부 부장으로 임명된 지 얼마 안 되는 라오수스는 중앙조직부내에서 부부장 안쯔원에게 타격을 주기 시작했다. 1953년 9, 10월경에 중앙에서 개최한 제2차 전국조직사업회의에서 라오수스는 중앙조직부

사업의 결함을 과장하고 이를 지적하며 일상사업을 주관한 안쯔원을 비판했는데 그 목적은 중앙정치국에서 조직사업을 맡은 류사오치를 공격하려는 것에 있었다.

가오강, 라오수스의 음모 활동의 본질은 당내의 아주 정상적인 다른 의견 또는 견해를 이용해 중앙지도자 간의 관계를 파괴하고 하고 동시에 고의로 어떤 개별적이고 국부적이고 일시적인 비교적 중요하지 않은 결함 또는 오류를 체계적인, 엄중한 결함 또는 오류로 과장함으로써 당의 분열을 조작하려는 것이었다. 1953년 하반기에 마오쩌둥은 중앙지도부를 1선, 2선으로 나누고 자기는 2선으로 물러날 생각을 했다. 당중앙위원회도 부주석 또는 총서기를 더 두어야 하는가 하지 말아야 하는가를 고려하고 있었다. 가오강은 자기의 비조직활동을 더욱 서둘렀다. 그는 차례로 천윈, 덩샤오핑을 찾아가 유세하면서 함께 류사오치를 "엎어뜨리자"고 선동했다. 천윈, 덩샤오핑은 가오강의 부당한 활동을 막아버리고 동시에 이를 제때에 마오쩌둥에게 반영했고 이는 마오쩌둥의 경각심을 불러일으켰다. 12월 중순이 지난 후, 마오쩌둥은 연속 중앙정치국, 중앙군사위원회의 동지들을 찾아 전문적으로 가오강, 라오수스의 문제를 둘러싸고 담화하며 가오강을 찾아 담화하고 그를 비판했다.

12월 하순에 마오쩌둥은 중화인민공화국 헌법 초안을 작성하는 일 때문에 항주에 가서 한동안 체류하기로 했다. 마오쩌둥이 베이징을 떠난 기간에 류사오치에게 중앙사업을 대리 주관하는 일을 맡길 것인가 하는 문제를 두고 중앙정치국회의에서 토론했다. 그때 가오강은 나서서 '차례'로 주관하도록 주장하면서 류사오치를 반대하는 입장을 계속 드러냈다. 12월 24일에 마오쩌둥은 중앙정치국회의를 개최하고 정식으로 가오강, 라오수스가 당을 분열하고 당의 단결을 파괴하는 활동에 대해 경고했다. 그는 다음과 같이 말했다. 가오강과 같은 사람들은 "사악한 바람을 일으키고 사악한 불을 지피는데" "그 목적은 바로 정당한 바람을 압도하고 정당한 불을 꺼버리고 많은 사람을 타도하려는 것에 있다". 가오강, 라오수스 사건이 발생하고 당의 일부 고위급 간부들이 당 단결의 중요성과 중앙의 위신을 공고히 하고 제고해야 할 중요성에 대한 인식이 부족하며 특히 일부 간부들에게 혁명이 승리한 후 극히 위험한 교만 정서가 생긴 것을 감안해 마오쩌둥은 당의 단결 강화에 대한 건의를 제기했다. 중앙정치국회의는 류사오치가 당의 단결 강화에 관한 결의의 초안 작성을 주관하는 데 모두 동의했다. 그 후 마오쩌둥은 가오강이 유세 활동을 했던 상하이, 항저우, 우한, 광저우 등지에 천윈을 파견해 중앙을 대표하여 해당 책임자들에게 이를 알리고 가오강이 당을 분열하려던 음모 활동을 통보하여 그 영향을 제거했다.

당중앙위원회 제7기 제4차 전원회의와 당의 단결 강화에 관한 결의

마오쩌둥의 제의에 따라 1954년 2월에 중국공산당 중앙위원회 제7기 제4차 전원회의가 베이징에서 거행되었다.[26] 류사오치가 회의를 진행했고 중앙정치국을 대표해 사업보고를 했다. 전원회의는 마오쩌둥의 의견을 관철하여 가오강, 라오수스에 대해 "병을 치료하여 사람을 구하고 깨닫기를 기다리는" 방침을 취했고 '당의 단결 강화에 관한 결의'를 일치 통과시켰다. '결의'는 이름을 밝히지 않고 가오강, 라오수스의 비조직 활동을 비판하고 전당, 특히 중앙위원과 고위급 간부들에게 당의 단결을 강화하고 수호해야 할 최고의 중요성을 강조

---

26) 마오쩌둥은 항저우에서 헌법 초안 작성을 주관했으므로 전원회의에 출석하지 않았다.

했다. '결의'는 다음과 같이 명확히 규정했다. 당 단결의 유일한 중심은 당중앙위원회이며 중앙의 통일영도를 방해하고 중앙의 단결과 위신에 손해를 끼치는 모든 언론과 행동을 반드시 반대해야 한다. 당 단결의 중요한 근거 중 하나는 민주주의 중앙집권제와 집단 영도의 원칙을 엄격히 준수하는 것이다. 자기가 영도하는 지구와 부문을 자기 왕국으로 만들고 개인을 조직 위에 놓는 것을 반대해야 하며 부당하고 지나치게 개인의 역할을 강조하는 것을 반대해야 하고 교만 정서와 개인숭배를 반대해야 한다. 전당의 고위급 간부들의 중요한 정치활동과 정치 의견은 소속된 당조직에 보고하고 반영해야 하는데 그 관계가 특별히 중대한 경우에는 직접 당중앙 정치국, 서기처 또는 중앙 주석에게 보고, 반영해야 한다. 당조직과 당중앙위원회를 피하며 개인 또는 소집단의 정치활동을 진행하고 정치 의견을 퍼뜨리는 것은 당내의 불법 행동이고 당의 규율을 위반하고 당의 단결을 파괴하는 활동이므로 반드시 반대하고 제지해야 한다.

당중앙위원회 제7기 제4차 전원회의 이후 중앙서기처는 저우언라이에게 위탁하여 가오강 문제에 관한 좌담회를 열게 하고 덩샤오핑, 천이, 탄전린에게 위탁하여 라오수스 문제에 관한 좌담회를 열어 그들이 음모를 꾸민 사실을 계속 적발하고 그들을 돌려세우려고 교양하면서 그들이 각성하기를 기다렸다. 그러나 가오강은 사실 앞에서 끝까지 오류를 승인하지 않았고 라오수스도 오류를 반성하지 않았다.

당중앙위원회 제7기 제4차 전원회의가 끝난 후 전국 각 성에서는 잇달아 성당위원회 전원회의를 열어 제4차 전원회의 결의를 전달하고 가오강, 라오수스의 반당사건에 대해 토론했다. 또한 일치하여 전원회의의 제반 결의를 옹호하고 결의정신을 관철하고 당의 단결을 방해하는 해로운 사상과 그릇된 경향을 비판했다. 그리고 본 지구, 본 부문과 개인의 이 방면의 결함과 오류를 기본적으로 검사하고 당의 단결을 강화하며 결함과 오류를 바로잡는 구체적인 조치를 제기했다. 많은 성당위원회는 또 당의 집단영도 강화에 관한 상응한 결정을 내렸다. 이를테면 중공화베이성위원회 전원회의는 중앙의 당위원회제도를 건전히 하는 것에 관한 지시를 엄격히 집행하여 관련 정책과 사업 가운데 모든 중요한 문제는 반드시 당위원회 집체 토론을 통해 결정하며 민주주의를 충분히 발휘하여 비판과 자기비판을 통해 검사사업을 강화하여 아래에서 위에 이르는 감독과 위에서 아래로 이르는 검사를 긴밀히 적용하며 각급 지도자에게 존재하는 문제와 여러 가지 그릇된 경향 등을 제때에 발견하고 해결해야 한다고 결정했다. 뒤이어 각 성은 급별로 단계를 나누어 당원 간부들 가운데 당중앙위원회 제7기 제4차 전원회의 결의에 대한 학습을 조직하는 한편 긍정적인 교육을 진행하고 도리를 명확히 설명하는 방침을 확실히 관철함으로써 당원간부들이 사상적으로 가오강, 라오수스의 반당분열활동의 엄중한 성격과 그 위해성을 분명히 인식하도록 했다. 또한 과도기 자산계급사상과의 투쟁의 첨예성, 복잡성을 인식하고 혁명 경각성을 높이도록 했으며 당의 단결은 사회주의를 실현하는 근본적인 담보이며 당의 단결을 강화하는 것은 극히 중요한 의의가 있음을 인식하도록 했다. 각급 당조직과 당원 간부들은 학습과 토론을 거쳐 당의 단결을 방해하고 집단영도를 위반하는 현상, 교오자만하는 정서, 개인독단 등 개인주의사상과 비민주적 기풍, 분산주의 현상을 검사, 비판했으며 비판과 자기비판의 우수한 전통을 발휘함으로써 당의 단결과 집단영도제도를 한층 더 강화했다.

1955년 3월에 중국공산당 전국대표회의에서 덩샤오핑은 중앙위원회를 대표하여 '가오강, 라오수스 반당동맹에 대한 보고'[27]를 했다. 이 보고는 가오강, 라오수스 반당분열활동과의 투쟁에서 얻은 경험 교훈을 총화하고 다음과 같이 특별히 지적했다. 우리 당은 반드시 일정한 조직을 통해 모든 당원(가장 책임이 큰 당원일지라도)의 실무에 대해 엄격하고 체계적인 감독을 시행해야 한다. 반드시 가오강, 라오수스 사건의 엄중한 교훈을 새기고 각종 필요한 제도를 건전히 해야 한다. 우선 전국 각 지방에 대한 중앙의 시찰검사제도와 하급에 대한 상급의 시찰검사제도, 일정한 당의 사업 부문이 일정한 국가사업 부문을 감독하는 제도, 간부를 관리하는 부문이 동시에 간부의 실제 사업 상황을 검사하는 제도를 설립하고 건전히 해야 한다. 반드시 당의 중앙감찰위원회와 지방 각급 감찰위원회를 신속히 설립해 가오강, 라오수스 사건과 같이 당의 이익을 엄중히 해치는 사건이 재발하지 못하도록 방지해야 한다.

회의는 가오강, 라오수스을 당에서 제명하고 그들의 당 내외 모든 직무를 박탈한다는 결의를 채택했다.[28] 회의는 또 당의 중앙감찰위원회와 지방 각급 감찰위원회를 설립하여 중앙과 지방 각급 당의 규율검사위원회를 대체하기로 결정하고 당원, 특히 당의 고위급 간부에 대한 감독을 강화하며 각종 법규위반 현상을 반대하고 특히 가오강, 라오수스 사건과 유사한 사건의 재발을 방지하도록 했다. 회의는 둥비우를 서기로 하는 중앙감찰위원회를 선거하고 기존의 중앙 및 지

---

27) 1981년 6월에 당중앙위원회 제11기 제6차 전원회의에서 채택한 '건국 이래 당의 몇 가지 역사 문제에 관한 결의'는 가오강, 라오수스 사건을 더 이상 '반당동맹'으로 부르지 않았다. '결의'는 다음과 같이 지적했다. "1955년 3월에 진행된 당 전국대표회의는 당을 분열하고 당과 국가의 최고 권력을 탈취하려고 책동한 야심가들인 가오강, 라오수스를 반대하여 전개한 중대한 투쟁을 총화함으로써 당의 단결을 강화했다."

28) 가오강은 1954년 8월 17일에 자살했다. 라오수스는 반혁명분자를 비호하는 등 문제가 있는 것으로 의심받아 1955년 4월 1일에 체포되어 심사를 받았다.

방 각급 당의 규율검사위원회를 취소했다. 4월에 당중앙위원회 7기 인민대중차 전원회의는 전국대표회의에서 채택한 제반 결의와 선거된 중앙감찰위원회의 인원을 비준하고 린뱌오, 덩샤오핑을 중앙정치국 위원으로 보충선거를 시행했다.

가오강, 라오수스의 분열활동을 반대하는 투쟁은 중국공산당이 전국에서 집권한 후 당의 단결을 수호하고 강화하기 위해 진행한 한 차례 중요한 당내 투쟁이었다. 총체적으로 말해 당은 이번 투쟁에서 지난날의 실패를 교훈으로 삼고 병을 고쳐 사람을 구하는 방침에 따라 사상, 정치적으로 중점적 교훈을 새김으로써 전당, 특히 당의 고위급 간부들로 하여금 중대한 교양을 받게 했다. 당내의 분열분자를 제거한 것은 당의 단결에 손상을 주지 않았을 뿐만 아니라 당의 단결을 한층 더 강화했다. 당중앙위원회는 칭하이정풍과 7차 당대표대회 이래 형성된 확고한 단결을 한층 더 공고히 하게 되었고 전당은 마르크스−레닌주의의 기초에 따라 고도의 통일을 이루고 굳게 뭉쳐 사회주의 혁명 단계의 위대한 역사적 임무를 수행하게 되었다.

간부심사사업과 내부 반혁명분자숙청운동

계획경제건설과 사회주의적 개조가 전면적으로 전개됨에 따라 당의 간부관리사업은 새로운 상황에 직면했다. 당이 전국적으로 집권한 후, 중앙과 지방 각급에서 모두 대량의 새로운 사업 인력을 받아들임에 따라 간부대열이 재빨리 늘어났을 뿐만 아니라 간부의 출신도 과거에 비해 더욱 복잡해졌다. 신중국이 창건되던 초기의 반혁명진압운동, '중층'(간부대오)과 '내부'(당의 대오) 정리, '3반', '5반' 운동, 당의 정풍운동과 각종 민주개혁운동을 통해 각급 당조직은 대부분 간부들을 기본적으로 이해했고 간부대열에 존재하는 일부 가장 두드러진 문제들도 해결했다. 그러나 국가의 제반 사업이 활기 있게 전개됨에 따라 간부 인사변동이 빈번했고 각급 지도기관은 간부들에 대한 전면적으로 심사할 겨를이 없었다. 특히 적지 않은 새로운 간부들의 실제 상황을 확실하게 파악할 수 없었다. 어떤 지도 간부들은 경계심을 늦추는 한편 간부를 기용하는 데 있어 단지 실무 능력만 중시하고 정치적인 고찰을 소홀히 했다. 이러한 상황으로 새로운 간부들 가운데는 역사가 명확하지 못하고 내력이 분명하지 못한 사람들도 더러 있었다. 심지어 극소수의 깊이 숨은 반혁명분자들도 들어 있었다. 나이 든 간부들 중에도 심사를 거치지 않은 소수의 간부가 있었고 비록 심사는 했지만 여전히 일부 문제를 밝히지 못한 간부들도 있었다. 이러한 상황에 따라 중앙은 간부 상황을 한층 더 파악하여 국가의 제반 건설 임무의 순조로운 진행을 보장하기 위해 2, 3년 이내에 전국의 간부들을 세밀하게 심사할 필요가 있다고 인정했다. 1953년 11월 24일에 중공중앙은 '간부 심사에 관한 결정'을 내렸다.

간부심사는 당이 간부 관리를 진행하는 일상적인 사업의 하나였다. 총체적으로 당의 간부대열은 기본적으로 순결하며 절대다수 간부는 혁명투쟁의 시련을 이겨낸 사람들이었다. 이런 간부대열의 순수성을 보장하기 위해 당은 줄곧 혁명투쟁의 시련을 통해 간부를 식별했고, 역사적 시기마다 여러 가지 조치를 취해 간부들을 심사해왔다. 중앙은 간부 심사에 관한 결정에서 다음과 같이 특별히 지적했다. 이번 간부심사에서 직면한 형세와 조건은 과거와 같지 않다. 국가의 국민경제발전의 첫 5개년 계획이 이미 시행되기 시작하고 각 방면의 건설임무가 매우 크고 무거운 상황에서 간부심사사업은 반드시 지금의 제반 사업과 긴밀히 결부시켜 절차 있고 중점적으로 진행해야 한다. 제반 건설사업을 방해하지 말아야 하며 또한 제반 사업 임무가 과중하다고 하여 간부심사사업을 늦추어서도 안 된다. 간부를 심사하는 목적은 전면적으로 간부를 이해하기 위한 것에 있으며 주로 정치 측면에서 심사를 진행하여 매 간부의 정치 면모를 똑똑히 밝히고 당정 기관 내에 혼입한 반혁명분자, 계급이색분자, 부패타락분자를 제거해 간부대열의 순결을 유지하기 위함에 있으며 여러 측면에서 간부의 사상품성, 사업 재능을 이해하고 파악함으로써 더욱 계획적으로 간부를 양성하고 간부를 정확히 사용하기 위함에 있다. 심사 범위에는 각급 당과 정부 기관, 인민단체와 재정, 문화교육 등 부문의 전체 간부들이 포함된다. 심사 절차는 먼저 당내에서 심사하고 후에 당 외에서 심사하며 먼저 지도 핵심을 심사하고 후에 일반 간부를 심사하며 먼저 요해 부문을 심사하고 후에 일반 부문을 심사하며 먼저 지구위원회, 전서(專署, 시) 이상의 지도기관과 중요한 국영 공장과 광산 기업을 심사하고 후에 현, 구급 기관과 부차적인 공장과 광산 기업을 심사하며 먼저 정치 면모, 경력이 명확하지 않고 중요한 대목에서 분명하지 않은 간부를 심사하고 후에 기타 간부를 심사한다. 이렇게 수뇌기관, 핵심 부문부터 먼저 정리하면 기타 기관, 부문의 문제를 여유롭게 해결할 수 있을 뿐만 아니라 오류를 줄이고 혼란의 발생도 피할 수 있다.

중앙의 통일적 배치에 의해 간부심사사업은 1954년 하반기부터 각급 당정기관, 인민단체 및 재정경제, 문화교육 부문에서 잇달아 전개되었다. 이번 간부심사는 돌격적인 운동의 방식을 취하지 않고 사업과 결부시켜 진행했다. 각 지방에서는 모두 당위원회의 영도로 전문적인 간부심사기구를 설립하고 정치적으로 완전히 믿을 수 있고 작풍이 정파다운 간부를 뽑아서 간부심사의 구체적인 사업을 맡게 하는 동시에 교육 훈련을 통해 간부 심사의 방침, 정책과 필요한 지식을 알게 하고 이미 파악한 심사대상을 유형별로 분류하고 계획적으로, 순서 있게 심사했다. 아울러 간부 심사 과정에 올바르게 조사연구를 진행했다. 이 면에서 각 지방에서는 모두 대량의 간부들을 동원하여 많은 사업을 세밀하게 수행함으로써 "공술을 강요하고 그것을 근거로 삼는" 오류가 발생하지 않도록 했으며 주관적으로 억측하는 현상을 크게 줄이고 과거에 명확하지 못했던 일부 문제들도 이번 간부심사를 통해 해명했다.

이번 간부심사사업은 파급 범위가 매우 넓고 심사 범위에 들어간 간부의 수가 상당히 많아 각지 간부심사기구의 역량이 매우 부족했다. 간부심사사업이 진행되던 1955년 7월에 중앙은 숨은 반혁명분자를 숙청하는 운동을 전개하기로 결정했다. 그해 8월 1일에 중앙조직부는 중앙에 제기한 사업보고(중앙의 비준을 받음)에서 간부 심사에서 달성해야 할 목적은 "당정기관 내의 일체 반혁명분자와 각종 나쁜 분자를 제거하는 것"이라고 한층 더 명확히 규정하고 다음과 같은 부분적 간부는 간부 심사 대상에 넣지 않는다고 명확히 지적했다. 즉 "당이 이미 분명히 파악했고 정치역사 문제가 없는 간부, 정치역사 측면에서 문제가 있으나 지난날에 이미 심사를 거쳐 해명되고 결론이 내려졌으며 그 후에 새로운 문제가 발견되지 않은 간부, 비록 체계적인 심사를 거치지 않았으나 정치적인 문제가 없는 간부" 등은 심사대상에 포함되지 않는다고 했다. 같은 해 10월 24일에 중공중앙은 또 '간부심사사업과 반혁명분자 숙청투쟁을 결부시켜 진행하는 것에 관한 지시'를 내렸다. 중앙의 지시 정신에 따라 각 성, 시 당위원회는 간부심사사업 계획을 수정하고 이미 폭로된 반혁명분자와 반혁명혐의분자들부터 먼저 심사, 처리했지만 일부 성과 시에서는 반혁명분자숙청투쟁을 통해 간부 심사에서 두드러진 중점 문제들을 해결했다. 그리하여 원래 간부 심사 범위에 포함되었던 현급 이상의 기관, 공장과 광산 기업의 간부들 가운데 적지 않은 사람들이 반혁명분자 숙청 심사의 대상 범위에 들게 되었다.

중앙의 요구에 따라 각지에서는 간부심사사업 가운데 정치 문제와 사상 문제, 역사 문제와 현실 문제, 가정 문제와 개인 문제 등을 엄격히 구별하도록 하고 정확한 결론을 내리기 위해 노력했다. 후기에 재심사를 진행하여 결론 가운데 증거가 불충분하고 어휘 사용이 적절하지 않았거나 처리가 편중했던 등 문제는 다시 시정했다. 각급 당위원회는 이미 개인의 모든 역사를 정확하게 심사한 간부는 곧 긍정적인 결론을 내렸고, 일시적으로 증거를 찾기 어렵거나 철저한 조사를 할 수 없는 개별적인 문제에 대해서는 먼저 그 긍정적인 부분에 대해 결론을 짓고 나머지 부분은 보류하여 계속 심사하도록 했다. 정치 문제가 있는 간부는 중앙의 관련 규정에 따라 각각 처리했고 심사 중에 중대한 정치혐의 분자를 발견했을 경우에는 중요한 사업 부서에서 이동시키고 공안기관에서 심사하도록 했다. 발견한 반혁명분자는 관련 당위원회에서 토론, 결정하고 상급 당위원회의 비준을 받아 공안기관에서 특별 사건으로 처리하도록 했다.

서로 관련이 있으면서도 성격이 다른 두 가지 사업인 간부심사사업과 반혁명분자 숙청투쟁은 교차적으로 진행되었다. 그리하여 원래 2, 3년 이내에 전국 간부들을 심사하려던 사업은 연기되어 전국의 대부분 지방에서는 1957년 상반기에 이르러서야 이 사업을 끝냈다. 이번 간부심사를 통해 당은 기본적으로 전국 각 종류 간부들의 정치역사상황을 명확히 파악했고 절대다수 간부의 문제를 확인했으며 결론이 나왔으니 걱정 없이 대담하게 사업을 할 수 있었다. 과거의 일부 중요한 역사 문제가 확실히 밝혀지지 않아 부차적인 사업부서에 놓고 고찰하던 간부도 조사를 통해 문제가 없음이 밝혀졌고 아울러 일관적으로 표현이 아주 좋은 사람은 그 덕과 재능에 따라 선발하여 그들의 역할을 더욱 잘 발휘시켰다. 소수의 간부는 개별적인 문제에서 자세한 조사가 어려워 잠시 조사를 중단하고 그 역사가 명확한 부분은 결론을 내려 그들이 마음의 짐을 버리고 전진하도록 했다.

총체적으로 볼 때 당이 중국 공업화건설초기에 진행한 이번 간부심사사업은 필요했고 신중하고 기본적으로 건전했으며 각급 당 및 정부기관, 인민단체, 재정경제, 문화교육 등 부문의 간부대열을 정화하는 효과를 거둔 한편 각급 지도기관으로 하여금 더욱 전면적으로 간부들의 상황을 이해시킴으로써 계획적으로 간부를 양성하고 올바르게 간부를 기용하는 데 필요한 조건을 마련했다.

각지의 간부심사사업이 바야흐로 절차 있게 진행될 때 당과 국가의 정치생활에서 일부 복잡한 상황이 발생했다. 당중앙위원회 제7기 제4차 전원회의 후 라오수스 문제를 한층 더 심사하는 과정에 라오수스가 화둥국사업을 주관하던 기간에 반혁명진압 문제에서 대중에 의거하지 않고 대중을 발동하지 않고 한쪽으로 치우쳐 공안기관에만 의거하여 이른바 "간첩에 의해 간첩을 제압하는" 방법으로 사건을 처리하여 우경적 오류를 범한 사실이 드러났다. 그 당시 상하이시공안국 국장 양판(楊帆)이 이 일에 연루되었다. 그 당시 양판이 많은 간첩과 반혁명분자들을 비호하고 방임했다고 인정했기에 정치적으로 몹시 의심받게 되었다. 중공상하이시공안국 당조는 공안부에 양판을 심사할 것을 제의했다. 1954년 12월에 양판은 구속되었고 1955년 4월에 정식으로 체포되었으며 후에 판결을 받았다.

라오수스, 양판에 대한 심사로 판한녠(潘漢年)도 연루되었다. 판한녠은 혁명전쟁 연대에 장기간 당의 지하사업에 종사했다. 상하이가 해방된 후 그는 화둥국 사회부 부장, 상하이시당위원회 제3 서기와 상하이시 부시장을 맡았다. 1955년 4월 초에 판한녠은 베이징에서 당의 전국대표회의에 참가하는 동안 당조직에 그가 항일전쟁 시기에 적의 점령지구란 특수한 환경 속에서 난징에 납치되어 왕징웨이(汪精衛)와 만났던 상황을 설명했다. 아울러 그는 당시 화중국에 돌아갔을 때와 후에 옌안으로 갔을 때 당내에서 한창 정풍과 간부심사를 진행하고 있어 이 사실로 크게 의심을 받고 진상을 밝힐 수 없게 될까봐 걱정되어 당에 보고하지 않았다고 해석했다. 이같이 중요한 역사적 경위를 장기간 숨기고 당에 보고하지 않았다는 것은 확실히 그릇된 행위였다. 당시 당내에서 간부를 심사하고 라오수스, 양판 문제를 처리하는 특정한 상황인지라 판한녠은 즉시 '내부 간첩'으로 인정되었고 체포되어 심사를 받다가 후에 판결을 받았다. 이렇게 1955년 봄과 여름 사이 '판한녠-양판반혁명집단'으로 불리는 잘못 처리된 사건이 발생했다.[29]

거의 이와 동시에 후펑문예사상에 대한 비판도 급속히 거세졌다. 5월 중순에 후펑의 사적 서한에서 말마디를 따다가 그들의 의도에 맞게 만든 발취 자료에 근거하여 후펑 및 그와 연계가 있던 많은 사람을 '반혁명집단'으로 인정했다. 5월 13일부터 6월 10일까지 〈인민일보〉는 세 번에 걸쳐 관련 부문에서 몰수한 후펑과 그 친구들의 왕래

---

29) 당중앙위원회 제11기 제3차 전원회의 이후 중공중앙은 판한녠 사건의 재조사 결과에 따라 1982년 8월에 '판한녠 동지에 대한 잘못된 결론을 바로잡고 명예를 회복시키는 것에 관한 통지'를 내렸다. '통지'는 다음과 같이 선포했다. 판한녠을 '내부 간첩'으로 확정하고 아울러 그를 체포하고 판결하고 당적 제명을 한 것은 모두 그릇된 것이다. 이는 신중국이 창건된 이래 잘못 처리된 큰 사건으로서 당시의 역사적 배경에서 적과의 비밀 투쟁의 특수성을 소홀히 하고 시비계선과 피아계선을 혼동하여 내린 그릇된 결정이기 때문에 철저히 바로잡아야 한다. 중앙은 판한녠에 대한 잘못된 결론을 바로잡고 당적을 회복시켜주며 그의 역사적 공적을 추인하고 공개적으로 명예를 회복시킨다고 결정했다. 중앙의 통지 정신에 따라 양판에 대해서도 1983년에 그의 억울한 사건을 시정하고 명예를 회복해주고 그 나쁜 영향을 제거했다.

서한에서 발취한 후평 '반당집단', '반혁명집단'에 관한 자료를 발표했다. 마오쩌둥은 이 자료들을 발표하기 위해 십몇 개의 날카로운 편집자의 말을 쓰고 세 번에 나누어 발표된 자료로 편찬한 책자에 서언과 편집자의 말을 썼으며 후평 등은 "중화인민공화국을 뒤엎고 제국주의 국민당의 통치를 회복하는 것을 임무"로 하는 "혁명 진영에 숨은 반혁명 파벌이며 지하 독립왕국이다."라고 판정했다. 이때부터 후평 문예사상에 대한 비판은 '후평반혁명집단'을 폭로하는 투쟁으로 넘어갔다. 5월 18일에 후평에 대한 체포가 비준되었고 후에 형사판결이 내려졌다. 후평문예사상을 '반당, 반인민의 문예사상'으로 끌어올린 것은 중국 현대혁명 문예와 사회주의 문예 발전의 실제 상황에 부합하지 않는 것이었다. 후평이 서로 다른 연대에 특정한 환경에서 벗들과 왕래한 서한의 내용을 발취하여 그것을 '단죄'하는 증거로 삼고 호풍과 연계가 있는 많은 문예인을 '반혁명 집단'으로 몰아 투쟁하고 성토함으로써 피아 경계를 헷갈리게 하여 신중국 창건 초기에 사상문화 분야에서의 잘못 처리된 사건을 빚어냈다.[30]

'후평반혁명집단' 조사 과정에 '홍루몽 연구' 비판에서 각각 징계 처

---

30) 1956년 말에 '후평반혁명집단'분자로 정식 이름이 올라간 78명(그중 공산당원 32명)은 각각 직무해직, 노동교양, 하방노동 등 처리를 받았다. 당중앙위원회 제11기 제3차 전원회의 이후, 1980년 9월에 중공중앙은 '후평반혁명 집단'사건에 관한 재조사 보고'를 비준, 전달하면서 다음과 같이 지적했다. '후평반혁명집단'사건은 당시 역사 조건에서 두 가지 성격이 다른 모순을 뒤섞은 잘못 처리된 사건이었다. 무릇 '후평반혁명분자'로 취급당한 사람은 모두 시정하고 명예를 회복하며 무릇 '후평 문제'로 연루된 사람은 철저히 시정해야 한다. 동시에 다음과 같이 지적했다. 이 잘못된 사건의 책임은 중앙에 있다. 1985년 5월에 공안부는 후평의 정치역사 중 몇 개 문제에 대하여 재조사를 진행해 누명을 벗겨주고 중공중앙 서기처의 동의를 거쳐 관련 부문에 통보를 발급했다. 1988년 6월에 중앙정치국 상무위원회의 토론 결정을 거쳐 중앙판공청은 '후평동지의 명예를 한층 더 회복시키는 데에 관한 보충통지'를 내려보내고 1980년의 재조사 보고 중 보류했던 정치결론을 취소하기로 결정하고 다음과 같이 지적했다. 후평의 문예사상 및 주장과 관련한 문제는 헌법의 학술자유, 비평자유의 규정과 당의 '백화제방, 백가쟁명'의 방침에 따라 문예계와 수많은 독자가 과학적이고도 정확한 문예 비평과 토론을 통해 정확하게 해결해야지 중앙문건에서 결단을 내릴 필요가 없다.

분과 비판을 받은 천치샤(陳企霞)와 딩링(丁玲)[31]이 연루되었다. 그리하여 1955년 8, 9월경 중국작가협회 당조는 연속 16차례나 확대회의를 열고 딩링, 천치샤를 적발하고 비판했다. 즉 정령을 위수로 하고 딩링과 천치샤를 중심으로 하는 '반당소집단'이 이미 형성되었고 "이들의 반당활동은 실제로 후펑반혁명 집단의 파괴 활동과 상호 호응하고 협력하고 있다."고 잘못 인정했다. 1955년 9월에 중국작가협회 당조는 중앙에 '딩링, 천치샤 등이 진행한 반당소집단 활동과 그들에 대한 처리 의견에 관한 보고'를 제기하고 그들의 정치 역사에 대해 심사를 진행하기로 결정했다. 12월에 중앙은 이 보고를 비준했다.[32] 딩링은 중국좌익문화운동과 해방구의 가장 유명한 작가 가운데 한 사람으로서 국내외에 높은 명성을 갖고 있었다. 1955년에 딩링 등 사람들에 대한 그릇된 비판 및 그 후의 그릇된 처리는 문예계에 매우 나쁜 영향을 끼쳤다.

1954년과 1955년에 당내, 국내에서 가오강, 라오수스 사건, 판한녠, 양판 사건, 후펑사건 등이 잇달아 발생했는데 이것은 당시에 "중국 사회주의 사업이 발전함에 따라 필연적으로 계급투쟁이 날로 첨예해지고 복잡해지게 된다."는 사실의 반영으로 인정되었다. 이 판단에 근거해 1955년 7월 1일에 중공중앙은 '투쟁을 벌여 숨은 반혁명분

---

31) 정령은 유명한 작가이며 당시 중국작가협회 당조 서기였다. 천치샤는 당시 〈문예보〉 주필이었다.

32) 1957년 6월에 반우파 투쟁이 시작된 후 딩링, 천치샤 및 이 '반당집단' 성원으로 구분된 펑쉐펑(馮雪峰), 아이칭(艾青) 등은 우파로 확정되었다. 당중앙위원회 제11기 제3차 전원회의 후인 1979년에 중국작가협회 당조는 딩링 문제에 대한 재조사를 진행하고 시정 결론을 내렸다. 1984년에 중앙조직부는 또 '딩링의 명예를 회복시키는 데에 관한 통지'를 하달하고 다음과 같이 지적했다. 1955년과 1957년에 딩링을 '딩링-천치샤반당집단', '우파분자'로 확정한 것은 '모두가 그릇된 것으로서 성립되지 않는다'. 1955년 12월과 1958년 1월에 중앙에서 비준, 전달한 딩링, 천치샤 '반당집단'에 관한 중국작가협회 당조의 두 개 보고는 '취소해야 하며' '실제에 맞지 않는 모든 내용은 뒤엎고 영향을 제거해야 하며' '문화대혁명' 가운데 딩링을 '반역자'로 공격한 것은 '사실에 맞지 않는 모함이므로 마땅히 시정해야 하며' 딩링의 '명예를 철저히 회복해줘야 한다'. 딩링, 천치샤로 하여 우파로 몰렸던 기타 사람들의 명예도 철저히 회복해줘야 한다.

자의 숙청에 관한 지시'를 내렸다. '지시'는 당시 국내의 계급투쟁 상황이 심각하다는 추측에 기초하여 "많은 부문, 많은 지방에 숨은 많은 반혁명분자가 아직도 폭로, 숙청되지 않았다."고 인정했다. 그들은 위장 수법으로 혁명대열에 들어와 재정경제, 문화교육, 학술사상, 통일전선, 대중단체 및 기타 많은 기관과 전선에서 음모활동을 감행하고 인민민주주의제도와 사회주의사업을 파괴하고 있다고 인정했다. 중앙의 당시 예측대로라면 숨은 반혁명분자 또는 기타 나쁜 분자는 전국 각 부류 기관 총인원 수의 5% 정도 되었다. 그리하여 중앙은 전국적 범위에서 숨은 반혁명분자를 숙청하는 운동을 벌여 숨은 반혁명분자들에 대한 경각성을 높이도록 전당과 전국 인민을 교양하기로 결정했다. 이와 동시에 중앙과 각급 당위원회에 모두 전문소조를 설립하여 반혁명분자숙청사업을 지도하기로 결정하고 간부심사사업과 반혁명분자 숙청투쟁을 긴밀히 결부시켜 진행할 것을 요구했다.

중앙의 배치에 따라 전국의 당 및 정부 기관과 대중단체, 기관, 대학교와 간부학교, 중소학교(학생은 제외), 군대, 국영합작사와 공사합영의 기업은 모두 숨은 반혁명분자를 숙청하는 운동(즉 내부반혁명분자 숙청운동)을 진행했다. 이 운동을 통해 모두가 반성하고 사람마다 고비를 넘게 했다. 그리고 맹목적으로 비판투쟁하는 방식을 취하지 않고 투쟁의 중점을 반혁명 혐의가 뚜렷하거나 비교적 뚜렷한 분자들에게 두었다. 그리고 고발하도록 동원하고 자백하도록 호소한 후 문제의 성격, 정상의 경중에 따라 분류하는 투쟁 방법을 취했다. 공안 부문에 넘겨 처리해야 할 반혁명분자 외에 기타 혐의분자는 간부심사사업과 정리사업 범위에 포함시켜 심사, 처리했다. 반혁명분자 숙청투쟁에서 편차가 생기는 것을 방지하기 위해 중앙에서는 "사실을 근거로 하고 정책을 기준으로 하며" "엄숙하고도 신중하게 처리하는" 원칙을 제시하고 "경각성을 높여 모든 간첩을 숙청하는 한편 편차의 발생을 방지하여 좋은 사람은 한 사람도 억울하게 만들지 않는" 방침을 시행했다. 중앙은 여러 다른 사건을 실사구시적으로 올바르게 분석하여 경계를 긋고 구분하며 사실을 철저히 조사하여 확실한 인증과 물증을 얻음으로써 경솔하게 사건을 종결짓지 않도록 명확히 요구했다.

1955년 하반기부터 내부 반혁명분자 숙청운동은 전국적으로 단계별로 전개되었다. 각지에서는 반혁명분자숙청기구(5인 소조, 전문사건소조, 감별소조)를 설립하고 일정한 수량의 중견역량을 배치하여 훈련시켰고 관련 인원을 조직하여 정치형세교양, 반혁명분자숙청운동의 방침정책교양 및 당과 정부에 '충성'하는 데에 대한 교양을 진행했다. 그리하여 반혁명분자숙청 대상의 생각을 파악하고 관련 증거자료를 수집하며 대중을 발동하여 투쟁을 전개함으로써 혐의 대상자들이 자발적으로 자백하고 문제를 설명하도록 했다.

숨은 반혁명분자를 숙청하는 운동은 1957년 말에 기본적으로 끝났다. 1957년 7월 18일 자 〈인민일보〉 사설에서 공포된 수에 따르면 이번의 반혁명분자숙청운동은 국가기관, 인민단체, 공산당, 각 민주당파 내부에서 현행 반혁명분자 3,800여 명을 포함해 반혁명분자 8만 1,000명을 색출해냈다. 전국 각 유형의 기관에는 많은 사람이 지난날에 반혁명분자와 연루된 일이 있었는데 반혁명분자 숙청과 간부심사를 거쳐 문제를 밝히고 오점을 씻었으며 각각 긍정적인 결론을 얻었다. 이렇게 하여 인민 내부의 단결을 확대했을 뿐만 아니라 반혁명분자들이 이런 약점을 이용하여 파괴활동을 하는 빈틈을 막았다. 이는 당과 국가의 사업발진에 유익했다. 당시 계급투쟁의 침예화 정도를 지나치게 엄중하게 추측하고 어떤 문제에서 정책 경계가 뚜렷하지 못했기 때문에 일부 지방과 부문에서는 투쟁 대상자 범위가 지나치게 넓었고 너무 엄격하게 처리하는 등 편차가 생겼다. 반혁명분자숙청운동 후기에 중앙에서는 제대로 된 검사를 진행하여 잘못된 비판, 잘못된 체포, 잘못된 구속, 잘못된 판결을 받은 사건에 대한 시정사업을 올바로 수행하도록 요구했다. 하지만 1957년 여름이 지난후 반우파투쟁이 엄중하게 확대된 영향으로 이 사업은 방치되었다.

5. 군대와 국방의 현대화건설

군대의 정규화, 현대화 건설을 시작

군대의 정규화건설과 국방현대화건설은 과도기 국가건설사업에서 없어서는 안 될 구성 부분이었다. 중화인민공화국이 창건된 후 인민해방군의 임무에는 획기적인 전환이 발생했다. 즉 군사전쟁을 진행해 정권을 빼앗던 데에서 인민민주주의 독재를 튼튼히 하고 사회주의 혁명과 건설을 보위하며 외적의 침입을 방어하고 국가안전과 영토주권의 완정을 보위하는 것으로 전환되었다. 이를 위해 중공중앙과 마오쩌둥은 정규화, 현대화한 혁명군대를 건설하여 이 영광스러운 사명을 짊어져야 한다고 제때에 지적함으로써 인민군대의 건설에 정확한 방향을 제시했다.

인민해방군은 지난날과 다름없이 군대혁명화 건설을 촉진하는 동시에 먼저 재편성부터 착수하여 정규화, 현대화의 건설을 시작했다. 1950년 3월에 전군의 총정원은 이미 550만 명에 달했고 군비 지출은 엄청나게 컸다. 대륙에서 전쟁이 기본적으로 마무리됨에 따라 1950년 4월에 중앙정치국은 인민해방군 재편성에 관한 결정을 내리고 총 인원수를 400만 명으로 줄이기로 계획했다. 5월에 중앙군사위원회는 전군 참모회의를 개최하여 재편성 방안을 배치하고 전군적으로 단계를 나누어 100여 만 명을 제대 또는 퇴역시켜 국가건설을 지원하도록 확정했다. 그러나 얼마 지나지 않아 한국전쟁이 일어났다. 항미원조전쟁의 원조 요청에 부응하기 위해 이번 재편 계획은 완전히 시행되지 못했다. 1951년 말에 한국전쟁 정세가 바뀜에 따라 중앙은 재차 인민해방군을 편제 정돈하기로 결정했다. 1952년 1월 5일에 마오쩌둥은 중앙군사위원회에서 또다시 제정한 '군사 재편성 계획'을 비준했다. 1952년 10월 말까지 총 19개 군부, 73개 사, 근 200만 명을 줄였다. 전군의 총정원은 420만 명 정도로 줄었다.

1954년에 대규모 경제건설과 군대의 정규화, 현대화 건설의 수요에 부응하기 위해 인민해방군을 또다시 편제 정돈했다. 1954년 2월부터 1955년 말까지 전군의 총정원(공안부대를 포함)은 350만 명으로 줄었고 편제 정돈 비율은 21.2%에 달했는데 그중 육군의 편제정돈 비율이 가장 컸다.[33] 편제 정돈을 통해 군대의 정원을 줄이고 군비지출을 줄였으며 지도기관과 부대를 더욱 정예화하는 한편 국가의 각 방면의 건설에 대량의 중견 역량을 보내주었다. 1956년에 해방군의 31개 사, 8개 퇀이 단체로 생산건설병단으로 전향했다. 국방전쟁 준비 비용 지출은 1951년에 국가재정 총지출의 43%를 차지했는데 1956년에 이르러 20%로 내려갔다.

1955년 2월에 국무원은 전국 전략구역에 대한 중공중앙과 중앙군사위원회의 구획에 근거하여 원래의 대행정구역에 따라 설립한 둥베이, 화베이, 화둥, 중난, 시난, 시베이 6대 군구를 선양, 베이징, 지난(濟南), 난징, 광저우, 우한, 쿤밍, 청두, 란저우, 신장, 티베트와

---

33) 군사과학원 군사역사연구소 편, 〈중국인민해방군의 80년〉, 군사과학출판사 한문판, 2007년, 338쪽.

내몽골 12개 대군구로 변경하기로 결정했다. 1956년 4월에 국무원은 화둥작전구역의 방어 폭이 지나치게 넓은 문제를 해결하고 푸젠 전방의 투쟁에 대한 영도를 강화하기 위해 원래 난징군구편제에 속했던 푸젠, 장시 2개 성의 군구를 떼어내 복주군구를 설립했다.

중국인민해방군의 총부기관은 전략방침, 작전임무, 군대의 현대화 정도 등 요소에 따라 설치되었다. 과도기에 중앙군사위원회는 형세와 임무의 수요에 근거하고 소련 군대의 지도 체제를 참고하여 군대 지도기관의 조직 편제를 작성했다. 1950년 9월부터 1955년 8월까지 총참모부, 총정치부, 총후근부 외 총간부관리부, 총병기부, 훈련총감독부, 무장역량감찰부와 총재무부를 설립했다. 8개 총부체제를 시행하는 과정에 기구가 지나치게 방대하고 지휘가 통일적으로 이루어지지 못하는 등 결함이 드러났다. 1957년 후에 중앙군사위원회는 총부체제를 또다시 조정하여 총재무부, 총병기부를 총후근부에 편입시키고 총간부관리부를 총정치부에 편입시켰으며 훈련총감독부와 무장역량감찰부를 취소했다. 중국인민해방군의 전통적인 3개 총부체제는 이렇게 회복되어 점차 중국 군대 특징에 적합한 영도관리체제와 지휘체제를 갖췄다. 중국인민해방군의 3개 총부는 중앙군사위원회의 참모이고 전략적 의도의 집행기구일 뿐만 아니라 전군의 군사, 정치, 후근 기술사업을 담당하는 최고 지도기관이기도 했다. 그 기본 임무는 중앙군사위원회의 작전과 군대건설에 관한 전략적 정책결정 및 제반 방침, 정책의 실현을 보장하는 것이었다.

군병종 건설을 진행하는 측면에서, 신중국이 창건된 후 곧 육군의 기초 위에 현대화한 해군과 공군을 건설하기 시작했다. 항미원조전쟁에서 중앙군사위원회는 체계적으로 고도의 현대화장비를 갖춘 미군과의 작전경험을 총화하고 현대화전쟁의 요구에 부응하여 인민해방군의 단일 병종으로부터 다병종으로의 전략적 전환을 시행하기 시작했다. 1952년 7월 10일에 마오쩌둥은 '군사학원 제1기 졸업생들에게 한 훈화'에서 다음과 같이 명확히 지적했다. 중국인민이 전국적 범위에서 승리를 이룩한 후 객관적 상황에는 이미 기본적으로 변화가 일어났다. "우리는 지금 이미 군대건설의 고급단계에 들어섰다. 다시 말해서 현대기술을 쟁취해야 할 단계에 들어섰다." "현대화 장비에 적응하려면 부대건설의 정규화가 필요하고 통일적인 지휘, 통일적인 제도, 통일적인 편제, 통일적인 규율, 통일적인 훈련이 필요하며 여러 병종의 밀접한 협동작전이 필요하다." "이는 정규화, 현대화의 국방부대를 건설하기 위해 없어서는 안 될 중요한 조건 가운데 하나다." 마오쩌둥은 이 훈화에서 강대한 정규화, 현대화 국방부대를 건설하는 역사적 과업과 그 기본 내용을 명확히 천명했는데 이는 군대건설을 강화하는 데 중요한 지도적 의의를 가진다.

1953년에 중국인민해방군은 이미 군병종이 더욱 잘 갖추어진 합성부대로 발전했다. 육군을 제외하고도 공군, 해군, 방공군(防空軍), 공안군 등 군종을 설립했고 포병, 장갑병, 공병, 철도병, 통신병, 화학병 등 병종의 지도기관과 소속부대를 편성했다. 군종건설에서 공군은 항공병사(航空兵師), 낙하산병사, 비행장, 총시공대 등을 두었고 후에 또 고사포병, 탐조등병, 레이다병 등 부대를 증설했으며 해군은 선후로 수면함정부대, 잠수함부대, 해군항공병, 해군안방병, 해군육전대 등을 편성하고 각 해군기지를 세웠다. 이렇게 인민해방군의 공군, 해군은 각각 기타 여러 군종들과 협동해 작전을 할 수도 있고 또한 독립작전을 벌이고 작전임무를 단독으로 집행할 수도 있는 합성군종으로 발전했다. 이 시기 인민해방군은 편제 정돈을 통해 군대건설과 국가경제건설의 조화를 실현했을 뿐만 아니라 육군 주체의 부대로부터 여러 군병종의 합성부대로 전환하기 시작함으로써 정규화, 현대화의 국방부대를 건설하기 위한 중요한 토대를 마련했다.

군대의 정규화, 현대화 건설의 요구에 부응하기 위해 전군은 통일제도를 시행했다. 1951년 2월에 총참모부는 중국인민해방군의 내무조령, 대열조령, 규율조령 3개 초안을 반포하여 관리와 교육을 진행하고 양호한 내외관계와 내무제도를 구축하며 대열훈련을 진행하고 규율을 수호하며 장려와 징계처분을 시행하는 근거로 삼았다. 1953년 5월 1일에 이 3개 조령 초안을 개정한 후 중앙군사위원회에서 공식적으로 반포하고 전군에 시행함으로써 전군의 제도를 통일하고 전군의 조직성, 계획성, 정확성과 규율성을 향상했다.

정규화, 현대화한 인민군대를 건설하려면 반드시 당의 영도를 강화해야 했다. 새로운 역사 단계에서 군대의 건설 내용은 변했지만 군대의 성격은 변하지 않았고 인민해방군은 여전히 중국공산당이 절대적으로 영도하는 인민군대였다. 1954년 4월 15일에 중공중앙과 중앙군사위원회는 '중국인민해방군 정치사업조례(초안)'를 반포했다. 조례초안은 군대정치사업의 성격, 임무, 직책, 조직 형태, 사업 작풍과 각 방면의 관계에 대해 명확히 규정했다. 마오쩌둥은 이 조례 초안을 심사, 비준할 때 특별히 "중국인민해방군 속에서의 중국공산당의 정치사업은 우리 군의 생명선이다."라는 한 구절을 써넣었다. 이 조례 초안의 반포는 군대에 대한 당의 절대적인 영도를 보장하고 군대의 정치사업과 혁명화 건설을 강화하는 데 중요한 의의가 있었다. 중국인민해방군은 혁명화, 정규화, 현대화의 건설에서 시종 군대에 대한 당의 절대적인 영도를 견지하고 국가안전을 보위하며 사회안정을 수호하고 인민민주주의 독재를 공고화하는 측면에서 튼튼한 기둥 역할을 발휘했다.

인민해방군은 줄곧 군사학교 설립운영을 중시해왔다. 초기의 홍군 대학에서 옌안의 항일군정대학에 이르기까지 대량의 군정 인재들을 양성해 혁명전쟁의 승리를 거두는 데 중요한 기여를 했다. 신중국이 창건된 후 인민해방군은 계획적이고도 절차 있게 정규학교 건설을 추진했다. 1950년 7월에 중앙군사위원회의에서는 전쟁연대에 창설한 군대학교를 기초로 현대 전쟁의 필요에 부응하는 각 종류의 학교로 개조하거나 학교를 새로 설립하기로 결정했다. 1951년 1월에 중국인민해방군 군사학원이 난징에서 설립되었다. 같은 해 9월에 군사공정학원이 하얼빈에서 설립되었다. 1954년부터 1959년까지 중앙군사위원회는 군대의 정규화, 현대화 건설의 수요에 따라 전군의 학교들을 조절하고 중국인민해방군 정치학원, 고등군사학원과 군사과학원을 설립했으며 해군, 공군, 포병과 장갑병 등 군병종의 고등학교들을 각각 세웠다. 1959년에 전군의 학교는 129개로 조절했고 총인원수는 약 25만 3,000명에 이르러 기본적으로 지휘, 정치, 후방근무과 각종 전문기술학원을 포함한 비교적 완성된 군사학교 체제를 형성했다. 전군의 학교들은 창설 초기에 소련 군대의 학교운영 경험을 많이 참조하면서 교육과 작전을 결합시키는 원칙을 관철하고 국방건설을 위해 대량의 군정 간부와 각 부류의 전문기술 간부를 양성해냈다.

과도기에 군대의 현대화, 정규화 건설은 중요한 진전을 이룩했고 전군은 전쟁준비 임무 수행과 군사 연습 진행에서 양호한 군사, 정치 자질을 과시하고 뚜렷한 성과를 이룩했다. 그러나 사업 가운데 일부 결함도 존재했다. 소련을 본받는 과정에서 소련 군대의 많은 유익한 경험을 배우는 외에 실제를 떠나 억지로 적용하는 일부 교조주의 경향도 있었고 중국의 상황에 맞지 않는 것들을 기계적으로 도입하려는 부작용도 있었다. 1956년에 당중앙위원회와 마오쩌둥은 마르크스-레닌주의와 국외 경험을 학습할 때 교조주의 경향을 극복하는 문제를 제기했다. 군대의 각 지도기관은 학습과 검사를 통해 마오쩌둥의 군사사상을 지침으로 삼고 중국의 실제에 연결하여 인민군대의 영광스러운 전통을 발양하는 기초 위에서 소련 군대의 선진 경험을 학습하는 지도 사상을 명확히 함으로써 소련의 경험을 학습하는 과정에 나타난 일부 편차들을 기본적으로 시정했다.

군대건설에서 기본적인 성과를 거둔 기초 위에서 1954년 12월에 중앙군사위원회는 확대회의를 열고 전국적으로 의무병역제를 시행하고 군대에서 군사칭호제를 시행하며 군관의 봉급제 시행에 관해 토론을 진행했다. 회의는 다음과 같이 인정했다. 기존의 자원병역제를 의무병역제로 바꾸면 현대화 군대건설과 작전의 수요에 적합한 강대한 예비병을 훈련시킬 수 있으며 상비군을 감축하여 인력과 재력을 절약함으로써 국가의 경제건설을 강화할 수 있다. 또한 군대에서 통일된 편제와 정규적인 제도를 시행하기 위한 토대를 마련할 수 있으며 평화 시기 자원병역제도에 따른 불합리성과 각종 곤란을 극복할 수 있으며 전국의 적령기 공민들이 헌법의 규정에 따라 국가를 위해 공평하고 합리적으로 군복무를 수행하게 할 수 있다. 회의는 또 다음과 같이 인정했다. 봉급제도, 군사칭호제도와 유공자에게 훈장, 메달을 수여하는 제도를 시행하면 군사 실무를 직업으로 하는 수십만의 군관들의 군대에서의 지위와 사회적인 영예를 얻고 군관의 가정 및 개인생활 문제를 해결하며 장기적인 공급제에 따른 의존사상, 평균주의와 낭비의 폐단을 극복하는 데 유익할 것이다. 전체 군인들의 입장에서 말하면 그들이 분발, 노력하도록 격려하고 그들의 영예감과 책임감을 불러일으키며 규율성을 증강하고 사업 능률을 제고하며 정규화, 현대화 건설을 추진하는 데 이롭다.

1955년 2월에 전국인민대표대회 상무위원회는 '중국인민해방군 군관병역복무조례'를 심의해 채택하고 1956년부터 중국인민해방군의 자원병역제를 의무병역제로 바꾼다고 규정했다. 그리고 군대는 군사 칭호제도[34]를 시행하고 혁명전쟁 시기의 유공자들에게 훈장과 메달을 수여하는 것에 관해 결의했다. 7월에 전국인민대표대회 제1기 제2차 회의는 '중화인민공화국 병역법'을 심의해 채택하여 전국적으로 의무병역제도를 시행한다고 규정했다. 9월 23일에 제1기 전국인민대표대회 상무위원회 제22차 회의는 인민 무장력을 창건, 영도했고 전역 군단작전을 영도했으며 탁월한 공훈을 세운 고급 장령 주더, 펑더화이, 린뱌오, 류보청, 허룽, 천이, 뤄룽환, 쉬샹첸, 녜룽전, 예젠잉에게 중화인민공화국 원수 칭호를 수여하기로 결의했다. 회의는 또 중국인민해방군의 중국인민혁명전쟁 시기의 유공자, 인민해방전쟁 시기 직접 국민당 군대를 이끌고 의거한 유공자, 인민해방전쟁 시기의 유공자와 티베트지구를 평화적으로 해방한 유공자들에게 각기 1급 8.1훈장, 1급 독립자유훈장과 1급 해방훈장을 수여하기로 결정했다. 이 밖에 국무원의 결정에 따라 쑤위, 쉬하이둥(徐海東), 황커청, 천겅(陳賡), 탄정(譚政), 샤오진광(蕭勁光), 장윈이(張雲逸), 뤄루이칭(羅瑞卿), 왕수성(王樹聲), 쉬광다(許光達)에게 대장 칭호를 수여했고 기타 장령들에게 각각 상장, 중장, 소장 칭호를 수여했다. 9월 27일에 중화인민공화국 주석 마오쩌둥, 국무원 총리 저우언라이는 각기 군사 칭호와 훈장 수여의식에 출석하여 중화인민공화국 원수 칭호, 장군 칭호, 훈장을 관계자[35]들에게 정식으로 수여했다. 10월 1

---

34) 국방부가 1954년 11월 9일에 반포한 '중국인민해방군 로임, 보조금 잠정방법'에 근거하여 1955년 1월부터 전군 간부의 공급제를 노임제로 고쳤다.

35) 첫 군사칭호수여에서 총 원수 10명, 대장 10명, 상장 55명, 중장 175명, 소장 800명에게 군사칭호

일에 전군은 군사 칭호 견장, 휘장을 달기 시작했다.

인민해방군이 봉급제, 군사칭호제, 의무병역제등 3대 제도를 시행한 것은 단순한 자원병역제도의 일부 불리한 요소를 극복하고 전군의 집중 통일과 사업 능률을 고도로 높여 군대의 정규화, 현대화 건설을 추진하는 데 중요한 의의가 있었다.

국방현대화 건설을 시작

공고한 현대화 국방을 건설하는 것은 제국주의 전쟁의 위협에 대처하는 긴박한 임무의 하나였다. 항미원조전쟁이 끝난 후 인민해방군은 시간을 집중해 제반 군사건설을 진행할 유리한 조건을 갖추게 되었다. 국가 과도기의 총과업의 요구에 부응하기 위해 1953년 12월 7일부터 1954년 1월 26일까지 중앙군사위원회는 베이징에서 전국 군사계통에서의 당의 고위급간부회의를 열었다. 이번 회의는 과도기의 당의 총노선을 지침으로 삼고 지난 몇 년간의 군사사업을 총화하고 국방 현대화 건설의 방침과 과업을 확정했다.

펑더화이가 중앙군사위원회를 대표하여 회의에서 '4년 이내의 군사사업에 대한 총화와 향후 군사건설의 몇 가지 기본 문제'란 제목으로 보고를 했고 인민해방군의 전면 건설에 대해 계획하고 배치했다. 우선 군사건설의 근본 과업은 "기존의 기초 위에서 절차를 밟아 강력한 현대화 혁명군대를 건설하여 중국 사회주의건설을 보위하고 제국주의 침략을 방어하는 것"이라고 명확히 지적했다. 그리고 각 방면의 조건과 수요와 가능성에 근거하여 현대화 국방건설의 첫 단계 목표를 확정했다. 즉 1957년 말에 이르러 기존의 토대에서 계속 무장력의

를 수여했다. 여기에 보충수여하고 진급한 사람을 더하면 1965년에 군사칭호제도가 취소되기까지 총 상장 57명, 중장 177명, 소장 1,360명에게 칭호를 수여했다.

질을 향상하는 외에도 장비, 간부 양성과 기술병 훈련에서 모두 상응한 규모를 갖추도록 한다는 것이었다.

보고는 어떻게 현대화한 국방역량을 건설할 것인가에 대해 다음과 같이 지적했다. 중국 무장력의 총정액은 국가의 공업 토대, 재력과 기술의 가능성, 그리고 소련의 지원 가능성에 따라 제기해야 한다. 한편으로는 최대의 노력을 기울여 중국 현대화 군대를 건설해야 하는 동시에 또 국방 현대화는 반드시 국가공업의 수준에 상응해야 함을 인식해야 한다. 현재 우리의 공업 기초가 매우 미약하고 또 국가가 제1차 5개년 계획 기간 중공업건설에 역량을 집중하는 상황도 고려해야 하며 재력에서 일정한 제한을 받고 있기 때문에 국방건설을 중단해서도 안 될 뿐만 아니라 너무 성급하게 서둘러서도 안 된다. 너무 높은 요구를 제기하고 너무 조급하게 서두르는 경향은 국가공업건설뿐만 아니라 국가군사건설에도 불리한 것이다. 국가무장부대의 총정원은 적당한 인원을 유지하여 중국의 방어역량이 약화되는 것도 피하고 국가재정 부담을 가중하는 것도 피해야 한다. 현대화 군대를 건설하려면 단순하게 수량만 증가하는 데 의지해서는 안 되며 우선 부대의 질을 높여야 한다는 것을 반드시 명심해야 한다. 그러므로 반드시 부대의 정규 훈련을 한층 더 강화하고 일정한 문화, 과학, 기술 수준과 마르크스-레닌주의에 대한 기초 지식을 갖추고 군사 실무에 능란한 간부들을 충분히 양성하고 일정한 수요의 기술 군인을 양성해야 한다. 펑더화이는 이것은 앞으로 군사건설의 "모든 사업을 수행하는 근거와 출발점이다."고 강조했다.

이번 회의는 5년에서 10년 정도의 시간을 들여 무기 장비의 현대화, 편제 체제의 합리화, 군사제도와 군사 훈련의 정규화에 점차 도달함으로써 인민해방군의 정규화, 현대화를 위해 확고한 기초를 닦아야 한다고 지적했다. 이 웅대하고 장기적인 분투 목표는 인민해방군이 저급 단계에서 고급 단계로의 위대한 발전을 실현하고 정규화, 현대화 건설의 발걸음을 가속화하는 데 중요한 의의가 있었다. 하지만 당시 여러 조건의 제한으로 이 계획에서 제기된 과업은 완전히 실현되지는 못했다.

공고한 현대화 국방을 건설하는 수요에 부응하기 위해 국방공업을 되도록 빨리 건설하고 무기장비에서 인민해방군의 현대화 수준을 향상하는 것은 신중국 앞에 놓인 어려운 과업이었다. 신중국이 창건된 초기 인민해방군의 무기장비는 주로 적들의 손에서 노획한 것들이어서 품종이 복잡할 뿐만 아니라 성능도 낙후했다. 이런 상황에 따라 1951년 1월에 중앙군사위원회는 군사공업 생산과 건설을 주관하는 군사공업위원회를 설립하기로 결정했다. 그해 10월에 중공중앙 정치국 확대회의에서는 역량을 집중하여 중공업, 국방공업과 기타 상응한 기초공업을 건설하기로 결정했다. 1952년 8월에 중앙인민정부는 국방공업을 주관하는 제2기계공업부를 설립하기로 결정했다. 제2기계공업부는 병기, 탱크, 항공, 전신 공업과 국방공업에 대한 관리를 총괄하고 국방공업에 대해 집중 통일 관리를 시행하며 국방공업의 건설사업을 구체적으로 조직하기 시작했다.

대규모 경제건설이 시작된 후 중공중앙은 국방공업을 국가 제1차 5개년 계획건설의 중점 가운데 하나로 정하고 역량을 집중하여 건설을 가속화하기로 결정했다. 1953년 8월에 중공중앙 정치국은 국방공업 제1차 5개년 건설계획의 배치를 토론, 결정하고 국방공업 제1차 5개년 건설계획의 기본 과업을 명확히 했다. 그 기본 과업은 역량을 집중하여 국가에서 규정한 항목과 진도에 따라 소련의 원조로 국방공업기업의 신축 임무와 개축 임무를 완수하고 제식 무기의 시험

제작과 생산 임무를 완수하며 비행기, 탱크, 함정의 보수와 일부 제조 임무를 완수함으로써 국방공업의 낙후한 면모를 기본적으로 개선하고 국방력을 증강하는 것이었다. 중앙의 비준을 받고 제1차 5개년 계획기간에 신축한 항공, 무선전, 병기, 선박제조 등 대형 기간공사는 44건에 달했고 낡은 공장을 개축, 증축하는 대중형공사는 51건에 달했다. 제1차 5개년 계획 기간에 소련이 중국을 원조하여 많은 대형 군사공업기업을 신축, 개축, 증축함으로써 중국은 상비무기 생산에서 일정한 규모를 갖추게 되었고 전군은 제식을 통일한 무기로 무장하게 되었다. 이에 따라 1955년에 중공중앙과 마오쩌둥은 기회를 놓치지 않고 국방 첨단기술을 발전시키는 것을 국방 현대화의 의사일정에 올려놓았다.

1955년 1월 15일에 마오쩌둥은 류사오치, 저우언라이, 주더, 천윈, 펑전, 펑더화이, 덩샤오핑, 리푸춘, 보이보 등이 참가한 중공중앙 서기처 확대회의를 소집하고 지질부 부장 리쓰광(李四光), 부부장 유걸, 핵물리학자 첸싼창(錢三强) 등의 우라늄광 자료와 핵과학 기술에 관한 상황 보고를 청취하고 중국의 원자력사업 발전에 대한 문제를 토의했다. 마오쩌둥은 중국은 이미 우라늄광을 발견했고 과학 연구에서도 어느 정도 기초를 마련했으니 원자력사업을 본격적으로 추진할 때가 왔다, 확고히 잘 추진하면 반드시 성공할 수 있다, 지금 소련이 우리를 원조하고 있는데 우리는 반드시 잘해내야 한다, 우리 힘만으로 한다 해도 꼭 잘해낼 수 있을 것이라고 강조해 말했다. 이번 회의는 원자력 사업을 발전시키고 원자탄 연구 제조에 관한 결정을 지었다. 3월에 마오쩌둥은 당의 전국대표회의에서 중국은 이미 "원자력을 연구하기 시작하는 역사적 새 시기"36)에 들어섰다고 선포했다. 이에 대한 영도를 강화하기 위해 같은 해 7월 4일에 중공중앙은 천원, 녜룽전, 보이보를 지정해 중앙원자력지도소조(3인 소조라 약칭)를 구성하고 원자력발전 사업을 책임지고 지도하게 했다.

중국의 국방첨단기술은 "자력갱생을 위주로 하고 외부의 원조를 쟁취하고 자본주의국가의 기존의 과학성과를 이용하는" 방침에 따라 1955년부터 연구하기 시작하여 50년대 말에 이르러 이미 일정한 기술 기초를 다지게 되었다. 당시 국가의 과학기술과 경제 토대가 매우 빈약하고 건설 임무가 매우 막중했지만 중공중앙은 경제건설과 국방건설, 상비무기와 첨단무기의 연구제작 사이의 관계를 합리적으로 배치하고 중점적으로 첨단기술의 발전을 추진했다. 이러한 실천은 매우 필요한 것이었고 전적으로 정확했음을 증명했다. 원대한 식견과 담력을 가지고 내린 이 전략적인 결책은 중국의 국방과학기술사업의 발전과 국방현대화 건설에 대해 중대한 의의와 심원한 영향을 가지고 있었다.

공고한 현대화 국방을 건설하려면 반드시 국제 정세에 대한 판단에 따라 정확한 국방 전략과 방침을 확립해야 했다. 이는 국가 무장력을 건설하고 사용하는 근본적인 근거이며 군대의 정규화와 국방 현대화 건설의 모든 사업과 관계되는 총체적 원칙이었다. 신중국이 창건된 후 국방 전략에서는 마오쩌둥 군사사상 가운데 적극적으로 방어의 원칙을 계승했다. 1953년에 한국전쟁이 끝난 후 중국의 주변 환경은 상대적으로 안정 상태로 돌아가기 시작했다. 평화적 외교를 적극적으로 벌여 중국은 남부 아시아 여러 나라와 좋은 관계를 맺고 남부

---

36) 마오쩌둥, '중국공산당 전국대표회의에서 한 연설'(1955년 3월), 〈마오쩌둥문집〉 제6권, 인민출판사 한문판, 1999년, 395쪽.

변경도 대체로 안정을 유지했다. 동남연해지방은 미국이 지지하는 타이완 국민당 집단의 대륙에 대한 위협을 어느 정도 받고 있었지만 나라의 총체적인 안전은 보장되어 있었다. 외적이 대규모로 침입할 가능성이 크지 않은 상황에서 당중앙위원회는 국방전략 방침의 중점을 적들이 기습의 수단으로 전쟁을 일으킬 수 있는 위협에 대비하는 것에 두기로 했다.

1955년 3월 21일에 마오쩌둥은 중국공산당 전국대표회의에서 한 연설에서 다음과 같이 지적했다. "앞으로 만일 제국주의가 전쟁을 일으킨다면 제2차 세계대전 때와 마찬가지로 기습이 될 가능성이 높다. 그러므로 우리는 정신적으로나 물질적으로나 모두 준비되어 있어야만 돌연적 사변이 발생한 경우에도 대처할 수 있다." 이 사상에 근거하여 중앙군사위원회는 1956년 3월 6일부터 15일까지 확대회의를 개최하고 국가의 군사전략 문제를 중점적으로 토론했다. 펑더화이는 회의에서 '조국을 보위하는 전략 방침과 국방건설 문제에 관하여'란 보고를 했다. 그는 보고에서 제국주의의 기습을 효과적으로 방지하고 인민혁명과 국가건설의 성과를 보위하며 국가의 주권, 영토완정과 안전을 보위하기 위해 미래의 반침략 전쟁에 적극적으로 방어하는 전략방침을 취해야 한다고 명확히 지적했다. 이는 신중국이 창건된 이래 처음으로 국방전략 방침을 밝힌 것이다.

"적극적으로 방어하는" 전략방침은 주로 미국을 우두머리로 하는 제국주의 집단이 중국을 기습할 수 있다는 점에 대비한 것이다. 정세에 대한 중앙군사위원회의 예측대로 국제정세는 총체적으로 완화되는 추세를 보였지만 제국주의가 침략 전쟁을 일으킬 가능성은 여전히 존재했다. 특히 미국은 한창 세계적인 전쟁 준비를 하고 있었는데다 중국 영토 타이완을 강점하고 있었다. 그 때문에 계속 고도의 경각성을 유지하고 수시로 돌연 사변에 대처할 모든 준비를 하는 것은 여전히 군사사업의 기본 출발점이었다. 회의는 국방전략의 방침 문제를 깊이 있게 토론하고 중화인민공화국의 국가 성격, 국가의 과도기의 총체적 과업과 외교정책에 따라 전쟁이 발발하기 전의 중국의 전략방침은 방어적인 것이라고 규정했다. 하지만 이런 방어는 절대 소극적인 방어가 아니라 적극적인 방어였다. 이른바 적극적인 방어란 전쟁이 발발하기 전에 우리의 군사력을 끊임없이 강화하고 계속 국제통일전선 활동을 확대함으로써 군사적, 정치적으로 전쟁의 발발을 제지, 지연시키는 것을 말한다. 제국주의가 모든 결과에 아랑곳하지 않고 중국에 대하여 침략전쟁을 일으킬 때 인민해방군은 즉시 강력하게 반격하는 한편 예정된 방어지구에서 적들의 진공을 물리치며 전략적으로 점차 적들의 주동권을 빼앗으며 전략적 방어에서 전략적 진공으로 전환하여 최종적으로 침입한 모든 적을 모두 소멸하는 것이다. "적극적으로 방어하는" 전략 방침의 제정은 인민해방군이 전쟁 준비 임무를 집행하고 군사훈련을 진행하는 데 방향을 명확히 제시했다. 따라서 중국의 군대 정규화와 국방 현대화의 건설사업은 새로운 단계에 들어서게 되었다.

제8장

건설에 유리한 국제평화 환경 쟁취

항미원조전쟁을 겪은 후 아시아와 세계의 평화를 쟁취하고 수호하려는 중국인민의 바람은 한없이 커졌다. 한반도 정전 전야에 당은 국제정세에 대해 다음과 같이 생각하고 있었다. 한반도 정전은 대세의 흐름이며 새로운 세계전쟁이 발발할 수 있는 위험은 지연되었다. 중국은 건설에 종사할 수 있는 10년이라는 시간을 쟁취할 수 있다. 당면한 국제적 모순은 전쟁과 평화, 민주와 반민주, 제국주의와 식민지, 그리고 제국주의 국가 간의 모순 이렇게 네 가지 측면에서 구체적으로 표현되는데 그 가운데 전쟁과 평화에 관한 문제가 주요 모순이다. 이러한 견해에 따라 당중앙위원회는 한국전쟁이 끝나면 외교면에서 적극적인 활동과 투쟁을 벌여 신중국이 막 시작한 대규모 경제건설을 위해 더욱 긴 시기의 국제평화 환경을 쟁취해야 한다고 요구했다.

1. 제네바회의에 참석하고 평화적 공존의 5개 원칙을 창도

제네바회의 참가 방침을 확정

1954년 4월에 중국, 소련, 미국, 영국, 프랑스와 기타 관련 국가의 외교부장들이 참가해 한반도 문제와 인도차이나 문제를 토론하는 회의가 스위스 제네바에서 개최되었다. 이것은 중화인민공화국이 처음으로 5대국 중 한 나라로 중대한 국제 문제를 토론하는 회의에 참가한 것이었다. 한반도 문제와 인도차이나 문제는 모두 중국과 밀접한 관계가 있었기 때문에 당중앙위원회는 이번 회의를 매우 중시했다.

한국전쟁은 끝났지만 한반도 문제는 여전히 해결되지 못하고 있었다. 1953년 7월 27일에 체결한 한반도 정전협정의 규정에 따르면, 정전협정이 효력을 발생한 후 3개월 안에 양측의 한 단계 높은 정치회의(정상회담)를 개최하고 한반도에서 모든 외국군대를 철수하며 한반도 문제를 평화적으로 해결하는 등의 내용을 협상해야 했다. 이를 위해 마오쩌둥과 저우언라이는 정전 후 얼마 안 되어 "평화 정책을 계속 견지하면서 협상을 통해 한반도 문제를 평화적으로 해결하고 더 나아가 극동의 기타 문제에 대한 평화적인 해결을 쟁취함으로써 국제 긴장 정세를 완화시키는 것"을 회의에 참가하는 방침으로 삼아야 한다고 제기했다.[1] 8월 24일에 외교부장 저우언라이는 성명을 발표해 정치회의는 한반도 정전 양측이 단독으로 협상하는 형식을 취할 것이 아니라 여러 나라가 참석한 원탁회의 형식을 취해야 한다고 제기했다. 그러나 상기 제의는 미국의 조종으로 유엔 측에 거절당하고 말았다.[2] 그 원인은 미국정부가 한반도에서 군대를 철수할 생각이 전혀 없었고 어떤 형식의 정치회의도 개최할 의향이 없었기 때문이었다. 10월 하순에 남북한 대표, 중국 대표와 미국 대표는 판문점에서 회담을 가지고 정치회의를 어떻게 개최할지에 대해 협상했으나 미국 대표가 처음부터 갖은 수단을 써가며 협상을 지연시키는 바람에 회담은 아무런 진전도 이루지 못했다. 얼마 되지 않아 한반도 정전협정에서 명문화한 한 단계 높은 정치회의(정상회담)도 개최하지 못하고 말았다.

한국전쟁이 끝날 때 인도차이나인민들은 한창 프랑스에 맞서는 전쟁을 용감히 진행하고 있었다. 제2차 세계대전이 끝난 후 호찌민은 베트남의 독립을 선포했으며 1945년 9월 2일에 베트남민주주의공화

---

1) 마오쩌둥이 1953년 8월 15일에 김일성에게 보낸 전보. 이 전보는 저우언라이가 초안을 작성하고 마오쩌둥이 심사결정해 자신의 이름으로 발송한 것이다.

2) 중국은 회의에 참가하는 성원국은 조선에서의 교전쌍방의 모든 국가와 초청된 관련 중립국들인 소련, 인도, 인도네시아, 파키스탄과 미얀마로 구성해야 한다고 제의했다. 8월 28일에 유엔대회는 결의를 채택해 정치회의에 참가하는 성원국을 한반도에서의 교전 양측 국가로 제한했다.

국이 창건되었다. 식민지인 인도차이나를 잃는 것을 달가워하지 않았던 프랑스는 즉시 베트남을 향해 대규모 무력진공을 발동하고 군대를 파견해 라오스를 침략하고 캄보디아를 점령했다. 인도차이나 3국 인민들의 항프전쟁은 이렇게 막을 열었다. 신중국이 창건된 후 1950년 1월에 호찌민은 베이징에 와서 프랑스와 맞서 싸우는 베트남의 투쟁을 도와줄 것을 중국에 요구했다. 당시 신중국이 많은 어려움에 직면하고 있었지만 중국의 지도자들은 결연히 베트남 지원에 대한 중대 결정을 내렸다. 1950년 1월 18일에 중국은 제일 먼저 베트남민주주의공화국을 승인하고 베트남과 외교관계를 맺었다. 뒤이어 중국정부는 또 베트남의 요구에 따라 군사와 물자 원조를 제공했으며 군사고문단도 파견했다. 1954년 3월 13일부터 5월 7일경에 베트남인민군은 중국의 협조 아래 항프전쟁에서 결정적인 영향을 미치는 디엔비엔푸 전역을 벌여 전쟁의 전반 국면을 베트남에 유리한 방향으로 재빨리 돌려세웠다.

소련정부는 한반도 문제와 인도차이나 문제를 해결하고 아시아의 평화를 실현하기 위해 1953년 9월 28일에 프랑스, 미국, 영국 등 3국 정부에 각서를 보내 중화인민공화국이 참가하는 5대국 외교부장회의를 개최하고 국제 긴장 정세를 완화하기 위한 조치를 심사하도록 제의했다. 10월에 런던에서 개최된 외교부장회의에서 소련대표는 또 5대국 회의를 개최하고 극동 정세에 관한 토론을 제의했다. 이듬해 1월과 2월 사이에 소련, 미국, 프랑스, 영국 4개국은 베를린에서 외교부장회의를 개최했다. 소련 외교부장 몰로토프의 거듭되는 노력으로 서방국가들은 마침내 한반도와 인도차이나 문제의 해결과 관련해 협상을 진행하는 데 동의했다. 베를린 외교부장회의는 최종적으로 협의를 이루고 1954년 4월 26일에 제네바에서 소련, 미국, 프랑스, 영국, 중국과 기타 관련 국가 대표가 참석한 회의를 개최하도록 제의했다. 중국은 이 시기에 소련이 내놓은 제의에 전적으로 찬성했다. 한반도 정전이 실현된 후 중국은 여러 나라가 참가한 원탁회의를 개최해 한반도 문제를 해결할 것을 주장했는데 그 목적은 "국제간의 협력을 촉진"해 "평화적 협상으로 국제적 분쟁을 해결하는 범례를 마련"하려는 데 있었다.[3] 한반도 문제를 해결하기 위한 정치회의의 개최가 무산된 후 곧 열리게 되는 제네바회의는 이러한 면에서 시도할 수 있는 기회를 마련해 주었다.

  제네바회의에 참가하게 되는 서방대국 가운데 프랑스는 인도차이나전쟁에 직접 참가한 나라였고 미국과 영국은 인도차이나 정세와 밀접한 이해관계를 가지던 나라였다. 이 3국 사이에는 인도차이나 문제를 어떻게 해결할 것인가 하는 문제를 둘러싸고 많은 갈등이 있었다. 당시 전쟁의 부담을 감당하기 어려웠던 프랑스는 협상을 통해 이른바 '영예로운 해결'을 실현하려 함으로써 인도차이나에서 프랑스의 일부 세력과 영향력을 보존하려 했다. 미국은 억제 정책을 시행하는 입장에 서서 프랑스와 영국을 설득해 자기들과 함께 베트남에서 집단 간섭을 시행하려고 했으며 인도차이나를 잃게 되면 동남아 전체를 잃게 되는 이른바 '도미노 현상'이 발생할 것이라고 했다. 영국은 인도차이나전쟁에 휘말려 들지 않았으나 미국이 인도차이나전쟁을 확대하면 중국과 새로운 대립을 초래할 수 있음을 우려했다. 그 밖에 프랑스와 영국은 미국이 이 기회를 이용해 아시아에서의 자기들의 식민 이익을 따돌리고 그들을 대체할까 봐 걱정하고 있었다. 그 때문에 협상이 실패할 때에야 만이 비로소 집단적 간섭의 방식을 고려해

---

3) 마오쩌둥이 1953년 8월 18일에 김일성에게 보낸 전보.

볼 것이라는 의사를 밝혔다. 그리하여 미국은 회의가 성과를 보기를 더욱 원하지 않았다. 제네바회의가 개최되기 전날 밤까지도 미국, 영국, 프랑스 3국은 정책에서 서로 타협을 이루지 못했다. 사실상 미국은 자신과 프랑스, 영국과의 동맹관계에 큰 손해를 줄까 우려해 마지못해 제네바회의에 참가했던 것이다.

중국을 놓고 말하면 한반도 정전이 실현된 후 전략과 안전 면에서 가장 중요한 임무는 미국이 북부에서 중국을 위협한 데 이어 또 남부에서 중국을 위협하는 것을 방지하는 것이었다. 제네바회의에 참석해 달라는 초청을 받은 후 당중앙위원회는 저우언라이를 지정해 준비사업을 진행하도록 했다. 저우언라이는 미국, 영국, 프랑스 사이의 모순과 그들의 내부 곤란을 분석하고 회의의 성공 여부의 관건은 인도차이나 문제에 대한 협의를 달성할 수 있는가에 달려 있다고 인정했다. 그것은 한반도 문제의 평화적 해결에 관한 종전의 협상이 증명한 바와 같이 미국은 대치 상태를 조성하려고 의도하고 있으며 제네바회의에서도 이 문제에서 진전을 보기 어렵겠지만 제네바회의를 통해 인도차이나 문제의 평화적 해결을 쟁취할 수 있는 가능성이 있다고 예측했기 때문이다. 그리하여 2월 말 3월 초에 저우언라이는 '제네바회의에 관한 예측과 그 준비사업에 대한 초보적 의견' 초안을 직접 작성해 중앙에 제출했다. '초보적 의견'에서는 다음과 같이 명확히 제기했다. "우리는 제네바회의에 적극적으로 참가하는 방침을 취함과 동시에 외교와 국제 활동을 강화함으로써 미제국주의의 폐쇄와 수출입 금지, 군대 확충과 전쟁 준비 정책을 파괴하고 국제 긴장 정세를 완화시켜야 한다." 이를 위해 우리는 "최선을 다해 의견 일치와 해결책을 찾을 수 있는 일부 협의를 달성해야 하며 나아가 임시적 또는 개별적 협의를 달성하고 대국 간의 협상을 거쳐 국제 논쟁을 해결하는 길을 여는 데 이롭게 해야 한다." 한반도 문제에서 "우리 측은 평화적 통일, 민족적 독립과 자유 선거의 구호를 견지해야 한다." 인도차이나 문제에서 "우리는 제네바회의가 결과 없이 끝나지 않도록 최대한 노력해야 한다." 이 밖에 저우언라이는 회의를 진행하는 과정에 "적당한 기회를 이용해 국제 긴장 정세를 완화시키는 데 이로운 기타 절박한 국제 문제를 제기할 수 있다."고 생각했다. 동시에 회의 이외의 장소에서 "중국과 영국, 중국과 프랑스, 중국과 캐나다 간의 상호 관계에 대해서도 언급할 수 있을 것"이라고 예측했다.[4]

3월 2일에 개최된 중앙서기처회의에서는 저우언라이가 제기한 초보적 의견을 토론하고 원칙적으로 비준했다. 3월 중순에 중앙정치국은 또 여러 차례 회의를 열고 저우언라이가 제네바회의를 위해 준비한 5개의 중요한 문건을 토론하고 심사, 결정했다. 4월 초에 저우언라이는 또 모스크바로 가 소련, 중국, 북한과 베트남 4개국 지도자들이 참가한 제네바회의 예비회의에 출석해 제네바회의의 방침, 정책과 협상방안 등 문제들을 상세하게 토론하고 인도차이나에서의 정전 실현을 이루기 위해 노력해야 한다는 회의참가 목표를 한층 더 명확히 했다. 4월 20일에 저우언라이를 수석대표로 하는 중국대표단은 제네바회의에 참석하러 떠났다. 출발하기 전에 저우언라이는 대표단 전체 성원들에게 우리는 국제무대에 올라 매란방경극을 부를 것이며 박자에 맞추어 소련과 북한, 베트남 등 형제대표단과 서로 잘 협조해야 한다고 말했다.

---

4) 저우언라이, '제네비회의에 대한 예측과 준비사업에 대한 기본적 의견'(친필 원고), 1954년 2, 3월.

인도차이나에서 정전의 실현을 촉진

1954년 4월 26일에 제네바회의가 개최되었다. 회의에서는 먼저 한반도 문제를 토론했다. 19개 나라가 참석한 이 회의는 51일간 지속되었다. 중국은 한반도의 평화를 튼튼히 하고 한반도 통일 문제를 평화적으로 해결하기 위한 방법을 찾기 위해 꾸준히 노력했다. 특히 회의 행정에서 저우언라이가 보여준 협상 정신과 화해를 도모하려는 넓은 마음은 회의에 참석한 여러 나라 대표들에게 깊은 인상을 남겨주었다. 그러나 미국이 그 어떤 문제도 해결하려 하지 않았기 때문에 회의는 한반도 문제에 관한 토론이 끝나던 6월 15일까지 아무런 협의도 달성하지 못하고 말았다.

5월 8일에 회의는 인도차이나 문제를 토론하기 시작했다. 그날은 마침 베트남인민군이 디엔비엔푸 전투에서 승리를 거둔 이튿날이었다. 회의에 참석한 나라들은 5대국과 베트남, 라오스, 캄보디아 등 3국을 포함한 6자였다. 토론은 1개월 이상 진행되었으나 아무런 진전도 거두지 못했다. 각자가 고집하는 문제는 다음과 같았다. 첫째는 베트남에서의 정전을 실현한 후 프랑스와 베트남 양측 부대의 집결구를 어떻게 분획하는가 하는 것이었다. 프랑스는 북위 18도선을 경계로 해야 한다고 주장한 반면에 베트남은 16도선을 경계로 해야 한다고 주장했기에 의견차가 심했다. 둘째로는 라오스와 캄보디아 문제를 어떻게 취급하느냐 하는 것이었다. 베트남은 라오스와 캄보디아 양국 간의 문제는 전체 인도차이나 문제의 일부분으로 삼고 고려해야 하고 반드시 똑같은 방식으로 인도차이나 3국의 정전을 실현해야 한다고 제기한 반면에 프랑스는 라오스와 캄보디아 문제는 응당 베트남 문제와 별개의 문제로 처리해야 한다고 제기하면서 라오스와 캄보디아에 현지의 저항 세력이 존재한다는 것을 승인하지 않았으며 그곳에는 베트남의 철군 문제만 존재한다고 인정했다.

이 두 가지 골치 아픈 문제에 대해 저우언라이는 긴장 정세를 한층 더 완화시키자면 국제통일 전선을 결성할 필요가 있으며 프랑스와 연합하고 영국과 연합하며 동남아 국가들과 연합하고 인도차이나 성원국들과 연합해 인도차이나의 평화를 달성함으로써 미국을 고립시키고 주로 미국의 주전파(主戰派)를 고립시켜야 한다고 인정했다.[5] 이러한 구상에 따라 중국대표단은 베트남의 동의를 거쳐 적극적으로 활동을 전개했다. 베트남, 라오스, 캄보디아 3국 간의 문제를 해결하기 위해 중국대표단은 주동적으로 캄보디아와 라오스 양국 정부 대표들과 접촉하면서 그들에게 중국은 베트남의 항프투쟁과 통일을 지지할 뿐만 아니라 캄보디아, 라오스 양국의 독립과 통일도 지지한다는 것을 알렸고 그들의 평화와 중립의 정책을 고수하는 입장에 찬성했다. 6월 16일에 저우언라이는 각자의 의견을 종합한 기초 위에서 라오스와 캄보디아 문제를 해결하기 위한 새로운 방안을 제기했다. 방안은 베트남 지원자를 포함한 모든 외국 군대들이 라오스와 캄보디아에서 철수하고 라오스와 캄보디아 양국이 민주적인 방법으로 내부 문제[6]를 해결할 것을 주장함으로써 각 관련 측에서 문제를 해결하는 방향으로 중요한 한 걸음을 내디디도록 지지했다. 17일에 프랑스의 주전파 정부가 무너지고 신임총리 겸 외교부장인 주화파(主和派) 맹데스가 프랑스를 대표해 직접 제네바회의에 참가하게 되었다. 중국대표단은 이 유리한 때를 놓치지 않고 즉시 각 측과의 협상을 통해

---

5) '저우언라이가 중국인민정치협상회의 제1기 전국위원회 상무위원회 인민대중 7차 회의에서 한 보고', 1954년 7월 8일.

6) 중화인민공화국 외교부 당안관 편, 〈중화인민공화국 외교당안선집(제1집) 1954년 제네바회의〉, 세계지식출판사 한문판, 2006년, 170~172쪽.

공통된 의견을 이끌어냈다. 19일에 회의에 참석한 국가들은 끝내 라오스와 캄보디아의 정전 문제를 어떻게 해결할 것인가에 대해 일부 협의를 달성했다. 20일에 제네바회의는 잠시 휴회에 들어갔다.

휴회 기간에 저우언라이는 프랑스와 베트남 간의 합의를 달성시키기 위해 팽팽한 왕복 외교를 벌였다. 6월 23일에 저우언라이는 특별히 스위스 수도 베른에 가서 맹데스-프랑스를 만나 그와 솔직하게 의견을 교환했다. 마지막으로 맹데스-프랑스는 인도차이나에서의 정전을 실현하기만 하면 프랑스는 중화인민공화국, 베트남민주주의공화국과 친선관계를 맺을 것이라고 했다. 7월 3일부터 5일경에 저우언라이는 국내에 돌아와 광시 유주에서 호찌민 등 베트남 지도자들과 회담을 가졌다. 회담 과정에 저우언라이는 제네바회의에서의 협상 상황과 최근의 국제 정세에 대해 상세하게 소개하고 평화와 전쟁 두 가지 선택의 이해득실에 대해 중점적으로 분석했다. 회담이 거의 끝날 무렵에 호찌민은 "지금 베트남은 갈림길에 서 있다. 화해할 수도 있고 싸울 수도 있다. 주요 방향은 평화를 쟁취하면서 전쟁도 준비하는 것이다. 사업의 복잡성은 바로 이 두 가지를 준비해야 한다는 데 있다."[7]는 결론을 내렸다. 6일에 베이징으로 돌아온 저우언라이는 그날 밤 마오쩌둥, 류사오치 등에게 제네바회의 진전 상황을 보고했다. 이튿날에 중공중앙은 정치국확대회의를 소집했다. 마오쩌둥은 회의에서 지난 2개월간 중국대표단의 사업을 긍정해주면서 방침이 정확했고 활동에서 성과를 거두었다고 지적했다. 마오쩌둥은 다음과 같이 말했다. "제네바에서 우리는 평화라는 이 구호를 내들었다." "우리는 평화를 원하는 모든 사람과 합작해 호전분자, 즉 미국

---

7) '유주에서의 중국-베트남회의 기록(제7차 회의)', 1954년 7월 5일.

당국을 고립시키고 주로 그 속에 있는 서둘러 전쟁을 하려는 주전파들을 고립시켜야 한다." "이 방침을 계속 집행하고 또 일부 구체적 문제를 확실하게 해결한다면 합의를 달성할 수도 있을 것이다."[8] 회의는 마지막에 대표단의 제네바회의에서의 사업과 앞으로의 방침을 비준하기로 결정했다. 9일에 저우언라이는 베이징을 떠나 제네바로 돌아갔다. 모스크바를 지날 때 그는 또 소련 지도자들과 의견을 교환하고 합의를 보았다. 12일에 제네바에 도착한 날 밤, 저우언라이는 소련 외교부장 몰로토프와 베트남 외교부장 범문동을 각각 방문했다. 그들과 면담할 때 저우언라이는 베트남, 중국, 소련 3국의 당중앙위원회는 인도차이나에서 평화 회복에 관한 문제를 토의해 주도적이며 적극적이고 신속하게 문제를 해결하며 기본 이익에 손상을 주지 않는 전제에서 개별적인 양보를 통해 협의를 달성해야 한다는 데 의견의 일치를 보았다고 설명했다.

제네바회의가 마지막 단계에 이른 상황에서도 저우언라이는 계속 관련 각 측과 협상하면서 프랑스, 베트남 쌍방이 타협할 때까지 협상을 밀고 나갔다. 프랑스와 베트남 양측은 북위 17도 이남, 9호도로 이북 약 20킬로미터의 현량하(賢良河)를 경계로 해 남쪽은 프랑스군대의 집결구로, 북쪽은 베트남민주주의공화국군대의 집결구로 삼기로 최종 결정했다. 전후 75일간의 토론을 거쳐 7월 21일 마지막 한차례 전체회의에서 미국을 제외한 관련 각 측은 끝내 제네바회의에서 인도차이나에서의 평화 회복에 관한 협의와 3개 정전협정을 달성하고 최종 선언을 발표했다.

제네바회의에 참가한 것은 중국이 대형 국제회의를 통해 평화적 협

8) 마오쩌둥, '평화를 원하는 모든 나라와 단결협력하자'(1954년 7월 7일), 〈마오쩌둥문집〉 제6권, 인민출판사 한문판, 1999년, 332~333쪽.

상으로 중대한 국제 분쟁을 해결하는 첫 시도임과 동시에 다자간 외교를 활용한 첫 시작이었다. 제네바회의의 성공으로 인도차이나전쟁은 중단되었고 아시아 정세와 국제 정세가 한층 더 완화되었으며 중국 남부 변경의 안전도 보장되었다. 이번 회의를 통해 신중국은 미국의 고립정책과 억제정책을 기본적으로 타파하고 국제평화통일 전선을 확장함으로써 국내 건설에 이로운 환경을 마련했다. 중국은 라오스, 캄보디아 두 이웃 나라와의 관계 면에서 좋은 출발을 보였다. 중국과 영국 간의 관계도 어느 정도 장벽을 넘었다. 양국은 상대국에 대리판사처를 둔다고 선포함으로써 '절반 수교'를 실현했다. 중국과 프랑스 대표는 직접적으로 협상하면서 서로 간의 이해에 기회를 마련했다. 회의 기간에 중미 양국 대표도 쌍방의 공민귀국 문제를 놓고 접촉했는데 이는 그 후 중미 대사급회담의 전주곡이 되었다.

평화적 공존의 5개 원칙을 창도

신흥민족독립국가, 특히는 이웃한 민족독립국가와의 관계를 개선하고 발전시키는 것은 신중국 외교의 중요한 일환이었다. 당시 주변의 비교적 약소한 일부 국가들은 신중국을 두려워하며 의심을 품고 있었다. 그것은 중국이 아시아 지역의 대국이라는 데서 비롯한 것일 뿐만 아니라 당시 중국과 주변국 사이에 국경선, 화교 국적과 같은 해결되지 못한 역사적 문제들이 남아 있었기 때문이다. 그 밖에 이러한 국가들은 공산주의가 일종의 국제 정치세력으로 본국에 영향을 끼칠까 봐 매우 걱정하고 두려워하고 있었다. 신중국에 대한 오해를 풀어주고 신중국과의 관계 발전을 촉진하기 위해서는 이런 국가들과의 교류에 적합한 새로운 방침을 제정할 필요가 있었다. 이러한 상황에서 평화적 공존 5개 원칙이 때맞춰 출범했다. 그 내용은 주권과 영토

완정에 대한 상호 존중, 상호 불침범, 내정에 대한 상호 불간섭, 평등과 호혜, 평화적 공존이다.[9] 하나의 유기체를 이룬 이 5개 원칙은 새로운 국가 관계의 총체적 특징을 간단명료하게 개괄했다.

1953년 12월 31일에 저우언라이는 베이징에서 인도회의대표단을 접견할 때 처음으로 평화적 공존의 5개 원칙을 체계적으로 제기했다. 당시 중-인 양국 간에 존재하는 문제, 특히 인도와 중국 티베트지방의 관계에 존재하는 문제에 따라 저우언라이는 양측이 5개 원칙에 따라 문제를 적절하게 처리하기를 바랐다. 1954년 4월 29일에 중인 쌍방은 협의를 거쳐 '중국 티베트지방과 인도 사이의 통상과 교통에 관한 협정'을 체결하고 관련 각서를 교환했다. 협정의 서문에서는 평화적 공존의 5개 원칙을 양국관계를 지도하는 준칙으로 확정했다.

1954년 6월 25일부터 29일까지 제네바회의 휴회 기간에 저우언라이는 초청에 의해 인도와 미얀마를 방문했다. 인도 방문 기간에 저우언라이는 여러 장소에서 중국의 대외정책과 평화적 공존의 5개 원칙의 역할에 대해 천명했다. 그는 다음과 같이 지적했다. 동남아에 대한 중화인민공화국의 정책은 평화적으로 공존하는 것이며 우리는 이 정책을 관철해나갈 것이다. 세계 각국은 대소와 강약에 관계없이 그리고 그 사회제도의 여하에 관계없이 평화적으로 공존할 수 있다. 혁명은 수출할 수 없다. 한 나라의 인민들이 표현하는 공동의 의지도 외래의 간섭을 허용하지 않는다. 인도 총리 네루와 회담을 진행할 때 저우언라이는 쌍방의 회담이 끝난 후 연합성명을 발표하자는 네루의 제의에 동의했으며 네루에게 초안 작성을 부탁했다. 쌍방은 협상을 거쳐 발표한 '중국-인도 양국 총리 공동성명'에 평화적 공존의 5개

---

9) 평화적 공존의 5개 원칙은 1953년 말에 제기된 후 몇 차례의 수정을 거쳐 1955년의 반둥회의 때 최종 확정되었다.

원칙을 기입했고 공동성명에서 "이러한 원칙은 나라와 나라 사이에 적용될뿐더러 일반 국제관계에도 적용된다." "아시아와 세계 각지에는 서로 다른 사회제도와 정치제도가 존재한다. 그러나 상술한 제반 원칙을 받아들이고 또 이러한 원칙에 따라 시행하기만 한다면……이러한 나라들은 평화적으로 공존할 수 있고 친선을 유지할 수 있다. 그렇게 되면 지금 세계에 존재하는 긴장 정세를 완화시킬 수 있고 평화로운 분위기를 마련하는 데도 도움이 될 것이다."[10]라고 지적했다. 뒤이어 미얀마 방문 기간에도 저우언라이는 우누와 '중국-미얀마 양국 총리 공동성명'을 체결하고 평화적 공존의 5개 원칙을 중국과 미얀마 간의 관계를 지도하는 원칙으로 삼는 데 동의했다. 평화적 공존의 5개 원칙은 제네바회의에서 인도차이나 문제에 관한 협상이 중요한 단계에 들어섰을 때 세상에 공개되었기 때문에 특별한 주목을 받았으며 급속한 국제적 반향을 일으켰다.

평화적 공존의 5개 원칙은 우선 아시아 민족독립 국가와의 관계를 위해 제기한 것이었지만 중국 지도자들은 이를 신속히 일반 국제 관계를 처리하는 준칙으로 삼았다. 당중앙위원회는 제네바회의에 참가해 이해하게 된 각 방면의 상황에 근거하고 적극적인 외교 절차를 거쳐 중국과 주변 국가 간의 관계를 개선하고 중국과 일부 서방국가 간의 관계도 개선하려고 준비했다. 저우언라이가 귀국하자 마오쩌둥은 다음과 같이 지적했다. "지금 문을 닫는다는 것은 이미 불가능한 일이 되었다. 그뿐만 아니라 이러한 이로운 정세는 우리가 앞으로 더 나아가도록 촉구한다." "세계가 사분오열하는 현 정세에서 한 덩어리

---

10) '중국-인도 양국 총리 공동성명', 1954년 6월 29일 자, 〈인민일보〉 제1면.

철판 같은 정형은 존재할 수 없다."[11] 그는 다음과 같이 제기했다. 영국과 프랑스와 같은 부류의 나라들과는 관계를 개선해 공식 외교관계를 수립해야 한다. 평화를 바라지만 중국에 대해 일부 의혹을 가지고 있는 모든 나라, 특히 주변 국가들에 대한 사업을 능동적으로 진행해야 한다. 미국에 대해서는 고립시키고 분화시켜야 하지만 미국과 같은 나라에 대해서도 할 일이 없는 것은 아니다.

제네바회의 후 영국 총리로 있던 영국노동당 당수 애틀리, 인도 총리 네루, 미얀마 총리 우누 등이 잇달아 중국을 방문했다. 이들은 중국을 방문한 첫 비사회주의 국가의 지도자들이었다. 마오쩌둥은 이들 외국 손님을 접견한 자리에서 평화적 공존의 5개 원칙에 대해 여러 차례 언급했다. 그는 다음과 같이 말했다. 우리는 5개 원칙이 장기적인 방침이지 임시로 대처하기 위한 것이 아니라고 본다. 이 5개 원칙은 중국의 상황에 부합한다. 중국은 장기적인 평화적 환경이 필요하다. 5개 원칙은 아시아와 아프리카 절대다수 나라의 상황에도 부합된다. 그는 또 다음과 같이 말했다. 평화적 공존의 5개 원칙을 모든 국가 관계에 일반화시켜야 한다. 다른 여러 제도는 평화적으로 공존할 수 있으며 쌍방이 공존하려고만 한다면 사회주의는 자본주의, 제국주의, 봉건왕국과도 공존할 수 있다. 그는 "여기에는 미국도 포함되는데 미국도 평화적 공존의 정책을 취하기를 바란다."[12]고 특별히 지적했다.

1956년에 폴란드 사건과 헝가리 사건이 생긴 후 중국정부는 11월 1

---

11) 마오쩌둥, '평화를 원하는 모든 나라와 단결협력하자'(1954년 7월 7일), 〈마오쩌둥문집〉 제6권, 인민출판사 한문판, 1999년, 333~334쪽.

12) 마오쩌둥, '영국 레이버당대표단과의 담화'(1954년 8월 24일), 〈마오쩌둥문집〉 제6권, 인민출판사 한문판, 1999년, 341쪽.

일에 성명을 발표해 사회주의국가 간의 관계는 더욱더 평화적 공존의 5개 원칙의 기초 위에서 수립되어야 한다고 지적했다. 그리하여 평화적 공존의 5개 원칙의 적용 범위는 한층 더 커져 여러 다른 사회제도 국가 간의 관계뿐만 아니라 사회주의 각 나라 간의 관계에도 적용되었다.

평화적 공존의 5개 원칙의 제기는 중대한 전략적 의의가 있다. 그것은 신중국이 국제무대에서 활동을 벌이고 미국의 고립정책과 억제정책을 타파하며 대외 왕래를 확대하는 유력한 무기였다. 사회주의와 자본주의 2대 진영이 철저히 대립하던 시기에 평화적 공존의 5개 원칙이 의식과 사회제도를 뛰어넘어 세계 각국이 공존하는 가운데 서로 감독하고 대등한 제약과 자기 제약을 시행할 것을 주장한 것은 법률성과 도의성을 지녔다. 평화적 공존의 5개 원칙은 국가 간의 정치관계를 처리하는 원칙을 포함했을 뿐만 아니라 국가 간의 경제관계를 처리하는 내용도 포함했다. 이러한 특징은 5개 원칙에 항구적인 생명력을 부여했다. 그때부터 반세기가 넘는 실천적 검증을 통해 평화적 공존의 5개 원칙은 중국 대외정책의 초석이 되었으며 국제사회에서도 점차 이 원칙을 보편적으로 받아들이게 되었다.

2. 아시아 아프리카회의 참가와 중국 대외관계의 발전

아시아 아프리카회의에 참가하기 위한 방침을 확정

아시아와 아프리카의 민족해방운동이 점점 고조를 이루는 정세에서 남부 아시아 5개국인 인도네시아, 파키스탄, 스리랑카, 인도, 미얀마는 아시아-아프리카회의의 개최를 공동으로 발기했다. 이 회의에 관한 구상은 최초로 1954년 4월 스리랑카 수도 콜롬보에서 개최된 5개국 총리회의에서 제기된 것이다. 6개월이 넘는 준비를 거쳐 그해 12월 말에 인도네시아의 보고르회의에서 5개국 총리들은 최종 토의를 거쳐 1955년 4월에 인도네시아 반둥에서 아시아-아프리카회의를 개최하기로 결정했다. 회의의 취지는 아시아-아프리카 각국 간의 친선과 협력을 도모하고 민족 경제와 문화를 발전시키고 민족주권을 쟁취하며 식민주의를 종식시키고 세계평화를 수호하는 등 공동으로 주목하는 문제를 연구, 토론하는 것이었다.

중국은 아시아-아프리카회의를 적극적으로 지지했다. 1954년 6월에 저우언라이가 인도를 방문했을 때 네루 총리는 그에게 아시아 아프리카회의의 개최를 발기하기 위한 준비 상황을 소개했다. 그에 저우언라이는 중국은 지금 준비 중인 아시아-아프리카회의 계획을 찬성하고 지지한다고 밝혔다. 그해 10월과 12월에 네루와 미얀마 총리 우누는 차례로 중국을 방문하고 아시아-아프리카회의 문제를 놓고 중국 지도자들과 토론을 진행했다. 우누가 중국을 방문했을 때에도 마오쩌둥은 "우리는 이 회의를 지지한다. 만일 각국이 동의한다면 우리는 이 회의에 참가하기를 바란다."고 명확히 표시했다.[13]

비록 인도와 미얀마 양국은 중국이 아시아-아프리카회의에 참가할 것을 성의껏 초청했으나 기타 발기국들은 이에 대해 정도의 차이는 있으나 의심하고 있었다. 그것은 주로 당시에 아직 신중국을 승인하지 않은 필리핀, 타이와 아랍 국가들이 중국이 회의에 참가함으로써 회의 출석을 거절할 수도 있었기 때문이었다. 보고르회의에서 5개국 총리들이 중국 초청 문제를 두고 논쟁을 벌이자 네루는 다음과 같이 지적했다. 콜롬보회의에서 이미 유엔에서의 합법적 지위를 쟁취하려

---

13) '마오쩌둥과 우누와의 제1차 회담 기록', 1954년 12월 1일.

는 중국의 요구를 전적으로 지지한다고 선포했기 때문에 만일 중국을 초청하지 않기로 결정한다면 그것은 입장 측면에서 큰 퇴보를 의미하게 된다. 중국은 이미 제네바회의에도 참가한 나라이다. 우누는 다음과 같이 밝혔다. 만약 중국을 회의에 초청하지 않는다면 미얀마는 아시아-아프리카회의에 참석하지 않을 수 있으며 만약 타이완을 회의에 초청한다면 미얀마는 더 이상 아시아-아프리카회의의 공동 주최국으로 나서지 않을 것이다. 네루와 우누의 노력을 통해 5개국 총리는 끝내 중국을 초난징 회의에 참석시키기로 합의했다. 마지막에 보고르회의는 25개 국가에 초청장을 보냈다.

  1955년 2월 10일에 발기국의 초청을 받은 중국정부는 답신을 보내 중화인민공화국정부는 아시아 아프리카회의의 목적에 동의하며 기타 아시아-아프리카국가들과 함께 이러한 목적을 위해 노력할 수 있는 기회가 주어진 것을 영예롭게 생각한다고 표시했다.

  아시아-아프리카회의는 제국주의 침략과 노예화에 억눌려 있던 아시아와 아프리카 국가들이 발기하고 참가한 첫 대형 국제회의로서 세계 각국의 주목을 끌었다. 아시아와 아프리카의 절대다수 국가는 이번 회의를 열렬히 지지했고 회의가 성과적으로 개최되기를 기대했다. 소련도 성명을 발표해 회의를 지지하고 나섰다. 그러나 대회가 개막될 때까지 회의의 전망은 여전히 밝지 못했다. 당시 미국정부는 아시아와 아프리카 국가들에 대한 통제를 강화하고 사회주의 국가들을 대상으로 한 전문 군사집단을 확장하기 위해 안간힘을 쓰고 있었다. 미국 관변 측과 그 선전기구들은 아시아-아프리카회의의 의의를 하찮게 보면서 회의가 성공할 수 없다는 논조를 퍼뜨렸을 뿐만 아니라 또 경제적 원조 등을 이용해 아시아와 아프리카 국가들을 분화시키고 이러한 국가들과 중국 사이를 이간하려고 시도했다. 회의에 참석한 각국의 상황도 매우 복잡했는데 사회제도, 의식 형태와 종교신앙이 매우 달랐을 뿐만 아니라 일부 중대한 국제 문제에 대해서도 매우 다른 주장을 가지고 있었다. 일부 국가는 네루가 실시하는 중립 정책과 블록 불가담 정책을 찬성하면서 아시아와 아프리카 국가들은 사회주의 각국과 평화적으로 공존해야 한다고 주장했다. 또한 일부 국가는 미국이 조종하는 조약에 의한 조직에 참가하거나 미국의 영향을 받아 공산주의를 주요한 위협으로 간주했다. 회의에 참가한 국가들 가운데 사회주의 국가는 중화인민공화국과 베트남민주주의공화국 두 나라뿐이었으며 신중국은 회의에 참가한 국가 가운데 6개국과만 외교관계를 수립했었다. 이러한 상황으로 회의에서는 분기와 투쟁을 모면할 수 없게 되었으며 회의에서의 중국의 일거일동은 모두 매우 민감할 수밖에 없었다.

회의가 개막되기 전에 중국대표단은 정세를 실사구시적으로 분석하고 나서 비록 불리한 면이 존재하고 있지만 아시아와 아프리카 국가와 인민들은 공동의 역사적 운명과 이해관계를 가지고 있고 공동의 염원과 요구를 가지고 있다는 이러한 중요하고 이로운 면이 회의에 공동의 기초를 마련해줄 것이라고 인정했다. 4월 4일에 저우언라이의 주관으로 작성된 '아시아—아프리카회의 참가 방안(초안)'과 그 밖에 기타 관련 문건들이 마오쩌둥 등에게 제출되어 심사를 받게 되었다. '방안'에서는 "아시아—아프리카회의에서 우리는 세계평화 통일전선을 확대하고 민족독립운동을 촉진하며 중국과 아시아—아프리카의 일부 국가들과의 사무와 외교 관계를 수립하고 강화하는 데 필요한 조건을 마련하는 것을 총체적 방침으로 삼아야 한다."[14]고 제기했다.

---

14) 중화인민공화국 외교부 당안관 편, 〈중화인민공화국 외교당안선집(제2집) 중국대표단이 1955년 아시아 아프리카회의에 참석〉, 세계지식출판사 한문판, 2007년, 42쪽.

이를 위해 대표단은 최고 강령과 최저 강령 두 가지 방안을 확정했다. 최고 강령은 아시아-아프리카 국가 평화공약 또는 평화 선언의 체결을 쟁취하는 것으로 그 주요 내용은 평화적 공존의 5개 원칙을 실시하고 식민주의를 반대하며 평화를 요구하고 전쟁을 반대하는 것이었다. 최저 강령은 공약성을 띤 공보를 발표함으로써 그것을 아시아-아프리카회의의 구체적인 성과의 하나로 간주하는 것이었다. 회의에서 나타날 수 있는 복잡한 상황, 특히 중국에 대한 일부 아시아-아프리카 국가들의 의심을 고려해 대표단은 주도면밀하게 준비했다. 대표단은 "공통점을 찾고 차이점을 보류하는" 원칙에 따라 다음과 같은 대응조치를 취했다. 회의에서 아시아-아프리카 국가의 공통적인 문제를 많이 제기하고 중국의 특수 문제를 내세우지 않는다. 대다수 아시아-아프리카 국가의 요구로부터 출발한 다음에 중국의 요구와 연계시킨다. 중국은 그들을 지지하며 그들에게 중국을 지지하라고 강요하지 않는다. 사회주의에 대한 몰이해와 의심으로 일부 국가들이 가할 수 있는 공격에 대해서는 입장을 천명하고 그에 흔들리지 않는 방침을 취함으로써 회의가 사회주의 제도와 의식 형태에 대한 대립과 논쟁 속에 빠지는 것을 피한다. 최선을 다해 대다수 회의 참가국들과 단합해 공동의 염원과 요구에 맞추어 협정을 달성하고 최대한의 성공을 거두도록 한다. 4월 5일에 마오쩌둥은 중앙정치국 확대회의를 사회하고 대표단에서 제기한 회의참가 방안과 관련 문건들을 토론하고 비준했다. 마지막에 또 저우언라이에게 권한을 부여해 회의 상황을 보면서 융통성 있는 책략과 형편에 알맞은 방법을 취하도록 했다.

회의가 개막하기에 앞서 중국대표단이 탄 인도국제항공회사 '카슈미르 공주호' 전세 비행기가 4월 11일에 샹강을 떠난 후 중도에서 폭발해 추락했다. 탑승한 중국과 베트남 대표단 사업 관련자들과 국내외 수행기자 11명이 전부 사망했다. 사후 조사에 따르면 이번 사건은 타이완특무기관이 아시아-아프리카회의를 대처하고 저우언라이를 목표로 저지른 정치적 모살 사건임이 밝혀졌다. 저우언라이는 초청을 받고 미얀마를 방문하던 중이어서 이 전세 비행기를 타지 않았다. 중국정부는 이번 파괴활동을 적발하고 규탄하는 한편 평화적 공존의 5개 원칙과 아시아와 아프리카의 단합 정신으로 제국주의의 도전에 반격을 가함으로써 아시아-아프리카회의가 효과적으로 개최되도록 확보할 것이라고 표시했다.

아시아-아프리카회의가 성과적으로 개최되도록 추진

1955년 4월 18일에 아시아-아프리카회의가 인도네시아 반둥의 자유빌딩에서 개막되었다. 그리하여 이번 회의는 일명 반둥회의라고도 불렸다. 이번 회의에 참가한 29개 나라의 대표단[15]은 당시 세계 절반 이상의 인구를 대표했다. 중국대표단은 총리 겸 외교부장 저우언라이가 인솔했으며 대표단원에는 천이 부총리 등이 있었다.

개막식이 끝난 후 하루 반의 공식대회가 열렸고 각국의 대표단 단장들이 일반성 발언을 했다. 절대다수 국가의 대표들은 발언에서 평화와 친선에 대한 요구와 식민주의에 대한 증오를 표시했으나 아시아와 아프리카 신흥 민족국가들이 서로 대치 상태에 처한 2대 진영과의 관계를 어떻게 처리해야 할 것인가 하는 등 핵심 문제에 대해서는 일부 모순점과 의견차를 드러내기 시작했다. 발언 과정에 어떤 국가의 대표는 공산주의는 일종 '전복성을 띤 종교'라고 공격하면서 소련이 동

---

15) 5개 발기국 외 초청받은 25개국 가운데서 중앙아프리카연방은 사정으로 회의에 참석하지 못했다.

유럽에서 시행하는 것은 '새로운 형태의 식민주의'라고 했다. 또한 어떤 국가의 대표는 일부 구체적인 문제로 중국에 대해 의혹을 표시했다. 회장의 분위기가 갈수록 팽팽해지자 사람들은 이로써 대회에서 치열한 논쟁이 벌어질까 매우 걱정했다.

회의가 갈림길에 들어설 관건적인 시각에 중국대표단은 정세를 제대로 파악하고 올바른 대책을 취했다. 대회의 원래의 배치에 따르면 19일 오전에 저우언라이가 먼저 발언을 하게 되었으나 그는 그 기회를 포기하고 기타 대표들의 발언을 계속 귀담아들었다. 그날 오후에 저우언라이는 연단에 오르기로 결정했다. 이는 즉시 각국 대표와 기자들의 큰 관심을 불러일으켰다. 저우언라이는 원래 준비했던 원고를 읽지 않고 그것을 복사해 배포하고 따로 보충 발언을 했다. 그는 단도직입적으로 다음과 같이 지적했다. "중국대표단은 단결을 도모하기 위해 온 것이지 말다툼을 하러 온 것이 아니다. 우리 공산당원들은 지금까지 우리가 공산주의를 신봉하고 있으며 사회주의 제도를 좋게 본다고 말하기를 주저하지 않았다. 그러나 이 회의에서는 개인의 사상의식과 각국의 정치제도를 선전할 필요가 없다." 그는 "차이점을 찾으러 온 것이 아니라 공통점을 찾으러 온 것"이라고 강조하면서 아시아와 아프리카 각국 공동의 기초는 바로 "식민주의가 빚어낸 고통과 재난을 제거하는 것"이라고 설명했다. 그는 여러 다른 사상의식과 사회제도의 존재는 "우리가 공통점을 찾고 단결을 하는 데 방해되지 않는다."고 밝히고 나서 중국은 "5개 원칙을 고수하는 기초 위에서 아시아와 아프리카 여러 나라, 나아가서는 세계 여러 나라, 우선 우리의 이웃 나라들과 정상적인 관계를 맺으려 한다."고 했다. 그는 마지막으로 "우리 아시아와 아프리카 국가들은 단결해 아시아-아프리카회의의 성공을 위해 힘쓰자!"[16]라고 말했다. 저우언라이의 발언은 회의에 참석한 대표와 기자들의 상상 밖이었다. 그는 공산주의에 대한 공격과 중국에 대한 비난을 직접 반박하지 않고 중국의 원칙과 입장을 묘하게 천명하면서 너그러운 태도로 화해 정신을 구현해 그 자리에 있는 절대다수 국가 대표들의 찬동을 받았다. 점심 휴식시간을 이용해 서둘러 작성한 이 연설 원고는 이틀간 긴장했던 대회의 분위기를 삽시간에 완화시켜 대회의 첫 고조를 이루었다.

그 후 나흘간 기본적으로 비밀리에 진행된 회의에서 정치, 경제와 문화 3개 위원회는 각각 여러 가지 실제적인 문제들을 토의했고 세계 평화와 협력 촉진에 관한 결의와 선언, 회의 최종 공보 초안을 작성했다. 회의에서는 두 개 파의 견해가 형성되었는데 그 가운데 한 파는 중립주의를 지지하고 공산주의와 공존할 것을 찬성했고 다른 한 파는 이른바 집단적 방어를 지지하면서 서방과 동맹을 결성해 공산주의를 반대할 것을 주장했다. 두 개 파가 각자 자신의 견해를 고집하는 것을 보고 많은 대표는 회의가 대치 국면에 빠져 협의를 달성하기 어려울 것이라고 비관적으로 생각했다. 비록 중국은 사실상 모순의 초점에 놓여 있었지만 저우언라이는 침착하고 냉정하게 며칠간의 관찰을 거쳐 4월 23일에 정치위원회 회의에서 다시 한 번 발언했다. 그는 발언에서 다음과 같이 말했다. 우리는 마땅히 평화와 협력에 대한 요구를 공동의 기초로 삼고 지금 토론하는 문제를 해결해야 한다. 중국은 세계에서 대립적인 군사동맹이 결성되는 것을 찬성하지 않으며 공산주의에 대한 '집단적 방어'를 반대한다. 중국은 아시아와 아프

---

16) 저우언라이, '아시아 아프리카회의 선제회의에서 한 발언'(1955년 4월 19일), 중화인민공화국 외교부 당안관 편, 〈중화인민공화국 외교당안선집(제2집) 중국대표단이 1955년 아시아 아프리카회의에 참석〉, 세계지식출판사 한문판, 2007년, 56~59쪽.

리카 국가는 "서로 다른 사상의식과 국가제도를 제쳐놓고" "국제적 협력을 진행하고 집단적 평화를 도모할 것"을 주장한다. 그는 오해를 피하기 위해 유엔헌장의 "평화적으로 지내다."로 "평화적으로 공존한다."를 대체할 수 있으며 5개 원칙의 문투를 고칠 수 있고 그 내용도 증감할 수 있다고 제의했다. 그다음 저우언라이는 중국대표단의 의안으로서의 7가지 '평화선언'을 제기하면서 이 7가지는 각 대표단의 제안 가운데서 모두가 동의할 수 있는 내용에서 비롯한 것이라고 설명했다. 조목별로 해석하면서 그는 중국의 이웃 나라들의 관심사가 되는 일부 문제들을 언급하면서 그들의 의혹을 풀어주었다.[17] 그의 발언은 다시 한 번 대치 국면을 타개하고 논쟁 각 측이 협의를 달성하도록 함으로써 회의를 최고조로 이끌었다. 4월 24일 오후, 오랫동안의 박수소리와 환호소리 속에서 대회는 '아시아-아프리카회의 최종 공보'를 만장일치로 통과시켰다. '공보'는 중국대표단의 제의를 받아들여 평화적 공존, 친선협조의 10개 원칙을 이루어냈다. 24일 밤, 일주일간에 걸쳐 열린 아시아-아프리카회의는 성공적으로 막을 내렸다.

아시아-아프리카회의에 참석한 것은 신중국이 국제정치 무대에 나서는 과정에서의 또 하나의 중요한 이정표였다. 저우언라이를 위수로 한 중국대표단은 반둥에서 아시아-아프리카회의의 성공적인 개최를 위해 세계가 공인하는 커다란 기여를 했다. 이와 동시에 중국대표단은 회의 밖의 왕래를 적극적으로 펼쳐나가면서 이해를 도모하는 차원에서 각국 대표단과 광범한 만남을 가졌다. 아시아-아프리카회

---

17) '저우언라이의 아시아아프리카회의 정치위원회 회의에서 한 발언'(1955년 4월 23일), 중화인민공화국 외교부 당안관 편, '중화인민공화국 외교당안선집(제2집) 중국대표단이 1955년 아시아 아프리카회의에 참석', 세계지식출판사 한문판, 2007년, 70~74쪽.

의의 성공은 아시아와 아프리카 국가들이 전쟁 결속 후 세계의 한 갈래 중요한 정치역량으로서 국제무대에 나서기 시작했음을 의미하며 중국이 아시아와 아프리카 국가들과 폭넓게 왕래할 수 있는 대문을 열어놓았음을 의미한다.

중국 대외관계의 급속한 발전

1950년대 중반에 당중앙위원회는 다음과 같이 명확히 제기했다. 중국의 사회주의 건설은 장기적으로 평화적인 국제환경을 요구하며 장기간의 국제적 평화를 가져올 것이다.[18] 평화적 공존의 5개 원칙의 지도로 중국의 대외관계는 여러 가지 형태로 급속히 발전했다.

아시아-아프리카회의 이후 네팔, 이집트, 시리아, 예멘, 스리랑카, 캄보디아, 이라크, 알제리, 수단과 기니 등 많은 국가는 잇달아 중국과 외교관계를 수립했다. 중국은 아랍 국가들과의 관계를 발전하는 면에서 진전을 이룩했을 뿐만 아니라 사하라 이남의 일부 아프리카 국가들과도 점차 외교관계를 수립했다. 중국은 또 미국의 극심한 방해를 뚫고 라틴아메리카 국가와의 민간적인 친선왕래를 펼치기 시작했다. 아시아, 아프리카, 라틴아메리카 신흥민족국가를 주요 대상으로 한 이 같은 제2차 수교 고조는 1960년대 중반까지 지속되었다. 중국은 외교 활동의 범위를 한층 더 넓히기 위해 1954년 5월에 중국인민대외문화협회를 발족하고 각종 형식의 민간외교활동을 적극적으로 펼쳐나갔다.

이 시기에 중국과 주요 자본주의 국가들과의 관계는 중대한 진전을 이룩하지 못했으나 각종 형태의 접촉과 왕래가 시작되었다. 중국은

---

18) 류사오치, '당의 전국대표회의에서 한 발언'(1955년 3월 22일), 중공중앙 문헌연구실, 중앙당안관 편, 〈건국 이래 류사오치문고〉 제7권, 중앙문헌출판사 한문판, 2008년, 107,138쪽.

영국과 '절반 수교'를 실현한 것 외에 일본과의 민간관계를 발전시켜 가장 큰 주목을 받았다. 중국과 일본은 오가기 편리한 이웃으로 양국 인민들이 친선적으로 왕래한 역사는 2,000여 년에 이르렀다. 그러나 19세기 말부터 일본은 중국에 대한 침략을 끊임없이 확대하고 대규모 중국침략 전쟁을 발동함으로써 중국인민들에게 막대한 재난을 가져다주었다. 신중국이 창건된 후 일본은 미국을 추종하고 신중국을 적대시하는 정책을 폈다. 1951년 9월에 미국과 일본은 '미일 안전보장 조약'을 체결했다. 1952년 4월에 일본은 또 타이완과 이른바 '강화조약'을 체결하고 이른바 외교관계를 수립했다. 중국 정부와 인민들은 일본정부의 이러한 행위를 단호히 반대했다.

중일관계의 정상화에 큰 걸림돌이 존재하는 상황에서 중국 지도자들은 넓은 안목을 가지고 중일관계를 개선하는 것은 양국 인민들에게 이로울 뿐만 아니라 아시아와 세계의 평화와 안정에도 이로우므로 중일선린관계를 다시 수립하고 발전시키는 것을 대외정책의 중요한 위치에 놓아야 한다고 인정했다. 마오쩌둥과 저우언라이는 여러 차례 지시를 내리고 대일본관계는 "민간적 차원에서 먼저 발전시켜야 하며 민간적 차원의 관계발전을 통해 정부 차원의 관계를 촉진시켜야 한다."고 말했다. 중앙위원회는 정부 차원에서의 양국관계가 일시적으로 진전을 이루기 어렵다는 상황을 감안해 중국인민과 일본인민이 국교가 수립되지 않은 상황에서 '민간 외교'를 통해 각 분야에서 점차 친선내왕을 강화하며 양국관계의 정상화를 위한 조건을 마련하기로 결정했다. 중일 간 민간외교의 대문을 열기 위해 중국은 우선 중일무역의 경로를 여는 데에서 시작해 주동적인 절차를 취했다. 중국의 초청으로 1952년 5월부터 일부 일본 정계와 재정경제계의 우호적 인사들은 일본정부가 설치한 겹겹한 장애를 뚫고 베이징에 왔다.

양국 민간경제무역단체 대표들 간의 협상을 걸쳐 중일 쌍방은 1952년 6월에 첫 번째 민간무역협정을 체결했다. 그 후 1954년 9월과 1955년 5월에 두 차례에 걸쳐 민간무역협정을 체결했다. 1956년 10월에 쌍방은 민간상무대표기구를 상호 설립해 양국 간의 무역을 한층 더 발전시키기로 결정했다. 중일친선을 도모하기 위해 1953년에 중국정부는 민간단체를 통해 재중국 일본교민들의 귀국에 관한 구체 사무에 대해 협의하고 21차에 걸쳐 총 3만 5,000여 명의 일본 교민들을 일본으로 돌려보냈다. 1956년에 중국정부는 수감 중인 1,062명의 일본 전쟁 범죄자들을 관대하게 처리했다. 그 가운데 1,017명의 범죄자에 대해서는 석방을 선포함과 동시에 그들을 일본에 돌려보냈고 나머지 45명은 관대하게 처리해 유기징역에 처했다. 중국정부가 취한 이러한 주동적인 절차는 일본 정치, 경제, 문화계 일부 유지들의 호응을 얻었고 일본 국민들의 큰 지지를 받았다. 민간 왕래가 확대됨에 따라 일중 친선은 일본에서 점차 영향력 있는 국민운동으로 자리매김했다.

1950년대 상반기는 중소 양국 관계가 빠르게 발전한 시기였다. 사회주의와 자본주의 2대 진영이 날카롭게 맞서던 준엄한 상황에서 중소동맹은 사회주의 진영의 안전을 지키고 제국주의의 침략 정책과 전쟁 정책을 반대하며 아시아와 세계 평화를 수호하는 데 중대한 역할을 했다. 중국이 항미원조에 참가하기로 결정하자 스탈린은 중국에 대한 의심을 떨쳐버리고 중국에 대규모 경제 원조를 제공함과 동시에 많은 전문가를 파견하기 시작했다. 중국의 당, 정부와 인민들은 소련이 장기적으로 전면적인 경제원조를 제공하는 데 대해 줄곧 감사해하면서 그에 상응한 보답을 했다. 소련으로부터 건설 물자를 구매하고 또 소련에서 제공한 차관의 원금과 이자를 상환하기 위해 중국은 황금과 국제 통용화폐를 보내준 것 외에도 소련에 시급히 필요한 많은 광산자원과 농산물들을 수출했다. 그 가운데 많은 광산물들은 첨단과학을 발전시키고 로켓과 핵무기를 제조하는 데 없어서는 안 되는 중요한 전략적 원료로서 소련이 기타 경로를 통해서도 얻기 힘든 것이었다. 경제 협력이 전개됨에 따라 양국 간의 무역액도 크게 성장했다. 1950년, 1953년과 1955년에 중소 무역액은 각각 그해 중국의 대외무역 총액의 30%, 53.1%와 56.8%를 차지했다. 1956년의 중소 무역액은 1950년에 비해 3.5배 늘어났다. 그리하여 소련은 중국의 최대 무역 파트너가 되었다.

중국과 소련이 외교관계를 수립하던 초기 양국 간에 존재했던 일부 문제들도 이 시기에 점차 해결되었다. 1952년 가을에 저우언라이가 소련을 방문한 기간에 중소 쌍방은 회담을 통해 중국 중장선의 모든 권리를 무상으로 중국에 넘겨주기로 결정했다. 이와 동시에 한국전쟁이 여전히 진행되고 있는 점을 감안해 중국정부는 소련정부에 제의해 소련군의 뤼쉰커우(旅順口)에서의 철퇴 기한을 중일과 소일 강화조약이 체결될 때까지 연장하도록 했다. 1954년 10월에 흐루쇼프가 중국을 방문하는 기간에 소련은 주동적으로 뤼쉰커우 해군기지를 중국에 반환하겠다고 했다. 중소 양측은 또 1950년에 설립한 4개 합영공사에서 소련의 주식을 중국에 넘겨주고 동시에 새로운 협의를 체결하기로 토의해 결정했다. 소련은 또 중국에 대한 원조항목을 증가했다. 중소 쌍방은 1956년 5월에 상호 각서 교환의 형식으로 1954년에 체결한 제3국 공민이 일부 지역에 진입하는 것을 제한하는 비밀보충협정을 정식으로 폐지했다. 1950년대 초기에 불합리한 결산 방법으로 중소 사이의 비무역 지불에서 중국은 많은 손실을 보았다. 1956년 7월에 협상을 거쳐 소련은 잘못된 점을 바로잡고 지난날 더 받았던 금액을 중국에 돌려주는 데 동의했다. 흐루쇼프는 집권 초기에 대중국우호정책을 계속 집행했기 때문에 중소관계는 한층 더 강화되었다. 그러나 후에 양국관계가 악화되는 바람에 소련의 일부 경제원조 대상을 제공하기로 한 약속이 실현되지 못했다.

이 시기에 중국과 기타 사회주의 국가들과의 정치, 경제 관계도 커다란 발전을 가져왔다. 1955년 1월에 중국은 유고슬라비아와 외교관계를 수립했으며 이어 또 양국 공산당 간의 관계도 회복되었다.

3. 타이완 문제를 둘러싸고 미국과 진행한 투쟁

중미관계의 대치 국면을 타파하기 위한 시도

한반도와 인도차이나에서 잇달아 정전이 이루어지면서 아시아 지역의 정세가 완화되었다. 그러나 중미 양국 간의 긴장한 관계는 결코 변하지는 않았다. 아이젠하워 정부가 계속해 중국을 억제하고 고립시키는 강경정책을 취하는 가운데 중국은 원칙성과 영활성을 구현한 대미국 정책을 취했다. 한편으로 중국은 날카롭게 맞서 미국의 침략 정책과 전쟁 정책을 반대하고 미국이 중국 영토 타이완을 강점하는 것을 반대했으며 다른 한편으로 중국 지도자들은 미국과의 관계 완화를 바란다고 여러 차례 밝혔으며 이를 위해 노력을 계속 해왔다.

제네바회의 기간에 미국대표단은 회의에 참석한 베이징 주재 영국 대표를 통해 중국에 수감 중인 미국인 문제를 해결하려 시도했다.[19] 이 소식을 접한 저우언라이는 중미관계가 이처럼 팽팽하고 미국의 대중국 정책이 이처럼 적대적이고 강경한 상황에서 우리는 마땅히

---

19) 미국에서 제공한 명단에 따르면 당시 중국의 법을 위반해 수감된 미국인은 83명이다.

기회를 이용해 중국과 미국이 접촉할 수 있는 경로를 찾아야 한다고 결정했다. 중국은 미국정부가 이러한 문제를 놓고 협상할 의향이 있다면 기꺼이 미국과 직접 상의할 것이라고 즉각 표시했다. 영국의 알선으로 1954년 6월 5일부터 7월 21일 사이에 중미 양국 대표는 5차례의 접촉을 가졌다. 미국은 중국에 체류 중인 미국 교민의 귀국 문제를 제기했고 중국은 미국에 귀국을 신청한 중국유학생 억류 문제를 제기했다. 접촉 과정에서 중국은 다음과 같이 지적했다. 중국정부는 법을 지키는 미국 교민을 우호적으로 대하고 그들을 보호해주고 있으며 심사를 거쳐 미국 교민의 귀국 신청을 즉시 비준해주었는데 지금까지 이미 1,485명의 미국 교민이 중국을 떠났다. 법을 어긴 소수 미국인에 대해서는 죄에 따라 형벌을 가하고 판결한 후 태도가 좋으면 또 감형 또는 조기 석방을 고려할 수 있다. 중국은 미국이 교부한 83명의 재중국 미국인들을 심사하겠다고 표시했다. 이와 동시에 중국은, 미국에 체류 중인 5,000여 중국 유학생 가운데 적지 않은 사람들은 귀국할 것을 요구하면서 미국 정부에 귀국 신청을 했지만 미국정부가 온갖 방법으로 트집을 잡고 심지어 벌금을 부과하고 판결까지 하겠다고 위협하는데 이는 아무런 도리도 없는 것이라고 지적했다. 미국이 중국과의 관계를 완화할 의향이 없었기 때문에 몇 차례 접촉은 큰 효과를 보지 못했다.

　제네바회의가 끝난 후 마오쩌둥은 또 여러 차례 미국과의 관계 완화에 대한 의향을 내비쳤다. 제네바회의 기간에 미국의 일부 동향에 따라 그는 "미국 내부에도 모순이 있다." "미국 정부와의 일부 관계를 개선할 수 있다."[20]고 인정했다. 1954년 8월 24일에 그는 영국 레

---

20) 마오쩌둥, '평화를 원하는 모든 나라와 단결협력하자'(1954년 7월 7일), 〈마오쩌둥문집〉 제6권, 인민출판사 한문판, 1999년, 333쪽; '마오쩌둥이 중국인민정치협상회의 제1기 전국위원회 상무위원회 인

이버당 대표단을 접견할 때 다음과 같이 말했다. 미국과 같은 큰 나라가 평화를 원하지 않는다면 우리가 평화롭게 지낼 수 없을 뿐 아니라 모두 평화롭게 지낼 수 없다. 레이버당 당신들이 제7함대를 철수하고 타이완 사무에 관여하지 말며 동남아 조약을 만들지 말고 일본을 무장시키지 말며 서부 독일을 무장시키지 말라고[21] 미국인들을 타이르기 바란다. 10월 19일부터 23일 사이에 마오쩌둥은 네루와 회담할 때 또 다음과 같이 말했다. 미국은 한국, 타이완, 인도차이나에 방어선을 치고 있는데 이런 곳들은 미국과 멀리 떨어져 있지만 우리와는 아주 가깝다. 그러니 우리는 편히 잠을 잘 수가 없다. 나라 간에 서로 경계하지 말아야 한다. 중국과 미국처럼 서로 경계하는 것은 아주 좋지 못한 일이다.[22] 중국은 미국과의 관계를 완화시키겠다는 의향을 표명했으나 미국은 이에 대한 응답이 없었다. 미국이 중국을 고립시키고 억제하는 정책을 고집하고 특히 중국이 타이완을 해방하려는 것을 적극적으로 가로막고 있었기 때문에 중미 간의 장기적인 모순과 투쟁은 피할 수 없게 되었다.

제1차 진먼 포격과 저장연해도서의 해방

1954년 가을부터 1955년 봄까지 그 사이에 타이완해협에는 긴장국면이 나타났다. 중미 간에는 타이완 문제를 두고 재차 첨예한 갈등이 일어났다.

1950년 6월에 미국 제7함대가 타이완해협에 침입하면서부터 미국

민대중7차 회의에서 한 연설요지', 1954년 7월 8일.

21) 마오쩌둥, '영국 레이버당 대표단과의 담화'(1954년 8월 24일), 〈마오쩌둥문집〉 제6권, 인민출판사 한문판, 1999년, 341쪽.

22) 마오쩌둥, '인도 총리 네루와 한 4차례 담화'(1954년 10월), 〈마오쩌둥문집〉 제6권, 인민출판사 한문판, 1999년, 362, 364쪽.

정부는 타이완에 대한 통제를 강화했다. 미국은 타이완에 해군기지와 공군기지를 세웠을 뿐만 아니라 타이완에 거액의 경제적 원조를 제공하고 대량의 군사고문까지 파견해 타이완에 있는 국민당 군대를 훈련시켰다. 1953년 2월에 아이젠하워가 정권을 잡은 후 미국은 더 이상 타이완해협에 대해 '격리' 정책을 실시하지 않는다는 것, 즉 다시 말하면 대륙에 대한 국민당 군대의 공격을 더 이상 제한하지 않겠다고 선포했다. 뒤이어 제7함대는 타이완해협에 대한 이른바 '중립 순찰'를 중지했다. 아이젠하워의 이러한 새 정책은 "장제스가 우리에서 나올 수 있도록 문을 열어 준"것으로 불렸다. 타이완의 국민당은 즉시 미국에 이른바 '공동방어조약'을 체결할 것을 요구했다. 당시 미국은 타이완을 통해 중국의 통일을 방해하려 하면서도 다른 한편으로는 또 국민당 집단에 의해 그들이 적이 꺼려하는 중국과의 직접적인 충돌에 휘말려들까 봐 근심하고 있었기에 한동안 타이완의 요구에 동의하지 않았다. 한반도 정전이 실현된 후 미국은 중국이 뒤로 미루었던 타이완 해방 계획을 회복할 것이라고 추측하면서 타이완과의 군사관계를 한층 더 강화했다. 1954년의 제네바회의 전후에 미국은 힘을 다해 일부 국가들을 끌어들여 중국을 전문 대상으로 하는 동남아 군사집단을 규합하고 동시에 타이완의 국민당과 방어조약을 체결할 문제를 다시 고려했다. 이러한 배경에서 국민당은 대륙의 동남 연해지역에 대한 소란 수위를 높이고 '대륙에 반공격'을 가하겠다고 크게 떠들어댔으며 동시에 당시 미국과의 협의 중에 있는 '공동방어조약'을 과장해 선전했다.

중국 지도자들은 미국이 타이완의 국민당과 '공동방어조약'을 체결할 수 있다는 동향에 대해 경계를 늦추지 않고 있었다. 1954년 7월 7일에 개최된 중앙정치국 확대회의에서 마오쩌둥은 다음과 같이 지적했다. "지금 미국과 우리와의 관계에서 중요한 문제는 바로 타이완 문제이다. 이 문제는 긴 시간을 들여 해결해야 할 문제이다. 우리는 미국이 타이완과 조약을 체결할 수 있는 가능성을 없애야 하며 또 이를 위해 방법을 강구하고 선전을 진행해야 한다."[23] 정세가 보여준 바와 같이 이 조약을 체결하게 내버려둔다면 중미관계는 대치 상태에 빠지게 될 것이고 긴장 상태가 장기적으로 지속된다면 타이완 문제도 장기간 해결되지 못할 것이었다. 7월 14일에 영국 수상 처칠은 영국 하원에서 한 연설에서 "유엔에 위임해 타이완을 통치"하게 해야 한다는 주장을 재차 제기했다. 그리하여 타이완 문제에 대한 중국의 확고한 입장을 세계에 밝히는 것을 한시도 지체할 수 없는 일이 되었다. 7월 하순에 중공중앙은 "타이완을 반드시 해방해야 한다."는 임무를 명확히 제기하기로 결정했다. 중앙위원회는, 이 임무를 제기하는 역할은 미국과 장제스가 조약을 맺으려는 시도를 파괴하는 데 있을 뿐만 아니라 더욱 중요한 것은 전국 인민들의 정치적 경각성을 높이고 인민들의 열정을 불러일으키며 국가건설 임무를 완수하도록 추진하고 이 투쟁을 통해 국방역량을 강화하기 위함에 있다고 인정했다.[24] 그리하여 기세 드높은 타이완 해방 선전운동이 전개되었다. 8월 1일에 중국인민해방군 총사령 주더는 건군 27주년 기념회에서 한 연설에서 중국인민은 타이완을 반드시 해방해야 한다고 강조했다. 11일에 저우언라이는 중앙인민정부위원회 회의에서 다시 한 번 다음과 같이 선포했다. "타이완은 중국의 신성불가침한 영토로서 미국이 침

---

23) 마오쩌둥, '평화를 원하는 모든 나라와 단결합력하자'(1954년 7월 7일), 〈마오쩌둥문집〉 제6권, 인민출판사 한문판, 1999년, 333쪽.

24) 중공중앙 문헌연구실 편, 〈저우언라이 연보(1949~1976)〉 상권, 중앙문헌출판사 한문판, 1997년, 405쪽.

범하는 것을 절대 허용하지 않으며 유엔에 위임해 통치하게 하는 것도 허용하지 않는다. 타이완을 해방하는 것은 중국의 주권이자 내정이므로 타국이 간섭하는 것을 절대 허용하지 않는다. 미국 정부가 타이완에 둥지를 틀고 있는 장제스 매국집단과 어떠한 조약을 체결하더라도 그것은 모두 불법적이고 무효한 것이다."[25] 22일에 중국의 각 민주당파와 인민단체들은 타이완 해방에 관한 공동선언을 발표하고 중앙정부의 결정을 열렬히 옹호했다.

타이완해협이 또다시 긴장 정세를 형성하고 국민당 군대가 동남연해지역에 대한 소란 수위를 높인 상황에서 인민해방군 푸젠전선포병부대는 명령을 받고 1953년 초부터 진먼과 마조 지역의 국민당 군대에 끊임없이 포격을 가했다. 1954년 9월 3일에 중앙군사위원회의 명령에 따라 인민해방군은 오후 2시부터 4시 좌우까지 진먼을 향해 한 차례 비교적 큰 규모의 징벌적인 포격을 가해 적군의 포병부대진지 여러 곳을 파괴했고 함선 여러 척을 격침시키거나 손상시켰다. 9월 22일에 인민해방군은 재차 맹렬한 화력으로 진먼을 포격했다. 그 후 대륙과 진먼, 마조 사이에 시기별로 크고 작은 포격전이 이어졌다. 이러한 큰 규모의 포격행동은 정치적으로는 타이완을 해방시킬 것을 대대적으로 선전함으로써 국가 영토와 주권 완정을 수호하려는 중국 인민의 흔들림 없는 결심을 보여주고 미국에 압력을 가하기 위한 것이었다. 군사적으로는 성동격서식으로 진먼을 즉시 해방하기 위한 것이 아니라 대륙의 동남 연해에서 소란을 피우는 국민당 군대의 거점을 제거하기 위한 것이었다. 한반도 정전이 실현된 후 중공중앙과 중앙군사위원회는 진먼 해방에 관한 문제를 검토해 본 적이 있었으

---

25) '중앙인민정부위원회 제33차 회의에서 총리 겸 외교부장 저우언라이가 한 외교보고'(1954년 8월 11일), 1954년 8월 14일 자, 〈인민일보〉 1면

나 조건과 시기가 모두 적절하지 않다고 판단하여 최종적으로 북에서 남으로, 작은 데서 큰 데로 나아가는 방침에 따라 먼저 저장, 푸젠 연해의 섬들을 해방하기로 결정했다. 이를 위해 화둥군구는 중앙군사위원회의 지시에 따라 일강산도 해방을 중심으로 한 대진도 전역을 정성껏 배치했다. 진먼에 대한 포격을 전후해 중국의 육해공 3군은 국민당의 군함, 비행기, 도서수비부대에 잇달아 큰 타격을 주어 저장동부 연해지역에서의 제해권과 제공권을 확보했다.

12월 2일에 미국정부는 타이완의 국민당당국과 이른바 '공동방어조약'을 서둘러 체결했다. 이 조약의 방어 범위는 타이완과 펑후(澎湖)열도가 포함된 동시에 쌍방의 협의에 따라 국민당 군대가 수비하는 기타 지역까지 연장할 수 있다고 밝혔다. 미국은 중국에 대한 돌발적 전쟁에 휘말리지 않기 위해 타이완과 펑후열도를 보호해주는 교환 조건으로 미국의 동의 없이는 대륙에 대한 공격 행동을 취하지 못한다고 비밀리에 보장할 것을 장세스에게 요구했다. 12월 8일에 저우언라이는 성명을 발표해 이른바 '공동방어조약'은 '불법적이고 무효한 것'이며 '노골적인 침략 조약'이라고 규탄했다.[26]

1955년 1월 18일에 인민해방군은 창건된 이래 처음으로 육해공군 협동작전을 벌였다. 치열한 전투를 치르고 대진도 주변의 일강산도를 해방했다. 19일에 아이젠하워는 유엔이 주선해 "중국 연해에서의 전투를 정지"시킬 것을 급히 요청했다. 24일에 저우언라이는 '중국 인민의 타이완 해방에 대한 미국 정부의 간섭에 관한 성명'을 발표해 타이완 해방은 중국의 주권이자 내정이므로 유엔 또는 그 어떤 외국의 간섭도 절대 허용하지 않는다고 다시 한 번 지적했다. 일강산도의

---

26) '미국과 장제스 집단이 체결한 공동방어조약에 관한 중화인민공화국 외교부장 저우언라이의 성명' (1954년 12월 8일), 1954년 12월 9일자, 〈인민일보〉 1면.

해방은 중국 내정을 간섭하는 미제국주의의 기염을 여지없이 꺾음으로써 국민당 군대로 해금 대진도서에 대한 방어를 포기하게 했다. 그 후 미국 제7함대는 군함과 비행기를 대량으로 출동해 국민당 군대의 철퇴를 협조한 동시에 섬에 거주한 주민들을 협박해 타이완으로 끌고 갔다. 2월 13일부터 26일까지 중국 인민해방군은 대진도와 그 주변의 열도를 해방했다. 이로써 저장 연해도서는 전부 해방되었다.

진먼포격작전은 미국과 타이완 국민당당국이 이른바 '공동방어조약' 체결을 제지하지는 못했으나 일강산도 상륙작전과 저장 연해도서 해방 전투를 힘차게 배합해 조국통일을 실현하려는 중국인민의 결심을 전 세계에 과시했다. 이번 투쟁을 통해 중미관계를 처리하는 데 타이완 문제가 이미 우선순위를 차지했음이 뚜렷해졌다.

타이완에 대한 정책의 조절과 중미대사급 회담의 시작

중국인민해방군의 진먼 포격과 저장 연해도서 해방 행동은 미국정부의 결책 부문에 커다란 충격을 가져다주었다. 미국이 중국의 진실한 의도를 파악하지 못하고 있을 때 중국은 양국 관계를 완화하려는 의향을 다시 한 번 밝혔다. 1955년 4월 23일에 저우언라이는 아시아아프리카회의에서 성명을 발표해 "중국인민과 미국인민은 친선적이다. 중국인민은 미국과 싸우기를 바라지 않는다. 중국 정부는 미국 정부와 한자리에 앉아서 협상을 통해 극동의 긴장 정세 완화에 관한 문제, 특히 타이완의 긴장 정세 완화에 대한 문제를 논의하기를 바란다."[27]고 말했다. 이 성명은 즉시 국제적으로 강렬한 반향을 일으켰

---

27) '극동의 긴장정세를 완화시키는 문제에 관한 저우언라이의 성명'(1955년 4월 23일), 중화인민공화국 외교부 당안관 편, '중화인민공화국 외교당안선집(제2집), 중국대표단이 1955년 아시아아프리카회의에 참석', 세계지식출판사 한문판, 2007년, 75쪽.

다. 뒤이어 미국 국무장관 델레스도 미국은 중국과 협상할 가능성을 배제하지 않는다고 밝혔다. 그리하여 한동안 극히 긴장했던 중미관계는 호전될 조짐을 보이기 시작했다.

사실상 아시아–아프리카회의 개최 전에 중공중앙은 이미 평화적 방식으로 타이완 해방에 대해 검토하기 시작했고 또 알맞은 시기를 이용하여 국제협상을 진행해왔다.[28] 아시아–아프리카회의 후 중공중앙은 국제 정세를 완화하고 특히 아시아정세를 한층 더 완화하기 위한 전반적 국면에서 출발해 중미협상 가능성에 대비하는 한편 타이완에 대한 정책을 조절하기 시작했다.

4월 30일에 인도네시아 자카르타에서 바로 쿤밍으로 돌아온 저우언라이는 당중앙위원회에 전보를 보내 출국 방문 기간에 외국 지도자들과 타이완 문제를 담론할 때 설명한 입장과 의견을 보고했다. 그는 이 긴 전보문에서 다음과 같이 지적했다. 타이완 문제에는 성격이 서로 다르면서 또 서로 연관되는 두 가지 문제가 존재한다. 중국과 장제스 집단 간의 관계는 내정과 관련한 문제이고 중미 사이의 관계는 국제적인 문제이다. 중국인민이 타이완을 해방하는 것은 대륙과 연해의 기타 도서를 해방하는 것과 마찬가지로 세계에 긴장 국면을 조성하지 않을 뿐만 아니라 중국의 완전한 통일을 완수하게 되고 세계평화에도 이로울 것이다. 미국의 간섭으로 말미암아 타이완 지역에는 수시로 국제 전쟁이 발발할 가능성이 있다. 지금 첫째가는 문제는 어떻게 타이완 지역의 긴장 국면을 완화시키고 해소할 것인가이다. 중미 양국은 한자리에 앉아 협상을 진행해야 한다. 중미 간에는 전쟁이 존재하지 않으므로 정전 문제를 거론할 수 없다. 미국이 정

---

28) 류사오치, '당의 전국대표회의에서 한 발언'(1955년 3월 22일), 〈건국 이래 류사오치문고〉 제7권, 중앙문헌출판사 한문판, 2008년, 137쪽.

전을 하자고 제기한 것은 다음과 같은 거래를 하자는 데 있다. 즉 장제스 군대가 진먼과 마조에서 철수하는 것을 조건으로 타이완을 해방하려는 중국인민의 요구와 행동을 포기하도록 하고 중국으로 해금 미국이 타이완을 침범한 것이 합법적임을 사실상 승인하도록 하며 두 개 중국의 존재를 승인하도록 하자는 데 있다. 이는 중국이 그 어느 때, 그 어떠한 상황에서도 절대 동의할 수 없는 것이다. 오직 미국이 침략과 간섭을 포기하고 타이완과 타이완해협에서 모든 무장역량을 철수한 후에야만 타이완을 평화적으로 해방해 중국의 완전한 통일을 완수할 수 있다.[29] 이튿날 류사오치는 중공중앙을 대표해 답전을 보내 저우언라이의 의견을 동의한다고 표시했다.

5월에 영국, 인도네시아와 인도 정부는 중미 간의 회담을 성사시키겠다고 중국 정부에 표시했다. 저우언라이는 상기 국가의 대표를 접견할 때 중국은 그 어떤 나라든지 이 면에서 노력을 기울이는 것을 환영한다고 표시하면서 중국의 정책과 기본 입장을 언명했다. 그는 다음과 같이 지적했다. 중미협상의 주제는 타이완지역의 긴장 국면을 완화시키고 해소하는 것이며 협상 방식에서는 다국회의 방식을 취할 수도 있고 중미 양국이 직접 협상하는 방식을 취할 수도 있다. 이와 동시에 중국 정부는 타이완 당국과 직접 협상할 용의도 있다. 중미 간의 협상과 중국의 중앙인민정부와 타이완 당국 간의 협상은 성격이 다른 두 가지 협상이다. 전자는 국제적인 협상으로서 미국이 간섭을 포기하고 타이완과 타이완해협으로부터 그의 모든 무장을 철수하도록 하기 위한 것이고 후자는 내정에 속하는 것으로서 중국의 중앙인민정부와 국민당집단 간의 정전에 관한 문제와 중국의 평화

---

29) 중공중앙 문헌연구실 편, 〈저우언라이 연보(1949~1976)〉 상권, 중앙문헌출판사 한문판, 1997년, 474~475쪽.

적 통일에 관한 문제를 토론해야 한다. 우리는 이 두 가지 협상을 모두 이뤄야 한다. 협상은 같은 기간에 진행할 수도 있고 선후를 나누어 진행할 수도 있다. 두 가지 담판은 서로 연계하고 있으나 양자를 동일시해서는 안 된다. 저우언라이는 또 다음과 같이 지적했다. 긴장 국면을 완화하는 것은 쌍방의 문제로서 중미 쌍방은 진먼, 마조 문제를 제외한 기타 문제에서도 긴장 국면을 완화하기 위한 조치를 취해야 한다. 미국은 중국에 대한 수출입 금지를 취소하는 한편 귀국을 요구하는 중국 유학생과 기타 중국 교민들의 자유 귀국을 허락하는 두 가지 일을 할 수 있다. 중국도 다음과 같은 두 가지 일을 할 수 있다. 즉 하나는 중국의 영공을 침범했다가 격추된 미국 비행사들과 미국 교민 가운데 법을 어긴 자들을 포함해 중국에서 법을 어긴 미국인들을 중국의 법적 절차에 따라, 그리고 각자의 범죄 사실과 수감 후의 태도를 보아 관대하게 석방할 것인지 추방할 것인지를 결정하는 것이다. 다른 하나는 중국과 우호적인 미국 단체와 개인에게 중국 방문을 허락하는 것이다. 비록 이런 일은 마땅히 대등하게 진행되어야 하지만 중국은 기꺼이 먼저 개방해 미국인들에게 중국이 그들과 친선 관계를 도모하려고 하는지 아니면 그들과 싸우려고 하는지를 보여주고자 한다.[30]

양국 관계를 완화하려는 중국의 의향을 한층 더 강조하기 위해 5월 26일에 마오쩌둥은 인도네시아 총리 알리 사스트로아미드조조와 회담할 때 다음과 같이 말했다. "우리는 평화로운 환경을 쟁취해야 하며 시간은 될수록 길어야 한다. …… 만약 미국이 평화조약을 체결할 용의가 있다면 그 시간이 얼마나 길던지 상관없다. 50년이 모자라면

---

30) 중공중앙 문헌연구실 편, 〈저우언라이 연보(1949~1976)〉 상권, 중앙문헌출판사 한문판, 1997년, 477, 479쪽.

100년도 문제없다. 미국의 의향은 어떤지 모르겠다. 지금 주요한 문제는 바로 미국이다."[31]

7월 13일에 미국 정부는 영국정부를 통해 중미 쌍방이 서로 대사급 대표를 파견해 제네바에서 회담을 진행할 것을 중국에 제의했다. 15일에 중국 정부는 영국을 통해 대사급 회담을 진행하는 데 동의한다는 답신을 미국 정부에 보냈다. 중공중앙은 곧 시작될 회담에 크나큰 중시를 돌리면서 "확고한 입장이 지녀야 할 뿐만 아니라 협상과 화해의 태도도 갖추어야 한다."는 협정 방침을 제정하고 동시에 중미회담 지도소조를 전문 설립해 저우언라이의 직접적인 영도로 사업을 전개하도록 했다.

7월 30일, 중미대사급회담 전야에 저우언라이는 전국인민대표대회 제1기 제2차 회의에서 연설을 발표했다. 그는 연설에서 아시아아프리카회의 이후 중국이 미국과의 관계를 완화시키기 위해 기울인 노력을 회고하고 타이완에 대한 중국정부의 정책을 체계적으로 요약해 천명했다. 저우언라이는 다음과 같이 지적했다. "아시아아프리카회의 이후 중국 정부는, 중국인민은 타이완을 해방하는 데 전쟁의 방식 또는 평화적인 방식 두 가지 방식을 취할 수 있으며 중국인민은 가능한 조건에서 평화적인 방식으로 타이완을 해방하기를 바란다는 성명을 재차 발표했다.""미국이 중국의 내정을 간섭하지만 않는다면 타이완을 평화적으로 해방할 가능성은 계속 커질 것이다. 중국 정부는 가급적이면 타이완의 책임 당국과 타이완을 평화적으로 해방하는 구체적인 절차에 대해 협상할 용의가 있다. 여기서 짚고 넘어가야 할 것은 이와 같은 협상은 중앙정부와 지방당국 사이의 협상이며 중국

---

31) 마오쩌둥, '평화가 최우선이다'(1955년 5월 26일), 중화인민공화국 외교부, 중공중앙 문헌연구실 편: 〈마오쩌둥외교선문집〉, 중앙문헌출판사, 세계지식출판사 한문판, 1994년, 213쪽.

인민은 이른바 '두 개 중국'과 관련한 그 어떤 생각이나 방법을 모두 단호히 반대해 나설 것이라는 점이다."[32] 이튿날 〈인민일보〉는 상기 연설의 요지를 실었다. 이는 중미대사급회담이 개최되기 전야에 타이완 문제에 대한 중국정부의 입장과 정책을 국내외에 설명하기 위한 것일 뿐만 아니라 타이완의 국민당과 평화협정을 진행하려고 한다는 명확한 신호이기도 했다.

8월 1일에 제네바에서 중미 대사급 회담이 진행되었다. 중국 대표는 폴란드 주재 대사 왕빙난(王炳南)이었고 미국 대표는 체코슬로바키아 주재 대사 U. 알렉시스 존슨이었다. 회담의 좋은 시작을 위해 중국 대표는 중국최고군사법정에서 7월 31일에 중국의 법적 절차에 따라 11명의 미국 간첩을 조기 석방하기로 판결했다고 먼저 선포했다. 미국 대표는 이에 감사의 뜻을 표시했고 뒤이어 양측 대표는 회담의 두 가지 의정과 관련해 협의를 달성했다. 하나는 쌍방의 평민들의 귀국 문제였고 다른 하나는 쌍방의 쟁점으로 되고 있는 기타 현실적인 문제들이었다. 중국 측의 거듭되는 노력 밑에 쌍방은 9월 10일에 끝내 평민을 송환하는 것에 관한 협의를 달성했다. 10월부터 쌍방은 타이완 문제에서 서로 무력을 행사하지 않기로 보장하는 데 관한 토론을 진행했다. 그 후 2년이란 긴 시간을 걸친 회담을 진행하는 과정에 미국 측은 중국 측에 미국이 타이완지역에서 단독 또는 집단 방어의 권리를 행사하는 것을 받아들일 것을 요구함과 동시에 반드시 타이완에 대해 무력을 사용하지 않는다는 것을 먼저 선포할 것을 무리하게 요구했다. 중국 측은 중국이 평화의 방식 또는 무력의 방식으로 타이완을 해방하는 것은 중미회담의 의제가 될 수 없다고 성명했

32) 지우언라이, '현 국제정세와 중국의 외교정책―1955년 7월 30일 전국인민대표대회 제1기 제2차 회의에서 한 연설', 1955년 7월 31일 자, 〈인민일보〉 제1면.

다. 쌍방의 입장이 서로 너무나 달랐기 때문에 협상은 대치 국면에 빠졌다. 회담의 진전을 추진하기 위해 중국 측은 중미 간의 민간 왕래를 촉진시키는 데에 관한 여러 가지 제의를 내놓았으나 미국은 모든 제의를 거부했다. 1957년 12월 12일에 개최된 제73차 회의에서 미국은 일방적으로 회담의 등급을 낮추었고 회담은 그로 말미암아 중단되었다.

중국과 미국이 첨예한 대립을 이루고 서로 단절되었던 연대에 중미 대사급회담은 양국 간에 상대적으로 고정된 대화와 접촉의 경로를 마련했다. 비록 2년 넘게 지속된 첫 단계 회담에서 실제적인 성과를 거두지는 못했지만 반드시 양국 평민을 귀국시키는 문제에서 협의를 달성했고 귀국을 요구하는 양국의 일부 교민들의 염원도 실현했다. 당시 미국의 제한으로 말미암아 귀국할 수 없었던 유명한 과학자 전학삼 등은 이를 계기로 조국으로 돌아올 수 있게 되었다. 저우언라이는 후에 이렇게 말했다. 우리는 첸쉐썬(錢學森) 한 사람을 데려왔다는 한 가지 사실로도 회담은 가치 있다고 말할 수 있다. 장기적으로 발전하는 견지에서 볼 때 중미 대사급 회담은 중요한 의의와 역할을 가지고 있다. 이는 한국전쟁 이후 양국이 국제 문제에서 진행한 일종 특수 형태의 투쟁으로 나중에 중미 관계를 개선하는 복선이 되었다.

제9장

사회주의적 개조의 기본적 완수와
중국에서의 사회주의 사회제도의 수립

1955년 여름이 지난 후, 농업에 대한 사회주의적 개조에는 급속한 변화가 나타났다. 전국적으로 농업합작화 발전 열풍이 급속하게 일어났으며 따라서 자본주의적 상공업, 수공업에 대한 사회주의적 개조의 발걸음도 크게 빨라졌다. 1956년 말에 이르러 중국은 생산수단의 사적 소유에 대한 사회주의적 개조를 기본적으로 완수했다. 이러한 생산관계에서 심각한 사회 변혁은 당이 전국 인민을 영도하여 신민주주의에서 사회주의로의 역사적 전변을 실현했음을 의미한다. 이로써 사회주의 사회제도가 중국에서 기본적으로 수립되었다.

1. 농업합작화의 급속한 완수와 농업 집단적 소유제의 수립

농촌 정세의 예측에 대한 변화와 농업합작화 촉진에 관한 지도방침

1955년 봄, 양곡수매사업에서 양곡을 지나치게 많이 수매했고 농업합작화의 사업이 지나치게 서투르고 빠른 등 단점에 비추어 당중앙위원회는 각 지구의 정형을 보아 '중지, 축소, 발전' 방침을 취하면서 합작사에 대해 필요한 정돈과 압축을 했다. 동시에 대대적으로 역축을 보호하고 양곡의 생산량, 수매량, 판매량을 정하는 등 효과적인 조치를 취함으로써 농민들의 생산 정서를 안정시키고 식량 공급의 긴장 국면을 완화해 농촌 정세가 호전되기 시작했다.

1955년 4월 6일부터 22일까지 마오쩌둥은 남방을 시찰했다. 그는 연도에서 합작사 정돈사업이 효과를 거둔 것을 보고 대부분 농민들이 생산에 소극적이지 않다고 여겼다. 또한 봄철에 농민들이 식량이 모자란다고 아우성치는데 이것이 전부 진실은 아니며 많은 농가가 여유 식량을 남기기 위한 것이라는 일부 지방간부들의 보고를 들었으며 또 어떤 간부들이 합작사 정돈사업에서 원래 잘 꾸릴 수 있는 많은 합작사를 강제적으로 해산시켰다는 보고도 들었다. 시찰 기간에 수행하던 중공중앙 상하이국 서기는 마오쩌둥에게 조사한 결과 현, 구, 향 3급 간부들 중 30% 사람이 농민들에게 '자유'를 바라는 정서가 있으며 사회주의를 할 의향이 없다고 말했다고 전했다. 이러한 상황에서 마오쩌둥은 원래의 농촌 정세에 대한 견해를 달리하여 지난 한 시기 농촌관계가 긴장한 것을 합작화를 추진한 탓으로만 돌리지 말고 양곡수매지표를 좀 낮추어 농민들과의 관계를 돌려세우기만 하면 농업합작화의 발걸음을 늦출 필요가 없다고 인정했다.

5월 9일 밤, 마오쩌둥은 국무원 부총리 리셴녠, 덩쯔후이 등과 만나 양곡문제와 합작화문제를 연구했다. 마오쩌둥은 다음과 같이 말했다. "양곡을 원래 900억 근 수매하기로 했는데 870억 근으로 줄일 수 있다. 이러면 좀 완화할 수 있다. 이것도 양보이다. 양곡수매수자를 좀 줄이는 것으로 사회주의를 바꾸고 농업생산을 늘려 농업합작화를 위해 기초를 다지는 것이다." 그는 원래 계획한 1957년까지 3분의 1 정도의 농가들을 초급사에 가입시키는 합작화 목표를 좀 더 높여 40%에 달하게 하는 것이 어떻겠는가 하고 제기했다. 그러자 덩쯔후이는 그래도 3분의 1 정도가 좋겠다고 대답했다. 마오쩌둥은 계속해 다음과 같이 말했다. "농촌에서는 사회주의적 개조에서 모순이 있다. 농민들은 '자유'를 요구하고 우리는 사회주의를 요구한다." "현, 구, 향 간부 중에 많은 사람이 농민들의 이러한 정서를 반영하고 있다." "현, 구, 향 간부 중에만 있는 것이 아니라 위에도 있다. 성에도 있고 중앙기관 간부 중에도 있다."[1] 이번 담화는 마오쩌둥이 합작화의 발걸음을 내딛는 데 온당해야 한다는 당내의 주장에 대해 찬성하

---

1) '마오쩌둥이 덩쯔후이 등과 한 담화기록', 1955년 5월 9일.

지 않음을 말해준다.

5월 17일, 마오쩌둥은 베이징에서 화둥, 중난, 화베이 15개 성, 시 당위원회 서기들이 참가한 회의를 소집하고 중점적으로 양곡의 통일 적 수매, 통일적 판매와 농업합작사를 발전시키는 등 문제를 토론했 다. 회의에서 마오쩌둥은 합작화 문제에서 소극적인 정서가 있는데 바꾸지 않다가는 큰 오류를 범하게 될 것이라고 비판했다. 그는 중 앙의 "중지, 축소, 발전" 방침을 다시 한 번 천명하면서 중점은 "발 전"에 놓는 것이라 했다. 마오쩌둥은 다음과 같이 지적했다. "축소하 는 데에 모두 축소하거나 절반 축소하거나 많이 축소하거나 적게 축 소할 수 있다. 사원들이 기어코 합작사에서 퇴출하려 한다면 무슨 방 법이 있겠는가. 축소는 반드시 실제 상황에 따라야 한다. 일방적으로 축소한다면 틀림없이 간부와 군중들의 열성에 손상을 입힐 것이다. 후해방구는 발전시켜야 한다. 중지해도 안 되고 축소해도 안 되며 기 본적으로 발전시켜야 한다." "화베이, 둥베이 등 노해방구에도 발전 시킬 것이 있다."[2] 마오쩌둥의 발전을 촉진해야 한다는 연설 정신에 따라 회의에서 각 성은 저마다 원래 계획의 발전 수치를 다시 조절 했다. 허난, 후베이, 후난, 광둥, 광시, 장시, 장쑤 7개 성에서 자체 로 제출한 1956년의 봄갈이 전까지 농업합작사를 발전시킬 수는 도 합 34만 개였다. 마오쩌둥은 신해방구의 각 성은 합작사 발전의 수량 을 모두 지난해보다, 배로 늘릴 것을 요구하면서 또 발전한 합작사의 90% 이상이 믿음직해야 한다고 했다. 그는 또 둥베이, 시베이, 시난, 화베이의 각 중앙국 책임자들에게 돌아가서 각각 회의를 열어 이번 회의 정신을 전달하고 합작사 발전문제 해결에 대해 토의하라고 했

---

2) 국가농업위원회 판공청 편, '농업집단화 중요문건휘집(1949~1957)', 중공중앙 당학교출판사 한문 판, 1981년, 331쪽.

다.

회의 후, 마오쩌둥은 6월 8일에 재차 베이징을 떠나 남하하여 각지에서 농업합작화사업을 시찰했다.

6월 14일, 류사오치는 중앙정치국회의를 소집하여 덩쯔후이의 전국 제3차 농촌사업회의에 관한 회보를 청취했으며 중앙농촌사업부에서 올라온 1956년의 봄갈이 전까지 농업합작사를 100만 개로 발전시킬 계획을 비준했다. 류사오치는 회의에서 지난 한동안 발전의 열의가 높지 못해 합작사를 발전시키는 과정에서 한때 동요했는데 사실이 증명하다시피 지난날 합작사의 발전은 건전한 것이고 공고히 할수 있는 것이라고 하면서 다음과 같이 강조했다. 상반기에 이미 세운 합작사에 대해 정돈을 진행한 후 곧바로 또 전진해야 한다. 신해 방구든 노해방구든 앞으로 1년은 계속 발전해야지 더 이상 멈춰서는 안 된다. 이는 합작사를 정돈하고 공고히 한 이래 중앙의 지도 방침에 나타난 중요한 변화이다. 즉 농업합작화의 발걸음을 촉구하는 것으로 전환했다.

마오쩌둥은 외지에서 시찰하는 기간, 연도에서 각 성의 책임자들을 불러 농업합작화의 진척에 대한 회보를 청취하면서 농민대중의 사회주의 적극성이 한창 고조되고 있다고 여겼다. 6월 23일, 그는 베이징에 돌아오자마자 덩쯔후이에게 계획 수치를 고칠 필요가 있다고 제기했다. 마오쩌둥은 다음과 같이 말했다. 1956년의 봄갈이 전까지 합작사를 100만 개로 발전시키기로 했는데 이 수는 원래의 65만 개보다 반 배 좀 더 늘어났을 뿐으로 좀 적은 것 같다. 보아하니 배는 더 늘려야 할 것 같다. 다시 말해 130만 개가량으로 늘려 일부 변강지구를 제외하고는 기본적으로 전국의 20만여 개 향들에 각각 질빈 사회주의 성격을 띤 소형의 농업생산합작사를 한 개 내지 몇 개씩 세

워 본보기로 해야 한다. 덩쯔후이는 농촌사업부로 돌아와 관련 책임
자들과 상의한 후 100만 개 사로 발전시키는 계획은 상세한 조사연
구를 거치고 또 각 성과 의논해 정했기 때문에 더 믿음직하며 초과될
수 있다고 짐작되나 그래도 원래 계획 수치대로 하는 것이 좋겠다고
인정했다. 그러나 마오쩌둥은 농업합작화 문제에 대해 광범위한 농
민대중은 토지가 부족하고 생활이 가난하거나 또는 생활이 아직 부
유하지 못한 까닭에 사회주의 노선으로 나아가려는 열의가 있지만
일부 사람들은 오히려 이런 객관적 존재의 가능성을 인식하지 못하
고 이용하지 않는다고 했다.[3] 그리하여 마오쩌둥은 중앙에서 한 차례
회의를 소집하여 사상 문제를 해결하도록 제의했다.

 1955년 7월 31일부터 8월 1일까지 중공중앙은 베이징에서 성, 직
할시, 자치구 당위원회 서기 회의를 소집했다. 7월 31일, 마오쩌둥
은 회의에서 '농업합작화 문제에 관하여'란 보고를 했다. 보고는 중국
농업합작화의 역사와 자원호혜의 방침, 전면적으로 계획하고 지도를
강화하며 준비를 하고 절차를 나누어 발전하는 방침 및 증산을 표준
으로 삼는 방침 등을 포함한 합작화 운동을 지도하는 기본방침을 정
확하게 총화하고 체계적으로 논술하고 동시에 중국의 조건에서 반드
시 먼저 농업합작화를 한 다음에야 비로소 대형기계를 사용할 수 있
다는 중요한 관점을 밝혔다. 보고는 집중적으로 농업합작화를 앞당
겨야 할 긴박함을 논술했고 국가 공업화가 상품 양곡과 공업 원료에
대한 해마다 늘어나는 수요와 농업의 주요 농작물의 일반 생산량이
매우 낮은 것 간에 존재하는 첨예한 모순을 강조하면서 만일 기본적
으로 농업합작화 문제를 해결하지 않는다면 이 모순을 해결할 수 없

---

3) '농업합작화운동의 최근 상황에 관한 중공중앙 농촌사업부의 토막소식에 쓴 마오쩌둥의 글', 1955년
7월 29일.

고 또 공업화가 커다란 어려움에 봉착하게 되어 공업화를 완수할 수 없게 된다고 했다. 이를 위해 보고는 중점적으로 농업합작화 가운데 나타난 '우경보수사상'을 비판했고 일부 동지들이 '전족 여인'처럼 길을 가면서 수많은 금제(禁制)와 계율을 만든다고 비판했으며 중앙농촌사업부에서 저장에 대해 취한 "단호히 수축하는" 방침은 '우경오류'를 범한 것이라고 비판했다. 보고는 전국의 농촌에 곧 새로운 사회주의적 군중 운동이 고조될 것이므로 "우리는 온갖 방법으로 이 운동을 뒤로 밀어낼 것이 아니라 적극적이고 열정적이며 계획적으로 이 운동을 영도해야 한다."고 강조했다.

몇 년간의 실천 경험에 따르면 중국의 농업 생산량을 늘리는 방법은 매우 다양했다. 예를 들면 황무지를 개간하고 수리하는 등이었는데 당시에 대규모로 황무지를 개간하고 대량으로 관개 면적을 늘리는 것은 불가능한 일이었다. 초기 공업화 건설의 수요와 가능성을 근거로 말할 때 농업 생산량을 늘리는 주요 방법은 바로 농업 생산의 합작화를 실현하는 것이었다. 오직 분산된 소농경영을 몇 십 호 또는 더 많은 호로 묶어 연합 경영을 하고 조직된 농민들이 집단의 힘으로 수리, 거름내기, 도구와 종자 개량, 경작기술의 개진 등을 진행해야만 개체 농민들이 혼자서 하기 힘든 여러 가지 증산 정책을 실현할 수 있었다. 바로 천원이 말한 바와 같이 중국 농업의 현재 조건에서 "이는 투자가 가장 작고 효과가 가장 크며 효익을 가장 빨리 낼 수 있는 농업증산 방법이었다".[4] 공업을 발전시키는 동시에 농업합작화의 방법으로 농업 생산량을 늘리는 것은 마오쩌둥과 기타 중앙 지도자들의 일치된 인식이었다.

---

4) '당중앙위원회 제7기 제6차 전원회의(확대)에서 한 천원의 발언', 1955년 10월 7일.

당시의 경제 정세로 볼 때 1954년 여름과 가을 사이에 중국 몇몇 큰 지역에서는 보기 드문 특대 홍수재해를 입어 농업 피해가 심했기에 총생산액은 지난해보다 겨우 3.4% 증가하여 당해의 계획 지표와 차이가 많았다. 중국 공업제품 가운데서 농산물을 원료로 하는 제품이 공업 총생산액의 50% 이상을 차지했기에 농업의 피해는 직접적으로 공업경제의 성장에 영향을 주었다. 양곡 등 주요 농산물의 생산 부족으로 국가는 어쩔 수 없이 통일적 수매, 통일적 판매 정책에 의해 농산물의 공급과 수요의 긴장관계를 조절하지 않으면 안 되었다. 1955년, 공업 총생산액은 지난해보다 겨우 5.6% 성장했는데 이는 제1차 5개년계획 기간 공업 성장속도가 가장 낮은 한 해였다. 이는 농업의 낙후가 공업발전 심지어 전반 국민경제를 치명적으로 제약하는 관건적 고리임을 명확하게 드러냈다. 그리하여 마오쩌둥은 농업이 공업보다 뒤떨어진 이 두드러진 모순을 해결하는 것을 높은 전략적 지위에 놓았다. 그는 상품 양곡과 공업 원료에 대한 공업화의 수요를 만족시켜 공업화에 필요한 국내 판매시장을 확장하거나 상품 교환을 통해 주로 농업으로부터 공업화와 농업기술 개조의 자금을 축적하거나를 막론하고 모두 농업합작화를 빨리 실현해야 한다고 인정했다. 이는 마오쩌둥이 농업합작화의 속도를 촉진하려는 결심을 내리게 된 중요한 요인이었다.

일정한 의미에서 말할 때 적시적으로 농업합작화의 진행을 촉구하는 것은 당시 국가공업화를 급속히 추진하는 내재적 요구였다. 그러나 당내에서 '우경사상'을 비판하는 방법으로 농업합작화를 가속화했기에 지도방침에 편차가 생기지 않을 수 없었다. 1955년 7월, 성, 직할시, 자치구 당위원회 서기 회의는 농업합작화 절차에 대한 부동한 의견을 '우경오류'로 삼아 비판했다. 이는 당내에서 조급하여 지나치게 급격히 앞서는 정서를 심하게 부추겼다. 회의가 끝난 후, 각지에서는 잇달아 성당위원회 확대회의 또는 지구, 시 당위원회 서기 회의를 소집하고 마오쩌둥의 보고를 전달, 학습하면서 '전족 여인의 걸음새'를 비판하고 '우경보수' 사상을 비판하면서 본 지구의 합작사 발전 계획을 다시 수정했다. 많은 성당위원회는 중앙에 제출한 보고에서 합작사 발전 계획을 앞당겨 완수하거나 또는 크게 초과 완수하겠다고 했다. 높은 지표를 완성하기 위해 각 성, 직할시, 자치구에서는 긴급 행동에 돌입했는데 각 분야에서 많은 간부를 뽑아 각각 농촌으로 내려보내 합작사를 꾸리는 데 지도역량을 보강했고 합작사의 큰 발전을 검사, 독촉하도록 했다. "전당이 합작사를 꾸리고" '우경사상'을 비판하는 상황에서 농업합작화운동은 큰 발전을 가져왔다. 통계에 따르면 6월부터 10월까지 전국에 64만 개의 합작사가 새로 세워져 합작사 총수가 130만 개에 근접했으며 단 4개월 만에 기본적으로 "두 배로 늘리는" 목표를 실현했다.

8월 하순, 중공중앙은 마오쩌둥의 '농업합작화 문제에 관하여'라는 보고의 수정본을 각 성, 직할시, 자치구 당위원회에 인쇄 발부하고 급별로 각급 당조직, 매개 농촌당지부에까지 내려보냈다. 10월 17일, 수정을 거친 '농업합작화 문제에 관하여'라는 보고가 〈인민일보〉에 발표되었다. 이는 전국적으로 농업합작화의 고조를 재빨리 일으키는 데 직접적인 추동 역할을 했다.

농업사회주의적 개조의 고조

농업합작사가 급속히 발전하는 상황에 이르자 당중앙위원회는 원래 소집하려던 성, 직할시, 자치구 당위원회 서기 및 시구낭위원회 서기 회의를 확대된 당중앙위원회 제7기 제6차 전원회의로 고쳐 개최하기로 결정하고 농업합작화에 관한 전면적 계획을 제정해 채택하기로 했다.

1955년 10월 4일부터 11일까지 중국공산당 제7기 중앙위원회 제6차 전원회의 확대회의가 베이징에서 열렸다. 마오쩌둥의 '농업합작화 문제에 관하여'라는 보고에 근거하여 전원회의는 '농업합작화 문제에 관한 결의'를 토의하고 채택했다. 이 '결의'는 우선 사회주의 혁명 단계에서의 농촌의 계급투쟁은 주로 농민과 부농, 그리고 기타 자본주의 요소와의 투쟁이며 사회주의를 발전시키느냐, 자본주의를 발전시키느냐에 관한 두 갈래 노선 간의 투쟁이라고 강조했다. 또한 당내의 일부 동지들은 농촌에서 두 노선 간에 일어나는 첨예한 투쟁을 간파하지 못하고, 또한 대다수 농민대중의 사회주의 노선으로 나아가려는 열의를 알아보지 못하며 현재 농촌의 상태를 안정시키거나 또는 농업합작화 발전 문제를 "특별히 느리게 처리하기"를 바란다고 비판했다. '결의'는 다음과 같이 인정했다. "이런 우경기회주의를 철저히 비판해야만 비로소 당의 농촌사업을 근본적으로 전환시킬 수 있고 지도자들이 가진 대중운동에 뒤처진 일면을 바꿀 수 있다. 이 전환은 농업합작화 운동이 계속하여 앞으로 나아가고 승리를 완전히 이루도록 담보할 수 있는 가장 중요한 조건이다."

'결의'는 몇 년 이내의 경험에 따라 합작사 건립의 준비와 절차, 사업의 발전과 공고화의 결합, 초급사 내의 사원들의 토지와 사유재산의 처리, 주식기금과 공적금의 조달과 건립, 증산을 보장하는 조치, 국가 재정과 기술에서의 원조, 지도자의 사업방법 등 문제에 대해 구체적으로 규정했다. 동시에 빈농, 신구중농 가운데 하중농(농촌 인구의 약 60~70%를 차지한다) 이 몇 개 부분의 경제적 시행이 곤란하거나 또는 아직 부유하지 못한 농민들을 우선 조직하여 본보기를 보임으로써 더욱 많은 농민을 설복하여 합작사에 가입하도록 요구했다. 부유한 중농(즉 신구중농 가운데 상중농)에 대해서는 잠시 합작사에 받아들이지 않는다. 또한 그들을 억지로 끌어들이지 말아야 하며 마땅히 합작사의 우월성으로 그들에게 영향을 주며 그들의 각성이 높아졌을 때 그들을 받아들여 입사시켜야 한다고 했다. 이러한 정책 규정들은 정확한 것들이었다.

'결의'는 농업합작화의 발전에 대해 전면적으로 계획하고 부동한 지구의 조건에 따라 합작화운동의 발전 속도를 규정했다. 일부 변강지역에서는 좀 더 천천히 진행하고 더 선진적인 지역에서는 1957년 봄전에, 전국 대다수 지역에서는 1958년 전에 입사 농가를 현지 총농가의 70~80%에 달하게 하여 기본적으로 반사회주의적 합작화를 실현하도록 요구했다. 이 새로운 계획은 마오쩌둥이 7월에 성, 직할시, 자치구 당위원회 서기 회의에서 제기한 1958년 봄에 절반의 농가를 초급사에 가입시키고 1960년 후에 점차적으로, 단계적으로 반사회주의에서 사회주의로 발전시킨다는 계획을 훨씬 앞당긴 것이었다.

회의 마지막 날(10월 11일), 마오쩌둥은 '농업합작화에 관한 변론과 당면한 계급투쟁'이란 제목으로 결론을 내렸다. 그는 다음과 같이 말했다. "이번 회의는 한 차례 큰 변론이었다. 이는 자본주의에서 사회주의로 넘어가는 시기에 우리 당의 총노선이 온전히 정확한가 하는 문제에 관한 한 차례 대변론이었다." 이번 전당적인 대변론은 농업합작화 방침 문제로부터 일어났으나 관련 범위가 매우 폭넓다. 이 변론을 농촌과 도시에서 전개하여 각 방면의 사업 속도와 질을 모두 총노선에 규정된 과업에 적용하고 전면적으로 계획해야 한다.

당중앙위원회 제7기 제6차 전원회의 확대회의는 딩쯔후이가 농업합작화 문제에서 '우경기회주의' 오류를 범했는데 이는 "실질적으로 자산계급과 농촌자본주의 자연발생 세력의 요구를 반영했을 뿐이다."라고 비판했다. 이러한 비판은 원래 당내의 정상적인 사업 방침 면에서의 부동한 의견을 '두 갈래 노선의 쟁의'로 확대한 것으로 실제에 부합되지 않았다. 사실 덩쯔후이는 중앙의 농촌사업을 주관하는 책임자로서 농업합작사가 줄기차게 발전하는 정세에서 반드시 객관적 조건이 제공한 가능성에 주의를 기울이고 '생산의 수요, 대중의 각성, 영도의 능력'이란 합작사를 꾸리는 세 가지 기본 기준을 견지하며 당이 역대로 주장해오던 "한 점에서 전반에 이르고 공고화한 만큼 발전시키는" 사업방법을 견지함으로써 적극적이고도 온당하게 전진할 것을 강조한 것이었다. 이렇게 하면 비록 구체적 행정에서 마치 조금은 늦는 것 같지만 전반 합작화로 볼 때 더 빠를 수 있고 더욱더 잘될 수 있었다. 합작사를 "반 배 늘리는 것과 1배 늘리는 것"과의 논쟁에 관해서 그는 합작사를 몇 십만 개 더 늘리는가에 문제가 있는 것이 아니라 위에서 끊임없이 지표를 높이면 각급 조직에 단순한 임무 관점만 형성되어 반드시 농업생산에 손해를 끼치게 된다는 데 있다고 인정했다. 훗날의 발전한 역사가 증명하다시피 덩쯔후이의 농업합작화의 절차를 온당하게 시행하는 데 관한 의견은 중국 농촌의 실제 상황에 부합되었다. 그러나 이러한 의견은 당시에 '우경기회주의' 오류로 빠져 당내에서 비판을 받았다. 이는 당내의 민주토론, 실사구시의 작풍에 손상을 주었을 뿐만 아니라 농업합작화 운동에서 객관적인 조건을 무시하고 서둘러 목적을 달성하려는 경향을 부추겨 여러 결함과 편차를 초래했다. 이 역사적 교훈은 깊이 명기할 가치가 있다.[5]

---

5) 당중앙위원회 제11기 제3차 전원회의 후, 1981년 3월 9일, 중공중앙 판공청은 국가농업위원회 당조의 '덩쯔후이 동지의 명예 회복 문제에 관한 청시보고' 전달과 관련한 통지에서 다음과 같이 지적했다. 보고는 "이미 중앙에서 동의했다." 중앙은 다음과 같이 인정한다. 덩쯔후이 동지와 그가 주관하던 중앙 농촌사업부는 사회주의 방향을 견지했고 당의 노선, 방침, 정책을 견지했으며 사업성과가 뚜렷했다. 농

전원회의가 끝난 후, "사회주의를 발전시키느냐 자본주의를 발전시키느냐 하는 것에 관한 두 갈래 노선 투쟁"은 농업합작화 운동, 나아가 모든 농촌사업의 주제가 되었다. 각 성, 직할시, 자치구는 '우경기회주의'를 날카롭게 비판하는 정치적 분위기 속에서 합작화의 발걸음을 앞당길 계획을 다시 수정함으로써 합작화 운동으로 하여금 급속히 발전하는 열풍을 일으키도록 했다. 1951년에 중공중앙이 농업생산호조합작에 관한 첫 결의를 채택하면서부터 1955년 연중에 이르기까지 약 4년이라는 기간에 합작사에 가입한 농가는 1,690만 호에 이르러 전국 농가 총수의 14.2%를 차지했다. 그러나 1955년 6월부터 12월 하순까지, 반년 사이에 전국에서 합작사에 가입한 농가는 이미 7,500만 호에 이르러 전국농가 총수에서 차지하는 비율이 단시일에 63.3%로 증가했다.

1956년 1월, 마오쩌둥의 주최로 편집된 '중국 농촌의 사회주의 고조'가 출판되었다. 그는 이 책에 2편의 서언과 104편의 평어를 썼다. 그 가운데는 어떻게 합작사를 잘 꾸릴 것인가 하는 경험 총화가 있는가 하면 당의 사상정치사업에 관한 논술도 있었다. 또한 농촌의 경제사업, 문화교육사업, 여성사업, 청년사업 등에 관해서도 적지 않은 정확한 의견을 제기했다. 마오쩌둥은 서언에서 "대중 속에는 거대한 사회주의의 열성이 잠재해 있다."고 찬양하면서 "1956년 한 해 동안이면 농업 면에서의 반사회주의적 합작화를 기본적으로 완수할 수 있다."고 판단했다. 전국의 도시와 농촌, 특히 농촌사업에 종사하는 간부, 당원들은 이 책을 열심히 학습했다. 이 책은 광범위한 농촌에

업집단화운동 중에서 일부 중요한 문제에 대해 제기한 그의 의견은 대부분 정확했다. 지난날 당내에서 그와 중앙농촌사업부에 대한 비판과 처리는 그릇된 것으로서 마땅히 누명을 벗겨주어야 하며 그에게 뒤집어씌운 모든 실제에 맞지 않은 비판은 뒤집어 명예를 회복시켜주어야 한다.

서 사회주의 고조를 일으키는 데 중요한 영향을 주었다.

농업합작화운동은 중국 억만 농민들의 생산수단의 점유 방식, 생산 방식과 생활 방식을 바꾸는 데 관계되는 사회 대변혁이었다. 합작사의 건립, 공고, 발전에 대한 일련의 정책 문제에 대해 중공중앙은 1951년, 1953년, 1955년의 3개 결의와 관련 지시에서 모두 명확하고 구체적으로 규정했다. 그러나 1955년 여름이 지난 후, 끊임없이 고조되는 반'우경'의 정치적 분위기 속에서 중농의 이익을 절대 침범해서는 안 되며 중농의 재산을 절대 박탈해서는 안 된다는 등 정책적인 구속력이 크게 약화되었다. 많은 지방에서는 강박적으로 명령하는 현상이 나타났고 토지출자로 규정된 분배 비율이 더 낮았으며 사원들이 입사할 때의 가축, 농기구에 대해 가격을 너무 낮게 매기고 대금을 제때에 또는 아예 갚지 않는 현상이 발생하여 중농, 특히 부유 중농의 이익을 심각하게 침해했다. 비록 중앙에서 합작사 건립 전의 준비사업을 잘 시행하고 합작화의 진척을 통제하는 데 주의를 기울이며 합작사의 질에 중점을 두고 단순히 수량만 추구하는 편향을 반대한다고 제기했으나 실제로 사업에서는 그렇지 못했다. 많은 지방에서는 합작사 건립의 준비 조건이 부족했으나 지나치게 급하게 요구했고 지나치게 빨리 발전시켰으며 사업을 매우 단순하고 거칠게 진행하여 1955년 겨울부터 1956년 봄 사이에 합작화운동은 전반 중국의 농촌을 휩쓸었다. 1956년 1월까지 합작사에 가입한 농가는 그 전해 말 총농가의 63.3%를 차지하던 것에서 80.3%로 급증했다. 전국에서 기본적으로 반사회주의적 합작화를 실현한 시간이 훨씬 앞당겨졌다.

반사회주의적 초급사에서 완전한 사회주의적 고급농업 생산합작사로의 전환에 관해 1955년 10월에 당중앙위원회 제7기 제6차 전원회의 확대회의는 조건이 되는 지방에서는 이후 몇 년간의 합작사 통합, 확대사업을 위해 필요한 조건을 마련할 수 있게 중점적으로 고급사를 시험 운영하도록 요구했다. 1956년 1월 23일, 중앙정치국은 '1956년부터 1967년까지의 전국농업발전요강(초안)'을 제기하면서 다음과 같이 강조했다. "조건이 채워진 모든 초급사에 대해서는 마땅히 단계와 차례를 나누어 고급사로 승격시켜야 한다. 승격시키지 않으면 생산력의 발전을 방해하게 된다." '요강'은 다음과 같이 요구했다. 합작화 기초가 비교적 좋고 또 이미 고급사를 적지 않게 꾸린 지구에서는 1957년에 기본적으로 고급 형태의 합작화를 완수해야 한다. 나머지 지역은 1956년에 지역마다 한 개 또는 몇 개의 대형(100호 이상) 고급사를 세워 본보기로 삼고, 1958년에 기본적으로 고급 형태의 농업합작화를 완수하도록 해야 한다. 6월 30일, 마오쩌둥은 국가 주석의 명의로 '고급농업 생산합작사 시범 규약'을 반포하고 고급농업사는 주요 생산수단에 대한 완전한 집단적 소유를 시행하고 사원의 토지는 반드시 합작사 집단적 소유로 이전하며 토지에 따른 보수를 취소하고 가축과 대형 농기구는 가격을 매겨 입사시킨다는 등의 내용을 규정했다.

이때 중국 농업합작화운동은 한창 줄기차게 발전하는 고조 단계에 이르렀다. 바로 세운 수많은 초급사는 아직 기초가 튼튼하지 못했고 사원들이 출자한 토지에 관한 보수, 생산수단을 현금으로 환산해 상환하는 등 절박한 문제들이 아직 해결되지 못했다. 어떤 곳은 한 개 생산 분기도 거치지 않았고, 심지어 생산배치도 못 한 채 급속히 다음 차례의 합작사 통합 승격의 물결에 휘말려 들었다. 고급사의 시범 규약이 반포, 시행된 후 짧은 시간 내에 각지에서는 세운 지 얼마 안 되는 초급사들이 대량으로 고급사로 넘어갔으며 많은 호조조, 심지어 개인경리를 하던 농민들까지도 직접 고급사로 들어가면서 중앙에서 원래 규정한 "중점적으로 시험 운행한다."는 요구를 뛰어넘어 각지 농촌에서 전례 없이 고조되는 대중운동으로 발전했다. 1956년 말까지 농업생산합작사에 가입한 사원의 총호수는 이미 전국농가 총수의 96.3%에 달했는데 그중 초급사 호수는 8.5%, 고급사 호수는 87.8%를 차지했다. 다시 말해 1956년이란 한 해 동안에 기본적으로 고급형태의 합작화를 완수했는데 중국 농업합작화는 이 단계에서 확실히 지나치게 급속도로 진행됐다.

그러했지만 농업합작화의 완수는 중국 토지의 공유화를 실현했다. 토지, 가축, 대형 농기구 등 주요 생산수단이 농업생산합작사 집단적 소유로 귀속됨에 따라 광범한 농촌에서 근로 대중의 사회주의 집단적 소유 경제가 수립되기 시작했다. 이는 중국이 개인농업에 대한 사회주의적 개조를 기본적으로 완수했음을 의미한다. 억만 농민은 뙈기밭 사적 소유의 속박에서 철저히 벗어나 합작경제 발전의 길로 나아가게 되었고 사회주의 농촌을 건설하는 역사적 시기에 들어서게 되었다. 농업합작화 후, 중국 농업의 발전은 토지를 이용하는 데 합리적으로 계획할 수 있게 되었고 점차 대규모적인 수리관개, 대규모적인 농토 기본건설을 진행할 수 있게 되었으며 점차 기계경작, 비료살포, 살충 등 농업과학기술을 보급할 수 있는 조건이 마련되어 중국 농업생산조건을 크게 변모시키게 되었다. 만일 농업합작화가 없이 원래의 뙈기밭에서만 답을 찾았더라면 이 모든 것은 상상도 할 수 없었을 것이다.

2. 수공업 합작화의 기본적 완수

수공업생산합작사 발전의 가속화

1955년 상반기, 수공업합작조직은 지난 2년간의 기초 위에서 한층 더 보편적인 발전을 가져와 전국적으로 약 5만 개 사(조)가 되었고 인원수는 약 150만 명에 달했다. 발전은 기본적으로 건전하고 온당했다. 그러나 1955년 하반기부터 농업합작화 문제에서 이른바 '전족여인의 걸음새', '우경보수' 사상을 비판하는 정세에서 수공업의 사회주의적 개조도 피할 수 없이 발걸음을 재촉하게 되었다.

12월 9일, 중앙수공업관리국, 중화전국수공업합작연합총사 준비위원회는 전국 중점지구 수공업조직검사사업 좌담회를 열어 '총노선의 요구에 부합하지 않는 보수사상'을 검사하고 "발전을 촉진하고 고조를 이루어 전면적으로 계획하고 균형 있게 계획하는" 새로운 과업을 제기했다. 이어 12월 21일부터 28일까지 인민대중차 전국수공업생산합작회의가 베이징에서 소집되었다. 회의 전, 류사오치는 수공업관리국 책임자의 회보를 청취하며 다음과 같이 제기했다. 수공업 개조가 농업보다 늦어서는 안 된다. 공급판매의 부담을 두려워하기보다 공급판매의 부담을 전부 떠맡는 것이 더 나을 것이다. 그는 수공업합작화를 1956년, 1957년 2년 이내에 다 완수하도록 요구하면서 "시간이 늘어나면 오히려 문제가 많아진다."고 했다. 12월 27일, 마오쩌둥도 '중국 농촌의 사회주의 고조'란 책의 서언에서 1956년 상반기에 마땅히 수공업에 대한 사회주의적 개조의 속도 문제를 해결해야 한다고 제기했다.

이러한 싱황에서 인민대중차 전국수공입생산합작회의는 공급판매 부담을 감당하기 두려워 감히 수공업합작화를 더 빨리 진척시키지 못하는 '우경보수' 사상을 중점적으로 비판하면서 제1차 5개년 계획 기간에 기본적으로 수공업에 대한 사회주의적 개조를 완수하는 전면적 계획을 연구, 제정했다. 이 계획의 총체적 요구는 1956년에 조직한 사(조)는 수공업종업인원의 74%에 달해야 하고, 1957년에는 90%에 달해야 하며 1958년에는 전부 조직되어야 한다는 것이었다. 이는 수공업합작화의 행정을 크게 재촉했다. 개조와 생산에 유리한 원칙에 근거하여 회의는 수공업에서 종류가 다양한 업종을 나누어 각각 수공업합작사방식, 공사합영방식 또는 합작사상업의 방식을 통해 사회주의적 개조를 진행하기로 했다. 중공중앙은 이번 회의보고를 동의하고 이를 전달하면서 회답에서 "수공업합작화의 발전 속도를 재촉하는 것은 현시기의 절박한 임무이다."라고 지적했다.

농업합작화운동이 줄기차게 발전하고 더욱이 도시상공업 전 업종별 공사합영물결의 추동으로 1956년에 갓 들어서기 바쁘게 수공업에 대한 사회주의적 개조가 고조되기 시작했다. 1월 11일, 베이징시는 전시 상공업공사합영의 실현을 비준함과 동시에 수공업도 전부 합작화를 실현했다고 선포했다. 전국 각 대도시는 너도나도 베이징의 경험을 본받아 원래 구를 단위로 하고 업종에 따라 단계와 차례, 구역을 나누어 개조하던 방법을 바꿔 전 시적으로 업종에 따라 수공업을 전부 조직하는 방식을 취했다. 뒤이어 톈진, 난닝(南寧), 우한, 상하이 등 도시들도 단기간에 수공업합작화를 실현했다. 2월 말, 전국의 143개 대, 중 도시(도시 총수의 88%를 차지했다)와 169개 현에서 기본적으로 수공업의 합작화를 실현했는데 합작조직에 참가한 수공업 종업원 수는 300만 명에 달했다.

1956년 3월 이후, 전국 수공업 개조의 발걸음은 계속하여 빨라졌다. 각지는 각기 직접 수공업생산합작사를 조직하는 새로운 합작사를 세우는 방식, 또는 원래의 수공업공급판매 생산사 또는 생산소조를 생산합작사에 편입하는 합작사통합방식, 그리고 공급판매생산사를 생산합작사로 고치는 합작사 전이방식을 취함으로써 수공업생산합작사를 확대하는 속도를 재촉했다. 1956년 말까지 전국 수공업합작사(조)는 10만 4,000여 개로 발전했고 사(조)원은 603만 9,000여 명에 이르러 전체 종업인원의 91.7%를 차지했다. 그중 고급형태의 수공업생산합작사가 7만 4,000여 개로 발전하고 사원이 484만 9,000여 명에 이르러 전체 종업인원의 73.6%를 차지했다. 합작화수공업의 생산액은 108억 7,600만 원으로 수공업 총생산액의 92.9%를 차지했다. 이로써 수공업을 개인경제에서 집단경제로 전환시키는 정책을 기본적으로 완수했다. 일부 변강지역과 외곽 지역을 제외하고 전국적으로 기본적인 수공업합작화를 실현했다.

생산경영방식에 대한 기본적 조절

세차게 다가온 수공업합작화 고조에 대해 각급 지도기관에서는 사상준비와 조직준비가 부족했다. 특히 중국 수공업에서 오랫동안 형성된 분산적 생산, 독립경영의 특징에 대해 주의를 깊이 기울이지 못해 수공업 내부와 외부의 관계에서 적지 않은 문제가 나타났다. 이는 주로는 조직형태에서의 맹목적인 통합으로 고유의 공급, 생산, 판매 관계에 혼란이 일어나고 일정한 정도로 수공업의 발전에 영향을 끼친 데에서 드러났다.

당시 집중생산, 통일적 채산을 시행하는 큰 합작사만이 사회주의 성격에 속한다고 인식했던 까닭에 각지에서는 맹목적으로 큰 합작사를 꾸리고 큰 합작사로 통합시키는 현상이 보편적으로 나다났다. 어떤 합작사는 사원 수가 무려 1,400여 명이나 되었고 어떤 지방에서 조직한 종합사는 10여 개 업종이 포함됐으며 어떤 합작사는 구, 향의 계선을 넘고 몇 십 킬로미터까지 퍼져 있어서 월급을 지급하려면 자전거를 타고 며칠을 달려야 했다. 많은 도시에서는 주민구역에 널리 분포된 수리봉사성 업종들을 분류해 통합시키고 소수의 상점만 남겨두어 주민들에게 불편을 가져다주었다. 집중 생산, 통일적 경영 방식으로 합작사의 제품은 그 종류가 자체경영 때보다 크게 줄었고 제품의 품질과 서비스의 질도 떨어졌다. 일부 전통적인 유명 상표의 제품도 원래의 특색을 잃어갔다. 이리하여 소비자의 수요를 만족시키지 못할 뿐만 아니라 사원들의 수입에 영향을 주는 등 문제가 발생했다.

농공업생산이 발전함에 따라 원래부터 드러났던 공급, 생산, 판매 간의 모순은 더욱 두드러졌다. 수공업합작화 후 상업 부문에서 수공업 생산에 대해 취한 가공주문의 방법을 추진하지 않아 수공업합작사는 자체 구매와 자체 판매에서 일부 제한을 받았다. 많은 독립수공업자는 입사한 후 워낙 널려 있어 경영할 때의 공급판매관계가 중단되었다. 개인들은 흩어져 있는 주문을 받을 수 없는 데다 합작사의 통일적인 경영이 한동안 또 건립되지 않아 생산이 중지되었다. 맹목적으로 집중하고 조직관리가 혼란하여 수공업자들의 많지 않은 재산이 손실을 보게 되었다. 통일적으로 이익과 손실을 계산한 데서 또 기술이 높은 일부분 사원들의 노동 수입이 내려갔다. 수공업합작화 후 약 20%에 달하는 사원들의 수입이 입사 전보다 다소 줄어들었고 약 5%에 달하는 사원들의 생활이 더욱 어려워졌다. 새로운 합작사든 이미 있던 합작사든 모두 분배에서는 평균주의가 비교적 보편적으로 이루어졌다. 스승이 제자를 거느려도 보수를 주지 않았고, 노동보호 복리가 처한 문제도 축적이 적어 해결할 방법이 없었다. 베이징, 톈진, 상하이 등 지역에서는 소수의 사원이 퇴사하는 현상이 나타났다.

합작화 시행 후 일부 특수공예에 종사하는 수공업자들과 민간 노예술인들에 대한 보살핌이 부족한 탓으로 고유의 사제관계가 멀어지거나 심지어 끊어져 전통업종 기예의 전수가 어려워지기도 했다.

위에서 말한 수공업 개조의 고조 가운데서 나타난 문제들은 주로 지도 방침을 지나치게 급하게 추진하고 맹목적으로 집중, 통합시키며, 수공업의 분산적 생산, 독립경영의 특징을 소홀히 한 데서 비롯한 것이다. 당중앙위원회와 국무원은 이러한 문제들을 발견함과 동시에 주의를 돌려 바로잡도록 요구했다. 1956년 1월 30일, 저우언라이는 중국인민정치협상회의 제2기 제2차 회의에서 다음과 같이 지적했다. "반드시 수공업의 여러 가지 다른 복잡한 상황을 파악하고 수공업의 사회주의적 개조에 대한 정책을 올바르게 집행하며" "합작화 이후 무릇 집단 생산에 맞지 않는 것은 마땅히 분산적인 생산 형식을 유지해야 한다." 2월 8일, 국무원의 '현시기 사영상공업과 수공업에 대한 사회주의적 개조에서의 약간한 사항에 관한 결정'은 다음과 같이 명확히 규정했다. 합작사에 참가한 개인수공업호는 반드시 원래의 공급 판매 관계를 유지해야 하고 일반적으로 일정한 시간 내에 잠시 제자리에서 생산해야 하며 너무 빠르게, 너무 급하게 집중생산과 통일적 경영을 하지 말아야 한다. 수공업 가운데 일부 분산되어 있는 수리업과 봉사업은 마땅히 대중의 편리를 도모하고 품질에 관심을 돌리는 원래의 장점을 장기적으로 보류해야 한다. 일부 우량한 역사 전통을 가지는 특수공예는 반드시 보호해야 하고 일부 개인경영에 적합한 것들은 마땅히 원래의 단독경영방식을 유지시켜야 한다.

3월 4일, 마오쩌둥은 중앙수공업관리국 책임 인원들의 회보를 청취할 때 수리업과 봉사업종에 집중하여 생산을 하면서 지나치게 점포를 줄여 대중의 불만을 자아내는 등 상황에 비추어 다음과 같이 말했다. "수공업에는 훌륭한 것들이 많은데 그런 것들을 없애지 말 것을 동무들에게 부탁하는 바이다. 왕마쯔, 장샤오쳰(張小泉)의 칼과 가위는 만 년 후에 가서도 없애버리지 말아야 한다. 우리 민족에게 고유한 훌륭한 물건들로서 없애버린 것이 있다면 꼭 다시 회복해야 할 뿐만 아니라 더욱 훌륭하게 만들어야 한다."[6]

3월 30일, 천원은 전국 상공업자 가족 및 여성상공업자대표자회의에서 한 연설에서 다음과 같이 지적했다. "어떤 공장과 상점은 통합한 것이 옳았고 또 통합해야 한다. 그러나 통합하지 말아야 할 것을 통합한 것도 많은데 그중 수량이 가장 많은 것은 수공업이다. 수공업은 기계가 별로 없고 규모도 작아 통합하기 쉬운 바람에 바로 통합해버렸다." 예를 들면 베이징에는 자전거가 40만~50만 대 있는데 자전거를 수리하는 곳이 아주 많고 골목마다 있어 매우 편리했다. 후에 한 집 한 집씩 하는 것은 저급하고 통합해야 고급적이라고 인정하여 몽땅 통합해버렸다. 고급화는 했으나 결국 국민들에게는 대단히 불편해졌다. 이러한 통합은 불합리한 통합이며 달리 말하면 맹목적 집중, 맹목적 통합이다. 주요 원인은 관리사업을 하는 사람들이 관리사업의 편리만 고려하여 한데 합치면 관리하기 쉽다는 것만 강조하고 통합해야 하는가 하지 말아야 하는가를 고려하지 않았기 때문이다. 천원은 명확히 제기했다. "잘못 통합한 것을 어떻게 할 것인가? 이를 분별하여 되돌려야 한다."[7]

수공업합작화 고조 가운데서 나타난 문제들을 연구, 해결하기 위해

---

6) 마오쩌둥, '수공업에 대한 사회주의적 개조를 가속화하자'(1956년 3월 4일), 〈마오쩌둥문집〉 제7권, 인민출판사 한문판, 1999년, 12쪽.

7) 천원, '공사합영 이후 일부 문제들의 해결책'(1956년 3월 30일), 〈천원선문집〉(1949~1956년), 민족출판사 1983년, 354~355쪽.

중앙수공업관리국, 중화전국수공업합작연합총사 준비위원회는 제때에 조사 연구를 진행하여 3월 15일부터 4월 9일까지 전국 도시와 농촌 수공업 사회주의적 개조 좌담회를 소집했다. 이런 기초 위에 8월 11일에 또 전국 수공업 사회주의적 개조사업 회보회의를 열었다. 회의는 집중 생산과 분산 생산의 문제, 공급, 생산, 판매의 괴리 문제, 사원들의 노임복리 문제, 수공업에 대한 지도를 강화하는 문제 등에 대하여 일부 개진 조치를 제기했다. 7월, 중공중앙은 중앙수공업관리국, 중화전국수공업합작연합총사 준비위원회 당조의 '현 시기 수공업 합작화 가운데 몇 가지 문제에 관한 보고'를 비준해 전달했다.

중앙의 지시에 따라 각지에서는 수공업 개조 가운데 나타난 일부 문제를 시정하고 조정하기 시작했다. 맹목적으로 통합했던 수공업합작사들은 대부분 합작소조로 바뀌어 부동한 업종의 특점에 부응하여 각각 집중생산 또는 분산생산의 방식을 취했다. 관리체제에서 수공업합작조직의 공급, 생산, 판매에 대해 업종에 따라 통일적으로 관리하여 지난날 생산에서 때로는 끊어졌다 때로는 이어지는 상황을 바꿈으로써 수공업 생산에서 더욱 큰 향상을 가져오게 되었다. 1956년, 수공업합작사(조)의 생산액은 76억 원으로 1년 앞당겨 제1차 5개년 계획 지표를 완수했고 1인당 연간 생산액은 1,702원으로 1955년보다 33.5% 향상되었다. 수입은 신사원은 입사 전보다, 노사원은 1955년보다 90%가 늘어났고 노동 조건도 개선되었다.

기본적인 조절을 통해 수공업생산합작사들은 일반적으로 증산했고 수입이 높아졌다. 이는 집단경제의 우월성을 보여주었다. 그러나 조절하는 가운데 일부 문제들도 존재했다. 예를 들면 국내시장의 수요를 만족시키고 대외수출을 공급함에 있어서의 수공업생산의 필요성을 홀시하여 역사가 오래된 일부 전통수공업과 국내외에 명성이 높은 수공업에서 유명 상표의 제품이 날로 줄어들었고 어떤 것들은 거의 계승되지 못하게 되었다.

3. 자본주의적 상공업에 대한 전 업종별 공사합영

자본주의적 상공업에 대한 개조의 새로운 정세와 전면적 배치

과도기 총노선이 반포된 후 자본주의적 상공업에 대한 사회주의적 개조사업은 줄곧 순조롭게 진척되었다. 1955년 3월, 중공중앙은 제2차 전국공사합영공업확장계획회의의 보고를 비준, 전달하고 "통일적으로 계획하고 합리적으로 배치"하는 방침을 시행하며 합영을 확장하는 방시에서 "개별저인 합영과 업종에 따른 개조를 서로 결부하는" 방법을 취하기로 확정했다. 중앙의 회답과 회의의 정신에 따라 1955년의 공사합영확장사업은 새로운 진전을 가져왔다.

공업분야에서 상하이시는 전 업종에서 통일적으로 배치하면서 솔선해 소유권의 계선을 타파하고 '축소, 통합, 개조, 합영' 등 방식으로 공업기업의 통합과 합영의 경험을 창조했다. 1955년 5월부터 10월까지 상하이 시는 경공업에서 8개 업종이 전 업종의 공사합영을 시행했고 중공업에서 13개 업종이 업종별 또는 제품별로 공사합영을 시행했다. 상업분야에서 1955년 8월에 베이징시는 면직물업, 백화업을 전 업종별 공사 합영을 시행하는 시점으로 선택하고 "큰 것이 작은 것을 이끌고 선진이 후진을 이끄는" 방법으로 상업 판매망을 조절하는 것과 소유제를 개조하는 것을 결부시킴으로써 비단면직물, 백화 등 26개 업종에서 1,019개 상점에 대하여 합영과 통합을 시행하여 개조 진도를 훨씬 앞당겼다.

전국적으로 볼 때 1955년 6월 말에 이르러 전국에서 이미 공사합영을 시행한 공장이 1,900여 개나 되었는데 그 생산액은 자본주의 공업의 58%와 맞먹었다. 상업 분야에서 전국 32개 대, 중 도시 가운데 상품소매 총액에서 국영상업과 합작사상업이 차지하는 비중은 이미 52% 정도였고 국가 자본주의 형태의 중개판매와 대리판매가 차지하는 비중은 22% 정도였으며 순수한 사영상업은 25% 정도밖에 안 되었다. 다시 말해 이미 4분의 3의 상업이 사회주의와 반사회주의 성격을 띠었다. 공업 분야에서 통합, 도태를 결부시킨 전 업종별 공사합영으로 이미 경험을 쌓았고 상업 분야에서도 전 업종별 통일합영의 새로운 경험을 얻기 시작함에 따라 중앙은 다음 단계에서 모든 인민의 소유로 자본가 소유를 대체하기 위한 기초를 마련하기 위해 자본주의적 상공업 개조를 주관하는 부문에 공업과 상업 두 분야에서 모두 기본적으로 전 업종별 합영의 방침을 취할 것을 제의했다.

　당중앙위원회는 줄곧 농업, 수공업, 자본주의적 상공업에 대한 3대 개조를 하나의 통일체로 배치해왔다. 1955년 10월 11일, 마오쩌둥은 당중앙위원회 제7기 제6차 전원회의 확대회의 결론에서 전문적으로 농업합작화와 자본주의적 상공업의 개조와의 관계를 논술하면서 다음과 같이 지적했다. 농업에서 사회주의적 개조를 철저히 시행하는 과정에서만이 도시 자산계급과 농민과의 연계를 철저히 끊을 수 있고 자산계급을 철저히 고립시킬 수 있으며 그래야만 우리가 자본주의적 상공업을 철저히 개조하는 데 이로울 것이다. 그는 다음과 같이 말했다. "우리는 농민과의 연맹에 의거하여 양곡과 공업원료를 얻고 자산계급을 제어한다. 자본가들에게는 원료가 없고 국가에는 원료가 있다. 따라서 그들은 원료를 얻기 위해서는 공업품을 국가에 팔지 않으면 안 되며 국가자본주의를 시행하지 않으면 안 된다."[8] 그는 농업합작화의 고조가 다가옴에 따라 중국의 상황에는 근본적인 변화가 일어났으며 자본주의적 상공업에 대한 사회주의적 개조도 이에 따라 빨라져야 하며 될수록 앞당겨 완수하도록 하여 농업 발전의 필요에 부응하도록 해야 한다고 명확하게 제기했다.

당중앙위원회 제7기 제6차 전원회의가 폐막된 후 얼마 안 되어 10월 27일과 29일에 마오쩌둥은 상공업계 정치 대표인물, 전국상공업연합회 집행위원회 위원들을 초청하여 중난하이 이녠탕에서 사영상공업에 대한 사회주의적 개조 문제를 중심으로 좌담을 벌였다. 그는 연설에서 그들에게 사회 발전 추세를 명확히 인식하고 자기의 운명을 주도적으로 장악하며 사회주의 쪽에 서서 각성하여 전차 새로운 제도 속으로 전환해 나가도록 격려했다. 상공업계 인사들이 자기의 전도와 운명에 대해 걱정하고 불안해하는 정서를 보고 마오쩌둥은 민족자산계급에 대한 당의 정책을 알기 쉽게 천명하고 개조를 받아들이는 상공업계의 인사들에 대해 나라에서 정치와 사업 면에서 배치를 할 것이라고 거듭 표명했다. 그러면서 계속해 점차 속매하는 정책을 시행할 것인데 이렇게 되면 모두 자기의 운명을 주도할 수 있게 될 것이라고 했다. 그는 장차 자본가의 계급 성분이 노동자로 변할 것인데 이는 광명한 정치적 지위이고 광명한 전도일 것이라고 격려했다. 마오쩌둥의 연설은 일정한 정도에서 상공업계 인사들의 불안한 정서를 안정시켰고 그들이 사회주의적 개조를 한층 더 받아들일 수 있도록 했다.

상공업자들이 개조의 고조에 적극적으로 뛰어들도록 하기 위해

---

8) 마오쩌둥, '농업합작화와 자본주의적 상공업 개조 간의 관계 문제에 대하여'(1955년 10월 11일), 중공중앙 문헌연구실 편, 〈건국 이래 중요문헌선〉 제7권, 인민출판사 한문판, 1993년, 307.309쪽.

1955년 11월 1일부터 21일까지 전국상공업연합회 제1기 집행위원회 제2차 회의가 베이징에서 소집되었다. 전국상공업연합회 주임위원 전수퉁이 개막사를 했다. 그는 모든 애국적인 상공업자들이 자기의 운명과 나라 발전의 전도를 통일시키고 경제 발전의 새로운 정세에 부응하기 위해 현재의 기초 위에서 한층 더 개조를 받아들임으로써 위대한 조국의 건설사업에서 계속 이바지할 것을 호소했다. 회의는 천원과 천이 두 부총리의 자본주의적 상공업의 사회주의적 개조 문제에 관한 보고를 청취했고 상공업계대표 좌담회에서 한 마오쩌둥의 연설을 전달했으며 사회발전 법칙을 똑똑히 인식하고 자기의 운명을 장악하는 문제를 둘러싸고 깊이 있는 토론을 했다. 학습과 토론을 거쳐 많은 상공업자는 자신의 체험을 예로 들면서 낡은 사회의 경력으로 자본주의 노선은 "큰 물고기가 작은 물고기를 잡아먹는 죽음의 길"이라고 설명하면서 오직 결심을 내리고 사회주의 노선으로 나가야만 자기의 운명을 장악할 수 있고 광명한 전도를 찾을 수 있다고 했다. 회의에서 채택된 '전국상공업계에 알리는 글'은 "상공업자들의 현시기 첫째가는 임무는 나라를 사랑하고 법을 지키는 입장을 고수하며 적극적으로 사회주의적 개조를 받아들이는 것이다."9)라고 지적했다. 이 회의는 전 업종별 공사합영을 추진하고 상공업계 인사들이 당의 평화적 개조 방침을 받아들이도록 추동시킨 한 차례 중요한 회의였다.

마오쩌둥이 나서서 사상사업을 하고 또 전국상공업연합회가 전면적으로 동원함으로써 국가가 자본주의적 상공업에 대해 지속적으로 평화적 전변, 점차적 속매의 방침 정책을 시행할 것이라는 것을 한층

---

9) '전국상공업계에 알리는 전국상공업연합회 집행위원회 회의의 글', 1955년 11월 22일 자, 〈인민일보〉 제1면.

더 명확히 했다. 또한 개조를 받아들인 상공업계 인사들에게 정치, 사업 면에서 타당하게 배치해주어 민족자본가들의 전도, 운명에 대한 걱정과 우려를 덜어주었으며 그들 가운데 절대다수로 하여금 사회주의적 개조사업에 대해 더욱 적극적으로 배합하는 태도를 취하게 했다. 이로써 자본주의적 상공업에 대한 전면적 개조의 정세가 형성되었다.

마오쩌둥의 제의에 따라 1955년 11월 16일부터 24일까지 중공중앙 정치국은 베이징에서 각 성, 직할시, 자치구 당위원회 대표들이 참가한 자본주의적 상공업의 사회주의적 개조 문제에 관한 회의를 소집하고 한층 더 자본주의적 상공업을 개조하는 데 대하여 전면적으로 계획하고 배치했다. 천원은 회의에서 '자본주의적 상공업에 대한 개조에서의 새로운 정세와 새로운 과업'이라는 보고를 했다. 그는 다음과 같이 지적했다. 지금 우리는 이미 여러 국가자본주의적 방법으로 자본주의적 공업을 국가 계획의 궤도에 끌어들였으며 따라서 주요한 업종들에서 사영상업을 국가자본주의 또는 합작화의 궤도에 끌어들였다. 새로운 상황은 현존 자본주의의 생산관계가 사회주의로 한 걸음 더 전진하도록 요구하고 있다. 이에 천원은 한층 더 자본주의적 상공업 개조에 관해 6가지 의견을 제기했다. (1) 여러 업종의 생산에 대하여 전국적 범위에서 통일적으로 계획하고 배치한다. (2) 여러 업종 내부에서 크게 또는 작게 재조직한다. (3) 전 업종별 공사합영을 시행하여 생산력을 높임으로써 완전한 사회주의적 소유제로 이행하는데 편리하도록 한다. (4) 고정이자를 주는 방법을 보급하여 원래의 "이윤을 네 몫으로 나누는" 방법을 고정자산 가치에 따라 자본가에게 정액 이자를 지불하는 방법으로 바꾼다. (5) 여러 업종의 전업 공사를 조직한다. (6) 전면적으로 계획하고 지도를 강화해야 한다.

회의는 마오쩌둥의 주최로 제정한 '자본주의적 상공업의 개조 문제에 관한 중공중앙의 결의(초안)'를 채택했다. '결의(초안)'는 다음과 같이 확정했다. 우리는 지금 이미 자본주의적 상공업에 대한 개조사업을 새로운 단계로 밀고 나갈 수 있는 충분하고 유리한 조건이 있고 또 이렇게 해야 할 절대적인 필요가 있다. 다시 말하면 가공위탁주문, 중개판매, 대리판매와 개별적으로 공사합영을 시행하던 단계에서부터 모든 중요한 업종마다 각각 여러 지구에서 전부 또는 대부분 공사합영을 시행하는 단계에까지 나아갔다. 이는 자본주의적 소유를 완전한 사회주의적 공동 소유로 이행하는 데 결정적 의의를 가지는 중대한 절차이다. '결의(초안)'는 자산계급에 대한 중국공산당의 정책을 체계적으로 천명했다. 첫째로, 속매와 국가자본주의의 방법으로, 무상으로가 아니라 유상으로, 돌연적으로가 아니라 점차 자산계급의 소유제를 바꾸며 둘째로, 그들을 개조하는 동시에 그들에게 필요한 사업 배정을 해주며 셋째로, 자산계급의 선거권을 박탈하지 않으며 또한 그들 가운데 사회주의적 개조를 적극적으로 옹호하는 대표 인물들에 대해서는 합당한 정치적 배려를 해준다. 1956년 2월 24일에 중공중앙 정치국은 이 '결의(초안)'에 대해 개별적으로 수정한 후 공식적으로 인가했다.

자본주의적 상공업에 대한 사회주의적 개조 문제에 관한 회의가 끝난 후, 〈인민일보〉는 연속 사설을 발표해 전 업종별 공사합영 시행의 필요성에 대해 논술하면서 다음과 같이 강조했다. 공업 분야에서의 개별적 합영 방식은 이미 오늘날 전면적으로 개조하는 요구에 부응할 수 없게 되었고 상업 분야에서도 단지 대리판매의 방법으로는 이미 현시기 객관적 형세의 수요에 부응할 수 없다. 오직 통일적으로 배치하는 기초 위에서 전 업종의 생산 개편과 경제 개편에 결부하여 전 업종별 공사합영을 시행해야만 공업 분야에서 전 업종의 생산과 경영을 완전히 국가 계획의 궤도로 끌어올 수 있다. 상업 분야에서는 전 업종별 공사합영을 거쳐 국영상업으로 이행하는 것은 자본가의 소매점에 대해 사회주의적 개조를 진행하는 가장 좋은 이행 형태이다.

중앙의 자본주의적 상공업에 대한 사회주의적 개조 문제에 관한 회의의 전면적 계획과 배치에 근거하고 중앙결의(초안)의 기본 방침과 정책에 따라 자본주의적 상공업을 개조하는 정세는 급속히 발전하여 전국 도시에서 신속하게 공사합영의 고조를 일으켰다.

전 업종에서의 공사합영의 물결

각개 기업의 공사합영에서 전 업종별 공사합영으로 발전하게 된 것은 신중국이 창건된 지난 6년 동안 당과 국가에서 자본주의적 상공업에 대해 이용, 제한, 개조 정책을 시행한 필연적 추세였으며 동시에 국민경제 가운데 계획관리 요소가 끊임없이 강화된 필연적 결과이기도 했다. 한편, 몇 년 이내 사영상공업의 대부분이 국가자본주의의 궤도에 들어섰는데 무릇 궤도에 들어선 기업의 생산경영은 모두 성장했고 궤도에 들어서지 못한 기업은 원료, 생산, 판매에서 모두 어려움에 부닥쳤다. 더욱이 주요 농산물의 통일적 수매와 통일적 판매를 시행하고 절대다수 농민이 이미 농업합작사를 조직한 상황에서 자본가들은 더 이상 자유롭게 원료를 얻고 자유롭게 제품을 판매할 수 없게 되었기에 진일보하는 개조를 받아들이는 외에 다른 길이 없었다. 다른 한편, 국가는 전 업종별 공사합영의 시행을 통해 전국적 범위에서 생산 계획을 통일적으로 배치할 수 있어 공업화의 중점 건설을 보장할 수 있었다. 또 다른 한편, 민족자산계급에 대한 당의 평화적 속매정책은 자산계급 가운데 상당히 많은 대표인물뿐만 아니라 이 계급 가운데 대다수 사람으로 하여금 이미 공개적으로 사회주의적 개조 방안을 받아들인다고 표명하도록 했다. 이 몇 가지 요소와 현실적 조건이 합쳐 자본주의적 상공업을 전면적으로 개조하는 대세를 이루었다.

1956년 양력설 이후, 수도 베이징에서 먼저 전 업종별 공사합영의 열풍이 일어났다. 1월 4일, 전 시 327개 중약국이 전 업종별 공사합영을 신청했다. 중약업의 인솔로 베이징시의 많은 업종의 자본가들이 너도나도 공사합영을 신청했다. 1월 8일, 전 시적으로 20개 업종과 800여 개 상점이 함께 전 업종별 공사합영을 시행하는 데 비준을 받았다. 9일, 10일 이틀 동안에 또 사영기업의 종업원 5만여 명, 자본가 측 인원 2만여 명이 징과 북소리 울리고 폭죽을 터뜨리며 열을 지어 거리를 돌면서 합영을 신청했다. 전 시 각 지역의 공상호들은 너도나도 거리와 골목마다 "공사합영을 맞이하자." "공사합영을 경축하자."는 붉은 플래카드를 내걸었다. 이러한 정세로 1월 10일, 베이징시인민정부는 자본주의적 상공업 공사합영대회를 열고 35개 공업업종의 3,990개 공장과 42개 상업업종의 1만 3,973호 좌상을 합쳐 총 1만 7,963호에 모두 공사합영 시행을 비준한다고 선포했다.

1월 11일부터 14일까지 짧디짧은 나흘 동안에 베이징시는 기본적으로 1만 7,000여 호 합영기업의 자산검토사업을 완수했다. 검토한 결과로 볼 때 많은 자본가가 자산 실사와 가격 평가에 적극적이었고 가격 제시에서 대부분 가격을 낮게 매겼다(후에 재조사에서 적당하게 조절했다). 어떤 자본가는 기업 외의 재산, 이를테면 자신의 가옥, 현금, 귀중한 약재, 공입원료 심지어 집에 숨겨뒀던 금, 은까지 모두 꺼내 기업에 투자하고 자본을 늘림으로써 진심으로 개조를 받아들임을 보여주었다. 자본주의적 상공업 공사합영 고조의 열렬한 분위기 속에서 일부 개인근로자에 속하던 소상인, 노점상, 소규모 수공업자들도 적극적으로 공사합영에 참가할 것을 요구했다. 당시 정책 경계가 명확하지 않았고 사업이 세심하지 못했던 관계로 그들까지 자본주의적 공상호로 취급하여 공사합영을 시행했다.

1월 15일, 베이징시 각계 20만여 명은 텐안먼광장에서 사회주의적 개조의 승리를 경축하는 대회를 열었다. 마오쩌둥, 류사오치, 저우언라이, 주더 등 당과 국가의 지도자들이 대회에 출석하여 농업합작사, 수공업합작사, 공사합영기업 대표들이 전하는 열정에 넘치는 희보를 받았다. 베이징시 시장 펑전이 대회에서 우리의 수도는 이미 사회주의 사회에 들어섰다고 선포했다.

1월 17일, 중공중앙은 각지에 베이징시당위원회의 '최근 자본주의적 상공업 개조 상황에 관한 보고'를 비준해 전달했다. 중앙은 회답에서 다음과 같이 지적했다. "자본주의적 상공업에 대한 사회주의적 개조는 날이 갈수록 보편적인 광범한 대중운동으로 형성되어가고 있다." 베이징시당위원회는 적절한 시기에 "자기의 사업계획과 관례적인 방법을 바꿔 합영 신청에 대해 즉시 비준을 선포하고 먼저 받아들이고 다시 자산검토를 하는 등 사업에서 적극적인 방침과 방법을 취했는데 이는 전적으로 정확하고 필요한 것이다." 중앙은 회답에서 또 다음과 같이 지적했다. 합영을 비준한 것은 단지 전반 합영사업에서의 한 절차에 불과하다. 이후의 자산검토, 인사배치와 경제개편은 아주 복잡하고 힘든 사업이다. 이러한 사업에 대해 수요와 가능성에 따라 속도를 조절해야 할 뿐만 아니라 반드시 질을 중요시해야 한다. "각지의 진행 절차와 구체적 방법은 마땅히 당위원회에서 당지의 실제 상황에 따라 연구하고 결정해야지 꼭 일치하게 할 것을 강요할 필요가 없으며 또 그렇게 해도 적합하지 않다."

중앙에서 비준, 전달한 베이징시당위원회의 경험은 즉시 전국 각 대, 중 도시에서 널리 보급되었다. 자본주의적 상공업이 가장 집중된 상하이에서도 수도를 본보기로 나흘 만에 전 시 상공업의 공사합영과 수공업의 합작화를 비준하고 실현했다. 1월 21일, 상하이시는 각 계 인민들이 사회주의적 개조 승리를 경축하는 대회를 열고 "상하이는 이미 사회주의사회로 들어섰다."고 선포했다. 기타 도시도 잇달아 나섰다. 1월 27일의 통계에 의하면 전국적으로 이미 118개 대, 중 도시와 193개 현의 자본주의적 상공업이 전부 공사합영을 시행했다.

전 업종별 공사합영의 고조 속에서 민족자산계급 가운데 진보적 인사와 대다수 사람들은 개조를 받아들이는 면에서 효과적으로 협력하는 역할을 했다. 총체적으로 말해 중국의 민족자본가는 나라를 사랑하고 조국이 번영부강하기를 바랐다. 그들은 신, 구 중국에 대한 대비와 직접적인 체험에서 자신의 운명과 기업의 운명은 나라와 민족의 운명과 한 데 이어졌음을 깊이 느꼈다. 사회주의 국영경제의 발전이 자본주의적 상공업에 대한 사회주의적 개조를 진행하는 물질적 토대를 마련하기 시작했고 또 당과 나라에서 점진적인 유상평화속매를 시행했기에 자본가 중 대다수는 오직 개인의 전도와 국가의 사회주의 전도를 결부시켜야만 진정으로 개인의 전도를 실현할 수 있음을 느끼게 되었다. 이는 민족자산계급으로 하여금 이러한 역사적인 상황에서 더욱 순조롭게 사회주의적 개조를 받아들일 수 있게 했다.

1956년 말에 이르러 전국에서 원래의 사영공업 8만 8,000여 호 가운데 99%의 기업이 소유제 개조를 실현했다. 총호수 가운데 소수 기업이 지방 국영 공업으로 전이 또는 수공업, 상업에 귀속되고 그 나머지는 업종에 따라 3만 3,000만여 개 공사합영 공업기업으로 통합,

조직되었다. 상업 분야에서 전국에 원래 있던 240만여 호의 사영상업 가운데 82.2%에 달하는 호수가 개조를 실현했다. 그중 소수가 국영 상업 또는 공급판매합작사로 변하고 나머지는 각각 공사합영 상업, 합작상점 또는 합작소조로 조직되었다. 사영 음식업, 봉사업도 대부분 개조를 실현했다. 사영 윤선업과 자동차운수업은 전 업종별 공사합영을 실현했다.

공사합영 후의 방침 조절

자본주의적 상공업에 대한 개조가 전 업종별 공사합영의 새로운 단계에 들어설 수 있었던 것은 객관적으로는 몇 년 이내 경제를 발전시킨 결과였다. 그러나 전국적인 대중운동의 물결을 일으킬 수 있었던 것은 당중앙위원회 제7기 제6차 전원회의에서 '우경기회주의'를 강하게 비판한 것이 추진 역할을 했기 때문이다. 정세의 발전이 이토록 빠르리라고는 중앙에서 지방에 이르기까지 모두 예상하지 못한 일이었다. 각지의 준비사업이 충분하지 못했기에 불가피하게 몇몇 문제들이 나타나게 되었다. 중앙은 제때에 대책을 세우고 조정방침과 해결방법을 제기하여 개조 고조에서 나타난 결함과 편차를 일정하게 바로잡았다.

농촌 경제와 비교할 때 도시 경제의 구조는 더욱 복잡했다. 생산개편과 경제개편은 공영과 사영, 노동과 자본, 공급과 생산과 판매, 인력과 재물 등 모든 방면과 얽혀 있어 번잡하고 섬세한 준비사업이 대량으로 필요했고 긴밀하게 배치해야만 소유제 변혁에서 가능한 한 손실을 피하거나 줄일 수 있었다. 당중앙위원회와 마오쩌둥은 전 업종별 공사합영을 진행할 때 사전에 다음과 같이 일깨워주었다. "회오리바람이 불어 지나가듯 하지 말아야 하며" 충분히 준비하여 "참외가

익으면 꼭지가 떨어지고 물이 흐르면 골이 생기듯이" 진행해야 한다. 그러나 일단 대중운동의 고조가 일어나면 반드시 정상적인 사업 절차에 충격을 주기 마련이었다. 마치 천원이 묘사했던 바와 같이 "그들은 너도나도 다그치듯 요구하고 날마다 징을 두드리고 북을 치면서 공사합영을 맞이하고 있는데 앞뒤를 바꾸어 먼저 공사합영을 승인하고 다음에 자산검토, 생산배치, 기업개편, 인사배치를 할 수밖에 없었다". 이러한 형세에서 많은 관련 정책 규정들이 관철, 집행되기가 힘들어졌고 실제 사업에서 혼란 상태가 일어났다. 적지 않은 지방에서는 실제 상황과 조건을 고려하지 않은 채 기계적으로 베이징시의 방법을 모방했는데 업종이 번잡하고 수량이 많으며 상황이 다른 사영상공업에 대해 분별없이 공사합영을 시행한다고 선포하여 경제의 정상적 운행에 영향을 주는 문제들이 적지 않게 나타났다.

  많은 지방에서는 합영이 비준된 후 절차에 따라 자산검토, 생산배치를 한 것이 아니라 급급히 업종 개편을 진행했고 많은 공장, 상점과 작은 수공업 작업소에서 운영한 개인 가게들을 몽땅 통합하여 집중 생산, 통일 경영, 통일 채산을 했다. 그 결과 원래 결여된 부분을 보충하면서 영원하게 경영하던 사영상공업의 장점들이 사라져버렸다. 합영 후 업종 개편은 객관적 근거가 부족했기에 통합하지 말아야 할 많은 것을 통합하고 갈라놓지 말아야 할 것들을 갈라놓았으며 통합해야 할 것들은 또 너무 크게 통합했다. 이를테면 4명 이상의 노동자를 고용하는 기업은 공업에 귀속시켰고 4명 이하 노동자를 고용하는 기업은 수공업에 귀속시켜 장기간 형성된 일부 업종들이 인위적으로 분리되었다. 복장, 신발, 모자 업종은 줄곧 앞에는 가게, 뒤에는 공장이란 전통을 가지고 있었으나 개편 가운데 가게는 상업에 귀속되고 공장은 수공업에 귀속되어 기업의 고유한 공급판매 경로, 생산

협동과 외상판매관계에 혼란이 생기고 공급, 생산, 판매에 괴리가 생기는 현상이 나타나 정상적인 생산과 경영을 방해했다. 원래 도시 주민 구역에 널리 분포되어 있던 상업, 음식업, 수리업, 봉사업 지점들을 맹목적으로 통합시키고 지나치게 많이 취소하는 바람에 인민들의 생활에 불편을 가져다주었다. 많은 기업은 합영 후 원래의 제품 특색과 경영 특색을 잃어 제품 품종이 감소되었고 질이 떨어지게 되었다. 이를테면 베이징의 유명한 전통 상표인 '둥라이순(東來順)' 양고기신선로, '취안쥐더(全聚德)' 오리구이는 합영 후 원료공급 경로와 제작방법을 함부로 바꾸다 보니 상표 효과가 과거보다 떨어졌다. 일부 지방에서는 합영 후 원래 사영기업의 자본가 측 인원에 대한 배치와 사용에서 타당하지 못했거나 또는 명의상으로는 배치했지만 실제 작업에서 공적, 사적의 협업관계를 잘 처리하지 못하는 현상이 나타났다.

전 업종별 공사합영에서 나타난 이러한 문제는 중공중앙과 국무원에게 고도의 중시를 불러일으켰다. 1956년 1월 25일, 천윈은 최고국무회의에서 적시에 이렇게 지적했다. 지금 전 업종별 공사합영사업은 방금 시작된 데 불과하다. 먼저 합영을 비준한 것은 자산검토, 생산배치, 기업개편, 인원배치, 전업회사 조직 등 사업을 뒤로 미룬 것과 다름없는 것이다. 이는 주의를 기울여야 한다. 1월 30일, 저우언라이는 중국인민정치협상회의 제2기 전국위원회 제2차 회의에서 한 보고에서 다음과 같이 강조했다. 우리가 자본주의적 상공업에 대해 개조를 한 기본 목적은 생산관계를 개선하고 생산력을 해방하기 위한 것이며 그 최종 표현은 생산의 발전과 향상에 있다. 그러므로 합영 시행에서 가장 중요한 문제는 생산과 영업의 정상적인 운행을 보장하는 데 있으며 생산과 경영에서 혼란이 일어나 국가와 사회 재부에 손실을 끼치는 것을 절대 허용하지 않는다.

전 업종별 공사합영의 물결 속에서 나타난 문제에 따라 중앙은 성과를 긍정하는 전제 아래 제때에 조치를 취하고 조절을 했다. 1월 하순, 중공중앙은 연이어 '사영기업의 공사합영 시행 시 재산정리 평가 중의 약간의 구체적 문제에서 나서는 처리원칙에 관한 지시', '현 시기 자본주의적 상공업에 대한 개조에서 마땅히 주의해야 할 문제에 관한 지시', '공사합영기업의 개인주식에 대해 고정이자를 주는 방법을 시행하는 것에 관한 지시' 등을 발부했다. 2월 8일, 국무원은 '현 시기 사영상공업과 수공업의 사회주의적 개조에서 나서는 약간의 사항에 관한 결정' 등 몇 가지 규범성 문건을 반포했다. 동시에 〈인민일보〉는 연이어 "고유의 생산과 경영 제도를 쉽사리 바꾸지 말아야 한다.", "도시의 작은 상점을 신중하게 개조하자.", "경제 측면에서 신중하게 공사합영기업을 점차 개편하자."는 등 사설을 발표했다. 3월 30일, 천원은 전국 상공업자 가족과 여성상공업자대표자회의에서 공사합영에서 맹목적으로 합영하고 과다하게 개편하는 등 문제에 따라 "대부분은 변동하지 않고 일부분만 조절하는" 방침을 제기했다. 공사합영후의 일부 문제에 관한 중앙의 방침조정과 해결방법은 주로 다음과 같은 몇 가지로 개괄할 수 있다.

첫째, "대부분 변동하지 않고 일부분만 조절하는" 방침이다. 그 요점은 기업의 고유한 기초 위에서 약간 개혁하고 통합하는 것으로 공장마다 모두 개조하고 모든 상점을 전부 조절하는 것이 아니다. 만약 경솔하게 공장과 상점을 통합시킨다면 경제생활에 많은 불편을 가져다주게 된다. 그러므로 합영을 비준한 후 마땅히 각 업종에 대해 타당하게 생산과 인사배치, 자산검도 사업을 진행해야 한다. 일반석으로 약 6개월 이내 여전히 원래의 생산경영제도 또는 습관에 따라 생산경영을 진행하고 원래 공급판매 협동관계를 유지함으로써 생산의 지속적인 발전에 이롭게 하며 원래의 생산경영 제도 중에 좋은 것들을 바꾸는 것을 피해야 한다. 기업의 고유한 제도 가운데 확실히 개선해야 하는 불합리한 부분에 대해서는 대중운동의 방식으로 해결하지 않고 마땅히 일정한 시간의 고찰과 연구를 거쳐 전반적으로 계획하고 충분하게 준비한 후 중앙과 지방의 통일적인 지도와 배치에 따라 절차 있게 업종에 따라 경제개편, 기업개조와 상업망의 조절을 진행하고 점차 해결해나가야 한다.

둘째, 사영상업 가운데 점원을 고용하지 않는 작은 상점들의 수량이 매우 많은데 그 경제 성격으로 놓고 말할 때 개인경제 범주에 속하므로 반드시 자본주의 상점과 구별되는 방법을 취하여 신중하게 대해야 한다. 작은 상점들이 공사합영을 선포한 후 주식과 이자를 고정하는 고정월급제를 시행하기에는 적합하지 않으므로 계속 중개판매와 대리판매의 방법으로 작은 상점들이 널리 분포되고 경영상품이 소소하고 다양하며 작업과 휴식 시간이 영활하고 소비자들에게 매우 편리한 등 특점을 유지해야 한다. 작은 상점들이 새로운 정세에서 중개판매와 대리판매를 시행하는 것을 마땅히 공사합영의 한 가지 형태로 보아야 한다.

셋째, 노점상, 행상 등은 상업 중인 독립근로자이므로 그들에 대한 개조는 마땅히 비교적 간편한 방식을 취해야 하며 그들이 자원적인 원칙 아래 단계와 차례를 나누어 분산하여 경영하고 자체로 손익을 부담하는 합작소조를 조직하도록 해야 한다. 또한 국영 또는 합작사 상업도매점의 영도로 사회주의 경제와 긴밀히 연결시켜 점차 사회주의 상업을 구성하는 한 부분이 되게 해야 한다. 거리와 골목을 누비는 데 습관화된, 유동성이 강한 부분적 소상인들에 대해서는 마땅히 장기적으로 그들의 단독경영 방식을 남겨두어 그들의 경영 적극성과 소비자들의 편리를 도모해주는 장점을 유지하도록 해야 한다.

넷째, 자본가 측 인력을 합리적으로 써야 한다. 중국의 여러 계급 가운데 민족자산계급은 문화수준이 높고 지식인이 많은 계급이다. 자본가의 생산기술과 경영관리 경험 가운데 훌륭한 것이 많은데 이는 하나의 재부이다. 자본가를 받아들여 사업에 참가시키는 것은 생산발전에 좋을 뿐만 아니라 그들을 사업에서 점차 자기의 노동으로 살아가는 근로자로 개조시키는 데도 이롭다.

당중앙위원회와 국무원의 상기 방침, 정책과 조치는 전 업종별 공사합영 후 마땅히 어떤 조직형태로 생산발전과 인민생활의 수요에 부응할 것인가에서 출발하여 소유제 변혁을 업종개편, 기업개조와 서로 결부시키는 문제를 더욱 잘 처리함으로써 사영상공업 개조 후기에 중요한 지도적 역할을 했다. 중앙의 지시에 따라 각지는 일정한 시기 이내에 집중적으로 자산검토, 고정이자 지불, 자본가 측 인원에 대한 배치, 생산배치 등 사업을 진행하는 한편 깊이 있게 조사 연구한 기초 위에서 점차 생산개편과 기업개조를 진행함으로써 개조 고조 속에서 나타난 혼란을 기본적으로 극복했다.

생산개편과 기업의 기본적 개조를 거쳐 대다수 공사합영기업은 노동력을 합리적으로 조절하고 기술역량을 집중했으며 기계설비를 균형적으로 해 설비 이용률을 높였다. 또한 부분적 업종에서 과거 생산경영에서 어려웠던 점들을 해결함으로써 기업으로 하여금 생산 잠재력을 남김없이 발휘할 수 있도록 했다. 기업에서 자본가 측 인원을 포함한 광범위한 종업원들은 주인의식이 높아졌고 노동 열정이 고조되었다. 그들은 적극적으로 제품의 질을 향상시켰고 생산원가를 낮추었으며 노동 생산능률을 높이기에 힘썼다. 통계에 따르면 전 업종별 공사합영 이후 1956년의 전국공사합영공업의 총생산액은 191

억 1,000만 위안에 달해 1955년에 이런 기업들이 창조한 총생산액보다 32% 성장했고 1957년에는 또 1956년보다 8% 성장했다. 1956년의 전국 공사합영 상점, 합작상점과 합작소조의 소매총액은 1955년에 이런 기업들이 창조한 소매총액보다 15% 이상 성장했다. 이 밖에 1956년의 전국공사합영공업의 노동생산능률은 1955년보다 20~30% 높아졌다. 총체적으로 말해 전 업종별 공사합영이라는 이 결정적인 절차를 거쳐 국가는 공사합영기업들을 더욱 충분히 이용하여 생산을 발전시키고 경제를 활성화했으며 자금을 축적하고 노동자를 양성하고 간부들을 관리하여 전체 국민경제의 발전을 촉진했다.

4. 사회주의로 넘어가는 역사적 과업을 기본적으로 실현

사회주의적 개조를 기본적으로 완수한 위대한 승리

1956년, 중국에서는 생산수단의 사적 소유에 대한 사회주의적 개조가 결정적인 승리를 거두었다. 개개의 농민, 수공업자 근로대중 소유의 사적 소유가 기본적으로 근로대중 집단적 소유의 공동소유로 전환되었다. 억만 농민과 대다수 기타 개체 근로자들은 이미 사회주의의 집단적 근로자가 되었다. 자본가 소유로의 자본주의적 사적 소유가 기본적으로 국가소유, 즉 전 인민적 소유로의 공동소유로 전환되었다. 전 업종의 공사 합영이 시행된 후 자본가는 더 이상 원래 기업의 소유자가 아니라 자기의 능력에 따라 접수된 기업의 직원이었다. 그들이 받는 고정이자는 국가에서 합영 시 검토한 개인 주식의 자산에 근거하고 고정이율[10]에 따라 지불되었으므로 원래 기업의 이윤과

---

10) 1956년 말, 전국 공사합영기업은 자산검토를 거쳐 개인주식수가 24억 1,864만 위안으로 심사결정되었다. 1956년 1월 1일부터 국가는 연이율 5%(은행이율보다 조금 높다.)의 고정이율로 114만 호 개인

는 관계가 없었다. 이렇게 되어 국가는 공사합영기업에 대해 사회주의의 원칙에 따라 생산관리를 할 수 있게 되었으며 국영기업과 기본적으로 다른 점이 없게 되었다. 원래 사영기업의 노동자들은 고용 근로자의 지위에서 벗어나 국영기업의 노동자들과 마찬가지로 기업의 주체가 되었다. 이는 중국노동계급의 대열을 통합시켰고 전체 노동계급의 각성 정도와 문화기술 수준을 매우 크게 향상시켰다. 게다가 국영경제가 계획적인 경제건설에서 거대한 발전을 이루면서 전 인민적 소유와 근로대중 집단적 소유 이 두 가지 형태의 사회주의적 공동소유경제는 중국 국민경제에서 이미 절대적인 통치적 지위를 차지하게 되었다.

이런 정형은 국민소득에서 차지하는 각종 경제 체제의 비중에 반영되었다. 1956년에는 1952년보다 국영경제의 비중이 19.1%에서 32.2%로 올라갔고 합작사경제가 1.5%에서 53.4%로 올라갔으며 공사합영경제가 0.7%에서 7.3%로 올라갔고 개인경제가 71.8%에서 7.1%로 내려갔으며 자본주의경제는 6.9%에서 거의 없다시피 되었다. 이는 사회주의 성격의 국영경제, 합작사경제와 기본적으로 사회주의 성격에 속하는 공사합영경제의 합계가 92.9%에 달하여 국민소득의 절대다수를 차지했음을 분명히 보여주었다. 중국 농촌에서는 이미 기본적으로 토지공유를 실현했고 전국의 1억 1천만 농가 가운데서 96.3%가 농업생산합작사에 가입하여 사회주의적 집단경제가 수립되기 시작했다. 중국 절대다수 수공업자도 수공업집단경제조직에 가입했다. 이는 1956년에 중국 생산수단의 사적 소유에 대한 사회주

수식 주주들에게 고정이자를 지불했는데 매년 고정이자금액은 1억 2,000만여 위안이었다. 원래 고정이자를 받는 기한을 7년으로 결정했는데 1962년에 10년으로 연장하기로 결정했다. 1966년 9월에 고정이자가 취소되었다.

의적 개조가 이미 기본적으로 완수되었음을 의미하고 1949년에 중화인민공화국이 창건된 지난 7년 동안, 당과 국가에서 진행한 농업, 수공업, 자본주의적 상공업에 대한 사회주의적 개조가 양적 축적에서 질적 비약을 완수했으며 중국에서 사회주의적 경제제도가 이미 수립되었음을 보여주었다.

중국의 사회주의 경제제도는 생산력을 끊임없이 해방하고 발전시킴으로써 수립된 것이다. 1956년에 사회주의적 개조를 기본적으로 완수함과 동시에 계획적인 경제건설도 거대한 성과를 거두어 제1차 5개년 계획에서 규정한 일부 주요 지표를 앞당겨 완수했다. 1952년의 불변가격으로 계산하면 공업 총생산액은 703억 6,000만 위안으로 지난해보다 28.2% 성장하여 제1차 5개년 계획에서 규정한 1957년에 도달해야 할 수준을 초과했다. 제1차 5개년 계획에 추가한 46가지 주요 공업제품 가운데 강철, 선철, 강재, 시멘트, 탄산나트륨, 버스, 면사, 면직물 등 27가지 제품의 생산량은 이미 제1차 5개년 계획에서 규정한 1957년의 지표에 도달했거나 초과했다. 그뿐만 아니라 중국 공업기술 수준도 매우 크게 제고되어 일련의 새로운 공업 부문을 세웠고 이미 자체로 제조한 많은 설비, 재료를 공업발전, 농업장비, 교통운수와 국방공업의 강화에 사용할 수 있었다. 단 몇 년 동안에 마오쩌둥이 중국은 만들 수 없다던 자동차, 트랙터, 비행기, 탱크는 제1차 5개년 건설 후기에 이르러 중국 사람들이 모두 자체로 만들어낼 수 있게 되었다. 농업 면에서는 비록 자연재해를 입었지만 국가가 농업에 대한 투자와 대출을 증가했고 농업합작화의 실현과 농토수리 건설의 발전으로 여전히 매우 큰 성과를 거두었다. 1952년의 불변가격으로 계산하면 1956년의 농업 총생산액은 583억 위안으로 지난해보다 5.0% 성장했고 양곡 생산량은 3,855억 근으로 지난해보다

4.8% 성장하여 제1차 5개년 계획에서 규정한 1957년의 수준에 접근했다. 생산관계의 변혁은 사회 생산력을 한층 더 해방했고 생산력의 발전을 촉진했다. 1956년의 공업총생산액(수공업 포함)은 농공업 총생산액에서 51.3%를 차지했는데 그중 현대공업 비중의 성장은 사회주의 경제제도의 수립에 중요한 토대를 마련했다.

생산수단의 공동소유가 절대적 우세를 차지하는 새로운 경제 토대가 수립됨에 따라 사회주의의 경제 체제, 정치 체제, 교육과학문화 체제가 기본적으로 형성되었고 경제건설과 국가사업의 여러 분야가 모두 사회주의 경제제도의 수립에 부응하고 봉사하면서 발전과 개선을 이루었다.

정치면에서 중국공산당은 전국 인민들을 영도하여 사회주의를 건설하는 핵심적 역할을 발휘했다. 전반 국가에서의 노동계급의 영도적 지위가 끊임없이 강화되었고 노농연맹, 노동계급과 기타 근로인민 간의 연맹도 새로운 사회주의 기초 위에서 한층 더 공고해졌다. 인민민주주의 원칙과 사회주의 원칙을 특징으로 하는 '중화인민공화국 헌법'이 반포되고 시행되었으며 인민대표대회제도가 국가생활에서 정식으로 시행되었고 공산당이 영도하는 다당 협력과 정치협상제도가 계속 발전되었으며 민족구역자치제도가 점차 완벽해져 몇 년 이내 국가제도 건설에서 거둔 풍부한 성과를 보여주었다. 또한 사회주의의 기본 정치제도 체계를 구축했는데 이는 중국을 위대한 사회주의 국가로 건설하는 데 근본적인 제도적 보장을 창조했다.

사상문화와 사회진보 면에서 마르크스-레닌주의, 마오쩌둥 사상의 전국에서의 지도사상적 지위가 한층 더 강화되었다. 봉건주의와 자본주의의 부패한 사상을 비판하는 동시에 중국 전통문화 가운데 훌륭한 부분을 계승하고 발전시켰으며 현대의 과학적인 방법으로 중국의 훌륭한 문화유산을 정리하는 것을 제창함과 동시에 외국의 모든 유익한 문화성과를 받아들이는 데 주의를 기울였다. 사회주의의 민족적이고 과학적이고 대중적인 문화건설 사업을 힘써 개척해나갔다. 인민대중은 점차 사회주의의식을 명확히 수립하게 되었고 갈수록 많은 사회 성원들이 애국주의, 집단주의, 인민을 위해 복무하는 가치관 등 공동 가치관을 숭상하게 되었다. 전국적 범위에서 사회주의의 신형의 사회관계와 이에 수응하는 훌륭한 사회기풍, 사회도덕 규범이 바야흐로 형성되고 있었다. 이는 일찍이 구중국에서는 없었던 것이었다.

중국공산당의 영도, 인민민주주의 독재의 국가기계, 마르크스-레닌주의, 마오쩌둥 사상의 의식형태 분야에서의 지도적 지위, 이들은 본래 상부 구조에서 중국이 사회주의 사회로 과도하도록 확보하는 강대한 정치적 요소로서 사회주의 경제 토대가 이미 수립됨에 따라 사회주의 경제 토대를 공고히 발전시키기 위한 과업을 짊어지게 되었다. 이러한 객관적 역사 행정에 따라 중국공산당은 1956년 9월에 열린 제8차 전국대표대회에서 "사회주의의 사회제도는 중국에서 이미 기본적으로 수립되었다."[11]고 확인했다.

당의 과도기 총노선의 규정에 따라 사회주의 공업화와 사회주의적 개조의 완수에는 대략 3개 5개년 계획 또는 더 많은 시간이 필요했다. 실천의 결과 생산수단의 사적 소유에 대한 사회주의적 개조는 1956년에 이미 기본적으로 완수되었다. 이러한 측면에서 말하면 사회주의로 과도하는 과업은 이미 실현되었다. 그러나 생산력 발전 면에서 중국을 낙후한 농업국에서 선진 공업국으로 전변시키고 독립적

11) '중국공산당 제8차 전국대표대회 정치 보고에 관한 결의', 1956년 9월 27일 채택.

이고 더욱 완벽한 공업 체계를 이루며 나아가 사회주의 공업화의 임무를 기본적으로 완수하려면 적어도 두 차례의 5개년 계획이라는 시간을 거쳐야 기본적으로 기초를 다질 수 있었다. 농업의 기술 개조와 농업 기계화를 실현하려면 더욱더 긴 시간이 필요했다. 그리하여 당은 사회주의 과도기가 결속되었다고 명확히 선포하지 않았다. 이는 국가가 사회주의 사회에 들어섰지만 금방 건립한 사회주의의 물질적 토대가 많이 부족했기 때문이었다. 사회주의적 개조가 기본적으로 완수된 후 국가는 생산력 발전 면에서 아직도 가야 할 길이 멀었다. 3대 개조로 수립된 새로운 생산관계는 아직도 생산력 발전의 요구에 부응하여 끊임없이 조절해야 했으며 정치, 법률 등 상부 구조에서도 경제 토대에 부응되지 않는 부분을 조절하고 개혁해야 했다. 그러므로 1956년에 중국은 실제로 사회주의 초급 단계에 들어섰을 뿐이었다.[12]

중국에서의 사회주의의 실천은 사회주의를 건설하는 것은 하나의 기나긴 역사적 행정으로 당과 인민의 크나큰 노력이 필요하며 심지어 원래 전혀 예기하지 못했던 간난곡절도 겪을 수 있음을 보여주었다. 그러나 중국공산당은 이미 중국인민을 영도하여 이토록 복잡하고 어려우며 심각한 사회적 변혁을 실현하면서 사회주의 사회에 들어섰다. 이는 위대한 승리이며 중화인민공화국 역사와 중국공산당 역사에 세워진 하나의 중요한 이정표이다.

---

12) 1997년 9월 12일, 장쩌민(江澤民)은 중국공산당 제15차 전국대표대회에서 '덩샤오핑 이론의 위대한 기치를 높이 들고 21세기를 향하여 중국 특색의 사회주의 건설 위업을 전면적으로 추진하자'라는 보고를 했다. 보고는 "50년대 중기부터 중국은 사회주의 초급 단계로 들어섰다."고 확인했다: 중공중앙 문헌연구실 편, 〈15차 당대표대회 이래 중요문헌선〉 (상), 인민출판사 한문판, 2000년, 16쪽.

사회주의적 개조의 역사적 경험과 남겨놓은 문제

　사회역사의 변화 발전 행정에서 일반적으로 생산관계의 급격한 변혁은 흔히 사회생산력에 정도부동한 파괴를 가져오게 된다. 그러나 중국이란 이 몇억 인구를 가진 대국에서 자본주의적 사적 소유를 소멸하는 이러한 심각한 변혁은 첫째로 국민경제가 기본적으로 온당하게 발전하도록 보장하는 상황에서 완수되었고 둘째로 인민대중이 보편적으로 옹호하는 상황에서 완수되었다. 어쨌든 이는 위대한 역사적 의의를 가지는 사변이었다. 중국공산당은 이러한 사회 변혁을 영도하고 실현하는 과정에서 일부 독창적인 경험을 쌓았다.

　중국 사회주의적 개조 과정에서 비록 부분적 대중의 생산 열성이 높지 못한 상황도 나타났지만 총체적으로 볼 때 소유제 관계의 변혁은 생산력을 파괴하지 않았을 뿐만 아니라 생산력의 발전을 뚜렷하게 개진시켰다. 농업합작화 과정에서 양곡 생산량은 해마다 성장했고 농토수리 건설과 농업기술 개조는 해마다 일정하게 발전했다. 원래의 사영기업은 개조를 접수하는 과정에서 생산의 성장과 수익의 향상이 더욱 뚜렷했다. 사회주의적 개조의 형세 발전과 변화에 따라 당과 정부는 늘 제때에 정책을 조절했고 생산과 유통에서의 많은 고리에 대해 통일적으로 계획하고 고루 돌보며 전면적으로 배치함으로써 국가의 대규모 공업화 건설을 가동했을 뿐만 아니라 농공업 생산이 더 빨리 성장하도록 보장했다. 사회주의적 개조 기간에 불변가격에 따라 계산할 때 중국 농공업 총생산액은 전해보다 1953년에 14.4%, 1954년에 9.5%, 1955년에 6.6%, 1956년에 16.5% 성장했다. 평균치로 계산할 때 1953년부터 1957년까지 제1차 5개년 계획 기간에 농공업 총생산액은 매년 평균 10.9% 성장했는데 그중 공업 총생산액은 매년 평균 18%씩 성장해 제1차 5개년 계획에서 규정한 14.7%를 초과했고 농업 총생산액은 매년 평균 4.5%씩 성장해 제1차 5개년 계획에서 규정한 4.3%보다 조금 높았다. 총체적으로 볼 때 계획적인 공업건설은 진전이 순조로웠고 경제 발전이 더 빨랐으며 경제적 효익도 더욱 좋았고 중요 경제 부문의 비례관계도 조화로웠다. 시장이 번영하고 물가가 안정되었으며 인민의 생활이 뚜렷하게 개선되었다. 1956년의 전국 주민들의 소비 수준은 1952년보다 21.3% 높아졌는데 그중 농민의 소비 수준은 14.6%, 비농업 주민의 소비 수준은 28.6% 높아졌다.

중국의 생산수단의 사적 소유에 대한 사회주의적 개조와 국민경제 발전의 양성적인 상호 작용은 1953년에 중국공산당이 제기한 "한 가지를 실현하고 세 가지를 개조하는(사회주의적 공업화, 농업, 수공업, 자본주의적 상공업에 대한 사회주의적 개조)" 과도기 총노선은 정확한 것이고 당과 인민이 사회주의 노선을 선택한 것은 정확한 것이며 당이 인민을 영도하여 진행한 이 사회 대변혁은 총체적으로 성공했음을 증명했다. 사회주의적 개조 결과 생산력을 해방했고 농공업과 국민경제의 발전을 촉진했으며 인민생활 수준이 눈에 띄게 향상되었다. 또한 인민민주주의 정권이 한층 더 공고해졌으며 이로부터 사회주의 사회제도가 수립되기 시작했다.

사회주의로 넘어가는 과정에서 당은 인민대중의 풍부한 실천을 총화하여 중국의 특성에 맞는 초급에서 고급으로 과도하는 일련의 형태를 창조했다. 개인농업에 대해 초급농업생산합작사를 중심 고리로 하는 여러 가지 호조합작 형태를 창조함으로써 농민들의 개인사적 소유를 점차 사회주의 집단적 소유로 전환시켰다. 개인 수공업에 대해서도 공급판매합작소조를 거쳐 공급판매생산합작사로 이행한 다음 다시 수공업생산합작사로 이행하는 방법을 취했다. 자본주의적 상공업에 대해서는 가공위탁주문, 통일적 수매와 판매, 중개판매와 대리판매, 공사합영 등 국가자본주의 형태를 창조하여 자본주의적 사적 소유를 점차 사회주의 공동 소유로 이행시켰다. 여러 가지 조직 형태를 취해 점차 사회주의로 넘어간 것은 중국 사회주의적 개조의 독창적인 경험이었다. 이러한 창조로 말미암아 당은 중국 특점에 알맞은 사회주의적 개조의 길을 개척했다.

농업에 대한 사회주의적 개조에 대해 당은 일관적으로 중국의 분산적인 개인농업경제에 대해 반드시 신중하게 점차적이면서도 또 적극적으로 사회화와 집단화의 방향으로 인도하여 발전시켜야 한다고 인정했다. 토지개혁 후 농촌에서 광범위한 농민들에게는 확실히 호조합작을 발전시킬 염원이 있었다. 이는 생산관계가 사회주의로 전변하는 수요일뿐만 아니라 농업이 반드시 국가 공업화 절차에 부응해야 하는 객관적 요구이기도 했다. 당이 제기한 "적극적으로 영도하고 온당하게 전진"하는 농업합작화의 방침은 올바른 것이며 자원호혜, 전형적 시범과 국가에서 돕는 정책 원칙도 타당한 것이었다. 농업합작화의 발전은 천백 년에 걸친 중국 농민들의 전통적인 생산방식과 생활방식을 바꾸는 것이 자연히 일정한 모순을 일으킬 수 있었다. 그러나 당은 농민대중에게 합작화는 생산 조건 면에서 아직도 어려움을 겪고 있는 빈농, 하중농들에게 이익을 가져다준다는 것을 사실로 알려주었기에 농촌 인구 중 다수가 합작화를 옹호하게 되었다. 비교적 부유한 농민들이 자원호혜 정책이 잘 집행되지 못하는 형편에서 다소 손실을 볼 수 있었다. 당은 이러한 편차를 시정하는 데 주의를 기울이고 합작사가 보편적으로 증산하는 결과로써 그들에게 합작사 생산이 발전하면 그들에게도 이익을 가져다줄 것이고 대세의 흐름을 보고 그들도 옹호하거나 따라갈 수 있음을 보여주었다.

가장 중요한 것은 농업합작화의 완수가 농촌 토지를 농민 개인의 소유로부터 집단적 소유로 전환시켰고 토지를 개인의 사적 소유에서 집단의 공동소유로 개조함으로써 농촌 토지 공동소유의 문제를 해결했으며 농촌에서 사회주의 집단적 소유를 확립했다는 점이다. 토지에 대한 집단적 소유가 없었다면 사회주의의 중국 농촌이 있을 수 없었기에 이는 중요한 징표이다. 집단경제의 기초 위에 농업합작사는 많은 단독 농가가 전혀 해낼 수 없었던 일들을 해냈고 자연재해에 맞서 조직된 힘을 보여주었다. 농업합작사가 집단 경제의 우월성을 발휘했음은 이미 제1차 5개년 계획 기간에 농촌 생산력이 해방되고 농업 생산이 해마다 성장하고 농민생활 수준이 점차 올라간 것으로 증명되었다. 특히 농업합작사의 집단의 역량에 의거하여 전국에서 보편적으로 규모가 다른 여러 농토수리 기본건설을 벌여 앞으로의 농업발전에 장기간 효익을 발휘할 중요한 물질적 조건을 제공했고 기계경작, 기계 배수관개와 과학영농을 시행하는 데 이로운 조건을 마련했는데 이것들은 모두 심원한 영향이 있었다.

과도기에 자본주의의 착취제도를 소멸하고 사회주의를 실현하는 것은 사회발전의 객관적 법칙이 결정한 것이었다. 당은 중국의 역사와 현실 조건에 따라 사회주의적 개조 가운데 자산계급과의 연맹을 계속 유지하면서 자본가에 대해 평화적 속매정책 시행을 확정했다. 기타 사회주의 국가와 비교할 때 중국의 사적자본주의에 대한 개조는 박탈하는 방식도 아니고 국가가 많은 돈을 주고 구입하는 방식도 아니라 상당한 한 시기 내에 자본가로 하여금 계속 기업에서 일부분 순이익과 주식배당금을 얻도록 하는 속매방법을 창조했다. 이는 자본가의 사적 소유 변혁에 대한 저항을 효과적으로 감소시켰을 뿐 아니라 계속하여 사적자본주의가 생산 확대, 국가세금 수입의 증가, 기업

관리와 생산기술의 개진, 기술노동자와 기술자 양성과 훈련 등의 측면에서 일어나는 적극적인 역할을 이용했다. 사회주의적 개조 기간에 사영공업과 공사합영공업이 제공한 생산액은 1949년의 약 70억 위안에서 1956년의 191억 위안으로 늘어나 1.5배 이상 성장하여 국가를 위해 공헌했다.

사영상공업의 전면적인 공사합영에 대해 노동계급은 물론 마음속으로부터 옹호했다. 자본가 가운데 어떤 사람들은 낮에는 징과 북을 두드렸지만 밤에는 머리를 싸매고 통곡했다. 그들은 정세의 핍박에 못 이겨 따르긴 했으나 마음속으로는 달가워하지 않았다. 그러나 당의 사상교양으로 그들은 점차 사회주의 노선으로 나아가는 것은 대세의 흐름이고 중화민족이 발전하고 진보하는 올바른 선택임을 깨달았다. 게다가 당이 민족상공업자본가에 대해 올바른 정책을 시행하여 그들에게 계속 고정이자를 지불하고 일자리를 배정해주며 여전히 상응한 정치적 권리를 누리게 하고 국가기구에서 그들의 대표인물의 지위를 보류해주어 민족상공업자본가들로 하여금 사회주의의 '고비'를 잘 넘도록 했을 뿐만 아니라 그들이 당의 영도 아래 사회주의를 위해 이바지하도록 노력하게 했다. 일찍 '방직업의 왕'으로 불리던 영씨 가족의 대표 룽이런(榮毅仁)은 자본가가 왜 사회주의 길을 접수하는가 하는 물음에 "그렇다. 나는 자본가이다. 그러나 무엇보다 먼저 나는 중국사람이다."라고 대답했다. 룽이런은 자기가 중국의 민족자본가로서 어떻게 하면 공업을 일으켜 세우고 나라를 구하고 나라의 부강을 도모할 것인가를 줄곧 꿈꾸어왔다는 것, 그러나 낡은 사회에서는 제국주의와 관료자본의 억압과 약탈을 받았다는 것, 해방 초기에 정부에서 대부금을 주고 위탁가공과 제품수매를 해주었기에 기업을 궁지에서 벗어나게 할 수 있었으며 해마다 이윤을 늘릴 수 있게 되었다는 것을 낱낱이 말했다. 그는 다음과 같이 말했다. "5개년 계획이 시작되었다. 전국적으로 큰 공장들이 일어서고 각지에서는 대규모 건설이 진행됐다. 모든 것이 꿈에서보다도 더 빨리 실현되고 있어 얼마나 큰 고무를 받게 되는지 모른다. 공산당이 없고 사회주의 길로 나아가지 않았다면 오늘이 있을 수 있겠는가?"[13] 이 말에서 민족자본가에 대한 당의 단결, 개조 정책의 근거와 실제 효과를 그대로 알 수 있다.

당이 과도기 총노선과 상응한 일련의 개조 방침과 정책을 올바르게 시행하고 민족자산계급 가운데의 진보적 인사와 대다수가 사회주의적 개조 과정에서 유익한 협력 역할을 하여 중국은 성공적으로 마르크스, 레닌이 일찍 구상했던 자산계급에 대한 평화적 속매를 실현하고 새로운 경험으로 마르크스-레닌주의의 과학적 사회주의 이론을 풍부히 했다. 천원은 1956년 6월에 열린 전국인민대표대회 제1기 제3차 회의에서 다음과 같이 평가했다. "기업의 사적 소유로부터 사회주의적 소유로의 전환은 세상에 일찍이 있었던 것이지만 이와 같이 평화적 방법을 적용하여 전국의 상공업계가 기꺼이 그 전환을 접수하게 하기는 역사에 전례가 없었던 것이다."[14]

총체적으로 중국공산당은 신민주주의 혁명 승리가 창조한 정치적 조건에 의거하여 "신민주주의경제를 발전시키는 데에서 사회주의로 과도"하는 발전 전략을 시행하고 생산수단의 사적 소유를 점차 개조하는 구체적 정책을 취함으로써 중국이라는 이같이 경제가 매우 낙후한 국가에서 그토록 복잡하고 어렵고 심각한 사회변혁을 통해 국민경제의 온당한 성장을 이룩했고 인민대중의 광범위한 옹호를 받았

---

13) 신화통신사 주최, '신화사 신문기사', 1956년 1월 21일.

14) 천원, '전국인민대표대회 제1기 제3차 회의에서 한 발언'(1956년 6월 18일), 〈천원선문집〉(1949~1956년), 민족출판사 1983년, 370쪽.

으며 또 이로부터 사회주의의 목표를 비교적 순조롭게 실현했다. 이러한 기본 사실은 사회주의적 개조에 대한 당의 영도가 성공적이었음을 말해준다. 사회주의 제도의 건립은 중국 역사에서 가장 위대하고 가장 심각한 사회변혁으로서 앞으로 중국의 모든 진보와 발전의 기초인 중화인민공화국 창건 이후 점차 나라가 강성하고 인민이 공동으로 부유해지는 모든 발전 행정이 이 역사적 결론을 충분히 증명했다.

중국 사회주의적 개조의 위대한 승리를 충분히 긍정하는 기초 위에서 또한 역사적 경험을 깊이 있게 총화해야 할 필요가 있다. 중국은 1950년대의 국제환경과 사회역사적 조건에서 신민주주의에서 사회주의로의 전환을 실현했다. 그때 당시 중국공산당의 사회주의에 대한 인식에 의해 더욱이 각 사회주의 국가들이 모두 보편적으로 받아들였던 소련 사회주의 도식의 영향으로 중국 사회주의적 개조 후기에는 적지 않은 결함과 편차도 나타났다. 주로 1955년 여름이 지난 후 농업합작화와 수공업과 개인 상업에 대한 개조에서 지나친 요구와 거친 사업, 지나치게 획일적이고 간단한 형식, 급속한 개선 추진으로 오랜 기간 일부 문제들을 남겨놓게 되었다. 이 밖에 1956년에 자본주의적 상공업에 대한 개조가 기본적으로 완수된 후 부분적 원 상공업자들에 대한 사용과 처리도 그다지 타당하지 않았다.

중국 농업의 사회주의적 개조에서 호조조(互助組)와 초급사의 합작 형태는 토지개혁 후 농촌 생산의 실제와 농민대중의 각성 정도에 비교적 적합했을 뿐만 아니라 주로는 중국 농민들이 자체의 실천에서 창조한 것이었기에 중국 특색을 띠었다. 1955년 10월에 당중앙위원회 제7기 제6차 전원회의에서 채택한 '농업합작화 문제에 관한 결의'에서는 다음과 같이 명확히 지적했다. "중국의 농업생산합작사는 현 단계에서 일반적으로 토지로 출자하고 통일 경영을 특점으로 하는 사회주의 성격을 절반 띤 초급합작사이다.”그러나 1956년 3월에 전국 농촌에서 기본적으로 초급농업합작화를 실현한 후 각지 농촌의 고급사는 급속하게 발전, 확대되어 몇 달 사이에 고급농업합작화를 실현했는데 전환이 너무 급작스러웠다. 고급농업생산합작사는 전부 큰 합작사 1급 소유를 시행했고 완전히 집중생산, 통일적 경영과 통일적 경제채산을 시행했기에 실제로 국토 면적이 넓고 민족이 많으며 농업자원, 기상수문 조건 등이 천차만별한 중국 상황에 맞지 않았고 농업 내부 구조 중 재배업, 임업, 목축업, 어업, 부업 등 여러 가지 경영방식의 특점에도 맞지 않았다. 실천이 보여주다시피 만일 농업합작화가 온당하게 전진하면서 각지의 부동한 조건으로부터 출발하여 자원호혜 원칙을 충분히 존중하면서 전국에서 천편일률적으로 시행하지 않았더라면 농업 생산력의 발전에 더욱 더 이로웠을 것이다.

수공업에 대한 사회주의적 개조에서도 이와 비슷한 문제들이 존재했다. 이를테면 수공업 생산을 될수록 빨리 반기계화, 기계화를 실현하고 수공업합작 조직을 점차 전인민적 소유로 전환시켜야 한다고 인정한 것 등이다. 수공업의 생산경영 방식을 한창 조절하고 안정을 도모할 때 집단적 소유의 수공업이 재빨리 전 인민적 소유의 지방국영공업으로 전환됨으로써 국민경제에서 중요한 지위를 차지하고 있던 전통수공업이 나날이 위축되어 경제생활에 불편을 가져다주었다. 많은 수공업이 국영공업으로 전환된 후 그 원료공급, 생산배치와 제품판매가 모두 국가 계획에 포함되어 국가에 부담을 가중시켰다.

사회주의 사회의 경제기반 건립에 관해 당은 당시에 유일하게 정확한 길은 바로 “복잡한 경제구조를 가진 사회로부터 단일한 사회주의 경제 구조를 가진 사회로 과도"[15]하는 것이며 "바로 생산수단의 사회주의적 소유를 중국 국가와 사회의 유일한 경제 토대가 되게 하는 것이다."[16]라고 제기했다. 사회주의 소유제가 사회주의 사회의 경제 토대임을 긍정하지만 그렇다고 사회주의 사회가 단일한 공유제 경제로서 국가경제와 인민생활에 유익한 부분적 개인경제와 사영경제를 보류해서는 안 된다는 말이 아니다. 실제로 몇 년간의 사회주의적 개조를 거쳐 전국 사영공업 총생산액의 절반을 차지하는 대형의 사영공업들이 이미 공사합영을 시행했고 나머지 12만여 개의 절대다수는 소기업에 속했다. 이러한 소형사영공업 더욱이 백만을 헤아리는 사영 좌상, 행상, 노점상까지 전부 개조함으로써 원래 여러 사회역량을 발휘해 얼마든지 분담할 수 있는 것마저 국가가 도맡게 되었다. 그러나 당시의 재력과 물력으로는 사실 개체와 사영방식으로 생계를 유지하는 이렇게 많은 사회인원을 도맡을 수 없었기에 결과적으로 국가가 매우 큰 사회적 부담과 고용 압력을 받게 되었다. 경제 형식의 다양성, 복잡성에 대한 인식이 부족했기 때문에 많은 지방에서는 당시 실정에 맞지 않게 고용공 착취가 없거나 또는 단지 가벼운 착취가 있는 소상인, 소행상, 소수공업자와 기타 독립 근로자들도 공사합영의 범위에 포함시켜 그들을 포괄해 '자본가 측 인원'으로 취급하고 자본가로 잘못 대해 이 부분 근로자들의 사회주의 적극성에 손상을 주었다.[17] 실천의 발전이 말해주다시피 만일 이 부분 소형공상기업의

---

15) 류사오치, '중화인민공화국 헌법 초안에 관한 보고'(1954년 9월 15일), 〈류사오치선집〉 (하), 민족출판사 1987년, 169쪽.

16) '모든 역량을 동원하여 중국을 위대한 사회주의 국가로 건설하기 위해 분투하자'(1953년 12월 발행), 중공중앙 문헌연구실 편, 〈건국 이래 중요문헌선〉 제4권, 중앙문헌출판사 한문판, 1993년, 702쪽.

17) 이 문제는 1978년 당중앙위원회 제11기 제3차 전원회의 후에야 비로소 해결을 보았다. 신중한 분별을 거쳐 1956년에 전국적으로 공사합영에 참가한 86만 명 상공업자들 가운데서 70만 명이 원래 근로

사적 소유 성격을 성급히 바꾸지 않고 일부분 개인 근로자들의 단독 경영 방식을 적당히 보류했더라면 경제를 활성화하고 인민의 생활수요를 만족시키며 국가세무징수를 증가시키고 사회 취업 문제를 해결하는 등에 아주 유익했을 것이다.

고도로 집중된 계획경제를 시행하는 데 소련의 경험을 그대로 옮겨 온 측면도 있으나 많은 면에서는 당시 중국의 현실적 수요에 근거하여 선택한 것이었다. 자금이 모자라고 물자가 부족하고 공업 부문의 구성이 상대적으로 단순한 공업화 초기 단계에 집중통일의 계획관리 체제를 적용한 것은 제한된 자원을 합리적으로 배치하고 중점공업 항목의 시행을 보장하는 데 중요한 역할을 했다. 이렇게 하지 않았더라면 급속하고도 효과적으로 중국 공업화의 토대를 기본적으로 세우지 못했을 것이다. 사회주의적 개조가 기본적으로 완수된 후 농업, 수공업, 상공업의 생산경영은 전부 국가 계획의 궤도에 들어섰고 원래 일정한 범위 내에서 계속하여 역할을 해오던 시장 조절이 기본적으로 경제 분야에서 퇴출함으로써 지령적 계획을 주요 특징으로 하는 계획경제가 절대적인 통치적 지위를 차지하는 국면이 형성되었다. 이러한 중앙집권이 지나치게 많은 경제관리 체제의 수립은 당시의 이론적 인식, 즉 "계획경제를 시행하는 것은 사회주의의 근본 특징이다."는 것과 연관되며 소련 사회주의 경제 도식의 영향과도 갈라놓을 수 없었다. 현실 생활에서는 사회주의적 개조가 기본적으로 완수된 후 모든 경제사회생활을 국가에서 총괄하는 계획경제 체제가 중국 사회 발전 단계의 객관적 요구에 맞는가, 시장조절의 작용을 계속 발휘시켜야 하는가, 그렇다면 어떻게 발휘시킬 것인가 하는 문제

자였는데 약 81%를 차지했다.

들이 제기되었다.

　당은 사회주의적 개조 후기에 이러한 문제들을 어느 정도 알아보고 1956년의 8차 당대표대회를 전후하여 일부 실제에 부합되는 조절 조치를 내왔다. 그러나 사회주의란 무엇이고 중국에서 어떻게 사회주의를 건설할 것인가 하는 문제에 대해 성숙된 인식에 이르지 못했기 때문에 이러한 조치는 근본적으로 문제를 해결할 수 없었다. 사회주의적 개조를 기본적으로 완수한 후의 객관적 형세는 당과 정부로 하여금 중국의 국정을 올바르게 연구, 파악하고 생산력 발전과 사회생활의 수요에 근거하고 인민대중의 염원에 따라 생산관계가 생산력 상황에 부응하지 못하는 일부 고리에 대해 조절과 개혁을 진행하며 계속 생산력을 해방하고 발전시킴으로써 새로 건립한 사회주의적 경제 토대를 끊임없이 강화하고 공고히 할 것을 요구했다. 공동 소유를 주체로 하는 상황에서 비공동 소유제 경제를 보류할 것인가, 그렇다면 얼마나 보류할 것인가, 또 시장조절 작용을 발휘시킬 것인가 말 것인가, 발휘시킨다면 어떻게 발휘시킬 것인가 하는 문제는 장기간의 실천을 통해 끊임없이 경험을 총화해야만 한층 더 해결할 수 있는 문제였다.

　사회주의적 개조가 기본적으로 완수된 후 당이 직면한 가장 중요한 임무는 전국 여러 민족 인민을 영도하여 새로 건립한 사회주의 제도의 기초 위에서 생산력을 신속하게 발전시키며 국가가 부강하고 인민이 공동으로 부유해지는 새로운 역사적 과업을 실현하기 위해 분투하는 것이었다. 이리하여 중국공산당의 역사는 중국 자체의 사회주의 건설의 길을 탐색하는 또 하나의 장을 열었다.

◆ 찾아보기 ◆

628